LA PROTECTION JURIDICTIONNELLE DE L'ORDRE CONSTITUTIONNEL AU SÉNÉGAL

Cheikh Mbacké NDIAYE

LA PROTECTION JURIDICTIONNELLE DE L'ORDRE CONSTITUTIONNEL AU SÉNÉGAL

Préface de Mamadou Badio CAMARA

Président du Conseil constitutionnel du Sénégal
Président de l'Association des Cours constitutionnelles francophones (ACCF)

L'Harmattan Sénégal

10 VDN, Sicap Amitié 3, Lotissement Cité Police, DAKAR

http://www.harmattansenegal.com
senharmattan@gmail.com
senlibrairie@gmail.com

ISBN : 978-2-336-49951-2
EAN : 9782336499512

REMERCIEMENTS

Je remercie les Professeurs, El Hadj MBODJ de l'Université Cheikh Anta DIOP de Dakar et Alioune Badara FALL de l'Université de Bordeaux IV/Montesquieu (France). Sans eux, les obstacles méthodologiques, conceptuels et documentaires seraient difficiles à lever. Je leur témoigne toute ma gratitude pour leur soutien durant mes travaux de recherches qui ont abouti à la rédaction de cet ouvrage.

Mes sincères remerciements à Monsieur Mamadou Badio CAMARA, Président du Conseil constitutionnel du Sénégal et Président de l'Association des Cours constitutionnelles francophones (ACCF) qui a financé entièrement la publication de l'ouvrage. Je lui témoigne sa générosité, pour son soutien financier et l'honneur qu'il m'a fait en préfaçant cet ouvrage.

À l'honneur de mes parents

À l'honneur de mes parents

LISTE DES ABRÉVIATIONS ET SIGLES

A. B. J.C. : Annuaire béninois de Justice constitutionnelle

A.C.C.P.U.F. : Association des Cours constitutionnelles ayant en Partage l'Usage du Français

A.H.J.U.C. : Association des hautes Juridictions de Cassation ayant en Partage l'Usage du Français

A.J.D.A. : Actualité juridique de Droit administratif

Al : Alinéa

A.N : Assemblée nationale

Ann. AF. : Annales africaines

A.N.H.M.S. : Association nationale des Handicapés moteurs du Sénégal

A.P.S. : Agence de Presse sénégalaise

Arch. Parl. : Archives parlementaires

A.R.T.P : Agence de Régulation des Télécommunications et des Postes

Bull. : Bulletin des Arrêts du Conseil d'État

C.A Cour d'appel

C.A.D.A : Commission d'Accès aux Documents administratifs

Cons. const. : Conseil constitutionnel

C.E : Conseil d'État

C.E.D.E.A.O : Communauté économique des États de l'Afrique de l'Ouest

C.E.D.H : Cour européenne des Droits de l'Homme

C.E.N.A : Commission électorale nationale autonome

Chr : Chronique

C.I.R.A : Comité interministériel de Renseignement administratif

Concl : Conclusions

CNRI : Commission nationale de Réforme des Institutions

C.R.A.E.S : Conseil de la République pour les Affaires économiques et sociales

C.R.E.D.I.L.A : Centre de Recherches, d'Étude et de Documentation sur les Institutions et les Législations africaines.

CREI : Cour de Répression de l'Enrichissement illicite

C.S : Cour suprême

C.S.M : Conseil supérieur de la Magistrature

D. : Dalloz

DC : Décision du Conseil constitutionnel rendue sur examen de conformité à la Constitution.

Dir. : Direction

Éd. : Édition

E.D.C.E : Études et Documents du Conseil d'État

E.D.J.A ; Éditions juridiques africaines

G.A.J.A. : Grands Arrêts de la Jurisprudence administrative

G.D.C.C : Grandes Décisions du Conseil constitutionnel

G.D.J.A.S : Grandes Décisions de la jurisprudence administrative sénégalaise

J.O : Journal officiel

J.O.R.S : Journal officiel de la République du Sénégal

J.O.R.F : Journal officiel de la République française

L.G.D.J : Librairie générale de Droit et de Jurisprudence.

L.P.A : Les Petites Affiches

M.F.D.C : Mouvement des Forces démocratiques de la Casamance

N° : Numéro

N.E.A : Nouvelles Éditions africaines

Obs. : Observations

O.N.C.A.D : Office national de Coopération et d'Aide au Développement

O.N.G : Organisation non gouvernementale

P. (ou) pp : Page (ou) pages

P. et S : Page et suivantes

P.D.S : Parti démocratique sénégalais

P.U.A.M : Presses universitaires d'Aix-en Marseille.

P.U.F : Presses universitaires de France

Plén. : Assemblée plénière de la Cour de cassation

QPC : Question prioritaire de constitutionnalité

R.B.S.J.A : Revue béninoise de Sciences juridiques et administratives

R. Cons. Const. : Recueil des décisions du Conseil constitutionnel

Rec. : Recueil Lebon

R.D.P : Revue de Droit public et de Science politique

Req. : Requête

R.F.D.A : Revue française de Droit administratif

R.F.D.C : Revue française de Droit constitutionnel

R.I.P.A.S : Revue des Institutions politiques et administratives du Sénégal

R.J.P.I.C : Revue juridique et politique-Indépendance et Coopération

R.N.D : Renouveau national démocratique.

T.D : Tribunal départemental

U.C.A.D : Université Cheikh Anta Diop de Dakar

U.E.M.O.A : Union économique monétaire ouest-africaine

Vol. : Volume

SOMMAIRE

PRÉFACE

Préfacer un ouvrage est souvent un exercice empreint de subjectivité. En effet, le préfacier, qui manifeste son admiration à l'égard de l'auteur et de la qualité de l'ouvrage, invite implicitement les lecteurs à le suivre dans son argumentaire. Cette inclination, quoique naturelle, ne doit cependant pas constituer un « obstacle épistémologique », car l'auteur de la préface doit restituer la réalité objective de ce qui fait l'originalité de l'ouvrage. Mon expérience de magistrat, statutairement astreint à une obligation d'impartialité et d'indépendance, me sera, peut-être, de quelque secours dans cet exercice.

La justice en général et la justice constitutionnelle en particulier, bien que souvent critiquées, à tort ou à raison, n'en restent pas moins un objet de prédilection des chercheurs.

C'est pourquoi, le présent ouvrage sur ***« La protection juridictionnelle de l'ordre constitutionnel au Sénégal »*** vient à son heure. Mon jeune collègue magistrat Cheikh Mbacké Ndiaye, officiant depuis plusieurs années au Service d'études et de documentation du Conseil constitutionnel, est aussi un universitaire, titulaire d'un Diplôme d'études approfondies en droit public général (DEA d'enseignement), Docteur en droit public. Il dispose ainsi de la légitimité requise pour analyser l'organisation et le fonctionnement de la justice constitutionnelle au Sénégal, par l'étude de ses différents rouages.

Sa démarche scientifique est axée sur la collecte et l'interprétation des décisions et avis des juridictions qui assurent la protection de l'ordre constitutionnel au Sénégal. Contrairement à ceux qui se fondent sur des *a priori* ou préjugés qui résulteraient de l'imagination et d'une perception extérieure, il analyse avec une neutralité axiologique les décisions en soulignant les mérites et en relevant les insuffisances.

Dans un style dépouillé, facile à comprendre, avec des références textuelles, jurisprudentielles et doctrinales qui documentent chaque argument soutenu, il a produit un travail d'une bonne facture.

Dans la première partie de l'ouvrage, l'auteur étudie l'organisation du modèle sénégalais. À cet effet, il présente les juridictions qui interviennent dans le système sénégalais de justice constitutionnelle. Il s'agit, principalement, du Conseil constitutionnel et de la Cour suprême dont l'organisation et l'évolution sont rappelées, sans oublier le rôle de l'ancienne Cour suprême dont les sections réunies faisaient office de juge constitutionnel et de juge des élections nationales, jusqu'à la réforme constitutionnelle de 1992, qui avait créé, entre autres hautes juridictions, le Conseil constitutionnel.

Sont passés en revue les mécanismes procéduraux permettant de saisir ces juridictions, à savoir les modes de saisine des juges, le pouvoir de saisine, les différentes modalités de la protection de l'ordre constitutionnel et les formes dans lesquelles cette protection se présente.

Sont également étudiées, de manière pertinente, les procédures du contrôle par voie d'action et du contrôle par voie d'exception qui permettent de saisir le Conseil constitutionnel, pour le contrôle de constitutionnalité des lois et des engagements internationaux, ainsi que la procédure du recours pour excès de pouvoir devant la Cour suprême. Le contentieux électoral est aussi examiné.

En outre, les principales méthodes d'analyse, les modes de raisonnement et les techniques d'interprétation des juges aux fins d'apprécier la constitutionnalité des actes juridiques, sont présentés.

Dans la deuxième partie de l'ouvrage, l'auteur a fait un diagnostic de la justice constitutionnelle sénégalaise. À cet effet, il identifie clairement les défis auxquels sont confrontés les juges et les limites résultant des textes et de la condition des juges. Il a dégagé des perspectives d'amélioration, certes non exhaustives, en vue de promouvoir une justice constitutionnelle toujours plus performante et énoncé des propositions de réforme des procédures pour une meilleure garantie des droits fondamentaux et du fonctionnement régulier des Institutions.

En définitive, l'ouvrage de Cheikh Mbacké NDIAYE est une véritable réflexion constructive qui propose, après une étude rigoureuse des mérites et des insuffisances de la justice constitutionnelle au Sénégal, « d'innover sans tout détruire ».

Je recommande vivement à ceux qui veulent comprendre la justice constitutionnelle sénégalaise d'en prendre bonne connaissance.

Dakar, le 31 juillet 2024

Mamadou Badio CAMARA

Président du Conseil constitutionnel du Sénégal

Président de l'Association des Cours constitutionnelles francophones (ACCF)

INTRODUCTION GÉNÉRALE

La protection juridictionnelle de l'ordre constitutionnel est d'une importance particulière. La nécessité d'instaurer un contrôle de constitutionnalité a été l'un des grands thèmes débattus en Europe par les auteurs tout au début du 20e siècle[1]. À la suite de l'expérience américaine, les idées de la doctrine constitutionnelle et politique européenne ont convergé sur la nécessité d'instaurer un organe juridictionnel afin de borner la toute-puissance du pouvoir législatif[2].

Cependant, un point de discorde a été le modèle de justice constitutionnelle à adopter pour parvenir à cette fin. Deux positions doctrinales s'affichèrent : les uns soutenaient la thèse de l'adoption du modèle Schmittien, c'est-à-dire un système diffus, tandis que les autres militaient en faveur de l'adoption du modèle de justice constitutionnelle centralisé théorisé par Hans KELSEN[3]. Tout de même, une différence de méthode

[1] Les prémices sur la nécessité d'instaurer une justice constitutionnelle ont été déjà jetées par l'Ephorat de Fichte, le *Council of Censors* de la Constitution de Pennsylvanie de 1776, le jurie constitutionnaire de Sieyès, le Sénat du Consulat et des empires napoléoniens même si l'influence de ces précédents reste limitée dans la création d'une juridiction constitutionnelle au sein la charpente institutionnelle de l'État. Voir A. LE DIVELLEC, « Droit, politique et justice constitutionnelle : deux textes de Heinrich Triepel », *Jus Politicum,* N°2, 2009, p. 13.

[2] Toutefois, il faut le reconnaître cette doctrinale partisane du contrôle de constitutionnalité a connu des adversaires. L'un parmi eux a été BISMARCK qui, dans son discours du 22 avril 1863 à la chambre des députés de Prusse déclarait : « on ne doit pas faire dépendre l'avenir politique du pays, la répartition du pouvoir entre la Couronne et la Diète ou entre les deux chambres d'un jugement du tribunal qui résulte des vues subjectives des suffragants. Cette question constitutionnelle ne peut être décidée que par (…) l'accorde entre les facteurs de la législation ». Ce point de vue de BISMARCK peut être mis en rapport avec celui de Benjamin CONSTANT qui estime que « l'esprit subtil de la jurisprudence est opposé à la nature des grandes questions qui doivent être envisagées sous le rapport public, national quelques fois même européen ». Enfin dans le même sens avec une nuance près nous pouvons citer J. LOCKE. Selon lui : « Entre la prérogative et le législatif, il n'y a pas de juge ». Sur ces points de vue voir A. LE DIVELLEC, « Droit, politique et justice constitutionnelle : deux textes de Heinrich Triepel », *op.cit*, pp. 11-13.

[3] Sur cette polémique entre H. KELSEN et C. SCHMITT, voir G. TUSSEAU, « Un oublié du constitutionnalisme contemporain : le contrôle politique de constitutionnalité », *in Mélanges en l'honneur de Jean du Bois de GAUDUSSON, Espaces du service public,* Tome I, *Droits d'ailleurs*, Presses universitaires de Bordeaux, 2013, p. 714 ;

entre les auteurs est remarquable en ce qui concerne la théorie de l'instauration d'une juridiction constitutionnelle parmi les organes étatiques. Selon A. Le DIVELLEC, Heinrich TRIEPEL[4] fonde la juridiction constitutionnelle sur la division, la distribution des pouvoirs, alors que KELSEN[5] s'appuie sur la hiérarchie des normes pour justifier la nécessité de l'institution[6]. En toute évidence, l'institutionnalisation de la justice constitutionnelle procède d'une limitation du pouvoir politique pour l'instauration d'un État respectueux des droits et libertés définis par la Constitution[7]. Seulement, il est d'un constat qu'en Afrique en général, et au Sénégal en particulier, « la justice dans son fonctionnement au quotidien ne fait pas l'objet de recherches systématiques. On oublie qu'elle est l'une des plus fortes expressions du pouvoir régalien de l'État et un terrain privilégié pour l'étude de l'État au quotidien ».[8]

Au Sénégal, l'accession à la souveraineté internationale s'est accompagnée d'un constitutionnalisme dont les pouvoirs publics ont

---

P. PASQUINO, « Le gardien de la Constitution ou justice constitutionnelle, C. Schmitt et H. Kelsen ? », *in* M. TROPER et L. JAUME (dir.), *1789 et l'invention de la Constitution,* Paris, L.G.D.J., Bruxelles, Bruylant, 1994, pp. 142-152 ; N. ZANON, « La polémique entre Hans Kelsen et Carl Schmitt sur la justice constitutionnelle », *in AIJC*, vol. 5, 1989, pp. 177-189 ; O. BEAUD, P. PASQUINO (dir.), *La controverse sur « le gardien de la Constitution » et la justice constitutionnelle. Kelsen contre Schmitt, Der Weimareir Streit Um den Huter der verfassung und die verfassungs-gerichtsbarkerit. Kelsen gegen Schmitt*, Paris, Editions Panthéon-Assas, coll. « Colloques. Droit public », 2007, 212 p ; A. LECA, « Les grandes étapes du contrôle de constitutionnalité des lois dans la pensée politique européenne d'Aristote à Kelsen », *R.R.J.,* 1987, p 957 cité par P. JAN, *La saisine du Conseil constitutionnel,* Paris, L.G.D.J., 1999, p. 7, note 11. Sur les raisons du choix de l'un des modèles de justice constitutionnelle, voir M. CAPPELLETI, *Le pouvoir des juges. Articles choisis de droit judiciaires et de droit constitutionnel comparé*, Paris, Aix-en Provence, Economica, PUAM, Coll. « Droit public positif », 1990, 397 p. ; G. TUSSEAU, « Les causes du choix d'un modèle de contrôle de constitutionnalité », *Jus Politicum,* N° 13, décembre 2014, *La justice constitutionnelle contemporaine : modèles et expérimentations*, pp. 1 et s.

[4] H. TRIEPEL, *Essence et développement de la juridiction constitutionnelle d'État*, Berlin, De Gruyter, Tome 5, 1929, pp. 2-29.

[5] H. KELSEN, « La garantie juridictionnelle de la Constitution (La justice constitutionnelle) », *RDP*, 1928, pp. 197-257.

[6] A. LE DIVELLEC, « Droit, politique et justice constitutionnelle : deux textes de Heinrich Triepel », *op. cit.,* p. 19.

[7] T. HOLO, « L'émergence de la justice constitutionnelle », *Pouvoirs,* N° 129, 2009, p. 101.

[8] M. T. ALOU, « La justice au plus offrant. Les infortunes du système judiciaire en Afrique de l'Ouest (au tour du cas Niger) », *Politique africaine*, N° 83, octobre 2001, p. 60.

cherché à assurer le développement et l'effectivité en constitutionnalisant la juridiction chargée de veiller au respect de l'ordre constitutionnel. En effet, la justice qui est un pouvoir indépendant est présentée comme l'institution la plus indiquée pour assurer la défense de l'ordre constitutionnel[9]. À cet effet, pour certains auteurs, le modèle de justice constitutionnelle sénégalais dans son essence se rapprochait du modèle américain à cause de son caractère assez diffus[10]. Au demeurant, dans une perspective de la rendre plus efficace, l'organisation de la justice constitutionnelle sénégalaise va connaître au cours de son histoire une mutation, à travers laquelle, le constituant et le législateur sénégalais ont frappé leur démarche du sceau de la spécialisation et de l'efficacité[11]. C'est pourquoi, il semble intéressant de l'étudier pour participer aux multiples contributions[12] sur le devenir de la justice constitutionnelle sénégalaise. Mais, au préalable, il est nécessaire de commencer par définir les concepts[13].

A- Définition du sujet

Il convient dans le cadre de cette recherche de cerner la signification des concepts qui composent l'intitulé du sujet pour mieux déterminer ses contours. Cette fixation du sens des concepts est certes laborieuse, mais elle est indispensable. Il convient de préciser d'abord le concept de « protection juridictionnelle » (I) avant de définir celui de « ordre constitutionnel » (II).

---

[9] F. HOURQUEBIE, « Quel statut pour le chef de l'État africain ? Entre principes théoriques et pratiques du pouvoir », *Afrique contemporaine,* 2012/2, N° 242, p. 85.

[10] S. DIOP, « La justice du politique au Sénégal », *in* J. du Bois de GAUDUSSON et G. CONAC (dir.), *La justice en Afrique, Afrique Contemporaine*, N° 156 (spécial), Paris, La Documentation française, 1990, p. 184.

[11] Voir M. DIAGNE, *Le Conseil constitutionnel sénégalais. L'institution et ses techniques*, Dakar, les éditions TCM, 2012, pp. 33 et s.

[12] E. H. O. DIOP, *La justice constitutionnelle au Sénégal. Essai sur l'évolution, les enjeux et les réformes d'un contre-pouvoir juridictionnel*, Dakar, CREDILA/OVIPA, 2013, 333 p ; A. NDIAYE, *La nouvelle juridiction constitutionnelle en Afrique francophone et la construction de l'État de droit : exemples du Gabon et du Sénégal,* Thèse de doctorat, Université de Montpellier I, décembre 2003, 581 p ;P. M. SY, *Le développement de la justice constitutionnelle en Afrique,* Thèse de doctorat, Université Cheikh Anta Diop de Dakar, 1998, 413 p ;M. M. SY, *La protection constitutionnelle des droits fondamentaux en Afrique. L'exemple du Sénégal,* Paris, L'Harmattan, 2007, 562 p.

[13] C. EISENMANN, *Cours de droit administratif*, Tome I, Paris, L.G.D.J, 1982, p. 17.

I- Protection juridictionnelle

La définition du concept « protection juridictionnelle » n'a pas encore connu une harmonisation des positions au sein de la doctrine. En effet, la notion de juridiction fait l'objet d'un débat qui se noue autour de ses critères de définition ; il en est de même de celui de protection. Ainsi, il y a un flottement autour de la définition du concept (a). Néanmoins, chacun des critères identifiés par la doctrine a connu une application jurisprudentielle. Aussi, « la protection juridictionnelle » dans le contexte sénégalais est-elle un concept multidimensionnel (b).

a- Les flottements autour de la définition du concept

La protection est une notion polysémique[14]. Au sens littéraire du terme, Alain REY la définit comme « l'action de protéger, une défense, le fait de développer et mettre en place des garanties et des moyens servant à la prévention, à la réparation, de la violation d'une règle, d'une valeur, d'un principe établi et accepté comme tel »[15]. La protection, au sens juridique du terme, renvoie à ce que G. CORNU considère comme « une précaution qui répond au besoin de celui ou de ce que l'on couvre et correspond en général à un devoir pour celui qui l'assure, consistant à prémunir une personne ou une chose contre un risque, à garantir sa sécurité, son intégrité, par des moyens juridiques ou matériels. Le concept désigne aussi l'action de protéger, ce que le système de protection établit (mesure, régime, dispositif), il s'agit d'une garantie, une sauvegarde, une assurance, une précaution, une prévention, une tutelle, une curatelle, une assistance »[16].

---

[14] La notion de protection appliquée à la matière constitutionnelle est source même d'équivoques. Dans la Constitution, la pluralité d'organes désignés *es qualité* pour assurer la protection de celle-ci en est révélatrice. A tire d'exemples nous pouvons citer le législateur qui fixe les règles concernant les droit civiques et les garanties fondamentales accordées aux citoyens pour l'exercice des droits et libertés, les sujétions imposées pour la défense nationale aux citoyens en leur personne et en leurs biens (67 de la Constitution sénégalaise du 22 janvier 2001) ; le pouvoir judiciaire est gardien des droits et libertés définis par la Constitution et la loi (art. 91) et le Président de la République qui est « le gardien de la Constitution » (art. 42).En réalité il s'agit là une forme de protection politique de constitutionnalité. Voir G. TUSSEAU, « Un oublié du constitutionnalisme contemporain : le contrôle politique de constitutionnalité », *op. cit.*, pp. 721 et s.

[15] A. REY (dir.), *Dictionnaire historique de la langue française*, Paris, 2000, pp. 2984-2985.

[16] G. CORNU, *Vocabulaire juridique*, Paris, PUF, 2003, p. 706-707.

Quant à l'épithète « juridictionnelle », sa définition a toujours été sujette à une controverse doctrinale. Dans la doctrine, les critères d'identification de l'acte juridictionnel ont fait l'objet d'un débat doctrinal. Ce débat est entretenu par les incertitudes sur la définition de la notion de juridiction. En doctrine, ces incertitudes sont d'ailleurs soulignées par P. LAMPUE qui écrit : « il n'est pas de question où règne plus de confusion et où apparaissent plus de divergences que celle de la définition de l'acte juridictionnel. En premier lieu, son existence même en tant qu'acte juridique ayant une nature propre est contestée. Ensuite, ceux qui lui reconnaissent cette existence distincte du point de vue matériel se font de lui les notions les plus controversées et recourent pour le caractériser à des notions fort différentes »[17] . Les privatistes tentent de résoudre le problème en distinguant juridiction gracieuse et juridiction contentieuse, les publicistes quant à eux opposent l'acte juridictionnel et l'acte administratif. Toutefois, une juridiction peut exercer son office soit à titre gracieux, soit à titre contentieux pour une cause identique, d'où l'inadéquation de la méthode des privatistes dans le cadre de cette recherche. En plus, la distinction entre l'acte administratif et l'acte juridictionnel, démarche des publicistes, n'est aussi aisée qu'on pourrait le croire. Contrairement au droit privé, en droit public, on assiste de plus en plus à un foisonnement d'organismes, de commissions, d'autorités dont la nature juridictionnelle ou administrative n'est pas certaine[18]. Ces incertitudes autour de la

---

[17] P. LAMPUE, « La notion d'acte juridictionnel », *R.D.P,* 1946, p. 5.

[18] Le Conseil constitutionnel français dans sa décision N° 86-224 du 23 janvier 1987 a estimé que le Conseil de concurrence qui n'édicte que des sanctions administratives n'est pas une juridiction. Cons. const., Décision N° 86-224 du 23 janvier 1987, *Rec.*, p. 8. En revanche, le Conseil d'État français, dans sa décision *Société de navigation à vapeur du Lloyd de Treiste*, considère que lorsqu'il statue en appel du Conseil des prises, le Président de la République statue comme une véritable juridiction et les décisions qu'il rend à cette occasion ont « le caractère de jugements », *Rec.,* p. 304.

Au Sénégal, il existe des organismes chargés de l'organisation et de la réglementation de certaines professions et dont la compétence juridictionnelle porte uniquement sur le contentieux répressif relatif à la discipline professionnelle. C'est le cas de l'ordre des avocats, des médecins, des experts comptables, du Conseil de discipline de l'Université Cheikh Anta Diop de Dakar ou du Conseil supérieur de la Magistrature. Les décisions de ces organismes peuvent parfois être attaquées en appel devant la Cour d'Appel de Dakar. Voir D. SY, *Droit administratif*, Dakar, CREDILA/ L'Harmattan, 2e édition, 2014, p. 148.

En droit international, nous pouvons citer le Comité des droits de l'homme de l'O.N.U. La constatation opérée par cet organe des suites d'une procédure contentieuse est définitive et est revêtue de l'autorité de la « chose constatée » c'est-

définition l'acte juridictionnel sont reconnues par les spécialistes du droit international[19].

Cependant, il a été dégagé en doctrine des critères d'identification de l'acte juridictionnel qui ont connu une application jurisprudentielle. Il s'agit d'abord du critère matériel[20] tiré de l'existence d'une instance qui statue en droit en tranchant les litiges entre les parties. Toutefois, l'existence de ce critère n'est pas essentielle. Bien que se retrouvant le plus souvent dans la fonction juridictionnelle, cette dernière peut être tantôt contentieuse tantôt non contentieuse. En effet, si d'ordinaire, l'acte juridictionnel met fin à un litige, il n'en est pas toujours ainsi, dans la juridiction gracieuse, il n'y a pas de désaccord, tout au moins dans l'immédiat, l'office du juge s'exerce en l'absence de conflit. Ici, l'activité du juge devient ministérielle. Ensuite, le critère fonctionnel[21], par opposition à la fonction législative ou exécutive renvoie à la fonction de rendre la justice, la fonction de juger, une mission d'ensemble qui englobe celle de dire le droit dans l'exercice de la juridiction contentieuse[22] (trancher les litiges par l'application du droit), les missions de contrôle liées à l'exercice de la juridiction gracieuse et les fonctions associées à l'un et à l'autre de ces deux aspects principaux de la fonction juridictionnelle telle une mission d'ordonner des mesures

---

à-dire la chose jugée. Voir F. SUDRE, *Droit européen et international des droits de l'homme,* Paris, PUF, 2006, p. 721.

[19] S. CARLO, « Qu'est-ce qu'une juridiction internationale ? Des organes répressifs internationaux à l'O.R.D. », *in Annuaire français de droit constitutionnel*, Volume 46, 2000, pp. 58-81.

[20] Sur les tentatives de définir l'acte juridictionnel à partir du seul critère matériel on peut citer entre autres : O. MAYER, *Le droit administratif allemand,* éd. Française, T. 1, 1903, p. 6 ; G. JELLINECK, *L'État moderne et son droit,* Paris, éd. Française, 1904, t 2, p. 317 ; E. ARTHUR, « Séparation des pouvoirs et séparation des fonctions », *R.D.P,* 1990, p. 237.

[21] C. AMBIER, « Principes du contentieux administratif », Tome I, *Le juge dans l'État, le contrôle judiciaire de l'administration,* Bruxelles, 2ème édition, 1961, p. 24.

[22] D. D'AMBRA, *L'objet de la fonction juridictionnelle : dire le droit et trancher les litiges*, Paris, LGDJ, 1994, p. XXI. L'auteur estime que c'est la notion de litige qui permet de distinguer parmi les actes du juge ceux qui constituent des actes juridictionnels de même que de la fonction juridictionnelle de la fonction jurisprudentielle.

Cependant tout en dépassant cette opération intellectuelle faite par l'auteur, la recherche exclut de son champ les actes du juge dont l'objet est uniquement d'assurer le bon fonctionnement du service public de la justice. Ces actes qui ont un caractère administratif très marqué ne se rattachent ni à la fonction de juridiction contentieuse ni à la fonction de juridiction consultative.

provisoires, des mesures conservatoires et des mesures d'instruction, etc.[23]. Enfin, le critère organique tiré de l'indépendance de l'instance vis-à-vis de l'exécutif et du législatif. Il s'agit d'un critère existentiel fondé sur la théorie de la séparation des pouvoirs, telle que préconisée par MONTESQUIEU[24]. L'organe considéré comme étant une juridiction doit bénéficier d'un statut lui permettant d'exercer en toute indépendance ses compétences. L'indépendance qui est inhérente à la fonction de juger comporte deux aspects. Le premier élément suppose que l'instance soit protégée d'interventions ou de pressions externes susceptibles de mettre en péril d'indépendance de ses membres lorsque ces membres statuent sur les litiges qui leur sont soumis[25]. Le second aspect d'ordre interne rejoint la notion d'impartialité et vise l'égale distance par rapport aux parties au litige et aux intérêts respectifs au regard de l'objet de celui-ci[26]. Ces critères ont suscité une controverse doctrinale en France sur la nature du Conseil constitutionnel. Pendant longtemps, constitutionnalistes et politistes se sont opposés sur la question relative à la nature de l'institution[27].

Par ailleurs, en doctrine, certains auteurs ont tenté de systématiser la définition de l'acte juridictionnel. Jean de SOTO définit l'acte juridictionnel comme « un acte émanant d'une autorité spéciale ou juridictionnelle destiné à mettre définitivement fin à un trouble juridique en fonction d'arguments juridiques et à la suite d'une procédure garantissant tous les intérêts en présence »[28]. Raymond GUILLIEN et Jean VINCENT définissent l'acte juridictionnel comme tout acte quel qu'en soit l'auteur, par le lequel l'autorité compétente procède à une vérification de légalité sur un acte juridique ou matériel[29]. Olivier DUHAMEL et Yves MENY définissent le terme juridiction comme « un organe chargé de dire le droit avec force de vérité

---

[23] G. CORNU, *Vocabulaire juridique, op. cit.*, p. 507

[24] *L'esprit des lois*, Livre XI, Chap. VI.

[25] CJCE, 19 septembre 2006, Aff. C-506/04 Wilson, *Rec. CJCE*, 2006, p. 8613, pt. 50 et 51.

[26] *Rec. CJCE*, 2006, *ibid.*, pt. 52.

[27] Certains auteurs comme PROUZET, ont douté de la qualité juridictionnelle du Conseil constitutionnel. *Cf.* J. PASCAL, *La saisine du Conseil constitutionnel*, LGDJ, 1999, p. 69. En revanche, d'autres comme P. JUILLARD ont défendu la thèse contraire, voir P. JUILLARD, « L'aménagement de l'article 61. Difficultés de changement en matière constitutionnelle », *R.DP*, 1974, p. 1703.

[28] J. de SOTO. « La notion de juridiction », Dalloz, 1956, p. 46.

[29] R. GUILLIEN et J. VINCENT, *Lexique des termes juridiques*, sous la direction de S. GUINCHARD et G. MONTAGNIER, 13e édition, Paris, Dalloz, 2001, p. 327.

légale »[30]. Malgré leur importance, ces définitions comportent des insuffisances. En effet, la définition de Jean de SOTO est étroite car le juge intervient parfois en dehors de tout litige. Il en est ainsi dans la fonction consultative. Quant à celle de Raymond GUILLIEN et Jean VINCENT, elle est large car du point de vue organique, elle intègre des autorités dont la nature juridictionnelle est discutable, en tout cas qui n'assurent pas au premier chef la fonction de juger. Aucun de ces critères, pris isolément, ne peut permettre donc de définir clairement la notion. C'est pourquoi, une partie de la doctrine tente de combiner les critères ainsi dégagés[31].

Tout de même, pour éviter les difficultés de qualification, le législateur et de plus en plus le constituant prennent souvent le soin de qualifier les organes qu'ils créent de juridictionnels ou non[32]. À défaut, il appartient au juge, saisi à cet effet, de procéder à la qualification de l'organe en question. De la pratique juridictionnelle, il se dégage une méthode impressionniste s'effectuant par l'application d'indices dont leur influence se mesure en fonction de leur densité. On peut citer, notamment, l'existence d'un litige[33], le caractère contradictoire de la

[30] O. DUHAMEL et Y. MENY, *Dictionnaire constitutionnel,* Paris, PUF, 1992, p. 544.
[31] M. WALINE, « Préface », *in* L. FAVOREU et L. PHILIP, *Les grandes décisions du Conseil constitutionnel*, Paris, Dalloz, 16e édition, 2011, pp. XIII et s.
[32] C'est ainsi qu'au Sénégal, la loi organique sur la Cour des Comptes dispose que « la Cour est une juridiction financière et une institution supérieure de contrôle des finances publiques ». *Cf.* Loi organique N° 99-70 du 17 février 1999, *JORS,* N°5845, 20 février 1999, p. 795.
[33] Civ. 19 juin 1923, *S.*, 1, 376, la Cour de cassation française a appliqué le critère matériel dans son arrêt du 19 juin 1923 en considérant que *« la mesure réclamée* (une prorogation de bail aux soldats mobilisés) *ne constitue pas une véritable demande et ne supporte pas la contradiction ».* Il en est de même dans son arrêt du 7 novembre 1933 à propos de l'adoption des pupilles de la Nation (Civ. 7 novembre 1934, S, 1, 15). Cependant, la CJCE a estimé que l'exigence d'une procédure contradictoire n'est un critère absolu. CJCE, 17 septembre 1997, Aff. C-54/96 *Dorsch Consult, Rec. CJCE,* 1997, p. I-4961, pt. 31. Une telle position de la Cour est applicable au Conseil constitutionnel sénégalais, juridiction devant laquelle la procédure n'est pas contradictoire.

procédure[34], la qualité des membres[35], l'autorité de la décision[36], le critère de la collégialité[37]. En réalité, dans la qualification de l'organe, le juge privilégie de plus en plus l'approche fonctionnaliste[38]. La méthode employée repose sur une démarche empirique, dont l'effet recherché est celui de l'efficacité associant tantôt le critère matériel,[39] tantôt le critère procédural ou formel[40]. La CJUE, dans l'affaire rendue

---

[34] Par un arrêt du 24 novembre 1897, la chambre civile de la Cour de cassation a retenu le critère formel de l'absence de contradiction et instaure une voie de recours contre un jugement rendu sur requête (Civ.24 novembre 1897, *S.*, 1900, 1, 336.) La même solution a été retenue par la chambre des requêtes le10 juin 1874 qui constata l'absence de contradiction et déclara que l'acte gracieux n'avait pas l'autorité de la chose jugée. (Req, 10 juin 1874, *S.*, 1878, 1, 157.)

[35] Dans sa décision du 12 décembre 1958, *Reubeuf*, le Conseil constitutionnel français a décidé que de par sa composition la Commission constitutionnelle provisoire présentait le caractère d'une juridiction. La Commission était composée du premier président de la Cour de cassation, du vice-président du Conseil d'État et du premier président de la Cour des comptes. Voir L. FAVOREU et P. LOIC, *Les grandes décisions du Conseil constitutionnel*, *op. cit.*, p. 11. En revanche, le Conseil d'État français dans l'arrêt *Falco et Vidaillac* rendu le 17 avril 1953 a qualifié d'autorité administrative un bureau de vote chargé d'intervenir dans des opérations électorales en vue de pourvoir des sièges du Conseil supérieur de la Magistrature. En l'espèce, le Conseil d'État estime que « *le fait que ce bureau soit composé des plus hauts magistrats de l'ordre judiciaire, ne lui prive pas le caractère d'autorité administrative qu'il tient de la mission même qui lui est confiée* ». *Rec.*, p. 175. Dans cette affaire le critère organique en sort affaibli. Le critère fonctionnel détermine la qualification de l'organe.

[36] F. LUCHAIRE, « Le Conseil constitutionnel est-il une juridiction ? », *R.D.P*, 1979, p. 27 et s.

[37] R. CHAPUS, « Qu'est-ce qu'une juridiction ? La réponse de la jurisprudence administrative », *in Recueil d'études en hommage à Charles Eisenmann*, Paris, Cujas, 1975, pp. 265-292.

[38] L. MILANO, « Qu'est-ce qu'une juridiction ? La question a-t-elle encore une utilité ? », *RFDA*, 2014, p. 1119.

[39] M. HAURIOU assigne au juge la mission d'apporter des solutions aux litiges qui opposent les parties entre elles ou à un acte d'une autorité publique. M. HAURIOU, « Les éléments du contentieux », *Recueil de l'académie de la législation de Toulouse*, 1905, p. 1. A sa suite, R. BONNARD et G. JEZE défendent la même position. R. BONNARD, *Précis de droit public*, Paris, 1940, p. 70 ; G. JEZE, « L'acte juridictionnel et la classification des recours contentieux », *RDP*, 1909, p. 667. Ce dernier estime que « l'acte juridictionnel est une constatation faite par le juge avec force de vérité légale » et « il dépend du législateur de conférer ou non à une constatation la force de vérité légale et par suite le caractère d'acte juridictionnel ».

[40] G. JEZE, « L'acte juridictionnel et la classification des recours contentieux » ; *RDP*, 1909, p. 667. L'auteur soutient que « l'acte juridictionnel est une constatation faite par le juge avec force de vérité légale » et « il dépend du législateur de conférer ou non à une constatation la force de vérité légale et par suite le caractère d'acte juridictionnel ». M. WALINE estime que le caractère définitif de la décision qui

le 13 janvier 2013, *Aff. C-394 /11 Valeri Hariev Belov c/Chez- Assas Belgaria AD* a indiqué que la notion de juridiction est appréciée au regard d'un ensemble d'éléments tels l'origine légale de l'organisme, sa permanence, le caractère obligatoire de sa juridiction, les règles de droit ainsi que son indépendance[41].

Cependant, même si le concept ne se définit pas de manière sûre, l'épithète *« juridictionnelle »*, renvoie à l'existence d'un organe au sein duquel siègent des personnes ayant la qualité de magistrat, qu'on le nomme Conseil, Tribunal ou Cour. Il statue en droit de façon impartiale, rend des décisions revêtues de l'autorité de la chose jugée, que l'on appelle jugement, arrêt ou décision, suivant une procédure qui peut être contradictoire ou non, contentieuse ou gracieuse, indépendante du pouvoir exécutif et du pouvoir législatif. En partant de ces précisions, la protection juridictionnelle peut être définie comme le fait pour les juridictions[42] de mettre en œuvre des procédures, des moyens et

---

s'impose aux parties et la fonction de dire le droit, suffissent pour qualifier l'acte de juridictionnel. M. WALINE, « Préface », *in* L. FAVOREU et L. PHILIP, *op. cit*, p. XII.

[41] Voir D. BERLIN, « Qu'est-ce qu'une juridiction ? », *in La semaine juridique,* Edition générale, N° 7, 11 février 2013, p. 313.

[42] Il existe une tendance des juridictions communautaires ouest-africaines à s'intéresser aux questions constitutionnelles. En effet, la Cour de justice de la CEDEAO dans son arrêt N°ECW/CCJ/JUD/05/10 du 08 Novembre 2010 affaire Mamadou TANDJA c/ Salou DJIBO et État du Niger, a estimé que les droits d'un Président renversé par un coup d'État doivent être intégralement respectés. Le nouveau pouvoir avait été condamné pour arrestation et détention arbitraires du Président TANDJA et la Cour avait ordonné la libération de ce dernier.
Dans son arrêt N°ECW/CCJ/JUD/06 du 18 novembre 2010, affaire HABRE c/État du Sénégal, la Cour de justice de la CEDEAO a estimé que le pouvoir constituant dérivé a méconnu le principe de non rétroactivité des lois pénales qui a une valeur constitutionnelle.
En 2011, à la suite d'une décision N° E-002/2011 du 22 janvier 2011 de la Cour constitutionnelle du Togo, refusant d'intégrer cinq députés déclarés démissionnaires dans des conditions litigeuses à l'Assemblée nationale, la Cour de justice de la CEDEAO dans son arrêt N°ECW/CCJ/JUD/09/2011 du 07 octobre 2011, jugea que l'État du Togo a violé le droit fondamental à être entendu des requérants dans la procédure devant Cour constitutionnelle d'une part, d'autre part elle ordonna à l'État du Togo la réparation de la violation des droits de l'homme et de payer à chaque victime la somme de trois millions de francs CFA.
Ces exemples montrent que le juge communautaire participe à la protection de l'ordre constitutionnel avec la communautarisation des ordres constitutionnels des États africains. Voir S. BOLLE, « La cour de justice de la C.E.D.E.A.O : une Cour supra constitutionnelle ? » *http://www. la-constitution-en-afrique. org* ; J. DJOGBENOU, « L'ambiguïté statuaire du pouvoir judiciaire dans les Constitutions des États africains de tradition juridique française », *Mélanges en l'honneur de Maurice Ahanhanzo-GLELE,*

garanties visant la préservation, le rétablissement et l'optimisation de l'ordre constitutionnel lorsqu'il est susceptible d'être violé ou est violé par des actes ou des comportements.

Au Sénégal, la protection juridictionnelle de l'ordre constitutionnel reste caractérisée sa nature multidimensionnelle et fait intervenir plusieurs organes juridictionnels.

b- Un concept multidimensionnel

Le caractère multidimensionnel de la protection juridictionnelle de l'ordre constitutionnel au Sénégal résulte des fonctions assumées par les juges de la constitutionnalité et du nombre de juridictions qui assurent la protection. D'une part, dans la pratique, on constate que la protection peut assurer plusieurs fonctions, d'où son caractère plurifonctionnel (1). D'autre part, plusieurs organes juridictionnels (2) interviennent dans la protection de l'ordre constitutionnel au Sénégal.

1- Une protection plurifonctionnelle

La recherche pourrait renvoyer dans une première compréhension à la justice constitutionnelle telle qu'elle est appliquée au Sénégal, c'est-à-dire le contrôle de constitutionnalité exercé par le Conseil constitutionnel. Certes, le contentieux constitutionnel des lois constitue la partie la plus visible, la plus manifeste de la protection, mais il n'en demeure pas moins que celle-ci peut revêtir une forme non contentieuse[43]. Le juge peut être saisi pour avis si les textes qui organisent la procédure d'élaboration de la norme en question rendent obligatoire sa saisine préalable[44]. En France, l'importance de la fonction consultative est mise en exergue par la révision constitutionnelle du 23 juillet 2008. L'article 39 al. 2 de la Constitution de 1958 impose la consultation obligatoire du Conseil d'État sur les projets de loi avant qu'ils ne soient délibérés en Conseil des ministres. Cette exigence vaut pour tous les projets de loi sans distinction d'objet ni de procédure[45]. En plus, le fait pour une juridiction d'exercer des activités gracieuses par moments ne lui enlève

La Constitution béninoise du 11 décembre 1990 : un modèle pour l'Afrique ?, Paris, L'Harmattan, 2014, p. 530.

[43]G. BRAIBANT, « Le rôle du Conseil d'État dans l'élaboration du droit », *in Mélanges René Chapus,* Paris, Montchrestien, 1992, p. 92.

[44]A. J. GASNIER, « Les attributions du Conseil d'État à la fonction consultative », *RDP*, N° 4, 1998, pp. 1162-1163.

[45]Y. GAUDEMET et autres, *Les grands avis du Conseil d'État*, Paris, Dalloz, 3e édition, 2008, p. 58.

en rien sa qualité de juge[46]. D'ailleurs, Marcel WALINE a soutenu que le Conseil constitutionnel est une juridiction « tantôt contentieuse tantôt non contentieuse »[47]. Olivier. DUHAMEL et Yves MENY s'inscrivent dans la même perspective. Ils estiment que la décision juridictionnelle peut être gracieuse (recognitive) ou contentieuse (trancher un différend)[48]. L'étude de la protection non contentieuse permet de dépasser la vision sectorielle axée seulement sur la dimension contentieuse de la justice constitutionnelle. Elle permet de rendre compte de la réalité de celle-ci. En effet, si le juge constitutionnel tranche des conflits de normes et comportements à l'aune de l'ordre constitutionnel, sa mission ne s'arrête pas à cet aspect ; elle le dépasse. Tout comme le juge de l'administration, la Cour suprême a des attributions consultatives, le Conseil constitutionnel exerce une fonction consultative qui mérite d'être étudiée.

Au Sénégal, la protection de l'ordre constitutionnel se singularise par la pluralité des juridictions qui y interviennent.

2- Une pluralité des organes juridictionnels

L'organisation juridictionnelle de la protection de l'ordre constitutionnel peut être un modèle diffus ou centralisé. Au Sénégal, la protection de l'ordre constitutionnel implique plus d'un organe judiciaire. Le contrôle de constitutionnalité des actes législatifs est confié au Conseil constitutionnel, tandis que celui des actes administratifs est dévolu à la Cour suprême, juge de l'administration. Le modèle juridictionnel de contrôle de constitutionnalité n'est ni diffus ni centralisé dans la mesure où les cours et tribunaux ne peuvent, à l'instar du modèle américain, connaître de la constitutionnalité d'un acte législatif. En outre, le Conseil constitutionnel ne peut connaître de la constitutionnalité d'un acte administratif, sauf dans des cas exceptionnels en matière de contentieux des élections nationales[49].

Le Conseil constitutionnel sénégalais n'a pas le monopole de contrôle de constitutionnalité des normes juridiques. C'est une fonction qu'il partage avec d'autres juridictions. Le contrôle de constitutionnalité des lois n'est donc qu'une des procédures mises à la disposition de la justice constitutionnelle. C'est sans doute la plus importante, mais il ne s'identifie

---

[46] M. FROMONT, *La justice constitutionnelle dans le monde*, Paris, Dalloz, 1996, p. 4.

[47] M. WALINE, « Préface », *in* L. FAVOREU et L. PHILIP, *Les grandes décisions du Conseil constitutionnel, op. cit.*, p. XVI.

[48] O. DUHAMEL et Y. MENY, *Dictionnaire constitutionnel, op. cit.*, p. 545.

[49] Cons.const., Décision n°1/C/2024 du 15 févier 2024 ; Cons. const., Décision n°8 /E/ 2022 du 21 mai 2022

pas à celle-ci[50]. A titre illustratif, les Chambres administratives de la Cour suprême peuvent connaître du recours pour excès du pouvoir des actes administratifs unilatéraux qui violeraient l'ordre constitutionnel[51]. La conception qui réduit la protection de l'ordre constitutionnel au seul rôle que joue la juridiction constitutionnelle est minimaliste. Étudiant *la protection constitutionnelle des droits fondamentaux au Sénégal,* M. M. SY écrit : « Dans les systèmes de justice constitutionnelle étudiés dans le cadre de cette recherche, aucune juridiction administrative ou judiciaire ne pouvant remplir un tel office, seule la mission du Conseil constitutionnel en tant juge électoral et la constitutionnalité des lois y parvient. Ainsi chaque fois qu'on est porté à parler de juridiction ou de juge constitutionnel, on fait allusion au Conseil constitutionnel »[52]. Pourtant, M. SY fait remarquer dans son étude que la notion de « juridiction constitutionnelle » peut désigner une pluralité de juges. C'est pourquoi, B. MATHIEU et M. VERPEAUX parlent des « juges du contentieux constitutionnel »[53]. Or, il faut admettre que le juge de l'administration joue un rôle déterminant dans la protection des droits fondamentaux définis par l'ordre constitutionnel. Les autorités administratives ont le pouvoir de prendre des décisions administratives qui s'imposent aux administrés et qui violent l'ordre constitutionnel. À cet égard, le recours pour excès de pouvoir apparaît comme l'arme la plus efficace pour assurer la défense des droits fondamentaux. D'ailleurs dans certains modèles de justice constitutionnelle, le constituant a pris le soin de confier à la juridiction constitutionnelle le contrôle de

---

[50] L. FAVOREU et autres, *ibid.* 206.

[51] CS, 6 février 1974, Abdourahmane Cissé, *Annales africaines,* 1974, p. 65.
En doctrine on peut consulter : F. BATAILLER, *Le Conseil d'État juge constitutionnel,* L.G.D.J, 1966, 675 p ;
G. BRAIBANT, « Le contrôle de la constitutionnalité des lois par le Conseil d'État », *in Mélanges en l'honneur de Gérard Conac, Le nouveau constitutionnalisme,* Paris, Economica, 2001, p. 185 ; J. MASSOT, « Le Conseil d'État artisan du droit constitutionnel de la cinquième République »,*in Mélanges en l'honneur de Gérard Conac, Le nouveau constitutionnalisme,* Paris, Economica, 2001, p. 167 ; A. S. OULD BOUBOUTT, *L'apport de la jurisprudence du Conseil constitutionnel au droit administratif,* Paris, Economica, 1987, 590 p.
Pour l'exercice du contrôle de constitutionnalité par le juge de droit privé voir F. LUCHAIRE, « Les fondements constitutionnels du doit civil », *Revue de dr.civ,* 1982, p. 283.

[52] M. M. SY, *La protection constitutionnelle des droits fondamentaux en Afrique. L'exemple du Sénégal, op. cit.*, p. 36.

[53] M. M. SY, *ibid.*, p. 35.

constitutionnalité des actes administratifs[54]. L'apparition du règlement autonome démontre suffisamment que la fonction de l'acte administratif ne se réduit pas à l'application de la loi. La décision administrative devient alors dans les cas déterminés par l'ordre constitutionnel un instrument de mise en œuvre de celui-ci. En pareille hypothèse, il entre dans les attributions du juge de l'administration de veiller à ce que l'ordre constitutionnel ne soit pas violé par les actes de l'autorité administrative. L'épithète « constitutionnelle » sur lequel semble reposer la réduction de la justice constitutionnelle aux seules activités du Conseil constitutionnel paraît, à certains égards, minimaliste. Le Conseil constitutionnel, tout comme la Cour suprême sont des juridictions constitutionnalisées. Toutes deux sont logées au même titre dans la Constitution et peuvent faire office de juge constitutionnel. De même, le juge de droit commun peut exercer un contrôle de constitutionnalité. Aussi, le contrôle de conventionnalité qui est l'apanage des juges ordinaires peut entrainer un contrôle de constitutionnalité[55]. Les conventions internationales relatives aux droits de l'homme recoupent les dispositions du préambule de la Constitution et celles du titre du corpus y relatives. Le contrôle de conventionnalité s'identifie ainsi par son objet matériel au contrôle de constitutionnalité[56]. Les juges ordinaires peuvent connaître de la constitutionnalité d'un acte administratif lorsqu'ils statuent au contentieux et que la légalité constitutionnelle de l'acte administratif conditionne l'issue du procès[57]. La règle selon

---

[54] C'est le cas du Bénin (article 117 de la Constitution du 11 décembre 1990) et de la RDC (article 162 de la Constitution du 18 février 2006).

[55] D. DE BECHELLON, « De quelques incidences du contrôle de conventionnalité internationale des lois par les juges ordinaires », *RFDA,* 1998, p. 225.

[56] J. ROBERT, « Droit administratif et droit constitutionnel », *RDP,* N°4, 1998, p. 976.

[57] E. H. MBODJ, « Les incidences de la réforme judiciaire du 30 Mai 1992 sur le contentieux administratif Sénégalais », *EDJA,* N° 25, avril-mai-juin 1995*,* p. 26.

En France, l'article 111-5 du Code pénal français attribue compétence aux juridictions pénales pour apprécier la légalité des actes administratifs lorsque de cet examen dépend la solution du procès pénal qui leurs est soumis. Le législateur français par la loi N° 92-683 du 22 juillet 1992 portant réforme du Code pénal a donné plénitude de juridiction au juge pénal. L'article 111-5 du Code pénal prévoit ainsi que *« les juridictions répressives sont compétentes pour interpréter les actes administratifs réglementaires ou individuels et pour en apprécier la légalité lorsque, de cet examen, dépend la solution du procès pénal qui leur est soumis ».* L'article 111-5 est venu traduire dans la loi la pratique antérieure, qui résultait de la jurisprudence. Selon l'arrêt du Tribunal des conflits du 5 juillet 1951 *Avranches et Desmarets*, il était reconnu au juge répressif *« plénitude de juridiction sur tous les points d'où dépend l'application ou la non-application des peines ».* L'arrêt posait cependant une limite à cette

laquelle « le juge de l'action est le juge de l'exception » s'applique dans une telle hypothèse. L'interprétation constitutionnelle n'est pas donc l'apanage ou la chasse gardée du Conseil constitutionnel, elle est aussi l'affaire des autres juges[58]. D'ailleurs c'est dans cette perspective que Alexandre VIALA écrit : « C'est dans l'application de la loi que l'interprétation normative du juge ordinaire, à l'abri du gardien de la Constitution, fixe définitivement le sens du texte. L'interprétation conforme est alors ce lien par lequel le juge spécial de la constitutionnalité,

---

plénitude de juridiction en imposant que *« l'appréciation de la légalité des actes administratifs non réglementaires... sauf dans le cas de prescription législative contraire...soit réservée à la juridiction administrative en vertu de la séparation des pouvoirs ».* (T. C., 5 juillet 1951, Avranches et Desmarets, *Rec. CE*, p. 638 ; *D.*, 1952, jurispr, p. 271, note C. Blaevoet ; *JCP,* 1951, II, p. 6623, note A. Homont ; *Rev. adm.*, 1951, p. 492, note G. Liet-Veaux ; *S.* 1952, 3, p. 1, note J.-M. Auby). Le Tribunal des conflits en instituant ainsi une distinction entre actes réglementaires dont le juge répressif pouvait apprécier la légalité et actes individuels, pour lesquels il devait y avoir renvoi à la juridiction administrative, n'avait pas convaincu la doctrine. Voir. B. PACTEAU, « Feu sur la jurisprudence Avranches et Desmarets ! Feue la jurisprudence Avranches et Desmarets », *Études offertes à J. M. Auby*, Paris, Dalloz, 1992, p. 249. Ces principes n'avaient d'ailleurs pas été respectés par la juridiction judiciaire. En effet, dans un arrêt de 1961, la chambre criminelle de la Cour de cassation rétablissait le droit de contrôle du juge pénal sur la validité de tous les actes administratifs *« lorsque ces actes, réglementaires ou individuels, sont assortis d'une sanction pénale... ».* Cass. crim., 21 déc. 1961, Dame le Roux, *D.* 1962, jurispr. p 102, rapp. Costa ; *JCP,* 1962, II, 12680, note J. Lamarque, *S.,* 1962, p. 89.

[58] C'est le sens de l'arrêt rendu par l'ancienne Cour suprême dans l'affaire du 5 juillet 1961, Waly Sarr c/Commune de Saint-Louis, J. M. NZOUANKEU, *Les grandes décisions de la jurisprudence administrative sénégalaise, op. cit.,* p. 49 et du jugement rendu par le Tribunal département dans l'affaire du 7 avril 1981, Cheikh Anta Diop, J. M. NZOUANKEU *ibid.*, p. 50. Le Tribunal régional Hors Classe de Dakar statuant en matière correctionnelle a interprété les dispositions de l'article 61 de la Constitution du 22 janvier 2001 dans *l'affaire Amath DANSOKHO*. Dans cette affaire, le juge a estimé que l'article 61 de la Constitution n'interdit aucunement que des poursuites puissent être engagées contre un député lorsque ce dernier n'est pas en session parlementaire. Il a fait remarquer qu'une lecture combinée des alinéas 2, 3 et 4 de cet article permet de distinguer deux situations réglées par ce texte : 1-lorsque le député est en session, il ne peut être poursuivi ou arrêté en matière criminelle ou correctionnelle qu'avec l'autorisation de l'Assemblée nationale ; 2-hors session, le député ne peut être arrêté qu'avec l'autorisation du bureau de l'Assemblée nationale. Ainsi, le juge a estimé que dès lors que le député n'est pas en session, seule son arrestation est soumise à une autorisation de l'Assemblée nationale, et sa poursuite devant les juridictions correctionnelles reste possible. Le député Amath DANSOKHO n'état en session parlementaire, la procédure de citation directe engagée contre lui devant ledit tribunal est régulière. TR HC de Dakar, jugement N° 641 du 20 juin 2006, MP C./ Amath DANSOKHO inédit.

au nom de la hiérarchie des normes, propose au juge ordinaire de l'application du modèle d'interprétation de la loi qui s'avère conforme à la Constitution »[59]. Un véritable système juridictionnel se construit donc à l'occasion du contrôle de constitutionnalité des normes juridiques. L'interprétation de la loi met soit en dialogue, soit en concurrence les autres juges et le Conseil constitutionnel. Une telle situation est observable dans d'autres systèmes juridictionnels comme celui de l'Italie[60]. Le pouvoir d'interprétation de la Constitution par le juge ordinaire est administré par la Cour de cassation française dans l'arrêt *Breisacher*[61]. Ce système juridictionnel remet en cause l'idée d'un monopole du contrôle de constitutionnalité par Conseil constitutionnel.

La conception organique ou formelle de la justice constitutionnelle peut être retenue pour une approche de la justice constitutionnelle qui désigne l'institution chargée d'assurer la suprématie de la Constitution soit par une juridiction spéciale créée à cet effet, soit par le système juridictionnel général dont l'une des compétences est le contrôle de constitutionnalité. Tout juge qui applique la Constitution exerce une justice constitutionnelle. L'existence d'une justice constitutionnelle n'exige pas donc toujours la création d'une juridiction constitutionnelle spéciale, et même dans les systèmes où celle-ci existe, les juridictions ordinaires font parfois office de juge constitutionnel dans les limites de leurs compétences[62].

Après ces précisions relatives au concept « protection juridictionnelle », il convient d'examiner ce qu'il en est de « ordre constitutionnel ».

II- Ordre constitutionnel

L'ordre politique, qui renvoie à la vie politique des institutions qui se déroule en dehors de la Constitution et qui a comme instrument d'analyse la science politique se distingue de l'ordre constitutionnel. Ce dernier n'existe que lorsque l'ordre politique est saisi par le droit,

---

[59] A. VIALA, « L'interprétation du juge dans la hiérarchie des normes et des organes », *Cahiers du Conseil constitutionnel,* N° 6, janvier 1999, p. 8.

[60] D. ROUSSEAU, « Toujours "Vive la PQC" Oui ! », *Gaz., Pal.,* 23 au 27 mai 2010, p. 18.

[61] X. PRETOT, « Quand la Cour de cassation donne une leçon au Conseil constitutionnel… A propos de la responsabilité pénale du Président de la République (Cass., Plén., 10 oct. 2001, M. Michel Breisacher) », *RDP*, N°6, 2001, p. 1625.

[62] G. BADET, *Les attributions originales de la Cour constitutionnelle du Bénin,* Cotonou, Friedrich Ebert Stiftung, Bibliothèque Nationale, avril 2013, p. 20.

particulièrement par le droit constitutionnel[63]. La définition du concept ordre constitutionnel n'est pas facile. La définition des notions qui forment le concept font l'objet d'une controverse doctrinale ce qui rend laborieuse la définition de celui-ci. Ainsi, la définition nécessite-t-elle une précision du terme ordre (a), puis de ce que recouvre l'expression, une fois accolée à l'épithète constitutionnel(b).

a- L'ordre : une notion polysémique.

L'ordre est une notion polysémique. Au sens linguistique, Claude MARGUERON et Gianfranco FOLENA définissent le concept comme un fonctionnement normal, une association, une catégorie, un commandement, une classification[64]. Au sens juridique, la notion est définie comme le droit pris dans son intégralité et son unité, c'est-à-dire une institution ou une prescription ou un ensemble de prescriptions diversement regroupées ou agencées, distinctes des prescriptions non juridiques[65].

L'ordre désigne « un ensemble ordonné, considéré sous le double rapport de son existence comme une entité distincte (classes, catégories) et de son organisation interne, que l'ordre s'applique à des personnes, des juridictions, des opérations ou activités ou aux règles de droit, par exemple ordre juridique, ordre de juridictions, ordre de créance »[66].H. KELSEN définit le concept comme « un système de normes qui règlent la conduite humaine »[67]. Appliqué à la science du droit, le concept « ordre » renvoie à un ensemble de normes reliées les unes aux autres et ayant le même fondement. Il s'agit d'un système de normes dont l'unité repose sur le fait que leur validité à toutes a le même fondement[68]. C'est un ensemble de règles juridiques regroupées en secteurs ou ordres qui comportent en leur sein des principes et de la réglementation répondant à une idée juridique et sociale. Par exemple droit public, droit privé, droit interne, droit international sont des ordres juridiques[69]. L'ordre est donc un ensemble de droits et d'obligations régissant les rapports sociaux et dont la création, la modification, l'abrogation et les relations réciproques résultent de propositions

---

[63] L. FAVOREU, et autres, *Droit constitutionnel, op. cit.*, p. 325.

[64] C. MARGUERON et G. FOLENA, *Dictionnaire général*, Paris, Larousse, 2003, p. 452.

[65] S. ROMANO, *L'ordre juridique,* Paris, Dalloz, 2002, p. 19.

[66] G. CORNU, *Vocabulaire juridique, op. cit.*, pp. 617-618.

[67] H. KELSEN, *Théorie pure du droit*, Paris, trad. Eisenmann, 1962, p. 299

[68] H. KELSEN, *Théorie pure du droit*, *op. cit.*, p. 300.

[69] R. GUILLIEN et J. VINCENT, *Lexiques des termes juridiques, op. cit.*, p. 392.

auxquelles on donne le nom de normes. L'ordre est un moyen de commandement de l'action qui nécessite une réception matérielle et psychologique de la part de ceux à qui il est destiné.

L'ordre juridique, n'est pas un système de normes placées toutes au même rang, mais un édifice à plusieurs étages superposés, une pyramide ou une hiérarchie formée d'un certain nombre de couches de normes[70]. Ainsi, se construit « un ensemble cohérent ou système de normes juridiques régissant une société donnée »[71]. Par conséquent, la place du droit constitutionnel en tant ordre juridique, partie intégrante du « système normatif »[72] mérite d'être examinée. Dans cet ordre d'idées, se pose la question de la définition de la notion de Constitution. Il convient de voir ce que recouvre cette dernière en examinant ses approches définitionnelles.

b- Les approches définitionnelles de la Constitution

La définition de la Constitution a toujours fait l'objet d'une controverse doctrinale. Dans l'ensemble, les différentes thèses qui ont été développées peuvent être systématisées en deux approches. Une approche statique de la notion de Constitution qui ne permet pas de rendre compte de la réalité, et qui de ce fait, est inopérante (1). Du constat de cette donne est née une autre approche dynamique qui tente d'épuiser la problématique de la définition de la Constitution à l'aune de la pratique juridictionnelle (2).

1- L'approche statique : une démarche inopérante

De prime abord, il convient de préciser que par l'épithète « constitutionnel », on entend ce qui se rapporte à la Constitution ou en fait partie, ce qui a la force propre des dispositions de la Constitution, ce qui a l'autorité de la Constitution, qui trouve sa place dans la Constitution. Il s'agit de règles, de valeurs et de principes se rapportant à une objectivation normative de valeur juridique et ayant niveau et

---

[70] H. KELSEN, *Théorie pure du droit*, *op. cit.*, p. 299. Pour une critique de cette définition, voir C. LEBEN, « *Compagnelo* et Kelsen ou les mésaventures d'un maître et son discipline », *in L'architecture du droit, Mélanges en l'honneur de Michel Troper*, Paris, Economica, 2006, pp. 602-623.

[71] M. VIRALLY, « Notes sur la validité du droit et son fondement », *Mélanges Eisenmann*, Paris, Cujas, 1975, p. 459.

[72] E. BULYGIN, « Système normatif et ordre juridique », *in L'architecture du droit, Mélanges en l'honneur de Michel Troper,* Paris, Economica, 2006, pp. 223-247.

force de loi fondamentale[73]. L'épithète « constitutionnel » renvoie à ce qui a été institué par le pouvoir constituant ou accepté comme fondamental par la société. La définition du concept peut se faire donc à l'aide de celle de la notion de Constitution. Cette dernière est une notion polysémique. Au sens générique, la notion renvoie à la substance qui forme un corps qui peut être solide, liquide, on parle alors de la constitution d'un être humain, la constitution d'une matière[74]. Appliquée aux sciences sociales, la Constitution renvoie à ce qui peut être en deçà ou au-delà de l'État[75].

Appliqué à la science du droit et notamment à la théorie du droit constitutionnel, le concept désigne à l'origine des édits, des décrets et mandats promulgués de manière unilatérale par les empereurs romains[76]. La définition de la Constitution peut se faire de façon communément admise au sens matériel ou formel à l'époque moderne. Cette option permet de dépasser l'approche proudhonienne[77] de la Constitution. Cependant, l'emploi du concept « ordre constitutionnel »[78] résulte

---

[73] A. ADAM, « Sur les valeurs constitutionnelles », *in Mélanges Patrice Gélard, Droit constitutionnel,* Paris, Montchrestien, LGDJ, 1999, pp. 1-17.

[74] M. KAMTO, *Pouvoir et droit en Afrique noire. Essai sur les fondements du constitutionnalisme dans les États d'Afrique francophone,* Paris, LGDJ, 1987, p. 86.

[75] M. PRELOT, *Institutions politiques et droit constitutionnel*, Paris, 2e édition revue et mise à jour par Jean Boulouis, Dalloz, 1978, p. 28.

[76] K. WITTEFOGEL, *Le despotisme oriental*, Paris, Editions de minuits, 1977, pp. 128-129.

[77] P. J. PROUDHON distinguait en effet la « Constitution sociale » qui est une véritable Constitution selon lui de la « constitution politique » qui n'est, à son opinion, que le reflet d'une forme du pouvoir politique. *Cf. Les confessions d'un révolutionnaire. Œuvres complètes,* Paris, Librairie des Sciences politiques et sociales, 1929, pp. 217 et s.

[78] Dans son sens premier, le concept désigne les prescriptions qui doivent guider l'exercice du pouvoir politique et régir le comportement des gouvernants politiques. Ainsi parle-t-on de la répression des infractions à l'ordre constitutionnel comme la haute trahison, les modes inconstitutionnels de dévolution du pouvoir. Ces infractions relèvent d' « un contentieux quasi pénal » Voir B. GUEYE, « Les coups d'État en Afrique entre légalité et légitimité », *in Pouvoirs et États en Afrique francophone, in* Mamadou BADJI et autres, *Droit sénégalais,* Presses universitaires de Toulouse 1 Capitole, 2010, pp. 259-278 ; A. T. LY, « Les changements anticonstitutionnels de gouvernement en Afrique », *in Pouvoirs et États en Afrique francophone,* Mamadou BADJI et autres (dir.), *Droit sénégalais, Presse universitaires de Toulouse 1 Capitole*, 2010, pp. 293-340 ; K. M. JOSEPH, « L'Union africaine face à la gestion des conflits. Cas des changements anticonstitutionnels de gouvernement », *Revue de la Recherche Juridique*, 2009, N° 2, pp. 995-1023 ; P. BON, « Le Conseil constitutionnel français

de l'inefficacité de l'approche statique pour étudier la Constitution et du choix d'une approche dynamique pour appréhender la matière constitutionnelle.

D'une part, l'approche statique de la matière constitutionnelle repose sur une définition qui utilise les critères matériel et formel de la Constitution entrainant la distinction entre la Constitution et la loi. Une telle démarche entraine un rapport hiérarchique créant un lien de subordination du législateur au sens strict au constituant[79]. D'autre part, du constat de l'extension du droit constitutionnel est née la métaphore du « bloc de constitutionnalité », mettant ainsi en avant l'idée selon laquelle les normes constitutionnelles seraient soudées entre elles, formant un seul « tenant ».

L'emploi des critères formel et matériel laisse planer des incertitudes dans la définition du domaine constitutionnel. Au sens formel, Michel TROPER définit la Constitution comme « un ensemble de normes placées au sommet de la hiérarchie de l'ordre juridique »[80]. Carré de MALBERG estime que « la Constitution renvoie à la partie des règles d'organisation des pouvoirs qui a été énoncée dans la forme constituante et par l'organe constituant et qui, par suite ne peut être modifiée que par une opération de puissance constituante et au moyen de procédure spéciale de révision »[81]. Une telle définition comporte une limite dans la mesure où il peut exister dans la Constitution des règles n'ayant pas vocation à régir le fonctionnement des pouvoirs publics[82]. Pourtant, de telles règles sont établies par le pouvoir constituant et leur révision fait intervenir ce dernier. Elles font donc partie de la Constitution au sens formel nonobstant qu'elles ne touchent pas à l'organisation des pouvoirs publics et constituent, ce la doctrine appelle, une perversion

---

et le modèle des Cours constitutionnelles européennes », *Revista espanola de derecho constitucional, Ano 11, nùm. 32 Mayo-Agosto,* 1991, pp. 68-69.

[79] C. EISENMANN *Justice constitutionnelle et Haute Cour constitutionnelle d'Autriche*, Paris, L.G.D.J. 1928, 383 p, réimp, Economica-PUAM 1986, pp. 9-10.

[80] M. TROPER, « Constitution », *Dictionnaire encyclopédique de la théorie et de sociologie du droit*, Paris, L.G.D.J. 1993, pp. 12 et s. p. 103.

[81] R. CARRE de MALBERG, *Contribution à la théorie générale de l'État,* Paris, Sirey, 2 Vol, 1922, réimp, Dalloz, 2003, T II, pp. 571-572.

[82] Sur l'impossible définition matérielle de la Constitution, voir. F. LUCHAIRE, « De la méthode en droit constitutionnel », *RDP*, T. X VCII, N° 2, 1981, pp. 278 et s ; D. SY, « De quelques dispositions atypiques dans les Constitutions africaines », *Mélanges en l'honneur de Maurice AHANHANZO-GLELE, la Constitution béninoise du 11 décembre 1990 : un modèle pour l'Afrique ?,* Paris, L'Harmattan, 2014, pp. 273-284.

de la mobilisation du pouvoir constituant.[83] Carré de MALBERG a lui-même fait la remarque des limites de cette définition[84].

Au sens matériel, la Constitution est un « ensemble de normes considérées indépendamment de leur place dans la hiérarchie des normes, ayant pour objet l'organisation des pouvoirs publics, leur fonctionnement, leurs rapports mutuels et, dans certains systèmes juridiques, la détermination et la garantie des droits fondamentaux »[85]. Une première limite de cette définition est relevée par la doctrine qui voit en elle l'approche dans une dimension politique pour l'étude d'un objet juridique[86]. Ce qui peut être source de confusion entre les deux domaines car leurs instruments d'analyse ne se recoupent pas forcément. Par ailleurs, la définition présente un triple défaut, comme l'a remarqué O. PFERSMANN[87] : elle est subjective, circulaire, et juridiquement insaisissable. La définition est subjective parce que la liste des objets constitutionnels par « nature » est ouverte et indéterminée. Elle est circulaire parce que se fondant sur des notions qui ne peuvent être appréhendées qu'à partir de la Constitution elle-même. Juridiquement insaisissable, parce qu'elle renvoie à des éléments tels que « les pouvoirs publics », « les institutions », « les libertés ». Appuyant ces remarques, O. PFERSMANN écrit : « Une nouvelle définition ne peut opérer qu'avec des notions déjà explicitement introduites »[88].

---

[83]Nous pouvons citer quelques exemples qui ont une portée historique : Le XVIIIe amendement de la Constitution des États-Unis en vigueur du 18/12/1917 au 29/01/1919 prohibait dans tout le territoire américain la fabrication, la vente, ou le transport de boissons enivrant et interdisant l'importation ou l'exportation desdites boissons. Or il n'y a rien de politique sur la consommation du whisky. En suisse, un amendement constitutionnel voté en 1893 interdisait l'abattage des animaux de boucherie sans qu'ils soient étourdis. Cette disposition n'est constitutionnelle que par accident. Elle est une manifestation des perversions possibles de la procédure constitutionnelle. Voir G. VEDEL, *Manuel élémentaire de droit constitutionnel,* Paris, Dalloz, 1949, 616 p., reprod., Dalloz, 2005, p. 113 ; E. H. MBODJ, *Cours de droit constitutionnel,* Université Catholique de l'Afrique de l'Ouest (U.C.A.O), faculté catholique de Bamako, p. 10, note 97, disponible à : *http://www.elhadjmbodj.net/ index.php ?option=com_content&view=article&id=86:contribution-&cati&=1 : news.*

[84] E. H. MBODJ, *ibid.,* p. 10.

[85] M. TROPER, « Constitution », *Dictionnaire encyclopédique de la théorie et de sociologie du droit*, Paris, L.G.D.J. 1993, p. 103.

[86] J. BARTHELEMY et DUEZ, *Traité de droit constitutionnel*, Paris, Dalloz, 1933, p. 90.

[87] L. FAVOREU et autres, *Droit constitutionnel,* Paris, Dalloz, 2002, p. 68.

[88] L. FAVOREU et autres, *Droit constitutionnel,* p. 68.

La définition matérielle de la Constitution ne peut rendre compte de la complexité de la matière constitutionnelle. Et que, même si certains[89] préfèrent la définition formelle à la définition matérielle, ce choix est fondé sur une logique de mise en exergue du rapport hiérarchique entre la loi ordinaire et la Constitution, d'une part[90] et sur l'apport du juge constitutionnel, d'autre part[91]. Cette position comporte néanmoins une contradiction interne. Elle est remise en cause par le travail du juge, qui comble l'angle mort du système constitutionnel, afin d'éviter un déni de justice constitutionnel[92]. Avec la justice constitutionnelle, la Constitution devient de plus en plus jurisprudentielle[93]. Elle se construit avec le temps et le travail du juge. Ainsi, elle dépasse le cadre strictement défini par le constituant au moment de son établissement. Les frontières de la Constitution deviennent fuyantes, en tant que norme de référence du juge dans sa mission de contrôle de constitutionnalité. Cette interprétation large de la notion de Constitution a commencé avec le contrôle de constitutionnalité des lois par le Sénat du Second Empire en France. Dans la sphère de la Constitution, étaient inclus les Sénatus-consultes du 25 décembre 1852 et celui 31 décembre 1861 dont il fut mentionné à plus d'une fois qu'ils faisaient « corps avec la Constitution ». Il en est de même du règlement général sur la comptabilité publique du 31 mai 1861 et du décret du 10 novembre 1856 concernant les crédits supplémentaires ou extraordinaires et les virements de crédits[94]. Au Sénégal, même si le juge demeure réticent à cette extension de la matière constitutionnelle[95], il n'en demeure pas moins qu'il a toujours

---

[89] Nous pouvons citer F. LUCHAIRE, qui soutient l'impossible « définition matérielle » et « l'inutile définition pédagogique » au profit de la définition formelle du droit constitutionnel. F. LUCHAIRE, « De la méthode en droit constitutionnel », *op. cit*, pp. 281 et s.

[90] L. FAVOREU et autres, *Droit constitutionnel, op. cit.*, p. 72.

[91] M. BLANQUER, *Les méthodes du juge constitutionnel*, Thèse, Paris II, 1993, p. 95.

[92] J. M. BLANQUER, « De l'ordre institutionnel à l'ordre constitutionnel », *Le Conseil constitutionnel a 40 ans,* Paris, LGDJ, 1999, p. 25.

[93] D. ROUSSEAU, « Une résurrection : la notion de Constitution », *R.D.P,* 1990, pp. 5 et s.

[94] A. ASHWORTH, « Le contrôle de constitutionnalité des lois par le Sénat du Second Empire », *op. cit.*, p. 54, notes 35, 36 et 37.

[95] Le juge constitutionnel sénégalais, dans sa décision du 24 février 1998 relative à l'amendement augmentant le nombre de députés de 120 à 140 a exclu le règlement intérieur de l'ordre constitutionnel en refusant de contrôler la constitutionnalité de la loi querellée par rapport au dudit règlement intérieur de l'Assemblée nationale. Le juge considère que*« le Conseil constitutionnel ayant une compétence d'attribution, ni l'article 82 de la Constitution, ni l'article 1er de la loi organique du 30 Mai prise en*

fait sienne d'une approche dynamique de la matière constitutionnelle à l'aide d'autres méthodes jurisprudentielles. C'est de ce constat d'ailleurs qu'est née la métaphore du « boc de constitutionnalité »[96], expression du reste, fort contestable.

La doctrine du « bloc de constitutionnalité » estime que les normes constitutionnelles forment une « masse solide », un « seul tenant ». Pourtant, à l'examen des normes sur lesquelles le juge travaille, une telle vision ne résiste pas à la critique. J. M. BLANQUER écrit dans ce

---

application de l'article 82 de la Constitution, ne rangent parmi les matières relevant de sa compétence, le règlement intérieur de l'Assemblée Nationale ; que dès lors, les moyens tirés de la violation dudit règlement doivent être écartés », in I. M. FALL (dir.), *Les décisions et avis du Conseil constitutionnel du Sénégal. Rassemblés et commentés, op. cit.*, p. 176. Il en est de même dans sa décision relative aux *délégations spéciales* du 11 décembre 2001. En revanche, dans cette dernière affaire relative à *l'amendement Moussa SY,* le juge utilise comme norme de référence le règlement intérieur de l'Assemblée nationale qui prévoit la possibilité pour les parlementaires de formuler des contre-projets de loi et d'articles (articles 70 et 72), ce qui n'est pas expressément prévu par la Constitution. Pourtant, dans la même affaire, le même juge refusera d'apprécier la régularité de la loi par rapport au règlement intérieur de l'institution parlementaire. Ainsi, on note un flottement de la jurisprudence.
En France, on peut citer la décision Cons. const, Décision N° 78-97 DC 27 juillet 1978, *RDP,* 1979, p. 504. Cette jurisprudence a connu une évolution avec la décision du Conseil constitutionnel N° 94-339 DC du 31 mai 1994, *Rec.,* p. 80. Dans le considérant 6 de cette décision, le juge affirme que les dispositions du règlement intérieur du sénat peuvent être invoquées par les sénateurs afin de demander l'application des dispositions constitutionnelles notamment l'article 40 de la Constitution. En plus, le juge décide que les dispositions dudit Règlement qui interdisent aux sénateurs de soulever l'irrecevabilité sur la base de l'article 40 sont contraires à la Constitution.
Ce mouvement s'est poursuivi avec ce que la doctrine nomme « la constitutionnalisation des dispositions réglementaires pertinentes ». Voir E. OLIVA, « La constitutionnalisation du droit d'amendement », *in* B. MATHIEU et M. VERPEAU (dir.), *Constitutionnalisation des branches du droit,* Paris, Economica, PUAM, 1996, p. 87.

[96] L'expression a été utilisée pour la première fois en 1970 par C. EMERY, « Chronique constitutionnelle et parlementaire française, vie et droit parlementaire », *R.D.P*, 1970, p.678.Mais une certaine partie de la doctrine fait remonter l'apparition de l'expression dans les 1960 avec J.CLAVIERE-SCHIELE, *Les techniques juridictionnelles du Conseil constitutionnel,* Mémoire de DES, Droit public, Paris, 1960, p. 81.
La paternité de la théorie revient à L. Favoreu qui l'a développée à partir des années 1970. L. FAVOREU, « Principe de constitutionnalité. Essai de définition d'après la jurisprudence du Conseil constitutionnel », *Recueil d'études en hommage à Charles Eisenmann,* Cujas 1977, pp. 34 et s.

sens que « le bloc de constitutionnalité n'existe pas »[97]. L'idée d'homogénéité qui en résulte pour cerner la matière constitutionnelle fait défaut. La pluralité des textes sur lesquels le juge se sert comme référence dans son travail le contraint à chercher la cohérence de la matière constitutionnelle qui devient de plus en plus composite. À travers la jurisprudence du Conseil constitutionnel français, M. BLANQUER décèle « des principes induits ». En effet, dans la décision 104 DC du 23 mai 1979, le juge affirme que *« le législateur n'a pas méconnu le principe de la séparation des pouvoirs ni les dispositions constitutionnelles qui le mettent en œuvre »*[98]. À tout le moins, nous admettons que par cette affirmation, le juge considère le principe de la séparation des pouvoirs comme faisant partie des fondements de l'ordre constitutionnel français. Une telle démarche jurisprudentielle se concilie peu avec l'idée de « bloc de constitutionnalité ». Dans la même lancée, B. MATHIEU et M. VERPEAUX avancent l'idée selon laquelle il existe dans la Constitution « des principes matriciels ». De l'avis des deux auteurs « certains principes deviennent des principes majeurs, des principes matriciels en ce qu'ils engendrent d'autres droits de portée et de valeur différente »[99]. L'engendrement ne saurait se concilier avec l'existence d'un bloc. En effet, nous estimons que tant qu'une norme engendre une autre, elle détermine les conditions d'existence de cette dernière. L'attitude du juge vis-à-vis de la matière constitutionnelle n'est donc pas celle d'un constructeur mais celui d'un organisateur par la détermination de principes marqueurs, sans le respect desquels l'édifice constitutionnel s'effondre. Son œuvre ne s'achève pas sur l'existence d'un bloc fini, mais se prolonge dans le travail qu'il exerce sur les normes constitutionnelles. C'est dans cette perspective que nous soutenons l'approche dynamique de la matière constitutionnelle.

2- L'approche dynamique : la Constitution, un ordre

Hans KELSEN définissant l'ordre juridique, écrit : « L'ordre juridique n'est pas un système de normes juridiques placées toutes au même rang mais un édifice à plusieurs étages superposés, une pyramide, une

---

[97] J. M. BLANQUER, « Bloc de constitutionnalité ou ordre constitutionnel ? », *in Mélanges Jacques Robert,* Paris, Montchrestien, EJA, 1998, pp. 227-238.

[98] Cons. const, N° 79-104 DC du 23 mai 1979, *Rec.*, p. 27.

[99] B. MATHIEU et M. VERPEAUX, « La reconnaissance de l'utilisation des principes fondamentaux reconnus par les lois de la République et le juge : contribution de l'arrêt Koné du Conseil d'État à la hiérarchie des normes en matière de droits fondamentaux », *Dalloz.,* 1997, Chr., p. 221.

hiérarchie formée d'un certain nombre d'étages ou couches de normes juridiques »[100]. Le dépassement de l'approche statique de la Constitution se manifeste par l'ambiguïté des contours de la matière constitutionnelle et par la hiérarchie des normes constitutionnelles[101], toute chose que confirme la pratique jurisprudentielle. D'abord, la délimitation de la matière constitutionnelle aussi bien par rapport au droit interne qu'au droit international s'avère de plus en plus problématique[102]. L'ordre constitutionnel peut intégrer des normes issues de l'ordre juridique interne ou international[103], et de ce fait, il est un concept dont les contours sont mouvants en fonction de la norme dont la validité est contrôlée[104]. Il n'est pas un concept fini, mais vivant en perpétuelle transformation par le travail du juge. Il permet aux juges de contraindre le législateur, au sens large du terme, au respect des règles qui constituent la matrice de la démocratie, de la bonne gouvernance, de l'État de droit, des droits et libertés. Ce travail perpétuel du juge qui atteste la plasticité de la matière constitutionnelle est illustré par Dominique ROUSSEAU. De l'opinion de l'auteur, « par définition, la jurisprudence constitutionnelle n'est pas stable ; les arrêts de règlement n'existent pas et les infléchissements, ou revirements jurisprudentiels sont dans la logique même du travail juridictionnel. On peut le regretter mais on peut aussi s'en réjouir que le Conseil constitutionnel, par son

[100] H. KELSEN, *Théorie pure du droit* (Traduction Charles EISENMANN), Paris, Dalloz, 1962, p. 14.

[101] L. FAVOREU, « Souveraineté et supra constitutionnalité », *Pouvoirs*, N° 67, 1993, p. 73.

[102] A. ALBERTON, « De l'indispensable intégration du bloc de conventionnalité au bloc de constitutionnalité », *RFDA*, 2005, p. 249.

[103] La doctrine parle de plus en plus de « principes de convergence constitutionnelle, » ou de « Constitution communautaire ». A. SALL et I. M. FALL « Le protocole de la démocratie et de la bonne gouvernance de la C.E.D.E.A.O », disponible sur le blog de Stéphane Bolle : wwww.la-constitution-en-Afrique.org

On peut également se référer au rapport technique du colloque sur : « L'Afrique et l'internationalisation du constitutionnalisme : actrice ou spectatrice ? », 16 et 17 juin 2010, auditorium du campus universitaire de Lomé 11 pages. Pour une application des normes communautaires par le juge constitutionnel africain voir I. M. FALL, *Les révisions constitutionnelles au Sénégal. Révisions consolidantes et révisions déconsolidantes de la démocratie sénégalaise*, Dakar, C.R.E.D.I.L.A, 2011, p. 198, note 407 ; I. DIALLO, « Normes internationales et normes constitutionnelles dans l'ordre juridique interne sénégalais », *Annales africaines*, Nouvelle série, Volume 2, décembre 2014, p. 19.

[104] L. FAVOREU, « Principe de constitutionnalité. Essai de définition d'après la jurisprudence du Conseil constitutionnel », *in Recueil d'études en hommage à Charles Eisenmann, op.cit*, pp. 33- 48.

pouvoir d'interprétation, recrée sans cesse la Constitution et augure ainsi un espace vivant de création indéfinie du droit »[105]. Empruntant à FREUD le mythe du meurtre du père, Dominique ROUSSEAU met davantage en évidence l'importance du travail qu'accomplit le juge constitutionnel sur le texte constitutionnel. En effet, l'auteur procède par une explication psychanalytique de la transformation que subit la matière constitutionnelle suite à l'œuvre du juge constitutionnel. À cet effet, il écrit : « … le Conseil tue le texte constitutionnel, le dévore ensuite pour mieux se l'approprier, prendre sa place, et faire revivre sa voie son action jurisprudentielle ! *dévalorisation-revalorisation : résurrection contemporaine indiscutable de la notion de Constitution comme acte jurisprudentiel devait sans doute passer par l'effacement de la notion de Constitution comme acte écrit »*[106]. Le principe hiérarchique devient ainsi inopérant pour délimiter la matière constitutionnelle. On assiste, de plus en plus dans la jurisprudence française, à une inclusion partielle de l'ordre constitutionnel de norme de rang législatif. De même, l'immunité juridictionnelle de la loi référendaire de nature législative rend difficile l'articulation du principe hiérarchique entre la Constitution et la norme de rang législatif. Par ailleurs, l'élévation en France au niveau constitutionnel des principes fondamentaux reconnus par les lois de la République, norme ayant pourtant un fondement législatif, entraine une subversion du principe hiérarchique qui gouverne le rapport de la Constitution avec la loi[107]. L'ordre constitutionnel renvoie à l'ensemble des normes prescrites par le pouvoir constituant et/ ou identifiées par le juge constitutionnel dont le respect s'impose à l'État, à la société et à l'individu. Il s'agit d'exigences élevées au rang de loi fondamentale, qui sont formées par la Constitution-corpus et d'autres règles qui se situent au-delà d'elle et parfois en deçà de celle-ci et faisant corps avec elle. L'ordre constitutionnel est ce qui doit être respecté en vertu de la Constitution, de la loi fondamentale. Cet ordre constitutionnel peut dans tous les cas se présenter en un ensemble de textes matérialisés par des documents

---

[105] D. ROUSSEAU, « Une résurrection : la notion de Constitution », *R.D.P*, N°1, 1990, pp. 15-16.

[106] D. ROUSSEAU, *ibid.*, p. 17.

[107] C. BRAMI, *La hiérarchie des normes en droit constitutionnel français. Essai d'analyse systémique*, Thèse de doctorat en droit, Université de Cergy Pontoise, décembre 2008, pp. 53 et s.

écrits ou résulter d'un ensemble de pratiques acceptées comme tel par l'ensemble de la société concernée[108].

D'autre part, l'aspect dynamique de l'ordre constitutionnel se révèle à l'analyse de certaines normes constitutionnelles. Les articles 103 et 51 de la Constitution sénégalaise du 22 janvier 2001 posent des normes de production des règles constitutionnelles. Ces normes qui régissent la production du droit constitutionnel conditionnent l'évolution de l'ordre constitutionnel. Louis FAVOREU voit dans le contrôle qu'accomplit le juge lors de la production du droit constitutionnel par le pouvoir constituant dérivé « le contrôle d'un droit constitutionnel simple par rapport à un droit constitutionnel fondamental »[109]. Dès lors, la distinction établie en doctrine entre les normes dites « primaires » et les normes dites « secondaires » peut être admise[110]. Ces normes déterminent les organes constitutionnels compétents, les modalités de leur intervention et formulent des limites et des interdictions. Dans ce sens, N. BOBBIO écrit : « Ce sont les normes secondaires qui règlent la production des normes primaires »[111]. Ainsi, le Conseil constitutionnel sénégalais, a eu à vérifier que la loi de révision constitutionnelle ne porte pas atteinte à « la forme républicaine du gouvernement » dans sa décision relative à la loi portant *prorogation du mandat des députés*[112]. En interdisant la révision de « la forme républicaine du gouvernement », les normes de révision délimitent un ensemble immuable au sein de l'ordre constitutionnel. Le droit constitutionnel réglemente sa propre production[113]. En respectant la forme républicaine du gouvernement, la norme produite par la procédure de révision de la Constitution se trouve dans un rapport d'infériorité par rapport à la norme relative à la forme républicaine du gouvernement. La validité s'analysant comme une appartenance de la

---

[108] Tel est le cas des Constitutions coutumières. Voir I. DUY-NGUYEN, « La Constitution britannique : continuité et changement », *RFDC,* N° 99, 2014, pp. 581-606.

[109] L. FAVOREU, *Précis de droit constitutionnel*, Paris, Dalloz, 2000, 3e édition, p. 137.

[110] H. L. A. HART, *The concept of law,* Oxford, Clarendon Press, 1961, p. 77.

[111] N. BOBBIO, « La norme » *in Essai de la théorie du droit*, Paris, L.G.D.J, 1996, p. 132.

[112] Cons. const., 18 janvier 2006, prorogation du mandat des députés, *in* I. M. FALL (dir.), *Les décisions et avis du Conseil constitutionnel du Sénégal. Rassemblés et commentés*, *op. cit*., p. 492.

[113] X. MAGON, « Quelques maux, encore à propos de la loi de révision constitutionnelle : limites, contrôle, efficacité, caractère opératoire et existence », *RFDC,* 2004, pp. 595-605 ; voir également M. KAMARA, « Supra-constitutionnalité et exercice du pouvoir constituant », Revue de la recherche juridique, Droit prospectif, N° 03, 2008, pp. 1431-1476.

norme à l'ordre juridique, la principale voie d'intégration à cet ordre juridique est le respect des prescriptions formulées par cet ordre juridique. Ainsi la doctrine a-t-elle identifié des normes « supra-constitutionnelles »[114] dont le respect s'impose au pouvoir constituant dérivé[115]. Dans cette perspective, le tribunal constitutionnel de Karlsruhe, contrôle les lois de révision de la Constitution par rapport aux droits fondamentaux qu'il considère comme ayant une valeur supérieure[116]. La Cour constitutionnelle italienne va plus loin. Elle estime que certains principes autres que ceux explicitement exclus de toute révision par la Constitution ne peuvent être *« ni renversés ni modifiés dans leur contenu essentiel »* parce qu'ils appartiennent aux valeurs régaliennes qui fondent la Constitution italienne[117]. Par ailleurs, pour une partie de la doctrine la jurisprudence des Cours constitutionnelles découle d'une série de principes communs à l'ordre constitutionnel de divers pays, et que l'on peut appeler des « normes transnationales supra-constitutionnelles »[118]. Ces normes s'imposent donc au pouvoir constituant dérivé dans le processus de production des normes constitutionnelles. Dans cette perspective, la C.E.D.H dans son arrêt du 29 octobre 1992[119] a mis en échec les dispositions de la Constitution irlandaise prohibant l'avortement en s'appuyant sur la convention européenne des droits de l'homme.

L'on pourra, certes, objecter en ce qui concerne la clause d'éternité de la forme républicaine du gouvernement la thèse de la double révision de cette norme constitutionnelle développée par Léon DUGUIT dans son *Traité de droit constitutionnel*[120]. L'auteur soutient la relativité de

[114] G. VEDEL rejette l'idée de supra-constitutionnalité pour trois raisons : d'abord pour l'auteur, le pouvoir constituant dérivé est l'expression de la souveraineté dans toute sa plénitude et la souveraineté n'a pas de limite. Ensuite la supra constitutionnalité emprunte au droit naturel « sa commode plasticité ». Et enfin, le contrôle des lois constitutionnelles par le Conseil constitutionnel « mettrait en cause à plus ou moins long terme, l'équilibre démocratique et le contrôle de constitutionnalité » car le dernier mot revient au pouvoir constituant. *Cf. RFDA,* 1992, pp. 178-179.
[115] L. FAVOREU, « Souveraineté et supra constitutionnalité *», op. cit.,* pp. 71-77.
[116] L. FAVOREU, « La légitimité du juge constitutionnel », *R.IDC*, N°2, 1994, p. 581.
[117] R. BADINTER, « Le Conseil constitutionnel et le pouvoir constituant », *Mélanges Jacques Robert*, Paris, Montchrestien, 1998, p. 222.
[118] M. CAPPELLETI, *Cours constitutionnelles et droits fondamentaux*, Paris, Economica, PUAM, 1982, pp. 484 et s.
[119] C.E.D.H, 29 octobre 1992, Open door c/Irlande, obs. F. SUDRE, *R.F.D.C*, N° 13, 1993, pp. 217 et s.
[120] L. DUGUIT, *Traité de droit constitutionnel*, 1924, T4, p. 540.

l'interdiction de réviser la forme républicaine du gouvernement. Il estime que l'article en cause pourrait être révisé par une assemblée de révision laissant ainsi la voie ouverte à une modification ultérieure à la forme républicaine du gouvernement. Cette thèse qui a reçu l'adhésion d'une partie de la doctrine publiciste[121] souffre de plus d'une insuffisance. La première limite est formulée par Georges VEDEL. Il commence par réfuter la distinction entre pouvoir constituant originaire et pouvoir constituant dérivé. L'auteur estime que le pouvoir constituant dérivé n'est « dérivé que sous l'angle organique et formel il est l'égal du pouvoir constituant originaire du point de vue matériel »[122]. Une telle idée ne s'inscrit pas entièrement dans la même perspective que la nôtre.

Le pouvoir constituant originaire est mobilisé pour fonder un ordre constitutionnel nouveau quand il y a rupture de l'ordre constitutionnel ancien ou pour en fonder un là où il n'y avait pas[123]. Ce faisant, il conditionne la mobilisation du pouvoir constituant dérivé qu'il autorise à modifier ce qu'il a établi lorsque les conditions qu'il a lui-même fixées sont respectées. Ainsi, le pouvoir constituant dérivé crée du droit constitutionnel par application du droit constitutionnel[124]. Par ailleurs, la thèse de la double révision renvoie à l'auto-amendement, ce qui est contestable. En effet, la norme constitutionnelle qui prétend garantir l'équilibre de l'ordre constitutionnel ne saurait renfermer les germes de sa propre disparition. L'exemple que nous venons de voir démontre que les normes constitutionnelles entretiennent entre elles des rapports hiérarchiques. Seulement, cette hiérarchie est voulue par le pouvoir constituant et le juge ne fait que le confirmer à l'occasion du contrôle de constitutionnalité.

Il reste donc à voir si le juge, procède par une discrimination entre les normes constitutionnelles dans l'exécution de sa mission de protection de l'ordre constitutionnel. L'hypothèse que nous envisageons est celle dans laquelle deux normes constitutionnelles en « conflit » sont applicables simultanément à une même espèce. Dans un tel cas, le

---

[121] On peut citer, entre autres, B. GENEVOIS, « Les limites d'ordre juridique à l'intervention du pouvoir constituant », *R.F.D.A,* 1998, N° 5, pp. 299 et s ; G. Carcassonne, « La Constitution », Paris, Seuil1996, p. 318 ; R. BADINTER, « Le Conseil constitutionnel et le pouvoir constituant », *op.cit*, pp. 217 et s.

[122] G. VEDEL, « Souveraineté et supra constitutionnalité », *Pouvoirs,* N° 67, 1993, p. 90.

[123] E. H. MBODJ, « La Constitution à la l'épreuve de la gestion libérale », *Populaire,* N°2723 du 23 décembre 2008, p. 4.

[124] H. KELSEN, *Théorie générale des normes,* Paris, PUF, 1996, p. 133.

juge adopte une attitude de conciliateur[125] la discrimination qu'il établit entre les normes constitutionnelles s'inscrit dans une logique d'effectivité globale de l'ordre constitutionnel[126]. Ainsi, suite aux *« obstacles déterminants »*[127] rendant impossible la proclamation des résultats du scrutin de l'élection présidentielle de l'année 1993, le Conseil constitutionnel dans sa décision du 2 mars 1993, *relative à la transmission des procès-verbaux à la commission nationale de recensement des votes,* a-t-il considéré que si *«la règle selon laquelle la proclamation provisoire des résultats doit intervenir avant la proclamation définitive des résultats par le Conseil, il ne peut être considéré comme intangible ; qu'elle peut être écartée devant le principe fondamental de la nécessité absolue de la continuité du fonctionnement des institutions… »*[128]. Le juge dans le cas d'espèce, met en œuvre le mécanisme de régulation-« lubrifiant institutionnel »[129] et effectue un balancement entre deux règles constitutionnelles dont l'une constitue un pilier fondamental qu'il convient de sauvegarder en procédant à « la neutralisation »[130] de l'autre. En d'autres termes, la règle de valeur constitutionnelle[131], selon laquelle la Commission nationale de Recensement des Votes doit proclamer les résultats provisoires de l'élection avant la proclamation définitive desdits

[125] G. DRAGO, « La conciliation entre principes constitutionnels », *D.,* 1991, Chron., p. 267 et s.

[126] L. HAMON, « Grèves et continuité du service public : mirage de la conciliation ou modalité d'arbitrage ? » *D.,* 1980. Chr., p. 333 ; C. DESPLATS, *Les principes fondamentaux reconnus par les lois de la République*, Paris, Economica, PUAM, 2001, p. 51.

[127] A. VAZ, « Nous avons buté sur un problème déterminant… », *Le Soleil*, Samedi 28 et Dimanche 28 février 1993, p. 7 ; A. VAZ, « Nous allons saisir le Conseil constitutionnel », *Le Soleil,* hors série, Dimanche 28 février 1993 ; E. H. MBODJ, « Le juge : un déterminant du processus électoral en Afrique ? », *Mélanges en l'honneur de Jean du Bois de GAUDUSSON, Espaces du service public*, Tome I, *Droits d'ailleurs,* Presses universitaires de Bordeaux, 2013, p. 432 et s ; E. H. MBODJ, « Les impasses… », *Le témoin,* N° 135, p. 9.

[128] I. M. FALL, (dir.), *Les décisions et avis du Conseil constitutionnel du Sénégal. Rassemblés et commentés, op. cit.*, p. 47.

[129] N. MEDE, « La fonction de régulation des juridictions constitutionnelles en Afrique francophone », *A.I.J.C.,* 2007, p. 49 ; G. S. BADET, *Le contrôle infra normatif et le contrôle ultra normatif de constitutionnalité,* Thèse de doctorat en droit, Université catholique de Louvain, Faculté de droit et de criminologie. Centre de recherches sur l'État et la Constitution, Année académique 20011-2012, p. 193.

[130] E. H. MBODJ, « Le juge : un déterminant du processus électoral en Afrique ? », *op. cit.*, pp. 432 et s.

[131] Article 35 de la Constitution du 22 janvier 2001.

résultats par le Conseil constitutionnel peut être écartée au profit du principe de fonctionnement continu des institutions, si les circonstances l'exigent. Cette démarche jurisprudentielle renvoie à ce que G. DRAGO nomme une « hiérarchisation entre les normes constitutionnelles »[132]. Dans le même ordre d'idées, le Conseil constitutionnel a examiné la constitutionnalité de l'article 08 de la loi N°69-34 du 30 octobre 1969 relative au statut du personnel des douanes qui dénie aux agents des douanes aussi bien la liberté syndicale que le droit de grève. En effet, les requérants avaient soulevé l'exception d'inconstitutionnalité de ce texte au motif qu'il viole l'article 8 de la Constitution qui garantit la liberté syndicale à tous les citoyens. Le juge, après avoir rappelé les dispositions de la loi incriminées ainsi que les prescriptions pertinentes de la Constitution, et de la législation internationale notamment celle de l'Organisation internationale du Travail qui régit la matière, a précisé que *« ni la liberté syndicale, ni le droit de grève ne peuvent avoir une portée absolue ; que le législateur est habilité à limiter ou à interdire leur exercice notamment en cas d'impérieuse nécessité ».* En outre, le juge précise que *« le personnel des douanes, corps paramilitaire, assure une mission de service public qui ne peut s'accommoder d'interruption volontaire de nature à mettre en péril le fonctionnement de l'État ; que l'intérêt général est donc à même de justifier l'interdiction par législateur du droit de grève et du droit syndical au personnel des douanes ».* Après ces précisions, le Conseil constitutionnel conclut que *« l'article 08 de la loi 69-34 du 30 octobre 1969 relatif au statut du personnel des douanes n'est pas contraire à la Constitution »*[133]. Le juge se lance dans la recherche de l'intention du Constituant, actualise la norme constitutionnelle en procédant par une méthode combinatoire entre l'intention originelle et les nécessités de cohérence générale de la Constitution, ce que R. DWORKIN nomme « l'intégrité constitutionnelle »[134].

Ce travail qu'effectue le juge, le met en relation avec les acteurs de la vie institutionnelle et politique. Pour D. SCHNAPPER, le juge manifeste

---

[132] G. DRAGO, « Conseil constitutionnel : une jurisprudence de seuil », *Mélanges en l'honneur de Jean du Bois de GAUDUSSON, Espaces du service public*, Tome II, *Droits d'ici*, Presses universitaires de Bordeaux, 2013, p. 1026.

[133] Cons. const., Séance du 18 juillet 2013, matière constitutionnelle, Aff. N° 2/C/2013.

[134] R. DWORKIN, *L'Empire du droit*, Paris, PUF, trad. française E. Soubrenie, Coll. « Recherches politiques », 1994, p. 204.

une volonté de réconcilier les « contradictions inhérentes à toute vie sociale »[135] qui résultent des normes constitutionnelles antinomiques.

Ainsi l'étude des fonctions du juge constitutionnel au sien du système démocratique en construction est-elle d'une importance particulière, d'où l'intérêt de cette recherche.

A- Intérêt

La réflexion sur la justice constitutionnelle dans les pays africains francophones en général et au Sénégal en particulier peut, à certains égards, susciter un manque d'intérêt. Un tel jugement est pénétré d'apriorisme dont il faut par conséquent se départir. En effet, il est d'un intérêt indéniable de replacer l'institution judiciaire dans son contexte afin de saisir les mutations[136] qui affectent celle-ci, suite au mouvement général de constitutionnalisme qu'a connu l'Afrique dans sa quasi-globalité dans les années 1990. Même si la justice constitutionnelle dans ces pays regorge d'insuffisances, nier son existence relève d'un aveuglement obstiné à une justice dont les dispositions juridiques organisatrices et la production jurisprudentielle attestent l'incontestable réalité[137]. Au Sénégal, le juge constitutionnel, n'a pas été épargné des « dents de scie » de l'histoire politique mouvementée de ce pays, le mettant ainsi par moment, comme le remarque Alioune SALL, sous « les feux de rampes » de l'actualité et dans « l'œil du cyclone »[138]. Cependant, il s'agit là de périodes sans doute pendant lesquelles les juges doivent prendre conscience de l'espoir investi en eux, d'essayer de maximiser leurs attributions[139]. Même si cette exigence n'est pas encore à l'ordre du jour, il reste que le droit constitutionnel jurisprudentiel sénégalais mérite une réflexion à l'instar de ce qui s'est passé outre-mer et outre-Atlantique. Étant un « droit vivant »[140], s'adaptant à l'évolution politique et sociale de l'État, il appartient au juge, interprète autorisé, de veiller à cette transformation du droit constitutionnel, et à

---

[135] D. SCHNAPPER, *Une sociologue au Conseil constitutionnel,* Paris, Gallimard, 2010, p. 236.

[136] J.C.A. OYONO, « Les mutations de la justice constitutionnelle à la lumière du développement constitutionnel de 1996 », *Afrilex,* N° 1, 2000, pp. 1-23.

[137] L. SINDJOUM, *Les grandes décisions de la justice constitutionnelle africaine,* Bruxelles, Bruylant, 2009, p. 1.

[138] A. SALL, « Interprétation normative et norme interprétative : Réflexion à propos de deux décisions du Conseil constitutionnel », *Afrilex*, 20012, p. 1.

[139] A. SALL, id.

[140] D. ROUSSEAU, « La démocratie continue. Espace public et juge constitutionnel », *Le débat*, N°64, 1991, p. 181.

la doctrine d'essayer de saisir les ressorts de cette transformation. S'il est avéré que « toute Constitution est un projet qui n'acquiert de persistance que sur le mode d'une interprétation permanente et continuellement menée à tous les niveaux de l'instauration du droit »[141], celle-ci n'existera alors que dans la subjectivité du juge[142], signe que « la Constitution est un temple allégorique habité par des ombres »[143].

La reconstitution de la place du juge constitutionnel dans la sphère des pouvoirs publics peut apparaître donc indéniable et interpeller le pouvoir constituant, et il appartient au premier chef à la doctrine d'indexer les points sur lesquels cette machine doit être mise en marche, par le commentaire des décisions, des avis, des arrêts et des jugements rendus par les juridictions[144]. La recherche sur la protection juridictionnelle de l'ordre constitutionnel permet de mettre en exergue l'état de la jurisprudence constitutionnelle. C'est un outil précieux pour apprécier l'état de la démocratie et la mission pacificatrice du juge des conflits politiques et sociaux à soubassements constitutionnels.[145] Dès lors, on peut admettre valablement avec l'ancien président du Conseil constitutionnel Papa Oumar SAKHO que « le débat ouvert sur la justice et son rapport à la démocratie désigne une problématique bien déterminée : un régime démocratique fondé sur l'État de droit renvoie au juge chargé d'assurer pleinement la primauté du droit à travers la défense des valeurs fondamentales de la société et des droits indéniables

---

[141] J. HABERMAS, *Droit et démocratie,* Paris, Gallimard, 1997, p. 147.

[142] H. ROUSSILLON, « Le Conseil constitutionnel : une institution menacée ? », *Droit écrit*, N° 1, mars 2001, p. 140.

[143] G. BURDEAU cité par H. ROUSSILLON, *ibid.*, p. 140.

[144] Voir dans ce sens M. TROPER, « La théorie dans l'enseignement du droit constitutionnel », *RDP*, T. C, N° 2, 1984, pp. 263-275 ; F. K. CAMARA, « Du rôle et des responsabilités du juge et des juristes dans une démocratie-Réflexions suscitées par la décision du Conseil constitutionnel du 27 janvier 2012 », *http://www. elhadjmbodj.net/index.php?option=com_content&view=article&id=86:contribution -&catid=1:news, lien avec Afrilex.*

[145] Sur le rôle du juge dans la résolution des crises politiques voir les actes de communication du colloque de Cotonou sur *Les juridictions constitutionnelles et les crises.* Parmi ceux-ci nous pouvons citer : A. ASSOUMA, « Les juridictions constitutionnelles et les crises : l'expérience de la Cour constitutionnelle du Togo », 5e congrès de l'ACCPUF, Cotonou, 22-28 juin 2009, pp. 41-44 ; A. KPODAR, « Les juridictions constitutionnelles et les crises en Afrique noire francophone », 5e congrès de l'ACCPUF, Cotonou, 22-28 juin 2009, pp. 45-51 ; F. J. AIVO, « Les juridictions constitutionnelles africaines et les crises : le cas du Bénin », 5e congrès de l'ACCPUF, Cotonou, 22-28 juin 2009, pp. 53-67.

de l'individu contre la toute-puissance des autorités publiques, exécutives ou législatives »[146].

Au Sénégal, la réflexion sur la protection juridictionnelle de l'ordre constitutionnel permet de cerner l'attitude du juge ou des juges face au pouvoir politique le plus souvent disposé à instrumentaliser la Constitution à des fins étrangères à la rationalité constitutionnelle, toute chose qui est souvent, vectrice de tensions sociales et, conséquemment, de conflits politiques. En effet, il est du rôle du juge d'assurer une pacification des relations sociales et politiques, lorsque sur la base d'interprétations divergentes des dispositions constitutionnelles, un conflit surgit ou est susceptible de surgir. Pour parvenir à cet objectif de la recherche, il est nécessaire de suivre une méthodologie au travers de laquelle les résultats de la recherche pourront se faire ressentir.

B- Méthodologie

La méthode est un ensemble de moyens raisonnés qu'on peut suivre pour arriver à un résultat[147]. Par méthode, nous pouvons aussi entendre l'ensemble des opérations intellectuelles par lesquelles une discipline cherche à atteindre les résultats qu'elle poursuit, les démontre et les vérifie ; il s'agit des différents procédés d'analyse susceptibles de conduire à une explication des phénomènes observés et liés plus ou moins à un schéma théorique préalable[148]. La fixation de l'objectif de la recherche commande le choix des matériaux de traitement (I). Le rapport entre les outils et les résultats escomptés détermine la méthode d'analyse choisie (II).

I- Le choix des matériaux

Il sera fait recours à des outils de recherche dans le traitement du sujet. Il y a d'abord les sources formelles constituées de l'arsenal juridique de protection de l'ordre constitutionnel, à savoir les textes, parmi lesquels on peut citer la Constitution et les instruments juridiques de valeur constitutionnelle, les lois organiques et ordinaires, les règlements, les arrêts, décisions et avis des juridictions en charge de la

---

146 P.O. SAKHO, « Quelle justice pour la démocratie en Afrique ? », *Pouvoirs*, N° 129, 2009, p. 59.

147 *Le nouveau Petit Robert*, Nouvelle édition millésime, 2007, p. 1586.

148 E. H. MBODJ, *Cours de théorie constitutionnelle*, Université catholique de l'Afrique de l'Ouest, *op. cit.*, p. 18.

protection de l'ordre en question[149]. Les décisions, jugements et arrêts seront dépouillés, traités et mis au service de la problématique qui nous préoccupe. Les actes préparatoires comme les mémoires des requérants, qu'ils soient parlementaires ou de simples citoyens, seront des outils de la recherche non négligeables, car c'est de la formulation des requêtes que dépend souvent le sort réservé à celles-ci

Les sources formelles seront complétées et précisées le cas échéant, par des sources matérielles, notamment les études doctrinales telles que les ouvrages, les articles, les actes de colloques qui intéressent la recherche, les rapports d'orientation des juridictions adressés aux pouvoirs publics[150].

---

[149] I.M. FALL (dir.), *Les décisions et avis du Conseil constitutionnel du Sénégal. Rassemblés et commentés, op.cit,* 565 p. ; L. SINDJOUN, *Les grandes décisions de la justice constitutionnelle africaine. Droit constitutionnel jurisprudentiel et politiques constitutionnelles au prisme des systèmes politiques africaines*, Bruxelles, Éditions Bruylant, 2009, 598 p ; N. MEDE, *Les grandes décisions de la Cour constitutionnelle du Bénin,* Editions Université européenne, 2012, 468 p. ; P. BON, D. MAUSS (dir.), *Les grandes décisions des Cours constitutionnelles européennes*, Dalloz, 2008, 808 p ; L. FAVOREU et autres, *Les grandes décisions du Conseil constitutionnel,* Paris, 16e édition, Dalloz, 2011, 591 p. ; B. MATHIEU et autres, *Les grandes délibérations du Conseil constitutionnel 1958-1983*, Paris, Dalloz, 2009, 473 p. ; L. LONG et autres, *Les grands arrêts de la jurisprudence administrative*, 18e édition, Paris, Dalloz, 2011, 1009 p ; J. C. BONICHOT, P. CASSIA, B. POUJADE, *Les grands arrêts du contentieux administratif*, Paris, 3e édition, Dalloz, 2011, 1378 p ; Y.GAUDEMET et autres, *Les grands avis du Conseil d'État*, Paris, Dalloz, 3e édition, 2008, 582 p ; F. J. FABRE et autres, *Les grands arrêts de la jurisprudence administrative financière,* Paris, Dalloz, 5e édition, 2007, 590 p.

[150] Pour les ouvrages, à titre d'exemples, nous pouvons citer : M. DIAGNE, *Le Conseil constitutionnel sénégalais. L'institution et ses techniques,* Dakar, Les éditions TCM, 2012, 156 p ; E. H. O. DIOP, *La justice constitutionnelle au Sénégal. Essai sur l'évolution, les enjeux et les réformes d'un contre-pouvoir juridictionnel*, Dakar, CREDILA/OVIPA, 2013, 333 p. ; L. FAVOREU, T. S RENOUX, *Le contentieux constitutionnel des actes administratifs*, Paris, Paris, Sirey, 1992, 206 p. ; L. FAVOREU, M. WAND *Les Cours constitutionnelles*, Paris, Dalloz, 2011, 151 p ; M. FROMONT, *La justice constitutionnelle dans le monde*, Dalloz, 1996, 140 p. ; M. M.SY, *La protection constitutionnelle des droits fondamentaux en Afrique. L'exemple du Sénégal,* Paris, L'Harmattan, 2007, 562 p. ; P. M. SY, *Le développement de la justice constitutionnelle en Afrique,* Thèse de doctorat, Université Cheikh Anta Diop de Dakar, 1998, 413 p.

Pour les articles, à titre illustratif, nous pouvons citer : B. KANTE, « Les méthodes et technique d'interprétation de la Constitution : L'exemple des pays d'Afrique occidentale francophone », *in* Mélin-Soucramanien (dir.), *L'interprétation constitutionnelle*, Paris, Dalloz, 2005, pp. 159 et s ;S.DIOP,« Justice du politique au Sénégal »,*in La justice en Afrique, Afrique contemporaine,* N° 156 (spécial), 4e trimestre, 1990,

Les Nouvelles technologies de l'information et de la communication (NTIC) sont actuellement une source matérielle fort importante qui facilite le travail du chercheur. Les revues électroniques spécialisées des juridictions ou des théoriciens du droit public et de la science politique seront consultées, par moment, pour faire une comparaison[151].

Les techniques vivantes de recherche seront également déployées dans le traitement du sujet. Il en est ainsi par exemple, des interviews effectués auprès des animateurs de la justice, les juges, auxiliaire de la justice, administrateurs des institutions judiciaires, des acteurs socio-politiques, des leaders d'opinion et des simples citoyens. Cela permettra de dégager un indice de réception de la protection par les acteurs concernés au premier chef[152]. Il en est de même de la perception que se fait le citoyen lambda de l'institution en charge du contrôle de constitutionnalité. À ce titre, il est intéressant de revenir sur les différents éditoriaux d'un dossier consacré au Conseil constitutionnel intitulé

---

pp. 184-194 ; E. H. MBODJ,« Le juge : un déterminant du processus électoral en Afrique ? », *in Mélanges en l'honneur de Jean du Bois de GAUDUSSON, Espaces du service public*, Tome I, *Droits d'ailleurs,* Presses Universitaires de Bordeaux, 2013, pp. 421-454 ; A. S. OULD BOUBOUTT, « Les juridiction constitutionnelles en Afrique. Evolutions et enjeux », *Annuaire internationale de justice constitutionnelle,* Tome XIII, 1997, Paris, Economica, PUAM, pp. 30 et s.

En ce qui concerne les rapports à titre indicatif nous pouvons citer : le rapport annuel de la Cour suprême 2010, Dakar, juillet 2011 ; Le rapport réalisé par Stéphane BOLLE sur « Les leçons de Giessen, Documentions de l'atelier de recherche : Les défis de la démocratisation et le rôle des Cours constitutionnelles. La justice constitutionnelle en Afrique de l'Ouest francophone », *Judicial Review and Démocratization in Francophone West Africa,* 2013, 13 p.

[151]Sur l'importance de la comparaison en droit constitutionnel. Voir E. ZOLLER, « Qu'est-ce que faire du droit constitutionnel comparé ? », *Droit,* N° 32, 2000, p. 122. Dans le même sens voir M.C. PONTHORAEU, « Le droit comparé en question(s) entre pragmatisme et outil épistémologique », *Revue internationale de droit comparé,* N°1 2005, pp. 7-27 ; M. C. PONTHORAEU, « La globalisation du droit constitutionnel en question (s) », *in Mélanges en l'honneur de Jean du Bois de GAUDUSSON, Espaces du service public,* Tome I, *Droits d'ailleurs,* Presses universitaires de Bordeaux, 2013, pp. 549-565 ; B. JULUZOT, « La méthodologie du droit comparé. Bilan et perspectives », *R I D C,* N° 1 janvier-mars, 2005, pp. 35-48 ; P. M. GAUDEMET, *Le pouvoir exécutif dans les pays occidentaux,* Paris, Montchrestien, 1966, p. 3.

[152]B. FRANCOIS, « La perception du Conseil constitutionnel par la classe politique, les médias et l'opinion », *Pouvoirs,* N° 5, 2003, pp. 133-144.

« faut-il brûler le Conseil constitutionnel ? » paru dans la livraison de l'hebdomadaire *La Gazette* N° 76 du 16 au 23 septembre 2010[153].

L'absence de confrontation des activités consultatives avec les activités juridictionnelles contentieuses des juges dans le cadre de la présente recherche peut heurter plus d'un. Pourtant, cela ne résulte pas d'une omission délibérée. Malgré nos insistances auprès des autorités responsables du service de la documentation et d'étude de la Cour suprême qui gèrent la documentation afférente à la fonction consultative de la Cour, celles-ci sont obligées nous disent-elles d'appliquer les textes à la lettre et ne pas mettre à la disposition des chercheurs les avis de la Cour qui sont destinés uniquement au Président de la République et aux parlementaires[154].

II- La méthode d'analyse

La méthode interpelle toutes les règles formelles et matérielles relatives à l'organisation et au fonctionnement de la protection juridictionnelle de l'ordre constitutionnel. Toutefois, on peut recourir à la méthode institutionnelle dans une perspective de mettre en exergue l'aspect légal et rationnel[155]. En effet, l'utilisation des matériaux juridiques implique le recours à l'approche qui a cours en sciences juridiques[156]. Celle-ci consiste en une présentation de la protection telle qu'elle est organisée par les textes fondamentaux et mise en œuvre par les juges. L'analyse des avis, arrêts ou décisions permet d'apprécier si les juges se mettent à leurs tâches en fonction des préoccupations des pouvoirs publics résultant des textes qui organisent la protection. Si l'analyse de la protection juridictionnelle de l'ordre constitutionnel utilise l'approche juridique et institutionnelle, celle-ci ne peut cependant être exclusive[157]. Elle présente l'inconvénient majeur de ne point donner

---

[153] C. F. BARRO, « Le Conseil constitutionnel sénégalais », *La Gazette du pays et du Monde,* N° 76 du 16 au 23 décembre 2010, pp. 16-17. Voir le site du Professeur El Hadj MBODJ *http://www.elhadjmbodj.net/index.php?option=com_content&view=article&id=86:contribution-&catid=1:news*

[154] Dans la même perspective de confidentialité des avis de la juridiction administrative en droit français, voir A. J. GASNIER, « Les attributions du Conseil d'État à la fonction consultative », *op. cit.,* p. 1151.

[155] Voir F. LUCHAIRE, « De la méthode en droit constitutionnel », *op. cit.*, p. 276.

[156] E. H. MBODJ, *La succession des chefs d'État africains en droit constitutionnel africain (Analyse juridique et impact politique)*, Thèse de doctorat d'État en Droit public, Université Cheikh Anta Diop de Dakar, 1991, p. 25.

[157] Voir M. MIAILLE, « Droit constitutionnel et sciences sociales », *RDP,* T. C, N° 2, 1984, p. 281.

de l'institution qu'on propose de décrire sa parfaite signification et sa portée latente[158]. Le seul statut légal de la protection juridictionnelle de l'ordre constitutionnel ne renseigne pas sur la portée sociale de cette institution[159]. En effet, dans l'étude de la protection juridictionnelle de l'ordre constitutionnel, « on ne peut pas appréhender des règles isolées de leur contexte historique et culturel ; il faut les replacer dans l'ensemble juridique auquel elles appartiennent et au regard de l'évolution historique dont elles ont dépendu »[160]. Ainsi, les méthodes historique et comparative viendront-elles au soutien de la méthode juridico-institutionnelle[161].

Cependant, puisqu'il y a plusieurs juges et qu'il y a différentes modalités de protection juridictionnelle de l'ordre constitutionnel, il est aussi opportun de dépasser la méthode institutionnelle en recourant à la méthode systémique[162] pour mieux saisir la dynamique qui anime les juges, les requérants face aux producteurs d'actes et de comportements anticonstitutionnels dans leur mission de préservation et d'optimisation de l'ordre constitutionnel, mais aussi leur interdépendance, leur interaction[163]. Le juge chargé de la protection de l'ordre constitutionnel, à titre principal se définissant dans un système, doit distribuer les rôles et chercher la complémentarité des acteurs qui interviennent dans la protection de l'ordre constitutionnel. Dès lors, la seule méthode d'analyse basée sur les textes juridiques devient insuffisante. Les difficultés de cadrage des textes avec la réalité et celles rencontrées par les juges dans la mise en œuvre de leurs prérogatives rendent incontournables les méthodes d'analyse utilisées dans d'autres sciences sociales notamment en science politique[164]. Cette nécessité de recourir aux méthodes d'analyse

---

158 A. HAURIOU, « Recherches sur la problématique et une méthodologie applicables à l'analyse institutionnelle », *RDP*, Tome LXXXVII, N° 2, 1971, p. 306 ; R. K. MERTON, *Eléments de théorie et de méthode sociologique*, Paris, Plon, 2ème édition, 1965, pp. 28 et s.

159 M. ANCEL, *Utilité et méthodologie du droit comparé*, Neuchâtel, Editions Idées et Calendres, 1971, p. 99.

160 R. RODIERE, *Introduction au droit comparé*, Paris, Dalloz, 1979, p. 139.

161 Voir A. HAURIOU, « Recherches sur une méthodologie et une problématique applicables à l'analyse des institutions », *op. cit.*, p. 306.

162 A. HAURIOU, *ibid.*, p. 310 ; R. G. SCHWARTZENBERG, *sociologie politique*, Paris, Montchrestien, 5e édition, 1998, pp. 86 et s.

163 Dans ce sens, voir F. LUCHAIRE, « De la méthode en droit constitutionnel », *op. cit*, pp. 300 et s.

164 B. CHANTEBOUT, *Droit constitutionnel et science politique,* Paris, A. Colin, 7e édition, 1986, p. 10. Dans l'avant-propos de l'édition, l'auteur met en exergue l'importance de la science politique pour la compréhension du droit constitutionnel. Dans le même sens, voir M. DUVERGER, *Institutions politiques et droit constitutionnel,*

de la science politique, pour appréhender le phénomène juridique est perçue par J. Marie BIOUM-WOUM dans son étude sur les successions présidentielles intervenues au Cameroun. L'auteur insiste sur l'incontournable analyse des systèmes qui permet « d'avoir de la vie politique et des institutions d'un pays donné une compréhension suffisamment précise et large qui s'appuie non seulement sur la connaissance intrinsèque mais aussi sur leur conditionnement extérieur »[165].

Au demeurant, traiter de la protection juridictionnelle de l'ordre constitutionnel, dans le contexte sénégalais nécessite la fixation des axes de la problématique d'une telle recherche, qui en constitue la trame majeure.

A- Problématique

Le droit processuel détermine le régime juridique des recours en inconstitutionnalité. L'efficacité de ce droit conditionne de façon appréciable la réalité de la protection de l'ordre constitutionnel par les juges, c'est de la qualité et la maîtrise de ce droit processuel par les acteurs que dépend le sort des requêtes et de la possibilité du juge de dire le droit constitutionnel substantiel. S'interroger donc sur les aspects théoriques et pratiques de l'institution de protection juridictionnelle de l'ordre constitutionnel est un préalable nécessaire (I). C'est après cette incursion dans la théorie et la pratique qu'un questionnement relatif à son efficacité pourra être soulevé (II).

I- Les aspects théoriques et pratiques de la protection

L'aspect théorique renvoie à l'organisation de la protection telle qu'elle résulte des textes qui la régissent. La recherche pose *a priori* le problème de l'identification et de la place des juges chargés de la protection de l'ordre constitutionnel dans l'articulation des pouvoirs

---

Tome I, *Les grands systèmes politiques*, Paris, PUF, 16e édition, 1980, p. 22 ; J. M. DENQUIN, *Science politique*, Paris, PUF, 1985, pp. 165-170 ; M. DUVERGER, « La Science politique considérée comme mystification», *Revue française de l'Enseignement supérieur,* 1965, N°4 ; M. CH. ROIG, « La théorie générale des systèmes et perspectives de développement dans les sciences sociales », *Revue française de sociologie*, N° spécial, 1970/1971, pp. 84-90 ; J. P COT et J. P. MOUNIER, *Pour une sociologie politique*, Paris, Tome I, Seuil, 1974, pp. 222-225 ; G. LAVAN, « Le système politique et son environnement », Revue *française de sociologie*, N° spécial, 1970/1971, pp. 169-181 ; P. RAYNAUD, « Le droit et la science politique », *Jus Politicum, Revue internationale de droit politique,* N° 2, 2009, p. 9.

[165] J.M. BIPOUM-WOUM, « Le nouveau Cameroun politique », *R.J.P.I.C,* N° 3, 1983, pp. 656-657.

publics, et du coup leur légitimité[166]. S'agissant d'abord de l'identification, selon certains systèmes juridictionnels tout juge peut être investi d'une telle mission, c'est le cas des systèmes anglo-saxons. Dans le système romano-germanique auquel se réfère le Sénégal, la spécificité et la sensibilité de cette protection amènent le constituant à confier cette mission à un juge particulier. Cependant, ces deux modèles[167] n'existent nulle part à l'état pur. Ils se combinent et se rapprochent[168]. L'existence d'une fonction juridictionnelle au service de la protection de l'ordre constitutionnel a pour objet le contrôle de constitutionnalité des actes des pouvoirs publics, et fait intervenir plusieurs juges qu'il faut par conséquent identifier. Il s'agit donc de revenir sur la problématique de l'identification des juges en charge de la protection de l'ordre constitutionnel à l'aune des modèles originels de justice constitutionnelle[169]. Ensuite, les conditions statutaires et matérielles des juges en charge de la protection de l'ordre constitutionnel seront abordées, de même que leurs responsabilités face aux défis qui les interpellent. Ce qui atteint par ricochet la question de la légitimité

---

[166] L. FAVOREU, « La légitimé du juge constitutionnel », *op.cit,* p. 557. L'auteur identifie quatre éléments qui justifient la légitimé du juge constitutionnel : - le système constitutionnel et politique dans lequel le juge s'insère et s'adapte, - les fonctions qu'il assume, – la composition de la juridiction, - et le fait que le juge constitutionnel n'a pas le dernier mot. D. K. KOKOROKO « L'apport de la jurisprudence constitutionnelle africaine à la consolidation des acquis démocratiques. Le cas du Bénin, du Mali, du Sénégal, et du Togo », *in Revue béninoise de sciences juridiques et administratives (R.B.S.J.A),* N° 18 juin 2007, p. 8. L'auteur estime que la légitimité du juge constitutionnel tient, d'une part, de la conception libérale du droit public qui vise à limiter le pouvoir afin de garantir les libertés individuelles, et d'autre part, à la logique politique qui vise à faire du juge constitutionnel à travers sa jurisprudence, « le gardien des droits de la minorité agissante ».

[167] Pour une analyse renouvelée des modèles de justice constitutionnelle voir, O. PFERSMANN, « Classifications organocentriques et classifications normocentriques de la justice constitutionnelle en droit comparé », *in Hommage à Francis Delpérée. Itinéraire d'un constitutionnaliste,* Paris, Bruxelles, Bruylant, LGDJ, 2007, pp. 1153-1167.

[168] F. FERNANDEZ, « La faillite de la bipolarité "modèle américain-modèle européen" en tant critère analytique du contrôle de constitutionnalité et la recherche d'une nouvelle typologie », *in Mélanges en l'honneur de Franck Moderne, Mouvements du droit public,* Paris, Dalloz, 2004, pp. 1077-1116.

[169] I. DIALLO, « A la recherche d'un modèle africain de justice constitutionnelle », *A.I.J.C,* 2004, pp. 93-120.

des juges, d'où d'ailleurs l'interrogation de Alioune Badara FALL[170] sur l'opérationnalité de la théorie de la « légitimité plurielle », du moment où le suffrage populaire ne se présente plus comme la seule source de légitimité. La réponse à cette interrogation nécessite, certainement, la prise en compte de l'histoire constitutionnelle et de la tradition juridique de la société concernée, mais également des structures politiques de celle-ci, des procédures qui y fonctionnent et du type de juge que l'on y retrouve, ainsi que la qualité de la jurisprudence de ce dernier[171]. Dans un État où a pendant longtemps prévalu la logique du présidentialisme négro-africain, faisant passer l'essentiel de l'exercice des fonctions étatiques entre les mains du Président de la République, l'étude de la place et la perception du juge en tant que « contre-pouvoir »[172] sont d'un intérêt indéniable.

Au-delà de l'identification et de la place du juge, l'étude de la protection juridictionnelle de l'ordre constitutionnel au Sénégal soulève un certain nombre de questions relatives à la mise en mouvement de l'arsenal juridique institué à cet effet. Il en est ainsi des différentes modalités de la protection, c'est-à-dire les dimensions dans lesquelles celle-ci se présente, des personnes habilitées à saisir les juges, et des principales méthodes permettant aux juges d'examiner et d'invalider les actes affectant l'ordre constitutionnel. Il convient dans le même ordre d'idées de s'interroger sur la qualité des mécanismes de saisine des juges, de la valeur des décisions qu'ils rendent, l'étendu et les limites de leurs pouvoirs et les interactions entre les différents juges en charge de la protection de l'ordre constitutionnel. Il s'agit donc d'un questionnement sur la traduction de la philosophie politico-juridique des concepteurs de la protection juridictionnelle de l'ordre constitutionnel au Sénégal.

Après cette incursion dans la théorie, il convient d'essayer de saisir les implications pratiques de celle-ci, afin d'analyser l'efficacité du système de protection mis en place.

II- L'efficacité de la protection

Les juridictions constituent des maillons essentiels dans tout système démocratique. En effet, l'aménagement d'une justice constitutionnelle

---

[170] A. B. FALL, « Les menaces internes », *L'indépendance de la justice,* Actes du deuxième congrès de l'Association des Hautes juridictions de Cassation ayant en Partage l'Usage du Français (AHJUCAF), Dakar 7-8 novembre 2007, p. 55.

[171] M. CAPPELLETTI, *Le pouvoir des juges,* Paris, Economica, 1990, p. 216.

[172] F. HOURQUEBIE, *Sur l'émergence du contre-pouvoir juridictionnel* sous *la Vème République,* Bruxelles, Bruylant, 2004, 678 p.

dans l'espace francophone a été perçu comme étant à l'origine de l'émergence d'une démocratie solidement implantée. Investies d'un mandat de protection de l'ordre constitutionnel, ces institutions deviennent des gardiennes des droits et libertés proclamés par le constituant. À ce titre, elles participent à l'affermissement d'une culture de la constitutionnalité. Bien souvent, le juge constitutionnel bénéficie d'un mandat en tant que juge électoral, le mettant à la fonction d'arbitre et de veille au respect des règles démocratiques[173].

Dans un premier temps il s'agira donc de voir l'opérationnalité du système de protection. La mise en œuvre des principes et mécanismes institutionnels ne répondant pas toujours aux attentes des concepteurs, une révision des textes s'avère souvent nécessaire. Il est intéressant d'essayer de vérifier si quantitativement les normes constitutionnelles sont au cœur des relations sociales. En d'autres termes, s'il y a un usage suffisant des droits constitutionnels, traduction de saisines fréquentes et, signe de la constitutionnalisation des différentes branches du droit permettant aux juges chargés de la protection de l'ordre constitutionnel de fixer les exigences communes à tous les autres ordres juridiques internes. Qualitativement, il conviendra de voir si les requérants maîtrisent les mécanismes procéduraux par la formulation de requêtes en bonne et due forme. En effet, la justice constitutionnelle implique l'adoption d'un type de normes, d'institutions et de procédures constitutionnelles visant une limitation et un contrôle du pouvoir politique[174]. La protection juridictionnelle de l'ordre constitutionnel ne peut connaître une véritable acclimatation que si les acteurs de celle-ci ont une maîtrise parfaite de ces normes et procédures qui régissent l'accès aux juges en charge de sa protection.

Il s'agira, en outre, de voir si la protection telle qu'elle est conçue et mise en œuvre par les juges s'inscrit dans une perspective de garantie

---

[173] E.H. MBODJ, « Le juge : un déterminant du processus électoral en Afrique ? », *in Mélanges en l'honneur de Jean du Bois de GAUDUSSON, Espaces du service public*, Tome I, *Droits d'ailleurs,* Presses universitaires de Bordeaux, 2013, pp. 421-454 ; F. M. SOUCRMANIEN, « Le Conseil constitutionnel, juge électoral », *Pouvoirs,* N° 105, 2003, pp. 117-132 ; D. F.MELEDJE, « Le contentieux électoral en Afrique », *Pouvoirs,* N°129, 2009, pp. 139-157 ; D. KOROROKO, « Les élections disputées : réussites et échecs », *Pouvoirs,* N° 129, 2009, pp. 115-126 ; «Rapport sur l'état des pratiques de la démocratie, des droits et des libertés dans l'espace francophone », Bamako, dix ans après, 2000-2010, OIF, Délégation à la démocratie et aux droits de l'homme, p. 26.

[174] M. CAPPELLETTI, *Le pouvoir des juges, op. cit.,* p. 252.

des droits et liberté des citoyens, de l'État de droit, de la bonne gouvernance et de la démocratie. Autrement dit, la pratique de la protection sera appréciée à l'aune des attentes en s'interrogeant sur les perspectives d'amélioration, les remèdes, les corrections à apporter au modèle pour une justice constitutionnelle plus satisfaisante au cas où des carences seraient identifiées.

Les tentatives de répondre aux questionnements ainsi soulevés permettront une réflexion constructive envisageant les potentialités permettant la perfection du système afin que le modèle sénégalais de protection juridictionnelle de l'ordre constitutionnel puisse répondre aux attentes et de se conformer aux exigences d'une démocratie constitutionnelle.

A- Annonce du plan

Dans son rôle de protection de l'ordre constitutionnel, l'action du juge est encadrée par des règles de procédure et de formes préétablies. Le juge utilise lui-même à cet effet des instruments d'analyse pour vérifier la validité, à l'aune de l'ordre constitutionnel de la norme ou du comportement soumis à son examen. Cependant, en tant acteurs du système institutionnel[175], la remarque est qu'au Sénégal, les juges ne bénéficient pas d'un environnement favorable. Diverses pesanteurs de cet environnement influencent la protection juridictionnelle de l'ordre constitutionnel. En effet, il ne suffit pas de rendre un hommage au principe de constitutionnalité par la consécration du contrôle de constitutionnalité, « encore faut-il plus concrètement que les relations entre la société politique et la société civile rendent possible, sinon facile, et, dans l'hypothèse positive, efficace, l'intervention du juge »[176]. Les liens historiques et culturels ne sont pas toujours favorables à la protection juridictionnelle de l'ordre constitutionnel, s'y ajoute la question de la formation des juges et la pression des autorités politiques soucieuses de préserver leurs intérêts[177]. Ces contraintes liées à

---

[175] S. MILACIC, « Le juge constitutionnel dans l'État de droit, libéral et démocratique. Entre les libertés juridiques et la démocratie politique », *in Mélanges en l'honneur de Jean du Bois de GAUDUSSON, Espaces du service public,* Tome II, *Droits d'ici,* Presses universitaires de Bordeaux, 2013, p. 1282.

[176] G. CONAC, « Le juge de l'État en Afrique francophone », *in* Jean du Bois de GAUDUSSON et G. CONAC (dir.), *La justice en Afrique, Afrique contemporaine*, N° 56, (Numéro spécial), 4e trimestre, 1990, p. 13.

[177] G. TUSSEAU, « Un oublié du constitutionnalisme contemporain : le contrôle politique de constitutionnalité », *op. cit*, p. 713 ; J. du Bois de GAUDUSSON, « La

l'environnement des juges affectent considérablement leur prestige et leur crédibilité auprès des acteurs politiques et sociaux, voire des citoyens[178]. Ainsi, l'étude de la protection juridictionnelle de l'ordre constitutionnel au Sénégal débute-t-elle, afin de mieux saisir ses contours par une présentation du modèle de protection. Une telle présentation permettra d'en faire l'approche théorique et pratique (première partie).

Après ce travail de présentation, une appréciation du système sénégalais de protection juridictionnelle de l'ordre constitutionnel sera faite pour monter le cas échéant les faiblesses dans un premier temps, et la recherche de solutions susceptibles de permettre au système de mieux répondre aux attentes dans un second temps. Il s'agira donc d'étudier les limites et les perspectives du système sénégalais de protection juridictionnelle de l'ordre constitutionnel (deuxième partie).

---

complexité de la participation des Cours suprêmes des pays en voie de développement au dialogue des juges », *in Les Petites Affiches*, N° 112, 4 juin 2008, pp. 22 et suivants.

[178] E. H. MBODJ, « Le juge : un déterminant du processus électoral en Afrique ? », *op. cit.*, p. 450.

PREMIÈRE PARTIE

APPROCHE THÉORIQUE ET PRATIQUE DU SYSTÈME SÉNÉGALAIS DE PROTECTION JURIDICTIONNELLE DE L'ORDRE CONSTITUTIONNEL

Dans un système qui organise la protection juridictionnelle de l'ordre constitutionnel, les actes et les comportements contraires à l'ordre constitutionnel sont annulés ou sont du moins susceptibles d'être annulés par les juges. Cette nécessité de respecter l'ordre constitutionnel ne s'applique pas seulement aux normes juridiques, mais elle s'étend également aux prérogatives non normatives des pouvoirs publics. Ainsi, le contrôle du juge peut-il porter sur un comportement qui, par nature porte atteinte à l'équilibre établi par l'ordre constitutionnel. La Constitution est certes un document juridique, mais elle comporte aussi une dimension politique. Il faut en conséquence admettre que la régulation des comportements peut se faire tant par des mécanismes de responsabilité politique, que par ceux afférents spécifiquement à la protection juridictionnelle de l'ordre constitutionnel[179]. Dans ce cas, le contrôle juridictionnel n'est plus un contrôle de norme à norme, mais d'un comportement à une norme[180].

---

[179] P. AVRIL, « La Constitution, Lazare ou Janus », *RDP,* N° 4, 1990, p. 959.

[180] A tire d'exemple, nous pouvons citer la volonté du Président WADE de briguer un troisième mandat sous la Constitution du 22 janvier 2001 qui a suscité une controverse doctrinale suivie de la décision du Conseil constitutionnel validant ladite candidature. Les interventions doctrinales sur cette question peuvent être regroupées en trois rubriques :

1- Celles visant à démontrer l'inconstitutionnalité de la candidature de WADE : E. H. MBODJ, « De la recevabilité de la candidature de Me Wade pour un troisième mandat : faux débat politique ou vrai casse-tête constitutionnel ?» http://www.elhadjmbodj.net/index.php?option=com_content&view=article&id=86:contribution-&catid=1:news.

P. D. SY, « Wade a fini ses mandats ; il ne peut pas se présenter en 2012 », *Koch*, 2010, p. 2.

M. M. SY « Abdoulaye Wade ne voulait pas faire plus de deux mandats », *L'AS,* 22 Août 2010 et *L'OFFICE,* 21-22 août 2010.

G. CARCASONNE, « L'irrecevabilité de la candidature de Me Wade », *Le Populaire*, 11 novembre 2010, p. 5.

C'est ainsi que le juge électoral vérifie l'irrégularité des opérations électorales[181] et référendaires[182] à l'aune de l'ordre constitutionnel. Dans certaines espèces, de façon incidente, à l'occasion du contrôle de la régularité des élections politiques, le juge électoral exerce un contrôle de la constitutionnalité de la loi électorale. On assiste là à un

---

A. GUEYE, « Interviews », *in L'Observateur*, 23 Août 2011 p 7 ; *Wall Fidji*, 24 Août 2011 p. 3 ; *Enquête*, 24 août 2011, p. 6.

A. NDIAYE, « Arguments juridiques contre la candidature de Wade en 2012 », *Nouvel Horizon*, août 2010, pp. 13-19 et « La loi est dure, mais c'est la loi », *L'Observateur*, 20 août 2010, p. 4

A. S. SIDIBE, « Pourquoi une troisième candidature de Wade en 2012 est irrecevable », *Walt Fadrji,* 21 septembre 2010, p. 3.

M. GADIAGA, « La candidature du président Wade à l'épreuve du conflit de loi dans le temps », *Walf Fadrji*, 19 août 2011, p. 10.

2- Celles visant à justifier la constitutionnalité de la candidature de Wade dont les plus consistantes sont : J. M. NZOUANKEU, « La non-rétroactivité de la loi, un argument au centre de la recevabilité de la candidature de Wade», *APS,* Lundi 21 novembre 2011.

Les actes du séminaire du 21 Novembre 2011 sur la recevabilité de la candidature de Me Wade, voir *Les actes du séminaire du 21 novembre 2011*, Réalisation Panafrican Systems productions/ *Nouvel Horizon*, 2011, 51 p.

3- Celles adoptant une position plus ou moins nuancée sur la question, parmi lesquelles on peut citer : A. SALL, « La candidature plombée de Wade », *Le Quotidien,* 6 septembre 2011, p. 13.

I. M. FALL, *Révisions constitutionnelles au Sénégal. Révisions consolidantes et révisions déconsolidantes de la démocratie sénégalaise, op. cit.*, pp. 72-88.

[181]Voir la décision du Conseil constitutionnel du 29 janvier 2012 relative à la constitutionnalité de la candidature de Me WADE au regard des articles 27 et 104 de la Constitution du 22 janvier 2001, *Le Quotidien* N° 2711 du Mercredi 1er février 2012, p. 10. Le juge constitutionnel a examiné la constitutionnalité de la candidature du Président de la République sortant, Me WADE mais aussi la valeur juridique de la déclaration orale faite par ce dernier à l'occasion d'un entretien accordé à un journaliste de ne pas pouvoir briguer un troisième mandat, car dit-il les dispositions constitutionnelles qu'il a lui-même « verrouillées » ne le lui permettaient pas. Dans le même sens du contrôle de l'élection présidentielle par le juge constitutionnel, voir P. M. SY, « Le contentieux constitutionnel au Sénégal. Le contrôle de l'élection présidentielle par le Conseil constitutionnel », *in Le chef de l'État en Afrique... Entre tradition, état de droit et transition démocratique*, N°9, 2001, Presses universitaires de Perpignan pp. 411-426 ; S. BOLLE, « Les juridictions constitutionnelles et les crises électorales », *in Les Cours constitutionnelles et les crises*, 5ème congrès de l'A.C.C.P.U. F, Cotonou 22-28 juin 2009, pp. 1-20.

[182]Cons. const., Décision N° 78/ 2001- Affaire N° 1/C/2001 du 15 janvier 2001 Proclamation des résultats du référendum constitutionnel, *in* I. M. FALL (dir.), *Les décisions et avis du Conseil constitutionnel du Sénégal. Rassemblés et commentés, op. cit.*,p. 401.

dédoublement de l'organe juridictionnel[183]. Le juge s'introduit ainsi dans un système et se met en relation avec les autres autorités publiques. Seulement, dans cette optique, la protection juridictionnelle de l'ordre constitutionnel obéit à un régime juridique bien déterminé. Ainsi, faut-il procéder à sa présentation (Titre I) et étudier ensuite les techniques qui sont déployées à cet effet (Titre II).

[183] Cour suprême-Chambre constitutionnelle : procès-verbal N°10-80 Audience publique du 18 novembre 1980, F. D. MELEDJE, *Les grands arrêts de la jurisprudence constitutionnelle ivoirienne,* Centre national de documentation juridique, 2012, pp. 24-37.

TITRE I

LE MODÈLE SÉNÉGALAIS DE PROTECTION DE L'ORDRE CONSTITUTIONNEL

Dès sa souveraineté, l'État du Sénégal a opté pour le régime de l'État de droit. Ainsi, le Sénégal à l'instar de la France, va se doter d'un système juridictionnel qui, cependant, connaîtra une mutation particulière. Il convient donc de le présenter. Cette présentation du modèle de protection juridictionnelle de l'ordre constitutionnel tournera autour de son articulation institutionnelle (Chapitre I) et de sa dynamique (Chapitre II).

CHAPITRE I

L'ARTICULATION INSTITUTIONNELLE DU MODÈLE

D'emblée, il paraît intéressant de retracer l'évolution du modèle juridictionnel afin de mieux rendre compte de la réalité. Globalement, hormis la brève période de la fédération du Mali de 1959, pendant laquelle le contrôle de constitutionnalité relevait de la compétence de la Cour fédérale[184], l'évolution de l'organisation du modèle sénégalais de protection juridictionnelle de l'ordre constitutionnel peut être présentée en deux séquences : une qui a commencé de 1960 à 1992 marquée par l'unité de juridiction du système et une autre qui va de 1992 à nos jours correspondant à l'éclatement et à une véritable spécialisation des juridictions. En effet, dès l'indépendance en 1960, le Sénégal adopta le système d'unité de juridictions avec au sommet la Cour suprême, pour l'essentiel chargée de la protection de l'ordre constitutionnel. En 1992, on procéda à un éclatement de la Cour suprême. Le principe de base de la réforme judiciaire fut une spécialisation des juridictions. En effet, la loi constitutionnelle 92-22 du 30 mai 1992[185] considérait la spécialisation comme un impératif absolu pour la sauvegarde de l'institution judiciaire[186]. Ainsi, sur les cendres de la Cour suprême, furent créées trois juridictions suprêmes et souveraines, le Conseil constitutionnel, le Conseil d'État et la Cour de cassation[187]. En 1999, pour parachever le processus de spécialisation et se conformer au droit communautaire de l'UEMOA[188], une Cour des comptes qui était une section spécialisée du Conseil d'État fut érigée en juridiction suprême et souveraine dédiée essentiellement au contrôle et à la supervision de la gestion des finances

---

[184] I. Y. NDIAYE, « Le Conseil constitutionnel sénégalais », *Nouveaux Cahiers du Conseil constitutionnel,* 1er octobre 2014, N° 45, p. 77.

[185] *JORS,* N° 5469, 1er juin 1992, p. 33.

[186] Exposé des motifs de la loi, *JORS,* N° 5469, 1er juin 1992, p. 33.

[187] E. H. MBODJ, « Les incidences de la réforme judiciaire du 30 mai 1992 sur le contentieux administratif sénégalais », *EDJA,* N° 25, avril-mai-juin 1995, pp. 20-21.

[188] Une directive de l'Union économique et monétaire Ouest africaine en date de 1997 fait obligation aux États membres de créer au sein de leur organisation judiciaire une Cour des comptes spécialisée dans le contrôle des finances publiques.

publiques.[189] Sous cet angle, mettant en relief le souci de moderniser la justice et de la rapprocher aux justiciables, la réforme de 1992 pouvait être inscrite à l'actif du pouvoir constituant et du législateur organique.

Cependant, ces motifs semblaient en cacher d'autres pour certains, et dans ce sens I. M. FALL écrit : « Cette perception peut être nuancée si l'on remet la réforme dans son contexte qui montre la volonté politique des dirigeants de l'époque de briser à tout le moins, de brider les velléités d'indépendance de la Cour suprême…»[190] dont le premier Président prônant la mise en place d'un ministère chargé des relations avec les pouvoirs publics à la place du ministère de la Justice fut éloigné comme ambassadeur[191]. La volonté des juges de participer à l'édification de l'État de droit et de la démocratie fut très vite étouffée par la pandémie du présidentialisme. Ce fut là une situation qui peut être inscrite au registre des regrets mais qui ne saurait en cacher une autre. En effet, ce qui est important à noter est qu'à un certain moment, dans l'exercice de leurs missions, les juges à la Cour suprême ont eu conscience des responsabilités qu'ils ont dans le processus de construction de l'État de droit et avaient affiché une volonté de les assumer. La remarque de FALL confirme cette thèse. À ce titre, Benoît NGOM écrit : « La Cour suprême s'est progressivement reconnue des pouvoirs implicites qui lui ont permis d'imposer une politique judicieuse qui n'a cessé de marquer l'évolution de nos institutions »192. À l'évidence, l'audace qu'avaient commencé à afficher les juges à la Cour suprême n'avaient pas reçu la sympathie des autorités politiques, ce qui a valu l'éclatement de l'institution.

La résurrection de la Cour suprême en 2008, n'a pas changé fondamentalement la donne de 1992. En effet, le constituant laisse intact la spécialisation du Conseil constitutionnel et fusionne le Conseil d'État et la Cour de cassation en une Cour suprême[193]. Depuis 1992

---

[189] Loi organique N° 99-70 du 17 février 1999, *JORS,* N° 5845, Samedi 20 février 1999, p. 795.

[190] I. M. FALL, *Révisions constitutionnelles au Sénégal. Révisions consolidantes et révisions déconsolidantes de la démocratie sénégalaise*, *op. cit.*, p. 135.

[191] Il s'agit de M. Assane Bassirou Diouf à propos de qui, le Président Diouf écrit : « il a développé une attitude que je n'ai pas appréciée. A la rentrée des Cours et tribunaux de 1991, (…) devant Serigne Lamine Diop, le ministre de la Justice, il demandé la suppression dudit ministère », A. DIOUF, *Mémoires*, Paris, Seuil, 2014, p. 249.

[192] B. NGOM, *L'arbitrage d'une démocratie : la Cour suprême du Sénégal*, Dakar, Présence africaine, 1989, p. 92.

[193] *JORS,* N° 6420, 8 août 2008, p. 755.

donc, la protection juridictionnelle de l'ordre constitutionnel est marquée par la dualité de juridictions. D'un côté, l'essentiel du contentieux constitutionnel est dévolu au Conseil constitutionnel, de l'autre côté, et de façon accessoire, la chambre administrative depuis 2008, héritière du Conseil d'État, juge de l'administration exerce à un degré certes, moindre, une protection de l'ordre constitutionnel à l'égard des actes de l'administration. Ainsi, le modèle juridictionnel sénégalais de protection de l'ordre constitutionnel est-il marqué par son caractère non centralisé (Section I), et les juges eux, dans l'exécution de leurs missions disposent des pouvoirs variables (Section II).

Section I : Un modèle de justice constitutionnelle décentralisé

Le choix d'un modèle de justice constitutionnelle est lié le plus souvent à des considérations à la fois politiques, juridiques et économico-sociales. La philosophie du législateur sénégalais en la matière mérite d'être examinée (Paragraphe I), nonobstant que l'essentiel de la protection de l'ordre constitutionnel soit dévolu au Conseil constitutionnel et à la Cour suprême (Paragraphe II).

Paragraphe I : La philosophie du constituant

La dévolution de la protection de l'ordre constitutionnel aux juridictions sénégalaises est sous-tendue par une philosophie visant à y faire participer toutes les juridictions. En effet, la recherche de l'efficacité de l'action étatique et la garantie des droits et libertés constitutionnels des citoyens sont à la base du modèle de justice constitutionnelle. Celle-ci présente l'originalité d'être un modèle inclusif par le concours de toutes les juridictions (A), formant ainsi un modèle systémique (B).

A- Un modèle inclusif

Le modèle juridictionnel en vigueur au Sénégal, se particularise à l'instar de celui de France[194] et contrairement à celui de certains États

[194] M. FREMONT, « La justice constitutionnelle en France ou l'exception française », *in Le nouveau constitutionnalisme, Mélanges en l'honneur de Gérard Conac*, Paris, Economica, 2001 p. 167.

comme le Bénin,[195] la République démocratique du Congo[196] au Gabon, [197]l'Autriche, la Russie, l'Irlande[198] par la non-centralisation du contrôle de constitutionnalité au profit d'un seul juge. Plusieurs juridictions interviennent dans la protection de l'ordre constitutionnel au Sénégal. Cependant, il faut le noter, dans le système africain de protection juridictionnelle de l'ordre constitutionnel, il a existé des États qui ont intégré le contrôle de constitutionnalité direct, d'office par les tribunaux. Tel fut d'ailleurs le cas de la Constitution rwandaise dont l'article 90 disposait : « les juridictions appliqueront les arrêtés et autres règlements qu'autant qu'ils seront conformes à la Constitution et à la loi »[199]. En réalité l'étude de l'organisation judiciaire en la matière pose un problème d'articulation de la répartition des compétences entre les juridictions. Celle-ci se structure verticalement et horizontalement. Horizontalement, en marge des juridictions de droit commun, il existe un Conseil constitutionnel, juridiction constitutionnelle par principe, et verticalement, il existe des cours et tribunaux qui exercent une compétence résiduelle et qui sont coiffés au sommet par une Cour suprême, laquelle par ailleurs à travers sa chambre administrative connaît directement de la légalité constitutionnelle des actes administratifs unilatéraux par la voie du recours pour excès de pouvoir[200]. Si le Conseil constitutionnel détient le monopole du contrôle de constitutionnalité des lois, il demeure que le juge ordinaire, en l'occurrence la Cour suprême assure au premier chef la protection des libertés publiques et

---

[195] P. MOUDOUDOU, « Les tendances du droit administratif dans les États d'Afrique noire francophone », *Revue EDJA,* N° 18, avril-mai-juin 2009, p. 72 ; P. FOUCHER, « Contrôle de constitutionnalité au nom des droits fondamentaux dans les États de droit : convergences des solutions en occident et idées pour l'Afrique », *Droits fondamentaux,* Bruxelles, Bruylant, 1997, p. 345.

[196] Article 160 de la Constitution du 18 février 2006 de la République Démocratique du Congo.

[197] K. C. TCHAPNGA, « Le juge constitutionnel, juge administratif au Bénin et au Gabon ? », *RFDC*, N°75,2008/3, pp. 551-583.

[198] M. FREMONT, « La diversité de la justice constitutionnelle en Europe », *in Mélanges Philippe Ardant, Droit et politique à la croisée des cultures*, Paris, LGDJ, 1999, p. 47.

[199] A. M. GLELE, « La Constitution ou loi fondamentale », *encyclopédie juridique de l'Afrique*, Abidjan, Dakar, Lomé, N.E.A., 1982, p. 49.

[200] En France, le Conseil constitutionnel de façon exceptionnelle, s'est reconnu compétent pour contrôler la constitutionnalité d'un décret du Président de la République convoquant le corps électoral après la dissolution de l'Assemblé nationale, atténuant ainsi, la répartition des compétences établie par le constituant et le législateur. Cons. const., 11 juin 1981, Delmas, *Rec.*, p. 97.

individuelles par le biais du contrôle de l'excès de pouvoir des autorités administratives. En effet, gardienne de la légalité et censeur de l'excès de pouvoir des autorités administratives, le juge de l'administration[201] fixe les limites que l'ordre constitutionnel n'autorise pas à celles-ci de franchir[202]. La délimitation des compétences en matière de protection de l'ordre constitutionnel est fixée par l'ancienne Cour suprême dans l'arrêt rendu le 21 février 1978, *Parti Démocratique Sénégalais* qui précise à cette occasion que « *le juge de l'excès de pouvoir ne saurait connaître... de la constitutionnalité des lois dont le contrôle est organisé par les seules dispositions de l'article 63 de la Constitution* »[203]. Le requérant devait ainsi saisir la Cour suprême (sections réunies) seule habilitée à connaître de la constitutionnalité des lois[204]. Tout de même, le contrôle de la gestion des finances publiques par le biais d'une Cour des comptes, assure-t-il la mise en œuvre des principes constitutionnels de transparence et de la bonne gouvernance[205]. D'ailleurs le principe de sincérité budgétaire qui trouve son fondement dans la Déclaration universelle des droits de l'Homme de 1789, partie intégrante de l'ordre constitutionnel sénégalais s'accommode avec le contrôle exercé par la juridiction financière sur les comptes des comptables publics qui sont des maillons d'exécution de la loi de finances.

---

[201] Dans le contexte sénégalais de justice administrative, ce juge en tant qu'organe polyvalent dans un système d'unité de juridiction est l'équivalent du juge administratif dans les systèmes dualistes. Cependant, pour le Sénégal, Cette distinction entre système dualiste et système d'unité de juridiction est à relativiser, dans la mesure où le modèle, bien que reposant sur le principe de l'unité de juridiction, intègre des éléments du système dualiste par l'aménagement d'une procédure spéciale en matière administrative. A ce propos on peut consulter les thèses suivantes : A. B. FALL, *La responsabilité extracontractuelle de la puissance publique au Sénégal : essai de transposition des règles de droit administratif français dans un pays d'Afrique noire francophone,* Thèse d'État en droit, Université de Bordeaux I, Faculté des Sciences sociales et politiques, 1994, 873 p. ; M. DIAGNE, *L'efficacité du contrôle contentieux exercé sur l'administration sénégalaise,* Thèse Aix-en-Provence, 1990, 412 p. ; N.F.M. DIAGNE, *Les méthodes et techniques du juge en droit administratif sénégalais,* Thèse d'État en droit, Université Cheikh Anta Diop de Dakar, 1995, 523 p. ; B.KANTE, *Unité de juridiction et droit administratif : l'exemple du Sénégal, Thèse d'État,* Orléans, 1983, 426 p.

[202] P. O. SAKHO, « Quelle justice pour la démocratie en Afrique ? », *Pouvoirs,* N°129, 2009, p. 58.

[203] J. M. NZOUANKEU, *Les grandes décisions de la jurisprudence administrative sénégalaise*, Tome I, *Contentieux général de la légalité*, Dakar,3e édition, Publications RIPAS, 1987, p. 166.

[204] J. M. NZOUANKEU, *ibid.* p. 166.

[205] P. O. SAKHO, « Quelle justice pour la démocratie en Afrique ? », *op. cit.*, p. 58.

Également, en matière pénale, une bonne administration de la justice dans les intérêts du prévenu oblige les juges judiciaires à statuer dans les plus brefs délais. C'est pourquoi dans cette matière, ces juges disposent d'un pouvoir d'interprétation de la Constitution et de la loi[206]. Il y va même, de l'intérêt du prévenu. Tout comme en matière sociale et civile, le juge ordinaire, peut intervenir pour assurer l'effectivité des normes constitutionnelles consacrant des droits fondamentaux reconnus aux citoyens[207]. Ainsi, les atteintes au droit de propriété constitutionnellement consacré ou à une liberté fondamentale, constitutives d'une voie de fait[208] relèvent de la compétence du juge ordinaire, gardien de la propriété privée et de la liberté individuelle[209]. Certaines libertés publiques font l'objet d'une consécration constitutionnelle et à ce titre sont protégées par le juge ordinaire[210]. On peut citer entre autres le droit de grève, la liberté de mariage, l'inviolabilité du domicile avec les

[206] X. PRETOT, « Quand la Cour de cassation donne une leçon au Conseil constitutionnel… A propos de la responsabilité pénale du Président de la République (Cass., Plén., 10 oct. 2001, M. Michel Breisacher) », *RDP,* N°6, 2001, pp. 1625-1643 ; A. SALL, « Réflexion sur deux décisions de justice: L'affaire "Habré" ou le malaise du juge devant le pouvoir politique et l'affaire de "l'effigie" ou le malaise du pouvoir politique devant le pouvoir judiciaire », *op. cit.,* pp. 169 et s. ; B. MATHIEU, « La question prioritaire de constitutionnalité, témoin et instrument de mutation de l'ordre juridique. Observations sommaires et partielles », *in Mélanges en l'honneur de Jean du Bois de Gaudusson, Espaces du service public,* Tome II, *droits d'ici,* Presses universitaires de Bordeaux, 2013, p. 1197.

[207] Sur la valeur constitutionnelle des normes du droit social voir A. LOADA et M. IBRIGA, *Droit constitutionnel et institutions politiques*, Collection « Précis de droit burkinabé », 2007, p. 123 ; J. C. JAVALLIER « Rapport de synthèse. Les libertés publiques propres aux travailleurs », Table ronde N° 2, *D, soc.* 1982, p. 442 ; Issa SAYEGH, *Droit du travail sénégalais,* 1987, Dakar, NEA, T. XLII, p. 583 ; I. Y. NDIAYE, « Droit du travail sénégalais et transfert des normes », *Bulletin de droit comparé du travail et de la sécurité sociale,* 2005, pp. 165-176 ; M. SAMB, « Réforme et réception des droits fondamentaux du travail au Sénégal », *Bulletin de droit comparé du travail et de la sécurité sociale,* 1999, pp. 142-153

[208] La voie de fait est l'acte de l'administration qui porte atteinte au droit de propriété ou à une liberté fondamentale, une atteinte si grave qu'il perd son caractère administratif et relève du contrôle du juge judiciaire. Voir D. SY, *Droit administratif, op. cit,* p. 97.

[209] D. SY, *ibid.,* p. 97.

[210] A. LECABARATS, « L'influence de la question prioritaire de constitutionnalité sur le droit social », *Nouveaux Cahiers du Conseil constitutionnel,* 1er octobre 2014, N° 45, pp. 51-58 ; A. FAYE, « La grève dans la Constitution du Sénégal de janvier 2001 », *in* M. BADJI et autres, (dir.), *Conflictualité en Afrique francophone,* Presses universitaires de Toulouse 1 Capitole, Droit sénégalais, N° 10, 2011-2012, pp. 233-250.

restrictions qu'ils comportent et leur réglementation par la loi dans le but de maintenir l'ordre public[211].

Au demeurant, l'articulation des compétences entre les différents juges peut être révélatrice d'incohérences et de malentendus entre ces acteurs de la protection de l'ordre constitutionnel. Ainsi, le modèle juridictionnel sénégalais en matière de protection de l'ordre constitutionnel fait-il apparaître une dynamique de complémentarité caractérisé par l'existence d'un système juridictionnel en la matière.

B- Un modèle systémique

La Constitution étant le terrain privilégié de rencontre des juges, le « réseau » de normes[212] appelle un « réseau » de juges. Les juges doivent à cet effet, participer à la construction d'une logique commune d'où la naissance d'un système juridictionnel[213]. Les normes juridiques dont les juges contrôlent la validité ou dont ils se servent comme références ne sont pas dispersées mais hiérarchisées, elles sont coordonnées, chacune étant liée aux autres, le tout formant un ordre ou un système normatif. Les juges utilisant parfois la même norme de référence[214] ou se trouvant confrontés à des situations identiques bien que relevant de droits différents forment un système juridictionnel[215]. En confiant au juge ordinaire, la protection des droits et libertés publiques définis par l'ordre constitutionnel, le constituant sénégalais et le législateur ont voulu éviter certes, les écueils du modèle de justice

---

[211] T. T de Dakar, 8 février 2006, Cheikh Tahirou GUEYE et 29 autres c/Socomac, CA de Dakar, 18 juin 2008 Moussa DJIBA et autres c/la sofiex. Ces cas posent le principe de l'illicite de la grève du fait de l'absence d'un préavis.

[212] La notion de « réseaux normatifs » est utilisée par M. GUYOMAR dans ses conclusions sous CE, sect., 10 avril 2008, Conseil national des barreaux, N° 296845.

[213] A. S. OULDBOUBOUTT, *L'apport de la jurisprudence du Conseil constitutionnel au droit administratif*, Paris, Economica, 1987, 590 p ; G. VEDEL, « Réflexion sur quelques apports de la jurisprudence du Conseil d'État à la jurisprudence du Conseil constitutionnel », *in Mélanges René Chapus, Droit administratif*, Paris, Montchrestien, EJA, 1992, pp. 647-671 ; N. MOLFESSI, « L'irrigation du droit par le Conseil constitutionnel », *Pouvoirs,* N° 105, 2003, p. 89.

[214] M. VERPEAUX, « Brèves considérations sur la constitutionnalisation des branches du droit », *RFDA*, 2014, p. 1203.

[215] P. DELVOLVE, « L'actualité de la théorie des bases constitutionnelles du droit administratif », *RFDA*, 2014, p. 1211 ; G. VEDEL, « Les bases constitutionnelles du droit administratif », *in La pensée juridique de Charles Eisenmann,* Paris, Economica, 1985, pp. 113-145 ; G. VEDEL, « Discontinuité du droit constitutionnel et continuité du droit administratif : Le rôle du juge », *in Mélanges offerts à Marcel Waline*, *Le juge et le droit public*, Paris, LGDJ, 1974, pp. 777-793.

constitutionnelle centralisé. Du modèle juridictionnel de protection de l'ordre constitutionnel inclusif, il résulte une dynamique systémique.

La justification de ce choix se trouve certes, dans le souci de ne pas encombrer la juridiction constitutionnelle, en l'occurrence le Conseil constitutionnel. Mais, il demeure que la réduction des compétences de la juridiction constitutionnelle spécialement créée par la fragmentation de la protection entre les différentes juridictions contraste avec la générosité de la Constitution en matière de droits et libertés publiques et la recherche de la cohérence de la jurisprudence. La conséquence qui en résulte est que la juridiction constitutionnelle est désertée par les citoyens au moment où les autres juridictions constitutionnelles africaines semblent confrontées à la gestion de la boulimie contentieuse[216].

Toutefois, malgré ce constat, de la pratique de la protection il ressort clairement que celle-ci est dominée par le rôle prépondérant du Conseil constitutionnel et de la Cour suprême.

Paragraphe II : Une protection dominée par les juridictions suprêmes

De la présentation organique de la protection juridictionnelle de l'ordre constitutionnel au Sénégal, il se révèle l'existence d'une juridiction spéciale, chargée du contrôle de constitutionnalité, tel que théorisée par Hans KELSEN,[217] il s'agit du Conseil constitutionnel (A). Mais en marge de cette juridiction, le législateur sénégalais a fait une place de choix au modèle diffus de justice constitutionnelle, en intégrant des éléments de celle-ci à travers le rôle dévolu à la Cour suprême en matière constitutionnelle (B). Il convient de le faire remarquer, le constituant et le législateur organique ont pris le soin de bien fixer les compétences respectives de ces deux juridictions.

A- Le Conseil constitutionnel

Le Conseil constitutionnel est organisé par la loi organique par la loi 2016-23 du 14 juillet 2016[218] abrogeant les dispositions contraires de la loi organique 92- 23 du 30 mai 1992 modifiée par la loi organique 99-71 du 17 févier 1999[219]. Il est une juridiction indépendante intégrée dans

---

[216] T. HOLO, « L'émergence de la justice constitutionnelle », *Pouvoirs,* N°129, 2009, p. 108.

[217] Hans Kelsen, « La garantie juridictionnelle de la Constitution (La justice constitutionnelle) », *RDP*, 1928, pp. 197 et s.

[218] *JORS,* 161e Année, N° 6946 (Numéro spécial) du Vendredi 15 juillet 2016, p. 927.

[219] *JORS*, N° 5845, 20 février 1999, p. 807.

la nomenclature des cours et tribunaux composant le pouvoir judiciaire.[220] Bien qu'intégré dans le chapitre de la Constitution consacré au pouvoir judiciaire, il est organisé par des règles spécifiques différentes de celles applicables à l'ordre judiciaire ordinaire[221]. Sur ce point, le modèle sénégalais se rapproche de celui du Niger, [222]et est assez spécifique par rapport à d'autres États qui ont fait de la juridiction constitutionnelle une institution indépendante, distincte de l'appareil judiciaire. Il s'agit du Bénin, du Congo, du Gabon, du Mali et du Togo, et d'autres encore qui ont aménagé au sein de la Cour suprême une chambre constitutionnelle faisant office de juridiction constitutionnelle.[223] Étudier le Conseil constitutionnel revient à déterminer sa composition (I) et ses compétences (II).

I- La composition du Conseil constitutionnel

Depuis la réforme constitutionnelle 2016-10 du 05 avril 2016, le Conseil constitutionnel comprend sept (7) membres dont un président et un vice-président et cinq (5) juges. La durée du mandat est de six (6) ans. Le Président de la République nomme les membres du Conseil constitutionnel dont deux sur une liste de quatre personnalités proposées par le président de l'Assemblée nationale. Le président est nommé par le président de la République. Il a la voix prépondérante en cas de partage de voix. Il est procédé à un renouvellement des membres du Conseil tous les deux ans à raison deux membres autres que le président ou le vice-président dans l'ordre qui résulte des dates d'échéance de leur mandat. La loi organique encadre le pouvoir de nomination. Le pouvoir de nomination des membres du Conseil est encadré en ce qui concerne leur profil. La loi fait obligation au Président de la République de choisir les membres du Conseil constitutionnel Le Conseil constitutionnel comprend sept membres nommés par le Président de la République, dont deux sur une liste de quatre personnalités proposées par le Président de l'Assemblée nationale.

---

[220] L'article 88 du titre VIII de la Constitution du 22 janvier 2001dispose : « Le pouvoir judiciaire est exercé par le Conseil constitutionnel, la Cour suprême, la Cour des comptes et les cours et tribunaux ».

[221] Bulletin N°7 de l'A.C.C.P.U.F., novembre 2006, p. 68.

[222] Section 2 du titre VI de la Constitution nigérienne du 25 Novembre 2010 consacré au pouvoir judiciaire.

[223] A. KPODAR, « Réflexion sur la justice constitutionnelle à travers le contrôle de constitutionnalité de la loi dans le nouveau constitutionnalisme : Le cas du Bénin, du Mali, du Sénégal et du Togo », *op. cit.*, p. 111.

Les membres du Conseil constitutionnel sont choisis parmi : – les magistrats ayant exercé les fonctions de premier président de la Cour suprême, de procureur général près la Cour suprême, de président de chambre à la Cour suprême, de premier avocat général près la Cour suprême, de premier président de Cour d'appel et de procureur général près une Cour d'appel ; – les professeurs titulaires de droit ; – les inspecteurs généraux d'État ; – les avocats.

Les personnalités visées, en activité ou à la retraite, doivent avoir au moins vingt ans d'ancienneté dans la fonction publique ou vingt ans d'exercice de leur profession.

Si des Professeurs, des inspecteurs généraux d'État, des avocats sont nommés au Conseil, il ne s'agit pas d'une obligation imposée au Président de la République, c'est une simple faculté reconnue à celui-ci. Sur ce point, le Sénégal est en avance par rapport à certains pays comme la France où le profil des membres du Conseil constitutionnel n'est en rien indiqué. Le législateur organique met avant le critère des compétences techniques. En accordant une grande importance aux juristes de profession, le modèle sénégalais se rapproche de la vision de H. KELSEN[224] pour le choix des membres de la juridiction constitutionnelle. Également, le critère de l'expérience n'est pas en reste. Les membres des tribunaux régionaux, des tribunaux départementaux ne peuvent être nommés membres du Conseil constitutionnel. De même en exigeant une ancienneté de vingt pour les membres choisis en dehors des magistrats, le législateur organique entend par membre du Conseil constitutionnel un juriste rompu à la tâche. Seulement, en prévoyant que les inspecteurs généraux d'État peuvent être membres du Conseil constitutionnel, il se rapproche à certains égards de son homologue français. En effet, la fonction d'inspecteur général d'État ne coïncidant pas toujours avec une formation universitaire en droit préalablement acquise, il n'est pas exclu qu'un non-juriste siège au Conseil constitutionnel[225]. La loi autorise le Président de la République à nommer par exemple un comptable, un économiste, un ingénieur

---

[224] H. KELSEN, « La garantie juridictionnelle de la Constitution : la justice constitutionnelle », *RDP,* 1928, p. 227.

[225] Aux termes de l'article 10 de la loi N° 2005-23 du 11 août 2005 modifiée par la loi N°2007-17 du 9 février 2007 modifiée portant statut des inspecteurs généraux d'État « le concours est ouvert aux ingénieurs, docteurs ou titulaires d'un diplôme d'expert-comptable ou d'un doctorat en droit, en sciences économiques ou en sciences de gestion et dont l'âge ne dépasse pas quarante ans au 1er jour de l'année du concours », *JORS,* N° 6327, Lundi 19 février 2007, p. 2207.

agronome devenu inspecteur général d'État et ayant rempli le critère de l'ancienneté. C'est conforme au droit.

Avec le quasi-monopole du Président de la République du pouvoir de nomination, le Sénégal se situe dans la même perspective que les États-Unis à une nuance près avec le véto du Sénat[226]. En revanche, il est en marge de la ligne des États comme le Bénin, la République Démocratique du Congo, le Gabon et Togo, le Mali, le Niger et le Cameroun, qui se sont inscrits dans la perspective de diversification des autorités détenant le pouvoir de nomination des juges constitutionnels.[227]

La loi organique réglemente la cessation des fonctions des membres du Conseil constitutionnel. Les membres du Conseil constitutionnel ne peuvent être démis de leurs fonctions avant l'expiration de leur mandat. La fin de leur mandat ne peut résulter que de leur demande ou de leur incapacité physique, et ce, sur avis conforme du Conseil[228]. L'intéressé doit être entendu par le Conseil et son dossier lui doit être communiqué. L'empêchement temporaire d'un membre est également prévu par la loi. Dans ce cas, il est constaté par le Conseil et s'il se prolonge au-delà d'une durée de soixante jours, il est mis fin aux fonctions du concerné dans le respect des conditions précédemment mentionnées relatives à la cessation définitive de fonction de membre du Conseil constitutionnel. La loi permet d'éviter toutes représailles politiques contre les membres du Conseil constitutionnel qu'elles soient de façon collective ou individuelle. Le membre nommé en remplacement du membre dont le poste est vacant achève le mandat de celui-ci. À l'expiration de ce mandat il peut être nommé pour un nouveau mandant de six ans[229]. L'interprétation de cette disposition de l'alinéa 4 de l'article 5 de la loi organique sur le Conseil constitutionnel a donné lieu à un litige qui a permis au Conseil d'enjoindre un membre, en l'occurrence M. Mamadou LO de quitter la juridiction. Ce dernier voulait y rester en

[226] G. TUSSEAU, «Façonner le "gardien de la conscience". Les Présidents des États-Unis et les juges de la Cour suprême », *Pouvoirs,* N° 150, 2014, pp. 53-68.

[227] H. AKEREKORO, « L'exercice de la souveraineté nationale reconnue au peuple dans le constitutionnalisme africain », *op. cit.,*pp. 24 et s.

[228] Affaire Abdoul Aziz BA, *in* I. M. FALL (dir.), *Les décisions et avis du Conseil constitutionnel. Rassemblés et commentés, op. cit.*, p. 445, observations de P. M. SY.

[229] Le président Youssoupha NDIAYE a passé neuf années au Conseil constitutionnel. En effet, nommé en remplacement de M. Kéba MBAYE démissionnaire, M. NDIAYE a vu son mandat renouvelé, ce qui lui a permis de passer au Conseil le maximum du nombre d'années qu'un membre peut passer au sein de l'institution. Voir, I. M. FALL (dir.), *Les décisions et avis du Conseil constitutionnel. Rassemblés et commentés.*, *op. cit.*, p. 466, obs. I. M. FALL.

fonction malgré la fin de son mandat[230]. Toutefois, il faut préciser que la reconduction d'un membre nommé à titre intérimaire pour compléter l'effectif (cinq) du Conseil constitutionnel n'est pas automatique. Ainsi, M. Mamadou SY qui avait terminé le mandat de M. Abdoul Aziz BA, démissionnaire n'a pas été reconduit comme membre du Conseil par le Président WADE. Ce précédent relativise la stabilité du mandat des membres du Conseil constitutionnel. Dès lors, même s'il faut le regretter, en l'état actuel du droit, il arrive des moments où le mandat à achever « risque en effet de mettre les juges directement sous la dépendance de l'évolution du jeu électoral et aboutir à une composition des Cours semblable à celle des nominations des organes titulaires du pouvoir de nomination »[231]. La reconduction d'un membre intérimaire au Conseil constitutionnel est une simple faculté laissée à la discrétion du Président de la République, même si l'usage et la tradition militent en faveur de sa confirmation.

Il n'en demeure pas moins que la nomination de M. SY au Conseil constitutionnel par le Président SALL en 2012 est conforme au droit. En achevant de M. Abdoul Aziz BA, le membre du Conseil constitutionnel, Mamadou SY termine un mandat qui ne lui appartient pas. Le précédent Youssoupha NDIAYE est illustratif, nommé au Conseil en remplacement de M. Kéba MBAYE, démissionnaire, M. NDIAYE a

[230] Ce cas est intervenu à la suite de la démission du vice-président du Conseil. Un nouveau membre a été nommé pour régulariser la composition de l'institution (cinq membres). Un ancien membre fut alors promu vice-président. Celui-ci estime bénéficier des dispositions de l'alinéa 4 de l'article 5 de la loi organique sur le Conseil constitutionnel. Ce qui aurait pour conséquences de maintenir le concerné au Conseil pendant dix-sept ans. Le juge n'accepta pas, cependant, cette interprétation et demanda au concerné de quitter le Conseil. L'acharnement à vouloir rester au Conseil constitutionnel malgré que le concerné fut un ténor du barreau laisse penser que l'institution est une aubaine de confort. Ce qui fait écrire à I.Y NDIAYE « il est symptomatique à cet égard de relever qu'un ténor du barreau peut préférer le confort du Conseil aux fastes et honneurs de son office. Mais cette préférence reposait sur une méprise que le Conseil constitutionnel a judicieusement relevée, en précisant que le membre devenu Vice-président avait juste bénéficié d'une "promotion interne" qui échappe aux dispositions de l'article 5 al 4 de la loi organique », I.Y. NDIAYE, communication, « Le statut du juge constitutionnel », 6ème Conférence des chefs d'institutions de l'A.C.C.P.U.F., « Le juge constitutionnel, un juge spécial », Niamey, Niger, 3 et 4 novembre 2011, p. 16.

[231] P. M. SY, *Le développement de la justice constitutionnelle en Afrique. Les exemples du Bénin, du Gabon et du Sénégal,* Thèse de doctorat d'État, Université Cheikh Anta Diop, 1998, p. 78.

achevé le mandat de ce dernier avant d'être reconduit au Conseil pour un mandat qu'il exercera à titre personnel[232].

La compatibilité des fonctions de Membre du Conseil constitutionnel avec d'autres fonctions est réglementée par la loi organique. En effet, le texte prévoit que la fonction de membre du Conseil constitutionnel est incompatible avec la qualité de membre du gouvernement[233] ou d'un cabinet ministériel, d'auxiliaire de justice, d'un mandat électif, de l'exercice de profession d'avocat, officier ministériel et de toute activité professionnelle privée. L'exercice de toute activité publique doit être autorisé par le Conseil. La loi fait donc obligation aux membres du Conseil constitutionnel une fois nommés de se consacrer exclusivement auxdites fonctions. Ainsi, le concerné devra-t-il faire un choix entre être membre du Conseil constitutionnel ou se tourner vers d'autres horizons professionnels, comme l'atteste le cas Youssoupha NDIAYE. Nommé ministre, M. NDIAYE a choisi cette dernière fonction au lieu de garder son fauteuil de membre du Conseil constitutionnel en rendant sa démission au Conseil constitutionnel pour siéger au gouvernement.[234] En France, en 1984, le Conseil constitutionnel a dû se prononcer sur un cas assez similaire, l'élection de M. Valéry Giscard d'Estaing comme député. En effet, membre de droit depuis 1981, cet ancien Président de la République française fut élu député en 1984. Le requérant arguer que, puisque les membres de droit ne peuvent être démis d'office, ni remplacés à la différence des membres nommés en situation d'incompatibilité, M. Valéry Giscard d'Estaing serait donc de *facto* frappé d'inéligibilité. Le Conseil constitutionnel, dans sa réponse n'a pas suivi le requérant et a considéré qu'*« en l'absence de dispositions expresses en ce sens »*, la qualité de membre de droit ne saurait priver

[232] Voir E. H. O. DIOP, *La justice constitutionnelle au Sénégal. Essai sur les enjeux et les réformes d'un contre-pouvoir juridictionnel, op. cit.*, pp. 106-107.

[233] La démission du Président Youssoupha NDIAYE intervient à la suite de sa nomination comme ministre en l'occurrence ministre d'État, de la Jeunesse et des Sports.

[234] La juridiction avait délibéré en présence de trois membres (le président démissionnaire, M. NDIAYE et deux autres conseillers). Formellement, le quorum exigé pour que le Conseil constitutionnel puisse statuer valablement est respecté, mais il demeure que la double qualité de juge et de partie de M. Youssoupha NDIAYE rend l'avis discutable au regard du principe d'impartialité. Dans cette affaire, tout porte à croire que l'égale distance du Conseil à la partie concernée et à son intérêt respectif au regard de l'objet de l'avis rendu ne sont pas garantis. Sur cet aspect de l'impartialité d'une juridiction voir CJCE, 19 septembre 2006, Aff. C-506/04 Wilson, *Rec. CJCE,* 2006, p. I-8613, pt. 52 ; D. BERLIN, « Qu'est-ce qu'une juridiction ? » *in La semaine juridique, Edition générale,* N° 7, 11 février 2013, p.313.

l'ancien Président de la République *« du droit normalement reconnu à tout citoyen (...) d'être candidat à tout mandat électif ».* Au passage, le juge rappelle que les membres de droit sont soumis aux mêmes obligations que les membres nommés *« sous la seule réserve de la dispense de serment »*, mais estime que l'incompatibilité de fonctions qui résulte de l'élection du membre de droit *« fait obstacle à ce qu'il siège au Conseil ».*[235] La loi organique prévoit que les membres du Conseil constitutionnel prêtent serment avant d'entrer en fonction. Ils jurent de bien et fidèlement remplir leurs fonctions, de les exercer en toute impartialité dans le respect de la Constitution, « de garder le secret des délibérations et des votes, de ne prendre aucune position publique » et de ne donner aucune consultation à titre privé sur les questions relevant de la compétence du Conseil constitutionnel et se conduire en digne et loyal magistrat. Acte est donné à la prestation de serment. Ainsi la sortie anonyme d'un membre du Conseil constitutionnel au lendemain de la validation des candidatures à l'élection présidentielle de 2012 sur les conditions dans lesquelles certaines candidatures indépendantes ont été rejetées et l'admission des candidats de certains partis politiques après examens des conditions relatives aux obligations fiscales des concernées à titre personnel nous paraît-elle surprenante. Elle constitue une violation de la loi, qui du reste est dépourvue de sanction. El Hadj MBODJ estime qu'« en étalant sur la place publique les conditions dans lesquelles les dossiers de candidatures de Youssou NDOUR, Kéba KEINDE et Abdourahmane SARR ont été déclarés irrecevables ou les bouées de sauvetage qui ont été lancées à Idrissa SECK, Moustapha Niasse et Tanor DIENG, l'anonyme membre du Conseil constitutionnel a violé le secret des délibérations »[236]. En poussant la réflexion, il conclut à « une atteinte de la vie privée des trois derniers qui auraient ainsi maille à partir avec le fisc »[237]. En France, c'est la voie de mis en congé qui est choisie par les membres du Conseil constitutionnel, pour se délier de l'obligation de réserve. En effet, Simone VEIL, tout comme Valéry Giscard d'Estaing, profitant du silence des textes, s'était déliée de l'obligation de réserve en se mettant en congé pour prendre part activement à la campagne pour le référendum

[235] Voir B. VINCENT, « Quand s'arrête le service de l'État ? Le cas des ex-présidents de la République membres permanents du Conseil constitutionnel », *op. cit.*, pp. 1410-1411.

[236] « Pr El HADJ MBODJ dénonce la sortie anonyme d'un membre du Conseil constitutionnel », *Le Populaire,* N° 3715, jeudi 12 avril 2012, pp. 4-5.

[237] *Le Populaire*, *ibid.*, p. 4.

établissant une Constitution pour l'Europe, alors qu'elle siégera au Conseil lors de l'examen de la constitutionnalité du traité[238].

La compétence du Conseil constitutionnel en matière de protection de l'ordre constitutionnel est régie par les articles 1er et 2 de la loi organique.

II- Les compétences du Conseil constitutionnel

Les compétences du Conseil constitutionnel sont fixées par l'article 92 de la Constitution. En effet, il résulte de ce texte que le Conseil constitutionnel connaît de la constitutionnalité des lois et des engagements internationaux, des conflits de compétence entre le pouvoir exécutif et le pouvoir législatif, ainsi que des exceptions d'inconstitutionnalité soulevées devant une cour d'appel ou la Cour suprême. Le Conseil constitutionnel peut être saisi par le Président de la République pour avis.

Le Conseil constitutionnel juge de la régularité des élections nationales et des consultations référendaires et en proclame les résultats.

Les décisions du Conseil constitutionnel ne sont susceptibles d'aucune voie de recours. Elles s'imposent aux pouvoirs publics et à toutes les autorités administratives et juridictionnelles.

Les articles 1er et 2 de la loi organique dispose et précise davantage ces compétences.

Dans la pratique, la doctrine de l'interprétation de ces compétences du Conseil constitutionnel reste constante. En effet, avec raison, le Conseil évite toujours de prononcer en dehors des compétences qui lui sont dévolues par le Constituant. À titre d'exemple, dans une affaire dans laquelle le mandataire d'une liste de candidats faisait *valoir que l'arrêté du ministre de l'Intérieur fixant les modalités d'application du parrainage des listes électorales pour les élections législatives du 31 juillet 2022 est manifestement illégal car il résulte de la méconnaissance par l'État du Sénégal de la décision de la Cour de justice de la CEDEAO du 28 avril 2021 et du* protocole A/SP1/12/01 sur la Démocratie et la bonne gouvernance, additionnel au protocole relatif au mécanisme de prévention, de gestion, de règlement des conflits, de maintien de la paix et de la sécurité , *et qu'il viole les dispositions des articles 97 et 98 de la Constitution qui traitent de la primauté des traités sur les lois ;*

---

[238] B. VINCENT, « Quand s'arrête le service de l'État ? Le cas des ex-présidents de la République membres permanents du Conseil constitutionnel », *op. cit.*, p. 1413.

Dans sa décision, le Conseil considère qu'il y a lieu de distinguer le contrôle de constitutionnalité (contrôle de la loi ou du traité international par rapport à la Constitution) qui est de son ressort, et le contrôle de conventionnalité (contrôle de la loi par rapport à un traité international) dont l'examen échappe au Conseil, car étant dévolu aux cours et tribunaux. Il ajoute que, s'agissant du contrôle de constitutionnalité, *les* normes auxquelles se réfère le Conseil constitutionnel sont les dispositions de la Constitution, le Préambule ainsi que les instruments auxquels fait référence ce Préambule. Il en conclut ainsi qu'il n'appartient pas au Conseil constitutionnel, d'apprécier la conformité de la loi à un traité ou accord international et que dès lors le moyen est inopérant[239].

Dans la réalité, la protection de l'ordre constitutionnelle n'est pas dévolue seulement au Conseil constitutionnel, la Cour suprême, dont l'organisation en la matière mérite d'être étudiée y participe.

A- La Cour suprême

L'histoire de la Cour suprême au sien de la charpente institutionnelle de l'État sénégalais révèle une évolution mouvementée. Il convient de retracer son évolution (I) avant d'examiner sa structuration en matière constitutionnelle (II).

I- L'évolution de la Cour suprême

À l'accession de la souveraineté internationale, le modèle juridictionnel sénégalais s'était inscrit dans la tradition juridique africaine des Cours suprêmes initiée par le royaume chérifien.[240] L'influence du modèle marocain sur le système sénégalais s'expliquait par le fait qu'un même expert, membre du Conseil d'État français, fut chargé d'élaborer le Dahir du 27 septembre 1957[241] relatif à la Cour suprême du Maroc et l'avant-projet de Constitution de la fédération du Mali dont la Cour suprême a fortement influencé l'organisation judiciaire du Sénégal dès les premières années de son indépendance.[242] La Constitution du 26 août 1960,[243] de même que la Constitution du 7 mars 1963[244] avaient

[239] Const. const., Décision N° 1/E/2022 du 21 mai 2022.

[240] O. R. PAYEN, *L'expérience marocaine d'unité de juridiction et séparation des contentieux*, Paris, L.G.D.J, 1964.

[241] Dahir N° 57-223 du 27 septembre 1957.

[242] E. H. O. DIOP, *La justice constitutionnelle au Sénégal. Essai sur l'évolution, les enjeux et les réformes d'un contre-pouvoir juridictionnel*, *op. cit.*, p. 60.

[243] Article 62.

[244] TIRE VII intitulé « Du pouvoir judiciaire ».

constitutionnalisé la Cour suprême. Cette juridiction était organisée par l'ordonnance 60-17 du 3 septembre 1960, modifiée portant loi organique sur la Cour suprême[245]. Cette Cour suprême était juge de cassation en toute matière, juge de l'excès de pouvoir, des comptes et des comptables publics[246]. En outre, le contrôle de constitutionnalité lui était dévolu à travers ses sections réunies qui connaissaient du contentieux constitutionnel contrairement au Mali où une Cour d'État distincte de la Cour suprême était chargée du contrôle de la constitutionnalité[247]. La particularité du modèle malien, était qu'il se rapprochait du modèle français de 1958, jusqu'à 1965, année pendant laquelle la Cour d'État fut intégrée dans la Cour suprême[248]. Ce modèle avait fait des émules au Niger, en Côte d'Ivoire, au Cameron[249], au Gabon[250], au Togo, en Madagascar, au Burkina Faso, en Centrafrique[251] avec des différences plus ou moins marquées[252]. Le choix du modèle sénégalais se justifiait notamment par l'insuffisance des ressources humaines et des moyens financiers[253]. Cependant l'unité de juridiction qui plaçait la Cour suprême au sommet de la hiérarchie des juridictions n'avait nullement entrainé l'adoption du modèle anglo-saxon. Les tribunaux et les Cours d'appel ne pouvaient connaître du contrôle de constitutionnalité des

---

245 Loi organique 64-27 du 5 juin 1964 modifiant l'ordonnance 60-17 du 3 septembre 1960 organisant la Cour suprême, *JORS* du 11 juillet 1964, p. 868.

246 C. T. NGUYEN, « La troisième section de la Cour suprême », *Annales africaines,* CREDILA, 1989-1990-1991, p. 65.

247 D. DIAWARA « Le contrôle de constitutionnalité des lois au Mali » , *in* G. CONAC (Dir.),*Les Cours suprêmes en Afrique, Jurisprudence, droit social, droit international, droit financier,* Paris, Economica, 1989, pp. 106-116.

248 A. DIARRA, « La protection constitutionnelle des droits et libertés en Afrique noire francophone depuis 1990. Les cas du Mali et du Bénin », *Afrilex,* N° 2, 2001, p. 20.

249 J. C. A. OYONO, « Les mutations de la justice constitutionnelle à la lumière du développement constitutionnel de 1996 », *Afrilex,* N°1, 2000, pp. 1-23.

250 M. RENONDO, *Le Droit administratif gabonais,* Bibliothèque africaine et malgache, Tome XLIV, Paris, L.G.D.J, 1987, pp. 191 et s.

251 M. B. FIDELE, « Le contentieux administratif en Centrafrique après la réforme judiciaire du 28 novembre 1987 », *Penant,* N° 810, p. 326.

252 Pour le Sénégal voir : M. AURILLAC, « La Cour suprême du Sénégal », *Conseil d'État, Études et Documents, op. cit.*, p. 207 ; J. C. GAUTRON M. ROUGEVIN BAVILLE, *Droit public du Sénégal*, Paris, Coll. « CREDILA », A. Pedone, 2ème édition, 1977 p. 327 ; A. BOCKEL, « Sur la difficile gestation du Droit Administratif sénégalais », *Annales africaines*, 1973, pp. 7 et s.

253 B. WOUM, « Recherches sur les aspects du droit administratif dans les États d'Afrique noire d'expression française : le cas du Cameroun », *R. J. P.I. C.* 1972, N° 3 juillet-septembre, pp. 359-387.

lois. La Cour suprême avait donc le monopole du contrôle de constitutionnalité des lois.

L'année 1992 peut être considérée comme une période charnière dans l'évolution de système judiciaire[254]. La Cour suprême est supprimée et remplacée par trois juridictions souveraines et suprêmes. Cette réforme traduit la volonté du constituant d'instaurer un véritable contrôle de constitutionnalité confié à une juridiction spécialisée : le Conseil constitutionnel. Le Sénégal va ainsi se mouvoir dans ce nouveau dynamique marqué par l'avènement du constitutionnalisme africain. Cette volonté ressort des termes de l'exposé des motifs de la loi qui en constitue la base, le principe majeur demeure la spécialisation. La dernière étape sur l'évolution de la Cour suprême consiste en sa résurrection avec la loi constitutionnelle 2008-34 et la loi organique 2008-35 du 7 août 2008 qui la réinstaurent à partir de la fusion entre la Cour de cassation et le Conseil d'État.[255] Dans l'exposé des motifs[256] de la loi organique, le législateur justifie la résurrection de la Cour suprême, par un certain nombre de raisons qui sont principalement : - l'insuffisance des moyens combinée à la faiblesse des effectifs des magistrats qui a posé des difficultés de gestion et de conciliation des impératifs des services ainsi que l'amélioration de la qualité institutionnelle de la justice. – L'inopérationnalité du modèle de 1992 a assuré l'égalité des citoyens par le droit. Ce qui rendait probable l'unicité de la jurisprudence dans l'intérêt des justiciables et de la justice. – L'accentuation du relâchement du service public de la justice et de la mise en œuvre des procédures d'urgence. – La non-prise en compte des coûts de la justice par la réforme de 1992. En outre, de l'évaluation du modèle en vigueur de 1992 à 2008, le législateur indique dans l'exposé des motifs, l'inefficacité du modèle de 1992 dont les objectifs n'ont pas été atteints. Étaient visés notamment : – La spécialisation des magistrats, objectif confronté à de nouvelles questions liées à la mondialisation de la justice. – Le traitement des affaires dans des délais raisonnables. – L'utilisation rationnelle des ressources allouées à la justice.

La comparaison du modèle de 1960 avec celui de 1992, il ressort toujours selon le législateur des carences dont le rayonnement durable

---

[254] E. MBODJ, « Les incidences de la réforme du 30 mai 1992 sur le contentieux administratif sénégalais », *EDJA,* N° 25, avril-mai-juin 1992, pp. 13-39.
[255] *J.O.R.S,* N° 6420 du 8 août 2008, p. 755.
[256] *J.O.R.S., ibid.*, p. 755.

menacerait l'État démocratique. Le législateur fait de ce constat un argument de fond qui justifie la réinstallation de la Cour suprême qui permettra de préserver l'image de la justice par le renforcement de règles constitutives de l'éthique judiciaire et au moyen d'un contrôle permanent effectué par une autorité indépendante[257]. De même, en ce qui concerne l'organisation de la nouvelle Cour suprême, le législateur dit dans l'exposé des motifs se référer à la loi organique 60-17 du 3 septembre 1960, modifiée par la loi 87-09 du 2 février 1987 et 84-19 du 2 février 1984 fixant l'organisation judiciaire du Sénégal modifiée par la loi 92-28 du 4 juin 19992 de même que les lois organiques qui l'ont précédée. Ont été également prises en compte les dispositions qui ont été adoptées en vue de la création du Conseil d'État et de la Cour de cassation.[258]

Il ressort des compétences de la Cour suprême prévues par la loi organique et la Constitution, que ladite Cour peut être un acteur de protection de l'ordre constitutionnel.

II- La structuration de la Cour suprême

La structuration de la Cour suprême a connu une transformation au cours de son évolution. En effet, avec la création du Conseil constitutionnel, juge de la constitutionnalité des lois, les compétences de la Cour suprême en matière constitutionnelle ne sont plus les mêmes. D'une part, il convient donc d'étudier celles-ci à l'aune de cette transformation, d'où la présentation des compétences de la Cour telle qu'elle résulte du modèle de 1960 (1), d'autre part de celui-ci de 2008 (2).

1- Le modèle de 1960

La loi organique relative à la Cour suprême ainsi que l'article 84 de la Constitution du 7 mars 1963 réglaient la structure la Cour. En matière constitutionnelle, l'essentiel de la protection contentieuse était assuré principalement par les sections réunies. La seconde section intervenait de façon accessoire pour connaître de la légalité constitutionnelle des actes administratifs. Au sein de la juridiction, « la cellule de base » était la section, la répartition des attributions entre les sections obéissait à un souci de rationalisation du travail.

Sous la présidence du premier président, ou cas d'absence ou d'empêchement de celui-ci, sous la présidence du plus ancien président de section, les deux présidents de section et les quatre conseillers, les

---

[257] *J.O.R.S,* N° 6420 du 8 août 2008, *op. cit.*, p. 755.
[258] *J.O.R.S,* N° 6420 du 8 août 2008, *op. cit.,* p. 756.

sections réunies connaissaient des affaires constitutionnelles[259]. Étaient appelés à siéger au sein de cette formation les présidents de section et les conseillers. La présence de cinq membres était suffisante pour que la Cour délibère en matière constitutionnelle[260]. Toutefois, au sein de cette formation ne siégeaient pas les auditeurs. Lorsque la Cour examinait la matière constitutionnelle, seuls les magistrats professionnels y siégeaient[261]. La participation d'hommes politiques y était exclue. Ce fut là une originalité par rapport au Conseil constitutionnel français au sein duquel sont membres de droit les anciens Présidents de la République[262]. Mais également par rapport au projet malien, qui prévoyait au sein de la formation constitutionnelle de la Cour suprême la présence de sénégalais et de soudanais en nombre équilibré[263]. L'article 1er de l'ordonnance N° 60-17 du 3 septembre relative à la Cour, modifiée par la loi N° 87-09 du 2 février 1987 et la loi N° 84-19 du 2 février 1984 fixait la compétence de celle-ci en matière constitutionnelle. En effet, la Cour suprême se prononçait sur la constitutionnalité des lois et des engagements internationaux[264].

La Cour suprême pouvait être saisie par le Président de la République, le Président du Conseil, sous l'empire de la Constitution de 1960[265], le Premier ministre à la suite de la réforme constitutionnelle de 1970, et par président de l'Assemblée nationale.[266] La réforme de 1978[267] s'inspirant de la réforme française de 1974[268] donne la

---

259 Article 21 al 1 de la loi organique.

260 Article 21 al 2 de la loi organique.

261 Les modalités de recrutement des membres de la Cour suprême étaient fixées par les articles 7 et 8 de la loi organique sur ladite Cour.

262 P. ARDANT, *Institutions politiques et Droit constitutionnel*, Paris, L.G.D.J, 12ème édition, 2000, p. 121.

263 M. AURILLAC, « La Cour suprême du Sénégal », *Conseil d'État, Études et Documents, op. cit.*, p. 216.

264 Article 1er de la loi organique sur la Cour suprême.

265 En vertu de l'article 42 de la Constitution du 26 août 1960 le Président du Conseil pouvait saisir la Cour suprême pour qu'elle se prononce sur le caractère réglementaire des textes de forme législative. C'est ainsi que le Président du Conseil avait saisi la Cour d'une requête tendant à faire déclarer le caractère réglementaire des dispositions de l'ordonnance du 31 mars 1959 fixant les conditions et les modalités d'exercice du pouvoir réglementaire au Sénégal. Sur la base de cette requête la Cour a eu à fixer la théorie du pouvoir réglementaire. Voir la *Revue Penant*, avril-mai 1961, p. 251.

266 Articles 63, 65, 67, 72, 78, de la Constitution du 7 mars 1963.

267 B. S. NGOM, *L'arbitrage d'une démocratie en Afrique : la Cour suprême du Sénégal*, Dakar, Présence africaine, 1989, p. 60.

268 P. JAN, *La saisine du Conseil constitutionnel*, Paris, LGDJ, 1999, p. 223.

possibilité à quinze députés de saisir la Cour aux fins de contrôle de constitutionnalité d'une loi. La procédure devant la Cour suprême en matière constitutionnelle était très formaliste même si elle n'était pas couteuse. Elle s'ouvre par une requête qui doit être déposée au greffe de la Cour. La requête à peine d'irrecevabilité devait contenir l'énoncé des dispositions constitutionnelles dont la violation est alléguée.[269]

La deuxième section de la Cour participait à la protection de l'ordre constitutionnel par la voie du recours pour excès de pouvoir[270]. Elle était composée d'un président de section de quatre conseillers au moins et éventuellement un ou plusieurs auditeurs. Elle siégeait au moins en présence de deux magistrats dont un auditeur au plus.[271] Le président de la Cour pouvait présider cette section si les besoins l'exigent, dans ce cas, il peut faire appel à un conseiller appartenant à une autre formation afin que la section siège en nombre impair[272]. La Cour a eu à se prononçait sur les recours en annulation pour excès de pouvoir formés contre les décisions administratives qui violent l'ordre constitutionnel[273].

À côté de ces formations, il y avait l'Assemblée générale consultative de la Cour. Cette formation de la Cour réunissait tous les magistrats du siège et du parquet de celle-ci. Les conseillers en service extraordinaire qui devaient être au nombre de vingt au plus, choisis dans l'administration, l'université et le secteur privé y étaient également associés. Ces derniers sont nommés par décret pour la durée d'une année. Le gouvernement était représenté auprès de l'Assemblée générale par un « commissaire du gouvernement »[274] nommé par décret pour une durée déterminée. Choisi le plus souvent parmi les conseillers techniques du gouvernement, il entre dans ses attributions de défendre la position de ce dernier[275]. Un commissaire du gouvernent spécial était désigné par le Secrétaire général du gouvernement sur proposition du ministère initiateur du texte. Le plus souvent, le ministre propose l'agent qui a eu l'initiative

---

[269] Article 30 de la loi organique sur la Cour suprême.

[270] Article 2 de la loi organique sur la Cour suprême.

[271] J. C. GAUTRON et M. ROUGEVIN BAVILLE, *Droit public du Sénégal*, *op. cit.*, p. 329.

[272] B. S. NGOM, *L'arbitrage d'une démocratie en Afrique : la Cour suprême du Sénégal*, *op. cit.*, p. 48.

[273] Voir l'affaire Adourahmane Cissé, *Annales africaines*, *op. cit.*, p. 65.

[274] Sur les fonctions du commissaire du gouvernement en droit français, voir R. GUILLIEN, « Les commissaires du gouvernement près des juridictions administratives », *RDP*, 1955, p. 281.

[275] J. C. GAUTRON et M. ROUGEVIN BAVILLE, *Droit public du Sénégal*, *op. cit.*, p. 165.

du texte, le chef de service ou le conseiller technique compétent[276]. La consultation pouvait être obligatoire ou facultative. Les rares cas où la consultation était obligatoire concernaient les projets de loi et certains décrets dont une loi exigeait la consultation de la Cour suprême[277]. L'intervention de l'Assemblée générale consultative de la Cour suprême était donc principalement facultative. Elle intervenait sur un projet de texte ou sur une difficulté d'ordre juridique comme l'interprétation d'un texte. L'instruction N°15PR du 1er mars 1968[278] réglementait la matière en ce qui concerne les décrets. La saisine de la Cour suprême à une fin consultative appartenait à titre de monopole au Secrétaire général du gouvernement. Après la réception du texte, le premier président désigne un rapporteur parmi les membres de la Cour[279]. Un délai lui était imparti en fonction de la complexité ou de l'urgence du dossier. En général, le délai n'excédait pas quinze jours et pouvait même parfois être abrégé à quarante-huit heures. Aux fins d'exécution de la mission à lui assigner, le rapporteur travaillait en étroite collaboration avec le commissaire du gouvernement qui lui fournissait toutes les informations utiles. Tous les deux se mettaient d'accord sur les amendements à apporter au texte. Le commissaire du gouvernement rend compte des projets d'amendement au commissaire général avant la séance[280]. L'Assemblée générale se réunissait une fois par semaine, en principe le vendredi matin. Des séances extraordinaires étaient également prévues. Dans tous les cas, les séances n'étaient pas publiques. Le rapporteur présentait un rapport oral, indiquant l'objet du texte ou la demande d'avis, accompagné des questions qu'il soulève. Intervenaient ensuite la discussion générale du projet de texte puis la discussion par articles. L'occasion était donnée aux membres de la Cour de proposer des amendements sur lesquels l'Assemblée se prononçait après audition des commissaires du gouvernement. Le texte amendé et

---

[276] J. C. GAUTRON et M. ROUGEVIN BAVILLE, *Droit public du Sénégal, op. cit.*, p. 166.

[277] Par exemple un décret portant suppression d'une commune. Voir J. C. GAUTRON et M. ROUGEVIN BAVILLE, *Droit public du Sénégal, op. cit.*, p. 166.

[278] Ce texte a été maintenu en vigueur par l'instruction primatoriale N° 4 PM sous réserve des adaptations nécessitées par la réforme constitutionnelle de 1970 introduisant le poste de Premier ministre. Le texte de ces deux instructions figure dans la brochure *Textes relatifs à l'organisation des pouvoirs publics*, Imprimerie nationale, novembre 1971.

[279] Le rapporteur pouvait être un magistrat ou un conseiller extraordinaire.

[280] J. C. GAUTRON et M. ROUGEVIN BAVILLE, *Droit public du Sénégal, op. cit.*, p. 167.

une note sommaire justifiant les amendements sont adressés au Secrétaire général du gouvernement. S'il s'agit d'une demande d'avis, le rapporteur rédige l'avis définitif de la Cour qui était soumis à l'Assemblée et qui fut objet de la discussion[281]. La Cour se prononçait sur la conformité des projets de loi à la Constitution, des lois organiques, des lois ordinaires, il en est de même des projets de décret. La Cour pouvait être consultée sur la conformité de la soumission d'un projet de loi au référendum[282].

Jean Claude GAUTRON et Michel ROUGEVIN BAVILLE notent que l'amalgame était entretenu au sein de l'Assemblée générale de l'ancienne Cour suprême avec l'association à la fonction consultative des magistrats appelés à connaître du contentieux des actes dont ils ont pris part à l'élaboration. Ces auteurs soutiennent que « l'amalgame de ces deux groupes de conseillers donne à l'Assemblée son caractère original et confère plus d'autorité aux avis donnés »[283].

Ailleurs, dans l'arrêt *Procola* rendu le 31 août 1995, la Cour européenne des droits de l'Homme statuant sur le fondement de l'article 6-1 de la Convention européenne des droits de l'Homme[284] énonce que *« dans le cadre d'une institution comme le Conseil d'État luxembourgeois le seul fait que certaines personnes exercent successivement à propos des mêmes décisions la fonction consultative et la fonction juridictionnelle est de nature à mettre en cause l'impartialité structurelle de ladite institution »*[285]. Dans le même ordre d'idées, la même Cour a eu à censurer la présence du commissaire du gouvernement aux délibérés du Conseil d'État français dans l'arrêt *Kress*. La Cour fonde sa solution sur la « théorie des apparences » en ces termes : *« en s'exprimant publiquement sur le rejet ou l'acceptation des moyens présentés par l'une des parties, le commissaire du gouvernement pourrait être légitimement considéré par les parties comme prenant fait et cause pour l'une d'entre elles »* (§ 81). Pour la Cour, l'avantage *« purement*

[281] J. C. GAUTRON et M. ROUGEVIN BAVILLE, *ibid.*, p. 167.
[282] Article 46 de la Constitution du 7 mars 1963.
[283] J. C. GAUTRON et M. ROUGEVIN BAVILLE, *Droit public du Sénégal*, *op. cit.*, p. 165.
[284] Cette disposition de la Convention prévoit : « Toute personne a droit à ce que sa cause soit entendue équitablement, publiquement et dans un délai raisonnable, par un tribunal indépendant et impartial, établi par la loi qui décidera soit des contestions sur les droits et obligations de caractère civil soit du bien fondé de toute accusation en matière pénale dirigée contre elle ».
[285] C.E.D.H, 28 septembre 1995, Procola et autres c/ Luxembourg, Série A, N° 326.

technique » tiré de l'assistance du commissaire du gouvernement au délibéré est *« à mettre en balance avec l'intérêt supérieur du justiciable, qui doit avoir la garantie que le commissaire du gouvernement ne puisse pas, par sa présence, exercer une certaine influence sur l'issue du délibéré » (§ 85)*. La Cour précise par ailleurs que *« Nul n'a jamais mis en doute l'indépendance ni l'impartialité du commissaire du gouvernement »*[286]. La Cour distingue objectivité et neutralité pour considérer que l'opinion du commissaire du gouvernement, malgré son statut et l'objectivité avec laquelle il s'acquitte de ses fonctions, *« ne saurait passer pour neutre du point de vue des parties »*. Ce raisonnement a fait l'objet de critiques. Des commentateurs de l'arrêt *Kress*se sont ainsi élevés contre « cette conception d'un commissaire du gouvernement "caméléon", qui change d'apparence en fonction du sens de ses conclusions ».[287] Des membres du Conseil d'État ont également émis des réserves sur la conception de la Cour communautaire du commissaire du gouvernement. À cet effet, B. GENVOIS écrit : « un constat objectif de la violation d'une règle de droit emporte davantage la conviction qu'une démonstration fondée sur les apparences »[288]. R. ABRAHAM et J. C. BONICHOT font remarquer qu'« on ne peut organiser un système juridictionnel pas plus d'ailleurs que les autres institutions publiques en fonction des seules apparences. Il est certes préférable que celles-ci aient pour les citoyens une lisibilité maximale mais tout ne peut lui être sacrifié, sous peine, pour ménager les apparences, de provoquer de véritables régressions du droit ».[289]Tout de même, dans l'arrêt *Martinie c/ France* du 12 avril 2006, rendu en Grande chambre, la Cour a réaffirmé le raisonnement de l'arrêt *Kress*. Dans cette affaire, le juge condamne *« la seule présence du commissaire du gouvernement au délibéré, que celle-ci soit active ou passive »*, au motif que la jurisprudence *« se fonde beaucoup sur la théorie des apparences et sur le fait que (...) le commissaire du gouvernement devant les juridictions administratives françaises (...) explique (...) publiquement son point de vue sur l'affaire avant le délibéré » (§ 53)*. L'arrêt *Martinie* a fait peu de cas de la distinction entre la participation

---

[286] CEDH, 7 juin 2001, N° 39594/98.

[287] J. L. AUTIN et F. SUDRE, « Juridiquement fragile, stratégiquement correct, note sur l'arrêt *Kress* », *RFDA,* 2001, p. 1000.

[288] B. GENEVOIS, « Réconfortant et déconcertant, à propos de l'arrêt Kress », *RFDA*, 2001, p. 991.

[289] CE, 29 juillet, 1998, N° 179635, *JurisData* N° 1998-050768 ; *Rec.* CE, 1998, p. 320, concl. D. Chauvaux, *JCP G* 1998, I, 176, comm. R. Abraham et J.-C. Bonichot.

du commissaire du gouvernement au délibéré et son assistance muette. Conformément à l'article 46 de la Convention européenne des droits de l'Homme, la France a tiré les implications des arrêts *Kress* et *Martinie* en adaptant sa législation aux principes formulés par la Cour européenne des droits de l'Homme.[290] Le Conseil d'État français a posé auparavant, la règle interdisant qu'un membre d'une juridiction administrative participe au jugement d'un recours relatif à une décision dont il est l'auteur, ou qui a été prise par un organisme collégial aux délibérations duquel il a participé[291].

L'idée de G. CONAC peut être reprise à ce propos quand il écrit : « Le risque c'est qu'en devenant coauteur de la loi, la Cour au moment où elle a à l'appliquer se sent lié par son avis, c'est pourquoi il peut être opportun de distinguer les sections en différenciant les formations juridictionnelles et les formations consultatives ».[292] La différenciation entre les formations contentieuses et les formations consultatives devrait entrainer la différenciation des personnes chargées de les animer. Si ce risque dont parle G. CONAC n'existe pas pour les lois[293], il est en revanche réel pour le contrôle de constitutionnalité des actes administratifs.

Ces insuffisances de la Cour suprême de 1960 ne sont pas reprises par celle de 2008 qui, elle aussi, mérite d'être analysée du point de vue sa structuration en matière constitutionnelle.

II- Le modèle de 2008

La réforme de 2008[294] a procédé à la fusion du Conseil d'État et de la Cour de cassation en une Cour suprême. Dans l'arcane institutionnel de cette dernière, on retrouve des instances qui peuvent jouer un rôle de protection de l'ordre constitutionnel. Globalement, deux instances de la Cour participent à la protection de l'ordre constitutionnel. Il s'agit de la chambre administrative (a) et de l'Assemblée générale consultative de la Cour (b).

---

[290] Voir C. MANGÜE, « Rapporteur public », *JurisClasseur administratif*, mai 2009, Fasc., 1031, pp. 22 et s.

[291] CE, Sect. 2 mars 1973, Dlle Arbousset, *Rec.*, p. 106 ; CE Sect. 11 juin 1975, Dlle Goré, *R.D.P*, 1975, p. 1455.

[292] G. CANAC, « Le juge et la construction de l'État de droit en Afrique francophone », *R.F.D.A*, 1996, p. 15.

[293] Le contentieux de ces dernières étant dévolu au Conseil constitutionnel.

[294] La loi organique de 2008-35 du 08 août 2008 a été abrogée par la loi 2017-09 du 17 janvier 2017, modifiée par la loi organique 2022-16 du 23 mai 2022, JORS N°7531, 167e Année, du Mardi 23 mai 2022, p. 571.

a- Les compétences de la chambre administrative en matière constitutionnelle

La loi organique 2022-16 du 23 mai 2022[295] sur la Cour suprême a procédé à un doublement des chambres. Les formations de la Cour suprême sont : les chambres réunies, l'assemblée générale consultative et les chambres.

La Cour comprend 8 chambres : – deux chambres criminelles qui connaissent des pourvois en cassation en matière criminelle ; – deux chambres civiles et commerciales qui connaissent des pourvois en cassation en matière civile et commerciale ; – deux chambres sociales qui connaissent des pourvois en matière sociale ; – deux chambres administratives qui connaissent des pourvois en cassation en matière administrative, qui font office de juge en premier et dernier ressort de l'excès de pouvoir des autorités administratives, ainsi que la légalité des actes des collectivités locales; elles sont compétentes en dernier ressort dans le contentieux des inscriptions sur les listes électorales et les élections aux conseils des collectivités locales. Et d'une manière générale elles jugent les contentieux qui lui sont dévolus par le Code électoral »[296]. En outre, le titre premier consacré aux compétences de ladite juridiction dispose de façon générale dans son 1 que « la Cour suprême est juge de l'excès de pouvoir des autorités administratives »[297].

La chambre administrative est présidée par son président, ou en cas d'empêchement ou d'absence de ce dernier, par le doyen des conseillers qui y sont affectés.[298] Cette chambre, à l'instar des autres chambres de la Cour est composée d'un président et de conseillers. Elle siège à cinq magistrats au moins et en nombre impair. Elle peut siéger en formation restreinte comprenant trois magistrats chaque fois que la nature de l'affaire le justifie, notamment pour prononcer l'irrecevabilité du recours contre un acte d'une autorité administrative qui viole l'ordre constitutionnel, le non-lieu à statuer sur ledit recours ou pour statuer sur la recevabilité du recours si la question de constitutionnalité a été déjà examinée par la Cour.[299] La chambre administrative peut être divisée

[295] JORS N°7531, 167e Année, du Mardi 23 mai 2022, p. 571.
[296] Voir la loi 2022-16 du 23 mai 2022, JORS N°7531, 167e Année, du Mardi 23 mai 2022, p. 571
[297] *J.O.R.S,* N° 6420 du 8 août 2008, p. 756.
[298] Article 24 al 2 de la loi sur la nouvelle Cour suprême, *J.O.R.S,* N° 6420 du 8 août 2008, p. 760.
[299] Article 24 al 1.

en sections par ordonnance du premier président, après avis du bureau de la Cour[300]. Le premier président de la Cour peut également quand il le juge nécessaire présider la chambre administrative lorsqu'elle statue sur la violation de l'ordre constitutionnel par une autorité administrative et y adjoindre des conseillers appartenant à une autre formation afin de siéger en nombre impair[301].

L'Assemblée générale consultative de la Cour fait également office de membre du Conseil constitutionnel à titre gracieux.

b- Les compétences de l'Assemblée générale consultative en matière constitutionnelle

L'Assemblée générale consultative, est la seconde formation de la Cour qui joue un rôle de protection de l'ordre constitutionnel. Elle est composée de la totalité des membres de la Cour énumérés à l'article 7de la loi organique[302]. Elle est présidée par le premier président de la Cour ou en cas d'empêchement, et dans l'ordre par procureur général, un président de chambre ou le premier avocat général[303]. L'Assemblée générale consultative tient en principe deux séances par mois à jour fixe et, s'il y a lieu des séances supplémentaires. La présence à l'Assemblée générale consultative est obligatoire. Les membres de cette formation ont l'obligation de faire parvenir leurs observations écrites au plus tard quarante-huit heures avant la séance[304]. Des commissions spéciales peuvent être constituées par l'Assemblée générale consultative en vue de connaître certaines affaires en raison de leur nature. Devant ces commissions, il est procédé comme devant l'Assemblée générale et l'avis de la commission tient lieu de délibération de l'Assemblée générale consultative. De même en cours de séance, l'Assemblée générale consultative peut désigner une commission *ad hoc* chargée d'étudier un problème particulier et de faire rapport devant elle[305]. Des personnes qualifiées dans différents domaines de l'activité nationale désignées par décret sur proposition du premier président de la Cour

---

[300] Article 24 al 3.

[301] Article 25.

[302] Il s'agit : du premier président, des conseillers, des présidents de chambre, des conseillers délégués ou référendaires, du procureur général, du premier avocat général, des avocats généraux, des avocats généraux délégués, du greffier en chef, des greffiers.

[303] Article 27 al 1.

[304] Article 8 du décret N° 2009-367, portant application de la loi organique N° 2008-35 du 8 août 2008 sur la Cour suprême.

[305] Article 9 du décret précité.

pour une période d'un an renouvelable peuvent être appelées à siéger à l'Assemblée générale consultative à titre de conseiller extraordinaire. Le nombre de cette catégorie de conseillers ne peut dépasser vingt[306]. Également, le Président de la République a la prérogative de désigner une personne qualifiée comme commissaire du gouvernement[307] chargée de représenter le pouvoir exécutif au sein de l'Assemblée générale consultative et de fournir à celle-ci toutes les indications nécessaires[308]. Le commissaire du gouvernement participe au débat mais n'a pas voix délibérative. Dans le rapport annuel de Cour suprême de 2010, il a été constaté un déficit de six conseillers au niveau de l'Assemblée générale consultative[309]. Ce qui a amené certains conseillers à siéger dans plusieurs formations. L'article 29 de la loi organique détermine la compétence de l'Assemblée générale consultative en matière de protection de l'ordre constitutionnel. Elle donne des avis sur les projets de loi et de décret soumis en son examen. La Cour par l'entremise de l'Assemblée générale consultative donne un avis motivé sur la constitutionnalité des dispositions soumises à son examen[310]. À cette fin, la Cour peut être saisie par le Secrétariat général du Gouvernement, de l'Assemblée nationale[311]. Après enregistrement du

---

[306] Article 27 al 2 de la loi organique.

[307] Il faut noter qu'en France, sous l'influence de la jurisprudence de la Cour européenne des droits l'Homme notamment avec l'arrêt Kress (CEDH [GC], 7 juin 2001, N° 39594/98), le Commissaire du gouvernement a changé d'appellation. Il est dénommé « Rapporteur public ». Cette modification a été réalisée par le décret N° 2009-14 du 7 janvier 2009, (*Journal Officiel* 8 janvier 2009) qui a modifié à cette fin les articles L. 7, L. 522-1 et l'ensemble des articles réglementaires du Code de justice administrative qui évoquaient le « commissaire du gouvernement ». La réalisation de cette réforme par voie réglementaire avait été rendue possible par la décision du Conseil constitutionnel du 30 novembre 2006 (Cons. const., 30 nov. 2006, Décision N° 2006-208 L) qui a constaté la valeur réglementaire des articles L. 7 et L. 522-1 du Code de justice administrative par ces termes : *« l'appellation "commissaire du gouvernement" devant les juridictions administratives ne met en cause aucun des principes fondamentaux, ni aucune des règles que la Constitution a placées dans le domaine de la loi ; (...) par suite elle a un caractère réglementaire »*.L'emploi de cette nouvelle dénomination est devenu effectif le 1er février 2009, date d'entrée en vigueur dudit décret. Voir C. MANGÜE, « Rapporteur public », *op. cit.*, p. 30.

[308] Article 28 al 1 de la loi organique.

[309] Rapport annuel de la Cour suprême pour l'année 2010, *op. cit.,* p. 95.

[310] Article 28 al 1 de la loi organique.

[311] *JORS,* N° 6420 du 8 août 2008, *op. cit.,* p. 760. La loi organique cite le Président de la République, le Président (du Sénat supprimé) ou du Président de l'Assemblée nationale, mais dans la pratique c'est le Secrétariat général de chacune de ces institutions qui assurent cette liaison.

texte, un rapporteur est désigné par le président de la Cour ou le cas échéant par les personnes appelées à le suppléer. Le rapporteur se fait expliquer par le commissaire du gouvernement et, éventuellement par les fonctionnaires compétents la portée exacte du projet de texte. S'agissant d'un projet de loi, le rapporteur en relation avec les services de documentation et d'étude de la Cour constitue un dossier comprenant les dispositions constitutionnelles applicables, les dispositions législatives qui seront complétées, modifiées et éventuellement, tous documents, notes ou rapports de nature à éclairer le texte. S'agissant d'un décret le rapporteur joint au dossier la disposition constitutionnelle applicable ou législative applicable et le texte réglementaire qui sera complété ou modifié, ainsi que tous les documents de nature à éclairer le projet de texte. La jonction de la disposition constitutionnelle applicable quelle qu'en soit la nature du texte révèle un souci de sauvegarder le respect des impératifs de l'ordre constitutionnel. Des dispositions de l'article 12 du décret portant application de la loi organique sur la Cour suprême, il résulte que le rapport du rapporteur doit comprendre deux parties. Une partie générale replaçant le projet dans son contexte constitutionnel, législatif et réglementaire et qui en expose la portée. Quant à la seconde partie, l'aspect analytique s'en fait ressentir le plus. L'évaluation critique du projet est consignée dans cette partie. Cette critique porte sur l'aspect administratif mais aussi juridique du projet de texte. En réalité, elle porte sur la constitutionnalité et la légalité du texte mais aussi sur sa cohérence interne ainsi que sur ses difficultés techniques d'application à l'aune de la législation ou de la réglementation voisine ou concurrente. C'est sur la base de ces critiques que des modifications sont proposées sous forme de plan détaillé comprenant les citations intégrales des textes et les nouvelles propositions. À ce stade, le rapport n'est pas donc entièrement rédigé. Après établissement du rapport l'affaire est inscrite à la plus prochaine séance de l'Assemblée générale consultative. Le secrétaire général et les commissaires du gouvernement en sont avisés[312]. À l'audience, le rapporteur présente son rapport. Le ou les commissaires du gouvernement chargés de défendre les positions du gouvernement prennent part aux débats. Les débats comprennent une discussion générale et une discussion article par article. A ce stade le texte peut être amendé pour des motifs de protection de l'ordre constitutionnel. Ces amendements font l'objet d'un vote dans l'ordre de présentation puis sur l'ensemble de l'article amendé. Après cette

---

312 Article 14 du décret précité.

discussion, le rapporteur rédige immédiatement le texte définitivement adopté accompagné d'une note d'observations indiquant les modifications apportées au projet. Le projet modifié et la note portant la signature du président de séance, du rapporteur et du greffier en chef sont transmis, selon le cas au Secrétariat général du gouvernement ou de l'Assemblée nationale[313]. Dans la pratique, l'Assemblée générale consultative de la Cour suprême joue un rôle primordial de protection de l'ordre constitutionnel. En effet, même si l'avis de la Cour n'a aucun caractère obligatoire, il apparaît que la systématisation de la consultation de la Cour sur les projets de loi et décret pourrait restreindre considérablement les inconstitutionnalités qui affectent ces actes juridiques tant du point de vue du fond que de la forme. Des informations qui ressortent des documents[314], la fonction consultative de la Cour n'est pas très développée. Cette situation s'explique par la faiblesse de la saisine de l'Assemblée générale consultative. Même si les statistiques révèlent une légère hausse des activités de l'Assemblée générale consultative, celle-ci est insuffisante. Ainsi, pour la période judiciaire 2008-2009 sur une dizaine de demandes, l'Assemblée générale consultative de la Cour suprême a rendu neuf avis. Pour la période 2009-2010 sur quatorze dossiers enregistrés, dont trois constituent le résidu du précédent stock, l'Assemblée générale consultative a ordonné le retrait de deux dossiers et s'est prononcée sur les dix autres et un dossier en instance au moment de l'établissement du rapport de 2010[315]. Il est également constaté dans ce rapport qu'aucune proposition de loi émanant du Sénat (supprimé) ou de l'Assemblée nationale n'a été soumise à la consultation de l'Assemblée générale consultative. De même, de toutes les demandes d'avis une seule est relative à un projet de loi, le reste étant concentré sur des demandes d'avis sur des projets de décret dont une bonne partie porte sur la reconnaissance d'utilité publique de fondations[316].

C'est le juge par le biais de la fonction consultative qui sert de guide au législateur afin de lui éviter l'adoption d'un texte comportant des dispositions inconstitutionnelles. L'avis de l'Assemblée générale consultative offre une plus grande sécurité juridique et permet d'éviter autant que se peut la censure, en cas de contentieux, par le Conseil

---

[313] Article 15 du décret portant application de la loi organique sur la Cour suprême.

[314] Rapport annuel de la Cour suprême de 2010. La consultation des avis proprement dit est impossible car ces derniers étant frappés du sceau du secret.

[315] Rapport annuel de la Cour suprême pour l'année 2010, *op. cit.*, p. 61.

[316] Rapport annuel de la Cour suprême pour l'année 2010, *op. cit.*, p. 62.

constitutionnel ou la chambre administrative de la Cour suprême du texte pour des raisons d'inconstitutionnalités[317].

Les retouches du modèle, à des séquences temporelles assez rapprochées, montrent que le Sénégal est à recherche d'une organisation judiciaire adaptée à ses réalités politiques, économiques, sociales et culturelles.

Une fois le modèle précisé, il convient d'examiner les rapports qu'entretiennent les juges avec les actes ou comportements dont ils examinent la constitutionnalité.

Section II : Les pouvoirs des juges constitutionnels

Dans la protection juridictionnelle de l'ordre constitutionnel, les juges peuvent assumer trois missions : l'authentification des manifestations de volonté du peuple souverain, la répartition des compétences entre les pouvoirs publics, la protection des droits et libertés fondamentaux et exceptionnellement la répression des infractions commises par les plus hautes autorités de la République, notamment le Président République et le Premier ministre[318]. À côté des pouvoirs juridictionnels, le juge peut également être investi de pouvoirs de type consultatif[319]. De ces types de pouvoirs, il résulte que dans la protection de l'ordre constitutionnel, l'intervention du juge peut avoir pour objet de mettre fin à un acte ou un comportement inconstitutionnel d'où un pouvoir de contrôle (Paragraphe I) ou d'éclairer les pouvoirs publics et les citoyens dans la voie à suivre pour l'exercice de leurs prérogatives constitutionnelles sans violer l'ordre constitutionnel, le juge exerce ainsi un pouvoir de clarification et d'authentification (Paragraphe II).

Paragraphe I : Le pouvoir de contrôle

Le pouvoir de contrôle du juge n'est pas subjectif mais objectif. C'est un procès fait à un acte juridique ou un comportement[320] qui viole

---

[317] J. M. SAUVE « Exposé de synthèse de la journée d'étude organisée par le Conseil d'État et le Centre de Recherche en Droit constitutionnel de l'Université de Paris I Panthéon-Sorbonne », *Sixième printemps de droit constitutionnel,* 1er avril 2011, 12, p. 3.

[318] Articles 163 et 164 de la Constitution de la RDC du 18 février 2006.

[319] J. P. MACHELON et autres, Les *grandes délibérations du Conseil constitutionnel 1958-1983*, Paris, Dalloz, 2009, p. 473.

[320] Les prescriptions de l'ordre constitutionnel ne se concrétisent pas seulement par des normes juridiques, elles peuvent se révéler en des contraintes. Voir M. TROPER, « Le problème de l'interprétation et la théorie de la supra légalité constitutionnelle », *in Recueil d'Études en Hommage à Charles Eisenmann*, Paris, Cujas, 1977, p. 150.

l'ordre constitutionnel. Il permet d'éviter l'entrée en vigueur d'une norme inconstitutionnelle ou de neutraliser les effets de celle-ci. La sanction du juge peut ainsi, viser la compatibilité ou la conformité de l'acte ou du comportement avec l'ordre constitutionnel (A) ou le redressement de l'inconstitutionnalité de ces derniers (B).

A- Le contrôle de compatibilité et de conformité

La nature du contrôle varie dans l'hypothèse envisagée selon la nature l'acte contrôlé. Qu'il soit une loi ou un traité international, les pouvoirs du juge ne sont pas les mêmes. Seulement, cette distinction n'est pas aussi tranchée dans la mesure où les conditions d'entrée en vigueur d'un traité dans l'ordre constitutionnel sont soumises à un contrôle de conformité de la procédure d'entrée en vigueur des traités déterminée par la Constitution[321]. Mais de façon générale, le contrôle de compatibilité concerne les traités (I) et le contrôle de conformité est du domaine des actes législatifs ou administratifs (II).

I- Le contrôle de compatibilité

Le contrôle de compatibilité[322] concerne les normes internationales. Pour cette catégorie de normes, le juge ne contrôle pas la conformité de la norme internationale à l'ordre constitutionnel mais sa compatibilité à celui-ci[323]. Une situation, qui s'explique par le fait que l'ordre constitutionnel ne détermine pas à lui tout seul les conditions de formation de la norme internationale[324]. En d'autres termes « la norme internationale ne concrétise pas la norme constitutionnelle »[325]. Ainsi, considère-t-on que « la norme internationale n'est ni au-dessous ni en dessus de la

---

[321] Article 98 de la Constitution du 22 janvier 2001. Il s'agit de la ratification ou de la signature selon la forme du traité, de la publication et éventuellement de l'application par les autres parties. CS, 29 janvier 1975 Séga Seck Fall, *Penant,* 1976, N° 754, p. 415, note C. LAPEYRE.

[322] D. SY, *Droit administratif, op. cit.,* p. 70. L'auteur définit le rapport de compatibilité comme « une obligation souple exigée par le rapport de légalité. Il suffit que l'acte (...) ne soit pas contraire à la norme supérieure qui constitue sa source ». Il poursuit sa définition de la notion en écrivant que « ce rapport de compatibilité correspond à l'application de l'adage : » Tout ce qui n'est pas interdit est permis. » ».

[323] N. C. DINH, P. DAILLER, A. PELLET, *Droit international public*, Paris, L.G.D.J, E.J.A, 1999, p. 285.

[324] Voir I. DIALLO, « Normes internationales et normes constitutionnelles dans l'ordre juridique interne sénégalais », *Annales africaines*, Nouvelle série, Volume 2, Dakar, CREDILA, décembre 2014, pp. 2-22.

[325] R. MOUZET, « Le rapport de constitutionnalité. Les enseignements de la Vème République », *R.D.P,* 2007, pp. 959 et s.

norme constitutionnelle, elle est à côté »[326]. L'article 97 de la Constitution du 22 janvier 2001 dispose que « si le Conseil constitutionnel a déclaré qu'un engagement international comporte une clause contraire à la Constitution, l'autorisation de le ratifier ou de l'approuver ne peut intervenir qu'après une révision de la Constitution ». Louis FAVOREU, partisan de la primauté constitutionnelle sur le droit international, interprétant cette disposition, pendant de l'article 54 de la Constitution française de 1958, estime « qu'il s'agit d'une procédure de constitutionnalité des engagements internationaux au même titre qu'il existe un contrôle de constitutionnalité des lois »[327]. L'assimilation entre les deux types de contrôle fait apparaître un rapport de conformité du traité à la Constitution et engendre une situation hiérarchique. Dans une telle hypothèse, la norme constitutionnelle fait obstacle à l'entrée en vigueur du traité qui s'écarte de ses prescriptions. Les internationalistes utilisent la sanction de l'incompatibilité pour inverser la conclusion des constitutionnalistes. C'est dans ce sens que Charles ROUSSEAU écrit que « la notion de traité est un non-sens en elle-même (…), car elle tend à apprécier la validité du droit conventionnel par rapport à la règle hiérarchiquement inférieure qui, fut-elle constitutionnelle, reste d'ordre interne, donc subordonnée. En l'espèce, c'est à la Constitution de s'adapter au traité et non le traité de se conformer à elle »[328]. Cette thèse n'est pas partagée par J. ROSSETO. En effet, à l'observation de la pratique juridictionnelle, l'auteur estime qu'il y a une tendance à « protéger de l'emprise du droit communautaire des dispositions constitutionnelles tenues pour intransgressibles soit, parce qu'elles seraient spécifiques à un texte constitutionnel, soit parce qu'elles formeraient le noyau dur des droits fondamentaux constitutionnellement garantis, le tout en liaison avec la souveraineté indispensable de l'État »[329]. La Cour de justice de l'UEMOA, dans son avis N° 001/2003 du 18 mars 2003 affirme que *« la primauté bénéficie à toutes les normes communautaires, primaires, comme dérivées immédiatement applicables ou non et s'exerce à l'encontre de toutes les normes administratives,*

---

[326] R. MOUZET, *ibid.*, pp. 959 et s.

[327] L. FAVOREU cité par C. BLAIZOT-HAZARD, « Les contradictions des articles 54 et 55 de la Constitution face à la hiérarchie des normes », *R.D.P,* 1992, p. 1298.

[328] Cité par C. BLAIZOT-HAZARD, « Les contradictions des articles 54 et 55 de la Constitution face à la hiérarchie des normes », *op. cit.*, p. 1299.

[329] J.ROSSETO, « Ordre constitutionnel interne et droit communautaire. L'impossible hiérarchie », *in Mélanges en l'honneur de J. F. Lachaume, Le droit administratif, permanence et convergence*, Paris, Dalloz, 2007, p. 896.

législatives, et même constitutionnelles parce que l'ordre juridique communautaire l'emporte sur les ordres juridiques nationaux. Les États ont le devoir de veiller à ce qu'une norme de droit national incompatible avec une norme de droit communautaire qui répond aux engagements qu'ils ont pris ne puisse pas être valablement opposée à celui-ci. Cette obligation est le corollaire de supériorité de la norme communautaire sur la norme interne. Ainsi, le juge national en présence d'une contrariété entre le droit communautaire et une règle de droit interne, devra faire prévaloir le premier sur la seconde en appliquant l'un et en écartant l'autre »[330]. La position « militante » du juge communautaire est liée au fait que ce dernier est au service du droit communautaire qu'il doit appliquer dans son intégralité, et pour cela, il doit veiller à ce que les normes communautaires reçoivent une effectivité[331]. Mais peut-on aller jusqu'à en déduire que le droit communautaire est supérieur au droit constitutionnel des États membres ? En réalité, la réponse varie en fonction du juge. À cet effet, la jurisprudence internationale contrairement à celle des juges nationaux consacre souvent une autorité supra-constitutionnelle aux normes internationales[332]. La relation entre le droit communautaire et le droit

---

[330] S. M. OUEDRAGO, « Réflexion sur l'unification des règles visant l'élimination des doubles impositions dans l'espèce UEMOA », *Afrilex,* 2012, pp. 22-23. Dans le même sens R. DEGNI-SEGUI, *Introduction au droit*, Abidjan, EDUCI, 2009, p. 76.

[331] La position adoptée par la Cour permanente de justice internationale s'inscrit, elle aussi dans cette logique. En effet dans *l'affaire des intérêts allemands en Haute-Silésie polonaise* jugée le 25 mai 1926, la Cour fit valoir qu'« au regard du droit international et la Cour qui en est l'organe, les lois nationales sont de simples faits, manifestations de la volonté et de l'activité des États au même titre que les décisions judiciaires ou les mesures administratives », *CPJI, Série A,* N°7, p. 19.

[332] Dans l'affaire N° 6/64 Costa c/ENEL, jugée le 15 juillet 1964 par la Cour de justice des communautés européennes, celle-ci a consacré le principe de primauté du droit communautaire sur les législations nationales, *Rec.*, 1964, p. 1145. La Cour permanente de justice internationale dans *l'affaire Wimbledon* jugée le 17 Août 1923, rejeta à cette occasion la thèse selon laquelle l'Allemagne puisse par un acte droit interne se libérer de ses obligations qui lui incombent en vertu du traité de Versailles, *CPJI*, *Série A*, N° 1, pp. 29-30. La même Cour, dans l'affaire dite *Questions des communautés gréco-bulgares* qui donna lieu à un avis rendu le 31 juillet 1930 estima que « *c'est un principe généralement reconnu du droit des gens que, dans les rapports entre puissances contractantes d'un traité, les dispositions d'une loi interne ne sauraient prévaloir sur celles d'un traité », CPJI, Série B,* N° 17, p. 32. Dans l'*affaire du traitement des nationaux polonais à Dantzig,* de l'avis consultatif rendu le 4 février 1932 par la CPJI, il ressort qu'*« un État ne saurait invoquer vis-à-vis d'un autre sa propre Constitution pour se soustraire à ses obligations que lui impose le droit international ou les traités en vigueur »,CPJI, Série A,/B*, N° 44, p. 24.

constitutionnel ne se pose pas en termes de rapport hiérarchique, mais de compatibilité. Une marge d'action est accordée à chacun des législateurs intervenant dans des ordres juridiques différents. Chacun doit légiférer sans s'écarter de façon manifeste aux règles et principes marqueurs de l'ordre juridique d'ailleurs. L'échec du projet de Constitution européenne est assez illustratif à ce titre[333]. Le juge constitutionnel ivoirien semble privilégier la thèse de la supériorité de l'ordre constitutionnel sur le droit international. En effet, le Conseil constitutionnel ivoirien dans sa décision N°019/CC/SG du 6 décembre 2006 relative à la résolution 1721[334] du Conseil de sécurité des Nations unies a déclaré que certaines stipulations de celle-ci étaient contraires à la Constitution ivoirienne[335]. La position du constitutionnel ivoirien atteste une attitude souverainiste[336]. Pourtant, la résolution en question a été adoptée sur la base du chapitre VII de la Charte des Nations unies,

---

[333] *Cf.* T. GRACIN, « L'Union européenne a-t-elle un avenir ? », *in*. CHAIGNEAU (dir.), *Enjeux diplomatiques et stratégiques*, Paris, Economica, 2006, pp. 147-148.

[334] Ladite résolution fut votée par le Conseil de sécurité des Nations unies le 1er novembre 2006 à l'effet de régir une nouvelle période de transition pour la Côte d'Ivoire après qu'il eût été impossible d'organiser les élections en octobre 2006 comme le prévoyait la Résolution 1633 adoptée le 21 octobre 2005 pour parer le vide juridique qui menaçait le fonctionnement des institutions de la République ivoirienne.

[335] En l'occurrence l'article 38 de la Constitution qui prévoit que le Président de la République reste en fonction en cas d'événements ou de circonstances graves rendant impossible le déroulement normal des élections ou la proclamation des résultats constatés par le Conseil constitutionnel saisi par le Président de la Commission chargée des élections. Voir G. F. NTWARI, « La décision du Conseil constitutionnel ivoirien N° CI-2011-30 du 4 mai 2011 », *op. cit.*, p. 410.

[336] Celle-ci sera infléchie par sa décision du 04 mai 2011 dans laquelle le Conseil fait « siennes les décisions du Conseil de Paix et de Sécurité (CPS) sur le règlement de la crise ivoirienne » pour proclamer M. Alassane OUATTARA Président de la République de Côte d'Ivoire. Il s'agit d'un revirement jurisprudentiel sur fond de contentieux électoral, mais sans doute dont la portée politique est évidente. Le contexte était favorable à ce revirement opéré par le Conseil constitutionnel. En effet, la victoire des forces militaires républicaines favorables à M. Alassane OUATTARA et l'arrestation suivie de l'emprisonnement de M. Laurent GBAGBO en avril 2011, ainsi que la certification des résultats des urnes par le Représentant du Secrétaire général des Nations unies et la communauté internationale en faveur de M. OUATTARA, de même que la victoire par les urnes de ce dernier reconnue par la Commission électorale indépendante furent une opportunité pour le Conseil constitutionnel ivoirien de se placer dans la logique qui prévalait. F. NTWARI, « La décision du Conseil constitutionnel ivoirien N° CI-2011-30 du 4 mai 2011 », *op. cit*, p. 409.

dont on sait que sur le fondement des stipulations de celle-ci tous les membres sont tenus de l'accepter[337].

L'article 97 de la Constitution du 22 janvier 2001 ne pose pas un rapport hiérarchique entre la Constitution et le traité. La contradiction que renferme l'énoncé de l'article et que les constitutionnalistes et les internationalistes tentent d'exploiter montre qu'aucune hiérarchie ne peut être établie entre les deux normes de façon définitive, et qu'il appartient au juge de poser la relation entre les deux normes. La subordination de l'autorisation d'approuver ou de ratifier le traité à une révision constitutionnelle si le juge décèle dans les stipulations d'un engagement international une contrariété avec l'ordre constitutionnel[338], laisse songeur sur l'idée d'une hiérarchie entre les deux normes qui ne résultent pas des mêmes ordres juridiques. Cette relation qu'entretient le droit international avec l'ordre constitutionnel, montre que le Conseil constitutionnel n'épuise pas en amont le rôle de gardien de la Constitution, les juridictions administratives et judiciaires s'érigent à l'occasion en juge de la constitutionnalité[339]. Le Conseil d'État français a déjà jugé que la supériorité des traités sur les lois ordinaires ne s'étend pas aux dispositions de la Constitution sans aller jusqu'à trancher la

---

[337] Selon le Professeur Luc SINDJOUN, « le Conseil constitutionnel réaffirme la suprématie de la Constitution par rapport à la résolution du Conseil de Sécurité des Nations unies. Cela relève dans une certaine mesure de *"l'effet Becket"* ». Cependant, l'auteur regrette que le juge constitutionnel ivoirien n'ait pas émis des développements sur ce point. En effet le Conseil constitutionnel aurait dû admettre que du moment où le Conseil de sécurité des Nations unies s'autorise à s'immiscer dans l'organisation des pouvoirs publics ivoiriens, domaine en principe dévolu au législateur national, il peut dans ce cas être perçu comme ces derniers. Si de telles précisions été préalablement faites, elles contribueraient à amoindrir les critiques portant sur la légitimité du contrôle exercé par le juge sur base de ladite résolution. C'est d'ailleurs dans cette seule hypothèse qu'on pourrait parler d'un contrôle de conformité. Ce fut d'ailleurs la position de la Cour constitutionnelle de la Bosnie-Herzégovine dans sa décision du 3 novembre 2000 relative à l'affaire U 9/003 « Loi sur la police des frontières » pris par le Haut Représentant de la Communauté internationale en Bosnie Herzégovine le 13 janvier 2000 à défaut de l'adoption d'un projet de loi par l'Assemblée parlementaire. Le raisonnement du juge se fonde sur le dédoublement fonctionnel. Le juge estime qu'en intervenant dans des matières réservées aux autorités nationales, le Haut représentant s'est substitué à celles-ci, ce qui fonde sa compétence à contrôler la conformité de l'acte ainsi pris à la Constitution. Voir L. SINDJOUN, *Les grandes décisions de la justice constitutionnelle africaine, op. cit.*, pp. 306 et s.

[338] Article 97 de la Constitution du 22 janvier 2001.

[339] CE. Ass., 3 juillet 1996, Koné, *Leb.*, p. 355.

question de la hiérarchie entre le traité et la norme constitutionnelle[340]. Appelé plus tard au cours de l'année 2001 à statuer sur une affaire qui concernait l'application du droit communautaire, le Conseil d'État français fidèle à sa jurisprudence, estime que la primauté du droit communautaire *« ne saurait conduire dans l'ordre interne à remettre en cause la suprématie de la Constitution »*[341]. Certaines juridictions européennes protègent les normes constitutionnelles tenues pour intransgressibles de l'emprise du droit communautaire au motif qu'elles sont spécifiques à un texte constitutionnel ou qu'elles constitueraient le noyau dur de droits fondamentaux constitutionnellement garantis et le tout en liaison avec la souveraineté de l'État[342].

À la différence du contrôle de conformité des lois, le contrôle de compatibilité des traités avec l'ordre constitutionnel n'admet pas la technique de divisibilité des clauses du traité. La composition du traité est fixée selon les règles du droit international. La ratification ou l'approbation partielle violerait le droit international, et serait susceptible d'engager la responsabilité internationale de l'État. Également, si le juge français se reconnaît de plus en plus compétent pour interpréter les conventions internationales[343], la technique des réserves utilisée par le juge constitutionnel lors de l'examen de la constitutionnalité des lois n'est pas très adaptée aux traités internationaux. L'accord de volonté étant à la base, et les règles qui les régissent étant fixées par le droit international, « les réserves ne sont admissibles en vertu des principes codifiés par le droit international de la Convention de Vienne que lors de la signature, en aucune façon lors du dépôt des instruments de ratifications »[344]. Ainsi, la décision du juge constitutionnel ivoirien, déclarant sous réserves l'acte constitutif de l'Union africaine conforme à la Constitution, suscite des interrogations au regard du droit international public qui autorise la pratique des réserves en tant que déclaration dérogatoire à la réglementation conventionnelle, permettant d'exclure ou de modifier l'effet juridique de certaines dispositions à l'égard d'un

---

340 CE. Ass., 30 octobre 1998, Sarran, Levacher et autres, *RFDA*, 1998, p 1081, note de C. MANGUE.

341 CE., 3 décembre 2001, Syndicat national des industries pharmaceutiques (SNIP), *in Europe,* avril 2002, p. 6, note A. Rigaud et D. Simon.

342 J. ROSSETO, « Ordre constitutionnel interne et ordre communautaire. L'impossible hiérarchie », *op. cit.*, p. 896.

343 CE, 9 juin 1990, GISTI, *AJDA,* 1990, p. 621.

344 C. MANGUE, « Le Conseil constitutionnel et droit supranational », *Pouvoirs,* N°105, 2003, p. 60.

État, par la limitation de la portée des obligations[345]. La doctrine n'a pas manqué de relever « cet excès de zèle jurisprudentiel »[346] par le « recours insolite à la technique de la réserve d'interprétation »[347] dans le cadre du contrôle de compatibilité du traité international avec la Constitution. Il y a lieu donc de relativiser la thèse selon laquelle le Conseil constitutionnel peut assortir sa décision d'une réserve lorsqu'il contrôle la constitutionnalité d'un traité international[348]. Le Conseil constitutionnel n'a pas la possibilité de déterminer le sens des clauses d'un traité par le biais d'une réserve afin d'éviter de le censurer[349].Il s'agit là d'une limite du contrôle du juge visant à éviter son immixtion dans les relations internationales. Toutefois, le Conseil constitutionnel peut assortir la loi de ratification d'une réserve ayant des incidences sur le sens des stipulations d'un traité. Enfin, la constitutionnalité d'un traité ne peut plus être discutée devant le juge à l'occasion de l'examen de la constitutionnalité d'un traité qui la modifie, la complète. La jurisprudence française *État d'urgence en Nouvelle-Calédonie* applicable aux lois ne l'est pas aux traités[350]. Ainsi est sauvegardée la sécurité juridique des relations internationales qui découle du principe « *pacta sunt servanda* »[351]. Toutefois, la distinction entre le contrôle de conformité ou de compatibilité n'est pas aussi tranchée. L'opération de procédure d'une même norme peut subir les deux types de contrôle[352]. De même, pour Louis FAVOREU, « Il est possible de dire que le contrôle au fond des lois, le Conseil constitutionnel adopte une conception stricte de conformité lorsqu'il y a lieu de garantir l'exercice des libertés individuelles, alors que pour le respect des règles relatives

---

[345] M. DIAKHATE, « Les ambiguïtés de la juridiction constitutionnelle dans les États de l'Afrique noire francophone », *op. cit.*, p. 218.

[346] M. DIAKHATE, *ibid.*, p. 218

[347] F. D. MELEDJE, *Les grands arrêts de la jurisprudence constitutionnelle ivoirienne, op. cit.,* p. 356.

[348] M. DIAGNE, *Le Conseil constitutionnel sénégalais. L'institution et ses pratiques, op. cit.*, pp. 97 et s.

[349] Chron. J. E. SCHOETTL, « Sur la décision N° 97-394 DC relative au traité d'Amsterdam », *AJDA*, 1998, p. 136.

[350] Cons. const., Décision N° 85-193 DC du 24 juillet 1985, *Rec.,* p. 61.

[351] Article 26 de la Convention de Vienne de 1969 sur le droit des traités, P. M. DUDUY et Y. KERBRAT, *Les grands textes de droit international public*, Paris, Dalloz, 2012, p. 353.

[352] C. MANGUE, « Le Conseil constitutionnel et droit supranational », *op. cit.,* p. 61.

à l'organisation et au fonctionnement des pouvoirs publics, il est plus difficile de se prononcer »[353].

Mais le contrôle de conformité dans le domaine constitutionnel concerne davantage les actes législatifs et administratifs.

III- Le contrôle de conformité

Pour définir le rapport de conformité en matière de protection juridictionnelle de l'ordre constitutionnel, nous pouvons reprendre la définition de Charles Eisenmann du concept rapportée par Louis FAVOREU « ...la conformité d'un objet à un autre, c'est sa similitude à cet autre, qu'il reproduit, qui retrouve en lui, sur le modèle duquel il a été fait »[354]. Ce point de vue peut être transposé au droit administratif et au droit constitutionnel. Ainsi, exiger des actes administratifs et législatifs un rapport de conformité avec l'ordre constitutionnel, c'est faire entendre qu'ils soient la réalisation des prescriptions préétablies de l'ordre constitutionnel. Louis FAVOREU fait la distinction entre les prescriptions de fond et les prescriptions de forme de l'ordre constitutionnel. Cette thèse aussi pertinente qu'elle soit, peut être nuancée. En effet, tant que l'ordre constitutionnel détermine son mode d'insertion dans l'ordre juridique, la norme ainsi produite est dans une relation d'infériorité par rapport à la Constitution. La norme ainsi engendrée est enserrée dans un rapport de conformité avec l'ordre constitutionnel. Ainsi, le juge devra-t-il sanctionner le vote de la loi hors des cas prévus par la Constitution, de la même manière qu'il sanctionne la violation des conditions d'édiction d'actes administratifs par une autorité administrative à lui habilitée par la Constitution[355]. Les règles de fond et de forme constitutionnelles doivent être suivies. Seulement, le rapport de conformité est modulable. Il peut être strict ou sous réserve. Par ces procédés, le juge affirme son pouvoir d'interprétation et fixe dans sa décision, des exigences que doivent respecter les mesures d'exécution et les juges chargés de contrôler ces dernières[356]. Toutefois, le juge sénégalais n'a pas encore suffisamment intégré toutes ces formes de contrôle de conformité. Un cas de contrôle de conformité

---

353 L. FAVOREU, « Le principe de constitutionnalité. Essai de définition d'après la jurisprudence du Conseil constitutionnel », *op. cit.*, p. 45.

354 L. FAVOREU, « Le principe de constitutionnalité. Essai de définition d'après la jurisprudence du Conseil constitutionnel », *op. cit.*, p. 41.

355 Article 92 de la Constitution du 22 janvier 2001.

356 *Rec.*, p. 61.

strict est celui des règlements de l'Assemblée parlementaire[357]. En effet, dès lors que le constituant et le législateur organique ont rendu obligatoire le contrôle de constitutionnalité de ces actes, le rapport de conformité doit être strict. Cependant, des écarts ne manquent pas d'être notés entre le schéma décrit et la pratique jurisprudentielle, l'étau du contrôle n'étant pas souvent serré. Pourtant, la norme contrôlée doit se conformer le plus possible aux exigences de l'ordre constitutionnel. Cette modulation est cependant exclue davantage en ce qui concerne les actes administratifs. Pour cette catégorie de normes juridiques, le contrôle de constitutionnalité est celui d'un régime de conformité stricte surtout en cas de compétence liée. N'étant pas le plus souvent assortie de mécanismes juridiques d'exécution, la réserve serait un non-sens pour elles. Le pouvoir de contrôle du juge ne se résume pas seulement à cette modalité déjà décrite, le juge peut intervenir pour redresser l'inconstitutionnalité.

A- Le redressement de l'inconstitutionnalité

L'hypothèse envisagée est celle d'une norme entrée en vigueur et qui comporte des dispositions qui transgressent l'ordre constitutionnel. Une telle situation peut découler soit du manque de vigilance du juge lors de l'examen de la constitutionnalité de la norme, soit du fait que le juge n'a pas été saisi aux fins de contrôle de constitutionnalité d'une norme dont l'irrégularité s'est révélée ultérieurement. Dans cette perspective, le constituant et le législateur organique ont prévu des procédures visant à redresser l'inconstitutionnalité. Il s'agit de la procédure de délégalisation des textes de forme législative (I) et de l'exception d'inconstitutionnalité (II).

I- La procédure de délégalisation des textes de forme législative

La procédure de délégalisation des textes de formes législative est prévue par l'article 72 al. 2 de la Constitution du 22 janvier 2001 qui dispose que « Les textes de forme législative intervenus en ces matières (réglementaires), peuvent être modifiés par décret si le Conseil constitutionnel, à la demande du Président de République ou du Premier

---

[357] Article 62 al 2 de la Constitution du 22 janvier 2001. Il en fut de même pour les Règlements intérieurs des Assemblées parlementaires et les lois organiques sous la Constitution du 7 mars 1963-article 67 et article 1er de la loi organique sur le Conseil constitutionnel. Cons. const., 25 février 1999 Règlement intérieur du Sénat ; Cons. const., 18 mars 1996 Limitation du cumul des mandats, *in* I. M. FALL (dir.), *Les décisions et avis du Conseil constitutionnel. Rassemblés et commentés, op. cit.*, p. 335.

ministre, a déclaré qu'ils ont un caractère réglementaire en vertu de l'alinéa précédent ». En France, la distinction est faite selon que la loi porteuse de mesures réglementaires est antérieure ou non à la Constitution de 1958. Le Conseil constitutionnel n'est compétent que pour les textes postérieurs à la Constitution de 1958, le Conseil d'État, juge traditionnel de la légalité reste compétent pour les textes antérieurs à celle-ci. La prérogative est ainsi donc laissée aux autorités désignées par l'article 72 al. 2 de la Constitution de demander au juge de faire une délibération sur la constitutionnalité de l'acte afin que l'irrégularité constitutionnelle soit rectifiée. Le caractère rectificatif résulte du fait que le contrôle du juge s'exerce après l'entrée en vigueur de l'acte et ait produit certainement des effets. Il est un procédé laissé à la discrétion des pouvoirs publics. La loi n'est pas abrogée mais ses dispositions qui ont une valeur réglementaire lui sont retirées[358]. Le procédé juridique assure la cohérence de la législation. Ainsi, la codification semble être un temps fort pour la mise en œuvre de la procédure de délégalisation des textes de forme législative. Mais, formellement, le respect de la répartition des compétences entre le domaine de la loi et le domaine du Règlement, tel que prévu par l'ordre constitutionnel en est l'objet. C'est une procédure constitutionnelle qui permet à l'exécutif de reprendre du pouvoir législatif une matière dévolue à lui par la Constitution[359].

Le Conseil constitutionnel saisi par le Premier ministre, le 26 janvier 2023, aux fins de l'entendre déclarer le caractère réglementaire des dispositions de forme législative contenues dans la loi 2014-03 du 22 janvier 2014, a, par décision n° 2/C/2023 du 1er février 2023 qu'en application des dispositions de l'article 67 de la Constitution, qui dispose que la loi détermine les principes fondamentaux des obligations civiles et commerciales ; qu'il en résulte que les articles 1er et 2 de la loi de 2014 qui fixent les modalités de baisse des loyers à usage d'habitation ont un caractère réglementaire. En revanche, le Conseil a décidé que les dispositions de l'article 3 qui renvoient à la loi 81-21 du 25 juin 1981, qui répriment la hausse illicite des loyers à usage d'habitation, pour sanctionner toute violation des dispositions de la loi 2014-03 du 22 janvier 2014 relèvent du domaine de la loi. Par cette décision, le Conseil constitutionnel procède à un déclassement partiel de la loi soumise à son examen et affirme son caractère semi-réglementaire.

---

[358] D. ROUSSEAU, *Droit du contentieux constitutionnel, op. cit.*, p. 191.

[359] F. LUCHAIRE, « Deux décisions du Conseil constitutionnel appelées à faire jurisprudence. Chronique de fond », *R.D.P*, N°5, 1999, pp. 1285-1292.

L'ancienne Cour suprême, siégeant en sections réunies, a eu à connaître dans l'affaire relative *l'ordre* de *médecins et à l'ordre des pharmaciens* de la procédure de délégalisation des textes de forme législative. Saisi par le Président de la République conformément à l'article 42 al 2 de la Constitution de 1960, le juge devait répondre à la question de savoir si la création desdits ordres devrait être régie par la loi conformément à l'article à l'article 39 de la Constitution ou non ? Dans son arrêt, l'ancienne Cour suprême décide que les ordres professionnels sont des établissements publics au sens de l'article 39 de la Constitution et que par suite, la fixation des règles concernant la création de ces ordres relève du législateur[360].

Il peut paraître curieux qu'un procédé semblable ne soit pas reconnu au parlement. Jean-Claude GAUTRON et Michel ROUGEVIN-BAVILLE constatent l'existence des procédures plus sophistiquées que la procédure de délégalisation. Il s'agit du recours pour excès de pouvoir et de l'exception d'illégalité. De l'avis des deux auteurs, « un décret qui empièterait sur le domaine réservé à la loi par l'article 56 (de la Constitution de 1963) ne serait autre en effet qu'un acte administratif entaché d'illégalité »[361]. La position de ces auteurs ne manque pas de pertinence mais elle ne résiste pas à une analyse poussée. La mise en œuvre du recours pour excès de pouvoir étant subordonnée à des conditions bien précises, un député serait-il recevable dans une perspective de faire respecter la compétence du Parlement à demander l'annulation pour excès de pouvoir d'un acte administratif qui empiète sur le domaine du pouvoir législatif ? Aurait-il l'intérêt à agir ? Pourrait-il plaider procureur ? Certainement, s'il respecte les cas d'ouverture du recours pour excès de pouvoir, en particulier s'il a intérêt à l'annulation de l'acte règlementaire empiétant dans le domaine législatif lui faisant grief.

La deuxième hypothèse dans laquelle peut intervenir le redressement de l'inconstitutionnalité est la procédure de l'exception d'inconstitutionnalité.

II-La procédure de l'exception d'inconstitutionnalité

La voie d'exception ou l'exception d'inconstitutionnalité a été introduite dans l'ordonnancement juridique du Sénégal par la réforme

---

[360] J. M. NZOUANKEU, *La Constitution sénégalaise commentée*, *op. cit.*, pp. 101 et s.

[361] J. C. GAUTRON M. ROUGEVIN BAVILLE, *Droit public du Sénégal*, *op. cit.*, p. 121.

constitutionnelle du 30 mai 1992. C'est « un recours a posteriori, une voie de droit incidente, intervenant à l'occasion d'un procès lorsqu'une partie excipe l'exception d'inconstitutionnalité demandant ainsi au juge de ne pas lui appliquer la loi qui sert de base au procès pour contrariété avec la Charte fondamentale »[362]. Prévue par l'article 82 alinéa 1 de la Constitution du 7 mars 1963 modifiée, l'exception d'inconstitutionnalité a été reprise par l'article 92 de Constitution du 22 janvier 20001. En France, cette procédure a été introduite sous la forme de la question préjudicielle de constitutionnalité par la loi portant révision de la Constitution[363] après l'échec de maintes tentatives[364]. Le nouvel article 61-1 de la Constitution de 1958 dispose : « Lorsqu'à l'occasion d'une instance en cours devant une juridiction il est soutenu qu'une disposition législative porte atteinte aux droits et libertés que la Constitution garantit, le Conseil constitutionnel peut être saisi de cette question par le Conseil d'État et la Cour Cassation qui se prononce dans un délai déterminé »[365]. Sur ce point d'une importance capitale pour la protection

---

[362] E.H. MBODJ « Les incidences de la réforme judiciaire du 30 mai 1992 sur le contentieux administratif sénégalais », *op. cit.,* p. 34.

[363] Loi constitutionnelle N° 2008-724 du 23 juillet 2008 *Journal officiel* du 24 juillet 2008.

[364] En 1989, dans le discours du 14 juillet du Président de la République François Mitterrand, en s'appuyant sur les propositions du président du Conseil constitutionnel de l'époque, Robert Badinter avait fait des propositions de réforme dans ce sens. Un projet de loi constitutionnelle est déposé en mars 1990 accompagné d'un projet de loi organique. Faute d'accord entre les deux chambres du Parlement, le projet n'aboutit pas. Dès 1993, suivant les recommandations du Comité consultatif pour la révision de la Constitution, présidé par G. VEDEL, le Gouvernement soumet un texte au parlement sans succès. Voir le rapport du Comité, *JO* du 16 février 1993, p. 2537. Il faudra alors attendre quatorze ans pour qu'un projet similaire soit à nouveau présenté aux Assemblées. Institué par un décret en Conseil des ministres en date du 18 juillet 2007, un comité de réflexion et de proposition sur la modernisation et le rééquilibrage des institutions de la Ve République présidé par M. Édouard BALLADUR est invité par le Président de la République à réfléchir aux « conditions dans lesquelles le Conseil constitutionnel pourrait être amené à statuer, à la demande des citoyens, sur la constitutionnalité des lois existantes ». Remis fin octobre 2007, le rapport du Comité recommande au constituant, aux termes de sa proposition N° 74, de « permettre aux justiciables de soulever une exception d'inconstitutionnalité dans le cadre d'une procédure juridictionnelle ». Un projet de loi constitutionnelle de modernisation des institutions de la Ve République est délibéré en Conseil des ministres le 23 avril 2008 ; il est déposé le jour même sur le bureau de l'Assemblée nationale. Il sera finalement adopté par le Parlement. Voir M. QUYOLLET, « Question prioritaire de constitutionnalité », *JurisClasseur administratif,* Fasc. 1405, novembre 2010, p. 4.

[365] H. AKEREKORO, « L'exercice de la souveraineté nationale reconnue au peuple dans le constitutionnalisme africain », *op. cit.*, p. 31, note 185.

des droits constitutionnels des citoyens, le constituant français a tardivement suivi le mouvement enclenché dès le début de la dernière décennie du deuxième millénaire par les États africains francophones. En effet, en France, formellement, le contrôle de constitutionnalité des lois promulguées n'a réussi à s'imposer qu'en 2008, alors que les idées sur ce contrôle ont été déjà avancées depuis longtemps sous la troisième République[366].

Le terme « exception d'inconstitutionnalité » a une connotation particulière. Le procédé est certes une dérivée du contrôle de constitutionnalité par voie d'exception, mais contrairement au modèle américain, le juge devant lequel la question de constitutionnalité de la loi est soulevée n'est pas compétent, il n'est pas le juge de l'exception. Il doit surseoir à statuer et renvoyer la question au Conseil constitutionnel.

Elle ne peut être soulevée que devant une Cour d'appel ou la Cour suprême[367]. Par cette procédure, le juge effectue un redressement de l'inconstitutionnalité de l'acte. Seulement, obligation est faite à la partie qui demande ce redressement, par la voie de l'appel et de la cassation de faire en sorte que son dossier atterrisse à la Cour d'appel pour pouvoir en user. Aussi, les juges doivent-ils vérifier la régularité du pouvoir avant de saisir le Conseil constitutionnel sous peine d'irrecevabilité du recours en exception d'inconstitutionnalité[368]. Cette procédure met les juges dans une posture de dialogue[369] pour la protection de l'ordre constitutionnel. L'originalité de cette procédure en régime juridique sénégalais, c'est qu'en cas de déclaration de non-conformité du texte à la Constitution, la loi est écartée du procès, mais n'est pas annulée. Elle subsiste dans l'ordonnancement juridique, mais ne plus

---

[366] M. MILET « Les controverses de 1925 sur l'exception d'inconstitutionnalité. Genèse d'un débat : l'affaire Ratier », *Revue française de science politique,* 49ème année, N°6, 1999, pp. 783-802.

[367] Selon le Conseil constitutionnel, il résulte des dispositions de l'article 22 de la loi organique 2016-23 du 14 juillet 2016 relative au Conseil, seule la juridiction (Cour d'Appel ou Cour suprême) saisie d'une exception d'inconstitutionnalité peut transmettre celle-ci au Conseil constitutionnel et ce, à condition que la solution du litige porté devant elle soit subordonnée à l'appréciation de la constitutionnalité de la loi objet de cette question préjudicielle ; et qu'il n'appartient pas à la Cour suprême de transmettre au Conseil constitutionnel une exception d'inconstitutionnalité soulevée devant une Cour d'Appel. Cons. const., Décision, n° 5/C/2022 du 28 septembre 2022.

[368] Affaire Demba MBAYE, *in I.* M. FALL (dir.), *Les décisions et avis du Conseil constitutionnel. Rassemblés et commentés, op. cit.*, p. 121, obs. I.M. FALL.

[369] F. X. MILLET « Le dialogue des juges à l'épreuve de la question de la QPC », *in RDP*, N°6, 2010, pp. 1729-1750.

servir de base légale à une quelconque action[370]. Il ne peut plus en être fait application[371]. La procédure neutralise ainsi les effets de la loi inconstitutionnelle. Comparativement avec la question prioritaire de constitutionnalité, la législation française est plus explicite que celle du Sénégal. En effet, l'article 62 de la Constitution française dispose : « une disposition déclarée inconstitutionnelle sur le fondement de l'article 61-1 est abrogée à compter de la publication de la décision du Conseil constitutionnel »[372]. Toutefois, en vertu de cette disposition le Conseil constitutionnel français admet la modulation des effets de sa décision dans le temps en permettant l'abrogation de la loi ultérieurement à sa décision pour des raisons de sécurité juridique[373], mais aussi pour éviter le vide juridique qui peut résulter de sa décision et dans certains cas, pour permettre au législateur d'intervenir en vue de corriger l'inconstitutionnalité[374].

Si elle est juge de droit commun en premier et dernier ressort du recours pour excès de pouvoir, la Cour suprême, faut-il le rappeler, est en outre juge de cassation de l'exception d'illégalité (d'inconstitutionnalité) des actes administratifs[375]. Il faut enfin ajouter que le juge de droit commun, juge du fond et de l'exception des matières de son ressort, peut également connaître de cette procédure si l'issu du procès dépend de la constitutionnalité de l'acte administratif[376]. Toutefois, dans l'affaire Iba Der Thiam c/ État du Sénégal[377] rendue par le Conseil d'État, le juge a fait preuve de rigueur dans l'utilisation des termes des

---

[370] E. H. MBODJ « Les incidences de la réforme judiciaire du 30 mai 1992 sur le contentieux administratif sénégalais », *op. cit.,* p. 36.

[371] Article 20 de la loi organique N° 92-23 du 30 mai 1992 sur le Conseil constitutionnel.

[372] M. QUYOLLET, « Question prioritaire de constitutionnalité », *op. cit.*, p. 33.

[373] Cons. const., 22 septembre 2010, Décision N° 2010-32 QPC, *Journal officiel,* 23 septembre 2010.

[374] Cons. const., 30 juillet, 2010, Décision N° 2010-14/22 QPC, *Cahiers Conseil constitutionnel,* N° 30,juillet,2010.

[375] P. D. SY, « Le contrôle de l'exécutif par le Conseil d'État », *État de droit et le contrôle de l'exécutif au Sénégal,* Fondation Friedrich Naumann-Institut des Droits de l'Homme et de la Paix, Hôtel Savana, 09-10-11 juin 1995.

[376] A. FAYE, « Le contrôle de l'exécutif par les juridictions de droit commun », *État de Droit et le contrôle de l'exécutif au Sénégal,* Fondation Friedrich Naumann, Institut des droits de l'homme et de la paix, Hôtel Savana, 09-10-11 juin 1995 ; TD 7 avril 1981, Cheikh Anta Diop, *in* J. M. NZOUANKEU, *Les grandes décisions de la jurisprudence administrative sénégalaise, op. cit.,* p.50.

[377] Conseil d'État, 25 août 1993 Iba Der THIAM c/ État du Sénégal, *Bulletin des arrêts du Conseil d'État* N°1, p. 6.

motifs invoqués par les requérants. En l'espèce, le requérant faisait valoir que le décret N° 93-186PR mettant fin aux fonctions de président du Conseil constitutionnel de M. Kéba MBAYE et le décret N° 93-187PR nommant M. Youssoupha NDIAYE président dudit Conseil étaient pris en violation des articles 80 bis 80 ter de la Constitution. À ce titre, il demandait au Conseil d'État d'appliquer l'article 56 de la loi organique N° 92-24 du 30 mai 1992 relatif au Conseil d'État qui régissait la procédure de l'exception d'inconstitutionnalité devant cette juridiction. Le juge considère en l'espèce que la violation soulevée ne vise ni les dispositions d'une loi, ni les stipulations d'un accord international, que le litige qui portait sur les décrets attaqués relève d'une appréciation de la légalité. Il s'ensuit que l'exception d'inconstitutionnalité doit être déclarée irrecevable. De cette décision du juge, il en résulte que l'exception d'inconstitutionnalité ne peut être soulevée que par rapport aux dispositions d'une loi ou aux stipulations d'un accord international.

Le bloc de la légalité, englobant des normes constitutionnelles et infra-constitutionnelles, il n'en reste pas moins que les premières s'imposent à l'administration. La décision laisse croire qu'une fois l'acte administratif entré en vigueur, la Constitution ne peut plus être opposée à lui. Ce qui est contestable. Seulement, la procédure utilisée par le requérant est assez problématique. Dans cette affaire, l'exception d'inconstitutionnalité de l'acte administratif n'est pas soulevée de façon incidente au cours d'un procès. Elle est l'objet principal de la requête. Or, le Conseil d'État n'avait pas le monopole de l'exception d'illégalité des actes des administratifs qu'il ne connaît qu'en cassation. Une telle position fut d'ailleurs, dégagée par l'ancienne Cour suprême de l'affaire *Waly Sarr c. / commune de Saint-Louis*[378]. Toutefois, il faut préciser qu'en marge de ces procédures, le juge peut effectuer un redressement de l'inconstitutionnalité d'une loi par le truchement du contrôle de constitutionnalité des dispositions d'une loi qui la modifient, complètent ou précisent[379]. Le juge dans tous ces cas évoqués se met en relation avec les autorités par l'intermédiaire de leurs actes, il peut exercer son office à titre de clarification ou d'authentification.

---

[378] CS, 5 juillet 1961, Waly Sarr c. / commune de Saint-Louis, *in* J. M. NZOUANKEU, *Les grandes décisions de la jurisprudence administrative sénégalaise*, Tome I, *Contentieux général de la légalité*, *op. cit.*, p. 28.

[379] J. P. CAMBY, « Une loi promulguée frappée d'inconstitutionnalité? », *R.D.P*, N° 3, 1999, pp. 653-660.

Paragraphe II : Le pouvoir de clarification et d'authentification

Ces deux types de pouvoir du juge se rencontrent en matière électorale et en matière consultative. Le juge, dans l'un des cas vérifie l'authenticité d'une opération par rapport à un schéma décrit par l'ordre constitutionnel correspondant à l'expression de la souveraineté nationale (A) ; dans l'autre, il répond à la question de savoir si l'acte juridique que l'on se projette d'édicter ne violerait pas les prescriptions de l'ordre constitutionnel (B).

A- Le pouvoir d'authentification

Jusqu'à une période récente, le contentieux des élections était du ressort des Assemblées parlementaires. C'est le système de la validation où l'élu était en même temps juge de sa propre élection. Avec la rationalisation du régime parlementaire et la volonté de garantir la régularité des élections, le juge sera par la force des choses amené à arbitrer les conflits électoraux en authentifiant en dernier ressort la conformité de la volonté du corps électoral à l'ordre constitutionnel en vigueur. Ce pouvoir juridictionnel d'authentification (I) se manifeste à travers des actes juridictionnels posés (II).

I- La dévolution du pouvoir d'authentification au juge

Jusqu'en 1981 le Sénégal connaissait du système dit de la « vérification des pouvoirs » pour les élections législatives[380]. Ce système signifie que le pouvoir pour l'Assemblée nationale de vérifier la régularité de la désignation de ses membres[381]. Certes, l'alinéa 1er de l'article 29 de la Constitution de 1963 prévoyait que « la Cour suprême veille à la régularité du scrutin dans les conditions déterminées par une loi organique », mais cette disposition est restée inappliquée parce que la loi organique ainsi prévue qui devait déterminer les modalités d'intervention de la Cour suprême n'est

---

[380] P. M. SY, « Le contentieux constitutionnel au Sénégal. Le contrôle de l'élection présidentielle par le Conseil constitutionnel », *op. cit.*, p. 413.

[381] Cette procédure dite de « vérification des pouvoirs » incombait à une commission spéciale qui examinait la régularité des procès-verbaux de l'élection, les protestations électorales et d'une manière générale, procédait aux enquêtes en matière de validation. Son rapport était ensuite soumis à l'Assemblée nationale qui se prononçait à la majorité des suffrages exprimés. Voir J. M. NZOUANKEU, « Chronique constitutionnelle. La consolidation et le renforcement de la démocratie au Sénégal : la révision constitutionnelle du 6 mai 1981 et le multipartisme illimité », *RIPAS,* octobre-décembre 1981, p. 355.

jamais intervenue[382]. Au demeurant, en 1978, la deuxième section de l'ancienne Cour suprême, statuant en matière d'excès de pouvoir avait indiqué au Parti Démocratique Sénégalais qu'il devait saisir la formation sections réunies de la Cour suprême en vue de prendre des mesures pour garantir le secret du scrutin en vertu des pouvoirs qu'il tient de la de l'alinéa 1er de l'article 29 de la Constitution. Pour une partie de la doctrine, en procédant ainsi, la Cour suprême a outrepassé ses prérogatives, car dans l'état de la législation d'alors, les sections réunies ne disposaient pratiquement d'aucun pouvoir dans ce domaine[383]. La justification du système de la validation est fournie par E. H. MBODJ, qui fait remarquer que « la finalité de l'élection démocratique étant d'octroyer une onction de légitimité démocratique populaire aux représentants, le juge, dépourvu de toute légitimité électorale, ne devrait point par conséquent jouir d'une autorité de contrôler, censurer ou valider l'élection de ceux censés exprimer la volonté générale de la nation »[384]. Cependant, ce système de la validation nonobstant ses fervents défenseurs parmi les membres de doctrine[385] et son application par certaines démocraties libérales,[386] peut être sujet à discussion du point de vue de son efficacité, dans la mesure où l'on peut douter de la volonté réelle d'autocontrôle de la part des élus. C'est pourquoi, en 1981, le constituant va procéder à une juridictionnalisation du contrôle des élections pour mieux garantir la légitimité du processus électoral[387]. Cette volonté cadre bien avec la réalité sociopolitique de l'époque, car de l'avis de certains observateurs de la vie politique en Afrique

---

[382] J. M. NZOUANKEU, « Chronique constitutionnelle. La consolidation et le renforcement de la démocratie au Sénégal : la révision constitutionnelle du 6 mai 1981 et le multipartisme illimité », *op. cit.*, p. 353.

[383] J. M. NZOUANKEU, « Chronique constitutionnelle. La consolidation et le renforcement de la démocratie au Sénégal : la révision constitutionnelle du 6 mai 1981 et le multipartisme illimité », *op. cit.*, p. 353.

[384] E. H. MBODJ, « Le juge : un déterminant du processus électoral en Afrique ? », *op. cit.*, p. 421, note 1.

[385] L. PHILIP, *Le contentieux des élections aux assemblées politiques françaises*, Paris, L.G.D.J, 1961, pp. 15 et s.

[386] L'Allemagne l'applique en dernière instance, de même la France jusqu'en 1958 pratiquait ce système. Voir S. DIOP, « La justice du politique au Sénégal », *in La justice en Afrique, Afrique contemporaine*, N° 156 (spécial), La Documentation française, 4e trimestre, 1990, p. 193.

[387] J.M.NZOUANKEU, « Chronique constitutionnelle. La consolidation et le renforcement de la démocratie au Sénégal : la révision constitutionnelle du 6 mai 1981 et le multipartisme illimité », *op. cit.*, pp. 349 et s.

en général et au Sénégal en particulier, l'élection correspond souvent à une période agitée faite de troubles, de violences.[388] Dès lors, sa gestion ne peut être confiée qu'à un organe impartial. L'intervention du juge était plus que nécessaire d'autant que des cas « détournement de la volonté populaire » ne manquaient se de révéler[389]. L'appréciation de la régularité des élections présidentielle, législatives, locales et des opérations référendaires est désormais confiée au juge. Toutefois, si le la réforme était appréciée dans son principe, sa mise en œuvre révélait des lacunes La présence de la Cour suprême pendant tout le processus électoral entamait avec sérieux l'efficacité de son contrôle, mettant ainsi la réforme en deçà des attentes de ses acteurs. Comment le juge pouvait-il superviser les élections et juger en même temps de leur régularité ? Pouvait-il réellement se déjuger ? À ce propos du Demba SY écrit : « Lorsque la Cour suprême statue sur le contentieux, elle ne procède pas à des annulations ; si elle le faisait elle se déjugerait car elle est censée avoir veillé à la régularité du scrutin »[390]. De ce fait, les réformes entamées depuis 1992 sont salutaires. En effet, même si dans la pratique, des atermoiements ont été notés, elles procèdent à une décharge du juge de la supervision des élections, confiée à des organes créés à cet effet[391], et limitent son intervention en amont et en aval du processus électoral. Le juge constitutionnel intervient désormais lors du dépôt des candidatures[392]

---

[388] C. YOUNG et B. KANTE, « Gouvernance et démocratie. Les élections de 1988 au Sénégal », *in Gouverner l'Afrique vers un nouveau partage des rôles*. Editions Nouvelles horizons, 1992, pp. 84-107.

[389] A. L. COULIBALY, *Le Sénégal à l'épreuve de la démocratie. Enquête sur cinquante ans de lutte et de complot au sein de l'élite socialiste*, Paris, L'Harmattan, 1999, pp. 38 et s.

[390] D. SY, « Sur la jurisprudence constitutionnelle au Sénégal », Dakar, avril 1993, inédit.

[391] E. H. MBODJ, « Faut-il avoir peur de l'indépendance des institutions électorale en Afrique ? », *Afrilex,* 2009, pp. 1-32.

[392] Voir les Décisions n° 1, 2, 3, 4, 5, 6, 7 et 8 /E/2022 du 21 mai 2022 suite au contrôle des parrainages pour les législatives du 31 juillets 2022, les décisions n° 9, 10, 11, 12 et 13 /E/2022 du 2 juin 2022 suite à la publication arrêté du ministre de l'intérieur portant recevabilité des listes de candidats aux élections législatives du 31 juillet 2022, les décisions n°14, 15, 16, 17, 18 et 19/E/2022 du 3 juin 2022 suite à la publication arrêté du ministre de l'intérieur portant recevabilité des listes de candidats aux élections législatives du 31 juillet 2022 et la décision n° 20/E/2022 du 11 août 2022 proclamation résultats définitifs des élections législatives du 31 juillet 2022 .

et au stade final lors de la proclamation définitive des résultats[393]. Le processus électoral connaît un « nouvel environnement juridique »[394], qui procède à l'allégement des tâches du juge. Le Conseil constitutionnel, dans sa décision du 13 mars 1993 a bien reconnu la compétence des organes créés dans la foulée des réformes en marge des juridictions, et a par ailleurs procédé à la délimitation de celle-ci[395].

II- Les manifestations du pouvoir juridictionnel d'authentification

Les cours et tribunaux veillent à l'égalité entre les candidats à l'utilisation des moyens de propagande dans les conditions déterminées par la loi organique[396]. Ils sont également chargés de participer à la sauvegarde l'ordre constitutionnel en veillant à la régularité du scrutin dans les conditions fixées par la loi organique[397]. De ce constat, il résulte que le Conseil constitutionnel n'est pas le seul juge habilité à intervenir dans le processus électoral, afin d'assurer la sincérité du vote[398]. Cependant, ce pouvoir d'authentification de la volonté nationale est dévolu pour l'essentiel à la Cour suprême, juge de cassation des élections locales et au Conseil constitutionnel, juge des élections nationales.

L'ordre constitutionnel détermine les conditions d'élection du Président de la République dont le juge doit s'assurer qu'elles sont bien remplies au risque d'altérer l'expression de la volonté populaire[399]. Ainsi, l'ordre constitutionnel fixe-t-il la nature du suffrage, celui-ci est en effet toujours universel, égal et secret[400], et s'exerce de façon directe et au scrutin majoritaire à deux tours[401]. Aussi, l'ordre constitutionnel détermine-t-il la durée du mandat du Président de la République et

---

[393] Cons. const., 11 juillet 2005, Récusation du président et du vice-président de la CENA, *in* I. M. FALL (dir.), *Les décisions et avis du Conseil constitutionnel du Sénégal. Rassemblés et commentés, op. cit.*, p. 503.

[394] E. H. MBODJ, « Le nouvel environnement juridique des élections au Sénégal », *Le Témoins*, N° 133, Samedi 16 février 1993, p. 9.

[395] Voir *JORS* N°1533 du 20 mars 1993, p. 81.

[396] Article 32 de la Constitution.

[397] Article 35 de la Constitution.

[398] Voir M. DIAKHATE, *L'émergence du droit électoral dans les États de l'Afrique subsaharienne francophone. Les cas du Bénin, du Mali et du Sénégal*, Thèse de doctorat, Université Cheikh Anta Diop de Dakar, Faculté des sciences juridiques et politiques, 2012, pp. 316 et s.

[399] Cons. const, Décision n° 7/E/2024 du 29 mars 2024, Proclamation des résultats définitifs du scrutin du 24 mars 2024.

[400] Article 3 de la Constitution du 22 janvier 2001.

[401] Article 26 al 1 de la Constitution du 22 janvier 2001.

nombre de fois qu'il est renouvelable[402], les conditions afférentes l'état civil des candidats[403], la procédure à suivre pour le dépôt des candidatures[404] et la majorité des suffrages requise pour être élu[405]. L'ordre constitutionnel fixe un seuil visant à assurer le choix réel de la majorité des électeurs pour la désignation de l'élu[406], et il appartient au juge de s'assurer que ce rapport avec les électeurs est bien établi. Il entre également dans les attributions du Conseil constitutionnel de proclamer les résultats définitifs des élections nationales. La régularité du scrutin est un signe de la manifestation de l'authenticité de la volonté populaire. En effet, le juge constitutionnel veille à la sincérité du scrutin présidentiel[407]. En matière référendaire, les tribunaux veillent à la régularité des votations et il appartient au Conseil constitutionnel de proclamer les résultats définitifs[408]. Le pouvoir d'authentification se ressent dans les dispositions du Code électoral qui prévoit la transmission du procès-verbal de la Commission nationale de Recensement des Votes accompagné des pièces annexées au président du Conseil constitutionnel, en cas d'expiration du délai, les procès-verbaux des commissions départementales et les pièces annexées sont transmis immédiatement au Conseil constitutionnel accompagné d'un rapport du président de la Commission nationale de Recensement des Votes[409]. C'est sur la base de ses éléments que le juge proclame les résultats du scrutin tout en s'assurant qu'ils correspondent à la volonté populaire[410]. Dans ce sens, Richard GHEVONTIAN considère la « sincérité du scrutin comme le révélateur de la volonté réelle de l'électeur » et ayant pour implications « que le résultat de l'élection soit l'exact reflet de la volonté exprimée par la majorité du corps électoral », il poursuit en estimant que « cette notion en apparence éclatée trouve son unité autour

[402] Article 27 al 1 de la Constitution du 22 janvier 2001.

[403] Article 28 de la Constitution du 22 janvier 2001.

[404] Article 29 al 4 de la Constitution du 22 janvier 2011.

[405] Article 3 de la Constitution du 22 janvier 2001.

[406] Alinéa 2 de l'Article 33 de la Constitution prévoit « que nul n'est élu au premier tour s'il n'a obtenu la majorité des suffrages exprimés » et « au second tour la majorité relative suffit » prévoit l'alinéa 3 dudit article.

[407] F. K. TANO, « Le juge constitutionnel et la sincérité du scrutin présidentiel », *Nouvelles Annales africaines*. Revue de la faculté des sciences juridiques et politiques, Dakar, CREDILA, 2012, pp. 95-122.

[408] Article 51 al 3 de la Constitution.

[409] Article 86 du Code électoral (ancien).

[410] Article L.O 137 du Code électoral (ancien).

d'un certain nombre de principes fondamentaux du droit électoral »[411]. F. M. DJEDJRO[412] opine dans le même sens à propos de la Constitution ivoirienne. Il estime que le principe de sincérité du scrutin recouvre l'ensemble des autres principes qu'il expose et qui se trouvent prescrits par la Constitution ivoirienne en son article 33 qui dispose que « le suffrage est universel, libre, égal et secret ». De même, lors de la réception du serment du Président de la République, le juge constitutionnel exerce un pouvoir d'authentification[413]. Celui qu'il installe dans les fonctions de Président de la République étant bien celui que les électeurs ont désigné[414]. Le juge, à cette occasion a d'ailleurs dégagé un principe fondamental en considérant que *« la prestation de serment et l'installation du Président de la République marquent juridiquement le début du mandat Président de la République »*[415]. La succession de chefs d'État est un temps de manifestation du pouvoir d'authentification du juge de la volonté des électeurs. Le juge veille à ce que l'ordre constitutionnel ne soit pas altéré à cette occasion. La réception du serment du Président-successeur par l'organe juridictionnel est un temps fort permettant d'assurer que l'ordre constitutionnel établi par le constituant n'est pas rompu[416].

Dans la pratique, le juge semble privilégier la volonté du corps électoral sur le principe de constitutionnalité. C'est qui ce qui ressort du propos de Youssoupha NDIAYE lors de l'élection présidentielle de 1993, alors qu'il était président du Conseil constitutionnel. En marge de la cérémonie de réception du serment du Président de la République, il déclarait que « lorsque le juge a à connaître d'un litige électoral, il doit être guidé par le souci de faire respecter la sincérité du scrutin, c'est-à-dire la volonté du corps électoral ainsi, il ne doit pas procéder à des annulations systématiques. Il ne peut le faire que lorsqu'il a acquis la conviction que la volonté des électeurs a été trahie et de manière telle

---

[411] R. GHEVONTIAN, « La notion de sincérité du scrutin », *Cahiers du Conseil constitutionnel*, N°13, 2002, pp. 82-83.

[412] F. M. DJEDJRO, *Droit constitutionnel*, Les éditions ABC, 7e édition, 2007, p. 84.

[413] Article 37 de la Constitution.

[414] I. FALL, « Le droit au secours de la négritude et de l'authenticité : Le serment du Président de la République, acculturation ou retour aux sources ? », *Annales africaines*, 1973, pp. 203-218.

[415] E. H. MBODJ, « La démocratie multi partisane sénégalaise à la lumière du nouveau Code électoral »*in La Constitution du Sénégal, le Code électoral du Sénégal, Revue Alternative démocratique dans le Tiers monde,* juillet-décembre 1992, N°6, p. 79.

[416] E. H. MBODJ, *La succession des chefs d'États en droit constitutionnel africain (Analyse juridique et impact politique)*, *op. cit.*, pp. 284-285.

qu'il est impossible de la reconstituer a posteriori de façon certaine »[417]. En réalité, ce que traduit l'opinion du président du Conseil constitutionnel c'est la mise en avant du principe de « l'influence déterminante »[418] dans le contrôle des élections et le « pouvoir de rectification » du juge en la matière. Ainsi, le juge a-t-il estimé lors de la présidentielle de 1993, que les irrégularités invoquées par les saisissants n'étaient pas de nature à entacher la régularité du scrutin malgré qu'il ait considéré certaines parmi elles « *regrettables* »[419]. Ce qui poussa la doctrine à qualifier la décision du Conseil de « décevante »[420]. Le même raisonnement a été reconduit par le Conseil constitutionnel dans sa décision portant proclamation définitive des résultats des élections législatives du 1er juillet 2012. En effet, le Conseil constitutionnel avait été saisi la par la coalition *BOKK GIS GIS* qui estimait que l'ineffectivité de l'arrêt de la Cour d'appel[421] interdisant la diffusion de l'image du Président de la République sur les supports de campagne avait entaché la validité des résultats desdites élections et demandait au juge de faire juger nuls les résultats. Dans sa réponse, le juge estime que *« considérant que si l'inaffectivité de la décision précitée (l'arrêt de la Cour d'appel), a pu avoir une quelconque influence sur le vote des électeurs, il n'est pas rapporté qu'elle ait pu être déterminante sur les résultats obtenus par les différents candidats »*[422]. Il en est ainsi de la décision du Conseil constitutionnel portant proclamation des résultats définitifs des élections législatives du 31 juillet 2022[423].

---

[417] *Le Soleil* du 5 avril 1993 p. 5 cité par P.M. SY « Le contentieux constitutionnel au Sénégal. Le contrôle de l'élection présidentielle par le Conseil constitutionnel », *op. cit.*, pp. 421-422.

[418] En réalité il s'agit d'une méthode réaliste utilisée par le juge électoral à travers laquelle ce dernier vérifie si la sincérité des résultats de l'élection a été altérée par des irrégularités. Voir L. TOUVET, conclusions sur CE, 18 décembre 1996, Elections municipales de Vitrolles, *R.D.P,* 1997, p. 592 ; O. KHOUMA, « La sincérité du scrutin présidentiel devant les juridictions constitutionnelles africaines (les exemples du Bénin, de la Côte d'Ivoire, du Mali et du Sénégal) », *Afrilex,* 2013, p. 32.

[419] Cons. const. Décision N° 6/ 93 du 13 mars 1993.

[420] D. SY cité par I. M. FALL, *Le pouvoir exécutif dans le constitutionnalisme des États d'Afrique,* Paris, L'Harmattan, 2008, p. 85, note 257.

[421] Arrêt N° 9 22 juin 2012.

[422] Cons. const., Séance du 12 juillet 2012, proclamation définitive des résultats des élections législatives du 1er juillet 2012, Affaire N° 20/E/2012, 21/E/2012, 22/E/2012, 23/E/2012, 24/E/2012, 25/E/2012

[423] Const. const., Décision n°20/E/2022 du 11 août 2022 proclamation résultats définitifs des élections législatives du 31 juillet 2022.

Cependant, l'existence de ce pouvoir d'authentification dévolu au juge, ne doit pas cacher l'ambigüité du sens des normes constitutionnelles. Ainsi, le juge peut-il être interpellé pour exercer un pouvoir de clarification.

A- Le pouvoir de clarification

La mise en œuvre de ce pouvoir de clarification se ressent essentiellement lors de l'exercice de l'activité ministérielle du juge constitutionnel. Par ailleurs, l'imprécision de la norme soumise au contrôle du juge constitutionnel ou de la norme constitutionnelle à laquelle elle est rattachable oblige le juge à recourir à la technique de l'interprétation lors l'exercice de la fonction juridictionnelle. Le pouvoir de clarification renvoie à la fonction consultative (I) et la fonction d'interprétation des juges de la constitutionnalité (II).

I- La clarification par la consultation

La fonction consultative du juge se manifeste dans la matière normative mais également dans l'exercice de certaines prérogatives du pouvoir exécutif. Cette fonction du juge investit le champ du droit constitutionnel lors de l'émission des normes par les pouvoirs publics. Elle est assurée par la Cour qui donne des avis au gouvernement et dans certains cas au pouvoir législatif et le Conseil constitutionnel « aiguilleur » du Président de la République dans l'exercice de certaines prérogatives constitutionnelles[424].

Dans l'exercice du droit d'initiative, les projets de loi avant qu'ils ne soient examinés au Conseil des ministres pour délibération peuvent être soumis à la Cour suprême, réunie en Assemblée générale consultative qui délivre un avis motivé sur leur conformité à l'ordre constitutionnel sur saisine du Secrétariat général du gouvernement. Il en est de même de propositions de lois après avis de la Commission compétente sur saisine du Secrétariat général de l'Assemblée nationale. Par ailleurs, la Cour suprême exerce un pouvoir consultatif dans le domaine réglementaire.

Toutefois, le pouvoir du juge est rigoureusement encadré par la loi. L'avis du juge ne porte que sur la constitutionnalité de la norme juridique et éventuellement sur la pertinence des moyens juridique pour

---

[424] D'ailleurs, dans le projet de révision de la Constitution, il est prévu que le Conseil constitutionnel peut être saisi par le Président de la République pour avis. *Cf.* Le Quotidien *Le populaire* N°4841, Lundi 18 janvier 2016, p. 5.

atteindre les objectifs poursuivis[425]. En plus, le législateur n'est aucunement lié par l'avis du juge et il peut le suivre comme il peut s'en écarter. Il faut, cependant, préciser que dans tous les cas où il est prévu le législateur est obligé de prendre l'avis. Son omission entraine un vice de procédure [426].

La fonction consultative du Conseil constitutionnel est prévue par les articles 51 et 92 de la Constitution.

Sur le fondement de l'article 92 de la Constitution, le Président de la République a, par lettre confidentielle n° 488/PR/SG du 4 mars 2024, enregistrée au greffe du Conseil constitutionnel, soumis au Conseil constitutionnel une demande d'avis sur les questions suivantes : « 1- Quel est l'avis de votre haute juridiction sur la date du 02 juin2024 proposée par le dialogue national ?

2- Quel est l'avis de votre haute juridiction sur le maintien des 19 candidats déjà validés, avec la réserve d'un nouvel examen des candidatures pour régler la question des éventuels cas de double nationalité et les corrections nécessaires pour les parrainages des candidats qui se considèrent lésés ?

3- Quel est l'avis de votre haute juridiction sur l'accord consistant à I « application de l'alinéa 2 de l'article 36 de la Constitution « le Président de la République en exercice reste en fonction jusqu'à l'installation de son successeur » pour assurer la continuité de l'État et la permanence institutionnelle ? »

Dans la décision rendue, le Conseil considère que la date du 2 juin 2024 proposée n'est pas conforme à la Constitution et à la décision n° 1/C/ 2024 du 15 février 2024 ; seuls sont candidats à l'élection présidentielle ceux retenus par la décision n° 4/E/2024 du 20 février 2024 fixant la liste définitive des candidats à l'élection présidentielle ; l'article 36, alinéa 2 de la Constitution qui règlemente la période transitoire pour la succession entre le Président élu et le Président sortant n'est pas applicable si l'élection n'a pas eu lieu avant la fin du mandat en cours du Président en exercice[427].

Cette position du Constitutionnel est salutaire car elle a permis d'éviter une rupture de l'ordre constitutionnel. En effet, le Conseil a

[425] En matière consultative, la juridiction administrative peut vérifier l'opportunité de l'acte juridique. Voir A. J. GASNIER, « Les attributions du Conseil d'État à la fonction législative », *op. cit.*, p. 1155.

[426] J. RIVERO, *Droit administratif,* Paris, Dalloz, 14e éd. 1992, p. 168.

[427] Cons.const., Décision n° 60/E/2024 du 5 mars 2024.

estimé que le caractère intangible de la durée du mandat du Président de la République, la fixation de la date de l'élection au-delà de la fin du mandat a pour effet de créer un vide institutionnel non prévu par la Constitution ; qu'elle est, de ce fait, contraire au principe à valeur constitutionnelle de sécurité juridique et de stabilité des institutions.

Le caractère évasif des dispositions de l'article 92 de la Constitution résulte du fait que l'objet de l'avis, que peut demander le Président la République, n'est pas précisé par le Constituant. En effet, ce texte dispose que « le Conseil constitutionnel peut être saisi par le Président de la République pour avis ». Ce qui donne un pouvoir discrétionnaire au Président de la République de solliciter un avis au Conseil constitutionnel dans toutes les hypothèses où il aura rencontré un obstacle d'ordre juridique[428].

L'article 51 de la Constitution prévoit que le Président de la République peut soumettre un projet de loi au référendum après avis du Conseil constitutionnel[429]. Dans la pratique, le Conseil constitutionnel a eu à se prononcer sur la constitutionnalité par voie d'avis sur le projet de Constitution en 2000, projet de Constitution qui deviendra la Constitution du 22 janvier 2001[430]. Dans son avis[431], interprétant l'expression « tout projet de loi » prévue par la Constitution du 7 mars 1963[432], le Conseil constitutionnel a estimé que l'expression pouvait englober un projet de loi constitutionnelle, interprétation que ne partage pas d'ailleurs la majeure partie de la doctrine publiciste sénégalaise. À ce titre, El Hadj MBODJ écrit : « en tout cas le procédé suivi occulte un véritable détournement de procédure qui fragilise la fondation même de l'État de droit qui requiert de la part d'un État soumis au droit une bonne interprétation et une application correcte de la lettre et de l'esprit des normes juridiques, évitant ainsi des précédents ou des coutumes qui sont de nature à saper les fondations même de la démocratie »[433]. Le propos de MBODJ n'est pas sans rappeler ce que la doctrine appelle

---

[428] Cons.const., Décision n° 2/C/2024 du 10 juillet 2024.

[429] Article 51 de la Constitution du 22 janvier 2001.

[430] Loi N°2001-03 du 22 janvier 2001 portant Constitution *JO,* N° spéciale du 22 janvier 2001 pp. 27-42.

[431] Cons. const., Décision N°3/2000 du 9 novembre 2000 (avis) *in* I. M. FALL (dir.), *Les décisions et avis du Conseil constitutionnel du Sénégal. Rassemblés et commentés, op. cit.,* p. 315.

[432] Article 46 de la Constitution du 7 mars 1963

[433] E. H. MBODJ, « Préface », *in* I. M. FALL, *Les textes constitutionnels du Sénégal de 1959 à 2007*, Dakar, CREDILA, 2007, pp. 11-12.

« fraude à la Constitution »[434]. Le propos de I. M. FALL écrit : « À l'évidence l'interprétation de la formule *"tout projet de loi"* comme englobant une loi portant Constitution nous paraît excessive et contestable ».[435] En réalité, c'est le texte constitutionnel qui n'était pas d'une clarté suffisante et la volonté politique s'est engouffrée dans la brèche ainsi ouverte. C'est pourquoi l'article 51[436] de la Constitution du 22 janvier 2001 marque une avancée du point de vue du texte constitutionnel. Saisi par lettre N° 0077/PR/CAB/MC.JUR du 14 janvier 2016 du Président de la République aux fins d'examiner la conformité du projet de révision aux principes généraux de droit », le Conseil constitutionnel considère que « Dans le cadre de la procédure prévue à l'article 51 de la constitution du 22 janvier 2001, le Conseil constitutionnel a toute la latitude pour exercer un contrôle minimum sur le projet de révision qui lui est soumis ». À cet effet, le Conseil a précisé l'étendue de son contrôle. Celui-ci porte sur la régularité de la procédure, la forme du texte, le fond, le respect des limites fixées par la Constitution, mais aussi l'esprit général de la Constitution et les principes généraux de droit ce qui renvoie à des termes vagues donnant ainsi au Conseil constitutionnel une marge de liberté dans le contrôle de la régularité de la procédure et du contenu du texte.

En la forme, le Conseil considère que la procédure est introduite hors des cas d'interdiction de révisons fixés par la Constitution et que par conséquent celle-ci est régulière.

Au fond, le Conseil constitutionnel fait remarquer que dans l'exposé des motifs du projet de texte, le pouvoir constituant dérivé doit éviter la personnalisation de la durée du mandat du Président de la République incompatible avec le caractère général et impersonnel de la règle de droit.

---

[434] G. LIET-VEAUX, « La fraude à la Constitution. Essai d'une analyse juridique des révisions communautaires récentes : Italie, Allemagne, France », *RDP*, 1943, pp. 116-151 ; Du même auteur, *Essai d'une théorie juridique des révolutions,* Thèse Rennes, 1943, pour une étude plus récente, L. ECK, *L'abus de droit en droit constitutionnel*, Thèse de droit Université Jean Moulin Lyon III, décembre 2006.

[435] I. M. FALL, *Les révisions constitutionnelles au Sénégal. Les révisions consolidantes et révisions déconsolidantes de la démocratie sénégalaise*, *op. cit.*, p. 93.

[436] L'article 51 al 1 dispose : « Le Président de la République peut après avoir recueilli l'avis du président de l'Assemblée nationale, du Sénat et du Conseil constitutionnel soumettre tout projet de loi constitutionnelle au référendum ». La clarté de cette disposition ne peut relever que d'un *a apriorisme.* On peut se poser la question de savoir si l'expression « projet de loi constitutionnelle » peut renvoyer à un projet de Constitution ? Ne vise-t-on pas seulement la révision de la Constitution effectuée par le pouvoir constituant dérivé ?

En outre, la juridiction constitutionnelle indique que dans l'exposé des motifs, le pouvoir constituant dérivé, pour éviter la personnalisation de la durée du mandat du Président de la République incompatible avec cette caractéristique de la règle de droit, ne doit pas faire des références aux réalisations du président de la République en fonction ; que l'alinéa 2 inséré à l'article 27 qui règle une question de droit transitoire prévoit que la durée du mandat prévue dans le projet de texte de révision s'applique au mandat en cours ; que cette règle qui fixe une situation dont les effets sont limités dans le temps est par essence temporaire et cesse une fois le mandat terminé de faire partie de l'ordonnancement juridique, ce qui est incompatible avec le caractère permanent attaché à l'article 27 de la Constitution dont le pouvoir constituant entend rendre intangible en le rangeant dans les dispositions non susceptibles de révision.

Selon le Conseil, le principe de la sécurité et de la stabilité des institutions est un objectif à valeur constitutionnelle que toute révision de la Constitution doit prendre en considération pour être conforme à l'esprit de celle-ci ; que le principe de prévisibilité signifie que le droit applicable à une situation doit être connu au moment où celle-ci prend naissance, ce qui renvoie aux règles constitutionnelles écrites mais aussi à la pratique qui les accompagne et aux précédents qui éclairent les pouvoirs publics sur la manière de les interpréter.

Au demeurant, relativement à la modification de la durée du mandat du Président de la République, le Conseil constitutionnel considère que la sécurité juridique ne serait pas garantie à l'occasion des changements de majorité. Aussi, pour éviter la surcharge de l'ordre constitutionnel, le Conseil constitutionnel considère que l'énumération des lois ordinaires illustrant des avancées démocratiques est inutile et préjudiciable à la qualité du texte[437].

L'examen du processus décisionnel du juge, il en ressort que celui-ci emprunte même le cheminement que celui des décisions rendues par le Conseil en matière contentieuse[438]. De surcroît, l'acte que rend le Conseil constitutionnel est toujours dénommé « Décision » par celui-ci et la formule de clôture qu'emploie le Conseil est la même que celle des décisions rendues en matière contentieuse. En effet, invariablement, dans toutes les décisions de la juridiction constitutionnelle sénégalaise, la mention « La présente décision… », demeure la formule de clôture.

---

[437] Décision N°1/C/2016 du 15 janvier 2016.

[438] *Cf.* Interview du Professeur Ismaïla Madior Fall, *in Le Populaire*, N° 4871 du Mardi 23 février 2016, p. 4.

Dès lors, la forme de l'acte (*instrumentum*) rend l'avis (le contenu) contraignant à l'égard de son destinataire, le Président de la République en application des dispositions de l'article 92 de la Constitution du 22 janvier 2001 qui dispose que les décisions du Conseil constitutionnel s'imposent aux pouvoirs publics. En effet, si le contenu de l'acte est d'une importance capitale, la solennité de la forme choisie par le Conseil constitutionnel pour rendre son avis est déterminante. Garant juridictionnel de la protection de la Constitution, le juge constitutionnel à cette occasion a choisi l'acte juridique le plus contraignant, à même d'imposer au Président de la République le sens de l'avis qu'il a rendu. La réforme du Conseil constitutionnel par la loi organique 2016-23 du 14 juillet 2016 suite à la loi constitutionnelle 2016-23 du 5 avril 2016 adoptée par référendum après avis dudit Conseil, le législateur organique tranche le débat en disposant en son article 24 : « le Conseil constitutionnel rend en toute matière des décisions motivées »[439].

De l'avis de certains membres de la doctrine, le juge est plus à l'aise dans sa fonction consultative que dans ses activités proprement juridictionnelles[440]. Mais son pouvoir de clarification ne se résume pas seulement dans la fonction consultative, il se ressent également dans son pouvoir d'interprétation.

II- La clarification par l'interprétation

De prime abord, aborder le pouvoir d'interprétation du juge de la constitutionnalité, suppose résolue la question du rapport entre le juge et l'ordre constitutionnel. Ainsi, se pose-t-on la question de savoir si le juge dans l'exercice de son pouvoir est soumis à la Constitution ?[441] . Dans le cadre de la régulation du processus électoral pour l'élection présidentielle 2024, le Conseil constitutionnel a décidé que par la décision n°1/C/2024 du 15 février 2024, il a jugé que la date de l'élection du président de la République ne peut être reportée au-delà de la durée du mandat qui arrive à terme le 2 avril 2024 et a invité les autorités compétentes à fixer la date dans les meilleurs délais et que l'expression « meilleurs délais » renvoie nécessairement à une date pouvant permettre la tenue de l'élection avant la fin du mandat, conformément au considérant 14 de la décision

---

[439] *JORS,* 161ᵉ Année, N° 6946 (Numéro spécial) du Vendredi 15 juillet 2016, p. 927.
[440] G. CONAC, « Le juge de l'État en Afrique francophone », *in La justice en Afrique, Afrique contemporaine,* N° 156 (spécial), 4ᵉ trimestre, 1990, p. 15.
[441] M. TROPER, « Le problème de l'interprétation et la théorie de la supra légalité constitutionnelle », *op. cit.*, p. 145.

précitée[442]. Dans la décision N°8/E/2022 du 21 mai 2022, après avoir indiqué que l'article 4 de la Constitution consacre la liberté de candidature en matière électorale, le Conseil rappelle qu'en l'absence de texte, il appartient au juge d'user de son pouvoir d'interprétation pour assurer la mise en œuvre de ce droit fondamental, sans empêcher à l'Administration d'exercer ses prérogatives légales.

Le pouvoir d'interprétation permet au juge de se libérer des corsets des textes qui régissent ses compétences. Ces sites où s'affirme le pouvoir d'interprétation sont principalement décelables en matière électorale et en matière financière. Ainsi, dans la décision N° 8/2017 du 26 juillet 2017, relative à une demande d'avis du Président de la République sur la possibilité pour les citoyens de pouvoir voter sans la carte d'identité biométrique CEDEAO, interprétant le droit de vote consacré par la Constitution en son article 3 alinéa 4, réglementé par le Code électoral en son article L 78 alinéa 1, le Conseil constitutionnel a considéré qu'en fixant les règles relatives à la matière, le législateur a entendu permettre aux membres du bureau de vote de s'assurer de l'identité de l'électeur et de son inscription sur les listes électorales. Il poursuivait sa motivation en considérant qu'au regard des circonstances exceptionnelles dans lesquelles se déroulaient le processus électoral notamment l'inscription massive des citoyens sur les listes électorales, les lenteurs et dysfonctionnements notés dans la distribution des cartes électorales non imputables aux citoyens eux-mêmes, de nombreux citoyens jouissant de leurs droits civils et politiques, inscrits sur les listes électorales, risquent d'être privés de leur droit de vote garanti par la Constitution. Le Conseil constitutionnel considérait qu'au regard de ces circonstances exceptionnelles, l'électeur détenteur d'un récépissé dont l'inscription effective sur les listes électorales a été vérifiée, peut être autorisé à voter si la carte d'identité nationale numérisée, la carte d'électeur numérisée, le passeport ou le document d'immatriculation permet de l'identifier. Il en concluait qu'il est d'avis qu'à titre exceptionnel, pour les élections législatives prévues pour le 30 juillet 2017, l'électeur n'ayant pu retirer sa carte d'identité CEDEAO faisant office de carte d'électeur mais dont l'inscription sur les listes électorales est vérifiée peut voter sur présentation de son récépissé d'inscription accompagné de la carte d'identité nationale numérisée, la carte d'électeur numérisée, le passeport ou le document d'immatriculation pour les primo-inscrits non détenteurs d'un des trois premiers documents

[442] Cons. const., Décision n°5/E/2024 du 6 mars 2024.

administratifs, si l'un de ces documents permet de s'assurer de son identité[443]. Dans cette décision, par une interprétation téléologique, le Conseil constitutionnel protège le droit de vote constitutionnellement consacré malgré les obstacles assez dirimants non prévus par la loi électorale qui le règlemente. En l'espèce, il ne s'agit nullement pour le Conseil constitutionnel de réécrire la loi électorale mais de donner opportunément le sens que doit recouvrir les dispositions constitutionnelles relatives au droit vote des citoyens au regard des circonstances exceptionnelles dans lesquelles devaient se déroulaient les élections législatives. Ainsi, le Conseil constitutionnel en a tiré les conséquences en appliquant les dispositions de l'article 24 de ladite loi organique sur le Conseil constitutionnel dans sa décision N° 5/E/2017 portant proclamation des résultats définitifs des élections législatives du 30 juillet 2017. En effet, en l'espèce, M. Khalifa Ababacar SALL, candidat au scrutin proportionnel et tête de la liste nationale de la coalition MANKOO TAXAWU SENEGAAL, avait demandé l'annulation des élections législatives du 30 juillet 2017. Dans sa requête, il faisait valoir qu'en permettant à l'électeur de voter avec son récépissé d'inscription sur les listes électorales, accompagné de l'une des pièces visées dans la décision du Conseil constitutionnel, les autorités en charge du processus électoral ont violé les dispositions des articles L.53, L.78 et R. 69 du Code électoral. Il ajoutait que la décision du Conseil constitutionnel précitée devait être suivie d'une modification des dispositions susvisées du Code électoral et « qu'en autorisant le vote des électeurs sur la base d'un communiqué du ministre de l'Intérieur et des instructions données aux préfets qui les ont mis en œuvre ... », les autorités en charge du processus électoral ont organisé le scrutin « ... en violation de la loi électorale » ; que par conséquent, il sollicitait l'annulation des élections législatives du 30 juillet 2017. Dans sa motivation, le Conseil constitutionnel considérait qu'il résulte des alinéas 2 et 4 de l'article 92 de la Constitution que le Président de la République peut saisir le Conseil constitutionnel pour avis et que les décisions rendues par le Conseil constitutionnel s'imposent aux pouvoirs publics et à toutes les autorités administratives et juridictionnelles. Il rappelait en outre qu'en vertu de l'article 24 de la loi organique N°2016-23 du 14 juillet 2016 relative au Conseil constitutionnel, ce dernier « rend, en toute matière, des décisions motivées ». Pour rejeter le moyen, il considérait qu'il résulte de ce qui précède, que la décision rendue par le Conseil constitutionnel

[443]JORS N° 7030, 162e Année du 27 juillet 2017, pp. 831-832.

le 26 juillet 2017 s'imposait par conséquent aux autorités administratives en charge de l'organisation des élections.

Pourtant ce pouvoir n'a pas été expressément conféré au juge comme en République Démocratique du Congo où une procédure est aménagée à cet effet[444]. Il découle du pouvoir inhérent du juge[445]. Ce pouvoir d'interprétation de la Constitution par la juridiction constitutionnelle est proposé par la Commission nationale de Réforme des Institutions dans son avant-projet de Constitution. Il est proposé que la Cour constitutionnelle puisse interpréter la Constitution lorsqu'elle est saisie par le Président de la République, le gouvernement, le président de l'Assemblée nationale, un dixième des députés ou par une pétition de dix mille citoyens inscrits sur les listes électorales et domiciliés dans plus de la moitié des régions[446]. La justification du pouvoir d'interprétation du juge de la constitutionnalité est éloquemment fournie par le Alioune SALL[447] qui voit dans la norme constitutionnelle « un laconisme », « la brièveté de son énoncé » et « un lieu d'opposition aussi paradoxal que cela puisse être... ». L'acte juridictionnel comme l'écrit le Professeur SALL ne peut être « un acte purement technique, réalisable au cours d'une démarche mécanique... »[448]. Le juge, dans son travail sur les normes constitutionnelles doit intégrer cette donne qui complexifie sa fonction de dire le droit. Dans sa décision du 26 mars 2001[449], communément appelée *affaire de l'effigie du Président de la République* relative aux élections législatives le juge a été invité par les requérants à appliquer la Constitution bien que statuant en matière électorale. Les requérants s'étaient référés au préambule et à certains articles de la Constitution notamment 6, 38, 42, 60 pour contester le nom de « WADE » et l'usage de l'effigie du Président de la République sur la liste de la « Coalition WADE », alors qu'il n'était pas candidat auxdites élections, malgré qu'il ait s'arrogé de sa prérogative constitutionnelle, d'être chef de parti politique. Dans sa décision, le Conseil constitutionnel estime, que *« le principe d'égalité entre les*

[444] Article 161 de la Constitution du 18 février 2006.

[445] « Le Pr Mbodj démonte la trouvaille des libéraux », *in Le Populaire,* N° 3366, Vendredi 11 février 2011, p. 13.

[446] Article 112.

[447] A. SALL, « Interprétation normative et normes interprétative : à propos des décisions du Conseil constitutionnel », *op. cit.*, p. 1.

[448] A. SALL, *ibid.*, pp. 1 et s.

[449] Obs. A. SALL, *in* I. M. FALL (dir.), *Les décisions et avis du Conseil constitutionnel du Sénégal. Rassemblés et commentés, op. cit.*, pp. 417-419.

partis ou coalitions de partis commande qu'ils connaissent le même traitement ; qu'ainsi, aucun d'entre eux ne peut au cours d'une compétition électorale à laquelle le Président de la République n'est pas candidat utiliser l'image et les attributs constitutionnels de celui-ci »[450]. Cette décision rendue dans un contexte de forte tension, au cours d'une campagne électorale a été saluée par la doctrine. Il en est des rares décisions dans lesquelles le juge constitutionnel se libère un peu du corset des textes qui régissent sa compétence faisant fi de sa compétence d'attribution. Ce pouvoir d'interprétation se ressent également dans la décision N°1/C/2022 du 29 juillet 2022, le Conseil constitutionnel précise que les articles 3 et 4 de la Constitution posent respectivement les principes d'égalité devant le suffrage et entre les partis politiques, qui sont des modalités d'application du principe d'égalité prévu par les articles premier et 6 de la Déclaration universelle des Droits de l'Homme ;

Aux termes de l'article 82 al. 2 de la Constitution du 22 janvier 2001, « Les propositions et les amendements formulés par les parlementaires ne sont recevables que lorsque leur adoption aurait pour conséquence, soit la diminution des ressources publiques soit l'aggravation d'une charge publique à moins que ces propositions ou amendements ne soient assortis de recettes compensatrices ». La fixation de ce que recouvre le concept « recettes compensatrices », condition de constitutionnalité des propositions de lois et amendements à incidences financières est déterminante. L'interprétation du concept « recettes compensatrices » s'est posée. Le juge fixe la signification du concept « recettes compensatrices » dans un premier temps, et vérifie dans un second temps, si la loi querellée contient des dispositions équivalentes et réalisables. Dans sa décision du 24 février 1998 relative à *l'amendement Niadiar SENE*[451], modifiant l'article L.O 117 du Code électoral faisant passer le nombre de députés de 120 à 140, le juge s'est prononcé sur la signification du concept « recettes compensatrices ». Saisi par les députés de l'opposition qui contestaient la validité de l'amendement au regard des dispositions de l'article 71 de la Constitution du 7 mars 1963, le Conseil constitutionnel précise que les ressources compensatrices prévues audit article *« doivent être nouvelles et être en mesure de*

---

[450] I. M. FALL (dir.), *Les décisions et avis du Conseil constitutionnel du Sénégal. Rassemblés et commentés, op. cit.*, p. 416.

[451] I. M. FALL (dir.), *Les décisions et avis du Conseil constitutionnel. Rassemblés et commentés, op. cit.*, p. 175.

combler toutes les charges publiques nouvelles. Une simple modification de la destination de crédits n'est pas suffisante pour créer des ressources nouvelles »[452]. De même, dans sa décision du 29 août 2003, le Conseil constitutionnel a adopté une interprétation rigoriste de l'article 82 al. 2 de la Constitution du 22 janvier 2001. En l'espèce, il s'agissait d'un amendement à la loi relative à l'organisation et au fonctionnement du Conseil de la République pour les Affaires économiques et sociales. Saisi par treize députés, le juge a rappelé les principes qui gouvernent les amendements d'origine parlementaire et les propositions de loi à incidences financières dégagés dans sa décision du 24 février 1998. L'interprétation du texte constitutionnel par le juge est mise en exergue par le Professeur Alioune SALL. Dans ces observations sous ladite décision, le Professeur SALL écrit : « la vigilance du Conseil constitutionnel est remarquable dans la mesure où "mine de rien", il "complète" l'article 82 al. 2 en précisant les modalités d'application de la règle qu'il pose »[453]. Poursuivant ses observations, le Professeur SALL précise davantage le pouvoir d'interprétation de la norme constitutionnelle du juge et écrit : « la décision du 29 août 2003, traduit une certaine audace dans la quête du *"sens"* du texte et il convient de s'en féliciter »[454]. En somme, l'interprétation que donne le juge de la règle de l'article 82 al 2 de la Constitution est une interprétation stricte dans la mesure où d'après le raisonnement du juge *« la proposition de recette compensatrice »* doit se comprendre de la manière la plus rigoureuse possible.

En définitive, le modèle juridictionnel sénégalais de protection de l'ordre constitutionnel est marqué par la multiplicité des acteurs. La présentation du modèle de justice constitutionnelle sénégalais fait intervenir plusieurs juges.

---

452 Obs. A. GUEYE, *in* I. M. FALL (dir.), *Les décisions et avis du Conseil constitutionnel. Rassemblés et commentés, op. cit.*, p. 180.

453 Obs., *in* I. M. FALL (dir.), *Les décisions et avis du Conseil constitutionnel. Rassemblés et commentés, op. cit.*, p. 482.

454 I. M. FALL (dir.), *Les décisions et avis du Conseil constitutionnel. Rassemblés et commentés, op. cit.*, p. 483.

CHAPITRE II

LA DYNAMIQUE DU MODÈLE DE PROTECTION DE L'ORDRE CONSTITUTIONNEL

Au Sénégal, comme au demeurant dans pratiquement tous les systèmes juridiques de l'Afrique francophone, la régularisation d'une norme juridique ou d'un comportement peut prendre diverses formes. Ainsi, la protection peut emprunter une nature variée (Section I) et s'exercer suivant différentes modalités, ce qui sans doute particularise la protection juridictionnelle de l'ordre constitutionnel sénégalais (Section II).

Section I : La nature de la protection

La nature de la protection juridictionnelle de l'ordre constitutionnel varie en fonction des règles de procédure de saisine du juge et de l'objet de la contestation. Dans sa mission, le juge s'introduit dans un système et se met en relation avec d'autres acteurs avec lesquels il peut entretenir des relations de coopération. Dans cette perspective, la protection juridictionnelle de l'ordre constitutionnelle peut être envisagée sous l'angle des pouvoirs conférés au juge (Paragraphe I), tout comme elle peut s'analyser en une stratégie de défense ou de prévention d'une atteinte à l'ordre constitutionnel (Paragraphe II).

Paragraphe I : La nature des pouvoirs du juge

La mission du juge n'est pas exclusivement de trancher les litiges portés devant lui. Il peut être sollicité par les gouvernants pour aider à mieux comprendre le sens et la portée des textes avant ou après leur adoption formelle. Ainsi, à l'intérieur du système, la protection de l'ordre constitutionnel peut être de nature contentieuse ou non contentieuse suivant que la sollicitation faite par les saisissants au juge porte sur un litige ou non. Il convient cependant de considérer que la dichotomie protection contentieuse et protection non contentieuse atteste un dépassement de la controverse doctrinale[455] sur la nature du

---

[455] Deux courants doctrinaux se sont opposés sur la nature du contrôle de constitutionnalité :

contrôle de constitutionnalité. La démarche se veut empirique afin de mieux cerner la réalité[456]. Suivant la typologie des saisines, la protection peut être contentieuse (A) ou non contentieuse (B)

A- La protection contentieuse

Le contentieux, étymologiquement est un ensemble de procès se rapportant à un même objet[457].Le terme contentieux rapporté au droit constitutionnel désigne l'ensemble des litiges portant sur une contestation de la constitutionnalité d'actes ou comportements subordonnés à la Constitution ainsi que les procédés et techniques ayant pour objet de résoudre les contestations.[458] Le terme contentieux constitutionnel, est employé lorsque la norme de référence est la Constitution et les normes considérées comme appendices de celle-ci, et chaque fois qu'une autorité de type juridictionnelle est amenée à répondre à une question de droit en se fondant sur ces dites normes. Au premier rang des autorités juridictionnelles on peut citer le Conseil constitutionnel mais on ne peut exclure du contentieux constitutionnel les juridictions judiciaires et les juridictions de l'ordre l'administratif car elles intègrent parfois l'ordre constitutionnel dans leur mission de contrôle. La réflexion doit être axée autour du contentieux constitutionnel des lois (I) et du contentieux constitutionnel des actes administratifs (II).

- Les partisans du caractère contentieux, on peut citer M. WALINE « Elément d'une théorie de la juridiction constitutionnelle en droit positif français », *RDP,* 1928, pp. 441-462.

D. MAUS, « La notion de contentieux sous la Vème République », *RDP*, 1980, p. 80.
Léon DUGUIT, *Traité de droit constitutionnel*, Paris E. de Boccard, 3eme édition, 1928, p. 424.

- Les partisans du caractère non contentieux parmi lesquels on peut citer L. FAVOREU, « Le Conseil constitutionnel régulateur de l'activité normative des pouvoirs publics », *RDP*, 1967, p. 48, note 115.

G. VEDEL, « Excès de pouvoir législatif et excès de pouvoir administratif », *Les Cahiers du Conseil constitutionnel*, 1996, p. 59.

[456]F. LUCHAIRE estime que le juge constitutionnel dans l'accomplissement de ses missions assume parfois une fonction déclaratoire (procédure de délégalisation des textes de forme législative) ou proclamatoire (proclamation des résultats des élections). Mais au final, F. LUCHAIRE considère que ces fonctions aboutissent toutes chacune à une décision, d'où l'impertinence de cette distinction, « Le Conseil constitutionnel est-il une juridiction ? », *op. cit.*, p. 38.

[457]L. PHILIP, « Le contentieux des élections aux assemblées politiques françaises », *op. cit.*, p. 5.

[458] G. DRAGO, *Contentieux constitutionnel français*, Paris, PUF, 1998, p. 13.

I- Le contentieux constitutionnel des lois

D. MAUSS définit le contentieux constitutionnel comme « l'ensemble des litiges qui peuvent naître de l'activité des institutions ainsi que les procédés qui permettent de les résoudre »[459]. Cette définition est trop large car elle couvre l'ensemble des institutions dont les rapports sont organisés par la Constitution et bien que tranchant des litiges ne sont pas dotées de statut de juridiction. Dans une acception plus étroite il s'agit de « l'ensemble des décisions de la juridiction constitutionnelle »[460]. M.J. PINI définit la notion comme « l'ensemble des questions portant sur des questions de constitutionnalité et aux modes de règlement spécifique des litiges, ce dernier élément incluant par extension l'ensemble des voies de recours contentieux ».[461]Le caractère contentieux tient au fait que ce qui est soumis au contrôle heurte la volonté des acteurs de la saisine du juge. La saisine devient en quelque sorte pour les saisissants le meilleur moyen qui puisse jouer suivant la situation qui est la leur, et à cette occasion ils se présentent comme des défenseurs du droit constitutionnel[462]. La protection contentieuse est la forme la plus achevée permettant de déplacer le débat du champ politique pour l'amener sur le terrain juridique. Les moyens invoqués par les requérants sont souvent illustratifs. En effet, dans leurs mémoires, les requérants invoquent des moyens tels *« détournements de procédure », « détournement de pouvoir », « incompétence », « violation du principe constitutionnel d'égalité »* etc. Le plus souvent, pour le cas des actes législatifs la saisine du juge n'est qu'une révélation de l'échec du règlement politique au sein de l'Assemblée nationale. Le propos d'Alain BOCKEL rapporté M. ZAKI est édifiant. En effet, pour Alain BOCKEL, dans le contentieux constitutionnel des lois, « la motivation des requêtes est d'abord d'ordre politique on saisit le juge constitutionnel à la suite d'un désaccord de fond sur un texte, le recours au juge est utilisé non pas tant pour imposer le respect de la Constitution que pour éliminer un texte sur le vote duquel on a été battu »[463]. En réalité, le recours au juge s'analyse

---

[459] D. MAUSS, « La notion de contentieux constitutionnel sous la Vème République », *R.D.P,* 1980, p. 80.

[460] D. TURPIN, *Contentieux constitutionnel*, Paris, PUF, 2e édition, 1994, p. 4.

[461] M. J. PINI, *Recherches, sur le contentieux de constitutionnalité*, Thèse, Aix-Marseille III, 1997, p. 65.

[462] J. ROBERT, « Conseil d'État et Conseil constitutionnel », *RDP*, 1987, p. 1155.

[463] Cité par M. ZAKI, « Le droit d'amendement des députés et le principe de libre administration des collectivités locales : observations sous la décision 4 /C /2001/ du Conseil constitutionnel », *Afrilex,* N° 3, 2003, p. 229.

comme une arme entre les mains des parlementaires pour faire obstruction à un texte qu'on estime contraire à l'ordre constitutionnel. L'identification des requérants dans l'échiquier politique sénégalais dans le domaine du contrôle de constitutionnalité révèle la nature contentieuse. La majeure partie des saisines émane de l'opposition. Le constituant a aménagé à côté de la saisine parlementaire la possibilité pour les citoyens de contester indirectement la constitutionnalité d'une loi entrée en vigueur devant le Conseil constitutionnel à l'occasion d'un procès ordinaire[464]. Cependant, il n'en demeure pas moins que les cas qui se sont produits s'inscrivent dans une perspective conflictuelle. Le caractère contentieux s'acquiert par emprunt. C'est à l'occasion d'une instance contentieuse devant le juge ordinaire que la constitutionnalité de la norme est soulevée.

La nature contentieuse de la protection juridictionnelle de l'ordre constitutionnel se ressent également dans le contrôle de constitutionnalité des actes de l'administration[465].

II- Le contentieux constitutionnel des actes de l'administration

Les actes de l'administration sont un terme générique prenant en considération aussi bien les actes administratifs que les actes pris dans le cadre de la gestion des processus électoraux. Au Sénégal, s'agissant du contentieux des actes administratifs émanant des autorités exécutives nationales, la contestation de leur constitutionnalité par les requérants résulte du fait que ces actes, portent atteinte à l'ordonnancement juridique en vigueur. L'atteinte d'une prérogative constitutionnelle par une autorité administrative entraine le recours au juge afin que cesse l'illégalité[466]. Les autorités administratives doivent respecter les règles constitutionnelles dès lors qu'elles régissent l'organisation et le fonctionnement de l'Administration et il n'y a pas obstacle de principe à ce qu'un acte administratif soit censuré par le juge de l'administration pour cause de non-conformité à l'ordre constitutionnel. Même si les annulations prononcées pour ce

[464] Depuis la réforme de 1992 le Sénégal pratique l'exception d'inconstitutionnalité. Voir E. H. MBODJ, « Les incidence de la réforme judiciaire du 30 mai 1992 sur le contentieux administratif sénégalais », *op. cit,* p. 34.

[465] Voir L. FAVOREU et T. S. RENOUX, *Le contentieux constitutionnel des actes administratifs,* Paris, Sirey, 1992, 206 p.

[466] M. NGAIDE, « Le Conseil d'État du Sénégal et le principe de l'égal accès des citoyens à un emploi public : à propos de l'arrêt du 29 juin 2000, Association Nationale des Handicapés Moteurs du Sénégal contre État du Sénégal (arrêt N°12) », *Afrilex,* N° 3, 2003, pp. 193-222.

motif demeurent peu fréquentes[467], le juge de l'administration est amené à vérifier que les actes pris par les autorités administratives ne violent pas les règles constitutionnelles[468]. La saisine du juge peut être précédée d'un recours administratif facultatif ou obligatoire selon les cas, dans le but d'éviter le contentieux juridictionnel[469]. Seulement, le contentieux se noue lorsque la partie intéressée, non satisfaite de la réponse fournie par l'administration, saisit le juge. Il en résulte des tensions, des problématiques particulières mettant en cause l'administration[470]. Les rapports entre l'administration et les administrés se traduisent par les relations conflictuelles dont la décision du juge a vocation à apaiser. Ainsi, dans sa décision *Conseil de la concurrence*[471], le Conseil constitutionnel français a-t-il conféré une valeur constitutionnelle à la compétence du juge administratif en matière de contentieux de l'excès de pouvoir et de contentieux de la réformation. Une protection constitutionnelle est ainsi reconnue à l'existence d'un ordre juridictionnel administratif distinct de l'ordre judiciaire, chargé de résoudre les litiges relatifs à l'application le cas échéant, des normes constitutionnelles opposant l'administration et les administrés[472].

---

[467] Sur la faiblesse de l'activité contentieuse de la justice administrative de façon générale, voir D. SY, « Justice administrative et droit administratif en Afrique. Un bilan », *Mélanges en l'honneur* de *Jean du Bois de GAUDUSSON, Espaces du service public,* Tome I, *Droits d'ailleurs*, Presses universitaires de Bordeaux, 2013, pp. 663 et s.

[468] M. NGAIDE, « Le Conseil d'État du Sénégal et le principe de l'égal accès des citoyens à un emploi public : à propos de l'arrêt du 29 juin 2000, Association Nationale des Handicapés Moteurs du Sénégal contre État du Sénégal (arrêt N°12) », *op. cit.,* p. 222.

[469] M. NGAIDE, « Le Conseil d'État du Sénégal et le principe de l'égal accès des citoyens à un emploi public : à propos de l'arrêt du 29 juin 2000, Association Nationale des Handicapés Moteurs du Sénégal contre État du Sénégal (arrêt N°12) », *op. cit.*, p. 195.

[470] J. M. BERTON, « Légalité et État de droit : statut et perception du juge de l'administration (contribution à une réflexion transversale), *op. cit.*, p. 87.

[471] Conso. conso., Décision N° 86-224 DC, 23 janvier 1987, Conseil de la concurrence, *Rec. Cons. const.*, 1987, p. 8.

[472] B. PACTEAU, *Le Conseil d'État et la fondation de la justice administrative française au XIXe siècle,* Paris, PUF, 2003.

La protection contentieuse se rencontre également dans la matière électorale[473] et référendaire[474]. En effet dans ces deux matières, la contestation est plus vive en raison de la sensibilité de la matière qui touche l'exercice de la souveraineté nationale et la dévolution démocratique du pouvoir. Au Sénégal, depuis 1978[475], la contestions de la régularité des élections a intégré les mœurs politiques. À chaque élection nationale, le juge constitutionnel sénégalais « passe une épreuve redoutable ». Le plus souvent l'intervention du juge est précédée ou suivie de violences[476], ce qui atteste son caractère véritablement contentieux. Le caractère contentieux de la protection juridictionnelle dans cette matière est mis en exergue par Stéphane BOLLE qui écrit : « Dénoncée non sans virulence, par l'opposition en général et par ces victimes désignées, la législation de guerre électorale sera contestée devant la juridiction constitutionnelle chaque fois qu'une fraction qualifiée de la représentation nationale y aura un intérêt politique »[477]. Certes, les requérants évoquent le plus souvent la violation des dispositions du Code électoral, mais il n'en demeure pas moins que ceux-ci évoquent également la violation de la Constitution pour faire prévaloir leurs prétentions[478]. À titre d'exemple lors de l'élection

[473] F. D. MELEDJE, « De l'impossible service public électoral en Côte d'Ivoire. Le phénomène des crises électorales », *in Mélanges en l'honneur de Jean du Bois de GAUDUSSON, Espaces du service public*, Tome I, *Droits d'ailleurs,* Presses universitaires de Bordeaux, 2013, pp. 455-478 ; C. K. TCHAPNGA, « Droit constitutionnel et conflit politique dans les États francophones d'Afrique noire », PUF/ *Revue Française de Droit Constitutionnel*, 2005/3, N° 63, pp 451-491, pp. 468 et s.

[474] J. P. CAMBY, *Le Conseil constitutionnel juge électoral*, Paris, Sirey, 1996, pp. 197 et s.

[475] Voir E. H. MBODJ, *La succession des chefs d'États africains en droit constitutionnel africain (Analyse juridique et impact politique)*, *op. cit.*, p. 44.

[476] Le Vice-président du Conseil constitutionnel du Sénégal Me Babacar SEYE a été assassiné le 15 mai 1993 lors des législatives de la même année. Voir A. L. COULIBALY, *Le Sénégal. Affaire Me Sèye, un meurtre sur commande,* Paris, L'Harmattan, 2005, 211p. Au Bénin lors de l'élection présidentielle de 1996, les membres de la Cour constitutionnelle ont été menacés de mort et le domicile de l'un d'eux, en l'occurrence Maurice Ahanhanzo GLELE mitraillé. Voir S. BOLLE, « Les juridictions constitutionnelles et les crises électorales », *in Les Cours constitutionnelles et les crises*, 5e congrès de l'A.C.C.P.U. F, Cotonou, 22-28 juin 2009, p. 81.

[477] S. BOLLE, « Les juridictions constitutionnelles et les crises électorales », *op. cit.*, p. 84.

[478] Dans l'arrêt du 13 mars 1978 Abdoulaye WADE c / Election présidentielle du 26 février 1978, la Cour suprême devait donner le sens de l'article 2 de la Constitution du 7 mars 1963 qui posait le secret de vote. Voir E. H. MBODJ, *La succession des*

présidentielle du 25 février 2007, le candidat malheureux Ousmane Tanor DIENG avait contesté la régularité du scrutin. Parmi les moyens soulevés par M. DIENG figurait la violation de l'article 3 de la Constitution. Il estimait qu'il y avait une *« méconnaissance du principe d'égalité devant la loi »* du moment que *« la procédure d'inscription sur les listes électorales n'a pas été ouverte à la même date ni dans le même délai à l'ensemble des citoyens ».* À ce grief, le juge constitutionnel a répondu : *« considérant qu'il résulte de l'instruction qui a été menée que pour des raisons techniques, les inscriptions sur les listes électorales n'ont pas commencé effectivement à la même date mais qu'elles ont eu la même durée pour tous les électeurs ; que le décalage constaté n'est pas cependant constitutif de discrimination ni de rupture du principe d'égalité entre les citoyens ».* Sur ce moyen, de même que sur les autres moyens soulevés par M. DIENG et l'autre requérant, M. Abdoulaye BATHILY, le juge n'a pas vu d'irrégularités de nature à entacher le scrutin, et par suite a déclaré Abdoulaye Wade *« élu dès le premier tour Président de la République du Sénégal »* avec 1. 914. 403 voix soit 55, 90 % des suffrages valablement exprimés[479]. Le caractère contentieux de la protection peut se révéler aussi dans le domaine électoral au moment de l'examen de la validité des candidatures à l'élection à l'aune de l'ordre constitutionnel. Ainsi, en cette matière, les niveaux de contestation peuvent selon les cas avoir des implications relatives à des normes électorales, à l'action administrative, à des opérations relatives au statut ou au comportement de la personne[480]. En effet, la constitutionnalité d'une candidature peut être contestée par une personne qui a fait acte de candidature[481].

La matière référendaire moins développée qu'elle soit au Sénégal a offert elle aussi un élan contentieux de la protection. La contestation a eu lieu en amont et en aval du processus référendaire. D'abord la régularité

---

chefs d'États africains en droit constitutionnel africain (Analyse juridique et impact politique), op. cit., p. 44, note 131.

479 I. M. FALL (dir.), *Les décisions et avis du Conseil constitutionnel du Sénégal. Rassemblés et commentés, op. cit.*, pp. 513-517.

480 M. DIAKHATE, *L'émergence du droit électoral dans les États d'Afrique subsaharienne francophone. Les cas du Bénin, du Mali et du Sénégal, op. cit.*, p. 307.

481 Lors de l'élection présidentielle de 2012, la liste définitive des candidats fut arrêtée par la juridiction constitutionnelle suite aux recours introduits par l'opposition contre la candidature du Président Wade et par le Président WADE lui-même contre certaines candidatures de l'opposition, le 29 janvier 2012. Voir la décision du Conseil constitutionnel du 29 janvier 2012, *Le Quotidien,* N° 2711 du Mercredi 1er février 2012 p. 10.

de la procédure a été contestée devant le juge de l'administration[482], avant de l'être devant le Conseil constitutionnel[483]. Ce dernier, juge du référendum, avant de prononcer les résultats, a procédé à des annulations et à des rectifications des résultats[484].

Au demeurant, même si la dimension contentieuse de la protection juridictionnelle de l'ordre constitutionnel constitue la matière qui se prête le plus à la réflexion, le traitement de celle-ci sous l'angle non contentieux est d'un intérêt indéniable.

A- La protection non contentieuse

Deux cas de figure se présentent : d'abord, les cas où le juge fait office de juridiction consultative, mais n'en demeure pas moins toujours un juge de la constitutionnalité (II). Ensuite, ceux dans lesquelles il effectue un véritable contrôle de constitutionnalité mais à l'absence d'un conflit. Seulement, il devient un législateur positif (I).

I- La protection non contentieuse dans le contrôle de constitutionnalité

Deux champs nous ont servi de support pour l'hypothèse envisagée. Le contrôle obligatoire et automatique et le contrôle facultatif. Même si cette distinction établie par certains[485] n'est pas aussi tranchée et est d'ailleurs relativisée par d'autres[486], elle demeure pertinente pour démontrer la protection juridictionnelle non contentieuse de l'ordre constitutionnel. La saisine obligatoire du juge constitutionnel dans le domaine du contrôle de constitutionnalité était limitée dans la Constitution 22 janvier 2001 au Règlement de l'Assemblée parlementaire[487]

---

[482] Le juge de l'excès de pouvoir, saisi aux fins de se prononcer sur la constitutionnalité de la décision du Président de la République de recourir au référendum que les requérants considéraient comme un acte administratif, s'est réfugié derrière la notion « *acte de gouvernement* » pour ne pas examiner la question. Voir C.E, arrêt N° 1/2000 du 4 janvier 2001.

[483] I. M. FALL (dir.), *Les décisions et avis du Conseil constitutionnel. Rassemblés et commentés, op. cit.,* p. 401, obs. A. DIEYE.

[484] I. M. FALL (dir.), *Les décisions et avis du Conseil constitutionnel. Rassemblés et commentés, op. cit., op. cit.,* p. 405, obs. P.M.SY

[485] J. DE SOTO, « Loi et règlement dans la Constitution du 4 octobre 1958 », *RDP,* 1959, p. 275.

[486] L. FAVOERU et L. PHILIP, *Les grandes décisions du Conseil constitutionnel, op. cit.,* p. 188.

[487] En cette matière, la saisine du Président de la République est autonome par rapport à celle des parlementaires qui peuvent déclencher la procédure de saisine du Conseil constitutionnel indépendamment de celle effectuée par le Président de la République

et seulement aux lois organiques depuis l'adoption de la loi constitutionnelle N° 2016-10 du 05 avril 2016 qui a supprimé le contrôle obligatoire du règlement intérieur de l'Assemblée nationale. D'ailleurs l'article 1er de la loi organique du 14 juillet 2016 relative au Conseil constitutionnel n'a pas repris ce chef de compétence du Conseil constitutionnel[488]. Cette solution du législateur organique peut se comprendre aisément. En effet, la loi constitutionnelle N° 2016-10 du 05 avril 2016 a mis un terme au débat sur la nature juridique du règlement intérieur de l'Assemblée nationale en prévoyant à son article 62 (nouveau) que ledit règlement est institué par une loi organique[489] qui, aux termes de l'article 78 de la Constitution est dès lors soumis au contrôle obligatoire de constitutionnalité[490].

Le contrôle obligatoire du Règlement des Assemblées parlementaires remonte en 1998.[491] L'article 62 al 2 de la Constitution dispose : « les règlements intérieurs des Assemblées ne peuvent être promulgués que si le Conseil constitutionnel obligatoirement saisi par le Président de la République ne les a déclarés conformes à la Constitution ». Sous la constitution du 7 mars 1963, en plus des Règlements des Assemblées parlementaires, la saisine obligatoire s'étendait aux lois organiques. Dans la pratique, le Conseil constitutionnel a eu à examiner la constitutionnalité du *Règlement intérieur du Sénat* en 1999. Dans sa décision du 25 février 1999 le juge a déclaré non conforme à la Constitution l'article 4 dudit Règlement et a invité le législateur à y apporter des corrections[492].

La justification du contrôle obligatoire des Règlements intérieurs des Assemblées parlementaires peut être recherchée dans le propos du Président De GAULLE rapporté par M. ZAKI. Pour De GAULLE ce contrôle vise « à ce que ne soit pas altéré peu à peu et en détail la réforme capitale du système représentatif (...) C'est pourquoi », poursuit-il, « j'invite le gouvernement à saisir le Conseil constitutionnel

Cf. Cons. const., Affaire relative à la loi N° 13-2015 modifiant le règlement intérieur de l'Assemblée nationale, *Walfadjri* 08 août 2015.

488 P. A. TOURE, *La réforme de l'organisation judiciaire du Sénégal. Commentée et annotée, op. cit.*, p. 179.

489 *Ibid.*

490 Décision n°2/C/2019 du 23 octobre 2019, Loi organique portant Règlement intérieur de l'Assemblée nationale

491 Article 51 de la loi constitutionnelle N° 98-11 du 2 mars 1998.

492 I. M. FALL (dir.), *Les décisions et avis du Conseil constitutionnel. Rassemblés et commentés*, *op. cit.*, p 335, obs. P.M. SY.

des règlements que tentent de se donner les chambres et qui excèdent leurs attributions »[493]. En ce qui concerne le contrôle obligatoire des lois organiques des cas d'application sont nombreux au Sénégal sous la Constitution du 7 mars 1963[494].Une situation qui s'explique par le fait que les lois organiques sont de par leur objet le prolongement de la Constitution. Ce sont des normes prises par le législateur organique sur invitation du pouvoir constituant. C'est pourquoi, l'omission du contrôle obligatoire des lois organiques, faite par le constituant de 2001, pouvait entrainer un ébranlement du dispositif constitutionnel si les autorités investies du pouvoir de saisine facultative de la juridiction constitutionnelle ne s'investissaient pas dans le contrôle de constitutionnalité de cette catégorie de norme juridique. Devant cette lacune, la loi constitutionnelle n° 2016-10 du 05 avril 2016[495] a procédé à la réintroduction du principe du contrôle obligatoire des lois organiques par leur soumission au Conseil constitutionnel pour contrôle de constitutionnalité avant leur promulgation. Le contrôle obligatoire et automatique signifie que la saisine du juge n'est pas un droit de son auteur. Il doit l'exercer indépendamment de sa volonté et à l'absence de toute contestation. L'exercice de cette obligation fait partie des attributs qui légitiment son existence constitutionnelle. C'est en cela qu'il n'a pas besoin d'être déclenché par un différend. Toutefois, le problème de la détermination du champ de compétence de la norme dont le contrôle de constitutionnalité est obligatoire et automatique peut se poser. En effet, le législateur peut éprouver la tentation de procéder à un détournement de pouvoir en faisant figurer certaines dispositions de la norme à contrôle automatique et obligatoire dans d'autres qui n'ont pas ce caractère. Dans ce cas, il appartient à l'auteur de la saisine à travers celle-ci de fixer le véritable domaine de la norme soumise au contrôle, mais également au juge de corriger l'hérésie juridique. Le Conseil constitutionnel français interpellé sur la question de savoir si une disposition extrabudgétaire non spécifique[496] relevant en principe du

---

[493] M. ZAKI, « Le droit d'amendement des députés et le principe de libre administration des collectivités locales : observations sous la décision 4 /C /2001/ du Conseil constitutionnel », *op. cit.*, p. 229.

[494] Cons. const., 9 octobre 1998, Adaptation de la loi organique de 1975 relative aux lois de finances au bicaméralisme, *in* I. M. FALL (dir.), *Les décisions et avis du Conseil constitutionnel. Rassemblés et commentés*, *op. cit.*, p. 289, obs. A. NDIAYE.

[495] JORS, N° 6926 du jeudi 07 avril 2016, p. 505.

[496] Ces dispositions sont prévues par les articles 2 et 3 de la loi organique du 15 octobre 2001 relative aux lois de finances.

domaine de la loi ordinaire, insérée dans une loi de finances de l'année qui est une loi organique peut être modifiée par une loi ordinaire a répondu par l'affirmative. Le juge constitutionnel français a estimé que la modification par une loi de finances rectificative n'est obligatoire que si la disposition spécifique régit une matière qui relève du domaine de la loi de finances[497]. Aussi, toute modification de la norme soumise au contrôle de constitutionnalité obligatoire devra-t-elle respecter le parallélisme des procédures, en faisant l'objet d'un contrôle de constitutionnalité par la juridiction constitutionnelle. Le Conseil constitutionnel dans sa décision du 25 février 1999 a examiné la constitutionnalité de la loi modifiant les articles 52 et 70 du Règlement intérieur de l'Assemblée nationale voté le 15 mars 1999 et a conclu à la constitutionnalité de ladite loi[498]. Il en est de même dans sa décision du 5 mai 1999.[499] Tout de même, le Conseil constitutionnel a été saisi, par le Président de la République par la lettre N°01445 du 4 mars 2009 aux fins contrôler la constitutionnalité des modifications apportées au Règlement intérieur du Sénat en vertu des dispositions de l'article 1er de la loi organique sur le Conseil constitutionnel et de l'article 61 al 2 de la Constitution selon lesquelles « le Règlement intérieur de l'Assemblée nationale ne peuvent être promulgué si le Conseil constitutionnel, obligatoirement saisi par le Président de la République, ne l'a déclaré conforme à la Constitution ». Le juge constitutionnel sénégalais, après les vérifications d'usage relatives à la forme et au fond du texte a conclu que *« sont conformes à la Constitution les articles 2, 3, 20, 35, 41, 52, 85, 106, 108 et 109 du Règlement intérieur du Sénat »*[500].

L'article 2 prévoit des dispositions en matières fiscale en ces termes : « les lois de finances peuvent également contenir toutes les dispositions relatives à l'assiette, aux taux, aux modalités de recouvrement des impositions de toute nature ».
L'article 3 est relatif à la création et transformation d'emplois dans la fonction publique. Le texte prévoit : « la création et les transformations d'emplois ne peuvent résulter que des dispositions prévues par une loi de finances. Toutefois, les transformations d'emplois peuvent être opérées par décret pris en Conseil des ministres après avis de la Cour suprême (c'est nous qui adaptons) ». Voir I. DIALLO, « Pour une appréciation concrète des pouvoirs du parlement sénégalais en matière budgétaire », *Afrilex,* 2013, p. 11.

[497] Cons. const., 19 décembre 1983, *RJC,* p. 166.

[498] I. M. FALL (dir.), *Les décisions et avis du Conseil constitutionnel. Rassemblés et commentés, op. cit.,* p. 339, obs. P.M. SY.

[499] I. M. FALL (dir.), *Les décisions et avis du Conseil constitutionnel. Rassemblés et commentés, op. cit.,* p. 341, obs. A. NDIAYE.

[500] Cons. const., Séance du 24 mars 2009, Affaire N°1 /C/2009.

Le contrôle de constitutionnalité des traités internationaux révèle une protection juridictionnelle de l'ordre constitutionnel de nature non contentieuse. Garant de l'indépendance nationale et gardien des institutions, le chef de l'État, Président de la République, participe activement aux relations internationales. Il « négocie des engagements internationaux »[501]. Pour cette catégorie de normes juridiques, le Président de la République est l'interlocuteur privilégié du juge de la constitutionnalité. Le caractère non contentieux de la procédure de contrôle de constitutionnalité résulte des conditions de saisine du juge. Celle-ci ne conteste pas la constitutionnalité du traité, elle demande tout simplement au juge de faire une délibération sur la compatibilité du traité avec l'ordre constitutionnel. Le Président de la République, en saisissant le juge, lui demande tout simplement d'indiquer les dispositions sur lesquelles une révision de la Constitution est nécessaire pour l'entrée en vigueur du traité. Le recours du Président de la République devant le juge permet d'aplanir les divergences naissantes et de neutraliser le débat parlementaire projeté lors du vote de la loi de ratification le cas échéant[502]. De l'intervention du juge constitutionnel, il y va de l'intérêt même du Président de la République, qui, en tant que négociateur ou déléguant du pouvoir de négociation, sera la cible des critiques de constitutionnalité. L'anticipation du contrôle de constitutionnalité à l'initiative du Président de la République prive d'intérêt le débat parlementaire sur la compatibilité de la norme internationale avec l'ordre constitutionnel. Le caractère non contentieux du contrôle de constitutionnalité de la norme internationale sur saisine du Président de la République se ressent à l'analyse des effets de la décision du juge. La norme contrôlée n'est pas censurée, le juge peut, tout au plus, guider le pouvoir constituant en indiquant les modifications à apporter au texte constitutionnel s'il constate une contrariété du traité avec l'ordre constitutionnel[503]. Le Conseil constitutionnel, dans sa décision du 16

---

[501] Article 95 al. 1 de la Constitution du 22 janvier 2001

[502] L'article 95 al. 2 dispose : « Il (le Président de la République) ratifie ou approuve les (engagements internationaux) sur autorisation du Parlement ». Certains accords internationaux ne nécessitent pas l'instrument juridique de ratification pour entrer vigueur. Ils le sont dès leur signature, ce qui permet de contourner les blocages éventuels des parlementaires hostiles à la politique internationale du Président de la République. De tels accords internationaux sont dits accords en forme simplifiée. Toutefois, l'article 96 de la Constitution énumère une panoplie de traités pour lesquels l'autorisation parlementaire ou populaire est obligatoire.

[503]Une telle hypothèse peut se déduire des dispositions l'article 97 de la Constitution du 22 janvier 2001 qui prévoit que « si le Conseil constitutionnel a déclaré qu'un

décembre 1993 relative au traité de l'OHADA précitée, a vérifié la compatibilité dudit traité avec l'ordre constitutionnel sur saisine du Président de la République conformément à l'article 78 de la Constitution du 7 mars1963[504]. Le juge devait vérifier la compatibilité des articles 14 à 16 du traité qui donnent désormais compétence à une Cour commune de Justice et d'Arbitrage pour juger des différends qui surgissent entre les États à l'occasion de l'application et de l'interprétation du traité avec la Constitution. De même, le traité donne compétence à ladite Cour de connaître en cassation les décisions rendues par les juridictions d'Appel nationales des États parties dans l'application et l'interprétation des actes uniformes prévus par le traité. Le juge dans sa décision a estimé qu'aucune disposition du traité n'est en contrariété avec l'ordre constitutionnel sénégalais. Le juge a été donc saisi par le Président de la République à l'absence d'un différend. Toutefois, l'implication du Président dans la procédure de conclusion du traité le conduit logiquement à demander au juge de se prononcer sur la compatibilité de ses dispositions avec l'ordre constitutionnel, fondement de l'ordre juridique sénégalais. L'intervention du juge s'analyse comme une opération de régularisation de la procédure d'insertion du traité dans l'ordre juridique sénégalais.

La procédure de délégalisation des textes de forme législatif offre un autre cas de protection non contentieuse. La délimitation constitutionnelle des compétences entre l'exécutif et le législatif autorise le Président de la République et le Premier ministre à demander au juge le déclassement d'une disposition ou des dispositions d'une loi qui ne rentrent pas dans le domaine législatif tel que défini par la Constitution[505]. Cette faculté exclusive du pouvoir exécutif vise à maintenir la cohérence de l'ordre juridique. La mise en œuvre de cette procédure ne résulte pas d'une contestation, d'une opposition de volontés, mais d'un souci d'harmoniser la législation. Dans la jurisprudence française, le champ d'application de cette procédure que l'on présente comme une consultation[506] est bien délimité. Ainsi, elle s'applique aux lois organiques et ordinaires qui

---

engagement international comporte une clause contraire à la Constitution, l'autorisation de la ratifier ou de l'approuver ne peut intervenir qu'après une révision de la Constitution ».

[504] I. M. FALL (dir.), *Les décisions et avis du Conseil constitutionnel. Rassemblés et commentés, op. cit.*, p. 97, obs. A. SALL.

[505] Article 76 al 2 de la Constitution du 22 janvier 2001.

[506] Y. GAUDEMET et autres, *Les grands avis du Conseil d'État, op. cit.*, p. 24.

n'ont pas fait l'objet d'une vérification de la compétence législative[507], aux ordonnances[508], aux décrets réglementaires validés par une loi[509]. En revanche, les lois référendaires ne peuvent être soumises à cette procédure[510]. Ainsi, l'ancienne Cour suprême, en sa séance du 9 février 1965 statuant en matière constitutionnelle a jugé que l'article 144 du Code du travail notamment ses alinéas 2, 3, 4,5, 6 ne constituant pas des principes fondamentaux, relèvent du domaine réglementaire[511]. Cette juridiction a eu à connaître de nombreux cas de délégalisation[512]. La refonte ou l'établissement d'une nouvelle législation peuvent guider la mise en œuvre de la procédure[513]. Le caractère non contentieux de la procédure est suffisamment mis en exergue par Jan PASCAL qui écrit : « Cette voie de recours épargne (...) au chef du gouvernement une bataille parlementaire qu'il n'a pas voulue en s'abstenant d'user du moyen préventif de l'article 41 de la Constitution »[514].

L'office de juridiction gracieuse dans la protection juridictionnelle de l'ordre constitutionnel se ressent le plus à l'analyse de fonction consultative du juge, le juge devient un coauteur du texte juridique au sens positif.

II- La fonction de législateur positif du juge

Par la fonction consultative le juge apparaît comme un coauteur du texte. C'est un attribut constitutionnel du juge qui traduit à certains égards la tradition bonapartiste selon laquelle le Parlement n'épuise pas toute légitimité de la fonction étatique[515]. Elle permet également de rappeler au législateur que son action doit respecter la légalité constitutionnelle sous peine d'être censurée au contentieux[516]. L'étude

---

[507] Cf. T. S. RENOUX et M. de VILLIERS, *Le code constitutionnel commenté et annoté,* Litec, 1995, p. 369.

[508] C E Ass., 13 juillet 1962, Conseil national de l'ordre des médecins, *Lebon*, p. 479 ; *RDP*, 1962, p. 739, concl. G. BRAIBANT.

[509] Cons. const., 24 juillet 1985, Décision N° 85-140 L, *Rec. Cons. const.,* p. 113 ; *RDP,* 1986, p. 395, note L. FAVOREU ; *RFDA*, 1986, p. 831, note B. MATHIEU.

[510] Y. GAUDEMET et autres, *Les grands avis du Conseil d'État, op. cit.,* p. 24.

[511] J. M. NZOUANKEU*, La Constitution sénégalaise commentée, op. cit.,* p. 106.

[512] J. M. NZOUANKEU, *ibid*., p. 106.

[513] Cons. const., Décision N° 73-80 L, du 8 novembre 1973, *RJC* II, p. 60.

[514] P. JAN, *La saisine du Conseil constitutionnel, op. cit.*, p. 206.

[515] N. FOULQUIER, « Le Conseil d'État et l'antiparlementarisme », *Droit* N° 44, *La Ve République : des institutions libres ?,* Paris, PUF, 2007, p. 61.

[516] Le Conseil constitutionnel français a eu à sanctionner des cas de détournement de procédure en censurant des amendements introduits dans des lois par le gouvernement sans son avis alors que ledit avis aurait dû être recueilli. Cons. const., 23 avril 2003

de la protection juridictionnelle de l'ordre constitutionnel dans sa seule dimension contentieuse est réductrice de la fonction de garant de l'ordre constitutionnel du juge. En effet, la fonction consultative permet d'éviter qu'un contentieux se noue[517].

La fonction consultative du Conseil constitutionnel est prévue par les articles 51 et 92 de la Constitution. Elle est mise en œuvre à l'occasion de l'édiction des normes juridiques et pendant l'exercice de certaines prérogatives régaliennes du Président de la République.

Saisi par le Président de la République, en application de l'article 92 de la Constitution, le Conseil constitutionnel a décidé que par la décision n°1/C/2024 du 15 février 2024, il a jugé que la date de l'élection du président de la République ne peut être reportée au-delà de la durée du mandat qui arrive à terme le 2 avril 2024 et a invité les autorités compétentes à fixer la date dans les meilleurs délais et que l'expression « meilleurs délais » renvoie nécessairement à une date pouvant permettre la tenue de l'élection avant la fin du mandat, conformément au considérant 14 de la décision précitée[518].

L'article 46 de la Constitution de 1963 modifiée prévoyait la consultation du Conseil constitutionnel par le Président de la République avant qu'il ne soumette un projet de loi au référendum. C'est sur le fondement de cette disposition que Président de la République, Abdoulaye WADE, nouvellement élu, avait saisi le Conseil constitutionnel par une lettre du 13 novembre 2000 pour avis en vue de soumettre un projet de loi portant Constitution au référendum. Le juge dans son avis[519] après avoir rappelé les termes de l'article 46, fait remarquer que *« la législation sénégalaise ne contient aucune disposition constitutionnelle ou légale fixant les modalités d'organisation du référendum ».* Le Conseil estime qu'il revient au Président de la République d'en fixer les règles et conclut qu'il *« est d'avis qu'en l'absence de dispositions législatives, le Président de la République peut prendre toute mesure*

N° 2003-468DC La loi relative à l'élection des conseillers régionaux, *AJDA*, 2003, p. 948,note G. DRAGO ; M. T. VIEL, « Le refus d'ériger le Conseil d'État en co-auteur des projets de loi », note sous Cons. const., 3 avril 2003, *AJDA,* 2003, p. 1625.

[517] I.M.FALL (dir.), *Les décisions et avis du Conseil constitutionnel du Sénégal, Rassemblés et commentés, op. cit.*, 565 p.

[518] Cons. const., Décision n°5/E/2024 du 6 mars 2024.

[519] Cons. const., 16 novembre 2000, *in* I. M. FALL (dir.), *Les décisions et avis du Conseil constitutionnel du Sénégal. Rassemblés et commentés, op. cit.,* p. 393 ; Cons. const., 9 novembre 2000, *in* I. M. FALL (dir.), *Les décisions et avis du Conseil constitutionnel du Sénégal. Rassemblés et commentés, op. cit.,*p. 389, obs. A. GUEYE.

réglementaire relative au référendum ». Le laconisme de l'avis du juge est bien mis en exergue par Alioune SALL[520] dans son commentaire. A aucun point, l'avis n'est d'une clarté qui peut indiquer aux lecteurs son objet. Une question de droit a été posée au juge, celle de savoir si la Constitution projetée pouvait être adoptée par la voie référendaire prévue par l'article 46 ? Vraisemblablement, une question de procédure a été posée au juge. Le juge, contre toute attente se prononce sur d'autres questions au lieu d'aiguillonner le Président de la République sur la voie à suivre pour l'adoption du projet de Constitution.

Toutefois, le Conseil constitutionnel, dans son avis du 9 octobre 2001, *Conséquences de la suppression du contrôle obligatoire des lois organiques*[521], a indiqué au Président de la République qu'il n'est pas son conseiller dans le domaine normatif autre celui du référendum. Saisi par le Président de la République par une lettre N° 6560 du 2 octobre 2001 pour avis sur la loi organique relative aux lois de finances, le Conseil précise que « *ni la Constitution ni la loi organique 92-23 du 30 mai 1992 ne confère une telle compétence consultative au Conseil constitutionnel ».* Cet avis met en exergue la séparation fonctionnelle et organique entre les juridictions supérieures introduite par la réforme de 1992[522]. Avec la réforme de l'organisation judiciaire de 1992, le Conseil constitutionnel exerce, entre autres attributions, le contrôle de constitutionnalité des lois et le Conseil d'État devient juge de l'excès de pouvoir des autorités administratives. Cette compétence du Conseil d'État sera dévolue à la Cour suprême par la réforme de 2008[523]. Dans sa décision du 7 septembre 2005, *Incompétence du Conseil pour donner un avis sur la prorogation du mandat des députés*[524]le juge a rappelé son incompétence à donner un avis dans un domaine autre que la matière référendaire. Dans cette décision, le juge considère *« que le Conseil constitutionnel ne peut être saisi par le Président de la République pour avis que lorsqu'en vertu de l'article 51 de la Constitution, il décide de soumettre tout projet de loi constitutionnelle ou sur proposition du*

[520] Obs., *in* I. M. FALL (dir.), *Les décisions et avis du Conseil constitutionnel du Sénégal. Rassemblés et commentés, op. cit.*, pp. 397-399.
[521] I. M. FALL (dir.), *Les décisions et avis du Conseil constitutionnel du Sénégal. Rassemblés et commentés, op. cit.*, p. 449.
[522] *JORS,* N° 5469 du 1er juin 1992, p. 33.
[523] *JORS,* N° 6420 du 8 août 2008, p. 755.
[524] I. M. FALL (dir.), *Les décisions et avis du Conseil constitutionnel du Sénégal, Rassemblés et commentés, op. cit.,* p. 489.

Premier ministre tout projet de loi au référendum »[525]. Cette position du juge montre que la matière consultative est partagée entre la Cour suprême et le Conseil constitutionnel qui a une compétence d'attribution. Il joue le rôle de prévention des atteintes à l'ordre constitutionnel dans l'exercice par le Président de la République de ses prérogatives régaliennes[526].

L'ancienne Cour suprême, qui fut juge de la constitutionnalité et l'excès de pouvoir et qui exerçait en même temps la fonction consultative, était-elle invitée à se prononcer par voie d'avis sur la constitutionnalité du projet de loi portant sur le domaine national. La Cour devrait vérifier la conformité de l'article 1er de la loi avec l'article 12 de la Constitution de 1960 qui garantissait « la propriété individuelle et collective ». Dans sa réponse, le juge a émis un avis défavorable en estimant que ladite loi ne respectait pas les dispositions de l'article 12 de la Constitution[527].

La fonction consultative offre au juge l'occasion de se livrer à des exercices d'élucidation sans être lié par les limites d'une saisine, celle-ci « se prête à des digressions dissertatives et aux incises qui closent les controverses »[528]. La fonction consultative prévient le contentieux constitutionnel. Toutefois, en dehors de cette classification, une autre peut être faite, celle est fondée sur le caractère stratégique de la protection juridictionnelle de l'ordre constitutionnel.

Paragraphe II : Le caractère stratégique de la protection

La mise en place d'un système de justice constitutionnelle résulte d'un choix[529]. Ainsi, pour certains membres de la doctrine, l'institutionnalisation d'une juridiction constitutionnelle résulte d'une stratégie assurantielle visant à préserver leurs intérêts des acteurs politiques[530].

---

525 I. M. FALL (dir.), *ibid.*, p. 489.

526 En plus du recours au référendum, on peut citer l'obligation de faire constater par le Conseil constitutionnel « le cas de force majeure » pour le report des élections en cas de dissolution de l'Assemblée nationale (l'article 52 de la Constitution.)

527 B. S. NGOM, *L'arbitrage d'une démocratie en Afrique : la Cour suprême du Sénégal, op. cit.*, p. 90.

528 A. SALL, *La justice de l'intégration. Réflexions sur les institutions judicaires de la CEDEAO et de l'UEMOA,* Dakar, Editions CREDILA, 2011, p. 40.

529 G. TUSSEAU, « Un oublié du constitutionnalisme contemporain : le contrôle politique de constitutionnalité », *op. cit.*, p. 713.

530 T. GINSBURG, *Judicial Review in News Démocracies. Constitutionnal Courts In Asian Cases,* Cambridge, New York, Cambridge University Press, 2003, xi + 295 p.; R. HIRSCHI, *Towards Juristocracy. The Origins and consequences of the new*

À l'évidence, l'exploitation des procédures mises à la disposition des acteurs de la protection amène à penser que la saisine du juge peut être guidée par des considérations d'ordre stratégique[531]. Elle s'apparente alors à un jeu d'échecs. Le déplacement des joueurs sur l'échiquier permet de gêner l'adversaire et de le cantonner dans un domaine[532]. La saisine du juge à certains égards renvoie à une telle image. Selon les intérêts en jeu, et le moment choisi, son déploiement peut se faire à dessein préventif (A) ou défensif (B).

A- La protection préventive

Le caractère préventif de la protection résulte du fait que l'acte juridique entaché d'inconstitutionnalité n'est pas entré en vigueur et n'a pas entrainé une altération de l'ordre constitutionnel. Si le règlement ne peut être contesté qu'à partir de son opposabilité[533], donc après sa mise en vigueur, le recours en inconstitutionnalité obligatoire ou facultatif, de la loi peut faire intervenir le juge avant sa promulgation et empêcher ainsi la violation de l'ordre constitutionnel. Dans le domaine du contrôle de constitutionnalité des lois, le précontentieux qui se développe au sein

---

constitutionalism, Cambridge, Mass., London, Harvard University Press, 2007, 286 p cité par G. TUSSEAU, « Un oublié du constitutionnalisme contemporain : le contrôle politique de constitutionnalité », *op. cit.*, p. 714.

[531] La saisine du Conseil constitutionnel poursuit souvent un but politique. Il n'est pas rare de voir présenter au Conseil constitutionnel des arguments que l'on pourrait qualifier de « suicidaires » car il est souvent probable que les auteurs de tels arguments auront à subir les conséquences de la jurisprudence ainsi suggérée quand ils viendront ou reviendront au pouvoir. Les potentialités politiques futures que peut receler une argumentation juridique sont purement et simplement ainsi « zappées » par les responsables de l'opposition parlementaire.

[532] J. MEUNIER « Les décisions du Conseil constitutionnel et le jeu politique », *Pouvoirs*, N° 105, 2003, pp. 29-40.

[533] Dans l'arrêt Huglo, le caractère exécutoire des décisions administratives a été élevé au rang de « règle fondamentale du droit public », CE, 2 juillet. 1982, Huglo, *Rec. CE*, 1982, p. 257 ; *AJDA,* 1982, p. 657, concl. Biancarelli, note Lukaszewicz. Dans une optique qui privilégie l'argument fonctionnel, il a été soutenu que l'autorité d'une décision provient de la fonction exercée par son auteur : garantie de la continuité de la vie publique et du respect de l'ordre public. La prérogative d'exécution est ici justifiée par les missions qui incombent à l'autorité administrative. Sur le plan juridique, l'obligation de se conformer à un acte réglementaire trouve un fondement constitutionnel avec l'article 7 de la Déclaration des Droits de l'Homme et du Citoyen de 1789 qui dispose que « tout citoyen appelé ou saisi en vertu de la loi, doit obéir à l'instant ; il se rend coupable par la résistance ». Voir J.M. FEVRIER, « Sur les fondements de l'autorité des décisions exécutoires », *R. R. J*, 1999, p. 876.

de l'hémicycle[534] démontre suffisamment que la saisine du juge en cas d'échec de ce précontentieux joue un rôle préventif. Cette gestion du précontentieux se retrouve aussi, dans une certaine mesure, dans le contentieux de la légalité des actes administratifs. L'exercice par le juge des pouvoirs consultatifs qui lui sont conférés dans le processus d'élaboration des textes règlementaires lui permet de prévenir les contentieux pouvant naître de l'acte administratif formellement adopté. Dans ces situations, le juge s'érige en acteur préventif de l'inconstitutionnalité de l'acte juridique législatif ou administratif, son office s'exerçant avant l'entrée en vigueur de la norme soumise à son contrôle juridictionnel. Le Président de la République, gardien de la Constitution[535] assure par la saisine du juge constitutionnel une protection préventive de la violation de l'ordre constitutionnel par les lois et les engagements internationaux. La Constitution donne au Président de la République la prérogative de déférer devant le Conseil constitutionnel une loi ou un engagement international qu'il estimerait contraire à la Constitution. L'intérêt à agir du Président de la République peut être rattaché même à l'ordre constitutionnel qui fait de lui le gardien de la Constitution[536]. À titre préventif, au cours de la procédure législative, le Premier ministre ou Président de la République peut opposer l'irrecevabilité à une proposition de loi ou un amendement s'ils estiment que le texte sort du domaine réservé à la loi par la Constitution[537]. Après discussion au sein du Parlement et si le gouvernement persiste dans sa position, le président de la chambre suspend la procédure et saisit le Conseil constitutionnel qui se prononce dans les huit jours sur la nature juridique du texte conformément aux dispositions constitutionnelles[538]. La matière financière présente en contentieux constitutionnel sénégalais un cas particulier de contrôle préventif de constitutionnalité. Dans ce domaine, le juge resserre l'étau du contrôle[539]. De même, après l'adoption de la loi, le Président de la République ou un dixième des députés peut saisir le juge aux fins de contrôle de constitutionnalité de

---

[534] G. DRAGO, *Contentieux constitutionnel français*, *op. cit.*, pp. 273 et s.
[535] Article 42 de la Constitution sénégalaise ; article 5 de la Constitution française.
[536] F. LUCHAIRE et G. CONAC (dir.), *La Constitution de la République française,* Paris, 2e éd., Economica, 1986, p. 238.
[537] Article 83 al. 1 de la Constitution du 22 janvier 2001 ; article 60 al. 7 du Règlement intérieur de l'Assemblée nationale.
[538] Article 83 al. 2 de la Constitution du 22 janvier 2001 ; article 60 al. 8 du Règlement intérieur de l'Assemblée nationale.
[539] L. PHILIP, « Les saisines financières du printemps de 1978 », *RDP,* 1979, p. 481.

la loi. Toutefois, le juge constitutionnel français a estimé que pour ce cas de figure, la contestation doit porter sur des questions de constitutionnalité de fond et non de procédure[540]. Le caractère préventif de la protection juridictionnelle de l'ordre constitutionnel, résulte du fait que l'intervention juge intègre le processus d'élaboration de la norme contrôlée. Le contrôle préventif vise à assainir l'ordre juridique à l'aune des exigences de l'ordre constitutionnel. Il ne se déploie pas dans l'intérêt d'un individu ou groupe d'individus quelconque, mais dans l'intérêt général de protection de l'ordre constitutionnel dont le juge est le garant.

Cependant, la protection juridictionnelle de l'ordre constitutionnel peut revêtir une autre nature, elle peut être défensive.

B- La protection défensive

Dans cette hypothèse, l'exploitation de la saisine du juge se fait au profit de son auteur. Au cours d'un procès, le plaideur peut soulever l'exception d'inconstitutionnalité d'une loi ou l'exception d'illégalité d'un acte administratif, s'il estime que la norme qui sert de support au litige est contraire à l'ordre constitutionnel. Dans tous les cas, la protection de l'ordre constitutionnel se fait à titre défensif, dans un procès qui fait son cours devant le juge. A titre illustratif, dans l'*affaire Karim Meïssa Wade*, c'est au cours d'un procès pénal que le juge constitutionnel devait vérifier incidemment la constitutionnalité des lois qui constituent la base juridique des poursuites du prévenu, ce dernier ayant expié l'exception d'inconstitutionnalité comme un moyen de défense[541]. Par nature, le traitement de la question de constitutionnalité de la norme porte, davantage sur des questions de fond que sur des questions de procédure. L'exclusion des questions de procédure et de compétence dans la protection défensive résulte du fait que celles-ci sont présumées traitées par le juge à titre préventif et sur saisine des autorités politiques plus à même à les faire respecter. Dans ce sens, le Conseil constitutionnel français, dans sa décision N°2010-5 QPC du 18 juin 2010 concernant la matière fiscale, pour laquelle la répartition entre le domaine de la loi et celui du règlement est un critère important en termes de garanties, a clairement précisé que *« la méconnaissance par le législateur de sa propre compétence ne peut être invoquée à l'appui d'une question prioritaire de constitutionnalité que dans les cas où est*

[540] Cons. const., Décision N°95-117 L du 8 juin 1995, *Rec.*, p. 211.
[541] Cons. const., 03 mars 2014, *Walfadjri,* N°65-89 du Mardi 04 mars 2014, pp. 6-7.

affecté un droit ou une liberté que la Constitution garantit », le juge constitutionnel français conclut par la suite que *« les dispositions de l'article 14 de la déclaration de 1789 mises en œuvre par l'article 34 de la Constitution n'instruisent pas un droit ou une liberté qui puisse être invoqué, à l'occasion devant une juridiction à l'appui de la question prioritaire de constitutionnalité sur le fondement de l'article 61-1 de la Constitution »*[542]. Ce que faisait prévaloir le requérant devant le prétoire de la juridiction constitutionnelle française, c'est la sanction de l'incompétence négative du législateur. Il était demandé au juge constitutionnel de sanctionner l'usage insuffisant par le législateur des compétences dévolues à lui par le constituant. Certes, comme le remarque Dominique ROUSSEAU[543], une loi adoptée irrégulièrement pourrait porter atteinte aux droits constitutionnels des citoyens, mais de la régularité des procédures d'adoption des lois il n'y va pas toujours de l'intérêt des citoyens.

À côté de cette procédure aménagée pour la défense des droits et des libertés constitutionnels des citoyens, le constituant a prévu une autre procédure qui permet au pouvoir exécutif de défendre l'intégrité de son domaine. En effet, la procédure de délégalisation des textes de forme législative permet au pouvoir exécutif de demander au juge le déclassement des dispositions réglementaires contenues dans une loi[544]. Une telle situation peut procéder de l'absence de saisine du Conseil constitutionnel ou de l'extension ultérieure du domaine de la matière réglementaire. Le gouvernement pour des questions d'opportunité politique peut laisser la procédure législative aboutir, malgré que la loi contienne des dispositions étrangères à son domaine. La couverture législative du texte permet au pouvoir exécutif d'échapper à la censure redoutable du juge de l'administration au cas où l'acte serait pris par une autorité administrative. Le pouvoir exécutif attend les moments propices pour reprendre ce qu'il avait délaissé au Parlement. Le caractère stratégique et discrétionnaire du mécanisme l'imprime une nature défensive.

---

542 G. DRAGO, « Le nouveau visage du contentieux constitutionnel », *R.F.D.C,* 2010/4, N°84, p. 756.

543 D. ROUSSEAU, *Droit du contentieux constitutionnel, op. cit.,* p. 67, note 39.

544 L. FAVOREU, « La délégalisation des textes de forme législative par le Conseil constitutionnel », *in Mélanges offerts à Marcel Waline, Le juge et le droit public,* Paris, LGDJ, 1974, pp. 429-450.

Après avoir étudié la nature de la protection, il convient maintenant d'examiner le modèle sénégalais de justice constitutionnelle tel qu'il se révèle à travers les modalités de la protection.

Section II : Les modalités de la protection juridictionnelle de l'ordre constitutionnel

Le modèle sénégalais de justice constitutionnelle combine le contrôle par voie d'action et le contrôle par voie d'exception, d'où son caractère mixte (Paragraphe I). Ce caractère mixte peut rendre difficile l'articulation des relations entre les juges, acteurs de protection de l'ordre constitutionnel dans la construction du système de justice constitutionnelle (Paragraphe II). Toutefois, le modèle a le mérite d'intégrer deux logiques qui doivent guider l'aménagement d'un contentieux de droit public : le bon fonctionnement des institutions de l'État et la prise en compte des situations concrètes des citoyens.

Paragraphe I : Une protection mixte

Dans la théorie de justice constitutionnelle, le contrôle de constitutionnalité par voie d'action s'identifie au modèle européen de justice constitutionnelle, alors que le contrôle de constitutionnalité par voie d'exception renvoie au modèle américain de justice constitutionnelle. Toutefois, certains systèmes de contrôle de constitutionnalité combinent les deux techniques. Le Sénégal, de par son modèle de protection juridictionnelle de l'ordre constitutionnel adhère au système mixte. Le caractère mixte du modèle provient de la cohabitation de deux procédures. Une procédure empruntée au modèle européen de justice constitutionnelle à des nuances près, le contrôle par voie d'action (A) et une procédure originaire du modèle américain de justice constitutionnelle, le contrôle par voie d'exception (B).

A- Le contrôle par voie d'action

Dans le contexte sénégalais de protection juridictionnelle de l'ordre constitutionnel, le contrôle par voie d'action est enfermé dans des conditions assez strictes. Toutefois, malgré cette restriction par le constituant et le législateur organique, dans sa mise en œuvre, ce type de contrôle aboutit à une situation assez particulière. Ainsi, l'étude du contrôle par voie d'action, débute-t-elle par la mise en exergue des conditions de son exercice (I). Après cette incursion dans les conditions générales de la mise en œuvre de cette institution, les effets de celle-ci seront examinés (II).

I- Les conditions d'exercice du contrôle par voie d'action

D'emblée, il convient de préciser que ce type de contrôle s'exerce au Sénégal sur les lois ordinaires et organiques adoptées par l'Assemblée nationale, les engagements internationaux mais aussi les actes administratifs réglementaires. Il s'exerce avant l'entrée en vigueur de la norme. La norme juridique dont la constitutionnalité est incontestée est directement déférée devant la juridiction constitutionnelle[545]. Dans le contexte sénégalais, la saisine du juge est rigoureusement encadrée par le Constituant et le législateur organique. Le Président de la République peut saisir le juge dans les six jours francs qui suivent la transmission à lui faite de la loi adoptée par l'Assemblée nationale. Quant aux parlementaires s'ils représentent 1/10 des membres de l'Assemblée nationale, ils disposent d'un délai de six jours francs à partir de l'adoption de la loi par l'Assemblée pour saisir le juge aux fins de contrôle de constitutionnalité[546]. En 1978, quinze députés pouvaient saisir le Conseil constitutionnel aux fins de contrôle de constitutionnalité d'une loi. C'est en 1981 que le constituant a prévu qu'un dixième des membres du Parlement peut saisir le juge constitutionnel[547].Ce quorum peut changer en fonction du nombre de députés. En effet, étant exprimé en termes de pourcentage, il peut baisser ou augmenter. Il doit aussi respecter la séparation organique et fonctionnelle des chambres

---

[545] J. L. E. KANGASHE, *Le droit constitutionnel, op. cit.*, p. 108.

[546] Article 74 de Constitution du 22 janvier 2001. Le Conseil a précisé la méthode de calcul du délai de six jours prévu par l'article 74 de la Constitution en « considérant qu'en raison de la nature et de l'objectif pour lequel il est institué, le délai de six jours francs imparti aux requérants en application de l'article 74 de la Constitution précité doit être calculé sans qu'il ait lieu de distinguer selon qu'il comporte ou non un samedi, un jour férié ou un dimanche ; considérant que lorsque le délai avant l'expiration duquel un acte ou une formalité doit être accompli est un délai franc, la computation doit s'effectuer à compter du lendemain du jour de l'évènement qui le fait courir, et la formalité peut être accomplie jusqu'au lendemain du dernier jour du délai, sauf s'il s'agit d'un dimanche ou d'un jour férié », *Recueil des décisions du Conseil constitutionnel janvier 1993-mars 2019,* Conseil constitutionnel, 2020, pp. 64-69.

En application de cette jurisprudence, le Conseil constitutionnel a, dans sa décision n°2/C/2021 du 20 juillet 2021 déclaré irrecevable le recours tendant à faire contrôler la conformité à l'esprit général de la Constitution et aux principes généraux du droit l'ensemble des dispositions contenues dans la loi n° 65-60 du 21 juillet 1965 portant Code pénal ». En effet, le Conseil a considéré que « cette demande doit être déclarée irrecevable, le recours prévu par l'article 74 de la Constitution ne pouvant être dirigé que contre une loi qui n'est encore promulguée ».

[547] J. M. NZOUANKEU, « La révision constitutionnelle du 6 mai 1981 et le multipartisme illimité », *op. cit.*, p. 358.

parlementaires le cas échéant. La justification de cette exigence relative au quorum, peut être retrouvée dans la déclaration du ministre de la Justice française qui déclarait à propos de la réforme de 1974 dont s'est inspirée la réforme sénégalaise de 1978 avec des nuances près, qu'il « fallait un nombre substantiel de députés ou de sénateurs pour que la saisine soit une action sérieuse et représentative d'un courant d'opinion »[548]. Il convient de signaler qu'en ce qui concerne le délai, avant 1981, le délai de recours s'identifiait au délai de promulgation, ce qui était problématique si Président de la République promulgue la loi dès la transmission à lui de celle-ci, alors que les parlementaires ont introduit un recours. Ce cas de figure s'est posé dans l'affaire *Dissolution de l'O. N. C.A.D.* en 1980[549]. Le juge avait déclaré le recours recevable sur la forme. Ce qu'une partie de la doctrine considère comme une remise en cause de la jurisprudence de 1978, *Abdoulaye WADE c/État du Sénégal*[550]. Pour les actes administratifs, la publicité fait produire à l'acte ses effets en même temps qu'il fait courir les délais du recours pour excès de pouvoir.

Selon que l'acte est une loi ou un acte administratif, le juge est saisi d'une norme qu'on considère contraire à la Constitution. Étant un procédé qui peut bloquer l'exécution de la politique de la Nation telle que définie par le Président de la République[551] et mise en œuvre en majeure partie par voie législative, le constituant a pris le soin de réglementer rigoureuse la saisine du juge. Pour ce type de contrôle, en ce qui concerne les lois, la saisine du juge est réservée à des autorités politiques limitativement énumérées par l'ordre constitutionnel. En effet, au Sénégal aux fins de contrôle constitutionnalité par voie d'action, le juge ne peut être saisi que par le Président de la République, les parlementaires et dans une certaine mesure le Premier ministre[552]. Le contrôle de constitutionnalité des lois par voie d'action au Sénégal, eu égard à la saisine du juge constitutionnel, présente un caractère élitiste. Sur ce point, le Sénégal, de par sa justice constitutionnelle, se rapproche de la France, et est en marge des pays comme l'Allemagne, l'Autriche,

[548] *JORS, A.N*, (C.R), 8 octobre 1974, p. 7861.
[549] C.S, Audience du 8 octobre 1980.
[550] B. S. Ngom, *L'arbitrage d'une démocratie en Afrique : la Cour suprême du Sénégal*, *op. cit.*, p. 60.
[551] Article 42 de la Constitution précité
[552] Article 74 de Constitution du 22 janvier 2001 ; article 83 en ce qui concerne le Premier ministre.

la Hongrie[553], mais également de certains pays africains comme le Bénin,[554]qui ont adopté un système de saisine ouverte aux citoyens pour ce type de contrôle et même l'auto-saisine du juge[555].Si dans certains pays, comme l'Allemagne, l'Autriche, le contrôle par voie d'action peut s'exercer après l'entrée en vigueur de la loi[556], le système sénégalais de justice constitutionnelle n'a pas encore intégré cette donne. En contentieux constitutionnel des actes administratifs, la saisine du juge peut être faite par toute personne justifiait d'un intérêt à agir contre l'acte lui faisant grief c'est-à-dire modifiant sa situation juridique dans le délai de deux mois à compter de sa publication[557]. Toutefois, pour le cas des lois, la saisine du juge entraine une suspension de la procédure législative[558] alors que s'agissant des actes administratifs ils continuent à produire leurs effets sauf dans les cas où le sursis à exécution[559] est accordé au requérant.

II- Les effets du contrôle par voie d'action

Le juge constitutionnel, saisi de la constitutionnalité d'une loi par voie d'action, se prononce dans un délai d'un mois, réduit à huit jours en cas d'urgence déclarée par le gouvernement[560]. La sanction du contrôle par voie d'action est la déclaration d'inconstitutionnalité de la norme juridique avec un effet *erga omnes*. En matière de contrôle de constitutionnalité des lois, une fois rendues, les décisions du Conseil constitutionnel ne sont susceptibles d'aucune voie de recours. Elles s'imposent aux pouvoirs publics, à toutes les autorités juridictionnelles et à tous les citoyens[561]. S'agissant des actes administratifs, les arrêts de la Cour suprême, juge en premier et dernier ressort de l'excès de pouvoir

---

[553] G. DRAGO, *Contentieux constitutionnel français*, *op. cit.*, p. 29.

[554] Article 3 al. 3 de la Constitution du Bénin.

[555] Article 121 al. 2 de la Constitution du Bénin, AKEREKORO (H), « L'évolution constitutionnelle et législative des juridictions béninoises », *in Droit et lois*, *Revue trimestrielle d'informations juridiques et judicaires*, N°028, 2012, p. 47.

[556] G. DRAGO, *Contentieux constitutionnel français*, *op. cit.*, p. 30.

[557]P.M. SY, « Quelques remarques sur l'utilisation du recours pour excès de pouvoir depuis la création du Conseil d'État », *EDJA,* N°53, avril-mai-juin, 2002, p. 66.

[558] Article 75 de la Constitution

[559] M. S. DIOUF, « Le sursis à exécution des décisions administratives devant le Conseil d'État sénégalais », *EDJA,* N° 53, avril-mai-juin, 2002 pp. 51-56 ; N. M. F. DIAGNE, *Les méthodes et techniques du juge en droit administratif sénégalais,* Thèse, *op. cit.*, p. 225.

[560]Article 19 de la loi organique sur le Conseil constitutionnel.

[561] Article 92 al 2 de la Constitution.

des autorités exécutives, [562]s'imposent aux autorités administratives ainsi qu'aux administrés, même si des voies de contestation desdits arrêts peuvent leur être aménagées[563]. L'acte sanctionné est présumé n'avoir jamais existé, et donc ne produit plus d'effets. Ainsi, la norme juridique déclarée inconstitutionnelle disparaît de l'ordonnancement juridique s'il s'agit d'un acte administratif, et ne pourra pas entrer en vigueur s'agissant d'une loi. Toutefois, en cas de déclaration d'inconstitutionnalité d'une loi, le Président de la République peut demander à l'Assemblée nationale une seconde lecture afin de tenir compte des observations du juge constitutionnel[564]. En cas d'annulation partielle, la loi peut être promulguée après imputation des dispositions jugées inconstitutionnelles, à condition que celles-ci soient séparables de l'ensemble de la loi. Sur ce point, il est intéressant d'évoquer l'affaire relative à la loi d'amnistie communément appelée *« loi Ezzan »* rendue par le juge 07 janvier 2005[565]. L'Assemblée nationale avait adopté la loi N°01/2005 portant amnistie de toutes les infractions criminelles ou correctionnelles commises tant au Sénégal qu'à l'étranger en relation avec les élections générales ou locales ou ayant eu une motivation politique et comprise entre la période du 1er janvier 1983 et le 31 décembre 2004. La loi comportait deux articles, l'article 1er caractérisé par sa généralité et l'article 2 qui était spécifique dans la mesure où il visait à amnistier les infractions liées à l'assassinat de Maître Babacar SEYE, vice-président du Conseil constitutionnel et à indemniser les héritiers de l'ancien Vice-président du Conseil constitutionnel assassiné la veille de la proclamation des résultats définitifs des élections législatives de 1993. Dans leur mémoire, les requérants demandent au juge d'invalider l'article 2 de ladite loi, car procédant d'un détournement de pouvoir du moment qu'il est spécifique à l'affaire Me SEYE. Selon les requérants, *« la loi déférée tend à assurer l'impunité et l'injustice et non le pardon ; qu'elle constitue un détournement de pouvoir dans la mesure où son but est contraire à celui d'une loi d'amnistie »*[566]. Dans

[562] Article 92 al 3 de la Constitution.

[563] Il s'agit notamment de l'opposition, de la tierce opposition, du recours en révision, du recours en rectification d'erreur matérielle et du recours en rabat d'arrêt. Voir D. SY, *Droit administratif, op. cit.,* p. 139.

[564] Article 73 de la Constitution.

[565] I. M. FALL (dir.), *Les décisions et avis du Conseil constitutionnel du Sénégal. Rassemblés et commentés, op. cit.,* p. 473.

[566]I. M. FALL (dir.), *Les décisions et avis du Conseil constitutionnel du Sénégal. Rassemblés et commentés, op. cit.*, p. 475.

sa réponse, le juge décide : *« en poursuivant les objectifs de protection des intérêts d'une famille et des proches du défunt, l'article 2 de la loi vise un but différent de celui pour lequel compétence a été conférée au législateur ; qu'en conséquence, il est entaché d'un détournement de procédure »*. À y regarder de près, nous constatons que la disposition particulière déclarée inconstitutionnelle de la loi rentre dans le champ d'application de la disposition générale de celle-ci. En effet, l'affaire Me SEYE s'étant produite en 1993, fait bien partie des affaires susceptibles d'être amnistiées par l'article 1er de la loi de 2005 dont le champ d'application s'étend du 1er janvier 1983 au 31 décembre 2005. Cependant, le Président de la République a entre-temps promulgué la loi en l'amputant de la disposition jugée inconstitutionnelle. Ce qui peut paraître curieux. En effet, dans ce cas d'espèce, le juge n'a pas pris la peine de préciser si la disposition censurée est séparable ou inséparable de l'ensemble de la loi. *A priori*, la substitution du Président de la République au juge est problématique. C'est au juge d'apprécier la pertinence de la séparabilité ou non des dispositions d'une loi, démarche technique à certains égards, non dévolue aux autorités productrices des lois potentiellement soumises au contrôle juridictionnel. L'ancienne Cour suprême dans sa décision du 3 mai 1961 relative à l'examen de la constitutionnalité de la loi organique portant loi de finances a décidé que *« ... les dispositions sus reproduites ne sont pas inséparables de l'ensemble de la loi »*[567]. Le juge constitutionnel béninois a lui aussi procédé d'une tout autre manière que le Conseil constitutionnel sénégalais dans sa décision relative au *Code des personnes et de la famille.* En effet, dans ladite décision, la Cour constitutionnelle a indiqué clairement au législateur que les dispositions censurées de la loi ne sont pas séparables de l'ensemble du texte[568]. Toutefois, même si on peut douter de la séparabilité des dispositions en cause, comme le remarque fort bien A. DIEYE dans son commentaire de ladite décision[569], le Président de la République peut valablement tirer les conséquences de la déclaration d'inconstitutionnalité de la disposition et promulguer la loi qui a été validée dans son ensemble à l'exception de l'article 2 de celle-ci. Cette disposition particulière étant noyée dans

[567] CS, 3 mai 1961, *Penant,* 1961, p. 557.

[568] S. BOLLE, « Le Code des personnes et de la famille devant la Cour constitutionnelle du Bénin. La décision DCC 02-144 du 23 décembre 2002 », *Afrilex,* N°4, p. 319.

[569] I. M. FALL (dir.), *Les décisions et avis du Conseil constitutionnel. Rassemblés et commentés, op. cit.,* p. 478.

le champ d'application de la loi, devient surabondante au regard des objectifs visés par le législateur. En l'espèce, le Président de la République a tiré des conséquences de la motivation faite par le juge. Le Conseil constitutionnel français, dans sa décision N° 88-244 DC du 20 juillet 1988 relative à *loi d'amnistie à propos de la réintégration* a décidé que l'article 15-II de cette loi qui prévoyait un droit à réintégration pour les représentants du personnel ou les responsables syndicaux licenciés pour faute lourde méconnaissait l'amnistie déjà acquise pour cette catégorie de travailleurs en vertu de ladite loi d'amnistie.[570] S'il appartient au législateur de décider de la nécessité d'une loi d'amnistie en se fondant sur des raisons objectives, il ne peut sans méconnaître le principe d'égalité devant la loi, faire bénéficier à des individus un régime d'amnistie particulier pour des actes qu'ils auraient commis déjà pris en charge par une disposition générale de la loi d'amnistie[571]. Ces principes dégagés par la jurisprudence française sont valables pour le cas d'espèce relatif à la loi d'amnistie de 2005. Le Président de la République en a tiré les conséquences en promulguant la loi, amputée de la disposition jugée inconstitutionnelle. Même si l'essentiel de l'exposé des motifs de ladite d'amnistie traitait de l'affaire Me SEYE, comme l'indique A. DIEYE,[572] cela n'entache en rien la décision du Président de la République de promulguer la loi à l'exception de la disposition jugée inconstitutionnelle. Le caractère surabondant de la disposition censurée atteint par ricochet la partie de l'exposé des motifs qui en fait référence. Le défaut d'articulation entre l'exposé des motifs de loi et les dispositions de celle-ci résulte de « l'art de mal légiférer » imputable aux parlementaires qui ne saurait lier le Président de la République comme critère de séparabilité de la disposition en cause tant qu'il n'est pas décidé ainsi par le juge constitutionnel. Dans ce même ordre d'idées, le juge du contentieux de la constitutionnalité des actes administratifs peut procéder à des annulations partielles, dans ce cas, les dispositions de l'acte administratif

[570] *JO* du 21 juillet 1988, p. 9448, *Rec.*, p. 119.

[571] *JO* du 21 juillet 1988, p. 9448, *Rec.*, p.119.Pour aller plus loin sur la question des lois d'amnistie, voir E. MICHELET, « Chronique législative : l'amnistie dans la vie politique sénégalaise », *Annales africaines,* 1989, 1990, 1991, pp. 277-292 ; B. BOULOC, « Quelques propos sur l'amnistie », Dalloz, 2002, p. 1847.

[572] I. M. FALL (dir.), *Les décisions et avis du Conseil constitutionnel. Rassemblés et commentés, op. cit.,* p. 478.

non affectées de l'inconstitutionnalité restent en vigueur à condition que le critère de séparabilité leur soit applicable.[573]

À côté de cette procédure de contrôle par voie d'action, la protection juridictionnelle de l'ordre constitutionnel au Sénégal peut se faire par voie d'exception.

A- Le contrôle par voie d'exception

Le contrôle de constitutionnalité par voie d'exception est un contrôle incident[574]. Qu'il s'applique aux actes administratifs ou aux lois, il est mis en œuvre à l'occasion d'un litige. Le contrôle de constitutionnalité se greffe alors à un procès dont il tend à conditionner l'issue. Au demeurant, tout comme le contrôle par voie d'action, il sera procédé à l'examen des conditions d'exercice (I) et aux effets de ce contrôle (II).

I- Les conditions d'exercice du contrôle par voie d'exception

Le contrôle par voie d'exception est un contrôle incident. Dans ce type de contrôle, au cours d'un procès, une partie estime que la norme qu'on veut lui appliquer est entachée d'une inconstitutionnalité malgré son entrée en vigueur et demande au juge du fond de surseoir à statuer et de faire trancher par le juge de la constitutionnalité cette question incidente au procès. A un contentieux subjectif vient donc se greffer un contentieux objectif. Au Sénégal, l'exception d'inconstitutionnalité des actes administratifs est une question préalable. En effet, le juge du fond, en même temps juge de l'exception, peut être amené à trancher directement la question de la constitutionnalité d'un acte règlementaire servant de support au procès porté devant lui. S'agissant du contentieux constitutionnel des lois, l'exception d'inconstitutionnalité ne peut cependant être soulevée ni en première instance ni en seconde instance, la partie au procès n'est recevable à la soulever pour la première fois qu'en cassation, devant la Cour suprême[575]. Dans ce cas, le juge *« après*

---

[573] D. SY, *Droit administratif, op. cit.*, p. 130.

[574] Sur les modalités de ce type de contrôle, Cf. J. L. E. KANGASHE, *Le droit constitutionnel, op. cit.*, pp. 110-118.

[575] Article 67 de la loi organique sur la Cour de cassation (supprimée) ; article 56 de la loi organique sur le Conseil d'État (supprimé). Sur ce point, il y a une différence notable avec le système français de la question prioritaire constitutionnalité. En France, la question de constitutionnalité peut être soulevée devant toute juridiction, à charge pour celle-ci de porter directement la question prioritaire de constitutionnalité suivant l'ordre de juridiction à la Cour de cassation ou au Conseil d'État qui devront apprécier s'il faut ou non la porter devant le Conseil constitutionnel conformément à l'article 61-1 de la Constitution. Après avoir procédé à l'examen des questions

avoir vérifié la régularité du pourvoi »[576], doit surseoir à statuer et renvoyer la question de constitutionnalité au Conseil constitutionnel[577]. De ce raisonnement du Conseil constitutionnel, il ressort que la vérification des conditions de recevabilité du pourvoi en cassation par la juridiction suprême est une condition substantielle pour la recevabilité de l'exception d'inconstitutionnalité. Dans *l'affaire Karim Meïssa WADE*, le Conseil constitutionnel a bien vérifié que cette formalité est accomplie en ces termes : *« Considérant que la Cour suprême doit se prononcer avant toute saisine du Conseil constitutionnel sur sa compétence et sur la recevabilité du recours ou la déchéance; que ce*

---

préalables et vérifié la recevabilité de la QPC, le juge suprême est tenu de s'assurer que le moyen d'inconstitutionnalité soulevé entre dans le champ d'application de la QPC défini par l'article 61-1 de la Constitution. Aux termes de cet article, la QPC a pour seul objet de contester une disposition législative, portant atteinte aux droits et libertés que la Constitution garantit. Toute autre question doit être par conséquent rejetée. Doit être ainsi rejetée une QPC dirigée à l'encontre des dispositions d'une convention internationale, dès lors que celles-ci sont, par définition, dépourvues de tout caractère législatif (CE, 14 mai 2010, N° 312305, Rujovic, *JurisData* n° 2010-006167). De même une QPC ne peut avoir pour objet d'interroger le Conseil constitutionnel, à titre préjudiciel, sur l'interprétation d'une norme constitutionnelle en vue de son application dans un litige (CE, 16 avril 2010, n° 336270, Virassamy, *JurisData* N° 2010-004008 ; *Dr. adm.* 2010, comm. 99). Plus fondamentalement, toutes les dispositions législatives n'entrent pas nécessairement dans le champ de la QPC, de même que tous les principes à valeur constitutionnelle ne constituent pas un droit ou une liberté au sens de l'article 61-1. Sont ainsi exclus du champ d'application de la QPC lois constitutionnelles et lois référendaires de l'article 11 de la Constitution, la loi transposant une convention internationale. En effet, les dispositions d'une loi ayant pour unique objet de permettre la ratification d'un traité, ne peuvent faire l'objet d'une QPC (CE, 9 juillet 2010, N° 327663, Féd. nat. Libre pensée et a., *JurisData* N° 2010-011134). Voir Matthieu Quyollet, « Question prioritaire de constitutionnalité (QPC) », *op.cit*, pp. 13 et s. De même, on notera avec Danièle LOCHAK un impact limité de QPC pour la protection des droits des étrangers. Le plus souvent, le juge constitutionnel français fait prévaloir la protection de l'identité constitutionnelle française sur la protection des droits et libertés des étrangers. D. LOCHAK, « La QPC, une protection efficace des droits et libertés ? Un impact limité pour protéger les droits des étrangers », Actes du colloque Hôtel de Lassay 5 avril 2013, La QPC, *une question pour la démocratie, in La semaine juridique*, Edition générale, supplément N° 29-34, 15 juillet 2013, pp. 15-18.

[576] I. M. FALL (dir.), *Les décisions et avis du Conseil constitutionnel. Rassemblés et commentés, op. cit.*, p. 125

[577] Article 92de la Constitution ; article 67 de la loi organique sur le Conseil constitutionnel

préalable obligatoire a été formellement observé ».[578] Seulement, la Cour suprême, dans cette affaire n'a pas fait une application rigoureuse des textes en ce qui concerne sa compétence à connaître du pourvoi en cassation contre les décisions de la Commission d'Instruction de la CREI. Ce libéralisme de la Cour suprême, entériné par le Conseil constitutionnel rappelle la posture adoptée par le Conseil d'État français dans les affaires *Dame Lamotte*[579] *et D'Aillières*[580] posant le principe selon lequel le recours en cassation est toujours possible contre les décisions des juridictions administratives statuant en dernier ressort. Il en est ainsi non seulement, en l'absence de texte le prévoyant expressément mais alors que même que la loi prévoit que la décision ne serait « susceptible d'aucun recours ». Dans ces affaires, l'interprétation du juge exclut du champ d'application de la disposition législative le pourvoi en cassation. Ce dernier, est un recours de droit commun au même titre que le recours pour excès de pouvoir[581]. Formellement, la loi portant création de la Cour de répression de l'enrichissement illicite exclut le pourvoi en cassation puisqu'en son article 13 elle dispose : « les décisions de la Commission d'instruction ne sont susceptibles d'aucun recours ». La Cour, par une démarche libérale, conclut cependant à la recevabilité du pourvoi. Dans son raisonnement, elle commence par préciser que *« l'exercice du droit de se pourvoir en cassation y compris, les motifs pour lesquels il peut être exercé, sont régis par la loi, entendu au sens des lois constitutionnelles, des traités internationaux, conventions internationales et principes généraux de droit; que la loi doit être la même pour tous ; que si le législateur peut prévoir des règles de procédure différentes c'est à la condition que cela ne porte pas atteinte aux principes précités et que soient assurées aux justiciables des garanties légales notamment quant au respect des droits de la défense*

---

578 Cons. const., Séance du 03 mars 2014 Affaire N°1/C/2014/ demandeur Cour suprême, considérant 2, disponible à http://www.lequotidien.sn/index.php/politique/item/28978-document.

579 Voir CE, 17 février 1957 Ministère de l'Agriculture c/Dame Lamotte, *in* M. LONG et autres, *Les grands arrêts de la jurisprudence administrative*, *op.cit,* p. 394. Dans le même sens voir la décision du Conseil constitutionnel français 2013-338/339 QPC du 13 septembre 2013 cons 8 *in* « Décisions du Conseil constitutionnel du 1er juillet 2013 au 30 septembre 2013 », *Nouveaux Cahiers du Conseil constitutionnel,* 2014/1, N°42, p. 219.

580 CE Ass., 7 février 1947, D'Aillières, *in* M. LONG et autres, *Les grands arrêts de la jurisprudence administrative*, *op. cit.*, pp. 375-379.

581 CE, 17 février 1957 Ministère de l'Agriculture c/Dame Lamotte, *in* M. LONG et autres, *Les grands arrêts de la jurisprudence administrative*, *op.cit,* p. 394.

qui implique en particulier l'existence d'une procédure juste et équitable ; que l'article 13 alinéa 1 de la loi N° 81-54 du 10 juillet 1981 créant la Cour de répression de l'enrichissement illicite, en excluant tout recours contre les décisions de la Commission d'instruction, ne saurait s'opposer à la recevabilité du pourvoi manifesté de manière non équivoque ; qu'il s'ensuit que le recours formé contre une décision de rejet d'un déclinatoire de compétence est recevable »[582]. Dans cette affaire, la Cour suprême s'est inscrite dans la même lignée que le juge français et européen. En effet, le Conseil d'État français, à la suite du Conseil constitutionnel[583], a estimé que le droit à un recours effectif devant une juridiction est constitutionnellement garanti[584]. La constitutionnalisation du droit à un recours englobe la possibilité de former un pourvoi en cassation devant une juridiction supérieure[585]. Dans ce sens, le Conseil d'État français a annulé une ordonnance portant création et organisation d'une Cour militaire de justice, prise en vertu d'une loi d'habilitation au motif qu'elle exclut toute possibilité de pourvoi en cassation[586]. Tout de même, la CJCE considère que le droit à un recours est « un principe général du droit qui se trouve à la base des traditions constitutionnelles communes aux États membres »[587]. Cependant, dans l'affaire *Dame Lamotte* était en cause une décision administrative, alors que dans *l'affaire Karim Meïssa WADE* le pourvoi est formé contre une ordonnance rendue par une instance judiciaire, la Commission d'instruction de la CREI, qui est une juridiction d'exception. Aussi, l'exercice du recours peut-il se déduire des dispositions de l'article 16 de la Déclaration des droits de l'Homme et du Citoyen relatives à

---

[582] Voir l'arrêt de la chambre criminelle de la Cour suprême du 6 février 2014, Karim WADE c/Le procureur spécial près la Cour de répression de l'enrichissement illicite et procureur général près la Cour d'appel de Dakar disponible à http://xalimasn.com/recevabilité-et-renvoi-de-la-requete-des-avocats-de-karim-wade-devant-le-conseil-constitutionnel-supreme-paradoxe-dune-decision/.

[583] Cons. const., Décision N° 96-373 DC du 9 avril 1996, *Actualité Juridique*, 1996, p. 371, note SCHRAMECK.

[584] CE, avis 6 mai 2009 M. Jafor Khan req., 3227-13, voir M. LONG et autres, *Les grands arrêts de la jurisprudence administrative, op.cit,* p. 397.

[585] CE, Ass, 12 juillet 1969 l'Etang, *Rec.,* p. 388 à propos d'une décision du Conseil supérieur de la Magistrature statuant en que conseil de discipline des magistrats du siège.

[586] CE, Ass 19 octobre 1962, Canal et autres, *in* M. LONG et autres, *Les grands arrêts de la jurisprudence administrative, op. cit.,* p. 541.

[587] CJCE, 15 mai 1986 Marguerite Johnston, Aff. 222/84, *Rec.* p. 1651 ; *RFDA*, 1988, p. 691.

la « garantie des droits » et qui est partie intégrante de l'ordre constitutionnel du Sénégal.

Dans *l'affaire Moussa OUATTARA*[588], le juge a souligné l'obligation du Conseil d'État de surseoir à statuer et de saisir le Conseil constitutionnel de l'exception d'inconstitutionnalité ainsi soulevée. Pour ce faire, le juge commence par souligner que le décret dont l'annulation est demandée tire son fondement de la loi N° 76-67 du 2 juillet 1976 relative à l'expropriation pour cause d'utilité publique dont l'inconstitutionnalité est ainsi soulevée. Il admet ensuite que la solution du litige est subordonnée à la conformité de la disposition de la loi à la Constitution. Enfin, il constate qu'il y a lieu en application de l'article 56 de la loi organique sur le Conseil d'État, de surseoir à statuer et de saisir le Conseil constitutionnel compétent pour statuer sur la constitutionnalité. Ainsi, à la différence du modèle français, le juge de cassation sénégalais n'a pas un pouvoir d'appréciation sur la pertinence de la question de constitutionnalité de la loi. Il ne joue pas un rôle de filtre. En outre, il ne peut pas déclarer une disposition législative conforme ou contraire à la Constitution. Son rôle se limite à l'appréciation de la régularité du pourvoi en cassation qui est une condition préalable à la recevabilité de l'exception d'inconstitutionnalité. Cette règle de délimitation des compétences des juridictions est rappelée d'ailleurs par la Cour de répression de l'enrichissement illicite qui considère : *« il n'appartient pas à la Cour de Céans de statuer sur la supposée violation des principes directeurs du procès énoncés ci-dessus car elle ne peut en aucune façon se prononcer, sans outre passer sa compétence, ni sur la constitutionnalité, ni sur la conventionnalité des lois 81-5 3 relative à la répression de l'enrichissement illicite et 81-54 portant création de la Cour de répression de l'enrichissement illicite »*[589]. Par ce considérant, la Cour de répression de l'enrichissement illicite indique qu'en vertu des dispositions constitutionnelles, le contrôle de constitutionnalités des lois, des engagements internationaux et du Règlement intérieur de l'Assemblée parlementaire est dévolu au Conseil constitutionnel[590]. Ainsi, l'attitude de la Cour suprême saisie d'un pourvoi en cassation formulé contre l'ordonnance de la Commission d'instruction de la Cour de répression de l'enrichissement illicite rejetant le déclinatoire de

[588] CE, 25 janvier 1995, Moussa Ouattara, *Bulletin des arrêts du Conseil d'État*, N° 39, p. 85.
[589] *Le Quotidien,* N° 3646 du Vendredi 27 mars 2015, p. 4.
[590] Article 92 de la Constitution du 22 janvier 2001.

compétence introduit par les avocats de Karim Meïssa WADE est critiquable. Devant l'exception d'inconstitutionnalité soulevée contre l'arsenal législatif qui sous-tend de la CREI par les avocats du mis en cause, les juges à la Cour suprême ne se sont pas abstenus de toute appréciation de la constitutionnalité de la loi instaurant cette juridiction. En procédant ainsi, la Cour suprême a excédé ses pouvoirs qui sont fixés par la loi dont elle doit se soumettre, ce que ne manque pas de dénoncer le Conseil constitutionnel, qui précise : *« Considérant cependant que l'appréciation de la conformité de la loi à la Constitution échappe totalement à l'emprise de la Cour suprême; qu' en effet, cette mission est expressément et exclusivement dévolue au Conseil constitutionnel conformément à l'article 92 de la Constitution qui dispose : "Le Conseil constitutionnel connaît de la constitutionnalité des lois, des règlements intérieurs des Assemblées et des engagements internationaux, des conflits de compétence entre l'exécutif et le législatif, ainsi que des exceptions d'inconstitutionnalité soulevées devant la Cour suprême" ; Considérant par suite, qu'en statuant ainsi, la Cour suprême a non seulement dépassé les limites de sa compétence, mais aussi et surtout, a empiété sur celle du Conseil constitutionnel ».* Toutefois, le Conseil constitutionnel n'en tire pas des conséquences et s'estime malgré tout, devoir statuer sur la constitutionnalité de la loi transmise à lui en ces termes : *«Considérant que le Conseil constitutionnel n'est pas juge de la bonne application de la loi ; que par conséquent, il n'est pas habilité à censurer les décisions rendues par la Cour suprême ; Considérant cependant, indépendamment de la violation manifeste de la loi opérée par la Cour suprême, que le Conseil constitutionnel reste tenu de se prononcer sur l'exception d'inconstitutionnalité dont il est saisi ; qu'il y a lieu de la déclarer recevable ».*[591] Cet excès de pouvoir de la Cour suprême visant à faire entériner par le Conseil constitutionnel sa jurisprudence n'a reçu sympathie des membres du Conseil qui se sont montrés soucieux de préserver leur compétence.

---

[591] Voir Cons. const., Séance du 03 mars 2014 Affaire N°1/C/2014/ demandeur Cour suprême disponible à http://www.lequotidien.sn/index.php/politique/item/28978-document.Voir également « Constitutionnalité de la loi sur l'enrichissement illicite ; « Le Conseil constitutionnel légalise la CREI » *in Walfadjri,* N° 6589, Mardi 04 mars 2014, pp. 6-7. L'arrêt de la chambre criminelle de la Cour suprême du 6 février 2014, Karim WADE c/Le procureur spécial près la Cour de répression de l'enrichissement illicite ; procureur général près la Cour d'appel de Dakar disponible à http://xalimasn.com/recevabilité-et-renvoi-de-la-requete-des-avocats-de-karim-wade-devant-le-conseil-constitutionnel-supreme-paradoxe-dune-decision/.

Le Conseil rappelle à la Cour qu'elle a excédé ses pouvoirs, s'éloignant ainsi des principes posés dans *l'affaire Demba MBAYE* dans laquelle il faisait référence à la pratique des motifs décisoires en ces termes : *« l'énonciation de la décision sous forme de dispositif n'est pas une exige formelle prescrite à peine de nullité, elle ne s'oppose pas à la pratique pourtant controversée "des motifs décisoires" qui rendent sans ambiguïté la motivation de ce qui a été jugé »*[592]. Le Conseil constitutionnel procède à une précision des compétences respectives, en rappelant à la Cour suprême qu'elle n'est pas juge de la constitutionnalité de la loi. Au demeurant, deux hypothèses étaient envisageables dans cette affaire : soit la Cour suprême est saisie d'un pourvoi ordinaire dans les conditions fixées par la loi, dans ce cas, elle a un pouvoir d'interprétation et d'application de la loi[593]. Soit elle est saisie d'une exception d'inconstitutionnalité, et dans cette dernière hypothèse, après la vérification des conditions de recevabilité du pourvoi en cassation, elle est tenue de transmettre directement l'exception d'inconstitutionnalité au Conseil constitutionnel qui est juge de la constitutionnalité de la loi. Seulement, la rédaction laconique de la décision du Conseil constitutionnel ne renseigne pas de façon claire sur l'identification de celui qui a soulevé l'exception d'inconstitutionnalité. En considérant que *« par arrêt N° 23 du 06/02/2014, la Cour suprême, statuant sur le pourvoi en cassation contre l'ordonnance rendue le 17 avril 2013 par la Commission d'instruction de la Cour de répression de l'enrichissement illicite, a d'une part, saisi le Conseil constitutionnel d'une exception d'inconstitutionnalité visant la loi 81-53 relative à la répression de l'enrichissement illicite et la loi 81-54 du 10 juillet 1981 créant la Cour de répression de l'enrichissement illicite, et d'autre part, décidé de surseoir à statuer sur le pourvoi en cassation contre la décision de la Commission d'instruction de la Cour de répression de l'enrichissement illicite »*[594], le Conseil constitutionnel fait penser que la saisine des avocats de Karim Meïssa WADE se limitait au *« pourvoi en cassation contre la décision de la Commission d'instruction de la Cour de répression de l'enrichissement illicite »,* et que, la Cour suprême a soulevé d'office l'exception d'inconstitutionnalité. Ce que ne prévoit

[592] I. M. FALL (dir.), *Les décisions et avis du Conseil constitutionnel. Rassemblés et commentés, op. cit.*, p. 121.

[593] Article 2 de la loi N° 2014-26 abrogeant et remplaçant la loi N° 84-19 du 2 février 1984 fixant l'organisation judiciaire du Sénégal, *JORS*, N° 6818 (spécial) du Lundi 10 novembre 2014, p. 1360.

[594] *Walfadjri,* N° 6589, mardi 04 mars 2014, pp. 6-7.

pas la loi, et auquel cas, l'exception d'inconstitutionnalité devrait être rejetée par le Conseil constitutionnel pour violation de la loi. Une telle hypothèse est renforcée par l'indication de la partie dans la décision du Conseil constitutionnel[595]. En outre, la qualité rédactionnelle de la décision du Conseil constitutionnel se singularise par une imprécision et une brièveté qui sèment le doute sur l'hypothèse selon laquelle l'exception d'inconstitutionnalité a été réellement soulevée par les avocats de Karim Meïssa WADE. La Cour elle-même considère *« qu'au fond, le pourvoi ayant soulevé une exception d'inconstitutionnalité de la loi précitée, il y a lieu de surseoir à statuer et de saisir le Conseil constitutionnel pour être statué sur ladite exception »*[596].

Dans une autre affaire, le Conseil constitutionnel, a été obligé de procéder à la délimitation des attributions entre la Cour d'appel et la Cour suprême en la matière. En effet, la Chambre d'Accusation de la Cour d'appel de Dakar avait été saisie d'une exception d'inconstitutionnalité lors d'une affaire relative à l'application des dispositions du Code des Douanes. La Chambre d'Accusation, sans transmettre l'exception d'inconstitutionnalité au Conseil constitutionnel, a statué sur la constitutionnalité des dispositions de la loi contestée. La Cour suprême saisi d'un pourvoi a cassé l'arrêt de la Chambre d'Accusation et renvoyé l'exception d'inconstitutionnalité au Conseil constitutionnel alors que le pourvoi, se limitait à alléguer la violation de la loi par la Chambre d'Accusation. Dans sa décision, le Conseil constitutionnel, rappelle que la Chambre d'Accusation de la Cour d'appel, saisie d'une exception d'inconstitutionnalité, a l'obligation de transmettre au Conseil constitutionnel l'exception ainsi soulevée et de surseoir à statuer jusqu'à ce qu'il se soit prononcé, conformément à l'article 22 de la loi organique relative au Conseil constitutionnel[597].

Ces affaires démontrent que la procédure de l'exception d'inconstitutionnalité, en dépit de sa constitutionnalisation en 1992 et de l'œuvre prétorienne du Conseil constitutionnel, depuis son institutionnalisation, et encore aujourd'hui, bute sur des résistances et des errements qui ne facilitent pas son acclimatation.

Théoriquement, les juges à la Cour suprême n'ont pas un pouvoir d'appréciation car il est dans l'esprit du constituant de faciliter l'accès du justiciable à la justice constitutionnelle. Mais, il demeure que la

[595] Il est mentionné demandeur Cour suprême.
[596] Voir l'arrêt de la chambre criminelle de la Cour suprême du 6 février 2014, précité.
[597] Cons. const., Décision n° 5/C/2022 du 28 septembre 2022.

pratique du procédé n'est pas de nature à faciliter la réalisation de cet objectif. Les conditions fixées par le juge constitutionnel privilégient la cohérence des relations entre les juridictions. À d'autres égards, Isaac Yankhoba NDIAYE révèle quelques zones d'ombre à travers les dispositions de l'article 20 de la loi organique qui organise la procédure de mise en œuvre de l'exception d'inconstitutionnalité. En effet, la loi ne prévoit pas les délais dans lesquels la Cour suprême doit saisir le Conseil constitutionnel. Ce qui ne contribue pas à la protection des droits et libertés de façon efficace.[598]

Dans le contentieux des actes administratifs, l'exception d'illégalité constitutionnelle peut être soulevée incidemment pendant toutes les étapes de la procédure[599]. Le juge sénégalais, contrairement au juge français dans les matières autres que pénale, ne sursoit pas à statuer ; il ne renvoie pas le dossier à la chambre administrative de la Cour suprême juge de la légalité au sens large. Ce principe se rapproche de celui dégagé par le Conseil constitutionnel français selon lequel la possibilité d'exciper de façon perpétuelle l'exception d'illégalité des règlements constitue un élément *« du droit des intéressés d'exercer des recours »* auquel le législateur ne peut apporter qu'une restriction *« limitée à certains actes »* et justifiée, dans une matière donnée, par un *« risque d'instabilité juridique »*[600]. Cette analyse peut être prolongée à un niveau constitutionnel[601]. Seul le principe de sécurité juridique constitue une borne à l'exercice de cette voie de recours[602]. Au Sénégal, l'exception d'illégalité constitutionnelle des actes administratifs est une question préalable. L'article 8 de la loi N° 2014-26 du 03 novembre 2014 fixant l'organisation judiciaire du Sénégal règle le problème de l'exception d'inconstitutionnalité des actes administratifs. Ce texte dispose que « les juridictions ont au cours des instances dont elles sont saisies compétence pour apprécier et interpréter la légalité des décisions

598 I. Y. NDIAYE, « L'accès à la justice constitutionnelle par le citoyen », VIème Congrès ACCPUF, Marrakech, 4, 5, 6 juillet 2012, p. 11.

599 Voir J. L. E. KANGASHE, *Le droit constitutionnel, op. cit.*, pp. 118-119.

600 Cons. const., Décision N° 93-335 DC, 21 janvier 1994, *RFDA*, 1995, p. 8, comm. P. HOCREITERE.

601 Voir B. MATHIEU, « La question prioritaire de constitutionnalité, témoin et instrument de mutation de l'ordre juridique. Observations sommaires et partielles », *op. cit.*, p. 1201.

602 CE, Ass., 24 mars 2006, Sté KPMG, *Juris-Data* N° 2006-069857 ; *Dr. adm.* 2006, p. 71

des diverses autorités administratives »[603]. Seulement, comme dans l'affaire Iba Der THIAM, le juge a indiqué au requérant l'exception d'inconstitutionnalité ne peut être soulevé que contre une loi et non contre un acte administratif unilatéral. Cette position est rappelée par le Conseil d'État dans *l'affaire Adama THIAM*[604]. La Cour de cassation en chambres réunies, a fixé le champ d'application de l'exception d'inconstitutionnalité dans *l'affaire Oumar Ndiaye et 4 autres c. / Air Afrique* en estimant que *« le moyen pris de l'inconstitutionnalité d'une loi ou des dispositions d'un accord international ne saurait être soulevé à l'occasion d'une requête en rabat d'arrêt »,* après ces précisions, la Cour décide *: « Dit n'y avoir lieu à saisir le Conseil constitutionnel »*[605]. Le Conseil constitutionnel ivoirien dans sa décision *N° CI-2012-131/ 27-03/CC/SG relative à la requête en inconstitutionnalité des articles 256 à 266 du Code des assurances de la conférence interafricaine des marchés d'assurances dit Code SIMA* a indiqué aux requérants que *« la loi susceptible d'être contrôlée par le juge dans le cadre d'une exception d'inconstitutionnalité, se distingue de la loi internationale »*[606]. Certes, le traité international est une loi ; c'est la loi des parties comme le fait remarquer le Professeur F. D. MELEDJE, mais ce n'est pas une loi sens du droit interne qui, elle est définie comme un acte unilatéral[607].

Si le juge constitutionnel sénégalais semble insister sur la terminologie employée par le requérant et la nature de l'acte attaqué pour le débouter, le juge constitutionnel de la République démocratique du Congo lui, procède d'une autre manière en adoptant ce que P. G. NKOY[608] appelle « une stratégie de l'évitement sur le fond d'une volonté d'ignorer la

---

[603] Loi N° 2014-26 du 03 novembre 2014, *JORS*, N° 6818, Lundi 10 novembre 2014, p. 1359 ; CS, 5 juillet 1961, Waly Sarr c./ commune de Saint-Louis, *in* J. M. NZOUANKEU, *Les grandes décisions de la jurisprudence administrative sénégalaise, op. cit.*, p. 28. Cette affaire bien que traitant de la violation d'une loi est applicable à la matière constitutionnelle étant donné que la légalité intègre les normes constitutionnelles.

[604] CE, 30 août 1995 Adama THIAM, *Bulletin des arrêts du Conseil d'État,* N° 52, p. 104.

[605] Arrêt N° 01/CR/97 du 03 juillet 1997, *Revue EDJA*, N° 39, octobre-novembre-décembres, 1998, p. 54, obs. D. NDOYE.

[606] F. D. MELEDJE, *Les grands arrêts de la jurisprudence constitutionnelle ivoirienne, op. cit.*, pp. 378-379.

[607] F. D. MELEDJE, *Les grands arrêts de la jurisprudence constitutionnelle ivoirienne, op. cit.*, p. 379.

[608] P. G. N. NKOY, « Les tactiques jurisprudentielles du juge constitutionnel congolais. Politique quand tu nous tiens ! », Communication au colloque international de Cotonou de août 2012, *La Constitution béninoise du 11 décembre 1990 un modèle pour l'Afrique ?, op. cit.*, p. 9.

règle constitutionnelle de solution » sur la base d'une interprétation contextuelle de la règle de droit. Celle-ci consiste à privilégier le sens de la loi en fonction de l'espèce. Un exemple illustratif est fourni par l'arrêt de la Cour suprême de justice du 14 janvier 1973 *Motors Ltd.* Dans cette affaire, la section administrative de la Cour suprême a été saisie d'une exception d'inconstitutionnalité de l'ordonnance-loi du 7 juin 1966 dite « loi BAKAJIKA ». La demanderesse estimait que l'ordonnance-loi était contraire à la Constitution de 1967. Le juge constitutionnel congolais, pour sa part, considère *« que cette ordonnance-loi a été prise avant l'entrée en vigueur de la Constitution de 1967 et qu'il faut apprécier sa constitutionnalité en se référant à la Constitution alors en vigueur et non à celle de 1967 (...) que dès lors c'est à tort que la demanderesse soulève l'exception d'inconstitutionnalité entendue dans le sens des articles 71 à 73 de la Constitution de 1967 »*[609]. La Cour s'estime compétente mais rejette la demande sur le fond en prétextant du caractère « postérieur » de la Constitution de 1967 par rapport à l'ordonnance-loi de 1966. Pourtant, la Constitution du 1er août 1964 garantissait dans les mêmes termes que la Constitution de 1967 les droits qu'entendait se prévaloir en l'espèce la requérante. En l'espèce, le juge constitutionnel congolais ignore la continuité de la norme constitutionnelle pertinente malgré qu'il ait une succession de Constitutions. La révision constitutionnelle s'inscrit dans le cadre de la continuité, car visant à adapter un ordre existant aux circonstances changeantes. Les changements introduits ne vaudront que pour l'avenir, mais les stipulations transitoires expresses du constituant originaire peuvent autoriser la prise en compte des situations juridiques antérieures[610]. Une nouvelle Constitution fonde un nouvel ordonnancement juridique à partir d'un ordre juridique dont on ne veut plus. Cependant, si la nouvelle Constitution ne saurait être rétroactive dès lors qu'elle est antagonique à l'ordre constitutionnel renversé, elle a toute la latitude de reprendre des dispositions antérieures en se les

---

[609] *Bulletin des arrêts de la CSJ*, décembre-janvier 1973, pp. 109 et s.

[610] E. H. MBODJ, « De la recevabilité de candidature de Me Wade pour un troisième mandat : faux débat politique ou vrai casse-tête constitutionnel ? » p. 8 disponible à http://www.elhadjmbodj.net/index.php?option=com_content&view=article&id=86:contribution-&catid=1:news

appropriant, ainsi que les situations juridiques nées sous l'ancien ordre constitutionnel si ces dernières ne lui sont pas contraires[611].

Il convient de préciser qu'au Sénégal, la loi organique relative à la Cour de cassation issue de la réforme de 1992 ne permettait pas à la Cour de cassation de connaître de la cassation de l'exception d'illégalité. En effet, devant la Cour de cassation, l'exception d'illégalité des actes administratifs était une question préjudicielle, la Cour devant surseoir à statuer et saisir le Conseil d'État de la légalité de l'acte administratif, alors que devant les juridictions placées sous son autorité l'exception d'illégalité des actes administratifs était une question préalable.[612] Il s'agissait là d'un laconisme que la doctrine n'avait manqué de dénoncer. Ce qui a fait écrire au Professeur El Hadj MBODJ : « on le voit, le juge de cassation a des pouvoirs moins étendus que les juridictions placées sous son autorité en ce qui concerne l'appréciation de la légalité »[613].

Toutefois, dans le contexte sénégalais de protection juridictionnelle de l'ordre constitutionnel, le contrôle par voie d'exception produit des effets particuliers.

II- Les effets du contrôle par voie d'exception

Le Conseil constitutionnel, saisi de l'exception d'inconstitutionnalité d'une loi se prononce dans un délai de trois mois à compter de la date de sa saisine[614]. Les effets des décisions du juge dans le cadre du contrôle par voie d'action sont *inter partes*. La loi n'est pas annulée elle subsiste. Mais par souci d'harmoniser sa jurisprudence, le juge n'hésitera pas à utiliser la technique du précédent pour des situations comparables. En effet, le principe du *stare decisis* donne à la décision de la Cour suprême américaine, lorsqu'elle est saisie la valeur d'une décision d'annulation. La norme n'est pas annulée, mais les juges appliquant la technique du précédent se conforment à la décision de la Cour suprême. Cette attitude des juges permet d'inciter le législateur à corriger la loi déclarée inconstitutionnelle pour la rendre conforme à

---

611 E. H. MBODJ, « La Constitution de transition et la résolution des conflits en Afrique : L'exemple de la République démocratique du Congo », *RDP*, 2010, N° 2, mars-avril, pp. 441-471.

612 A. FAYE, « État de droit et contrôle de l'exécutif. Réflexion d'un privatiste sur l'exception d'illégalité en droit sénégalais », *Revue de l'Association sénégalaise de Droit Pénal,* janvier-février 1996, pp. 41-50.

613 E. H. MBODJ, « Les incidences de la réforme judiciaire du 30 mai 1992 sur le contentieux administratif sénégalais », *op. cit.,* p. 26.

614 Article 20 de la loi organique sur le Conseil constitutionnel.

l'ordre constitutionnel. Au Sénégal, l'option retenue en qui concerne les effets attribués aux décisions du juge est assez surprenante. Elle s'éloigne de la solution qui est prévue par les États-Unis d'Amérique, terre de prédilection du contrôle de constitutionnalité par voie d'exception. Les effets de la décision du juge se rapprochent de ceux du contrôle par voie d'action. La loi déclarée inconstitutionnelle devient en quelque sorte désuète, elle cesse de s'appliquer. Cependant cette situation peut être source de confusion et confère à la décision du juge les allures d'une autorité absolue de la chose jugée. À cet égard, le constituant togolais est plus explicite. En effet, la Constitution togolaise prévoit : « un texte déclaré inconstitutionnel ne peut être promulgué. S'il a déjà été déjà mis en application, il doit être retiré de l'ordonnancement juridique »[615].

En France, l'effet visé par la procédure de la question prioritaire de constitutionnalité c'est d'assainir l'ordre juridique. La question prioritaire de constitutionnalité est perçue par une partie de la doctrine française comme « un processus d'apurement de l'ordre juridique devant conduire à éliminer progressivement les dispositions législatives inconstitutionnelles, et donc à une réduction progressive de l'objet du contentieux »[616].

En matière d'exception d'illégalité constitutionnelle d'un acte administratif, l'effet relatif de la décision est absolu. L'effet de la décision du juge ne vaut que pour les parties au procès. L'acte administratif subsiste, elle continue de s'appliquer à d'autres situations juridiques.

Dans la pratique, le mixte le contrôle mixte qui associe des modalités différentes et des juges différents ne manque de poser la question des relations qui se nouent entre les juges d'où l'analyse de ces dernières, car d'elle ressort la construction du système de justice constitutionnelle.

Paragraphe II : Les relations entre les juges

La spécialisation organique et fonctionnelle des juridictions peut laisser peu de place à une relation entre elles. En effet, les juridictions intervenant sur des terrains différents et appliquant des droits différents, on peut douter qu'elles puissent entretenir des relations de nature verticale. Cependant, dans le domaine de protection de l'ordre constitutionnel il en est autrement. Les juges, étant souvent confrontés à une même situation juridique et utilisant la même norme de référence, l'ordre constitutionnel qui est le fondement commun des différents ordres juridictionnels peut

---

[615] Article 104 de la Constitution togolaise de 1992.

[616] G. DRAGO, « Le nouveau visage du contentieux constitutionnel », *op. cit.*, p. 753.

entretenir des relations. Se pose alors la problématique de l'autorité des décisions du Conseil constitutionnel. L'observation de la pratique juridictionnelle montre que les rapports entre le Conseil constitutionnel et les autres juges révèlent des relations qui peuvent traduire un dialogue (A), mais aussi une compétition d'une aura conflictuelle (B).

A- Le dialogue des juges

Le dialogue entre le juge constitutionnel et les juges ordinaires procède de la réception par ces derniers de la jurisprudence du Conseil constitutionnel, mais également de celle des juges ordinaires par le juge constitutionnel. Le dialogue implique un principe de réciprocité dans l'application de la doctrine des juges[617]. À cet effet, Terry OLSON, dans ses conclusions sous l'arrêt du Conseil d'État français du 22 juin 2007 *Lesourd,* écrit : « La priorité de l'heure n'est pas ou n'est plus à la délimitation des pré carrés, de périmètres dans lesquels chaque juge serait maître chez lui sans se soucier de l'évolution de la réflexion des autres juges et cultiverait son particularisme ou sa susceptibilité. L'essentiel tient désormais à ce que les juges, tous les juges œuvrent ensemble »[618]. Ainsi, le Conseil constitutionnel a-t-il reçu l'assentiment du juge de l'administration pour sa doctrine des principes qui sont à la base de l'application de l'exception d'inconstitutionnalité des lois. Dans sa décision rendue le 13 février 1995- *Renvoi au Conseil d'État d'une exception d'inconstitutionnalité*[619] relative à l'exception d'inconstitutionnalité des articles premier et 14 de la loi 76-67 du 2 juillet 1976, relative à l'expropriation pour cause d'utilité publique et aux autres opérations foncières d'utilité publique, dont il était saisi par le Conseil d'État, suite au recours pour excès de pouvoir intenté devant cette juridiction le 2 mars 1994 par maître Babacar NIANG, représentant Moussa OUATTARA et autres, le juge constitutionnel a forgé sa philosophie des conditions de recevabilité de l'exception d'inconstitutionnalité. Le juge, dans sa réponse, ne se prononça pas sur la question de constitutionnalité qui lui est posée. Après avoir rappelé le fondement

[617] A. DERRIEN, « Dialogue et compétition des Cours suprêmes ou la construction d'un système juridictionnel », *Pouvoirs,* N°105, 2003, pp. 41-52. Pour une internationalisation du principe voir M. C. PONTHOREAU, « La globalisation du droit constitutionnel en question(s)», *in Mélanges en l'honneur de Jean du Bois de GAUDUSSON, Espaces du service public,* Tome I, *Droits d'ailleurs,* Presses universitaires de Bordeaux, 2013, pp. 549-565.

[618] CE, 22 juin 2007 Lesourd, *Lebon,* p. 253, concl. T. OLSON.

[619] I. M. FALL (dir.), *Les décisions et avis du Conseil constitutionnel. Rassemblés et commentés, op. cit.*, p. 125.

du sursis à statuer du Conseil d'État qui, en l'espèce ne pose pas problème, le juge constitutionnel précise qu'au préalable le Conseil d'État doit *« se prononcer sur sa compétence et sur la recevabilité du pourvoi ou sa déchéance, tout examen de la « solution du litige » leur étant subordonné comme le Conseil d'État en donne l'illustration en décidant de « sursoir au fond ; Qu'un pourvoi non purgé de toute fin de non-recevoir ou simplement fantaisiste, ne saurait servir de prétexte pour saisir le Conseil constitutionnel d'une exception d'inconstitutionnalité qui si elle devait être examinée par le Conseil constituerait véritablement un détournement de pouvoir ».*Le juge constitutionnel à l'occasion, donc précise la condition de recevabilité de l'exception d'inconstitutionnalité, qui est la vérification de la recevabilité du recours juridictionnel devant la juridiction compétente, juge de l'action. Cette condition n'est, pourtant fixée par aucun texte[620]. Il s'agit là d'un principe jurisprudentiel dégagé par le juge dicté par des motifs de « cohérence juridictionnelle », comme l'écrit Fara MBODJ.[621]Ainsi, le Conseil constitutionnel a-t-il renvoyé le dossier au Conseil d'État aux fins de vérification de sa compétence. C'est finalement le 3 juin 1996*Exception d'inconstitutionnalité de la loi du 2 juillet 1976 relative à l'expropriation pour cause d'utilité publique*[622] que le Conseil constitutionnel se prononça sur l'exception d'inconstitutionnalité après une nouvelle saisine du Conseil d'État qui adhéra à sa doctrine. Les deux juges ont harmonisé leur position sur les conditions de recevabilité de l'exception d'inconstitutionnalité, traduisant ainsi un dialogue achevé pour la protection de l'ordre constitutionnel.

Cependant, le dialogue des juges ne se limite pas à cette seule mise en œuvre de cette modalité de protection de l'ordre constitutionnel, il se ressent au prisme des autres relations qui se nouent entre les juges. L'harmonisation des jurisprudences par les juges se décèle à l'occasion de l'examen de la constitutionnalité des normes juridiques. En effet, la

[620] Article 56 de la loi organique sur le Conseil d'État disposait seulement que « lorsque la solution d'un litige porté devant le Conseil d'État est subordonnée à l'appréciation ou à la conformité d'une loi ou d'un engagement international à la Constitution, le Conseil saisi obligatoirement le Conseil constitutionnel de l'exception d'inconstitutionnalité ainsi soulevée et sursoit à statuer jusqu'à ce que le Conseil constitutionnel se soit prononcé… »

[621] I. M. FALL (dir.), *Les décisions et avis du Conseil constitutionnel du Sénégal. Rassemblés et commentés, op. cit.*, p. 127.

[622] I. M. FALL (dir.), *Les décisions et avis du Conseil constitutionnel du Sénégal. Rassemblés et commentés, op. cit.,*p. 145.

prise en compte des avis de constitutionnalité par le juge au contentieux et l'harmonisation des jurisprudences des différents juges sur les mêmes questions de droit constitutionnel est vecteur d'un dialogue entre eux. Dans l'*affaire Karim Meïssa Wade*, la Cour de répression de l'enrichissement illicite devait considérer *« qu'en tout état de cause, le Conseil constitutionnel ayant déclaré conformes à la Constitution les lois sur la CREI, le juge en appliquant les dispositions desdites lois ne viole en aucune façon un quelconque droit des parties »*[623]. Dans cette affaire, pour rejeter la demande de nullité de la procédure pour violation du droit de la défense, la Cour de Céans a appliqué la jurisprudence du Conseil constitutionnel déclarant les lois 81-53 et 81-54 du 10 juillet 1981 conformes à la Constitution.

Aussi, sur la question de la valeur juridique du préambule de la Constitution, le juge constitutionnel et le juge administratif sénégalais ont-ils harmonisé leur position. Le Conseil constitutionnel dans sa décision N° 11/1993 dans le cadre d'une affaire relative à *l'exception d'inconstitutionnalité* a considéré que le préambule fait partie intégrante de la Constitution, il en est de même dans sa décision N°12 /1993 relative à la conformité à la Constitution du traité de Port Louis relatif sur l'harmonisation du droit des affaires en Afrique précité.[624]Le Conseil d'État a adopté la même position dans l'affaire *Prosper Nguena Nitchen*[625] et dans l'affaire rendue 29 juillet 2000, *Association nationale des Handicapés Moteurs c/ État du Sénégal*[626]. Ce fut de même pour l'ancienne la Cour suprême dans l'affaire *Souhel Filfili* rendue le 1er juin 1988[627]. Les espèces évoquées démontrent que les juges appliquent la doctrine de leurs homologues quand ils sont confrontés à la même situation. Lorsque le Conseil constitutionnel applique la doctrine des juges ordinaires, il prend en considération l'interprétation faite par ces derniers. En contentieux constitutionnel italien, on dit qu'il y a une réception du « droit vivant »[628]. En effet, la constitutionnalisation de l'interprétation faite par les juges d'application de la loi par la reprise des principes posés par ces derniers est un indicateur révélateur que le

---

[623] *Le Quotidien,* N° 3646 du Vendredi 27 mars 2015, p. 5.
[624] *JORS,* N° 5564 du 29 janvier 1994, p. 62.
[625] Bulletin des arrêts du Conseil d'État, N°38, juillet 1998, p. 82.
[626] M. NGAIDE, « Le Conseil d'État du Sénégal le principe de l'égal accès à un emploi public : à propos de l'arrêt du 29 juillet 2000, *Association nationale des Handicapés Moteurs contre État du Sénégal* (arrêt N° 12) », *Afrilex,* N° 3, 2003, pp. 201-202.
[627] CS, 1er juin 1988 Souhel Filfili non publié.
[628] G. ZAGREBELSKY, « La doctrine du droit vivant », *A.I.J.C.,* 1986, p. 55.

Conseil constitutionnel a l'œil sur ce que se passe dans d'autres prétoires. Il convient de le signaler, comme le fait remarquer Alexandre VIALA[629]. La doctrine du « droit vivant » s'accommode le plus avec le contrôle de constitutionnalité par voie d'exception. Le plus souvent, le juge constitutionnel, lorsqu'il contrôle une loi par voie d'exception, statue dans un contexte *a posteriori*, a parfois en charge d'examiner une loi qui a déjà été appliquée et interprétée par le juge ordinaire.

Cependant, il existe dans la jurisprudence des cas où des écarts peuvent être notés entre les visions des juges habilités à trancher les questions constitutionnelles. Ces écarts traduisent dans une certaine mesure, des relents conflictuels qui méritent d'être étudiés.

B- Le conflit des juges

Il s'agit d'examiner les cas dans lesquels il y a une divergence de jurisprudence entre le Conseil constitutionnel et les autres juges malgré qu'ils soient confrontés à des situations identiques. Il convient toutefois de faire remarquer que cette donne n'est pas propre au système sénégalais de protection de l'ordre constitutionnel, elle se rencontre couramment ailleurs. Le Conseil constitutionnel, dans sa décision du 29 janvier 2012 au-delà de la constitutionnalité de la candidature du Président WADE au regard des articles 27 et 104 de la Constitution du 22 janvier 2001, s'est prononcé sur un autre point sur lequel il avait été saisi. Il s'agit de la déclaration orale qui a été faite par le Président WADE de ne pas pouvoir briguer un troisième mandant parce que dit-il, lui-même qu'il a « verrouillé » la Constitution en limitant le nombre de mandats à deux. Les requérants soutiennent que « cette déclaration interprétative des articles 27 et 104 de la Constitution doit être considérée comme un témoignage doté d'effet juridique, car le Président de la République est l'interprète authentique de la Constitution »[630]. Saisi de recours, le juge sur ce point exige que la déclaration du Président soit traduite *« par un acte législatif ou réglementaire »* pour avoir la valeur d'une règle de droit. En effet, le juge considère que *« l'opinion exprimée par le Président de la République, quelle que soit par ailleurs sa solennité ne peut avoir règle de droit dès lors qu'elle ne se traduit pas par un acte législatif ou réglementaire ».* Le juge précise ensuite que *« cette déclaration en elle-même ne saurait en aucun cas constituer*

---

[629] A. VIALA, « L'interprétation du juge dans la hiérarchie des normes et des organes », *op. cit.*, p. 5.

[630] *Le Quotidien* N° 2711 du Mercredi 1er février 2012, p. 10.

une source de droit »[631]. Si I. M. FALL estime que « le Président est une bouche de la Constitution » et que « par cette déclaration interprétative de la Constitution, le Président contribue significativement à lever le doute qui était permis sur le sens des dispositions relatives au nombre de mandats pouvant être brigués par l'élu de 2000 »[632], une telle déclaration ne saurait lier le juge constitutionnel. Le Président de la République n'est pas l'interprète authentique et souverain de la Constitution. Il « ne peut placer des œillères au juge constitutionnel »[633]. Ses actes et ses déclarations, comme ceux des parlementaires qui mettent en œuvre les dispositions de la Constitution, sont des interprétations de celle-ci, des décisions qui sont soumises au contrôle des juges en charge de la protection de l'ordre constitutionnel. En effet, « soit l'interprète est soumis à l'éventualité d'un contrôle ultérieur. Dans ce cas l'interprète n'est pas souverain. Il existe un autre organe susceptible d'invalider sa décision, son interprétation ; soit l'interprète n'est soumis à aucune autorité pour interpréter le texte, personne ne peut annuler son interprétation. Dans ce cas, l'interprète est souverain »[634]. Le juge constitutionnel de par son statut est ainsi « l'autorité désignée pour régler toute difficulté d'interprétation susceptible d'empoisonner la vie publique et de compromettre la bonne marche des institutions »[635].

Soutenant ces arguments, E. H. MBODJ, reprenant le conseiller d'État Jacques ARRIGHI DE CASANOVA[636] estime que « "La bouche de la Constitution" est le Conseil constitutionnel »[637]. S'il existe une concurrence des interprètes de la Constitution, il demeure que ces interprètes n'ont pas le même statut[638]. Le statut de contrôleur des actes

---

[631] *Le Quotidien, ibid.*, p. 10.

[632] I. M. FALL, *Les révisions constitutionnelles au Sénégal. Révisions consolidantes et révisions déconsolidantes de la démocratie sénégalaise, op. cit.*, pp. 78-79.

[633] « Le Pr Mbodj démonte la trouvaille des libéraux », *in Le Populaire,* N° 3366, Vendredi 11 février 2011, p. 13.

[634] T. GIRAUD, « Appliquer la Constitution, c'est déjà l'interpréter », *in* G. KOUBI et I. MULLER-QUOQ (dir.), *Sur les fondements du droit public. De l'anthropologie du droit,* Bruxelles, Bruylant, 2003, p. 113.

[635] S. BOLLE, « Sur l'interprétation de la Constitution en Afrique. », *in Mélanges en l'honneur de Jean du Bois de GAUDUSSON, Espaces du service public*, Tome I, *Droits d'ailleurs,* Presses universitaires de Bordeaux, 2013, p. 61.

[636] J. ARRIGHI de CASANOVA, « Pouvoir normatif du Conseil constitutionnel et stabilité de la norme », *Cahiers du Conseil constitutionnel,* N°24, juillet 2008.

[637] « Le Pr Mbodj démonte la trouvaille des libéraux », *Le Populaire* Quotidien, N° 3366, Vendredi 11 février 2011, p. 13.

[638] M.M. SY, *La protection constitutionnelle des droits fondamentaux en Afrique. L'exemple du Sénégal*, *op. cit.*, p. 433.

émis par les autres interprètes de la Constitution attribué au juge lui permet d'imposer ses interprétations à ses concurrents. Le Président de la République a un simple pouvoir d'interprétation « circonstancié », alors que celui du juge constitutionnel est de type authentique[639].Ce rapport d'autorité dont bénéficie l'interprétation du juge constitutionnel résulte du fait que ses décisions ne sont susceptibles d'aucun recours et qu'elles s'imposent aux pouvoirs publics[640].La nature directive de l'interprétation du juge constitutionnel impose un impératif de prise en considération et une obligation de respect de celle-ci. À propos de la compétence du Conseil constitutionnel, le Professeur E. H. MBODJ écrit : « Il se prononcera en dernier ressort pour trancher définitivement le différend relatif à la recevabilité de la candidature de Me Wade, sur requête des candidats intéressés et sa décision s'imposera à toutes les autorités »[641].

D'ailleurs, certaines Constitutions attribuent de manière expresse le rôle d'interprète authentique de la Constitution au juge constitutionnel. À titre d'exemple, en République Démocratique du Congo, « la Cour constitutionnelle connaît des recours en interprétation de la Constitution sur saisine du Président de la République, du Gouvernement, du Président du Sénat, du Président de l'Assemblée nationale, un dixième des membres de chacune des chambres parlementaires, Gouverneurs de province et des Présidents des Assemblées provinciales ».[642] L'exigence d'une traduction *« législative ou réglementaire »* de la déclaration de WADE comporte une limite. En effet, en ce qui concerne l'hypothèse d'une traduction législative, « si ce qu'exige le Conseil était fait, nous ne serions plus en présence d'un acteur interprète, mais d'une loi interprétative »[643], c'est-à-dire la possibilité d'une loi interprétative de la Constitution, « une catégorie juridique inconnue de la Constitution sénégalaise, inconnue de l'ordonnancement constitutionnel sénégalais. La Constitution ne prévoit expressément que les ordinaires ou simples, lois de finances, les lois de programme, les lois d'approbation des plans,

---

639 M. M. SY, *ibid.*, p. 433.

640 Article 92 de la Constitution du 22 janvier 2001.

641 E. H. MBODJ, « De la recevabilité de candidature de Me Wade pour un troisième mandat : faux débat politique ou vrai casse-tête constitutionnel ? », *op. cit.*, p. 9.

642 Article 161 de la Constitution du 18 février 2006.

643 A. SALL, « Interprétation normative et norme interprétative : à propos des deux décisions du Conseil constitutionnel », *op. cit.*, p. 4.

les lois d'habilitation, les lois organiques, les lois de prorogation de l'état d'urgence ou de l'état de siège et les lois de déclaration de guerre[644].

Le Professeur MBODJ note que « la loi interprétative est une illustration de la loi bavarde que l'ancien président du Conseil constitutionnel français, M. Pierre MAZEAUD, dénonçait dans son rapport de 2005 et qui affecte la qualité de la loi et la sécurité des sujets de droit ». C'est dans cet esprit, affirme-t-il, que « le Conseil constitutionnel français considère, depuis la décision n° 2004-500 DC du 29 juillet 2004, confirmée par sa jurisprudence ultérieure, que la loi a pour vocation d'énoncer des règles et doit par suite être revêtue d'une portée normative et sanctionne en conséquence les lois manifestement dépourvues de toute portée normative. L'objet de la loi est d'ordonner, de punir, d'autoriser, de prohiber, de déclarer, d'habiliter, de prescrire, de sanctionner, d'ordonner, de fixer, de déterminer d'astreindre, etc. L'interprétation législative sort de la normativité juridique »[645]. Quant à la possibilité d'une traduction « *réglementaire* », il convient de noter que, certes, le Président de la République est une autorité administrative, mais son pouvoir réglementaire peut s'exercer par une voie écrite ou non écrite. Il s'agit là une distinction bien admise en droit administratif. En effet, le juge a eu à considérer que la déclaration du Président de la République rejetant la demande d'enregistrement d'un parti politique est bien acte administratif ayant d'effets juridiques.[646] Seulement, le Conseil constitutionnel n'a pas un pouvoir d'appréciation de la nature du procédé juridique employé par le Président de la République. Il n'a pas en la matière un pouvoir d'appréciation et de décision identique à celui du Président de la République ; il ne peut se substituer à lui[647]. En se prononçant sur l'opportunité d'une traduction *« législative ou réglementaire »* de la déclaration du Président WADE, le Conseil constitutionnel commet un excès de pouvoir. Le Conseil constitutionnel n'a pas la liberté d'action pour exiger la traduction en loi une volonté politique exprimée par Président de la République. N'étant pas un organe de décision politique, son rôle devait se limiter dans les conditions fixées par l'ordre constitutionnel, à dire si la déclaration du

---

644 « Le Pr Mbodj démonte la trouvaille des libéraux », *Le Populaire,* N° 3366, Vendredi 11 février 2011, p. 13.

645 « Le Pr Mbodj démonte la trouvaille des libéraux », *ibid.* 13.

646 CS, 7 janvier 1978 Cheikh Anta Diop, *RJS,* pp. 222-225.

647 Cons. const., 15 janvier 1975, Interruption volontaire de grossesse (IVG),*in* L. FAVOREU et L. PHILIP, *Les grandes décisions du Conseil constitutionnel, op. cit.,* p. 89.

Président WADE avait une valeur juridique ou non. Il doit éviter de « céder à la tentation de se prendre pour un législateur »[648]. En l'espèce, le Conseil constitutionnel n'avait pas à indiquer que la déclaration Président WADE doit être revêtue de la forme d'un acte juridique écrit. Il ne lui appartient pas de se prononcer sur l'opportunité des dispositions législatives ou encore de rechercher si les objectifs que s'est assignés le législateur auraient pu être atteints par d'autres voies[649]. La position du Conseil constitutionnel, à d'autres égards, s'écarte de celle de l'ancienne Cour suprême. Dans la décision *El Hadj Omar Fall* le juge a conclu à l'inexistence juridique d'une déclaration orale par voie radiophonique suspendant le sieur Fall de sa fonction d'instituteur.[650] Lors de la période préélectorale de l'année 1988, les juges à la Cour suprême ont estimé que la déclaration du Président sortant de rester en fonction jusqu'à l'installation de son successeur *« n'est pas une décision faisant grief et n'est donc pas susceptible de recours pour excès de pouvoir ».*[651] D'autres juridictions constitutionnelles, comme la Cour constitutionnelle du bénin ont eu à se pencher sur la constitutionnalité de la déclaration orale du Président de la République sans exiger qu'au préalable que ladite déclaration soit prise en charge par une loi ou un acte réglementaire.[652]

Mais, plus patent est le conflit entre le Conseil constitutionnel et la Cour de cassation portant sur les conditions de recevabilité de l'exception d'inconstitutionnalité devant le Conseil constitutionnel. Les positions prises par l'ancienne Cour de cassation ont pu être ressenties et interprétées comme une certaine réticence à entrer pleinement dans la voie d'une coopération loyale avec le juge constitutionnel. La Cour de cassation, contrairement au Conseil d'État semble dans un premier temps

[648] R. BADINTER, « Le Monde » des 5 et 6 mars 1995.

[649] L. FAVOREU et L. PHILIP, *Les grandes décisions du Conseil constitutionnel, op. cit.,* p. 309.

[650] CS, 23 juin 1975El Hadj Omar Fall, *in* J. M. NZOUANKEU, *Les grandes décisions de la jurisprudence administrative sénégalaise, op. cit.*, pp. 425-430.

[651] CS, 5 février 1988, sections réunies, matières constitutionnelle, arrêt N° 3 /C/ 88.

[652] Il s'agit en l'occurrence de la décision DCC 13-071 de la Cour constitutionnelle condamnant les propos divisionnistes du Président de la République en date du 1er août 2013 et de la déclaration antérieure d'un front d'opposants stigmatisant le Président de la République « illégal » pour avoir « méconnu » la Constitution. Même s'il s'agit là une façon de blâmer la violence verbale, il n'en demeure pas moins que le juge constitutionnel béninois reconnaît une valeur juridique aux déclarations orales faites par les politiques et apprécie leur validité à l'aune de la Constitution. Voir Stéphane BOLLE, « La Cour Holo est bien partie », *op. cit.*, p. 2.

entretenir un dialogue de sourd avec le juge de la constitutionnalité en reprochant à ce dernier d'excéder ses pouvoirs. La querelle des juges commence par une décision du Conseil constitutionnel du 13février 1995[653]. Les faits et le langage que se sont tenus les juges méritent d'être rappelés. Dans cette affaire, maître Ciré LY, représentant Demba MBAYE, avait soulevé devant la Cour de cassation l'exception d'inconstitutionnalité de l'article 140 du Code de procédure pénale, lors d'un litige l'opposant à la caisse de péréquation des prix et le ministère public. La Cour de cassation avait décidé de sursoir à statuer sur le pourvoi formé par Demba MBAYE[654] contre l'arrêt de la Chambre d'accusation[655] et avait saisi le Conseil constitutionnel aux fins de se prononcer sur la constitutionnalité du texte. À l'examen de la requête, le juge constitutionnel dégage sa doctrine de la mise en œuvre de l'exception d'inconstitutionnalité. En effet, le Conseil constitutionnel exige de la Cour de cassation qu'elle vérifie au préalable sa compétence et les conditions de recevabilité du pourvoi. C'est à cette seule condition qu'il pourra examiner la constitutionnalité de la disposition législative incriminée. En l'espèce, cette condition n'étant pas remplie, le juge constitutionnel y voit *« un détournement de procédure »* et a procédé par un renvoi du dossier au juge du fond. La Cour de cassation, dans sa réponse,[656] reprend le dispositif de son arrêt précédent et reproche au Conseil constitutionnel de lui avoir adressé *« une injonction »* dans sa décision du 13 février 1995, ce que ne prévoit pas l'article 67 de la loi organique sur la Cour de cassation selon les juges à la chambre d'accusation de la Cour de cassation. Par ailleurs, la Cour de cassation précise qu'elle avait *« pris le soin »* dans son arrêt du 17 janvier 1995 *« de préciser que le pourvoi formé par Demba MBAYE est régulier »*, et que cette régularité n'a pu être établie qu'après vérification de sa compétence et *« que le pourvoi a satisfait toutes les conditions exigées par la loi pour être déclaré recevable »*. À vrai dire, ce qu'avait ressenti la Cour de cassation dans le comportement du Conseil constitutionnel était un sentiment d'agression en son égard. Le Conseil constitutionnel, dans sa réponse,[657] affirme que *« sa préoccupation demeure le*

---

[653] I. M. FALL (dir.), *Les décisions et avis du Conseil constitutionnel. Rassemblés et commentés, op. cit.*, p. 121.
[654] Arrêt N° 2 du 17 janvier 1995.
[655] Arrêt du 20 janvier 1994.
[656] Arrêt du 18 février 1995.
[657] Cons. const., 19 juin 1995, *in* I. M. FALL (dir.), *Les décisions et avis du Conseil constitutionnel. Rassemblés et commentés, op. cit.*, p. 129.

fonctionnement harmonieux et complémentaire des juridictions » et que *« sa préoccupation est très loin d'une injonction »* et précise d'ailleurs qu'il n'a pas ce pouvoir sauf dans certains cas prévus par la loi. Le juge constitutionnel poursuit son argumentation en précisant que la Cour de cassation, en rappelant dans les motifs de son arrêt du 18 avril 1995 que le pourvoi du sieur MBAYE *« est régulier »*, précise *« qu'elle a vérifié sa compétence et a constaté que le pourvoi a satisfait à toutes les conditions exigées par la loi pour être déclaré recevable »*. En outre, le Conseil constitutionnel précise que *« l'énonciation de la décision sous forme de dispositif n'est pas une exige formelle prescrite à peine de nullité, elle ne s'oppose pas à la pratique pourtant controversée des "motifs décisoires" qui, dans le cas d'espèce, rendent sans ambiguïté, la motivation de ce qui a été jugé »*. À travers ces précisions, les membres du Conseil constitutionnel réfutent les arguments des juges à la Cour de cassation. Ce n'est qu'après ces précisions que le Conseil constitutionnel se pencha sur la constitutionnalité de la disposition contestée en indiquant *« qu'en conséquence qu'il y a lieu d'examiner le problème de l'exception d'inconstitutionnalité, régulièrement soumis au Conseil constitutionnel »*.

Toutefois, le Conseil constitutionnel en estimant que l'article 140 du Code de Procédure pénale n'est pas contraire à la Constitution ne semble pas s'inscrire dans la même ligne que la Cour d'appel de Dakar[658] et l'ancienne Cour suprême qui, statuant en matière de responsabilité administrative ont considéré que *« l'article 140 du Code de procédure pénal qui institue en cas de détournement de derniers publics une détention provisoire obligatoire, crée un risque pour les citoyens »*[659]. L'harmonisation de la jurisprudence du Conseil constitutionnel avec celle des juges ordinaires aurait pu amener le Conseil à déclarer la disposition législative inconstitutionnelle, il sauvegarderait les droits et libertés des citoyens. Mais la sensibilité de la gestion des finances publiques au Sénégal, pays en développement a certes poussé le juge à adopter une telle solution. Les effets du contrôle par voie d'exception s'analysant à une abrogation de la loi. La déclaration d'inconstitutionnalité de l'article 140 du Code de procédure pénale ferait sauter un des verrous protecteurs des finances publiques, véritable épée de Damoclès

---

[658] CA, 27 juillet 1979 Seybatou Ndiour c /État du Sénégal, *RIPAS,* N°2, octobre-décembre, 1981, p. 411.

[659] CS, 2 décembre 1987, État du Sénégal c/Seybatou Ndiour, *Annales africaines.* 1989-1990-1991, p. 198.

qui plane au-dessus de la tête des gestionnaires des deniers publics. C'est pourquoi, le juge s'est lancé dans la recherche d'une interprétation constitutionnelle pouvant valider la norme querellée.

En définitive, la protection juridictionnelle de l'ordre constitutionnel au Sénégal est marquée par son organisation à travers un modèle juridictionnel qui cherche à se perfectionner. La stabilité du Conseil constitutionnel et la retouche des autres juridictions l'attestent. Ce qui imprime à la protection une dynamique particulière qui se ressent à l'examen de la nature de la protection et des modalités de celle-ci.

Toutefois, cette dynamique à des effets retentissants sur les techniques juridictionnelles de la protection.

TITRE II

LES TECHNIQUES JURIDICTIONNELLES DE PROTECTION DE L'ORDRE CONSTITUTIONNEL

La garantie de la suprématie de l'ordre constitutionnel suppose l'institution d'un contrôle de constitutionnalité. En effet, la constitutionnalité est la qualité de la norme juridique conforme à la Constitution[660], tant du point de vue de son contenu (constitutionnalité interne), que de sa contexture (constitutionnalité externe). [661] Il faut noter que le contrôle de constitutionnalité ne s'exerce pas de façon générale. En effet, cette constitutionnalité est différemment appréhendée selon la nature de l'acte contesté. De nombreux actes de nature législative ou administrative échappent au contrôle juridictionnel parce que le droit positif ou la jurisprudence écarte cette soumission. À travers les techniques juridictionnelles, les juges découvrent des cas d'ouverture du contrôle de constitutionnalité (Chapitre I), et développent à cette occasion des procédés mettant en œuvre la protection (Chapitre II).

---

[660] L. FAVOREU, « Le droit constitutionnel, droit de la Constitution et constitution du droit », *RDFC*, 1990, pp. 74-77.

[661] P. AVRIL, G. GICQUEL, *Lexique. Droit constitutionnel*, Paris, PUF, 2e édition, 1989, p. 30.

CHAPITRE I

LES CAS D'OUVERTURE DU CONTRÔLE DE CONSTITUTIONNALITE

La soumission du pouvoir normatif des autorités publiques au contrôle des juges constitutionnels traduit la suprématie de la Constitution en tant que règle de droit et l'instauration de l'État de droit. C'est au 19e siècle que le contrôle de constitutionnalité des lois est apparu aux États-Unis d'Amérique de façon prétorienne avec l'arrêt *Marbury v. Madison* rendu en 1803 par le juge John MARSHALL[662]. En Europe, il faudra attendre le 20e siècle pour que se développe le contrôle de constitutionnalité des lois[663]. D'abord en Autriche en 1920, ensuite en Espagne en 1931 provisoirement, en Italie en 1947, en Allemagne en 1949 et en France véritablement en 1958[664]. Au demeurant, les cas d'ouverture du contrôle de constitutionnalité sont envisagés de façon large. Dans la protection de l'ordre constitutionnel ils portent sur le contrôle de constitutionnalité aussi bien des lois (I) que des actes administratifs (II).

Section I : Le contrôle de constitutionnalité des lois

Le Sénégal s'est doté d'un modèle de justice constitutionnelle dès son accession à la souveraineté internationale en 1960. La pratique du

---

[662] L. FAVOREU, et *autres*, *Droit constitutionnel, op. cit.*, p. 211 et s ; Y. HIGUCHI, « L'évolution récente du contrôle de la constitutionnalité sous la Constitution japonaise de 1946, *Revue internationale de droit comparé*, Vol. 31, N° 1, janvier-mars 1979, p. 21.

[663] Les origines lointaines du contrôle de constitutionnalité remontent en Europe au début du 17e siècle, en 1610 en Angleterre avec l'arrêt « Bonham ». Dans cette affaire, le tribunal de *« Common pleas »* considère que le « Collège des Médecins » de Londres n'est pas compétent pour sanctionner le Sieur Bonham poursuivi pour exercice de la médecine sans autorisation, car la loi invoquée à l'appui de sa sanction lui paraît déraisonnable et contraire au droit de *common law,* la loi fondamentale du royaume et l'incarnation de la raison. Ainsi, une loi contraire à la « loi supérieure », une notion appliquée dans cette affaire par le juge Sir Edward COKE doit être déclarée nulle. Cette doctrine du juge COKE sera vite abandonnée en Angleterre au profit du principe de la souveraineté du Parlement. Voir L. FAVOREU et autres, *Droit constitutionnel, op. cit.*, pp. 209-210.

[664] P. BON et autres, *La justice constitutionnelle en Espagne*, Paris, Economica, PUAM, 1984, pp. 19 et s.

contentieux constitutionnel de la loi révèle que la présentation de celle-ci peut se faire suivant les cas d'ouverture du contrôle à l'instar de ce qui se fait dans le domaine du contentieux administratif. En effet, l'ouverture du contentieux peut avoir pour objet un vice de constitutionnalité externe (Paragraphe I) ou un vice de constitutionnalité interne (Paragraphe II).

Paragraphe I : Le contrôle de la constitutionnalité externe des lois

Le contrôle de constitutionnalité externe renvoie à la vérification des règles qui régissent l'élaboration et la présentation de l'acte législatif soumis au contrôle du juge de la constitutionnalité. Dans la pratique juridictionnelle, le contrôle de constitutionnalité externe renvoie à la vérification du respect des règles de compétence (A) d'une part, et de procédure et de forme (B) d'autre part, par le législateur dans la production normative.

A- La vérification des règles de compétence

L'incompétence[665] en contentieux constitutionnel des lois est un vice majeur. Au Sénégal, l'existence d'un pouvoir réglementaire autonome protégé par la Constitution n'a pas empêché des empiètements du législateur faisant intervenir le juge constitutionnel.[666] D'ailleurs, dans la doctrine sénégalaise, cette répartition de compétence entre la loi et Règlement perçue comme une thématique au cœur du droit public général[667] a fait l'objet d'une étude sectorielle.[668] La compétence n'est pas un droit laissé à la discrétion du législateur mais une obligation pour lui de la mettre en œuvre[669]. La thèse du caractère d'ordre public des

---

[665] L'incompétence est définie comme un vice qui entache la décision lorsque son auteur n'a pas le pouvoir légal de la prendre, J. WALINE, *Droit administratif*, Paris, Dalloz, 23e édition, 2010, p. 624. *Cf.* O. KHOUMA, « Le contrôle de la légalité externe des actes administratifs unilatéraux par le juge sénégalais. Un exemple de « transposition » de la jurisprudence administrative française, Revue électronique *Afrilex*, 2015, pp. 15 et s.

[666] J. M. NZOUANKEU « Les domaines respectifs de la loi et du règlement en droit sénégalais », *RIPAS*, N° 11, octobre-décembre 1984, pp. 889-948.

[667] G. JEZE « Essai de théorie générale de la compétence par l'accomplissement d'actes juridiques en droit français », *R.D.P.*, 1923, p. 58.

[668] A. A. D. KEBE, *La répartition des compétences entre le domaine de la loi et du règlement en droit fiscal sénégalais*, Thèse de doctorat, UCAD, FSJP, décembre 2012, 445 p.

[669] L. FAVOREU et autres, *Droit des libertés fondamentales,* Précis de droit public, Paris, Dalloz, 3e édition, 2003, p. 107.

règles de compétences permet de soutenir que la répartition constitutionnelle des compétences est un*« un impératif constitutionnel »*.[670] Néanmoins, dans le domaine du contentieux constitutionnel, la violation des règles de compétences qui fait intervenir l'office du juge constitutionnel peut se présenter de deux manières, comme l'indique E. LAFERRIERE qui écrit : « S'il n'est pas permis à une autorité d'étendre le cercle de ses pouvoirs, il ne lui est pas permis non plus de les restreindre »[671]. En réalité, l'incompétence du législateur est soit une incompétence positive (I), soit une incompétence négative (II).

I- La sanction juridictionnelle de l'incompétence positive

Un premier cas de figure d'incompétence est celui dans lequel le législateur, par le biais d'une loi ou d'un amendement à une loi outrepasse ses compétences en intervenant dans un domaine qui n'est pas le sein, c'est l'incompétence positive[672]. Cette forme d'incompétence n'est sanctionnée par le juge que si elle est soulevée au cours de procédure législative, une fois la loi adoptée les requérants ne sont plus admis à s'en prévaloir. Il s'agit d'une invite adressée par le juge aux potentiels requérants les obligeant à se mouvoir avec diligence au cours de la procédure, et en les indiquant en même temps qu'une fois la procédure législative bouclée, l'application du critère organique couvre l'inconstitutionnalité de l'acte. Le juge statue dans un tel cas comme juge d'appel. La constitutionnalité devant être discutée pendant la phase parlementaire, c'est seulement en cas de désaccord qu'il peut être saisi. Une telle démarche fut adoptée par le juge constitutionnel français dans sa décision rendue le 30 juillet 1982*Blocage des prix et des revenus*. Dans cette décision, le juge considère : *« Le législateur n'a pas entendu frapper d'inconstitutionnalité une disposition de nature réglementaire contenue dans une loi mais a voulu reconnaître à l'autorité réglementaire un domaine propre et conférer au gouvernement par la mise en œuvre des procédures spécifiques des articles 37-2 et 42 le pouvoir d'en assurer la protection contre d'éventuels empiètements de la loi »*[673].

---

[670] L. HAMON, « Note sous Conseil constitutionnel, Décision N° 60-8 DC du 11 Août 1960 », *D.*, 1961 p. 470.

[671] E. LAFERRIERE, *Traité de la juridiction administrative et du recours contentieux*, Paris, Berger-Levraut, 2e édition 1896, Tome 2, p. 519.

[672] A. VIDAL-NAQUET, « L'état de la jurisprudence du Conseil constitutionnel sur l'incompétence négative », *Nouveaux Cahiers du Conseil constitutionnel,* N° 46, 1er janvier 2015, p. 7.

[673] Cons. const., Décision N° 82-143 DC du 30 juillet 1982blocage des prix et des revenus, *Rec.,*p. 57.

Selon le juge constitutionnel français, la loi peut empiéter sur le domaine réglementaire, mais il est une obligation pour le législateur de respecter son propre domaine défini à l'article 34 de la Constitution[674]. Le juge constitutionnel sénégalais, a estimé dans sa décision du 18 janvier 2006*loi constitutionnelle portant prorogation du mandat des députés*[675], que le constituant dérivé en décidant d'intervenir sur la durée du mandat des députés n'a pas empiété sur une matière réservée au législateur ordinaire, en l'occurrence l'article 146 du Code électoral qui « *se borne à préciser la date d'expiration du mandat des députés,* que *par suite ce moyen soulevé par les requérants n'est pas fondé* ». Dans cette décision, le juge fait la distinction entre la durée du mandant des députés régie par la Constitution en son article 60 et la date d'expiration dudit mandat réglée par le Code électoral en son article 146. Il s'agit d'une distinction difficile à établir car réglant deux domaines *a priori* inséparables. En effet, l'esthétique législative aurait pu commander que ces deux domaines soient régis par un même pouvoir normatif. Sans doute, il serait préférable que la matière soit réglée par le Code électoral, ce qui aurait amoindrit les retouches du texte constitutionnel. Le verrouillage de la durée du mandat des députés n'est pas encore un acquis démocratique au Sénégal. La durée du mandat pouvant être instable en fonction « des tempêtes politiques », il serait déplacé de faire en sorte que son sort contamine la stabilité du texte constitutionnel. Auparavant, la Cour suprême dans l'affaire *dissolution de l'O.N.CA.D.*, a procédé de façon implicite à la distinction entre la matière constitutionnelle et la matière législative. Le juge a estimé que le Code du domaine de l'État ne s'impose pas au législateur ordinaire, donc il peut y déroger[676]. Ce faisant, il est clair que le Code du domaine de l'État n'est pas inclus dans l'ordre constitutionnel. Le juge sénégalais, dans l'affaire relative à la loi portant dissolution de l'O.N.C.A.D précitée a eu à rejeter le moyen soulevé par les requérants, portant sur la violation de l'article 56 de la Constitution du 7 mars 1963. Dans son arrêt[677], la Cour suprême a rappelé que l'article 56 permet à l'Assemblé nationale de légiférer dans des matières autres que celles fixées par l'article 65 de

[674] P. PACTET, « La loi, permanence et changement », *in Mélanges René Chapus, Droit administratif*, Paris, Montchrestien, 1992, p. 507.
[675] I. M. FALL, (dir.), *Les décisions et avis du Conseil constitutionnel. Rassemblés et commentés, op. cit.,*p. 491.
[676] Voir B. S. NGOM, *L'arbitrage d'une démocratie en Afrique : la Cour suprême du Sénégal, op. cit.*, pp. 128-129.
[677] CS, Audience du 8 octobre 1980.

la Constitution, c'est-à-dire *« qui n'appartient pas par nature au domaine législatif »*, et que par suite l'article 3 al 2[678] de la loi portant dissolution de l'O.N.C.A.D est conforme à la Constitution. L'enseignement qu'on peut tirer de cet arrêt est que le domaine de la loi n'est pas uniquement cantonné dans un seul article de la Constitution. Il existe d'autres dispositions du corpus constitutionnel et du préambule de la Constitution qui prévoient leur application par voie législative. C'est ce que Henry ROUSSILLON appelle « le plateau continental de la loi »[679].

Toutefois, les cas jurisprudentiels les plus fréquents de sanction de l'excès de pouvoir législatif demeurent la violation de la norme de répartition des compétences entre le pouvoir législatif et pouvoir réglementaire. L'article 67 de la Constitution du 22 janvier 2001 énumère les matières qui sont du domaine de la loi. L'article 76 il dispose que les matières qui ne sont pas du domaine de la loi sont du domaine réglementaire. Ces deux articles posent une norme de production des normes législatives dont la violation entraine une sanction, le cas échéant par le juge. À tout le moins, on constate que l'article 67, pendant de l'article 34 de la Constitution française du 8 octobre 1958, pose une définition matérielle de la loi, mettant fin à l'omniprésence du pouvoir législatif, marquée par « la théorie Rousseauiste » de la toute-puissance de la loi, expression de la volonté générale. Cette règle traduit la version normative de la rationalisation du régime parlementaire.

Cependant, la violation des règles de compétence devient plus subtile lorsque le parlement n'exerce pas la plénitude de ses compétences. C'est l'incompétence négative.

II- La sanction juridictionnelle de l'incompétence négative

Il y a incompétence négative, lorsque législateur reste en deçà de sa compétence[680], il s'en décharge ainsi sur le pouvoir réglementaire. En doctrine, la paternité de l'expression est attribuée à LAFERRIERE. Ce dernier définit l'expression comme des cas dans lesquels « une autorité au lieu de franchir les limites de sa compétence, reste en deçà et refuse de faire un acte de son ressort en déclarant qu'elle n'a plus qualité pour

---

678 Cette disposition prévoit : « par dérogation aux dispositions des articles 41, 53, 54 et 58 du Code du domaine de l'État, le liquidateur pourra procéder à l'aliénation des biens mobiliers et immobiliers de l'établissement dissous ».

679 H. ROUSSILLON, *Le Conseil constitutionnel*, Paris, Dalloz, 2001, p. 137.

680 A. VIDAL-NAQUET, « L'état de la jurisprudence du Conseil constitutionnel sur l'incompétence négative », *op. cit.*, p. 7.

l'accomplir... »[681]. Les premiers cas d'application jurisprudentielle par le Conseil d'État français remontent aux années 1870-1880.[682] L'importation de l'incompétence négative, en tant que moyen contentieux par le Conseil constitutionnel français remonte en 1967[683]. Le moyen ne sera consacré de façon explicite que dans les années 1990. Ce qui fait écrire aux Professeurs P. AVRIL et J. GICQUEL à cette occasion que « la notion doctrinale de l'incompétence négative est consacrée *express verbis* »[684]. Au demeurant, la controverse doctrinale[685] qui a opposé les doctrinaires du droit administratif sur le caractère d'ordre public de l'incompétence négative n'est pas pertinente en droit constitutionnel. En effet, tant qu'il s'agit du contrôle de constitutionnalité d'une loi, l'ensemble des moyens d'inconstitutionnalité est d'ordre public. Louis FAVOREU définit l'incompétence négative comme « le cas où le législateur méconnaît sa propre compétence en ne prenant pas toutes les mesures qui lui revenaient de prendre »[686]. C'est un insuffisant usage par le législateur de ses prérogatives. La sanction de l'incompétence négative permet d'éviter un transfert du pouvoir législatif à l'autorité gouvernementale. L'incompétence négative conduit le juge à censurer une autolimitation démesurée du législateur[687]. Le juge constitutionnel français, dans sa décision du 28 juillet 1993 relative à loi portant sur *les catégories d'établissement public* a eu à sanctionner l'incompétence négative du législateur[688]. Dans la jurisprudence sénégalaise, on peut noter un cas d'incompétence négative sanctionné par le juge dans la décision du 27 juillet 1994 *Modification du statut des magistrats*[689]. Toutefois, au Sénégal les cas jurisprudentiels mettant en exergue la

---

[681] E. LAFERRIERE, *Traité de la juridiction administrative et du recours contentieux*, *op. cit.*, p. 519.

[682] CE, 1er mai 1870 Lazaret de la Maurinie ; CE, 23 novembre 1883 Société des mines d'or de la Guyane française. Voir V. MARINESE, *L'idéal législatif du Conseil constitutionnel. Etude sur les qualités de la loi,* Thèse pour le doctorat en droit, Université Paris-X-Nanterre, décembre 2007, p. 149.

[683] Cons. const., Décision N° 67-31DC du 26 janvier 1967, *Rec.,* p. 19.

[684] P. AVRIL et J. GICQUEL, « Chronique constitutionnelle française », *Pouvoirs,* N°74, 1995, p. 203.

[685] V. MARINESE, *L'idéal législatif du Conseil constitutionnel. Etude sur les qualités de la loi, op. cit.*, pp. 151 et s.

[686] L. FAVOREU, « Droit constitutionnel jurisprudentiel », *RDP*, 1986, p. 419.

[687] F. PRIET, « L'incompétence négative du législateur», *R.F.D.C,* N°17, p. 59.

[688] Cons. const., Décision du 28 juillet 1993 catégories d'établissement public, *Rec.,* p. 204.

[689] I. M. FALL (dir.), *Les décisions et avis du Conseil constitutionnel. Rassemblés et commentés*, *op. cit.*, p. 115, commentaire d'A. SALL.

tentation des parlementaires de légiférer dans un domaine autre que celui attribué à eux par la Constitution ne sont pas fréquents. Cela peut présager *a priori* la maîtrise par les parlementaires des textes qui régissent leurs attributions, alors que dans la réalité il n'en est rien. Les raisons qui expliquent ce phénomène de rareté des cas d'incompétence sont plutôt, à rechercher dans la composition de l'Assemblée nationale et le mode de désignation des parlementaires qui ne sont pas le plus souvent disposés à disputer au pouvoir exécutif ses compétences, mais de chercher à s'aligner le plus possible sur la volonté du Président de la République, chef du pouvoir exécutif[690]. Sauf, dans les débuts des alternances présidentielles, le Parlement est presque toujours politiquement monocolore et appartient à la même mouvance politique que le Président de la République, chef de l'exécutif.

L'article 83[691] de la Constitution du 22 janvier 2001 qui organise la saisine du juge aux fins de protéger les compétences constitutionnelles de l'exécutif contre les empiètements du législatif est limitatif. De cette disposition, il ressort que seuls, le Président de la République, le Premier ou le Président de l'Assemblée nationale peuvent saisir le juge constitutionnel à cette fin[692].

Les parlementaires ne peuvent saisir le juge sur la base l'article 74 de la Constitution. Sauf qu'en France, le juge a admis la recevabilité du recours en cas d'incompétence négative sur la base de l'article 61 de la Constitution[693]. Il s'agit d'une simple faculté laissée aux autorités sus indiquées. C'est ce qui ressort de l'emploi de l'indicatif présent « peuvent ». Une telle assertion vaut également pour la France, la

---

690 *Cf.* A. R. THIAM, *La sélection du personnel politique au Sénégal (1981-2001). Contribution à l'étude de la professionnalisation politique des candidats à l'accès au parlement dans une démocratie hybride,* Thèse de doctorant en science politique, Université de Montpellier 1, 2009, p. 280 ; M. TAM, « Approche sociologique de l'Assemblée nationale du Sénégal de 1960 à 2001 », *in Mélanges offerts à Boubacar Ly, Société en devenir*, Presses universitaires de Dakar, 2006, p. 47.

691 L'article 83 de la Constitution du 22 janvier 2001 dispose : « s'il apparaît au cours de la procédure législative qu'une proposition de loi ou un amendement n'est pas du domaine de la loi, le Premier ministre et les autres membres du gouvernement peuvent opposer l'irrecevabilité. En cas de désaccord, le Conseil constitutionnel à la demande du président de la République, de l'Assemblée nationale, ou du Premier ministre statue dans les huit jours ».

692 Cons. Const., Décision N°1/C/2023 du 18 janvier 2023.

693 Cons. const., 10 juillet 1985 à propos de l'assiette de l'impôt ; Cons. const., 21 février 1992 à propos du *statut des magistrats* ; Cons. const, 5 aout 1993 à propos de la *détermination d'une zone transfrontalière*.

doctrine l'a du reste souligné[694] et le juge l'a affirmé lorsqu'il affirme que *« l'une et l'autre de ces procédures ont un caractère facultatif »*[695]. Outre ces raisons, l'article 83 assure une fonction incitative, il amène les rédacteurs du texte à trouver un compromis plutôt qu'à provoquer un contentieux.

A- Le contrôle des règles de forme et de procédure

En droit, le vice de forme s'analyse en une violation des règles qui gouvernent la présentation externe de l'acte juridique, tandis que le vice de procédure se rapporte à la violation des normes qui régissent le processus d'élaboration de l'acte juridique. Le point commun de ces deux sortes de grief est qu'ils s'analysent en une violation de la légalité externe. Appliqués au contentieux constitutionnel, notamment aux contentieux des actes du pouvoir législatif, ils renvoient aux règles constitutionnelles et législatives qui régissent la mise en forme des lois et le respect de l'itinéraire juridique tracé par le constituant pour aboutir à cette mise en forme. Cependant, il convient de signaler que ce ne sont pas seulement les règles constitutionnelles qui régissent la matière, une bonne partie de celle-ci est fixée par les règlements de l'Assemblée nationale. Au demeurant, il y a lieu de signaler que contentieux constitutionnel ne peut connaître un développement sur ce point que si le juge intègre ces normes dans l'ordre constitutionnel[696]. Les cas prétoriens d'examen de la violation des règles de forme sont rares, l'essentiel des cas recensés se rapportant au contentieux des amendements où se manifeste le plus les initiatives parlementaires. Il s'agit donc essentiellement d'un contentieux qui renvoie aux normes constitutionnelles qui régissent le droit d'amendement[697]. Cette remarque corrobore

---

[694] Même en France, Henry Roussillon a eu à remarquer que la procédure de l'article 42 de la Constitution, le pendant de l'article 83 de la Constitution sénégalaise, est tombée en désuétude, puisque le Conseil constitutionnel n'a été saisi que 11 fois sur la base de cet article de 1959 à 2001 (date d'édition de son ouvrage) et jamais de 1979 à 2001, H. ROUSSILLON, *Le Conseil constitutionnel, op. cit.*, p.135. Cette remarque du Professeur ROUSSILLON mérite d'être actualisée. En effet, en 2005, le procédé a été mis en œuvre pour faire obstacle à 15 000 amendements dont ceux relative à un projet de loi sur les activités postales. Voir le rapport du Comité de réflexions et propositions sur la modernisation et le rééquilibrage des institutions de la Vème République remis au Président de République le 29 octobre 2007, p. 42.

[695] Cons. const., N° 82-143 DC, 30 juillet 1982, *Rec.*, p. 57.

[696] Voir P. TERNEYRE, « La procédure législative ordinaire dans la jurisprudence du Conseil constitutionnel », *RDP*, 1985, pp. 691 et s.

[697] Article 82 al 1 dispose : « Le Président de la République, le Premier ministre, les députés et les sénateurs ont le droit d'amendement. Les amendements du Président de

le point de vue de M. Ibrahima NIANE lorsqu'il écrit : « l'initiative parlementaire s'exerce principalement par voie d'amendement, les propositions étant rares dans tous les pays du monde, et les statistiques le prouvent ».[698] C'est sans doute ce qui justifie l'intervention du juge afin d'éviter que le droit d'amendement ne soit détourné de sa finalité[699]. Les requérants, dans leurs mémoires développent des moyens de « vice de procédure » ou « détournement de pouvoir ». Le détournement de procédure en contentieux constitutionnel des lois c'est l'utilisation d'une procédure législative dans un but autre celui pour lequel elle est instituée. A ne pas confondre avec le détournement de pouvoir qui consiste en une méconnaissance par le texte du but que devrait viser la loi[700]. Dans sa décision relative à la loi portant *modification du statut des magistrats* rendue le 10 octobre 1996, le Conseil constitutionnel a effectué un contrôle portant sur la vérification des règles de forme. En effet, le juge précise que : *« considérant que le procès-verbal analytique de la séance du 9 août 1996 de l'Assemblée nationale joint à la lettre de saisine du Président de la République dont le Conseil constitutionnel est saisi a été voté à la majorité de 70 voix ; que la majorité absolue des membres de l'Assemblée nationale étant 61 voix, le vote a donc été acquis conforme à l'article 67 al. 2 de la Constitution »*[701]. De même, l'ancienne Cour suprême, saisie par le Président de la République aux fins de contrôle de constitutionnalité de la loi organique fixant le régime des incompatibilités avec les fonctions de ministre et secrétaire d'État et fixant le nombre de membres à l'Assemblée nationale, leurs indemnités et les conditions d'éligibilité, a vérifié les règles de forme et a décidé que *« la loi a bien été votée à la majorité absolue des membres composant l'Assemblée nationale »*[702]. Néanmoins, la conditionnalité de recettes compensatrices[703] qui gouverne

---

la République sont présentés par le Premier ministre et les autres membres du gouvernement ».

[698] I. NIANE, « L'Assemblée nationale, et le parcours de la loi », *Mélanges Constitutions et Institutions publiques africaines*, EDJA, 2008, p. 459.

[699] A. DIEYE, « Le droit d'amendement devant le juge constitutionnel : les exemples du Sénégal et de la France », *Annales de l'université des sciences sociales de Toulouse,* Tome L, 2008, p. 207.

[700] G. DRAGO, *contentieux constitutionnel français*, *op. cit.*, p. 307.

[701] I. M. FALL (dir.), *Les décisions et avis du Conseil constitutionnel. Rassemblés et Commentés*, *op. cit.*, p. 161.

[702] Arrêt N° 3 /C/69 du 26 novembre 1969.

[703]Cette exigence est prévue à l'article 82 al 2 et 3 de la Constitution du 22 janvier 2001 qui reprend l'article 71 de la Constitution du 7 mars 1963. L'alinéa 2 dudit article

la recevabilité les propositions de loi et des amendements ayant des incidences financières qui émanent des parlementaires peut être considérée comme une règle de forme, que doit respecter le texte de loi sous peine d'irrecevabilité. Ainsi, dans la décision relative à l'*Amendent Niadiar SENE*, le juge a-t-il été invité à se prononcer sur le respect de cette règle[704]. Dans cette affaire, les requérants faisaient prévaloir que l'amendement introduit par le député Niadiar SENE augmentant le nombre de députés de vingt unités viole l'article 71 de la Constitution du 7 mars 1963 qui régit l'exercice du droit d'amendement des parlementaires. L'article 71 alinéa 2 disposait : « les propositions et amendements formulés par les députés ne sont pas recevables lorsque leur adoption aurait pour conséquence, soit une diminution des ressources publiques, soit la création ou l'aggravation d'une charge publique, à moins que ces propositions ou amendements ne soient assortis de recettes compensatrices ». Le juge dans sa décision, ne se convainc pas de « réaménagements du budget de l'Assemblée nationale », ni « la

---

dispose : « Les propositions et les amendements formulés par les députés et les sénateurs ne sont pas recevables lorsque leur adoption aurait pour conséquences, soit la diminution des ressources publiques, soit la création ou l'aggravation d'une charge publique, à moins que ces propositions ou amendements ne soient assortis de propositions de recettes compensatrices ». Alinéa 3 dispose : « Toutefois, aucun article additionnel ni amendement à un projet de loi de finances ne peuvent être déposés par le parlementaire, sauf s'ils tendent à supprimer ou à réduire effectivement une dépense, à créer ou à accroitre une recette ».

A titre comparatif, l'article 40 de la Constitution française de 1958 dispose : « les propositions et amendements formulées par les membres du Parlement ne sont pas recevables, lorsque leur adoption aurait pour conséquence soit une diminution des ressources publiques, soit la création ou l'aggravation d'une charge publique ». Néanmoins, le Conseil constitutionnel français dans sa décision N° 76-64 du 2 juin 1976 admet la compensation c'est-à-dire le « gage » lorsque la mesure résultant de l'initiative des parlementaires répond aux conditions qu'il a lui-même fixées. Selon le juge constitutionnel français il faut que *« la ressource destinée à compenser la diminution d'une ressource publique soit réelle, qu'elle bénéficie aux mêmes collectivités ou organismes que ceux au profit desquels est perçue la ressource qui a fait l'objet d'une diminution et que la compensation soit immédiate »*. Le caractère réel de la compensation s'apprécie en termes chiffrés. L'expression « même collectivités ou organismes » suppose que la compensation agisse à l'intérieur d'une même entité publique, il ne peut y avoir donc une compensation par la diminution d'une ressource étatique et l'augmentation d'une ressource locale. Enfin le caractère « immédiat » de la compensation suppose que celle-ci s'effectue de manière suffisante dans le temps selon l'interprétation du Conseil constitutionnel. Voir C. CHATAIL, *Finances publiques*, 7e édition Paradigme, 2005, p. 62.

[704] I. M. FALL (dir.), *Les décisions et avis du Conseil constitutionnel du Sénégal. Rassemblés et commentés, op. cit.*, pp. 175-178.

réduction du bureau de l'Assemblée nationale » pour le respect de la condition de « présentation de recettes compensatrices ». Il s'en est suivi une déclaration d'inconstitutionnalité de la loi. Une partie de la doctrine sénégalaise[705] soutient qu'il s'agit d'une sanction de la violation de la compétence du législateur en matière budgétaire. Pourtant, le constituant sénégalais n'a pas posé une interdiction absolue à l'égard de la compétence des parlementaires en matière budgétaire. Seulement, il assortit une telle compétence d'une condition substantielle, la formulation dans la proposition qui augmente les charges publiques ou diminue les recettes fiscales, de « recettes compensatrices ». Si une interdiction absolue était posée par le constituant, c'est-à-dire l'impossibilité pour les députés d'une initiative en la matière, nous serions d'avis qu'il s'agit là d'une règle compétence. En la matière, la compétence des députés est déjà admise par le constituant, seulement celle-ci est fortement encadrée. Le juge devait préciser la notion de « recette compensatrice » et la teneur de celle-ci. Pour le juge, « l'expression recettes compensatrices » doit être entendue comme *« la création de recettes nouvelles (...) ; elles doivent pouvoir compenser entièrement la diminution des ressources publiques ou couvrir totalement la charge publique qu'entrainerait l'adoption de la proposition ou l'amendement ».* Somme toute, pour le juge constitutionnel sénégalais, *«... aucune étude comptable et financier n'a précédé l'adoption de l'amendement dont s'agit (...). Qu'en conséquence, l'expression propositions de recettes compensatrices doit être entendue comme visant la création de recettes nouvelles »*[706]. Le même raisonnement a été adopté dans l'affaire relative à la loi organique portant organisation et au fonctionnement du Conseil de la République pour les Affaires économiques et sociales (CRAES)[707]. La logique de contrôle très serré qui a animé le juge constitutionnel à l'aune de la condition constitutionnelle de « compensation financière » a poussé le Professeur Gerty HESSELING[708] à parler de « naissance dans la douleur » à propos de la loi organique relative à l'organisation et au

[705] A. A.D. KEBE, *La répartition des compétences entre la loi et le règlement en droit fiscal sénégalais*, Thèse, précitée, p. 13.

[706] I.M. FALL, *Evolution constitutionnelle du Sénégal de la veille de l'indépendance aux élections de 2007, op. cit,* p. 59 ; D. E. EMMANUEL, « L'institutionnalisation de l'opposition dans les États d'Afrique francophone », *Nouvelles Annales africaines*, Dakar, CREDILA., 2012, pp. 62-63.

[707] Cons. const., 29 août 2003, *in* I. M. FALL, (dir.) *Les décisions et avis du Conseil constitutionnel du Sénégal. Rassemblés et commentés, op. cit.,* p. 479.

[708] G. HESSELING, « Le sénat au Sénégal : une attraction secondaire », *Afrilex*, N° 6, février 2010, p. 16.

fonctionnement de l'institution. Dans sa décision relative aux *Délégations spéciales,* le juge a écarté le moyen tiré de la violation de l'article 82 al 2 de la Constitution du 22 janvier 2001. Le juge a estimé que *«la disposition constitutionnelle invoquée n'est pas applicable en l'espèce puisque les collectivités locales prévoient dans leurs budgets autonomes les charges inhérentes à la mise en place des délégations spéciales ».*

Par ailleurs, dans l'affaire relative à *l'amendement Niadiar SENE*, le juge a formulé une règle de procédure qui régit la « proposition de recettes compensatrices » qui devait accompagner l'amendement ou la proposition de loi. En effet, selon le juge *« la proposition de recettes tendant à créer ces recettes nouvelles doit être formulée, discutée et adoptée au moins en même temps que la proposition ou l'amendement dont l'adoption entrainerait soit une diminution des recettes publiques, soit la création ou l'aggravation d'une charge ».* De même, le juge, dans sa décision relative à la loi constitutionnelle portant prorogation *du mandat des députés* précitée, s'est prononcé sur le vice procédure invoqué par les requérants. En effet, le juge a estimé qu'il n'y avait pas vice de procédure, contrairement à ce que soutenaient les requérants du moment que l'Assemblée nationale a procédé par un seul vote à l'adoption et à l'approbation de la loi constitutionnelle, en considérant que *« (...) dans le cas de révision de la Constitution par la seule Assemblée nationale, le vote à la majorité qualifiée des trois cinquièmes réalise à la fois l'adoption et l'approbation de la loi ».* Pourtant, pour un cas similaire, la Cour constitutionnelle du Bénin a rappelé au constituant dérivé que les contraintes procédurales sont substantielles et que leur méconnaissance entraine un vice de procédure. En effet, dans sa décision du 8 juillet 2006 le juge constitutionnel béninois a rappelé l'indispensable respect de la distinction entre « l'adoption » et « l'approbation »[709].

Le Conseil constitutionnel sénégalais a eu à se prononcer sur des cas de détournement de procédure relatifs à l'utilisation du droit d'amendement soulevé par les requérants. Dans la décision *Amendement Moussa Sy*[710] rendue le 11 décembre 2001, il était demandé au juge de

---

[709] Voir, B. COULIBALY, « La neutralisation du parlement constituant (à propos de la décision N° DCC 06-074 du 8 juillet 2006 de la Cour Constitutionnelle du Bénin) », *RDP,* N°5, 2009, p. 1493 ; I. M. FALL, *Les révisions constitutionnelles au Sénégal. Révisions consolidantes et déconsolidantes de la démocratie sénégalaise, op. cit,* pp. 43 et s.

[710] I. M. FALL (dir.), *Les décisions et avis du Conseil constitutionnel du Sénégal. Rassemblés et commentés, op. cit.,* pp. 437-439.

dire si l'amendement introduit par M. SY visant à remplacer les élus locaux par des délégations spéciales lors du vote de la loi portant prorogation du mandant des élus locaux ne procède pas d'un détournement de procédure[711]. Les faits de cette espèce à forte connotation politique comme le note le Professeur Alioune SALL[712] dans ces observations sous ladite décision méritent d'être rappelés. Élus pour un mandat de cinq ans le 24 novembre 1996, les élus locaux devraient se retrouver devant les électeurs le 26 novembre 2001. Mais pour des contraintes invoquées par le gouvernement dont il est seul juge, les consultations électorales furent repoussées jusqu'au 12 mai 2002. Ainsi, le Président de la République déposa un projet de loi au bureau du président de l'Assemblée nationale, destiné à prendre en charge cette situation. L'article unique du projet de loi était ainsi libellé : « Le mandat des conseillers régionaux, des conseillers municipaux et des conseillers ruraux élus le 24 novembre 1996 est prorogé jusqu'à l'installation des nouveaux élus lors du scrutin du 12 mai 2002 ». C'est lors de l'examen par l'Assemblée nationale du projet de loi en session ordinaire le 21 novembre 2001 que le député Moussa SY introduisit un amendement audit texte formulé ainsi : « À l'expiration du mandat des conseillers régionaux des conseillers municipaux et des conseillers en exercice, et à titre transitoire, des délégations spéciales nommées par arrêté du ministre chargé des collectivités locales rempliront les fonctions des différents conseillers des collectivités locales, jusqu'à l'installation des nouveaux conseillers élus lors des prochaines élections ; la composition et les attributions de ces délégations spéciales seront fixées par le ministre chargé des collectivités locales. Toute disposition contraire à la présente loi est abrogée ». Adopté pendant la même session, l'amendement devient la loi N°09 /2001 du 21 novembre 2001. Le 23 novembre 2001 deux requêtes tendant à déclarer loi inconstitutionnelle furent introduites. Entre autres griefs était soulevée la validité de l'amendement au regard de l'exigence d'un lien de « connexité » avec le projet de loi, condition de régularité des amendements à l'aune du droit parlementaire. Autrement dit, le Conseil constitutionnel devait dire si l'amendement introduit par M. SY n'était pas « un cavalier législatif » ? Dans sa réponse, le juge décide de

---

711 *Cf.* M. ZAKI, « Droit d'amendement des députés et principes de libre administration des collectivités locales. Observations sous la décision du Conseil constitutionnel Sénégalais en date du 11 décembre 2001 », *op. cit.*, pp. 223-242,

712 Obs., *in* I. M. FALL (dir.), *Les décisions et avis du Conseil constitutionnel du Sénégal. Rassemblés et commentés, op. cit.*, p. 441.

manière abrupte que l'amendement n'est nullement un « cavalier législatif » dans la mesure où il a un lien de connexité avec le projet de loi. En réalité, ce qui était demandé au juge c'est de sanctionner le détournement de procédure, c'est-à-dire la volonté de faire passer des dispositions dont l'adoption aurait nécessité des discussions qui leur sont propres avec des arguments plus approfondis. Contre toute attente, le juge affirme que *« il n'est pas contesté que ce lien direct existe* (de connexité) *»* ; et que *« l'amendement voté et adopté le 21 novembre par l'Assemblée nationale est recevable »*. En l'espèce, on ne peut nulle part déceler la volonté du juge de répondre à la question qui lui était posée. Or, si les requérants demandent au juge de dire si le lien de connexité existe, c'est qu'*a priori* l'existence de ce dernier est contestée. La volonté du juge de ne pas affronter la question, l'ambition de la contourner est manifeste. Si le lien de connexité n'était pas contesté, il n'y aurait pas de saisine, en tout cas, au moins sur ce point, il n'aurait pas de débat, alors que apparemment c'est sur ce point qu'entre autres, que le contentieux s'est noué. Ce qui était attendu du juge, c'est une démonstration exhaustive de l'existence du lien de connexité comme le font d'autres juges[713]. Pourtant, en jurisprudence française, il est

---

[713] La jurisprudence constitutionnelle française relative au droit d'amendement a connu une fluctuation. Au départ, le juge exerçait un contrôle limité sur le droit d'amendement, la latitude était donc donnée au Parlement de vérifier la recevabilité de l'amendement, Cons. const., Décision N° 78-94 DC du 14 juin 1978, *JO* du 15 juin 1978, p. 2396. C'est en 1985 que le juge franchit un pas en intégrant le règlement intérieur de l'Assemblé nationale dans l'ordre constitutionnel par une interprétation de l'article 44 al 1 en vue de contrôler la régularité des amendements. Ainsi, dans sa décision N°85-191 DC du 10 juillet 1985 le juge décide que *« l'amendement ne doit pas être dépourvu de tout lien avec le texte en cours de discussion »*. En 1986, dans sa décision N° 86-221 DC § 5 du 29 décembre 1986, le juge ajoute une autre condition en précisant que *« les adjonctions et modifications ne sauraient sans méconnaître les articles 39 al 1 et 44 al 1 de la Constitution dépasser par leur objet et leur portée les limites inhérentes à l'exercice du droit d'amendement »*. C'est d'ailleurs sur cette base que l'amendement Seguin fut annulé par la décision N° 87-225 DC du 23 janvier 1987. Cette condition n'est pas mentionnée dans la décision N° 01-455 DC du 12 janvier 2002. Voir P. AVRIL et J. GICQUEL « Droit d'amendement : la fin des limites inhérentes », *LPA*, 13 juillet 2001 N°139 pp. 5 et s. Ce fut une condition très critiquée en doctrine parce qu'elle introduisait une subjectivité. A partir de 2001, avec la décision Conseil constitutionnel N° 2001-445 DC du 19 juin 2001 relative à la loi organique portant *statut des magistrats* et *le Conseil supérieur de la Magistrature*, on assiste à ce que la doctrine appelle un « assouplissement » ou une « remise en cause » de la jurisprudence « Amendement Tour Eiffel et Amendement Seguin », désormais, c'est le lien de l'amendement avec l'objet du texte qui détermine le critère de validité de l'amendement. Sur l'évolution de ces principes qui régissent l'exercice du droit

constamment procédé à la censure des amendements sans lien avec le texte examiné, dépassant par leur objet ou leur portée les limites inhérentes à l'exercice du droit d'amendement, qui relève lui-même d'une procédure spécifique[714]. L'irrégularité de la procédure consiste en l'adoption par voie d'amendement de véritables projets de loi abusivement soustraits à la procédure d'adoption des lois. Ce contrôle en des termes classiques renvoie au détournement de procédure[715]. Certes, la confrontation de l'exposé des motifs du projet initial avec les dispositions de l'amendement aurait suffi au juge pour se convaincre de l'existence ou non du lien de connexité, motif d'ailleurs invoqué par les saisissants mais, dont le juge se contente de rappeler tout simplement au lieu d'y répondre. Dans une autre affaire relative à *la loi d'amnistie* rendue le 12 février 2005, le juge devait se prononcer sur un autre cas de détournement de procédure. Le 07 janvier 2005, l'Assemblée nationale adopta la loi N°01/2005 portant amnistie de toutes les infractions criminelles ou correctionnelles commises tant au Sénégal qu'à l'étranger en relation avec les élections générales ou locales ou ayant eu une motivation politique et comprise entre la période du 1er janvier 1983 et le 31 décembre 2004. La loi comportait deux articles, article 1er caractérisé par sa généralité et l'article 2 qui était spécifique dans la mesure où il visait à amnistier les infractions liées à l'assassinat de Me Babacar SEYE, vice-président du Conseil constitutionnel et à indemniser les victimes, c'est-à-dire la famille Me SEYE[716]. Dans leur mémoire, les requérants demandent au juge d'invalider l'article 2 de ladite loi, car procédant d'un détournement de pouvoir du moment qu'il est spécifique à l'affaire Me SEYE. Selon les requérants, « la loi déférée tend à assurer l'impunité et l'injustice et non le pardon ; qu'elle constitue un détournement de pouvoir dans la mesure où son but est

---

d'amendement voir O. B. VALERIE, « L'évolution décisive de la jurisprudence constitutionnelle relative à l'exercice du droit d'amendement en cours de navette parlementaire », *R.F.D.C.*, 2006/3, N°67, pp. 589-607, spec. p 602.

La jurisprudence française sur le droit d'amendement est donc très mouvante, néanmoins, pour définir ce qu'est un amendement le juge adopte une démarche empirique en distinguant la procédure des propositions de loi et de projets de loi de la procédure des amendements. Voir L. FAVOREU et L. PHLIP, *Les grandes décisions du Conseil constitutionnel, op.cit,* p. 669.

[714] Y. GAUDEMET et autres, *Les grands avis du Conseil d'État », op. cit.*, p. 58.

[715] Y. GAUDEMET et autres, *ibid.,* p. 59.

[716] A. KAH, « La loi EZZAN devant le Conseil constitutionnel sénégalais : une amnistie au menu du juge », *Annales de l'Université des sciences sociales de Toulouse*, tome XLVIII, 2006, p. 78.

contraire à celui d'une loi d'amnistie ». Dans sa réponse, le juge décide : *« en poursuivant les objectifs de protection des intérêts d'une famille et des proches du défunt, l'article 2 de la loi vise un but différent de celui pour lequel compétence lui a été conférée au législateur ; qu'en conséquence, il est entaché d'un détournement de procédure ».* Le juge, en l'espèce confond « détournement de pouvoir » et « détournement de procédure ». Il y a un détournement de pouvoir lorsque par la loi, le législateur vise un but différent de celui pour lequel compétence lui a été conférée[717] ; alors que le détournement de procédure consiste en l'utilisation d'une procédure autre que celle prévue par les textes afin d'obtenir un résultat que la procédure régulière n'aurait pas permis d'atteindre[718]. En l'espèce, le juge commence son raisonnement par des éléments de détournement de pouvoir, en précisant qu'*« en poursuivant les objectifs de protection des intérêts d'une famille et des proches du défunt, l'article 2 de la loi vise un but différent de celui pour lequel compétence lui a été conférée au législateur »* mais conclut de manière confuse à un détournement de procédure en décidant : *« qu'en conséquence, il est entaché d'un détournement de procédure ».* Sur le fond, le juge prohibe la spécificité de la loi et la recadre dans son caractère général et impersonnel en invalidant l'article 2 de la loi. C'est peut-être parce qu'en l'espèce le détournement de procédure était manifeste que le juge a procédé de cette manière. En effet, le Professeur Abdoulaye DIEYE dans ses observations sous ladite décision, écrit : « Il paraît clairement, à la lecture de l'exposé des motifs, qu'en vérité, les auteurs de la proposition n'avaient pour seule et unique motivation que d'amnistier les faits relatifs à l'assassinat de Me Babacar SEYE à part le paragraphe introductif, tout le reste de l'exposé des motifs ne traitait que de l'affaire SEYE. Les commentaires de l'auteur de la proposition à travers les médias confortent cette thèse »[719].

Le contrôle de constitutionnalité ne se limite pas seulement aux règles qui régissent l'adoption de la loi. Il dépasse cet aspect par la vérification de la conformité de la matérialité de la norme législative aux exigences de l'ordre constitutionnel.

---

[717] Voir G. VEDEL, « Excès de pouvoir législatif et excès de pouvoir administratif », *Cahiers du Conseil constitutionnel*, N°2, 1997, p. 85.

[718] CE, 24 juin 1960, Sté Frampar et Sté fr. d'édition, *Rec. CE,* 1960, p. 412 ; *RDP,* 1960, p. 180, concl. HEUMANN.

[719] I. M. FALL, (dir.), *Les décisions et avis du Conseil constitutionnel du Sénégal. Rassemblés et commentés*, *op. cit.*, p. 478.

Paragraphe II : Le contrôle de constitutionnalité interne

La vocation d'une justice constitutionnelle indépendante est d'assurer l'équilibre des pouvoirs au sein de l'État de droit et de garantir les droits et libertés des citoyens[720]. Le juge devient ainsi le gardien des droits et libertés constitutionnels et de la démocratie politique. L'observation de la pratique du contentieux constitutionnel des lois montre que l'invite des requérants au juge peut s'inscrire dans une perspective de protection des principes constitutionnels, qui sont des valeurs protégeant les citoyens (A) ou de principes constitutionnels visant à assurer le fonctionnement démocratique des pouvoirs publics (B).

A- La garantie des droits et libertés constitutionnels des citoyens

Certains valeurs et principes constitutionnels consacrent des droits et libertés des citoyens[721].La protection de ces derniers est le plus souvent assurée par le juge en charge du contrôle de la constitutionnalité. À cet effet, l'appréciation faite par le juge est le fruit d'une double interprétation. La démarche du juge doit consister d'une part, à dégager le sens du texte constitutionnel auquel prétend se rattacher la norme législative édictée, qu'elle soit une loi ordinaire ou organique, et d'autre part, interpréter la loi mise en cause, afin de confronter son sens à celui qui résulte de l'ordre constitutionnel. De ce travail, résulte le constat d'un rapport de conformité ou non de la loi à la Constitution comme le remarque fort justement D. ROUSSEAU[722]. Le contrôle du juge porte sur la violation du préambule de la Constitution et des dispositions de celle-ci qui traitent de ces principes protecteurs des citoyens[723].Au Sénégal, le Conseil constitutionnel a dans sa décision n° 11/93 relative au *Rabat d'arrêt* affirmé de manière implicite que le préambule fait partie intégrante de la Constitution. À cette occasion, le juge constitutionnel sénégalais reconnaît que le principe de non-rétroactivité de la loi n'a de valeur constitutionnelle qu'en matière pénale[724]. Le principe

---

[720] I. DIALLO, « A la recherche d'un modèle africain de justice constitutionnelle », *AIJC.,* N°20, 2004, pp. 93-120.

[721]P. FOUCHER, « Contrôle de constitutionnalité au nom des droits fondamentaux dans les États de droit : convergence des solutions en occident et idées pour l'Afrique », *Droits fondamentaux,* Bruxelles, Bruylant, 1997, pp. 346-370.

[722] D. ROUSSEAU, *Droit du contentieux constitutionnel, op. cit.*, p. 125.

[723] N. MOLFESSI, « La dimension constitutionnelle des droits et libertés fondamentaux », *Droits fondamentaux*, Paris, Dalloz, 3e édition, 1996, pp. 49 et s.

[724]E. H. MBODJ, « La mort du rabat d'arrêt. Observations sous la décision du Conseil constitutionnel du 23 juin, N° 11/93 », *Revue EDJA,* N°23, décembre 1994, pp. 67et s.

de la non-rétroactivité connaît donc une consécration constitutionnelle à la faveur du développement de la jurisprudence constitutionnelle qui l'a rigoureusement recadré. Le principe posé par la jurisprudence constitutionnelle aussi bien sénégalaise[725] que française[726] est que la règle de la non-rétroactivité des lois n'a de valeur constitutionnelle qu'en matière pénale. En tout autre domaine, elle est un principe général du droit auquel la loi peut déroger. Seulement, une limite est apportée à la rétroaction dans la mesure où « la modification, l'abrogation comme la rétroactivité d'une loi nouvelle, ne peuvent remettre en cause des situations existantes que dans le respect des droits et libertés de valeur constitutionnelle », selon le juge constitutionnel sénégalais, là où le juge français invoque « un motif d'intérêt général suffisant et sous réserve de ne pas priver de garanties légales des exigences constitutionnelles »[727]. C'est dans l'affaire n° 12/93 relative à *la conformité du traité de Port Louis sur l'harmonisation du droit des affaires en Afrique* que le même juge a affirmé explicitement que le préambule faisait partie intégrante de la Constitution[728]. En France, c'est la décision du Conseil constitutionnel n° 71-44 DC, *Liberté d'association* du 16 juillet 1971 qui a consacré de façon explicite la valeur juridique du préambule de la Constitution[729], même si précédemment, le Conseil a reconnu de façon implicite la juridicité de ce préambule[730]. La Constitution du 22 janvier 2001, l'intègre solennellement dans l'ordre constitutionnel, en a faisant une partie intégrante de la Constitution. Elle est même allée plus loin en affirmant son attachement aux instruments juridiques internationaux contenus dans ce préambule[731]. En constitutionnalisant ces instruments juridiques internationaux, la Constitution s'approprie ainsi ces principes et règles consacrant et protégeant les

---

[725] Cons. const., 23 juin 1993Rabat d'arrêt, *in* I. M. FALL (dir.), *Les décisions et avis du Conseil constitutionnel du Sénégal, Rassemblés et commentés, op. cit.,*pp. 89 et s.

[726] Cons. const, 18 décembre 1998 Rétroactivité fiscale, *in* L. FOVOREU et L. PHILIP, *Les grandes décisions du Conseil constitutionnel, op. cit.,*pp. 693 et s.

[727] E. H. MBODJ, « De la recevabilité de la candidature de Me Wade pour un troisième mandat : faux débat politique ou vrai casse-tête constitutionnel ? », *op. cit.,* p. 7.

[728] *JORS,* N° 5564 du 29 janvier 1994, p. 62.

[729] Cons. cont., Décision N° 71-44 DC du 16 juillet 1971, Liberté d'association, *R.D.P,* 1971, p. 117, concl. J. ROBERT

[730] CE 11 juillet 1956 Amicale des Annanités, *RDP,* 1958, p. 98, note WALINE.

[731] M. NGAIDE, « Le Conseil d'État du Sénégal le principe de l'égal accès à un emploi public : à propos de l'arrêt du 29 juillet 2000, *Association nationale des Handicapés Moteurs contre État du Sénégal* (arrêt N° 12) », *op. cit.*, pp. 201-202.

droits et libertés universellement reconnus à la personne humaine[732]. Cette constitutionnalisation des droits et libertés implique conséquemment leur opposabilité aux pouvoirs publics. La constitutionnalisation de cette matière qui s'est effectuée au Sénégal par le biais de leur inscription dans le *corpus* constitutionnel et leur consécration dans le préambule de la Constitution dont la juridicité ne fait plus de doute a suscité un intérêt auprès de la doctrine dès les premières années de mise en place du Conseil constitutionnel[733]. Toutefois, elle traduit le lien étroit qui existe entre l'ordre constitutionnel et les droits et libertés fondamentaux comme l'eut observé Jean Joseph MOUNIER lors de la rédaction du texte de 1789, observation rappelée d'ailleurs par Philippe ARDANT. Selon J. MOUNIER, « pour qu'une Constitution soit bonne, il faut qu'elle soit fondée sur les droits de l'homme et qu'elle les protège évidemment ».[734] Cette intime conviction de MOUNIER n'a pas laissé indifférents les pouvoirs publics sénégalais. Ainsi, le dispositif constitutionnel et le législateur organique ont mis en place un mécanisme juridictionnel de protection des droits et libertés constitutionnellement proclamés. Seulement, cette protection dans sa dimension préventive avait initialement prévu une saisine très restreinte du juge[735], saisine qui, par la suite, a été élargie aux parlementaires. C'est d'ailleurs, ce moyen d'action qui avait permis à l'opposition de la législature 1978-1983 de saisir la Cour suprême d'un recours en inconstitutionnalité visant la loi portant *dissolution de l'O.N.C.A.D*[736]. Dans cette affaire, le juge a conclu à la constitutionnalité de la loi mise en cause. Parmi les moyens soulevés par les requérants, figurait la violation de l'article 12 de la Constitution du 7 mars 1963 qui protégeait le droit de propriété (chapitre II « Les libertés publiques et de la personne humaine »), le juge a rejeté le moyen en estimant que les dispositions de l'article 12 ne

---

[732] A propos des rapports entre le droit international et la Constitution on peut consulter : I. DIAITE, « Les Constitutions africaines et le droit international », *Annales africaines*, 1971-1972, pp. 33-51 ; A. SALL, « Le droit international dans les nouvelles Constitutions africaines », *RJPIC.*, N° 3, septembre-décembre 1997, p. 3.

[733] M. DIAGNE, « La mutation de la justice constitutionnelle en Afrique : l'exemple du Conseil constitutionnel du Sénégal », *Annuaire de justice constitutionnelle*, Vol. XII, 1996, pp. 99-122.

[734] P. ARDANT, « La Constitution et les libertés », *Pouvoirs,* N° 84, 1998, p. 61.

[735]La saisine fut réservée au seul Président de la République Article 63 de la Constitution du 7 mars 1963 avant sa modification.

[736] Loi constitutionnelle N° 78-60 du 28 décembre 1978 élargissant le droit de saisine du juge constitutionnel pour inconstitutionnalité à quinze députés, *JORS,* N° 4679 du 6 janvier 1979, p. 1.

s'appliquent pas au domaine de l'État. La démarche du juge est assez curieuse, dire que Code du domaine de l'État n'est pas subordonné à l'article 12 de la Constitution est une hérésie juridictionnelle. C'est une remise en cause du principe de la hiérarchie des normes, condition de validité de ces dernières.

Dans la décision rendue le 27 avril 2007*Parité sur les listes des candidats aux législatives*[737] le juge constitutionnel a sanctionné la violation du principe d'égalité (égal accès aux emplois publics, égalité devant le suffrage universel), principe de valeur constitutionnelle. En effet, dans le 4e considérant de sa décision, le juge cite l'article 6 de la déclaration universelle des droits de l'homme et du citoyen qui dispose que « tous les citoyens sont égaux, sont également admissibles à toutes dignités, places et emplois publics selon leur capacité et sans autre distinction que celle de leur vertu et de leur talent ». Dans cette affaire, le juge considère : *« ...les principes de valeur constitutionnelle ci-dessus rappelés s'opposent à toute division par catégories d'éligibles : que dès lors la loi qui impose une distinction entre les candidats en raison de leur sexe est contraire à la Constitution ».* Le juge donne ainsi du sens à l'article 1er de la Constitution qui interdit toute discrimination en fonction de la race, de l'ethnie, de la religion ou du sexe. Dans ce cas d'espèce, le juge sénégalais se situe dans la même lignée que ses homologues français[738], béninois [739]et même nigérien[740]. Dans cet ordre d'idées, le juge constitutionnel sud-africain, dans sa décision *Bota Star Fishing* rendue en 2004, à propos d'une contestation de l'attribution de quotas de pêche par les autorités administratives, a considéré que le

[737] I. M. FALL, (dir.), *Les décisions et avis du Conseil constitutionnel. Rassemblés et commentés, op. cit.*, p. 523

[738] L. FOVOREU et L. PHILIP, *Les grandes décisions du Conseil constitutionnel, op. cit.*, p. 75.

[739] La Cour constitutionnelle du Bénin a censuré le Code des personnes et de la famille sur la base de l'article 26 de la Constitution du 11 décembre 1990 qui prévoit que l'État assure à tous l'égalité devant la loi sans distinction de sexe… L'homme et la femme sont égaux en droit… ». Voir Stéphane BOLL, « Le Code des personnes et de la famille devant la Cour constitutionnelle du Bénin. La décision DCC 02-144 du 23 décembre 2002 », *op. cit.*, p 334.

[740] La Cour constitutionnelle nigérienne dans le cadre d'un contrôle de constitutionnalité d'une loi organique déterminant la composition, l'organisation et le fonctionnement du Conseil économique, social et culturel (C.E.S.O.C) a jugé qu'en préservant une représentation spécifique aux femmes, les dispositions de l'article 4 de ladite loi violent le principe d'égalité garanti par la Constitution. Voir Cour conso., arrêt N° 2002-011/CC du 18 janvier 2002, *in Cour constitutionnelle de la République du Niger, Recueil des décisions, 2001-2005*, Niamey, Nouvelle imprimerie, 2006, pp. 58-60.

principe d'égalité était une nécessité constitutionnelle[741]. Cette décision du juge constitutionnel sénégalais, n'est cependant pas exempte de reproches. Non seulement, nulle part dans la décision, il ne s'est référé à la Convention internationale sur l'élimination de toute forme de discrimination à l'égard des femmes du 18 décembre 1979, pourtant de valeur constitutionnelle, mais cette démarche du juge légitime l'interrogation du Professeur I. M. FALL[742] qui lui reproche de mimétisme à l'égard du juge constitutionnel français[743]. En effet, comme l'eut remarqué le Professeur FALL, la Convention précitée aurait pu influencer la décision du juge d'autant plus que celle-ci, dans son préambule, renvoie aux instruments juridiques internationaux pertinents en la matière et en son article 2 oblige les États parties à prendre des mesures qui favorisant la participation politique des femmes. Cette remarque du Professeur FALL sur la retenue du juge à l'égard de ladite Convention, peut être prolongée à d'autres points de vue. D'abord, la Constitution à travers les normes qu'elle secrète n'est pas si harmonisée qu'on pourrait le souhaiter. Elle peut contenir des dispositions contradictoires, antinomiques[744]. Cette remarque apparaît souvent, lorsqu'on confronte les dispositions du corpus constitutionnel avec les énonciations du préambule, celles-ci sont exprimées souvent de manière vague ou par renvoi à d'autres textes sans souci d'harmonisation avec le *corpus.* L'on s'attendait ainsi du juge qu'il fournit des éclaircissements sur la portée de la valeur juridique de ladite Convention. Ensuite, la Constitution étant un tout il appartient, au juge dans sa mission, de procéder à une lecture intégrale de celle-ci et partant de concilier, d'harmoniser, mais également d'optimiser les dispositions constitutionnelles. De ce travail, il peut résulter une préférence de certaines normes à d'autres, une sorte de discrimination dans le choix des normes qui vont conditionner le destin de la loi querellée. Le juge

---

[741] Voire X. PHILIPPE, « La démocratie sud-africaine : un modèle ? », *Pouvoirs,* N° 129, 2009, p 163.

[742] Obs., *in* I. M. FALL (dir.), *Les décisions et avis du Conseil constitutionnel. Rassemblés et commentés,* p. 526.

[743] Cons. cont, Décision N° 01-445 DC du 19 juillet 2001, *Rec.* p. 63. Le juge constitutionnel français déclare la loi organique visant à introduire la parité dans la composition des listes des candidats au Conseil supérieur de la Magistrature contraire à la Constitution notamment à l'article 6 de la déclaration de 1789. Auparavant, en 1982, le juge a censuré la loi dite *« quota par sexe »,* Cons. const., N° 82-146 DC du 18 novembre 1982, *Rec.* p 66.

[744] Voir N. NOBBIO, « Des critères pour résoudre les antinomies en droit », *in Les antinomies en droit,* Bruxelles, Bruylant, 1965, p. 237.

sénégalais, dans cette affaire semble afficher une attitude de préférence à un principe de valeur constitutionnelle, norme moins précise qu'à une stipulation constitutionnelle expresse dont la clarté ne devrait susciter aucune controverse. Qui plus est ! Pourquoi chercher dans les principes de valeur constitutionnelle dégagés par le juge constitutionnel français[745] des règles applicables, là où la Constitution apporte une réponse sans équivoque ? En effet, l'article 7 de la Constitution du 22 janvier 2001 dispose expressément que, les hommes et les femmes sont égaux en droit[746]; égalité devant nécessairement se traduire par une parité dans la confection des listes électorales. Le principe d'égalité, que la doctrine présente comme Janus, aurait deux faces[747]. L'une tournerait vers l'égalité formelle ou l'égalité devant la loi, l'autre vers l'égalité réelle ou l'égalité par la loi. Cependant, cette distinction sera appliquée de façon maladroite par le Conseil constitutionnel dans cette décision. En suivant le juge français, dans l'application des principes dégagés par celui-ci dans la jurisprudence *Quotas par sexe*[748], le Conseil constitutionnel applique l'égalité formelle, alors que la Constitution à travers les dispositions de son article 7 posait déjà l'égalité réelle entre hommes et femmes, égalité devant être mise en œuvre par la loi électorale. Le Professeur Luc SINDJOUN[749], dans ses observations sous ladite décision, estime que « sans préjudice de la pertinence de la décision du juge sénégalais, il reste qu'on peut se demander au regard de la réalité de la prépondérance masculine dans l'exercice des droits de citoyens, si l'invocation formelle du principe d'égalité était suffisante. Il était certes, nécessaire, comme point de départ de l'argumentation, mais parce que le juge constitutionnel juge en âme et conscience, il lui était possible de s'intéresser à l'inégalité de traitement des éligibles en raison de leur sexe compte tenu de la culture et de l'histoire ». Dans son raisonnement le Professeur SINDJOUN étaye son argumentation par « l'exemple américain qui montre que le principe d'égalité peut aller de pair avec la promotion de la discrimination positive afin de créer

---

[745] Cons. const., Décision N° 82-146 DC du 18 novembre 1982, *Quota par sexe, Rec.*, p. 66.

[746] Alinéa 4.

[747] F. LUCHAIRE, « Un Janus : l'égalité », *RDP,* 1986, p. 1229.

[748] M. LONG et autres, *Les grands arrêts de la jurisprudence administrative*, *op. cit.*, p. 77.

[749] L. SINDJOUN, *Les grandes décisions de la justice constitutionnelle africaine*, *op. cit.*, pp. 433-434.

l'égalité d'opportunité ».[750] Mais il demeure, que dans le contexte sénégalais, aucune discrimination ne pouvait être relevée dans les textes pertinents en l'espèce et ayant trait aux conditions d'accès des femmes à des fonctions électives comme le révèlent les dispositions de l'article 7 de la Constitution. Dans cette même perspective, aucun parti politique sénégalais n'établit, à travers ses statuts une discrimination entre l'homme et la femme[751].

Il reste que, les subtilités liées à la fixation du principe constitutionnel d'égalité ont poussé le juge constitutionnel à le méconnaître parfois au lieu de le protéger. En effet, en faisant montre de rigueur lors de l'examen de la recevabilité des candidatures lors de l'élection présidentielle de 2012 à l'endroit des candidatures indépendantes en envoyant les signatures collectées à la D.A.F (Direction de l'Automatisation du Fichier) pour vérifier leur effectivité[752], et en s'abstenant de recourir aux services fiscaux pour vérifier l'acquittement des obligations fiscales de trois candidats[753] tel que posé devant son prétoire, le juge constitutionnel rompt le principe constitutionnel d'égalité des candidats devant le suffrage[754]. Dans sa décision du 12 février 2005 *Loi d'amnistie*[755] , le Conseil constitutionnel a estimé que l'article 10 de la Déclaration universelle des Droits de l'Homme et l'article 7 al. 1 a. de la Charte africaine des Droits de l'Homme qui consacrent le droit de

---

[750] L. SINDJOUN, *Les grandes décisions de la justice constitutionnelle africaine*, *op. cit.*, p.433.

[751] Ainsi, le FSDBJ (Front pour le Socialisme et la Démocratie/*Benno Jubël*) affirme à travers ses statuts son adhésion à la Convention sur l'élimination de toute forme de discrimination à l'égard des femmes. L'article 30 des statuts du Parti socialiste (PS) prévoit que le bureau politique comprend entre autres membres, la présidente du mouvement national des femmes socialistes et le bureau politique comprend une secrétaire nationale à la femme assistée d'une adjointe.

Au PS (Parti Socialiste), le seul critère de l'élection du *leadership* est la légitimité politique. Au PDS (Parti Démocratique Sénégalais), le seul critère qui prévaut est le militant régulièrement inscrit, en règle avec les cotisations et détenant la carte de membre du parti. Voir I. M. FALL, « Sénégal : une démocratie "ancienne" en mal de réformer ». Rapport sur l'État de la démocratie et la participation politique au Sénégal, *Open Society Fondations*, juin 2012, p. 92, note 193.

[752] De cela résulte le rejet de la candidature de Youssou NDOUR et celle de Kéba KEINDE.

[753] Il s'agissait de Moustapha NIASSE, Idrissa SECK et Ousmane Tanor DIENG.

[754] « Pr El HADJ MBODJ dénonce la sortie anonyme d'un membre du Conseil constitutionnel », *Le Populaire,* N° 3715 du jeudi 12 avril 2012, pp. 4-5.

[755] I. M. FALL, (dir.), *Les décisions et avis du Conseil constitutionnel. Rassemblés et commentés, op. cit.*, p. 473.

saisir les tribunaux nationaux compétents de tout acte qui viole les droits fondamentaux, reconnus et garantis à toute personne par les conventions internationales consacrées par le préambule de la Constitution n'ont pas été violés. Le juge a estimé que les articles 4 alinéa 2 et 5 alinéa 2 de ladite loi, invoqués par les requérants ne sont pas contraires à la Constitution[756]. Le Conseil constitutionnel sénégalais a également eu à se prononcer sur le respect du principe d'égalité des candidats en matière électorale. En effet, saisi par le Secrétaire général du PS (Parti Socialiste), M. Ousmane Tanor DIENG, faisant prévaloir que la procédure d'inscription sur les listes électorales, en méconnaissance du principe d'égalité devant la loi, n'a pu être ouverte à l'ensemble des citoyens à la même date ni dans le même délai, le Conseil considère :*« qu'il résulte de l'instruction qui a été menée que, pour des raisons techniques, les inscriptions sur les listes électorales n'ont pas effectivement commencé à la même date, mais ont eu la même durée pour tous les électeurs ; que le décalage constaté n'est cependant pas constitutif discrimination ni de rupture du principe d'égalité entre les citoyens »*[757]. Dans l'affaire Karim Meïssa WADE, était également en cause la violation du principe d'égalité[758]. Le requérant faisait prévaloir que la loi N° 81-54 du 10 juillet 1981 créant une Cour de répression de l'enrichissement illicite(CREI) institue à l'endroit du mis en cause une rupture de l'égalité des citoyens devant la loi relativement à l'exercice d'un appel contre les décisions rendues par la juridiction d'instruction ou de jugement en ce que d'une part, l'article 13 alinéa 1 de la loi précitée dispose : « les décisions de la Commission d'instruction ne sont susceptibles d'aucun recours. » et que, d'autre part, l'article 17 de la même loi précise que « les arrêts de la Cour sont prononcés en audience publique. Ils sont susceptibles d'un pourvoi en cassation du condamné ou du ministère public dans les conditions prévues par l'ordonnance 60-17 du 3 septembre 1960 portant loi organique sur la Cour suprême ». Le requérant ajoute, que l'alinéa 2 de l'article 6 de la loi 81-54 méconnaît les dispositions de l'article 9 *in fine* de la Constitution qui garantit les droits de la défense, en ce qu'il ne

[756] I. M. FALL, (dir.), *Les décisions et avis du Conseil constitutionnel. Rassemblés et commentés, op. cit.*, p. 476.

[757] Cons. const., Séance du 10 mars 2007, Affaire N°4/E/2007, 5/E/2007, Proclamation des résultats du 1er tour de l'élection présidentielle de 2007.

[758] Cons. const., Séance du 03 mars 2014 Affaire N°1/C/2014/ demandeur Cour suprême, considérant 2, disponible à http://www.lequotidien.sn/index.php/politique/item/28978-document.

donne pas de délais raisonnables à un mis en cause pour prendre connaissance des indices ou charges rassemblés contre lui au cours d'une enquête préliminaire ; que les alinéas 4 et 6 du même article sont contraires d'une part à l'article 14-4 du Pacte international sur les droits civils et politiques aux termes duquel «toute personne accusée d'une infraction pénale a droit en pleine égalité au moins aux garanties suivantes : « à ne pas être contraint de témoigner contre elle-même ou de s'avouer coupable» et d'autre part à l'article 8 de la Déclaration universelle des droits de l'Homme aux termes duquel «toute personne a droit à un recours effectif devant les juridictions nationales compétentes contre les actes violant les droits fondamentaux qui lui sont reconnus par la Constitution ou par la loi». L'argument principal du requérant au soutien de sa prétention était la violation du principe du double degré de juridiction. Le juge après avoir rappelé les dispositions des textes invoqués par le requérant, répond par un considérant qui manifeste son scepticisme en considérant :*« ces deux dispositions relatives à l'exercice du droit de recours ne semblent pas être en adéquation formelle avec le principe du double degré de juridiction, en vertu duquel tout justiciable a le droit de faire examiner par une juridiction supérieure la décision lui faisant grief ; que ce principe rappelé en des termes similaires par diverses sources, notamment l'article 14 alinéa 5 du Pacte international relatif aux droits civils et politiques, les articles 1 et 7 de la Déclaration universelle des droits de l'Homme de 1948, des articles 3 et 7 de la Charte africaine des droits de l'Homme et des Peuples et la Déclaration des droits de l'homme et du citoyen, garantit le droit à l'égalité des citoyens devant la justice »*. Cependant, le juge considère : *« qu'il appartient au législateur, sous réserve du respect des droits de la défense, de fixer les règles relatives à l'exercice du droit de recours, y compris le pourvoi en cassation, en fonction de la nature de la juridiction en cause ; que la Cour de répression de l'enrichissement illicite, juridiction spéciale, a été créée exclusivement pour prendre en charge une infraction spéciale »*. Pour rejeter la prétention du requérant le juge considère que*« le législateur peut aussi adopter des règles compatibles avec la nature de la juridiction créée ; qu'il peut ainsi s'autoriser, notamment, de restreindre l'étendue du droit de recours »* et que *« par conséquent, contrairement à ce que soutient le requérant, que l'absence de recours en appel n'induit pas nécessairement l'absence de recours utile ou effectif; que l'absence de double degré de juridiction n'est pas, dès lors, nécessairement contraire à la Constitution»*. Ainsi le juge conclut en considérant que *« par ailleurs que la rupture d'égalité* *des citoyens devant la justice et la discrimination invoquées par le requérant ne peuvent, en l'occurrence, être retenues, faute de situations juridiques identiques avec des solutions différentes ; qu'en effet, toute personne poursuivie pour enrichissement illicite reste soumise à la seule procédure prévue à cet effet ; que la violation du principe d'égalité suppose l'adoption de règles différentes pour des cas identiques »*. Cette décision mérite quelques remarques du point de vue de la forme et du fond. Sur la forme d'abord, l'énoncé de la décision par le système de connotation ne facilite pas la compréhension du profane. Également, le style du juge appelle quelques remarques. Certaines expressions expriment le doute du juge. Il en est ainsi lorsqu'il affirme : *« considérant que ces deux dispositions relatives à l'exercice du droit de recours ne semblent pas être en adéquation formelle avec le principe du double degré de juridiction »*. Il serait plus heureux à l'avenir, que le juge utilise une formule moins alambiquée, plus limpide, qu'il exprime des positions fermes sur les questions qui lui sont posées. Les propositions du Professeur Demba SY à propos de la justice administrative suggérant d'« engager une réflexion sur la rédaction des arrêts en supprimant les mots désuets et en utilisant un langage compréhensible pour tous »[759] sont transposables au domaine de la protection juridictionnelle de l'ordre constitutionnel pour une compréhension plus facile du droit constitutionnel. Sur le fond, il faut rappeler que le juge considère que *«par conséquent, contrairement à ce que soutient le requérant, que l'absence de recours en appel n'induit pas nécessairement l'absence de recours utile ou effectif; que l'absence de double degré de juridiction n'est pas, dès lors, nécessairement contraire à la Constitution»*, pourtant le juge lui-même considère*« que le principe du double degré de juridiction, corollaire du droit d'agir en justice, constitue, pour le justiciable, une garantie de procédure qui participe de l'impératif du procès équitable »,* il en fait une finalité même de l'article 9 de la Constitution en ces termes : *« considérant que, dans la même finalité, l'article 9 alinéa 4 de la Constitution affirme: «la défense est un droit absolu dans tous les états et à tous les degrés de la procédure»*. En l'espèce donc, le juge constate un « *l'impératif du procès équitable »,* constitutionnellement consacré par l'article 9 de la Constitution, puisqu'étant la finalité de cette disposition, mais il n'en déduit pas pour autant une inconstitutionnalité de la loi querellée en privilégiant le statut spécial de la juridiction crée par ladite loi. En

[759] D. SY, « Droit administratif et communicabilité en Afrique », *Afrilex,* 2014, p. 15.

l'espèce, l'objectif ultime du législateur qui est d'éviter tout obstacle aux poursuites devant la Cour de répression de l'enrichissement illicite, est sauvegardé au détriment des dispositions du texte constitutionnel.

En revanche, dans une affaire analogue[760], le Conseil d'État français a annulé une ordonnance du Président de la République instituant une Cour de justice militaire, une juridiction spéciale chargée de juger les auteurs et complices de certaines infractions commises en relation avec les événements d'Algérie. L'article 10 de l'ordonnance excluait toute voie de recours contre une décision quelconque de la Cour militaire de justice, de son président ou de ministère public. Une telle atteinte aux principes généraux du droit pénal et du droit de la défense ne fut pas admise par le Conseil d'État[761].

Si la protection des droits et libertés constitutionnellement reconnus aux citoyens est un aspect fondamental de la protection juridictionnelle de l'ordre constitutionnel, l'exigence du respect de la part du législateur des principes qui guident le fonctionnement démocratique des institutions ne saurait être occultée dans la présente recherche.

B- La protection des principes de fonctionnement des institutions démocratiques

Les principes fondamentaux institutionnels, qui relèvent de l'organisation et du fonctionnement des pouvoirs publics, constituent un socle indispensable de la démocratie. On y retrouve les principes d'organisation politique comme le droit de suffrage, le pluralisme politique, la séparation des pouvoirs, le mode démocratique de désignation des autorités politiques, la libre administration des collectivités locales .... Ces principes constitutionnels visent à assurer le fonctionnement harmonieux et l'équilibre constitutionnel des pouvoirs publics conformément à l'idéal démocratique. Il s'agit de l'étude de la protection par le juge d'un ensemble de règles et principes constitutionnels qui gouvernent le fonctionnement démocratique d'un État dont le Sénégal a fait siens. Ces règles encadrent la dévolution et l'exercice du pouvoir et le fonctionnement des institutions. En effet, le juge doit veiller au respect de ces piliers, condition du succès de la démocratie[762]. Le Conseil

---

[760] C.E Ass, 19 octobre 1962, Canal et autres, *in* M. LONG et autres, *Les grands arrêts de la jurisprudence administrative, op. cit.*, p. 541.

[761] M. LONG et autres, *Les grands arrêts de la jurisprudence administrative, op. cit.*, p. 545.

[762] B. GUEYE, « La démocratie en Afrique : succès et résistances », *Pouvoirs,* N° 129, 2009, pp. 5-26.

constitutionnel, dans sa décision du 9 mars 1998 *Élections des sénateurs*[763], devait se prononcer sur la conformité à la Constitution du mode de désignation d'une partie des sénateurs par le Président de la République. En effet, les saisissants estimaient qu'il résultait de la nomination par le Président de la République de douze des soixante sénateurs, conformément à l'article LO 116 de la loi organique complétant le Code électoral et relative à l'élection des sénateurs, une atteinte au principe de la souveraineté populaire, principe d'essence constitutionnel prévu par l'article 2 al. 1 de la Constitution de 1963 qui « ne donne pouvoir à quiconque de s'arroger les attributs de la souveraineté nationale, et qu'ainsi, le Président de la République ne peut désigner des sénateurs, ce pouvoir appartient au peuple »[764]. Le juge dans sa réponse, rappelle que cette prérogative, le Président de la République la tient de la Constitution, en vertu de la loi de révision constitutionnelle N° 98-11 du 2 mars 1998 dont le contrôle lui échappe *« que dès lors le moyen tiré de l'atteinte au principe de la souveraineté populaire doit être écarté »*[765]. La dérogation au principe de la souveraineté populaire fut couverte par l'œuvre du constituant et c'est à bon droit que le juge a validé la loi organique qui règle cette compétence du Président de la République. En soi, l'atteinte au principe de la désignation des représentants de la nation, dont l'élection est une des techniques de désignation démocratique, n'est pas le fait du législateur organique mais du constituant. On ne saurait faire grief au Conseil constitutionnel au présent cas[766]. C'est pourquoi, à l'instar de Stéphane BOLLE[767], les observations de Ameth NDIAYE[768] sous cette décision « fustigeant » le *« confort douteux de l'incompétence »* méritent d'être relativisées. En effet, la Constitution déterminant la compétence du juge, elle peut rétrécir le champ de cette dernière par le biais de la mobilisation du pouvoir constituant dérivé. Auparavant, par un arrêt du 15 novembre 1991, la Cour suprême a eu à se prononcer sur les conditions d'éligibilité du Président de la République sur saisine de

---

[763] I. M. FALL, (dir.), *Les décisions et avis du Conseil constitutionnel du Sénégal. Rassemblés et commentés op. cit.*, p. 189.
[764] I. M. FALL, (dir.), *Les décisions et avis du Conseil constitutionnel du Sénégal. Rassemblés et commentés op. cit.*, p. 190.
[765] I. M. FALL, (dir.), *ibid.*, p. 190.
[766] S. BOLLE, « les juridictions constitutionnelles africaines et les crises électorales », *op. cit.*, p. 7.
[767] S. BOLLE, *ibid.*, p. 7.
[768] I. M. FALL (dir.), *Les décisions et avis du Conseil constitutionnel du Sénégal. Rassemblés et commentés, op. cit.*, p. 194.

celui-ci. L'article 2 de la loi organique relative à l'élection du Président de la République et des députés à l'Assemblée nationale disposait, que le candidat à l'élection présidentielle, « doit être exclusivement de nationalité sénégalaise ». Quant à la Constitution en son article 23, elle ne faisait référence qu'à la nationalité sénégalaise. Le juge après avoir constaté les contrariétés entre deux textes, en conclut : *« ...que par suite le membre de phrase (qu'il a exclusivement la nationalité sénégalaise) doit être supprimé à moins d'une modification de la Constitution »*[769]. C'est ainsi que la Constitution fut modifiée en son article 23 pour la mettre en harmonie avec ladite loi organique en son article 2. En outre, le Conseil constitutionnel dans sa décision relative aux *Délégations spéciales* précitée a examiné la violation du principe de la libre administration des collectivités locales prévu par l'article 102 de la Constitution du 22 janvier 2001[770]. Une véritable question de fond était donc posée au juge : celle de la conformité de l'amendement Moussa SY devenu loi portant délégations spéciales à l'article 102 de la Constitution. Le juge après avoir précisé la notion de « délégation spéciale » a estimé que la loi attaquée *« ne viole pas les dispositions constitutionnelles (...) de l'article 102 »*. Le juge, en adoptant un tel raisonnement, opte pour une interprétation littérale de l'article 102. En effet, on peut admettre l'implantation d'une délégation spéciale dans une ou quelques-unes collectivités locales pour des raisons bien précises et se rapportant aux cas prévus par la loi. Mais, sa généralisation sur l'ensemble du territoire national résulte d'une attitude qui comporte « les stigmates du fait du prince » ainsi que le fait remarquer M. ZAKI qui estime dans ses observations sous la décision précitée qu'« en adoptant une interprétation littérale de l'article 102, le Conseil a dilué la consistance d'une question essentielle et a permis que soit justement porté atteinte au principe de libre administration ... »[771]. Un cas assez similaire s'est produit en République Démocratique du Congo. Dans la perspective de libération des prisonniers accusés de l'assassinat du Président Laurent Désiré KABILA, les députés de la mouvance

---

[769] P.M. SY, « Le contentieux constitutionnel au Sénégal. Le contrôle de l'élection présidentielle par le Conseil constitutionnel », *op. cit.*, p. 418.

[770] Cet article dispose en son alinéa 1er que « les collectivités locales constituent le cadre institutionnel de la participation des citoyens à la gestion des affaires publiques. Elles s'administrent librement par des assemblées élues. »

[771] M. ZAKI, « Droit d'amendement des députés et principes de libre administration des collectivités locales. Observations sous la décision du Conseil constitutionnel sénégalais en date du 11 décembre 2001 », *op. cit.*, p. 232.

présidentielle décidèrent de déposer un amendement à l'article 22 de la loi d'amnistie, aux termes duquel « toutefois, n'est pas une infraction politique, couverte par la présente amnistie, l'attentat à la vie d'un chef de l'État conformément aux principes universels et à la législation internationale et nationale ». C'est dans cette ambiance que le Président de la République décida de solliciter l'avis de la Cour suprême de justice, qui faisait office de juridiction constitutionnelle transitoire, sur les difficultés d'interprétation de la définition de l'infraction politique avec une précision : l'assassinat du Président de la République est-il un crime politique ?[772] Au rebours d'arguments juridiques tirés aussi bien de la législation nationale, internationale, qu'en droit comparé, la Cour conclut que l'attentat à la vie d'un chef d'État ou d'un membre de sa famille est une infraction de droit commun. L'article 2-2 est donc exclu du champ d'application de la loi d'amnistie[773].

Le juge sénégalais dans un autre registre, a examiné la violation du principe de la séparation des pouvoirs par la *loi d'amnistie* alléguée par les requérants. En effet, les requérants estimaient qu'en amnistiant des infractions définitivement jugées ou non, la loi a pour effet de dessaisir les juges d'un dossier et de permettre l'immixtion du pouvoir législatif sur l'exercice du pouvoir judiciaire, ce qui est une atteinte au principe de la séparation des pouvoirs, principe d'essence constitutionnel. En réalité, étaient en cause l'équilibre des pouvoirs publics[774] et l'existence même de la Constitution[775]. Le juge dans sa réponse, estime que la dérogation ainsi apportée au principe de la séparation des pouvoirs trouve son fondement dans les dispositions de la Constitution, notamment

---

[772] Aux termes de la loi, celle-ci est définie comme un agissement qui porte atteinte à l'organisation et au fonctionnement des pouvoirs publics, acte d'administration et de gestion dont le mobile de son auteur ou les circonstances qui les inspirent revêtent un caractère politique. Article 2-2 de la loi N° 05/023 du 19 décembre 2005 portant amnistie pour les faits de guerre, infractions politiques et d'opinions, *in J.O.R.D.C*, N° spécial 28 décembre 2005, pp. 1-3, §6, 6ème feuillet.

[773] Voir la communication de P. G. N. N. LOONGYA, « Les tactiques jurisprudentielles du juge constitutionnel congolais. Politique quand tu nous tiens ! », Colloque international de Cotonou, *La Constitution béninoise du 11 décembre 1990 un modèle pour l'Afrique ?*, 8, 9, 10, août 2012.

[774] G. CONAC, « Réflexions sur le nouveau constitutionnalisme africain », Symposium international de Bamako, sur le bilan des pratiques de la démocratie, des droits et des libertés dans l'espace francophone, 2000, p. 28.

[775] Selon une idée dont la paternité est attribuée à MONTESQUIEU et reprise par la Déclaration des Droits de l'Homme de 1789 (article 16) qui fait partie intégrante de l'ordre constitutionnel sénégalais, une société dans laquelle la séparation des pouvoirs n'est pas assurée n'a point de Constitution.

à son article 67 qui a fait figurer au nombre des matières qui sont du domaine de la loi, la fixation des règles concernant l'amnistie[776]. Le raisonnement du juge est simple du moment qu'il identifie au sein de l'ordre constitutionnel une norme capable de valider la norme posée par le législateur ordinaire, il ne procède pas à la censure de ce dernier.

Néanmoins, par le contrôle de l'activité législative, le juge participe activement aux choix et à l'exécution des projets de société[777]. Son activité ne se réduit plus à la régularisation des rapports entre l'exécutif et le législatif, elle dépasse ce domaine et s'incruste dans les grandes options des modes de vie qui interpellent l'individu ou le groupe d'individus au premier chef[778].

Mais le contrôle de constitutionnalité ne s'applique pas seulement aux lois, il concerne aussi les actes administratifs dont il convient d'analyser les techniques utilisées à cet effet.

Section II : Le contrôle de la constitutionnalité des actes administratifs

Le contentieux constitutionnel des actes administratifs est défini comme « les litiges nés de l'activité des administrations publiques et résolus par le juge administratif par application des normes constitutionnelles »[779]. Les juges constitutionnels, dans une perspective de protection de « la légalité constitutionnelle »[780], interviennent dans les rapports entre les pouvoirs publics constitutionnels, mais aussi dans les relations entre les pouvoirs publics et les administrés. L'ordre constitutionnel bien que gardant sa version classique, celle de traiter des institutions, des trois pouvoirs identifiés par la théorie constitutionnelle intègre aujourd'hui les droits et libertés proclamés et adoptés par les

[776] I. M. FALL (dir.), Les *décisions et avis du Conseil constitutionnel. Rassemblés et commentés*, *op. cit.*, p. 474.

[777] Voir dans ce sens, D. ROMAN, « La jurisprudence sociale des Cours constitutionnelles en Europe : vers une jurisprudence de crise ? », *Nouveaux Cahiers du Conseil constitutionnel,* 1er octobre 2014, N° 45, pp. 63-73.

[778] Cette attitude n'est pas le propre du juge sénégalais. Le même constat peut être fait dans d'autres systèmes de justice constitutionnelle. Voir Y. HIGUCHI, « L'évolution récente du contrôle de la constitutionnalité sous la Constitution japonaise de 1946 », *op. cit.*, p. 24.

[779] L. FAVOREU et T.S. RENOUX, *Contentieux constitutionnel des actes administratifs, op. cit.*, p. 2.

[780] P. PACTET et F. MELIN SOUCRAMANIER, *Droit constitutionnel,* Paris, Sirey, 29e édition, *Droit,* 2010, p. 65.

États[781]. La Constitution devient donc normative et accède au rang du « bloc de la légalité » qui s'impose à l'administration. D'ailleurs la notion de « bloc de constitutionnalité » n'est-elle pas inspirée de la notion de « bloc de légalité » ?[782]De ce fait, l'ordre constitutionnel met par moment en relation l'administration dans un rapport objectif, avec d'autres sujets de droit. Le juge a vocation à apprécier, et le cas échéant, à sanctionner au détriment de l'administration l'irrégularité de ces rapports[783]. Si le Sénégal n'échappe pas à ce constat, il n'en demeure pas moins que l'appréciation juridictionnelle des rapports relève de plusieurs juges[784]. Il est également à relever que la jurisprudence administrative en matière constitutionnelle est pauvre au Sénégal. A titre illustratif, de la consultation du premier bulletin publié des arrêts de la nouvelle Cour suprême couvrant la période judiciaire 2008-2009, il ressort que cette juridiction n'a rendu aucun arrêt en la matière. Sans aller jusqu'à embrasser la matière constitutionnelle, la haute juridiction administrative ne s'est, pour l'essentiel, prononcée que sur des contentieux relatifs aux élections, aux litiges d'ordre professionnel, aux questions foncières et, dans une certaine mesure, à la fonction publique[785]. Néanmoins, le juge de l'administration a eu, auparavant, à se pencher sur des cas de conformité des actes administratifs à l'ordre constitutionnel, cas qui méritent d'être examinés. Toutefois, au préalable il convient de préciser que de l'observation de la pratique du contentieux constitutionnel des actes administratifs il ressort des modes de contrôle (Paragraphe I), qui, une fois mis en œuvre amènent le juge à examiner les griefs d'inconstitutionnalité (Paragraphe II).

---

[781] M. WALINE, « La violation de la déclaration des droits de l'homme, moyen d'excès de pouvoir, note sous le Conseil d'État, 7 juin 1957, Condamine », *RDP,* 1958, p. 99.

[782] L. FAVOREU et T.S. RENOUX, *Contentieux constitutionnel des actes administratifs, op. cit.*, p. 30.

[783] Voir B. D. COULIBALEY, « Le juge administratif, rempart de protection des citoyens contre l'administration en Afrique noire francophone », *Afrilex,* 2013, pp. 1-37.

[784] L. FAVOREU et T. S. RENOUX, *Contentieux constitutionnel des actes administratifs, op. cit.,* p. 8.

[785] Cour suprême, *Bulletin des arrêts,* N°1, Année judiciaire 2008-2009, décembre 2011 partie Chambre administrative, pp. 67-151.

Paragraphe I : Les modes de contrôle constitutionnalité des actes administratifs

Le pouvoir règlementaire est le mode usuel d'intervention juridique de l'administration. Selon sa nature, ce pouvoir peut être autonome ou supplétif. Ainsi, existe-t-il des règlements d'application des lois appelés règlements subordonnés et des règlements autonomes[786]. Il en résulte alors deux modalités de contrôle de constitutionnalité : direct (A) et indirect (B).

A- Le contrôle direct

Le juge de l'administration peut contrôler directement la régularité de l'acte réglementaire au regard de la Constitution[787]. Le mode de contrôle direct s'applique aux règlements autonomes mais aussi aux ordonnances et aux actes pris par le Président de la République en période de circonstances exceptionnelles. La vérification directe de la constitutionnalité des actes administratifs s'applique donc aux règlements autonomes (I) et aux pouvoirs réglementaires d'exception (II).

I- Le contrôle direct des règlements autonomes

En France, jusqu'en 1958 aucune limite institutionnelle solide ne fut réellement apportée au domaine de la loi. Les mutations réalisées sous la Ve République visant à rationaliser le régime parlementaire vont assigner à la loi des domaines distincts de ceux ouverts au pouvoir réglementaire[788]. La compétence législative devient ainsi une compétence d'attribution[789], à côté de la compétence règlementaire dévolue au pouvoir règlementaire autonome. Afin de faire respecter cette répartition des compétences, un mécanisme de sanction fut prévu avec l'intervention du Conseil constitutionnel visant à faire respecter les bornes ainsi établies par le domaine assigné au règlement autonome. Déjà avant 1958, la jurisprudence *Labonne* donnait au chef de l'exécutif des pouvoirs propres, qu'il ne tient d'aucun texte, pour prendre des

---

[786] CE, 30 août 1995 Adama Thiam, *Bulletin,* N° 2, p. 104.

[787] CE, 7 juillet 1950, Dehaene, *Rec. CE,* 1950, p. 426. ; CE, 11 juillet 1965, Amicale Annamites de France *Rec. CE*, 1965, p. 317.

[788] Voir J. P. DUPRAT, « De la majesté à la fonctionnalité de la loi », *Mélanges en l'honneur de J. du Bois de GAUDUSSON, Espaces du service public*, Tome II, *Droit d'Ici*, Presses universitaires de Bordeaux, 2013, pp. 1034-1036.

[789] P. AVRIL et J. GICQUEL, *Droit parlementaire,* 2e édition, Paris, Montchrestien, 1996, p. 130.

règlements de police applicables à tout le territoire[790]. L'existence de ces règlements nationaux autonomes de police a été réaffirmée par le juge administratif français sous la quatrième République,[791] puis sous la cinquième République. Dans l'arrêt *Association cultuelle Israélites nord-africains de Paris,* le Conseil d'État français précise que *« si la police des abattoirs ressortit, d'une manière générale à la compétence des communes, sur le territoire desquelles ces établissements sont installés, il appartient au Premier ministre en vertu de ses pouvoirs propres d'édicter les mesures de police applicables à l'ensemble du territoire national »*[792]. Ces pouvoirs ne sont pas remis en cause par la Constitution de 1958 notamment en ses articles 34 et 37. La Constitution de 1958 va même innover par rapport aux régimes antérieurs en cantonnant la loi dans un domaine limité[793], en faisant parallèlement du pouvoir réglementaire un « législateur » de droit commun. Le domaine du règlement étant défini comme tout ce qui ne relève pas du domaine de la loi[794]. Ce pouvoir réglementaire, est qualifié d'autonome car indépendant d'une habilitation du législateur et constitue un domaine où se manifestent les pouvoirs propres du chef du gouvernement. Dans la fixation de ces pouvoirs propres, le Conseil constitutionnel devait considérer que *« l'article 34 de Constitution ne prive pas au chef du gouvernement des attributions de police générale qu'il exerce en vertu de ses pouvoirs propres et en dehors de tout habilitation législative »*[795]. Les règlements autonomes sont donc des actes de l'administratif dont l'édiction n'est pas liée à l'existence d'une loi ou d'un règlement.

Cette innovation majeure a toutefois été fortement relativisée par la pratique de la Ve République. D'une part, le domaine limité de la loi ne l'est pas resté longtemps, soit que l'exécutif trouve son intérêt dans les incursions du législateur dans le domaine réglementaire[796], soit que le juge constitutionnel trouve dans la Constitution des titres de compétences

---

[790] CE, 8 août 1919, Labonne, *Rec. CE,* 1919, p. 736.

[791] CE, ass., 13 mai 1960, SARL Restaurant Nicolas, *Rec. CE,* 1960, p. 324.

[792] CE, 2 mai 1973, Association cultuelle israélites nord-africains de Paris, *Rec. CE,* 1973, p. 313.

[793] Article 34 de la Constitution du 4 octobre 1958.

[794] Article 37 de la Constitution du 4 octobre 1958.

[795] Cons. const., Décision N° 2000-434 DC du 20 juillet, *Rec.,* p 107 ; RDP, 2000, p. 1542, note F. LUCHAIRE.

[796] Voir J. M. NZOUANKEU « Les domaines respectifs de la loi et du règlement en droit sénégalais », *RIPAS,* N° 11, octobre-décembre 1984, pp. 889-948.

du législateur en dehors de l'article 34[797]. D'autre part, l'autonomie des règlements fondés sur l'article 37 est encore relativisée par la soumission de celui-ci à la loi et aux principes généraux du droit[798]. Il en résulte que les domaines dans lesquels le pouvoir réglementaire peut intervenir ont presque toujours déjà été l'objet d'une législation ou sont susceptibles de l'être. L'innovation introduite par la Constitution de 1958 en formalisant les règlements autonomes s'en trouve fortement relativisée. Le domaine proprement réglementaire se réduit ainsi à quelques matières, comme « l'organisation de l'administration d'État, la procédure administrative en matière non contentieuse et en matière juridictionnelle, la procédure civile et la matière des contraventions de police... »[799], et sous réserve des interventions du législateur en ces matières[800]. Ces principes dégagés par jurisprudence et codifiés par le constituant français seront repris par les constituants africains de façon générale[801] et le constituant sénégalais en particulier[802]. L'article 76 al. 1 de la Constitution du 22 janvier 2001 prévoit que « les matières qui ne sont pas du domaine législatif en vertu de la présente Constitution ont un caractère réglementaire ». En énumérant les matières législatives et en indiquant que celles qui sont en dehors de celles-ci ont un caractère réglementaire, le constituant décrit une forme de production des règlements autonomes par le pouvoir règlementaire dont la violation entraine ou est susceptible d'entrainer une sanction du juge.

Les règlements autonomes sont directement rattachés à la Constitution contrairement aux règlements subordonnés. Leur source est la Constitution qui, plus est la seule norme juridique qui détermine leurs conditions de validité. La norme de validité des règlements autonomes est donc leur conformité à la Constitution contrairement aux règlements subordonnés qui servent d'instruments d'exécution des lois[803]. Dans l'élaboration des règlements autonomes, la Constitution s'impose

[797] S. PLATON, « Règlements administratifs », *JurisClasseur administratif*, Fasc. 108-35, octobre 2008, p. 12.
[798] CE, sect., 26 juin 1959, Syndicat des ingénieurs-conseils, *Rec. CE,* 1959, p. 394.
[799] R. CHAPUS, *Droit administratif,* Tome 1, Paris, Montchrestien, 15e édition, 2001, p. 839.
[800] S. PLATON, « Règlements administratifs », *op. cit.*, p. 12.
[801] Par exemple l'article 100 de la Constitution béninoise du 11 décembre 1990. Voir I. M. FALL, « Le Président de la République devant la Cour constitutionnelle », *ABJC., Revue de contentieux constitutionnel*, I, 2013, p. 234.
[802] Cf. CS, 29 mai 1965, Arrêt N° 3/C/65 relatif au décret-loi de 1965 portant statut de la coopération, *JO,* 1965, p. 711.
[803] CE, 30 août 1995, Adama Thiam, Bulletin N° 2, p.104.

immédiatement aux autorités administratives, le juge de l'administration examine la constitutionnalité du règlement sans risque d'exercer un contrôle de constitutionnalité de la loi, cette dernière ne faisant pas écran entre l'acte administratif et la Constitution[804]. G. VEDEL indiquait que le juge n'a besoin pas de remonter jusqu'à la Constitution pour vérifier la régularité des actes administratifs, car recourir à la loi lui suffisait, mais, il reconnaissait que dans certaines hypothèses, la confrontation directe de l'acte administratif avec la Constitution était nécessaire[805]. Le contrôle de constitutionnalité directe du règlement autonome rapport à la Constitution est posé par l'arrêt *Syndicat des ingénieurs-conseils*, dans lequel le Conseil d'État français déclare que le gouvernement était tenu de respecter *« les principes généraux du droit qui, résultant de la Constitution s'imposent à toute autorité réglementaire même en l'absence de disposition législative »*[806]. L'expression *« principes généraux du droit »* tel qu'elle résulte dans les conclusions du commissaire du gouvernement dans cette affaire renvoie aux règles de fond qui n'ont pas un caractère simplement interprétatif ou supplétif. En l'espèce, le juge admet l'existence de principes d'une valeur supérieure à la loi, résultant de la Constitution, qui s'imposent au pouvoir règlementaire autonome[807].Ces principes ayant une valeur supra-législative doivent être distingués de ceux dont *« il n'appartient qu'au législateur d'en déterminer l'étendue, d'en étendre ou d'en restreindre les limites »*[808] et qui s'imposent au pouvoir réglementaire subordonné à la loi[809] mais aussi des normes supplétives qu'un texte même réglementaire peut déroger, auxquelles le juge administratif français réserve l'appellation de règles. Il en va ainsi de l'absence de l'obligation de motiver les actes administratifs[810]. Les règles de fonctionnement des juridictions rentrent dans cette catégorie à l'exception du caractère contradictoire de la procédure qui a rang de principe

---

[804] A. KPODAR, « Le contrôle de constitutionnalité des normes infra législatives et des autres actes », *ABJC.*, Revue de contentieux constitutionnel, I-2013, p. 185.

[805] G. VEDEL, « Les bases constitutionnelles du droit administratif », *in La pensée juridique de Charles Eisenmann,* Paris, Economica, 1985, pp. 113-145.

[806] J. M. NZOUANKEU, *Les grands arrêts de la jurisprudence administrative, op. cit.,* p. 505.

[807] G. BRAIBANT, « L'arrêt Syndicat des ingénieurs-conseils et la théorie des principes généraux du droit », *EDCE,* 1962, p. 67.

[808] C E Ass., 4 octobre 1974 Dame David, *Rec.,* p. 464.

[809] C E Ass., 13 juillet 1962, Conseil national de l'ordre des médecins, *Rec.,* 479.

[810] C E Sect. 26 janvier 1973, Garde des Sceaux c./ Lang, *Rec.*, p. 72.

général de valeur constitutionnelle[811], et sous réserve du principe du double degré de juridiction rappelé par l'article 14 alinéa 5 du Pacte international relatif aux droits civils et politiques, les articles 1 et 7 de la Déclaration universelle des droits de l'Homme de 1948, des articles 3 et 7 de la Charte africaine des droits de l'Homme et des peuples et la Déclaration des droits de l'homme et du citoyen, tous partie intégrante de l'ordre constitutionnel, dont ne peuvent déroger que les lois relatives juridictions d'exception[812]. Sur un autre registre, le juge doit veiller à ce que le pouvoir réglementaire respecte les prescriptions de l'ordre constitutionnel[813] en lui empêchant d'empiéter sur les matières dévolues au pouvoir législatif. Au Sénégal, cette compétence dévolue en principe à la chambre administrative de la Cour suprême[814] est partagée en France entre le Conseil d'État et le Tribunal des conflits. En effet, cette dernière juridiction est compétente pour écarter l'application des décrets réglementaires qui empiètent sur le domaine de la loi en édictant des règles de répartition des compétences entre l'ordre de juridiction administratif et l'ordre de juridiction judiciaire[815].

En plus du contrôle direct du pouvoir réglementaire normal, il y a celui du pouvoir réglementaire d'exception.

II- Le contrôle direct du pouvoir réglementaire d'exception

Pour assurer la continuité de la République en cas de crise, la théorie des pouvoirs exceptionnels accorde au Président de la République des moyens exorbitants, et suspend ainsi la séparation des pouvoirs. Le pouvoir règlementaire d'exception, qui en constitue la manifestation, à l'instar des autres théories de l'état de nécessité, accorde au Président de la République un pouvoir règlementaire dérogatoire à la réglementation normale. De même, l'Assemblée nationale, pour des raisons liées au bon fonctionnement des institutions et à la continuité de l'État peut autoriser le Président de la République à légiférer pendant un temps déterminé dans le domaine dévolu à la loi. Au demeurant, ce pouvoir règlementaire

[811] Article 9 al. 4 de la Constitution du 22 janvier 2001 ; CS, 28 janvier 1981 Ndiogou Sall, *in* J. M. NZOUANKEU, *Les grandes décisions de la jurisprudence administrative sénégalaise*, *op. cit.*, p. 526.

[812] Cons. const., 03 mars 2014 Affaire N°C1/C/2014, Karim Meïssa Wade.

[813] J. P. NEGRIN, « Aspects du régime contentieux des règlements administratifs en France », *in Mélanges, E. Spilotopoulous, État, Loi, Administration*, Bruxelles, Bruylant, 1998, p. 268.

[814] Le juge de l'administration exerce un contrôle par voie d'action, le juge judicaire un contrôle par voie d'exception.

[815] TC, 2 mars 1970, Duvoir, *Lebon*, p. 885.

d'exception du Président de la République est règlementé par le constituant. Cette réglementation constitutionnelle justifie le contrôle de constitutionnalité des ordonnances prises par le Président de la République sur habilitation du parlement (a) et du pouvoir règlementaire de celui-ci en période de circonstances exceptionnelles (b).

a- Les ordonnances prises sur habilitation du parlement

L'ordonnance est un acte pris par le pouvoir exécutif sur habilitation du parlement, après délibération du Conseil des ministres dans le domaine de la loi[816]. Il permet au pouvoir exécutif de faire face aux circonstances imprévues ou à des situations requérant des mesures d'urgence[817]. Héritée de l'ancien régime où ils désignaient des décisions royales sous l'appellation « décret-loi », la pratique des ordonnances remonte à 1919 sous la troisième République en France. Bien que le domaine de la loi fût illimité, la complexité des tâches auxquelles les pouvoirs publics étaient confrontés a poussé le parlement à autoriser au gouvernement le droit momentané, de légiférer à sa place pour réaliser une ou plusieurs réformes[818]. La quatrième République va renouer avec cette pratique[819]. La Constitution du 4 octobre 1958 va procéder à une séparation du domaine de la loi (article 34) et du domaine du règlement (article 37). Néanmoins, l'article 38 de la Constitution française accorde au gouvernement le pouvoir de prendre des ordonnances[820]. Ces ordonnances dont la signature est dévolue au Président de la République[821], sont des actes pris dans le domaine de la loi sur

---

[816] M. DEVILLIERS, *Dictionnaire constitutionnel*, Paris, A. Colin, 4e édition, 2003, p. 166.

[817] Voir S. N. TALL, Droit constitutionnel et ordonnances dans les États d'Afrique noire francophone. Bénin, Burkina Faso, Cameroun, Comores, Congo, Côte d'Ivoire, Djibouti, Gabon, Guinée, Madagascar, Mali, Mauritanie, Niger, République Centrafricaine, République démocratique du Congo, Rwanda, Sénégal, Tchad et Congo, Dakar, L'Harmattan, 2021, pp. 270-295.

[818] C. DRAGOS-RUSU, *Les décrets-lois dans le régime constitutionnel de 1875*, Thèse, Bordeaux, 1942cité par J. GEORGEL, « Les ordonnances », *JurisClasseur administratif,* Fasc. 35, février 2006, p. 2.

[819] J. DONNEDIEU DE VABRES, « L'article 13 et les décrets-lois », *D.* 1953, Chron. p. 25

[820] CE, 10 octobre 1958, Union propriété bâtie de France, *Rev. adm*, 1958, p. 624, note G. Liet-Veaux ; Cons. const., Décision N° 76-72 DC, 12 janvier 1977, *Rec. Cons. const.*, p. 31.

[821] Article 13 de la Constitution française du 4 octobre de 1958.

habilitation du législateur[822]. Les dispositions de l'article 38 de la Constitution française de 1958 seront reprises de façon quasi-identique par les constitutions des États d'Afrique noire francophone. Ainsi, au Sénégal, L'article 77 de la Constitution du 22 janvier 2001 prévoit que le Président de la République peut légiférer par voie d'ordonnances dans le domaine de la loi sur habilitation du parlement. Face au COVID-19, l'Assemblée nationale avait adopté en application de l'article 77 de la Constitution, la loi d'habilitation n°2020-13 du 02 avril 2020 autorisant le Président de la République à prendre des ordonnances dans le domaine de la loi, notamment, l'ordonnance n° 001-2020 du 08 avril 2020 aménageant des mesures dérogatoires au licenciement et au chômage technique durant la période de la pandémie du COVID-19[823] pour garantir le droit à un emploi et une énumération descente en pendant la pandémie (droit au travail) et l'ordonnance n° 002-2020 du 23 avril 2020 relative aux mesures fiscales de soutien aux entreprises dans le cadre de la pandémie du COVID-19, qui insère dans le Code général des Impôts de nouvelles dispositions notamment l'article 185 bis.

Au Bénin, l'article 102 de la Constitution du 11 décembre 1990 autorise « le gouvernement pour l'exécution de son programme à demander à l'Assemblée nationale de voter une loi l'habilitant à prendre par ordonnance dans un délai limité des mesures qui sont normalement du domaine de la loi »[824]. Organiquement, ces ordonnances demeurent des actes administratifs susceptibles de recours pour excès de pouvoir tant qu'elles ne sont pas ratifiées par le parlement[825]. Leur caractère administratif est tributaire du critère organique résultant de l'organe dont émane l'acte[826]. La recevabilité du recours pour excès de pouvoir à l'encontre de ces actes pris dans le domaine de la loi en vertu d'une habilitation législative découle de la nature administrative de leur auteur. Dans l'arrêt *Colonie du Sénégal,* le Conseil d'État français précise qu'*« en vertu de l'article 18 du sénatus-consulte du 13 mai 1854, les colonies sont régis par décret ; si le régime ainsi établi comporte le droit pour le chef de l'État de régler les questions qui, dans la métropole ressortissent au domaine de la loi, ces décrets n'en constituent pas moins*

---

822 S. N. TALL, « Les ordonnances en Afrique noire francophone », *Mélanges africains, Constitutions et institutions politiques africaines*, *EDJA,* 2008, p. 209.

823 JORS du Jeudi 09 avril 2020, p.815

824 I. M. FALL, « Le Président de la République devant la Cour constitutionnelle », *op. cit.,* p. 234.

825 CE Ass, 24 novembre 1961, Fédération des syndicats de police, *Rec.*, p. 658.

826 Cet Ass, 25 juin 1937, Unions des véhicules industriels, *RDP,* 1937, p. 501.

des actes administratifs... susceptibles de recours pour excès de pouvoir »[827]. Depuis l'abandon de la théorie de la « délégation législative » en 1907[828], le Conseil d'État français se reconnaît compétent pour contrôler la légalité des ordonnances. Cette jurisprudence française est transposable au Sénégal. Les inquiétudes du Professeur Ameth NDIAYE [829] suscitées par « l'orientation hyper présidentielle » de ce pouvoir du Président de la République de légiférer par voie d'ordonnance à la place du parlement peuvent ainsi être relativisées par le contrôle de constitutionnalité du juge de l'administration. Dans cette perspective, la Cour constitutionnelle du Niger a déclaré contraire à la Constitution nigérienne l'ordonnance portant répression de l'enrichissement illicite[830]. Seulement, dans la pratique jurisprudentielle française, le contrôle le contrôle des ordonnances par le juge l'excès de pouvoir est rigoureusement circonscrit. Dans le contentieux administratif français, sont ainsi exclues du contrôle du juge les ordonnances prises en cours de période transitoire en vertu de l'article 92 de la Constitution du 4 octobre 1958[831], les ordonnances qui ont une valeur législative prise par le Président de la République en vertu de l'article 16 de la Constitution de 1958[832]. Il en fut de même, pour les ordonnances du Comité français pour la libération nationale et le Gouvernement provisoire de la République française[833]. Ces actes bien qu'étant organiquement administratifs, ont matériellement un caractère législatif très marqué leur permettant d'échapper logiquement au contrôle du juge administratif, mais celui-ci peut redéployer son contrôle en vérifiant si l'acte émane bien de l'autorité habilitée à exercer le pouvoir législatif[834].

Au demeurant, dans le contrôle de la régularité des ordonnances, la cohérence jurisprudentielle commande que la norme de référence du juge soit la Constitution ou du moins l'ordre constitutionnel. Tout contrôle de l'ordonnance par rapport à une loi peut déboucher sur une

---

[827] CE, 29 mai 1908, Colonie du Sénégal, *Rec.*, p. 578.
[828] CE 6 décembre 1907 Compagnie des chemins de fer de l'Est et autres, *in* M. LONG et autres, *Les grands arrêts de la jurisprudence administrative, op. cit.*, p. 543.
[829] A. NDIAYE, *La nouvelle juridiction constitutionnelle en Afrique francophone et la construction de l'État de droit : exemples du Gabon et du Sénégal, op. cit.*, p. 472.
[830] Cour const., Arrêt N° 07/08/CC/MC du 20 novembre 2008.
[831] CE, 12 février 1960, Société Eky, *Rec.*, p. 101.
[832] CE, 2 mars 1962, Rubin de Servens et autres, *in* M. LONG et autres, *Les grands arrêts de la jurisprudence administrative*, *op. cit.*, pp. 532 et s.
[833] CE, 22 février 1946, Botton, *Rec.*, p. 58.
[834] C E Ass, 1er juillet 1960, Fédération nationale des organismes de sécurité sociale et Fradin, *Rec.*, p. 441.

incohérence[835]. Le juge de l'excès de pouvoir doit exercer un contrôle de constitutionnalité direct de l'ordonnance qui est matériellement une loi. La ratification projetée[836] qui fait acquérir la valeur d'une loi à l'ordonnance commande que la norme de contrôle soit la Constitution au risque de créer une contradiction au sein de la jurisprudence.

b- Le pouvoir réglementaire en période de circonstances exceptionnelles

L'article 16[837] de la Constitution française de 1958 prévoit que, lorsque les institutions de la République, l'indépendance de la nation, l'intégrité de son territoire ou l'exécution de ses engagements internationaux sont menacées d'une manière grave et immédiate et que le fonctionnement régulier des pouvoirs publics constitutionnels est interrompu, le Président de la République prend les mesures exigées par ces circonstances, après consultation officielle du Premier ministre, des présidents des Assemblées parlementaires ainsi que du Conseil constitutionnel. Ces mesures peuvent être de toute nature, aussi bien individuelles que générales et donc, dans ce dernier cas, constitutives soit d'actes législatifs, si elles relèvent du domaine de la loi, soit d'actes réglementaires dans le cas contraire[838]. Au Sénégal, l'article 52 de la Constitution règlemente les pouvoirs exceptionnels du Président de la République. Ce texte prévoit que, lorsque « les institutions de la République, l'indépendance de la Nation, l'intégrité du territoire national ou l'exécution des engagements internationaux sont menacées de manière grave et immédiate et le fonctionnement régulier des pouvoirs publics ou des institutions est interrompu, le Président de la République dispose de pouvoirs exceptionnels »[839]. Ces pouvoirs exceptionnels mis à la disposition du Président de la République sont réglementés par le constituant. Il doit informer la Nation par un message avant la prise de « toute mesure tendant à rétablir le fonctionnement régulier des pouvoirs publics et des institutions et à assurer la sauvegarde de la Nation »[840]. Relativement aux conditions de fond, le texte constitutionnel interdit au Président de

[835] L'ordonnance doit respecter les conditions posées par la loi d'habilitation, d'où parallèlement au contrôle de constitutionnalité le juge doit exercer un contrôle du respect de la loi d'habilitation.
[836] Article 77 al. 2.
[837] Voir M. VOISSET, *L'article 16de la Constitution de 1958,* Paris, LGDJ, 1969, 427 p.
[838] CE, Ass., 2 mars 1962, Rubin de Servens, *in* M. LONG et autres, *Les grands arrêts de la jurisprudence administrative*, *op. cit.*, pp. 532-540.
[839] Article 52 al. 1
[840] Article 52 al. 2.

la République de procéder à une révision de la Constitution en vertu des circonstances exceptionnelles[841]. Également, l'Assemblée nationale ne peut être dissoute pendant l'exercice des pouvoirs exceptionnels[842]. La protection de l'ordre constitutionnel en période de circonstances exceptionnelles, oblige le juge le cas échéant, à élaborer un droit constitutionnel jurisprudentiel d'exception[843]. Dans le contrôle de ce pouvoir règlementaire exceptionnel, le juge constitutionnel doit astreindre le Président de la République au respect des conditions de forme et de procédure qui gouvernent l'édiction des mesures prises par lui. Ainsi, la Cour constitutionnelle du Bénin dans sa décision N° 27-94 du 24 août 1994 relative aux ordonnances n° 94-001 et N° 94-002 conclut-elle que ces textes sont contraires à la Constitution au motif que *« les ordonnances en cause ne contiennent aucun visa de la consultation préalable de la Cour constitutionnelle ; que le Président de la République a pris les ordonnances sans aviser la Cour constitutionnelle ; qu'il s'ensuit qu'il y a vice de procédure »*[844]. La consultation préalable de la Cour constitutionnelle est donc en droit constitutionnel béninois une condition substantielle préalable pour l'édiction des ordonnances par le Président de la République en période de circonstances exceptionnelles. Il est admis par la jurisprudence que les autorités administratives puissent, en période de circonstances exceptionnelles[845], édicter les règlements nécessaires pour faire face à la situation indépendamment de l'existence d'une loi. Les circonstances exceptionnelles constituent donc un temps fort du pouvoir réglementaire d'exception. Si la décision du Président de la République de recourir aux mesures exceptionnelles est acte de gouvernement insusceptible de recours juridictionnel, elle doit respecter les conditions prévues par la Constitution[846]. L'exercice des pouvoirs exceptionnels par Président de la République ne peut donc échapper de manière absolue au contrôle de constitutionnalité. Les

---

[841] Article 52 al. 3.

[842] Article 52 al. 6.

[843] P. TENEYRE, « Les adaptations aux circonstances du principe de constitutionnalité. Contribution du Conseil constitutionnel à un droit constitutionnel de nécessité », *R.D.P*, N° 6, 1987, pp. 1489-1515.

[844] N. MEDE, *Les grandes décisions de la Cour constitutionnelle du Bénin*, Paris, Editions Presses universitaires Européennes, 2012, p. 216.

[845] L'article 69 de la Constitution du 22 janvier 2001 prévoit l'état d'urgence et l'état de siège. Ces régimes d'exceptions sont réglementés par la loi N° 69-29 du 29 avril 1969, *JORS* du 10 mai 1969.

[846] I. M. FALL, « Le Président de la République devant la Cour constitutionnelle », *op. cit.,* pp. 119 et s.

juridictions en charge de la protection de l'ordre constitutionnel doivent veiller à ce la réglementation constitutionnelle prévue à cet effet soit respectée par le Président de la République. Aussi en cas de circonstances exceptionnelles, le Président de la République peut prendre des mesures qui sont du domaine de la loi. Au Sénégal, ces mesures tant qu'elles ne sont ratifiées par le parlement contrairement en France[847] demeurent organiquement des actes administratifs susceptibles de recours pour excès de pouvoir. Dans l'affaire *Canal*[848], le Conseil d'État français a assimilé l'habilitation donnée par la loi du 13 avril 1962 au Président de la République de légiférer par voie d'ordonnance dans le domaine de la loi à celle prévue par l'article 38 de la Constitution du 4 octobre 1958. En l'absence de dispositions constitutionnelles expresses, le juge écarte toute présomption d'un transfert de compétence législative semblable à ceux prévus par les articles 16 et 92 de la Constitution. L'*arrêt Canal* pose clairement le principe selon lequel les ordonnances que la loi du 13 avril 1962 accorde au Président de la République le droit de prendre, dans les limites qu'elle précise, conservaient leur caractère d'actes administratifs et pouvaient donc être attaquées en recours pour excès de pouvoir[849]. Cependant, matériellement, ces actes ont la valeur d'une loi, puisque que pris dans son domaine, ils entretiennent ainsi un rapport immédiat avec l'ordre constitutionnel et peuvent faire l'objet d'un contrôle direct de constitutionnalité. Ce contrôle de constitutionnalité atteste que les mesures prises par le Président de la République dans le domaine de la loi en période de circonstances exceptionnelles[850] ne doivent en aucun cas relever de l'arbitraire. De même, les juges de la constitutionnalité doivent garantir en toutes circonstances le respect des droits et des libertés constitutionnellement proclamés. À cet effet, ils doivent censurer tout acte pris, dérogatoire à l'ordre constitutionnel dont le but n'est pas de « rétablir le fonctionnement régulier des pouvoirs publics et des institutions et à assurer la sauvegarde de la Nation » tel que prévu par l'article 52 de la Constitution. Même si en matière, le Président de la République dispose d'un pouvoir discrétionnaire, ce pouvoir n'est pas illimité. Les actes

[847] C E Ass, 2 mars 1962, Rubin de Servens, *in* M. LONG et autres, *Les grands arrêts de la jurisprudence administrative, op. cit.,* p. 532.
[848] CE, 19 octobre 1962, Canal, Robin et Godot, *in* M. LONG et autres, *Les grands arrêts de la jurisprudence administrative, op.cit,* p. 541-547.
[849] M. LONG et autres, *Les grands arrêts de la jurisprudence administrative, op. cit.*, p. 543.
[850] M. LONG et autres, *ibid.,* p. 543.

édictés à cette occasion par le Président de la République doivent être justifiés au regard des circonstances exceptionnelles. Le juge en charge de la protection de l'ordre constitutionnel, saisi de recours, devra vérifier la réalité de l'objectif poursuivi par le Président de la République et sa conformité avec ce que cherche à atteindre le constituant à travers les dispositions de l'article 52 de la Constitution[851].

B- Le contrôle indirect

Le contrôle est dit indirect dans la mesure la constitutionnalité du règlement est indirectement apprécier sur la base de la constitutionnalité de la norme sur laquelle l'acte a été pris. L'acte administratif pris sur la base d'une loi ou d'un traité international, ayant pour base juridique la Constitution se trouve dans un rapport indirect avec celle-ci. Ainsi, le juge de l'excès de pouvoir n'examine la violation directe de la Constitution par un acte administratif que lorsqu'une loi ou un traité international ne s'interpose pas entre la Constitution et ledit acte[852]. Du point de vue procédural, deux procédés peuvent permettre l'exercice du contrôle de constitutionnalité de l'acte administratif ainsi subordonné à la norme dont la constitutionnalité est douteuse : d'abord de manière incidente, l'administré peut soulever l'inconstitutionnalité de la loi ou du traité faisant jouer du coup la technique de l'exception d'inconstitutionnalité. Dans ce cas, la déclaration d'inconstitutionnalité de la loi ou de contrariété du traité avec l'ordre constitutionnel par le juge constitutionnel prive de base juridique à l'acte administratif, et oblige le juge de l'administration à procéder à l'annulation de l'acte administratif. L'inconstitutionnalité de l'acte médian entre la Constitution et l'acte administratif atteint par ricochet ce dernier. La disparition de la loi-écran ou le traité-écran emporte l'acte administratif. Cette problématique est soulevée dans *l'affaire Cheikh Tidiane* SY *et autres* par l'agent judiciaire de l'État qui estimait que les requérants se livrent à un détournement de procédure car, ils ne démontrent pas en quoi la contestation de la régularité du décret nommant les magistrats de la Cour de répression de l'enrichissement illicite est subordonnée à la constitutionnalité ou non de la loi portant création de ladite Cour. Même si la Cour suprême a rejeté le moyen au motif que nulle part, *« il n'est fait état de la non-conformité à la Constitution des dispositions de la*

---

[851] Tel est la position de la Cour constitutionnelle du Bénin. Voir I. M. FALL, « Le Président de la République devant la Cour constitutionnelle », *op. cit.*, pp. 224-227.

[852] CS, 26 mai 1965, Ibrahima Seydou Ndaw, *in* J. M. NZOUANKEU, *Les grandes décisions de la jurisprudence administrative sénégalaise, op. cit.*, p. 111.

loi 81-54 du 10 juillet 1981 créant la Cour de répression de l'enrichissement illicite, le requérant soutenant plutôt la non-conformité de ladite loi en son article 17 au Pacte international relative au droit civil et politique, alors que l'exception d'inconstitutionnalité doit être soulevée lorsqu'il s'agit d'apprécier la conformité des dispositions d'une loi ou des stipulations d'un accord international à la Constitution »[853], il n'en demeure pas moins qu'en subordonnant la régularité de la nomination des magistrats de la Cour à la constitutionnalité ou non de la loi portant création de celle-ci, dans l'esprit des saisissants, il s'agissait de contester indirectement la constitutionnalité du décret[854] nommant les magistrats de ladite Cour. Dans *l'affaire Moussa OUATTARA et autres* précitée[855], les requérants avaient intenté un recours pour excès de pouvoir contre le décret N°93-676 du 17 mai 1993, portant cessibilité d'immeubles immatriculés. À l'occasion du procès les requérants avaient soulevé l'inconstitutionnalité des articles 1er et 14 de la loi N°76-67 du 2 juillet 1976 relative à l'expropriation pour cause d'utilité publique et autres opérations foncières d'utilité publique. C'est ainsi que le Conseil d'État s'est sursis à statuer et a saisi le Conseil constitutionnel du texte dont la constitutionnalité est contestée. Le Conseil constitutionnel en statuant au fond le 3 juin 1996 a bien précisé les prérogatives du Conseil d'État avant de conclure que le moyen n'est pas fondé et que, par suite, la loi querellée est conforme à la Constitution. Le juge constitutionnel dans sa réponse affirme que *« seule la conformité de la loi critiquée à la Constitution est de la compétence du Conseil constitutionnel, l'application ou la non-application de la procédure légale au cas d'espèce étant laissée à l'appréciation du juge de l'excès de pouvoir »*[856]. La délimitation des compétences entre le Conseil constitutionnel et le Conseil d'État est bien établie. Une fois la délibération sur la constitutionnalité du texte de loi faite, il appartient au juge de l'administration d'en tirer les conséquences. Seulement le procédé n'est pas heureux, en offrant une alternative au Conseil d'État

---

853 CS, Arrêt N° 50 du 26 Septembre 2013, Cheikh Tidiane Sy et autres c/État du Sénégal, *Bulletin des arrêts de la Cour suprême,* N° 6-7, Année judiciaire 2013, pp. 152-156.

854 Décret N° 2012-679 du 6 juillet 2002 portant nomination des membres de la Cour de répression de l'enrichissement illicite.

855 I. M. FALL (dir.), *Les décisions et avis du Conseil constitutionnel du Sénégal. Rassemblés et commentés, op. cit.*, p. 125.

856 I. M. FALL (dir.), *Les décisions et avis du Conseil constitutionnel du Sénégal. Rassemblés et commentés, op. cit.*, p. 148.

de décider de *« l'application ou la non-application de la procédure légale au cas d'espèce »*, il semble que l'harmonisation des jurisprudences, principe dont il s'est fait sien face à la Cour de cassation[857] n'est pas de la préoccupation du juge constitutionnel. Si le texte de loi servant de base juridique à l'acte administratif est conforme à l'ordre constitutionnel, il entre dans les attributions du juge de l'administration d'en tirer les conséquences.

Cependant, il n'en demeure pas moins que le décret contesté dans *l'affaire Moussa OUATTARA* est légal puisque la loi qui lui sert de fondement est conforme à la Constitution selon le juge constitutionnel. L*'affaire PDS*[858] s'inscrit dans la même lancée. La Constitution posait le caractère secret du vote, alors que le Code électoral en son article L. 50 prévoyait l'usage facultatif de l'isoloir. Une circulaire du ministre de l'Intérieur faisant application de l'article 50 du Code électoral réglait les conditions du vote. C'est ainsi que le PDS intenta un recours pour excès de pouvoir contre la circulaire du ministre de l'Intérieur resté vain. Dans l'esprit des saisissants, ce qui était bien en cause c'était la constitutionnalité l'article L. 50 du Code électoral, fondement de la circulaire du ministre de l'Intérieur. Force est cependant de relever que le juge n'a pas pris en compte l'objet de la requête du PDS qui visait à faire contrôler la constitutionnalité indirecte de la circulaire du ministre de l'Intérieur. La compétence d'attribution sert de parade au juge de l'administration pour décliner sa compétence à connaître de la constitutionnalité indirecte du décret incriminé. En effet, le juge devait rejeter la requête en considérant que *« le juge de l'excès de pouvoir ne saurait connaître... de la constitutionnalité des lois dont le contrôle est organisé par les seules dispositions de l'article 63 de la Constitution »*[859]. D'ailleurs, après les élections du 26 janvier 1978, Maître Abdoulaye WADE devait saisir la Cour suprême pour demander l'annulation de l'article L. 50 du Code électoral pour inconstitutionnalité. Dans son arrêt du 13 mars 1978 *Adoulaye WADE c/ État du Sénégal*, la Cour reconnaît implicitement la contradiction entre l'article L. 50 du Code électoral et l'article 2 de la Constitution, mais rejeta la requête en considérant, qu'en l'état du droit, qu'elle ne pouvait exercer un contrôle

[857] Affaire Demba Mbaye, *in* I. M. FALL (dir.), *Les décisions et avis du Conseil constitutionnel du Sénégal. Rassemblés et commentés, op. cit.*, p. 129.

[858] CS, 21 février 1978, Parti Démocratique Sénégalais, *in* J. M. NZOUANKEU, *Les grandes décisions de la jurisprudence administrative sénégalaise, op. cit.*, p. 157.

[859] J. M. NZOUANKEU, *Les grandes décisions de la jurisprudence administrative sénégalaise, op. cit.*, p. 166.

de constitutionnalité des lois promulguées[860]. La portée contentieuse de l'acte administratif fut obérée par la loi-écran. Le juge ordinaire ne peut remonter jusqu'aux sources constitutionnelles qu'en l'absence d'une règle législative s'intercalant entre l'acte administratif contesté et ces dernières. La position du juge administratif français fut clairement fixée par les arrêts *Arrighi et Dame Coudert* de 1936 qui précisait qu'en l'état actuel du droit public français, le moyen tiré de l'inconstitutionnalité de la loi n'est pas de nature à être discuté devant le Conseil d'État statuant au contentieux[861]. Cette jurisprudence s'oppose à ce que le juge annule une décision administrative fondée sur une loi elle-même inconstitutionnelle. En annulant l'acte administratif, le juge se livre indirectement à une appréciation de la constitutionnalité de la loi, ce qu'il se refuse de faire pour éviter tout conflit ouvert ou latent avec le législateur.

Avec l'instauration du Conseil constitutionnel, habilité à exercer le contrôle de constitutionnalité de la loi avant sa promulgation, la théorie de l'écran-législatif[862] se renouvelle et retrouve une nouvelle justification. Cette position fut celle du Conseil d'État français qui devait préciser qu'il ressort des débats tant du Comité consultatif constitutionnel que du Conseil d'État lors de l'élaboration de la Constitution que les modalités ainsi adoptées excluent un contrôle de constitutionnalité de la loi au stade de son application[863]. La distinction entre les dispositions constitutionnelles privées ou non d'applicabilité directe prend tout son sens. Dès lors qu'une disposition constitutionnelle doit être mise en œuvre par une loi pour être invocable, celle-ci fera nécessairement écran. En outre, la jurisprudence postérieure va considérablement restreindre la portée de la loi-écran, permettant ainsi au juge d'apprécier la constitutionnalité de l'acte administratif par-dessus la loi lui servant de base légale. La distinction contrôle direct et contrôle indirect se réduit ainsi de nos jours comme peau de chagrin, le juge administratif se réservant un pouvoir d'apprécier la conformité directe ou indirecte des actes administratifs à la Constitution. Le juge pouvait priver à la loi-écran de ses effets par l'application des effets de l'abrogation implicite. Cette position fut celle du Conseil d'État français dans l'ordonnance

[860] CS, 13 mars 1978, Abdoulaye WADE c. / État du Sénégal, *Annales africaines*, 1978, Nouvelles Editions africaines, 1979, pp. 165 et s.

[861] CE, sect., 6 novembre 1936, *Rec.*, 1936, p. 966.

[862] La fin des années 1980 marque l'entrée de la notion pour la première fois, au glossaire des termes utilisés dans un manuel de droit administratif. *Cf.* R. CHAPUS, *Droit administratif*, *op. cit.*, p. 874.

[863] CE, 5 janvier 2005, D. et B., *Rec. CE,* 2005, p. 1

rendu à propos de *l'affaire Jean-Charles B.,* dans laquelle il devait préciser que « *s'il n'appartient pas au juge administratif d'apprécier la conformité d'un texte législatif aux dispositions constitutionnelles en vigueur à la date de sa promulgation, il lui revient de constater l'abrogation, fût-elle implicite, de dispositions législatives qui découlent de ce que leur contenu est inconciliable avec un texte qui lui est postérieur, que celui-ci ait valeur législative ou constitutionnelle* »[864]. Aussi, l'écran législatif pouvait s'éclipser avec l'application de la théorie de l'écran transparent. La loi est transparente dès lors que, tout en renvoyant à l'autorité réglementaire, elle ne contient en elle-même aucune règle de fond susceptible de faire obstacle à la confrontation directe entre l'acte administratif contesté et les règles constitutionnelles[865]. Le juge ordinaire peut également recourir à la technique de l'effet utile, en interprétant les dispositions de la loi-écran de telle sorte que celles-ci deviennent conformes aux normes constitutionnelles[866]. Cette technique sera redéployée par le juge constitutionnel par le biais des réserves[867] d'interprétation ou d'application[868], offrant ainsi aux juges ordinaires les moyens de dégager un sens des dispositions de la loi-écran conforme aux normes constitutionnelles[869].

Le contrôle de constitutionnalité indirect des actes administratifs se rencontre également dans les rapports qu'entretient l'ordre constitutionnel avec le droit international. En effet, lorsque la norme internationale reprend à l'identique les dispositions de la Constitution ou figure dans le préambule de celui-ci[870], le contrôle de conventionnalité de l'acte administratif, implique un contrôle de constitutionnalité de façon indirecte[871]. Les exigences du droit constitutionnel sont étendues au

---

[864] CE, Ord., 21 novembre 2005, Jean-Charles B., *Rec. CE,* 2005, p. 517.

[865] CE, 17 mai 1991, Quintin, *RDP,* 1991, p. 1429, concl. Abraham.

[866] CE, 28 juin 1918, H., *S.* 1922, p. 49, note Hauriou.

[867] A. D. KEBE, « Les réserves d'interprétation dans la jurisprudence constitutionnelle des États d'Afrique francophone », *Annales africaines*, Nouvelle série, Volume 1, Dakar, CREDILA, avril 2015, pp. 255 et s.

[868] Cons. const., Décision N° 93-326 DC, 11 août 1993, *Rec. Cons. const.*, 1993, p. 217, conseil. 3.

[869] CE, Ass., 11 mars 2004, Sté La Cinq, *Rec. CE,* 2004, p. 118.

[870] D. de BECHELLION, « Conflits de sentences entre les juges de la loi » », *Pouvoirs,* N° 96, 2001, p. 110.

[871] J. F. FLAUSS, « Contrôle de conventionnalité et contrôle de constitutionnalité devant le juge administratif (CE, Ass., 30 octobre 1998, MM Sarran et Levacher et autres) », *RDP*, N°3, 1999, pp. 919- 949.

respect du droit international par la volonté du pouvoir constituant[872]. En reproduisant en substance les dispositions de la Constitution ou en contenant des dispositions faisant corps avec la règle constitutionnelle, la norme internationale s'identifie à l'ordre constitutionnel et le contrôle de conventionnalité se rapproche du contrôle de constitutionnalité[873].

D'ailleurs, avant la consécration du précédé de l'exception d'inconstitutionnalité de la loi promulguée, les plaideurs dans le cadre d'un recours contentieux pour la défense de leurs droits et libertés, délaissaient les normes constitutionnelles au profit des normes conventionnelles. Le recours à l'exception d'inconventionnalité si le traité international est d'application directe, sert de remède aux effets de l'écran législatif, les normes constitutionnelles favorables aux plaignants étant inapplicables à cause de la loi-écran, sont ainsi remplacées par des normes internationales[874]. Cette technique a été mise en œuvre par la Cour d'appel de Paris dans *l'affaire Baby Loup*[875]. Dans cette affaire, pour contrarier l'arrêt de la Cour de cassation, la Cour d'appel a dû puiser dans le droit conventionnel européen le fondement de sa décision, alors que, la juridiction suprême faisait application de l'article 1er de la Constitution de 1958. En réalité, la Cour d'appel, constatant que l'article 1er de la Constitution n'était d'aucun secours à la requérante, est allée à la

---

872 Par exemple la révision constitutionnelle introduisant la parité, loi constitutionnelle 2008-30 du 7 Août 2008 modifiant l'article 7 de la Constitution se rapproche de la Convention internationale sur l'élimination de toute forme de discrimination à l'égard de la femme. *Cf.* A. THIAM, « Une Constitution ça se révise ! Relativisme constitutionnel et État de droit au Sénégal », *Politique africaine,* 2007, N°108 p. 149.
Il en est de même de la révision constitutionnelle qui prend en charge le principe de la compétence universelle des tribunaux sénégalais (loi constitutionnelle N° 2008-33 du 7 août 2008, modifiant l'article 9 de la Constitution et qui s'adapte à la Convention internationale de lutte contre la torture de 1984.) Voir G. HESSELING, « Le sénat au Sénégal : une attraction secondaire ? », *op. cit.*, p. 19.

873 CE, 8 décembre2000, Parti nationaliste Basque, *Rec. CE*, 2000, p. 594 à propos de la combinaison entre l'article 11 de la Déclaration des Droits de l'Homme et du Citoyen, partie intégrante de l'ordre constitutionnel français et l'article 10 de la Convention européenne des Droits de l'Homme. ; Cf. *Protection constitutionnelle et protection internationale des droits de l'homme: concurrence ou complémentarité ?,* Rapport à la IXe Conférence des Cours constitutionnelles européennes, 10-13 mai 1993, *RFDA*, 1993, p. 849 et s.

874 Voir A. VIDAL-NAQUET, « Les sources constitutionnelles des libertés », *JurisClasseur Libertés,* Fasc. 20, août 2007, p. 46.

875 T. LAMARCHE et S. MOUTON, « Principe de laïcité : affaire *Baby Loup* : levons le voile sur une entreprise de conviction peu convaincante pour mieux observer le principe de laïcité », *RDP*, *Constitutions*, 2014, pp. 211 et s.

recherche dans le droit européen d'un principe juridique corollaire du principe de laïcité posé par l'article 1er de la Constitution de 1958. La question du rapport en termes d'hiérarchie entre la Constitution et le droit international se pose à nouveau. Tout de même, la question de la responsabilité de l'État pour cause d'inexécution du droit international peut se poser[876].

Après l'admission de la possibilité des particuliers de contester devant le juge administratif les stipulations d'un traité[877], le juge administratif français appliquera la théorie de la loi-écran dans *l'arrêt Syndicat des fabricants de semoule de France* en matière conventionnelle[878]. Cette jurisprudence fut d'ailleurs constamment confirmée par le juge administratif[879]. Cette position du Conseil d'État français s'écarte de la jurisprudence du Conseil constitutionnel qui, dans l'*affaire I.V.G.* devait préciser qu'une loi contraire à un traité n'est pour autant contraire à la Constitution, refusant ainsi de faire figurer les traités internationaux parmi les normes de référence du contrôle de constitutionnalité des lois[880]. Le Conseil constitutionnel français sera suivi dans cette logique par le juge constitutionnel sénégalais. Dans l'affaire relative à la Loi d'amnistie, le Conseil constitutionnel sénégalais s'est déclaré incompétent pour connaître de la conformité d'une loi à un traité international[881]. Cette politique jurisprudentielle enclenchée par le juge français, suivi en cela par son homologue sénégalais sera menée à son terme par la jurisprudence *Association Nationale Val d'Oise* rejetant la possibilité du Conseil d'apprécier la constitutionnalité d'un traité par voie d'exception dans le cadre du contentieux électoral[882]. L'invite était donc faite de façon implicite aux juges ordinaires d'assurer la hiérarchie des normes qui résulte de l'article 55 de la Constitution de 1958[883]. Ainsi, alors que la théorie de la loi-écran devait-elle être confirmée en

---

[876] K. MICHELET, « La loi inconventionnelle », *RFDA,* janvier-février 2003, p. 26.
[877] CE Ass., 30 mai 1952, Dame Kirkwood, *Rec.*, p. 291.
[878] CE, 1er août 1968 Syndicat des fabricants de semoule de France, *Rec. CE,* p. 49.
[879] CE, 22 octobre 1979, Union Démocratique du Travail, *RDP,* 1980, p. 531 ; CE, 22 octobre 1979, Election des représentants à l'Assemblée des communautés européennes, *RDP*, 1980, p. 541.
[880] Cons. const., 18 janvier 1975, I.V.G., *in* L. FAVOREU et L. PHILIP, *Les grandes décisions du Conseil constitutionnel.,op. cit.*, p. 84.
[881] I. M. FALL (dir.), *Les décisions et avis du Conseil constitutionnel. Rassemblés et commentés, op. cit.*, p. 473.
[882] Cons. const., 21 octobre 1988, Association Nationale Val d'Oise, *Rec.*, p. 183.
[883] M. LONG et autres, *Les grands arrêts de la jurisprudence administrative, op. cit.*, p. 652.

matière législative[884], le juge administratif l'écarta le même jour en matière conventionnelle[885] rejoignant ainsi le juge judiciaire dans sa position[886], en faisant accéder les normes internationales dans le bloc de la légalité administrative. Cette source de la légalité administrative connaît un développement progressif du fait l'émergence des organisations internationales qui sécrètent un droit qui s'impose aux États[887].

Toutefois, l'insertion des normes internationales dans l'ordre juridique interne est soumise à des conditions. Dans *l'affaire Séga Seck Fall*, le juge a écarté l'application d'une convention internationale pour défaut de publication. Aux termes de l'article 79 de la Constitution de 1963, les traités ou accords régulièrement ratifiés ou approuvés ont, dès leur publication une autorité supérieure à celle des lois sous réserve pour chaque accord ou traité de son application par les autres parties. La publication permet donc à la convention internationale de s'intégrer dans l'ordre juridique interne et de prendre rang entre la loi parlementaire et la Constitution. Or, dans le cas d'espèce, la Convention de l'organisation internationale du travail que le requérant invoquait n'était pas publiée. Sans doute, on peut penser que si cette formalité de publication était accomplie, le juge de l'excès de pouvoir aurait annulé le décret portant dissolution du syndicat du sieur Fall. Cependant, la solution du juge fut tout autre. En réponse à la prétention requérant il précisa : *« qu'en admettant même qu'elle soit effectivement appliquée au Sénégal, elle ne saurait prévaloir sur les dispositions précitées de la loi 64-40 du 22 mai 1965 qui ont servi de fondement légal à la décision attaquée »*[888]. Le juge fait prévaloir la loi sur le traité international en contradiction avec les dispositions de l'article 79 de la Constitution qui accorde au traité une primauté sur dispositions législatives. Cette position de la Cour signifie qu'avec la publication du traité, la loi devrait faire écran entre celui-ci et le décret incriminé. Cette jurisprudence connue du Conseil d'État français dans *l'arrêt Syndicat des fabricants de semoule de France* précitée, rend ainsi inopérant le

---

[884] CE, Ass., 20 octobre 1989, Roujansky, *RFDA,* 1989, p. 993.

[885] CE, Ass. 20 octobre 1989, Nicolo, *RFDA*, 1989, p. 813, concl. Frydman ; M. LONG et autres, *Les grands arrêts de la jurisprudence administrative, op. cit.,* p. 647.

[886] Cass., Ch. mixte, 24 mai 1975, Sté cafés Jacques Vabre, *D.,* 1975, p. 497, concl. Touffait.

[887] CE, 31 août 1994, Prosper Guena Ntichen c. / Université Cheikh Anta Diop de Dakar, *Bulletin* N° 38, 1993-1997, p. 85.

[888] CS, 29 janvier 1975 Séga Seck Fall, *in* J. M. NZOUANKEU, *Les grandes décisions de la jurisprudence administrative sénégalaise, op. cit.,* p. 115.

moyen fondé sur l'irrégularité de l'acte administratif par rapport à la convention internationale fut-elle intégrée dans l'ordre constitutionnel. Par ailleurs, dans le contentieux des normes communautaires dérivées, le Conseil d'État français fixa la portée de l'écran législatif en précisant : *« il appartient au juge administratif, saisi d'un moyen tiré de la méconnaissance d'une disposition ou d'un principe de valeur constitutionnelle, de rechercher s'il existe une règle ou un principe général du droit communautaire qui, eu égard à sa nature et à sa portée, tel qu'il est interprété en l'état actuel de la jurisprudence du juge communautaire, garantit par son application l'effectivité du respect de la disposition ou du principe constitutionnel invoqué ; que, dans l'affirmative, il y a lieu pour le juge administratif, afin de s'assurer de la constitutionnalité du décret, de rechercher si la directive que ce décret transpose est conforme à cette règle ou à ce principe général du droit communautaire ; qu'en revanche, s'il n'existe pas de règle ou de principe général du droit communautaire garantissant l'effectivité du respect de la disposition ou du principe constitutionnel invoqué, il revient au juge administratif d'examiner directement la constitutionnalité des dispositions réglementaires contestées »*[889]. Au demeurant, le juge administratif écartera au cours du contrôle de la régularité d'un décret l'application des traités internationaux au profit des normes constitutionnelles. Dans *l'arrêt Sarran, Levacher et a.*, le Conseil d'État devait préciser : *« si l'article 55 de la Constitution dispose que "les traités ou accords régulièrement ratifiés ou approuvés ont, dès leur publication, une autorité supérieure à celle des lois sous réserve, pour chaque accord ou traité, de son application par l'autre partie", la suprématie ainsi conférée aux engagements internationaux ne s'applique pas, dans l'ordre interne, aux dispositions de nature constitutionnelle ; qu'ainsi, le moyen tiré de ce que le décret attaqué, en ce qu'il méconnaîtrait les stipulations d'engagements internationaux régulièrement introduits dans l'ordre interne, serait par là même contraire à l'article 55 de la Constitution, peut lui aussi qu'être écarté »*[890]. Dans l'*arrêt Koné*, le juge administratif français en examinant la régularité d'un décret d'extradition, a interprété une convention internationale à la lumière d'un principe constitutionnel. En effet, le Conseil d'État a dégagé le principe fondamental reconnu par les lois de la République selon lequel *« l'État doit refuser l'extradition*

[889] CE, Ass., 8 février 2007, N° 287110, Sté Arcelor Atlantiques et Lorraine, *Rec. CE*, 2007, p. 55.
[890]CE, Ass., 30 octobre1998, N° 200286 et 200287, Sarran et autres, *Rec. CE*, 1998, p. 369, concl. C. Maugüé.

d'un étranger lorsqu'elle est demandée dans un but politique ». Selon le juge, ce principe qui doit guider l'interprétation des stipulations de la Convention franco-malienne d'extradition du 9 mars 1962 en cause dans cette affaire « *repose sur l'idée qu'une convention internationale doit normalement se conformer à de tels principes »*[891].

Cependant, avec le renouveau de la justice constitutionnelle, la théorie de l'écran législatif et du traité-écran va s'amonceler davantage sous l'effet de l'exception d'inconstitutionnalité. Avec le renouveau de la justice constitutionnelle des années 1990, la plupart des constituants africains vont consacrer le procédé de l'exception d'inconstitutionnalité faisant sauter ainsi, le verrou de l'écran législatif et du traité-écran. Au Sénégal depuis 1992, le justiciable peut contester la constitutionnalité du traité entré en vigueur et de la loi promulguée[892]. Consacrée par l'article 82 al. 1 de la Constitution de 1963, et repris par l'article 92 de la Constitution de 2001, le procédé est revêtu d'une valeur supra-légale. Par conséquent, toute loi parlementaire qui tenterait de le retirer du système normatif encourt la sanction du juge constitutionnel[893]. La valeur heuristique de l'exception d'inconstitutionnalité est indéniable. La disparition de l'écran législatif fait sauter le bouclier qui protégeait de l'administration contre les annulations pouvant éventuellement frapper ses décisions inconstitutionnelles[894]. En tirant les conséquences d'une déclaration de non-conformité d'une loi à la Constitution, le juge retrouve en effet toutes ses capacités de sanction, notamment le pouvoir de confronter directement l'acte administratif à une norme constitutionnelle[895]. En France, il faudra attendre la réforme constitutionnelle de 2008 pour que le procédé de la question prioritaire de constitutionnalité soit consacré par le constituant. Introduit dans la Constitution par la loi constitutionnelle n° 2008-724 du 23 juillet 2008, ce procédé ajoute au contrôle de constitutionnalité des lois avant leur promulgation, un contrôle

---

[891] CE, Ass., 3 juillet 1996, Koné, N° 169219*, Rec. CE*, 1996, p. 255, concl. Delarue.
[892] Voir E. H. O. DIOP, *La justice constitutionnelle au Sénégal. Essai sur l'évolution, les enjeux et les réformes d'un contre-pouvoir juridictionnel, op. cit.*, pp. 190-191.
[893] E. H. MBODJ, « Les incidences de la réforme du 30 mai 1992 sur le contentieux administratif sénégalais », *op. cit.*, p. 35.
[894] Décision n°1/C/2019 du 25 avril 2019 Exception d'inconstitutionnalité de l'article 119 du Code général des collectivités territoriales suite au recours en annulation du décret n° 2015-1703 du 26 octobre 2015 formé par l'Entente Communauté des Agglomérations de Dakar - Communauté des Agglomérations de Rufisque (CADAK-CAR) et autres.
[895] E. H. MBODJ, « Les incidences de la réforme du 30 mai 1992 sur le contentieux administratif sénégalais », *op. cit.*, pp. 36-37.

de constitutionnalité des dispositions législatives entrées en vigueur. Le constituant a également modifié, à l'occasion de la révision de 2008, l'article 62 de la Constitution, précisant qu'« une disposition déclarée inconstitutionnelle sur le fondement de l'article 61-1 est abrogée à compter de la publication de la décision du Conseil constitutionnel ou d'une date ultérieure fixée par cette décision. Le Conseil constitutionnel détermine les conditions et limites dans lesquelles les effets que la disposition a produits sont susceptibles d'être remis en cause ». Par la loi organique n° 2009-1523 du 10 décembre 2009 relative à l'application de l'article 61-1 de la Constitution, le législateur organique a précisé les modalités d'application de la nouvelle procédure. Dans le système français, la disparition de l'écran législatif est exprimée par le constituant à travers les dispositions l'article 62 de la Constitution[896].

En définitive, la consécration du contrôle de constitutionnalité de la loi promulguée par les constituants, fait disparaître l'écran-législatif, rendant ainsi caduques la jurisprudence *Syndicat des fabricants de semoule de France* rendue par le Conseil d'État français et la jurisprudence *Abdoulaye Wade c. / État du Sénégal* de l'ancienne Cour suprême du Sénégal.

Une fois les modes de contrôle identifiés il convient d'examiner les griefs susceptibles d'être à la base d'une censure de l'acte administratif.

Paragraphe II : Les griefs d'inconstitutionnalité

Le contrôle de constitutionnalité des actes administratifs peut, à l'instar du contrôle de constitutionnalité des lois, porter sur la constitutionnalité externe de l'action administrative. Celle-ci est en effet être corsetée par des règles de compétence et de procédure qui s'imposent aux autorités administratives. Cette prise en compte de la constitutionnalité externe peut se doubler d'un contrôle interne portant sur le respect des règles de fond devant valider la régularité, au regard des instruments juridiques de valeur constitutionnelle, des actes administratifs. Ainsi, saisi d'un recours visant la constitutionnalité d'un acte administratif, le juge apprécie la validité de l'acte par rapport à sa constitutionnalité tant externe (A) qu'interne (B).

[896] Cf. M. QUYOLLET, « La question prioritaire de constitutionnalité », *op. cit.*, pp. 4 et s.

A- La constitutionnalité externe des actes administratifs

La Constitution contient un certain nombre de règles qui gouverne l'édiction des actes administratifs. Ces règles qui renvoient à la constitutionnalité externe des actes administratifs, sont relatives au respect des compétences, des formes et des procédures qui entourent l'acte.

En France, Conseil d'État a bien fixé le domaine du pouvoir règlementaire du Président de la République en affirmant dans l'arrêt *Sicard* qu'*« à l'exception des décrets délibérés en Conseil des ministres, le Président de la République n'exerce pas le pouvoir réglementaire et ne signe donc pas les décrets de nature réglementaire »*[897]. Au Sénégal, la Constitution du 22 janvier 2001 a prévu un domaine de compétences propres dévolues au Président de la République. Ainsi, la signature des ordonnances et des décrets est-elle de la compétence du Président de la République[898]. Le Président de la République nomme aux emplois civils et militaires.[899] Il exerce le droit de grâce[900]. Cette compétence du Président de la République en tant qu'autorité centrale s'étend sur l'ensemble du territoire national[901]. De la pratique jurisprudentielle il résulte que, la compétence matérielle du Président de la République étant fixée par les textes, celui-ci ne serait pas fondé à intervenir dans un domaine de compétence dévolu à une autre autorité administrative. Dans l'*affaire Aminata Sall et autres* [902] rendue le 05 juillet 1979, l'ancienne Cour suprême a sanctionné l'incompétence du Président de la République à prendre des mesures disciplinaires à l'encontre des requérants alors ce pouvoir est dévolu au Conseil provisoire de l'université. D'ailleurs, les règles de compétence ne présument pas. Elles ont un caractère d'ordre public, c'est-à-dire qu'elles peuvent être soulevées d'office par le juge[903]. Le Premier ministre peut exercer le pouvoir réglementaire en vertu d'une délégation de compétence du Président de la République, il en est de même des autres membres du gouvernement[904]. En outre le Premier ministre peut prendre des décisions par décret sur autorisation du

---

[897] CE, Ass., 27 avril 1962, Sicard et autres, *Rec. CE*, p. 279, concl. Ordonneau ; *AJDA* 1962, p. 295, chron. Galabert et Gentot

[898] Article 43 al. 1 de la Constitution du 22 janvier 2001

[899] Articles 44 et 45 de la Constitution du 22 janvier 2001

[900] Article 47 de la Constitution du 22 janvier 2001.

[901] CS 29 janvier 1975 Séga Seck Fall, *Penant,* 1976, p. 415, note Lapeyre.

[902] CS, 5 juillet 1979 Aminata Sall et autres, *in* J. M. NZOUANKEU, *Les grandes décisions la jurisprudence administrative sénégalaise, op. cit.*, pp. 85-94.

[903] CS, 27 mai 1981 Amadou lamine BA, *RIPAS,* N° 4, p. 402.

[904] Article 50 al. 1 de la Constitution du 22 janvier 2001.

Président de la République[905]. Les autres membres du gouvernement ne disposent pas du pouvoir réglementaire sous réserve de ce qui concerne l'organisation de leur service[906] et en vertu d'une délégation de compétence du Premier ministre[907].

Le Constituant a aménagé certaines règles de procédure qui s'imposent aux autorités administratives. Ces règles de procédures permettent soit de garantir les droits et libertés constitutionnels des administrés, soit d'éclairer l'autorité administrative lors du processus de prise de sa décision. Ainsi, la violation de la procédure consultative est sanctionnée par le juge dans l'affaire *Souleymane Sidibé et Amicale des Administrateurs civils du Sénégal.* Dans cette affaire, les requérants avaient saisi la Cour suprême d'une requête visant à faire annuler les décrets n° 73-354 du 14 avril 1973 abrogeant et remplaçant le 2e alinéa de l'article 1er du décret n° 72-1172 du 29 septembre 1972 portant nomination de Tidiane AW et Adrien SENGHOR dans le corps des administrateurs civils et n° 73-1030 du 19 novembre 1973 portant régularisation de la situation de Tidiane AW et Adrien SENGHOR. Les saisissants invoquaient la violation de l'article 18 de la loi n° 61-33 du 15 juin 1961 relative au statut général des fonctionnaires qui prévoit que « le Conseil supérieur de la fonction publique donne son avis sur toutes les questions intéressant les fonctionnaires ou la fonction publique sénégalaise. Il est notamment appelé à donner son avis sur les projets de statuts particuliers des divers cadres de fonctionnaires ». Dans sa réponse, la Cour après avoir constaté que les décrets incriminés *« n'ont pas été soumis à l'avis du Conseil supérieur de la fonction publique »,* en déduit qu'*« ayant été adoptés suivant une procédure irrégulière »* encourent l'annulation[908]. Dans l'espèce, l'avis du Conseil supérieur de la fonction de la fonction publique est une formalité substantielle. Le pouvoir de nomination du Président de la République aux emplois de la fonction publique conféré à lui par la Constitution, ne peut être mis en œuvre sans recours préalable à la formalité de consultation du Conseil supérieur de la fonction publique pour avis. L'omission de l'avis de cet organe entraine l'incompétence du

---

[905] Article 50 al. 2 de la Constitution du 22 janvier 2001.

[906] CE, 7 février 1936, Jamart, *in* M. LONG et autres, *Les grands arrêts de la jurisprudence administrative, op. cit.,* p. 300

[907] Article 57 de la Constitution du 22 janvier 2001.

[908] CS, 23 juillet 1975, *Souleymane Sidibé et Amicale des Administrateurs civils du Sénégal, in* J. M. NZOUANKEU, *Les grandes décisions de la jurisprudence administrative sénégalaise, op. cit.*, pp. 95-105.

Président de la République. Le professeur J. M. NZOUANKEU, soutient que la Cour suprême a interprété l'article 18 de la loi n° 61-33 du 15 juin 1961 comme instituant un régime d'avis obligatoire[909]. Une telle interprétation garantit assurément les droits et libertés des fonctionnaires, qui sont associés au processus de nomination dans la fonction publique par l'intermédiaire du Conseil supérieur de la fonction publique qui est leur organe représentatif. Ce dernier doit être un co-auteur[910] des décrets qui interviennent dans la gestion de la fonction publique. Cette jurisprudence de l'ancienne Cour suprême sera appliquée par le Conseil d'État dans l'*affaire Momar Guèye*[911]. Le juge a annulé un arrêté du ministre de l'Environnement et de la Protection de la nature mettant fin aux fonctions d'un agent pour non-sollicitation d'avis conformes, une formalité que la procédure de recrutement impose au ministre. Dans cette affaire, le juge a sanctionné le non-respect du principe de parallélisme des formes[912]. Cependant, dans l'*affaire Mbacké Fall et Cheikh Ndiaye c. /État du Sénégal*[913], le Conseil d'État fera montre de flexibilité à propos de consultation obligatoire du Conseil supérieur de la Magistrature pour l'affectation des concernés. L'article 10 de la loi n° 92-26 du 30 mai 1992 relative au fonctionnement du Conseil supérieur de la Magistrature dispose que « pour les nominations des magistrats, l'avis du Conseil supérieur est donné sur les propositions du Garde des Sceaux, ministre de la Justice après un rapport fait par un membre du Conseil ». En l'espèce, le Conseil se contente d'une déclaration publique faite par un des membres du Conseil pour conclure à l'accomplissement de la formalité[914], alors que celle-ci est substantielle. Par ailleurs, dans

---

[909] J. M. NZOUANKEU, *Les grandes décisions de la jurisprudence administrative sénégalaise, op. cit.*, p. 104.

[910] P. FERRARI, « Essai sur la notion de co-auteur d'un acte unilatéral en droit administratif français », *in Recueil en hommage à Charles Eisenmann*, Paris, Cujas, 1975, pp. 215-220.

[911] CE, 29 mai 2000, Momar Guèye c. /État du Sénégal, *Bulletin des arrêts du Conseil d'État,* N°2, Année 2000, p. 36.

[912] M. NGAIDE, « Le principe de l'inamovibilité des magistrats devant le Conseil d'État du Sénégal », Note sous CE, Section réunies, N° 2/2002 du 18 avril 2002 », *Nouvelles Annales africaines*, p. 531.

[913] M. NGAIDE, « Le principe de l'inamovibilité des magistrats devant le Conseil d'État du Sénégal », Note sous CE, Section réunies, N°2/2002 du 18 avril 2002 », *op. cit.,* p. 511.

[914] M. NGAIDE, « Le principe de l'inamovibilité des magistrats devant le Conseil d'État du Sénégal », Note sous CE, Section réunies, N° 2/2002 du 18 avril 2002, *op. cit.,* p. 530.

l'affaire Ndiogou SALL, l'inobservation de la procédure contradictoire qui aurait permis au concerné faisant l'objet d'une sanction administrative, de présenter sa défense a été sanctionnée par le juge[915]. Auparavant, dans *l'affaire Doudou Kane*[916], le juge a procédé à la vérification de la formalité relative à la procédure contradictoire. En l'espèce, le requérant soutenait que l'administration a violé les règles de la procédure contradictoire. Pour se défendre l'autorité administrative fait connaître au juge qu'un procès-verbal de la contravention commise par le sieur KANE a été dressé et notifié à lui. Dans sa réponse, le juge précise : *« attendu qu'il résulte des pièces du dossier que le sieur KANE Doudou a été entendu suivant procès-verbal du 9 mai 1958 ; qu'il a été mis à même de connaître les griefs articulés contre lui, et de présenter ses moyens de défense »*[917]. Dans cette affaire, la solution retenue par le juge n'est pas exempte reproches. La contestation du procès-verbal établi par l'administration s'opérant difficilement par la procédure d'inscription en faux, comme le fait remarquer le Professeur J. M. NZOUANKEU, il donc douteux que la seule notification dudit document établi par l'administration à l'intéressé puisse lui permettre d'assurer convenablement sa défense[918]. L'intéressé devant prendre connaissance de tous les griefs retenus contre lui, la pratique des procès-verbaux satisfait difficilement cette condition. La procédure contradictoire est l'une des garanties offertes aux administrés en cas de sanction[919], ainsi corrélativement, l'acte administratif édicté suivant cette procédure doit être obligatoirement motivé. Certes, la flexibilité à propos du respect de la procédure contradictoire a entrainé comme un effet de contagion, une vérification laconique du respect de l'obligation de motiver. La motivation ne garantit efficacement les droits et libertés du mis en cause que si, la seule lecture de l'*instrumentum* renseigne sur les

---

[915] CS, 28 janvier 1981, *in* J. M. NZOUANKEU, *Les grandes décisions de la jurisprudence administrative sénégalaise, op. cit.*, p. 526.
[916] CS, 5 juillet 1961, *in* J. M. NZOUANKEU, *Les grandes décisions de la jurisprudence administrative sénégalaise, op. cit.*, p. 80.
[917] J. M. NZOUANKEU, *Les grandes décisions de la jurisprudence administrative sénégalaise, op. cit.*, p. 80.
[918] Voir J. M. NZOUANKEU, Les *grandes décisions de la jurisprudence administrative sénégalaise, op. cit.*, p. 82.
[919] CS, 3 mars 2011, Birassy Guissé et autres c/ Recteur de l'université Gaston Berger, *Bulletin des arrêts de la Cour suprême*, N° 2-3, Année judiciaire 2010-2011, p. 244.

motifs complets de l'acte[920]. Dans l'espèce, pour répondre à ce grief relatif au défaut de motivation, le juge l'écarte en appliquant la technique de la motivation par référence en ces termes : *« attendu que si l'arrêt attaqué...n'est assorti d'aucun motif propre, il a été pris conformément à l'avis de la commission prévue à l'arrêté susvisé n° 6138/M du 24 juillet 1956 ; qu'ainsi le moyen sus-analysé manque en fait »*[921]. Le juge se fonde sur l'avis de commission pour conclure à l'accomplissement de la formalité de motivation. De cette jurisprudence, il résulte que, la mention de l'avis d'une commission peut fonder la légalité d'un décret incriminé. En l'espèce, la seule référence à l'avis de la commission suffit pour que la formalité de la motivation soit accomplie par l'autorité administrative. Cette manière de procéder n'épargne pas le requérant de la mystique du secret qui contraste avec l'essor de la démocratie administrative ayant pour trame majeure la communication[922], c'est-à-dire le droit d'être informé [923] dont le juge est garant comme l'a rappelé la Cour suprême dans l'*affaire Birassy Guissé et autres* en exigeant une motivation *« spécial et précise »*[924]. À d'autres égards, une confusion flagrante entre « motifs » et « motivation » est entretenue par le juge. Le requérant, à travers le moyen invoqué ne conteste nullement les motifs de l'acte comme le semble indiqué ce passage l'arrêt. Tout acte administratif a des motifs, ceux peuvent être avoués ou non, exacts ou inexacts. Ces motifs sont de deux sortes : les motifs de fait, c'est-à-dire les faits objectifs antérieurs et extérieurs à l'acte et qui le rendent possible ; et les motifs de droit, qui sont les éléments de droit sur lesquels l'administration s'est fondée pour édicter l'acte. La contestation des motifs relève de la légalité interne de l'acte administratif, alors que celle de la motivation, relève de la légalité externe. La motivation fait partie de la présentation externe de l'acte administratif, et s'analyse en une inscription des motifs de l'acte sur l'*instrumentum.* La formalité de la motivation ne s'impose pas dans

---

[920] *Cf.* CE, 24 novembre 1993 Madame Grava née Henriette Lavis, *Bulletin des arrêts du Conseil d'État*, N° 1, p. 37 ; CE, 27 avril 1994 Ousmane Kane Kamara, *Bulletin des arrêts du Conseil d'État*, N°1, p. 64.

[921] J. M. NZOUANKEU, *Les grandes décisions de la jurisprudence administrative sénégalaise, op. cit.*, p. 83.

[922] *Cf.* A. HOLLEAUX, « Les lois de la troisième génération des droits de l'homme » *RF adm. publ.* 1980, p. 527

[923] J. LEMASURIER, « Vers une démocratie administrative, du refus d'informer au droit d'être informé », *RDP,* 1980, p. 1239.

[924] CS, 3 mars 2011, Birassy Guissé et autres c/ Recteur de l'Université Gaston Berger, *Bulletin des arrêts de la Cour suprême,* N° 2-3, Année judiciaire 2010-2011, p. 244.

tous les cas à l'administration[925], contrairement aux juridictions qui doivent obligatoirement motiver leurs actes. Cependant, lorsqu'elle est imposée par les textes[926] ou par les principes jurisprudentiels[927], la motivation devient une formalité substantielle dont l'omission entraine un vice de forme de l'acte. À travers le passage de l'arrêt précité, le juge semble afficher une maîtrise douteuse de ce que recouvre la notion de « motivation »[928].

Relativement aux règles de forme, il convient de noter que la signature qui atteste l'exercice de la compétence est une formalité obligatoire[929]. Dans l'exercice du pouvoir réglementaire qui résulte du domaine conféré au règlement par la Constitution, les actes édictés par les autorités administratives doivent être signés par leur auteur ou par celui qui a régulièrement reçu une délégation de signature[930]. Par conséquent, une décision administrative non signée est inexistante et ne peut produire d'effets juridiques, même si elle a été notifiée[931]. Dans *l'affaire ASC Dial Diop Municipalité Club,* le juge sénégalais a conclu à l'inexistence de l'acte administratif, l'objet d'un recours en annulation pour défaut de signature[932]. Cependant, le lieu de signature de l'acte ne constitue pas une formalité substantielle, et par conséquent, ne peut pas

---

[925] CE, 30 juillet 1997 La société Construction Métallique Africaines dite CMA, *Bulletin des arrêts du Conseil d'État*, N° 1, 1998, p. 137.

[926] Par exemple au Sénégal l'article 188 du Code du travail prévoit que l'inspecteur du travail est tenu de motiver sa décision autorisant le licenciement. En France on citer la loi N° 79-587 du 11 juillet 1979 relative à la motivation des actes administratifs et à l'amélioration des relations entre l'administration et le public, *Journal Officiel* du12 juillet 1979. Cf. J. Y. VINCENT « Motivation de l'acte administratif », *JurisClasseur administratif*, Fasc. 107-30, octobre 2010, pp. 5 et s.

[927] CE, 27 octobre 1993 Seydou Mamadou Diarra, *Bulletin des arrêts du Conseil d'État*, N°1, p. 19 à propos d'une mesure de police défavorable portant expulsion d'un étranger du territoire national ; CE, 25 novembre 1999 Ligue Démocratique/ Mouvement pour le parti du travail–LD/MPT, *Bulletin des arrêts du Conseil d'État*, N° 2, p. 26 à propos d'une décision de l'autorité administrative interdisant une manifestation pacifique.

[928] La même confusion entre les motifs et la motivation de l'acte administratif unilatéral sera entretenue dans l'affaire Sidia Bayo.*Cf.* CS, Arrêt N° 5 du 13 janvier 2015 Sidia Bayo c/État du Sénégal, inédit. Cet état de fait atteste la nécessité de revoir la formation des magistrats dans le sens de renforcer leur *background* en droit public.

[929] C. EUDE-GUIAS, « L'édiction de l'acte administratif : auteurs, forme et procédure », *JurisClasseur administratif*, Fasc. 107-20, p. 9.

[930] CE, 30 septembre 1996, Préfet Seine Maritime, *Rec. CE*, p. 354.

[931] CE, 26 janvier 1951 Galy, *S.* 1951, 3, p. 52, concl. Odent.

[932] CE, 27 avril 1994ASC Dial Diop Municipalité Club, *Bulletin des arrêts du Conseil d'État,* N°29, p. 62.

vicier l'acte administratif. Dans *l'affaire Séga Seck Fall,* l'ancienne Cour suprême a précisé qu'*« aucune disposition constitutionnelle ou législative n'impose comme condition à l'exercice par le Président de la République du pouvoir de signer des décrets qui lui est conféré par l'article 37 de la Constitution qu'il se trouve au moment de la signature sur le territoire national »*[933]. Le contreseing est la signature apposée par une autorité sur un acte déjà signé par une autre autorité auteur de l'acte, afin d'authentifier cette signature et de marquer la collaboration des autorités signataires[934]. La Constitution prévoit le contreseing des actes du Président de la République par le Premier ministre et délimite son champ d'application[935]. Quant aux actes du Premier ministre, ils sont contresignés par le ministre ou les ministres chargés de leur exécution[936].

Les normes de constitutionnalité externe des actes administratifs restent pour l'essentiel dominées par des règles de compétence et plus ou moins des règles de forme. L'ordre constitutionnel sénégalais en ce qui concerne les actes administratifs est pauvre en règle de procédure ces dernières étant souvent déterminées par des normes de rang législatif, complétées au besoin par des règles dégagées par le juge. À cet effet, les principes généraux dégagés par le juge permettent de combler le vide laissé par l'ordonnancement juridique[937]. Les principes généraux du droit révèlent une part essentielle du juge dans l'élaboration du droit administratif[938]. Ils sont une catégorie de normes non écrites constituant une source de la légalité administrative[939]. Leur originalité réside dans ce caractère non écrit, qui les distingue des sources écrites de la légalité. Les principes généraux du droit ne se confondent pas avec les principes fondamentaux auxquels fait référence l'article 67 de la Constitution et qui permettent de délimiter la compétence du législateur[940]. Ils ne doivent pas non plus être confondus avec les règles

[933] CS, 29 janvier 1975 Séga Seck Fall, J. M. NZOUANKEU, *Les grandes décisions de la jurisprudence administrative sénégalaise, op. cit.,* p. 114.
[934] G. CORNU, *Vocabulaire juridique*, *op. cit*., p. 783.
[935] Article 43 al. 2 de la Constitution du 22 janvier 2001.
[936] Article 57 al. 3 de la Constitution du 22 janvier 20021.
[937] P. DE MONTALIVET, « Les principes généraux du droit », *JurisClasseur administratif,* Fasc. 38, février 2007, pp. 3 et s.
[938] CE, Ass., 26 octobre 1945, N° 77726, Aramu *Rec. CE,* 1945, p. 213
[939] CE, Ass., avis, 11 octobre 1990, N° 348653, *EDCE,* 1990, N° 42, p. 226
[940] Dans ce sens voir J. M. NZOUANKEU, *La Constitution sénégalaise commentée, op. cit*, pp. 99 et s.

de procédure d'élaboration des actes administratifs[941], qui généralement, sont prévues par les textes[942], ou fixées par la pratique administrative[943], lorsque les textes ne s'y opposent pas[944]. Les principes généraux du droit qui ont valeur infra-législative et supra décrétale[945] ne se confondent pas avec les principes de valeur constitutionnelle consacrés par le Conseil constitutionnel, tel le principe de la continuité du service public[946] qu'une partie de la doctrine française attribue un fondement constitutionnel[947]. Au demeurant, la valeur d'un principe général du droit peut varier en fonction du texte duquel il est déduit[948]. Ce qui justifie l'émergence de nouvelles thèses sur la valeur juridique des principes généraux du droit[949].

À côté de ce contrôle de constitutionnalité externe, le juge de l'administration exerce un contrôle de constitutionnalité de fond des actes administratifs.

---

941 C. EUDE-GUIAS « L'édiction des actes administratifs : auteurs, forme, procédure », *op. cit.*, p. 11.

942 CE, Sect., 25 janvier 1957, Keinde Seringue, *Rec.*p. 63 : l'omission de la consultation obligatoire du Conseil d'État lors de l'édiction d'un décret sanctionnée par l'incompétence

943 TA, Rouen, 10 mars 1992, Union Synd. agr. Seine Maritime, *Gazette Palais*, 1992, p. 2 : À propos d'une consultation alors même que, celle-ci n'est pas prévue par les textes.

944 CE, Sect., 26 janvier 1951, Douin de Rosières, *Rec. CE,* p. 43.

945 R. CHAPUS, « De la valeur juridique des principes généraux du droit et des autres règles jurisprudentielles du droit administratif », *D.*1966, chron. p. 99 ; R. CHAPUS, « De la soumission au droit des règlements autonomes », *D.* 1960, chron. p. 124.

946 Cons. const., Décision N° 79-105 DC, 25 juillet 1979, Droit de grève à la radio et à la télévision, *Rec. Cons. const.*, 1979, p. 33.

947 G. VEDEL, « Réflexions sur quelques apports de la jurisprudence du Conseil d'État à la jurisprudence du Conseil constitutionnel », *Mélanges René Chapus. Droit administratif,* Paris, Montchrestien, 1992, p. 667.

948 G. BRAIBANT, « L'arrêt "Syndicat général des ingénieurs-conseils" et la théorie des principes généraux du droit », *EDCE,* 1962, p. 68 s ; J. FOURNIER, Concl. sous CE, 26 juin 1959, Syndicat général ingénieurs-conseils, *RDP*, 1959, p. 1013-1014. ; M. Fromont, note sous CE, 24 novembre 1961, Fédération nationale Syndicat de police, *D.,* 1962, jurisprudence, p. 429. ; D. LINOTTE et R. ROMI, *Droit public économique*, Paris, Litec, coll. « Manuel », 6e éd., 2006, p. 70, § 259 ; B. STIRN, *Les sources constitutionnelles du droit administratif. Introduction au droit public*, Paris, LGDJ, coll. « Systèmes », 5e édition, 2006, p. 21.

949 Pour B. Jeanneau, il existe une hiérarchie ternaire des principes, selon qu'ils ont valeur réglementaire, législative ou constitutionnelle, B. JEANNEAU, « La théorie des principes généraux du droit à l'épreuve du temps », *EDCE*, 1981-1982, N° 33, pp. 38 s. Selon B. Genevois, les principes déduits des textes ont une valeur législative, conventionnelle ou constitutionnelle. Voir B. GENEVOIS, « Principes généraux du droit », *Répertoire de contentieux administratif,* Paris, Dalloz, Tome III, p. 98, § 1035.

B- La constitutionnalité interne des actes administratifs

L'exercice du pouvoir administratif n'est pas illimité. L'ordre constitutionnel contient un certain nombre de règles et principes de fond opposables aussi bien au législateur qu'au pouvoir exécutif dans l'exercice de leurs prorogatives. En effet, le préambule de la Constitution de même que son *corpus* sont riches en règle de fond protecteur des administrés et opposables à l'administration. Dans la pratique du contentieux administratif sénégalais, des cas de violation de l'ordre constitutionnel par l'administration ont interpellé le juge plus d'une fois. Il n'est pas sans intérêt de les rappeler. Dans *l'affaire Souhel Filfili*, le requérant, expulsé du territoire du Sénégal, invoquait la violation de l'article 3 de la Déclaration universelle des Droits de l'Homme selon lequel « tout individu a droit à la vie, à la liberté, et à la sûreté de sa personne ». La Cour suprême avait jugé ce moyen inopportun car l'expulsion n'était pas fondée sur ce moyen, c'est-à-dire la disposition constitutionnelle invoquée par le requérant mais sur « les nécessités d'ordre publiques ».[950] La technique déployée par le juge de l'administration à cet effet consiste à considérer « le moyen manquant en fait », ce qui entraina son rejet. Le raisonnement du juge dans cette affaire ne manque pas d'étonner. Le juge n'a pas pris en l'espèce le soin de contrôler la mesure d'expulsion par rapport aux dispositions constitutionnelles mais a cherché à fonder la légalité de la mesure sur d'autres moyens invoqués par l'administration. Pourtant, ce qui était demandé au juge était d'apprécier le bien-fondé de la mesure d'expulsion à l'aune des dispositions constitutionnelles. En l'espèce, le juge semble accorder peu d'importance aux normes constitutionnelles en les préférant à des affirmations vagues et imprécises de l'administration pour ne pas annuler l'acte administratif. C'est peut-être qu'il y avait un défaut d'articulation entre le texte juridique visé par le requérant et la norme juridique émise par l'administration en son encontre, que le juge a procédé de cette manière. Il s'agit là d'une erreur imputable du reste au requérant et à son conseiller.

Cependant, dans *l'affaire Ndiogou SALL*[951] le juge a annulé l'arrêté ministériel pour violation de la Constitution. En effet, le requérant avait estimé que la décision administrative portant sanction disciplinaire en

---

[950] Voir N. M. F. DIAGNE, *Méthodes et techniques du juge en droit administratif sénégalais,* Thèse, *op. cit.*, pp. 410-411.

[951] CS, 28 janvier 1981Ndiogou Sall, *in* J.M. NZOUANKEU, *Les grandes décisions de la jurisprudence administrative sénégalaise, op. cit.*, p. 526.

son encontre était contraire à la Constitution notamment en son article 6 qui faisait partie du titre II de la Constitution relative « aux libertés publiques et de la personne humaine » qui disposait que « la défense est un droit absolu à tous les états et à tous les degrés de la procédure ». Cette disposition n'est rien d'autre que le siège constitutionnel d'un principe bien connu en matière disciplinaire : le droit à la défense. Le juge, en l'espèce, a estimé qu'en sanctionnant le sieur SALL sans qu'il soit mis à même de présenter sa défense, l'autorité administrative a méconnu ce principe constitutionnel, d'où une annulation de la mesure disciplinaire. Le requérant, dans son mémoire, avait invoqué plusieurs textes faisant référence au droit à la défense. Le juge, dans sa réponse, a pris la peine de répondre à tous les moyens, ce qui a entrainé le caractère surabondant de la motivation de l'arrêt comme, l'a remarqué le Professeur N. M. F. DIAGNE dans sa thèse[952]. Le juge aurait pu éviter cette façon de procéder en adoptant la technique de l'économie des moyens, qui fait partie de « l'art de juger ». Le constat de la violation de l'ordre constitutionnel suffisait pour annuler l'acte administratif. Le juge pouvait-il valider l'acte administration sur la base d'une disposition législative en constatant en même temps la violation de la Constitution par celui-ci ? Le rapport hiérarchique entre les normes constitutionnelles et les normes législatives n'est favorable pas à la validité d'une telle hypothèse. En de pareilles circonstances, l'adoption de la technique de l'économie des moyens est préférable. La remarque du Professeur DIAGNE semble avoir droit de cité dans l'affaire *Mouhamed Diadie SENE*[953]. Le sieur SENE avait intenté un recours pour excès de pouvoir contre la mesure de suspension emportant la fin de sa carrière prononcée en son encontre. Entre autres moyens, le sieur SENE avait invoqué la violation de l'article 9 de la Constitution du 22 janvier 2001 qui consacre de droit à la défense. Après avoir constaté qu'il résulte des pièces justificatives que le concerné n'a pas été mis à même de se défendre, le juge de l'excès de pouvoir n'en tire pas les conséquences. Il déclare le recours sans objet car ayant été intenté contre un acte déjà sanctionné par le juge par un arrêt n° 13 du 7 avril 2011[954].

[952] N. M. F. DIAGNE, *Méthodes et techniques du juge en droit administratif sénégalais,* Thèse, *op. cit.,* p. 330.
[953] CS, 3 juin 2011 Mouhamed Diadie Sène.
[954] Il s'agit de l'annulation par la chambre administrative de la Cour suprême du procès-verbal N° 001 du 9 avril 2010.

Dans l'affaire *Société « Baobabs Vacances »*[955], parmi les moyens qu'avait invoqués le requérant figurait la violation de l'article 8 de la Constitution par l'arrêté du sous-préfet de Sindia portant suspension des activités au niveau de l'hôtel-Bar-Restaurant « Angel Fatou » pour motif de « menaces sérieuses à l'ordre public ». Le juge se contente de rappeler les pouvoirs de l'autorité administrative en matière de police administrative dans un premier temps et dans un second temps de remarquer que l'autorité administrative n'a pas pourvu à aucune mesure tendant à mettre fin au trouble à l'ordre public constaté. De ce fait, estime le juge, qu'en prenant une telle mesure dont la légalité est contestée, l'autorité administrative a violé les dispositions invoquées par le requérant. Il s'ensuit que la décision administrative doit être annulée. Dans *l'affaire Adourahmane Cissé* précitée, entre autres moyens, était invoquée la violation de la liberté d'expression. Cependant il faut reconnaître que si la violation de cette liberté a été sanctionnée par le juge, ce n'était que de façon implicite. En effet, l'arrêté du ministre était dépourvu de base légale constate le juge, car ayant était pris sur la base de la loi du 29 juillet 1881 sur la liberté de la presse et notamment son article 14, modifiée sur ce point par le décret-loi du 6 mai 1939 relatif au contrôle de la presse étrangère et que le journal concerné ne rentrait pas dans le champ d'application de cette loi. Par ailleurs, le juge constate que l'acte administratif ne pouvait non plus se rattacher à la loi n° 69-29 du 29 avril 1969[956] sur l'état d'urgence et l'état de siège.

En plus de cas de violation de l'ordre constitutionnel qui ont interpellé l'ancienne Cour suprême, le Conseil d'État a également été invité à se prononcer sur la violation de l'ordre constitutionnel par des actes administratifs. Ainsi, dans l'affaire opposant l'UCAD à des étudiants étrangers[957], plus connue sous le nom de l'affaire *Prosper Nguena Nitchen*, le Conseil d'État a examiné la légalité d'une décision du recteur de l'université à l'aune de l'ordre constitutionnel. Tout est parti d'une décision administrative augmentant les frais d'inscription des étudiants étrangers[958]. C'est ainsi que ces derniers se sont pourvus

---

955 CE, 23 février 2005 Société « Baobab Vacances ».

956 *JORS* du 10 mai 1969.

957 CE, 31 août 1994, Université cheikh Anta Diop c. /Prosper Nguena Nitchen, *Bulletin des arrêts du Conseil d'État*, N° 38, p. 82.

958 Les droits d'inscription des étrangers s'élevaient à 50. 000 franc FCA et l'Assemblée de l'université dans une séance du 2 octobre 1998 a multiplié ces droits d'inscription par trois alors que les nationaux continuaient à s'inscrire à 4800 franc FCA.

contre la mesure incriminée devant le juge de l'excès de pouvoir en invoquant entre autres moyens la violation de la Déclaration universelle des Droits de l'Homme, partie intégrante de la Constitution et notamment son article 26 qui dispose que « l'accès aux études supérieures est ouvert en pleine égalité à tous en fonction du mérite ». Le juge, après avoir reconnu que cette disposition invoquée par les requérants s'impose à l'administration, précise le sens de la notion de « l'égalité ». En effet, le juge déclare que *« l'égalité ne signifie pas uniformisation, l'administration peut sous le contrôle du juge de l'excès de pouvoir et sous réserve des engagements pris réglementer les conditions d'exercice du droit d'accès à l'université et de fixer les frais d'inscription en pratiquant une tarification différenciée fondée sur l'intérêt général et la situation objective des requérants »*. Commentant cet arrêt dans sa thèse, le Professeur N. M. F. DIAGNE écrit à propos du raisonnement du juge : « le juge s'appuie sur un texte qui, certes ne règle pas le problème qui lui est soumis mais lui permet de dégager une règle qu'il va appliquer au litige tout en comblant un vide juridique ».[959] Cette remarque du Professeur DIAGNE est révélatrice de la subtilité du principe constitutionnel[960] que le juge avait à appliquer, le principe d'égalité dans l'une de ses variantes. Son application interpelle de prime abord la fonction prétorienne du juge[961]. En l'espèce, le juge donne un sens aux dispositions de valeur constitutionnelle invoquées par les requérants. En réalité, du constat établi par le juge, il se trouve qu'en l'espèce, l'administration, lorsqu'elle applique le principe constitutionnel d'égalité, doit procéder à une différenciation des situations des administrés. D'ailleurs c'est dans cette seule différenciation que ce principe constitutionnel peut recouvrir son sens. C'est ce que la doctrine appelle « l'égalité par la différenciation ».[962] Appliquant ce principe, la Cour suprême, dans son arrêt N°1 du 9 janvier 2014, *Mame Thierno DIENG c/ Recteur de l'université Cheikh Anta Diop*, a sanctionné la

[959] N. M. F. DIAGNE, *Méthodes et techniques du juge en droit administratif sénégalais, op. cit.*, p. 336.

[960] F. MELIN-SOUCRAMANIEN, *Le principe d'égalité dans la jurisprudence constitutionnelle du Conseil constitutionnel,* Paris, Economica 1997, pp. 153 et s.

[961] G. PELISSIER, *Le contrôle des atteintes au principe d'égalité au nom de l'intérêt général par le juge de l'excès de pouvoir*, Thèse pour le doctorat, Université Paris I, 1995, p. 101.

[962] J. RIVERO, « Rapport sur la notion d'égalité et de discrimination en droit public français. Les notions d'égalité et de discrimination en droit interne et en droit international », *Travaux de l'Association Henry Capitant,* T. XIV, Paris, Dalloz, 1965, p. 350.

violation de l'article premier de la Constitution. Dans cette affaire, le requérant contestait la constitutionnalité d'une décision du doyen de la faculté de médecine proposant la nomination de certains Professeurs associés aux postes de chef de service et de responsable des enseignements, et le lui refusant en raison de son statut de Professeur associé. Pour invalider la décision du doyen, le juge considère : *« tous les professeurs associés nommés à ces postes étant dans la même situation que le requérant, la différence de traitement ne peut être justifiée par une différence de statut, les règles édictées offrant aux intéressés une vocation à occuper lesdits postes ; qu'ainsi est contraire au principe d'égalité des citoyens devant la loi et les règlements le fait de proposer et de nommer certains professeurs associés aux postes de chefs de service et de responsable d'enseignements et de le refuser au requérant en raison de sa qualité de professeur associé»*[963]. Le Conseil d'État français, dans l'affaire *Ali Saïd Tourqui et autres,* a estimé que le principe d'égalité devant le service public ne s'oppose pas à ce que des dispositions différentes soient appliquées à des personnes se trouvant dans des situations différentes.[964]Cette position fut également celle de Cour européenne des droits de l'homme.[965] La position de Madame Justice DOW de la Haute Cour de Botswana se rapproche foncièrement de ces solutions jurisprudentielles. En effet, dans l'affaire *des San c/ Basarwa (Bushamen) c/ Gouvernement botswanais*, donnant son avis sur la définition du principe d'égalité par le gouvernement, Madame DOW déclare : « je vote l'argument du gouvernement botswanais selon lequel il ne discrimine pas sur la base de l'ethnie, mais un même traitement des personnes inégales peut constituer une forme de discrimination »[966]. Le juge de l'administration a également sanctionné la violation du principe d'égal accès aux emplois publics par un jury de concours. En effet, dans l'*affaire Association Nationale des Handicapés Moteurs du Sénégal* rendue le 29 juillet 2000, le juge a estimé que la mauvaise appréciation effectuée par le jury du concours sur l'infirmité du requérant pour l'écarter de la liste des candidats admis

---

[963] CS, Arrêt N° 01 du 9 janvier 2014 Mamer Thierno Dieng c/Recteur de l'université Cheikh Anta Diop, *Bulletin des arrêts de la Cour suprême*, Année judiciaire 2013, N° 6-7, pp. 165-167.

[964] CE 27 janvier 1970, Ali Saïd Tourqui et autres, *Rec.,* p. 1938.

[965] CEDH 21 février 1986 James et autres, Série A, 1998, paragraphe 75.

[966] Cité dans la note-réponse à l'aide-mémoire sur brouillon du groupe africain sur la déclaration des Nations unies sur le droit des peuples autochtones, Copenhague, Danemark, mars 2007, pp. 10-11.

à exercer la fonction d'enseignant, procède d'une rupture de l'égal accès aux emplois publics garanti par l'ordre constitutionnel[967]. *L'affaire La COMICA*[968] s'inscrit dans la même perspective. Dans cette affaire, La COMICA avait intenté un recours pour excès de pouvoir contre la décision de l'autorité administrative de rejet de sa demande d'ouverture et d'exploitation de la carrière de Diack et l'arrêté interministériel du ministre de l'Économie et des Finances et du ministre de l'Énergie et de l'Hydraulique autorisant l'ouverture et l'exploitation de la même carrière de Diack. Entre autres moyens, la société requérante invoquait la violation de l'article 7 de la Constitution du 22 janvier 2001 qui consacre le principe d'égalité entre les citoyens devant la loi. Dans sa réponse à ce moyen, le juge de l'administration sans autre précision, affirme qu'en accordant à la société SOECO l'autorisation d'ouverture et d'exploitation de ladite carrière, les autorités n'ont pas méconnu le principe d'égalité des citoyens devant la loi. La démarche du juge dans cette affaire s'écarte un peu de celle adoptée dans les affaires précédemment citées où le principe constitutionnel d'égalité des citoyens était en cause. En effet, dans cette affaire, le juge ne s'est pas livré à une argumentation exhaustive de la signification du principe en cause. La technique du juge consiste pour les actes administratifs à dégager le sens de la norme constitutionnelle et de le rapprocher de celui qui se déduit de l'acte administratif pour en tirer une conclusion de conformité ou de non-conformité.

Une fois les cas d'ouverture du contrôle de constitutionnalité identifiés, il convient d'examiner les procédés qui permettent de mettre en œuvre le contrôle de constitutionnalité, et les méthodes qui sont déployées par les juges pour assurer la protection de l'ordre constitutionnel. Il s'agit donc, d'étudier les précédés techniques utilisées par les requérants et par les juges pour assurer la protection de l'ordre constitutionnel.

---

967 M. NGAIDE, « Le Conseil d'État du Sénégal le principe de l'égal accès à un emploi public : à propos de l'arrêt du 29 juillet 2000, *Association nationale des Handicapés Moteurs contre État du Sénégal* (arrêt N° 12) », *op. cit.*, p. 199.
968 CE, 22 avril 2004, La COMICA.

CHAPITRE II

LA MISE EN ŒUVRE DE LA PROTECTION

La mise en œuvre de la protection implique plusieurs acteurs, l'étude des rôles montre que les textes qui organisent la protection entendent faire de leurs titulaires des acteurs clés de celle-ci. Dans l'absolu, ce sont les conditions d'accès aux juges de la constitutionnalité qu'il s'agit d'examiner. En effet, l'importance de ces dernières est mise en exergue par H. KELSEN qui écrivait : « la question du mode d'introduction du recours devant le tribunal constitutionnel a une importance primordiale : c'est de la solution que dépend principalement la mesure dans laquelle le tribunal pourra remplir sa mission de garant de la Constitution »[969]. Pour l'essentiel, la protection implique les requérants et les juges. Ainsi, convient-il d'abord d'étudier la procédure de mise en œuvre de la protection (Section I) dévolue pour l'essentiel aux requérants ; et ensuite les méthodes des juges (Section II) qui décident du destin des requêtes.

Section I : La procédure de mise en œuvre de la protection

Étudier la procédure devant les juridictions constitutionnelles nécessite le recensement de l'ensemble des règles qui régissent l'instance devant celles-ci. Aussi, convient-il de voir les règles d'introduction des recours (Paragraphe I), avant de faire ressortir les caractères de la procédure (Paragraphe II).

Paragraphe I : Les règles d'introduction des recours

Les règles qui gouvernent la recevabilité du recours varient en fonction du juge compétent. En effet, la nature de l'acte et la qualité des requérants déterminent de façon appréciable les règles qui permettent d'accéder à l'office du juge. Le régime juridique de la saisine varie selon que l'on est devant le Conseil constitutionnel ou le juge de l'administration. Ainsi convient-il d'étudier les règles d'introduction des recours en inconstitutionnalité suivant qu'on est devant le Conseil constitutionnel (A) ou le juge de l'administratif (B).

---

[969] H. KELSEN, « La garantie juridictionnelle de la Constitution. La justice constitutionnelle », *op. cit.*, p. 245.

A- La saisine du Conseil constitutionnel

La saisine du Conseil constitutionnel est très formaliste, même si elle n'est pas coûteuse. Le Conseil ne statue au fond que si les conditions fixées par la Constitution et la loi organique qui régit son fonctionnement sont respectées. Ces conditions peuvent être regroupées suivant leur nature en conditions de fond (I) et de forme (II).

I- Les conditions de fond

L'introduction d'une requête devant le Conseil constitutionnel visant à contester la constitutionnalité d'une loi est soumise à des conditions de fond. Celles-ci, dans l'ensemble, sont relatives aux requérants (a) et à la nature de la loi dont la constitutionnalité est contestée (b).

a- La qualité des requérants

Dans le système sénégalais de protection juridictionnelle de l'ordre constitutionnel, la saisine du Conseil constitutionnel peut se faire directement par la voie d'action ou de façon incidente par la voie d'exception. Conséquemment, la qualité des requérants varie suivant que la saisine du juge constitutionnel est directe (1) ou indirecte (1).

1- La saisine directe

La saisine directe en matière de contrôle de la constitutionnalité des lois n'est reconnue qu'au Président de la République et aux parlementaires. Cette condition exclut toute possibilité de saisine directe du Conseil constitutionnel par tout autre acteur, individuel ou collectif, politique ou social. Par ce mécanisme, le constituant entend éviter l'encombrement de la juridiction constitutionnelle par des requêtes fantaisistes des citoyens ou des parlementaires isolés[970]. Cette saisine directe par la voie d'action n'est pas cependant exempte de reproches. Elle permet l'entrée en vigueur de certains textes pourtant manifestement inconstitutionnels si les saisissants s'entendent pour ne pas saisir le juge ou ne veulent pas endosser la responsabilité de l'annulation d'un texte qu'une franche de la population juge opportun.

1-1 La saisine par les parlementaires

Depuis 1978, la possibilité de saisir le Conseil constitutionnel d'un recours en inconstitutionnalité par voie directe a été élargie à un nombre

---

[970] *Cf.* Louis FAVOREU, « Sur l'introduction hypothétique du recours individuel direct devant le Conseil constitutionnel. », *Cahiers du Conseil constitutionnel*, Dalloz, N°10, 2001, p. 102.

déterminé de parlementaires. L'article 63 de la Constitution du 7 mars 1963, modifiée, fixe ce nombre au dixième des membres de l'Assemblée nationale[971]. Cette condition apparemment claire peut cependant susciter des difficultés, comme le fait remarquer le Professeur J. M. NZOUANKEU[972] qui, analysant la réforme issue de la loi constitutionnelle n° 78-60 du 28 décembre 1978 qui avait élargi la saisine de Cour suprême à quinze députés, se demandait si ce nombre est indicatif ou simplement limitatif ? La même interrogation peut être faite à propos du système actuel. En effet, on peut se demander si le seuil de dixième est un chiffre indicatif ou limitatif. Une analyse de la jurisprudence du Conseil constitutionnel montre qu'elle est indicative. En effet, le juge a accepté de se prononcer sur le fond des requêtes introduites par un groupe de parlementaires dont le nombre dépasse largement le seuil du dixième des membres de l'Assemblée nationale[973]. Ainsi, le Conseil constitutionnel dans l'affaire relative à l'élection des membres du bureau de l'Assemblée nationale suite aux législatives de 2012 a constaté que la saisine a été effectuée par le nombre de députés requis par la loi constitutionnelle. En l'espèce, le juge avait été saisi par 18 députés à l'Assemblée nationale par l'office de maître Abdoulaye BABOU d'une requête visant à déclarer nulle et de nul effet la délibération portant élection des membres du bureau l'hémicycle[974]. Cependant, cette position dégagée par le juge ne saurait anéantir les critiques qui peuvent être formulées à l'égard du texte constitutionnel. Une rédaction plus claire du texte enjoindrait à celui-ci une locution adverbiale comme « au moins », indiquant ainsi clairement que ce seuil est indicatif. La saisine collective du juge constitutionnel a le mérite de contraindre les parlementaires à se regrouper et se concerter préalablement à la saisine du juge. La réflexion sur la constitutionnalité du texte est alors menée en deux temps. D'abord au sein de l'hémicycle, les parlementaires auront naturellement à procéder à un examen contradictoire des chances de

---

[971] Il faut noter que la réforme de 1978 prévoyait que quinze députés pouvaient saisir le juge constitutionnel. Plus exactement c'est en 1981 que le constituant a introduit « le dixième des membres de l'Assemblée » pour tenir compte davantage du pluralisme politique. Voir B. CHERAMY, « Nouvelle révision constitutionnelle au Sénégal », *Ethiopiques*, N° 18, pp. 73 et s.

[972] J. M. NZOUANKEU, *La Constitution sénégalaise commentée, op. cit.*, pp. 120-121.

[973] Le nombre de députés à l'Assemblée nationale étant de 150, le dixième des députés est de 15 députés. Mais, nonobstant cela le juge a déclaré recevable une requête introduite par 18 députés. *Cf.* l'affaire relative à la composition du bureau de l'Assemblée nationale suite aux législatives de 2012.

[974] Cons. const., séance du 16 août 2012, affaire N°1/C/2012.

réussite de leur recours en inconstitutionnalité. Ensuite, intervient la phase juridictionnelle qui constitue sans doute l'ultime étape de la procédure législative. Une autre question est celle de savoir si les requêtes doivent être collectives ou individuelles ? Que se passera-t-il si les députés saisissent le juge de manière individuelle mais que le cumul des requêtes atteint le seuil du dixième ? Certes, un cas de figure ne s'est pas encore produit. Néanmoins, pour des raisons liées à une bonne administration de la justice et de commodité pratique, la requête visant à faire déclarer une loi inconstitutionnelle doit être collective.[975]

Les députés doivent saisir le juge constitutionnel dans le délai déterminé par la Constitution. Ce délai est de six jours à compter de l'adoption de la loi. Dans la pratique jurisprudentielle, le juge constitutionnel sénégalais interprète restrictivement les conditions relatives aux délais du recours en inconstitutionnalité. C'est le cas dans l'affaire n° 10/C/98 du 9 octobre 1998. Dans la décision rendue à cet effet, « en déclarant tardif un recours introduit le 4 octobre 1998 contre une loi adoptée le 28 août 1998, le Conseil constitutionnel procède à une appréciation par trop sévère des délais avec une tolérance zéro parce que la computation des délais en l'espèce montre que la tardiveté alléguée n'est que de quelques heures. Il s'agit d'une sévérité qui fait parfois rater au Conseil constitutionnel des occasions de dire le droit… »[976]. Dans cette affaire, les plaideurs ne verront pas leurs expectatives raisonnables se réaliser, car le juge n'a pas examiné l'affaire au fond. En l'espèce, le Conseil constitutionnel indique aux requérants que la computation des délais est une formalité substantielle exigée par l'article 63 de Constitution du 7 mars 1963. Même, si la computation des délais est une formalité substantielle exigée par la loi en matière de contentieux, on peut admettre avec le Professeur I. Y. Jacob NDIAYE, que « dès lors que le refus de juger au fond apparaît presque toujours favorable à l'autorité politique, l'idée d'un assujettissement du juge commence à s'incruster, même dans la conscience des gens avisés qui ne sont pas à court d'arguments »[977]. Le délai de saisine

[975] Cela ressort des termes de la loi. En effet, celle-ci prévoit que la requête doit être signée par chacun des députés, auteurs du recours *Cf.* art 14 -1 de la loi organique N° 92-23 du 30 mai 1992, *JORS,* N° 5469 du 1er juin 1992, p. 33.

[976] I. M. FALL (dir.), *Les décisions et avis du Conseil constitutionnel. Rassemblés et commentés*, *op. cit.,* p. 266.

[977] Communication à la 6e conférence des chefs d'institutions de l'Association des Cours constitutionnelles ayant en partage l'usage du français (A.C. C.P.U.F), « Le statut du juge constitutionnel », Niamey, Niger, 3 et 4 novembre 2011, p.21.

du juge constitutionnel se singularise par son régime. En effet, ni le législateur organique ni le constituant n'ont prévu de causes de suspension ou de prorogation. Ceci se comprend aisément dans la mesure où les lois interviennent le plus souvent dans le cadre de l'exécution de la politique de la nation qui nécessite par nature diligence et célérité dans l'exécution. Même s'il faut accorder un pouvoir de paralyser de la mise en œuvre et de l'exécution du programme du gouvernement à l'opposition, il convient de l'encadrer. La logique du constituant est donc de permettre aux saisissants d'exercer un pouvoir de surveillance sur la production normative législative, au regard de la Constitution, par la saisine d'un organe indépendant, le juge constitutionnel.

À côté des parlementaires, le Président de la République a la prérogative de saisir directement le juge constitutionnel d'un recours en inconstitutionnalité d'une loi.

1-2 La saisine par le Président de la République

Le Président de la République dispose de la prérogative de saisir le juge constitutionnel en sa qualité de « gardien de la Constitution »[978]. Il doit veiller à ce que les lois et les engagements internationaux du pays ne soient pas en contrariété avec la Charte fondamentale. À cet effet, il exerce un rôle de procureur du texte constitutionnel. Il exerce ce pouvoir à titre individuel, son acte de saisir le juge constitutionnel pour exercer le contrôle de constitutionnalité n'est pas assorti d'une obligation de contreseing. Toutefois, c'est un « arbitre sans sifflet » dans la mesure où il ne peut pas, de son propre chef, sanctionner la violation de la Constitution par le législateur. Il doit saisir le juge constitutionnel s'il estime qu'une loi votée par le parlement n'est pas conforme à la Constitution. D'ailleurs, jusqu'en 1978, le Président de la République était la seule autorité habilitée à saisir le juge constitutionnel en matière de contrôle de constitutionnalité des lois. La conception du constituant sur le régime présidentiel de l'époque et les événements de mai 1962 justifiaient sans doute ce privilège accordé au chef de l'État, mais il n'en demeure pas moins que ce système comportait des inconvénients. Ces inconvénients sont mis en exergue par M. SYLLA qui, après avoir constaté que le système électoral débouchait sur la concordance des majorités présidentielles et parlementaires devait écrire : « Dans ces conditions les propositions de loi seront portées à la connaissance de l'exécutif avant d'être soumises au parlement, une saisine de la Cour

[978] Article 42 de la Constitution du 22 janvier 2001.

suprême par le Président de la République, pouvait être considérée comme le signe d'une crise au sein du parti au pouvoir. De ce fait, la Cour suprême ne fut jamais saisie d'une requête présidentielle pendant cette période »[979].

À l'instar des députés, le Président de la République doit saisir le juge constitutionnel dans un délai de six jours. L'article 74 al. 1 de la Constitution du 22 janvier 2001 prévoit que le Président de la République peut déférer devant le juge constitutionnel la loi transmise à lui aux fins de contrôle de constitutionnalité dans les six jours qui suivent sa transmission. Toutefois, à la différence du délai imparti aux Parlementaires, celui du Président court à compter de la transmission à lui faite de la loi votée. À la différence de certains pays, comme la République Démocratique du Congo[980], la Constitution ne prévoit pas de délai de transmission ; ce qui fait que si les députés sont immédiatement forclos six jours après le vote de la loi. Le délai du Président est plus flexible. Le délai de transmission n'étant pas déterminé, celui de la saisine du juge constitutionnel par le Président de la République est dès lors suspendu jusqu'à la transmission faite à lui de la loi votée par l'Assemblée nationale.

Il convient de remarquer qu'avant 1981, le délai de recours contentieux s'identifiait au délai de promulgation de la loi. Ce qui pouvait entrainer des confusions car le Président de la République pouvait promulguer la loi dès sa transmission à lui faite de celle-ci, neutralisant ainsi les délais de recours contentieux. Toutefois, dans l'arrêt N°2-C-80 du 8 octobre 1980, relatif à la loi portant dissolution de l'ONCAD, l'ancienne Cour suprême a déclaré recevable le recours introduit après la promulgation de ladite loi[981]. Le juge, après avoir rappelé les dates de promulgation de la loi (26 août 1980) et d'introduction du recours par les députés du PDS (29 Août 1980), par une interprétation libérale du texte constitutionnel[982], décide qu'*« en*

---

[979] M. SYLLA, « Le contrôle de constitutionnalité des lois au Sénégal », *RIPAS*, N° 11, octobre-décembre 1984, p. 823.

[980] L'article 136 de la Constitution du 18 février 2006 prévoit que « dans les six jours, de son adoption, la loi est transmise au Président de la République pour sa promulgation »

[981] Loi 80-41 du 25 août 1980, *JORS,* N° 4784, du 26 août, 1980, p. 1019.

[982] L'article 63 de la Constitution dans sa rédaction issue de la loi constitutionnelle 78-60 du 28 décembre 1978, disposait que dans le délai fixé pour la promulgation, le Président de la République ou quinze députés peuvent saisir la Cour suprême d'un recours visant à faire déclarer la loi inconstitutionnelle. Voir J. M. NZOUANKEU, « Chronique constitutionnelle. La consolidation et le renforcement de la démocratie

l'état actuel de la législation, une telle promulgation intervenue dans le délai du recours n'a pas pu faire échec à celui-ci »[983]. Toutefois, la non-saisine du juge constitutionnel par Président de la République à propos d'une loi, fut-elle manifestement inconstitutionnelle, n'est pas assortie d'une quelconque sanction. En d'autres termes, le Président de la République peut, délibérément, ne pas saisir le juge constitutionnel s'il estime, avec les parlementaires, qu'une loi est politiquement opportune pour eux[984]. Cette situation s'amplifie lorsque le phénomène majoritaire fait que Président de la République et son parti détiennent presque la quasi-totalité des sièges à l'Assemblée nationale mettant ainsi les parlementaires de l'opposition dans l'impossibilité de saisir le juge constitutionnel faute de pouvoir atteindre le nombre fixé par la Constitution. Des exemples ne manquent pas dans la législation sénégalaise. Par exemple lors de la législature 1983-1988, loi n° 87-14 du 28 août 1987 portant radiation des cadres de la police nationale, sans faute imputable à chacun des concernés de façon individuelle. Cette loi viole manifestement le principe constitutionnel de l'égal accès aux emplois publics. On peut citer aussi la loi du 28 septembre 1987 relative à la caisse des règlements pécuniaires des avocats, inscrivant un nouvel article 82 dans la loi n° 84-09 du 9 janvier 1984 créant le barreau en contradiction avec les stipulations l'article 8 de Constitution de 1963[985].

Il est souhaitable au Sénégal que le constituant élargisse le nombre des saisissants du juge constitutionnel. Il en serait ainsi du Premier ministre, des présidents des Assemblés parlementaires et à la limite des

---

au Sénégal. La révision constitutionnelle du 26 mai 1981 et le multipartisme illimité », *op. cit.*, p. 355.

983 *JORS,* N° 4794 du 16 octobre 1980, p. 1227.

984 D. DEBACHELLION, « L'élargissement de la saisine du Conseil constitutionnel ? », *Pouvoirs,* N°105, 2003, pp. 103-116. L'auteur cite dans les pages 103 et 104 de son étude le cas de la législation sur le terrorisme édictée peu après les attentats du 11 septembre 2001 qui est manifestement inconstitutionnelle selon lui et qui, portant n'a pas été déférée au Conseil constitutionnel. Il cite également le dispositif « anti perruche » de la loi du 04 mars 2002 relative aux droits des malades qui exonère le corps médical de toutes ses fautes en matière de diagnostic prénatal de handicap sans prise en compte de la gravité de la faute. Et pourtant, toujours selon D. DE BACHELLION cela ne s'accorde pas avec la jurisprudence du Conseil constitutionnel qui, d'une part a constitutionnalisé la responsabilité pour faute de l'article 1382 du Code civil dans sa décision relative aux PACS et d'autre part a plusieurs fois affirmé l'inconstitutionnalité des dispositions législatives sur l'exonération des fautes les plus graves.

985 D. NDOYE, « Aperçu sur les grandes questions constitutionnelles au Sénégal », *in Mélanges africaines, Constitutions et institutions publiques africaines*, *EDJA*, 2008, p. 377

présidents des groupes parlementaires. Le phénomène politique ayant besoin d'être encadré par le droit, le constituant et le législateur organique doivent s'atteler à la multiplication des occasions données au juge de dire le droit constitutionnel de fond. À cet effet, le constituant béninois institue le mécanisme de la saisine individuelle pour une meilleure protection des droits et libertés constitutionnellement proclamés. L'article 120 de la Constitution du 11 décembre 1990 permet à tout individu béninois de saisir la Cour constitutionnelle pour faire annuler un acte censé porter atteinte aux droits et libertés que la Constitution garantit. Dans la pratique, ce mécanisme a une vertu indéniable. Il permet aux parlementaires individuellement, donc sans condition de majorité le cas échéant, de saisir directement le juge constitutionnel[986]. Cependant, ces avantages ne sauraient cacher les inconvénients de ce mécanisme qui fait la particularité du modèle béninois de protection de l'ordre constitutionnel. Dans la gestion des requêtes, la juridiction constitutionnelle béninoise se trouve confrontée à la boulimie du contentieux. La saisine individuelle entraine des dysfonctionnements de la juridiction constitutionnelle dont les plus importants sont l'engorgement de celle-ci mais aussi l'implosion du délai raisonnable[987], faisant ainsi passer ladite juridiction pour une pièce « d'armoire des chagrins de la Nation » selon les termes du président de la Cour constitutionnelle allemande, M. Jutta LIMBACH[988]. Confrontée à cet engorgement la Cour a organisé en 2004 des séminaires à l'attention des acteurs de la société civile œuvrant dans le domaine des droits de l'Homme en vue de stabiliser le nombre de requêtes au cours des années suivantes[989].

Comparé au modèle sénégalais, qui du reste est élitiste, et imposant un regroupement des parlementaires afin de saisir le Conseil constitutionnel, ce dernier présente l'avantage de permettre à la juridiction constitutionnelle une forme de respiration, celle-ci n'étant pas confrontée à l'engorgement de son prétoire. Le nombre de décisions rendu par an en atteste la preuve. Cependant, ce modèle a pour inconvénient de mette en veilleuse la Constitution, si les autorités précitées, seules habilitées à saisir le Conseil ne se pourvoient pas à cette fin.

---

[986] F. J. AÏVO « La Cour constitutionnelle du Bénin », *ABJC, Revue de contentieux constitutionnel*, I-2013, p. 48.

[987] F. J. AÏVO « La Cour constitutionnelle du Bénin », *op. cit.*, p. 46.

[988] A. DITTMANN, « Le recours constitutionnel en droit allemand », *Cahiers du Conseil constitutionnel,* N° 10, 2001, p. 6.

[989] G. AÏVO, « Les recours individuels devant le juge constitutionnel béninois », *op. cit.*, p. 586.

Les inconvénients de la saisine directe du juge constitutionnel peuvent être atténués par la saisine indirecte aménagée par le constituant et le législateur organique, afin de permettre aux justiciables de contester indirectement la constitutionnalité des lois devant le Conseil constitutionnel.

2. La saisine indirecte

Toutes les parties à un litige peuvent soulever une exception d'inconstitutionnalité, qu'elles aient la qualité de personne physique ou morale. Si l'exception d'inconstitutionnalité est en droit sénégalais une saisine individuelle de la juridiction constitutionnelle reconnue aux citoyens, celle-ci n'est effective que s'il y a une saisine de la juridiction de renvoi[990]. La Cour suprême et la Cour d'appel jouent le rôle d'interface entre les requérants et le Conseil constitutionnel. Par la voie d'exception, les parties ne saisissent pas directement le juge constitutionnel, mais soulèvent l'exception devant la Cour suprême ou la Cour d'appel. Le Conseil constitutionnel français a d'ailleurs déjà jugé à propos de la question prioritaire de constitutionnalité que celle-ci ne peut constituer l'objet principal de la requête mais seulement l'accessoire jusqu'à ce que le Conseil constitutionnel en soit, le cas échéant, saisi[991]. La jurisprudence de la Cour constitutionnelle du Gabon abonde dans le même sens. Dans la décision N°026/ CC du 7

---

[990] Le modèle allemand est un cas particulier. Contrairement au Sénégal et en France, en Allemagne, c'est le juge ordinaire qui soulève lui-même la question préjudicielle de constitutionnalité et non le justiciable. Cf. M. FROMONT, « La présentation de la Cour constitutionnelle fédérale d'Allemagne », *Cahiers du Conseil constitutionnel,* N° 15, janvier 2004, p. 8.
Dans le système belge, si l'initiative de la question préjudicielle de constitutionnalité peut émaner des parties au litige, il appartient seule au juge *a quo* (de renvoi) de décider d'interroger la Cour constitutionnelle. Les parties ne peuvent modifier ou de faire modifier la teneur de la question posée par la juridiction de renvoi. Appelée à répondre à une question abstraite, la Cour (le juge *ad quem*) limite son examen à la question de droit telle qu'elle ressort de la formulation du juge *a quo* et aux dispositions mentionnées dans la question. Voir Cour d'arbitrage belge, arrêt N° 12 du 25 mars 1986, *in* P. BON et D. MAUSS, *Les grandes décisions des Cours constitutionnelles européennes*, *op. cit.*, p. 733, obs. F. MOLINE.
En Espagne, poser une question de constitutionnalité au Tribunal constitutionnel est une prérogative exclusive et souveraine du juge de renvoi. Tribunal constitutionnel espagnol, 2 octobre 1997, Affaire de la taxe fiscale sur les jeux, *in* P. BON et D. MAUSS, *Les grandes décisions des Cours constitutionnelles européennes*, *op. cit*, p. 743, obs. M. FRAILE.
[991] Cons. const., 3 déc. 2009, Décision N° 2009-595 DC, *Cahiers du Conseil constitutionnel,* octobre 2009-mars 2010, N° 28, p. 1.

juin 2011, la Cour a considéré qu'elle ne peut être saisie directement par le justiciable dans le cadre d'une procédure de question préjudicielle de constitutionnalité[992]. Au demeurant, selon le Cour suprême, *« l'exception d'inconstitutionnalité n'est pas une exception de procédure mais un moyen de fond visant à établir le défaut de base légale de l'acte attaqué qui se fonde sur un texte de loi dont la constitutionnalité est contestée ; qu'ainsi, l'ordre dans le lequel il est présenté n'a aucune incidence sur sa recevabilité »*[993]. L'exception d'inconstitutionnalité est une question incidente, à un procès ordinaire vient se greffer un procès constitutionnel. Son caractère indirect le différencie du recours individuel direct qui est une voie de droit qui peut être portée directement devant la juridiction constitutionnelle par le justiciable[994]. Ce caractère indirect de la saisine par la voie d'exception tel qu'il se présente dans le cadre du modèle sénégalais de protection juridictionnelle de l'ordre constitutionnel, se rapporte à ce écrivait H. KELSEN en 1928 qui précisait « qu'il s'agit là, non pas d'un droit de recours individuel directement ouvert aux particuliers, mais d'un moyen de fait, indirect de provoquer l'intervention du tribunal constitutionnel : car il supposerait que l'autorité judiciaire ou administrative appelée à prendre une décision se rallie aux vues de la partie et présente en conséquence la requête en annulation »[995]. Au Sénégal, l'exception d'inconstitutionnalité est un acte de procédure qui permet à un justiciable au cours d'un procès ordinaire, de demander au juge constitutionnel par l'intermédiaire du juge ordinaire, de vérifier la constitutionnalité d'une loi ou d'un traité international qu'on prétend devoir appliquer à sa situation[996]. Seulement, dans sa mise en œuvre l'exception d'inconstitutionnalité est soumise à des conditions. Ainsi, contrairement au modèle

[992] Voir A. ESSONO OVONO, « La question préjudicielle de constitutionnalité dans les Constitutions africaines » *Mélanges en l'honneur de Maurice AHANHANZO-GLELE, La Constitution béninoise du 11 décembre 1990 : un modèle pour l'Afrique ?,* Paris, L'Harmattan, 2014, p. 570.

[993] CS, Arrêt N° 50 du 26 septembre 2013, *Bulletin des arrêts de la Cour suprême*, N° 6-7, Année judiciaire 2013, décembre 2014, p. 153.

[994] Voir G. AÏVO, « Les recours individuels devant le juge constitutionnel béninois », *op. cit.*, 2014, p. 582.

[995] H. KELSEN, « La garantie juridictionnelle de la Constitution. La justice constitutionnelle », *op. cit.*, p. 246.

[996] Voir A. ESSONO OVONO, « La question préjudicielle de constitutionnalité dans les Constitutions africaines », *op. cit.*, p. 564.

français de la question prioritaire de constitutionnalité[997] et au modèle béninois qui aménage l'exception d'inconstitutionnalité comme une voie de recours directe vers la Cour constitutionnelle[998], au Sénégal, l'exception d'inconstitutionnalité ne peut être soulevée que devant la Cour suprême ou la Cour d'appel, qui sont tenues de vérifier sa compétence, et la recevabilité ou la déchéance du pourvoi en cassation ou de l'appel[999]. Dans cet ordre d'idées, le Conseil constitutionnel considère *« qu'il est utile, pour la clarté de la décision, de relever que lorsque le Conseil d'État mentionne dans le dispositif de l'arrêt visé : "Déclare recevable l'exception d'inconstitutionnalité soulevée", il doit être entendu que cela signifie que litige qui lui est soumis est susceptible d'être transmis au Conseil constitutionnel, conformément aux dispositions de l'article 56 de la loi organique sur le Conseil d'État et non point que l'exception est elle-même recevable »*[1000]. Toutefois, la Cour n'a pas un pouvoir d'appréciation identique à celui des juridictions suprêmes ordinaires françaises. La Cour suprême, sans être soumise à un délai, lorsqu'elle est régulièrement saisie d'une exception d'inconstitutionnalité doit transmettre le dossier au Conseil constitutionnel

---

[997] En vertu du nouvel article 23-1 de l'ordonnance du 7 novembre 1958, la question prioritaire de constitutionnalité peut être soulevée devant une juridiction relevant du Conseil d'État ou de la Cour de cassation. Elle peut être soulevée devant le juge de première instance, d'appel (Ordonnance N° 58-1067, article 23-1) ou de cassation (Ordonnance N° 58-1067, article23-5). Outre les juridictions de droit commun, l'ensemble des juridictions administratives spécialisées relevant du Conseil d'État sont concernées (Cour des comptes, Cour de discipline budgétaire et financière, chambres régionales des comptes, Cour nationale du droit d'asile...). En revanche, si les autorités administratives indépendantes peuvent, sous certaines conditions, être qualifiées de tribunaux au sens de l'article 6, paragraphe 1 de la Convention européenne de sauvegarde des droits de l'Homme et des libertés fondamentales, elles ne constituent pas pour autant des juridictions au sens de l'article 23-1. Si une question prioritaire de constitutionnalité ne peut être invoquée devant une telle autorité, elle peut être néanmoins soulevée à l'occasion d'un recours contentieux dirigé contre une décision prise par celle-ci. Voir M. QUYOLLET, « Question prioritaire de constitutionnalité », *op. cit.*, p. 11 ; Cons. const., Décision N° 2010-1 QPC du 28 mai 2010, Cristallisation des pensions, *in* L. FAVOREU et L. PHILIP, *Les grandes décisions du Conseil constitutionnel, op. cit.*, pp. 513-521.

[998] F. J. AÏVO, « La Cour constitutionnelle du Bénin », *op. cit.*, p. 50.

[999] Cons. const., 13 février 1995 Renvoi à la Cour de cassation d'une exception d'inconstitutionnalité, *in* I. M. FALL (dir.), *Les décisions et avis du Conseil constitutionnel du Sénégal. Rassemblés et commentés, op. cit.*, pp. 121 et s.

[1000] Cons. const., 13 février 1995 Renvoi à la Conseil d'État d'une exception d'inconstitutionnalité, *in* I. M. FALL (dir.), *Les décisions et avis du Conseil constitutionnel du Sénégal. Rassemblés et commentés, op. cit.*, p. 126.

qui statut au fond. Par conséquent, l'appréciation de la régularité de la norme dont la constitutionnalité est contestée n'est pas du ressort de la Cour suprême. Ainsi devant l'excès de pouvoir commis par la Cour suprême dans *l'affaire Karim Meïssa WADE*, le Conseil constitutionnel a considéré que *« l'appréciation de la conformité de la loi à la Constitution échappe totalement à l'emprise de la Cour suprême; qu' en effet, cette mission est expressément et exclusivement dévolue au Conseil constitutionnel conformément à l'article 92 de la Constitution ; par suite, qu'en statuant ainsi, la Cour suprême a non seulement dépassé les limites de sa compétence, mais aussi et surtout, a empiété sur celle du Conseil constitutionnel ».* Seulement, faut-il le rappeler, cet excès de pouvoir de la Cour suprême ne sera pas censuré par le juge constitutionnel qui devait considérer qu'il n'est pas juge de la bonne application de la loi et que par conséquent, il n'est pas habilité à censurer les décisions rendues par la Cour suprême. Le Conseil constitutionnel estime tenu de se prononcer sur l'exception d'inconstitutionnalité indépendamment de la violation manifeste de la loi par la Cour suprême et la déclarer recevable.[1001] De même, le juge de cassation sénégalais ne joue pas un rôle de filtre contrairement aux juridictions ordinaires françaises qui, dès lors que la question prioritaire de constitutionnalité entre dans le champ d'application défini à l'article 23-1 de l'ordonnance du 7 novembre 1958 modifiée, sont tenus d'examiner si le moyen soulevé répond aux conditions cumulatives fixées à l'article 23-2 du même texte. Aux termes de cet article, la juridiction a l'obligation de transmettre la question aux juridictions suprêmes si trois conditions sont remplies : d'abord la disposition contestée doit être applicable au litige ou à la procédure, ou constituer le fondement des poursuites ; ensuite elle ne doit pas être déjà été déclarée conforme à la Constitution dans les motifs et le dispositif d'une décision du Conseil constitutionnel, sauf changement des circonstances ; enfin la question doit être nouvelle ou ne doit pas être dépourvue de

[1001] Voir Cons. const., Séance du 03 mars 2014 Affaire N°1/C/2014. Voir également « Constitutionnalité de la loi sur l'enrichissement illicite. Le Conseil constitutionnel légalise la CREI », *in Walfadjri*, N° 6589, Mardi 04 mars 2014, pp. 6-7. Et l'arrêt de la chambre criminelle de la Cour suprême du 6 février 2014, Karim WADE c/Le procureur spécial près la Cour de répression de l'enrichissement illicite ; procureur général près la Cour d'appel de Dakar disponible à http://xalimasn.com/recevabilité-et-renvoi-de-la-requete-des-avocats-de-karim-wade-devant-le-conseil-constitutionnel-supreme-paradoxe-dune-decision/.

caractère sérieux[1002]. À ces conditions, la Cour de cassation, dans son arrêt du 10 avril 2014, *Société auxiliaire de bureau d'études (SABE)* pour écarter le moyen fondé sur la question prioritaire de constitutionnalité ajoute une nouvelle condition en considérant : « *la réponse à la question prioritaire de constitutionnalité n'est pas de nature à exercer une influence sur l'issue du litige* »[1003]. Ce pouvoir d'appréciation est dévolu aux juridictions suprêmes françaises. Ces dernières examinent la pertinence de la question prioritaire de constitutionnalité à l'aune des conditions sus indiquées, vérifient les conditions de forme de la recevabilité de ladite question[1004]. En effet, plus des conditions de fond ainsi évoquées, la recevabilité de la question prioritaire de constitutionnalité est subordonnée à la présentation de celle-ci dans un mémoire distinct et motivé, quel que soit le stade de la procédure. Par définition, le mémoire ne peut être confondu avec la requête. En revanche, peut être contestée dans un même « mémoire distinct », la conformité à la Constitution de plusieurs dispositions législatives, comme l'a implicitement jugé le Conseil d'État[1005]. Dans la pratique, les juridictions suprêmes appliquent rigoureusement ces conditions faisant ainsi du filtre un entonnoir large à la base, plus étroit au sommet[1006]. Au demeurant, par la voie d'exception, le Conseil constitutionnel tout comme son homologue français, dans le cadre de la question préjudicielle de constitutionnalité n'est saisi que si le plaideur au cours d'un procès ordinaire conteste la constitutionnalité de la loi que l'on prétend lui appliquer. Le rôle d'interface que joue la juridiction de transmission imprime à la saisine un caractère indirect.

Cependant, les saisissants ne peuvent voir leur requête examiner au fond par le juge qu'en cas de respect par celle-ci des conditions relatives à l'acte.

1002 Cf. M. QUYOLLET,« Question prioritaire de constitutionnalité », *op. cit.*, pp. 12 et s.

1003 A. ROBLOT-TROIZIER, « Chronique de droits fondamentaux et libertés publiques », *Nouveaux Cahiers du Conseil constitutionnel,* N° 56, 1er janvier 2015, p. 110.

1004 Voir A. ROBLOT-TROIZIER, « Filtrage des QPC : vers une interprétation restrictive des conditions de renvoi ? », *Nouveaux Cahiers du Conseil constitutionnel,* N° 45, 01 octobre 2014, p. 151.

1005 CE, 14 avril 2010, N° 336753, Khedidja et Mokhtar L., *JurisData* , N° 2010-003908.

1006 Séance 14 septembre *JOAN*, CR, 2009, p. 7052.

a- Les conditions relatives à l'acte

Dans le système juridictionnel sénégalais de contrôle de constitutionnalité, hormis les traités internationaux, le juge ne peut statuer que sur la conformité d'une loi à la Constitution (1). Cette loi soumise au contrôle de constitutionnalité doit être une loi parlementaire (2).

1. L'acte, une loi

Dans la jurisprudence, il ressort que la loi susceptible de faire l'objet d'un contrôle de constitutionnalité est un acte juridique distinct des autres actes écrits notamment les actes administratifs et résolutions (a) et des déclarations (b).

a- La loi, un acte distinct des autres actes juridiques écrits

Le Conseil constitutionnel ne contrôle pas tous des actes juridiques émanant du parlement. Il ne vérifie la constitutionnalité de l'acte soumis à son contrôle que si celui-ci est une loi. La loi est un acte voté par le Parlement selon la procédure législative de droit commun prévue par la Constitution et organisée par le Règlement intérieur des Assemblées parlementaires portant sur des matières déterminées par le constituant[1007]. C'est une règle de droit générale et permanente élaborée par le parlement[1008]. Dans la définition de la loi, le critère organique est doublé d'un critère matériel dont l'essence se trouve moins dans l'énumération des matières que dans la limitation des compétences législatives, à la fixation des règles et principes fondamentaux dans ces matières[1009]. Le Conseil constitutionnel ivoirien, dans sa décision *N° CI-2012-131/27-03/CC/SG relative à la requête en inconstitutionnalité des articles 256 à 266 du Code des assurances de la conférence interafricaine des marchés d'assurances dit Code CIMA*, a donné une définition de la loi en ces termes : *« la loi, règle générale, impersonnelle et obligatoire, est dans l'ordre juridique ivoirien un acte adopté par l'Assemblée nationale, promulgué par le Président de la République et régissant une des matières énumérées à l'article 71 de la Constitution »*[1010]. Dans cette affaire, pour rejeter sa compétence à connaître de l'exception d'inconstitutionnalité des dispositions précitées du Code SIMA, le juge constitutionnel ivoirien a fait la distinction entre

---

1007 R. CABRILLAC (dir.), *Dictionnaire du vocabulaire juridique*, *op. cit.*, p. 246.

1008 R. GUILLEN et J. VINCENT (dir.), *Lexique des termes juridiques*, *op. cit.*, p. 357.

1009 M. DE VILLIERS, *Dictionnaire constitutionnel, op. cit*., pp. 146-147.

1010 F. D. MELEDJE, *Les grands arrêts de la jurisprudence constitutionnelle ivoirienne, op. cit*, p. 369.

la loi et le traité, qu'il considère comme *« comme une expression de plusieurs volontés destinée à produire des effets après sa ratification, des effets de droit dans l'ordre international »*[1011]. Cependant, l'acte voté par le parlement n'acquiert les apparats d'une loi que s'il est revêtu d'un certain nombre de caractéristiques. Dans ce sens, reprenant la formule de PORTALIS[1012], le Professeur El Hadj MBODJ précise que l'objet de la loi est d'ordonner, de punir, d'autoriser, de prohiber, de déclarer, d'habiliter, de prescrire, de sanctionner, d'ordonner, de fixer, de déterminer d'astreindre, etc.[1013]. Le Conseil constitutionnel français considère, depuis la décision N°2004-500 DC du 29 juillet 2004, confirmée par sa jurisprudence ultérieure[1014], que la loi a pour vocation d'énoncer des règles et doit par suite être revêtue d'une portée normative certaine et sanctionne en conséquence les lois manifestement dépourvues de toute portée normative[1015]. Un énoncé sans portée normative ne peut être considéré comme une loi. Ces caractéristiques de la loi prédéterminent sa portée normative, et conséquemment la possibilité des justiciables de contester sa constitutionnalité devant le juge. Ainsi, l'acte dont le requérant veut faire juger la constitutionnalité par le Conseil constitutionnel doit être une loi. C'est la solution retenue implicitement par le Conseil d'État dans *l'affaire Iba Der Thiam,* précitée dans le cadre d'une exception d'inconstitutionnalité formée à l'encontre des décrets. Dans cette affaire, le juge a considéré que l'exception d'inconstitutionnalité prévue par l'article 56 de la loi organique sur le Conseil ne vise que la loi ou les stipulations d'un traité international. Les litiges portant sur les décrets attaqués relèvent d'une appréciation de légalité[1016]. Cette solution sera rappelée par la Cour suprême dans l'*affaire Cheikh Tidiane SY et autres c/État du Sénégal.* Dans cette affaire, la Cour suprême considère : *« l'exception d'inconstitutionnalité doit être soulevée lorsqu'il s'agit d'apprécier la conformité des dispositions d'une loi ou des stipulations d'un accord international*

[1011] F. D. MELEDJE, *ibid.*, p. 369.

[1012] Discours préliminaire du 24 thermidor An VIII, *in* P. A. PANET, *Recueil complet des travaux préparatoires du Code civil,* Otto Zeller Osnabrück, 1968, p. 466.

[1013] Le *Populaire,* N° 336, Vendredi 11 février 2011, p.13.

[1014] Cons. const., Décision N° 2005- 512 DC du 21 avril 2005, Avenir de l'école, *in* L. FAVOREU et L.PHILIP, *Les grandes décisions du Conseil constitutionnel, op. cit.,* p. 362.

[1015] Cons. const., 29 juillet 2004, Autonomie financière des collectivités locales, *in* L. FAVOREU et L.PHILIP, *Les grandes décisions du Conseil constitutionnel, op. cit.,* p. 332.

[1016] CE, 25 août 1993 Iba Der Thiam, *Bulletin des arrêts du Conseil d'État,* N°1, p. 6.

à la Constitution »[1017]. La même solution est retenue par la Cour dans *l'affaire Birassy Guissé et autres*, qui à propos d'une exception d'inconstitutionnalité soulevée à l'encontre d'un décret, considère que *« l'exception d'inconstitutionnalité prévue à l'article 92 de la Constitution est soulevée lorsque se pose une question relative à la conformité des dispositions d'une loi ou des stipulations d'un accord international à la Constitution ; qu'en l'espèce, les requérants contestent la conformité d'un acte réglementaire (un décret) à la Constitution ; qu'ainsi qu'il y a lieu de rejeter l'exception »*[1018]. Exceptionnellement, dans le cadre d'une procédure de délégalisation des textes de forme législative relative au *Statut de la coopération dans les territoires relevant du ministre de France d'Outremer,* l'ancienne Cour suprême, saisie d'un décret, a eu à statuer au fond alors qu'on aurait pu imaginer qu'elle se déclare incompétente, puisque l'acte dont la constitutionnalité devait être vérifiée n'était pas de forme législative. En affirmant sa compétence, la Cour décide implicitement qu'un texte de forme législative peut être un décret[1019]. Le Conseil constitutionnel, dans sa décision relative la *composition du bureau de l'Assemblée nationale*, suite aux élections législatives de 2012, en vertu de sa compétence d'attribution fixée par la Constitution et la loi organique qui régit son fonctionnement, a estimé qu'il ne saurait intervenir en dehors de celle-ci. Dans cette affaire, le Conseil constitutionnel était saisi par 18 députés à l'Assemblée nationale par l'office de maître Abdoulaye BABOU d'une requête visant à déclarer nulle et de nul effet la délibération de l'élection des membres du bureau de l'Assemblée nationale constatée par les procès-verbaux en date du 30 juillet 2012. Dans sa réponse, le juge rappelle ses compétences fixées par l'article 92 de la Constitution du 22 janvier 2001. Il constate, que la délibération sur l'élection des membres du bureau de l'Assemblée nationale déférée devant sa juridiction pour contrôle de constitutionnalité ne peut constituer en soi « une mesure législative » comme le soutient les requérants, ni a fortiori une loi. Ensuite, il précise qu'il ne tient ni de la

---

[1017] CS, Arrêt N° 50 du 26 Septembre 2013, Cheikh Tidiane Sy et autres c/État du Sénégal, *Bulletin des arrêts de la Cour suprême,* N° 6-7, Année judiciaire 2013, pp. 152-156.

[1018] CS, 3 mars 2011, Birassy Guissé et autres c/ Recteur université Gaston Berger, *Bulletin des arrêts de la Cour suprême,* N° 2-3, Année judiciaire 2010-2011, p 244.

[1019] CS, 29 mai 1965, Statut de la coopération dans les territoires relevant du ministre de France d'outremer, *in* J. M. NZOUANKEU, *La Constitution sénégalaise commentée, op. cit.,* p. 104

Constitution, ni de la loi organique le pouvoir de statuer sur l'élection des membres du bureau de l'Assemblée nationale. Ainsi, après avoir déclaré la requête recevable décide que *« le Conseil constitutionnel n'a pas compétence pour statuer sur la demande tendant à l'annulation de la délibération sur l'élection du bureau de l'Assemblée nationale »*[1020]. Cette décision du juge est dépourvue de pédagogie dans la mesure où, elle ne renseigne sur aucune signification du concept « mesure législative », ni de la notion de loi. Le Conseil d'État français, dans le cadre des avis rendus en application de l'article 88-4 de la Constitution du 4 octobre 1958 a été conduit à l'occasion de ce nouveau type de consultation, concernant les propositions d'actes communautaires comportant des dispositions de nature législative à élaborer une jurisprudence sur la notion « d'acte comportant des dispositions de nature législative ». Il a estimé qu'il convenait d'y intégrer tout acte qui, s'il devait être pris par la France serait du domaine de la loi[1021]. Cette fonction pédagogique du juge administratif français a la vertu d'éviter au requérant d'introduire des recours fantaisistes. Dans le contexte sénégalais, une telle précision pourrait bien se justifier dans la mesure où, comme en France, le Conseil constitutionnel sénégalais a une compétence d'attribution. En appliquant cette compétence d'attribution, le juge, comme dans le cas d'espèce précité procède à des vérifications préalables relatives à la nature de l'acte. Il n'exerce sa compétence que si l'acte déféré à lui pour l'exercice du contrôle de constitutionnalité est une loi. En revanche, la Cour constitutionnelle du Bénin, bien qu'ayant une compétence d'attribution, dans sa décision du 8 juillet 2009 relative à *la composition du bureau de l'Assemblée nationale* considère que *« le choix des députés appelés à siéger à l'Assemblée nationale en tant que corps, à animer les organes de gestion ou à siéger au sein des autres institutions de l'État, doit se faire selon le principe constitutionnel de la représentation proportionnelle majorité/minorité »*[1022]. La Cour précisera davantage sa compétence dans sa décision DCC 09-087 du 13 août 2009 en considérant qu'en matière de droits de l'Homme sa compétence est liée et *« va au-delà des lois et règlements pour couvrir tout acte, fait, tout comportement de quelque nature et de qui que ce*

1020 Cons. const., séance du 16 août 2012, Affaire N° 1/C/2012, inédit.
1021 Y. GAUDEMET et autres, *Les grands avis du Conseil d'État, op. cit.*, p. 31.
1022 Cour conso, Décision N° 09-002 DCC du 8 juillet 2009.

soit, que cela provienne : citoyen, administration, organe juridictionnel y compris la Cour suprême et la Haute Cour de Justice »[1023].

Dans la jurisprudence sénégalaise, la loi soumise au contrôle de constitutionnalité est aussi un acte distinct des déclarations

b- La loi, un acte distinct des déclarations orales

La loi soumise au contrôle de constitutionnalité du juge est un acte parlementaire distinct des déclarations. À propos de la déclaration du Président WADE de ne pas pouvoir briguer un troisième mandant parce que dit-il lui-même, qu'il a « verrouillé » la Constitution en limitant le nombre de mandats à deux, le juge considère que *« l'opinion exprimée par le Président de la République, quel que soit par ailleurs sa solennité ne peut avoir règle de droit dès lors qu'elle ne se traduit pas par un acte législatif ou réglementaire »* ; le juge ajoute que *« cette déclaration en elle-même ne saurait en aucun cas constituer une source de droit »*[1024]. En décidant que cette déclaration n'acquiert valeur d'une règle de droit que par sa traduction par une loi ou un acte règlementaire, le juge définit implicitement les catégories des actes soumis au contrôle de constitutionnalité. Dans le même ordre d'idées, dans *l'affaire RND* précitée, le juge a eu à se prononcer sur la condition relative à l'acte susceptible de faire l'objet d'un contrôle de constitutionnalité. Il a clairement indiqué aux requérants que la décision du Président de la République de négocier l'indépendance de la Casamance avec le MFDC n'est pas une loi. Donc, sur ce point la requête du RND ne pouvait pas prospérer. En effet, dans le cas d'espèce, le juge constitutionnel refuse d'assimiler une simple déclaration du Président de la République à une loi. Au demeurant, la décision du Conseil constitutionnel est exempte de reproches. On aurait mal compris que le juge constitutionnel, vu les compétences conférées à lui, statue sur la constitutionnalité d'une déclaration à l'initiative d'une tierce personne fut-elle chef de parti politique. La déclaration en question n'avait pas été faite dans un contexte électoral par un candidat à l'élection, mais un Président de la République lors d'un message à la nation, et portait sur un problème ponctuel, qui à certains égards, engageait le destin de la nation sénégalaise. Dès lors, malgré la pertinence des arguments du requérant, on peut convenir avec le commentateur[1025] de ladite décision

---

[1023] Cons. const., Décision DCC 09-87 du 13 août 2009, inédit.

[1024] *Le Quotidien* N° 2711 du mercredi 1er février 2012, p. 10.

[1025] I. M. FALL, (dir.), *Les décisions et avis du Conseil constitutionnel du Sénégal. Rassemblés et commentés*, *op. cit.*, pp. 155 et s.

que la saisine du juge constitutionnel, n'avait pour objet que d'alimenter une polémique autour de ce vœu exprimé par le Président de la République, M. Abdou DIOUF. Sans doute, dans cette affaire, le requérant aurait plus de chance à ce que sa requête aboutisse à sa fin s'il s'adressait au juge de l'administration. En effet, le Président de la République étant une autorité administrative, les actes juridiques émanant de lui et susceptibles de recours juridictionnel peuvent se présenter sous une forme écrite ou une forme orale. En saisissant le Conseil constitutionnel, le requérant manifeste une ignorance de la compétence de l'institution qui ne connaît que de la constitutionnalité des lois et non des actes administratifs.

En outre, il se déduit de la jurisprudence que la loi déférée au Conseil constitutionnel pour contrôle de constitutionnalité doit être une loi parlementaire.

3. L'acte, une loi parlementaire

La loi susceptible de faire l'objet d'un contrôle de constitutionnalité est une loi parlementaire votée par le Parlement selon la procédure fixée par la Constitution et le règlement intérieur de l'Assemblée parlementaire. Cette loi parlementaire est soit organique, soit simple. L'exercice du contrôle de constitutionnalité est circonscrit autour de ces catégories de normes parlementaires. Sont ainsi exclues du champ d'application du contrôle de constitutionnalité les lois constitutionnelles[1026] et référendaires[1027]. En effet, le Conseil constitutionnel refuse de se pencher sur la régularité d'une loi constitutionnelle. Fidèle à sa doctrine consistant à interpréter restrictivement ses compétences d'attribution, il accorde une immunité juridictionnelle aux lois constitutionnelles[1028]. Il va même plus loin en exerçant un contrôle minimum de la qualification donnée par le législateur d'une loi constitutionnelle. Dans *l'affaire prorogation du mandat des députés* le juge s'est limité à la procédure à suivre pour l'adoption d'une loi constitutionnelle sans prendre en considération si, au fond, la loi en question affecte l'ordonnancement constitutionnel en

---

[1026] Cons. const., 18 janvier 2006, *in* I. M. FALL, (dir.) *Les décisions et avis du Conseil constitutionnel du Sénégal. Rassemblés et commentés, op. cit.*, p. 491.

[1027] Cons. const., 2 janvier 2001 Régularité du référendum constitutionnel, *in* I. M. FALL, (dir.) *Les décisions et avis du Conseil constitutionnel du Sénégal. Rassemblés et commentés*, *op. cit.*, p. 401.

[1028] Cons. const., 19 juin 2009 Loi constitutionnelle instituant le poste de Vice-président, inédit

modifiant ou en ajoutant un article à la Constitution[1029]. Face au parlement, en ce qui concerne les lois dites constitutionnelles, le juge affiche une timidité qui, à terme, pourrait finir par vider la Constitution de toute sa substance.

Cette même timidité du juge est affichée à propos des lois référendaires qui sont exclues de son contrôle[1030], suivant en cela le Conseil constitutionnel français[1031]. Le Conseil constitutionnel sénégalais, à l'instar de son homologue français établit une différence nette entre le régime contentieux des lois parlementaires et celui des lois référendaires. Pour le juge, les lois que le constituant entend soumettre au contrôle de constitutionnalité sont celles adoptées par le parlement et non votées directement par le peuple. Dans l'absolu, le Conseil constitutionnel ne fait pas la distinction entre le référendum législatif et la loi référendaire ayant pour objet de modifier les dispositions de la Constitution. En France, le principe de la souveraineté du peuple n'est plus en soi un obstacle au contrôle de la régularité des lois référendaires. S'il s'agit d'un référendum législatif, la norme qui en résulte doit respecter la Constitution et les traités internationaux. Une évolution est amorcée du côté du juge ordinaire. Ce dernier soumet les lois référendaires ordinaires au contrôle de conventionnalité, et ce nonobstant qu'elles échappent au contrôle de constitutionnalité[1032].

Outre les conditions de fond, les requérants doivent également respecter des conditions de forme pour que leur requête soit recevable.

II- Les conditions de forme

Les conditions de forme sont relatives à la présentation externe et aux règles d'introduction des recours en inconstitutionnalité devant le juge constitutionnel. Les requêtes doivent être datées et signées par chacun des parlementaires intéressés. Elles doivent contenir l'exposé des motifs invoqués et deux copies de la loi attaquée[1033]. La requête doit

---

[1029] Cf. Obs. I.·M. FALL, *in* I. M. FALL (dir.), *Les décisions et avis du Conseil constitutionnel du Sénégal Rassemblés et commentés, op. cit*., pp. 494-496.

[1030] Cons. const., 2 janvier 2001 Régularité du référendum constitutionnel, *in* I. M. FALL (dir.), *Les décisions et avis du Conseil constitutionnel du Sénégal. Rassemblés et commentés*, *op. cit.*, p. 401.

[1031] Cons. const., 6 novembre 1962, Loi référendaire, *in* L. FAVOREU et L.PHILIP, *Les grandes décisions du Conseil constitutionnel, op. cit.,* p. 29.

[1032] CE Ass., 30 octobre 1998, Sarran Levacher et autres, concl. C. MAUGUE, *RFDA,* 1998, p. 1087

[1033] Article 14 de la loi organique N° 92-23 du 30 mai 1992 précitée.

être adressée au président du Conseil constitutionnel et déposée au greffe du Conseil constitutionnel. Il s'agit de formalités dont certaines parmi elles paraissent substantielles. Leur omission peut entrainer le rejet de la requête. Dans la pratique, le Conseil constitutionnel vérifie toujours le respect des conditions de forme qui régissent sa saisine. Dans *l'affaire relative à la prolongation du mandat des conseillers municipaux et ruraux,* le juge a constaté que ces formalités ont été accomplies par les requérants. Outre la précision du nombre de parlementaires saisissants qui se fait à l'aide de l'identification des noms et des signatures, le Conseil constitutionnel considère que *« le recours est recevable comme ayant été introduit dans les... formes prescrites par l'article 63 de la Constitution et les articles 14 et 15 de la loi organique n° 92-23 du 30 mai 1992 sur le Conseil constitutionnel »*[1034]. La vérification du respect des conditions de forme est plus rigoureuse dans l'affaire relative *à l'amendement augmentant le nombre de députés de 120 à 140* rendue le 24 février 1998. Dans cette affaire, le juge énumère expressément les noms des saisissants tel qu'ils figurent dans la requête introductive d'instance, et précise ensuite que *« le recours est recevable comme ayant été introduit dans les formes prescrites par l'article 63, 2° de la Constitution et l'article premier de la loi organique n° 92-23 du 30 mai 1992 sur le Conseil constitutionnel »*[1035]. Ces exemples montrent que l'introduction de la requête en bonne et due forme est un palier que doivent nécessairement franchir les saisissants s'ils veulent voir leur requête examinée au fond par le juge. Les cas d'espèce ainsi rapportés attestent un manque de libéralisme du juge dans l'examen des conditions de forme qui régissent l'introduction des recours en inconstitutionnalité des lois. À titre comparatif, le juge constitutionnel malgache a fait preuve de flexibilité dans la vérification du respect des conditions de forme dans l'examen de la constitutionnalité de l'ordonnance portant transfert des pleins pouvoirs à M. RAJOELINA. En effet, saisi par le Président de la Haute Autorité de Transition Andry RAJOELINA, en vue de se prononcer sur la conformité à l'ordre constitutionnel malgache de l'ordonnance n° 2009-001 du 17 mars 2009 portant transfert des pleins pouvoirs à M. RAJOELINA, la Haute Cour constitutionnelle a décidé que, par respect des principes généraux de droit, et des principes ayant valeur

[1034] I. M. FALL, (dir.) *Les décisions et avis du Conseil constitutionnel du Sénégal. Rassemblés et commentés*, *op. cit.*, p. 19.

[1035] I. M. FALL, (dir.) *Les décisions et avis du Conseil constitutionnel du Sénégal. Rassemblés et commentés*, *op. cit.*, p. 27.

constitutionnelle, tel que le principe de la continuité de l'État, la constatation d'irrégularités relatives au contenu et aux caractéristiques des requêtes ne s'oppose pas à ce que la Haute juridiction procède à l'examen des questions fondamentales dans un contexte exceptionnel pouvant mener à l'apaisement de la vie sociale et au retour à l'ordre constitutionnel[1036]. Le greffier du Conseil constitutionnel, dès la réception du recours, en délivre un accusé de réception. Le greffier en informe le président de l'Assemblée nationale lorsqu'il s'agit d'une requête émanant du Président de la République[1037]. Par ce moyen, les parlementaires sont tenus informés que la loi qu'ils ont votée a fait l'objet d'une contestation et pourront se préparer à un éventuel réexamen du texte en cas de demande de seconde lecture. Le greffier en informe le Président de la République lorsque la juridiction constitutionnelle est saisie par les parlementaires. Cela montre que le déclenchement du contrôle de constitutionnalité entraîne une obligation de la part des autorités juridictionnelles de tenir informées toutes les autorités qui ont pris part à la procédure d'élaboration de la loi qui seront à leur tour tenues à certaines obligations. Ainsi, le Président de la République doit s'abstenir de promulguer[1038] la loi si le recours est pendant devant le juge qui doit se prononcer dans le délai à lui assigné par la Constitution. Il en est ainsi du président de l'Assemblée nationale qui ne saurait prendre prétexte cette occasion pour promulguer le texte au motif que le Président de la République n'a pas su s'acquitter de son obligation constitutionnelle de promulgation de la loi. Seulement, il est intéressant de noter que le juge lui aussi est tenu par l'obligation de se prononcer dans un mois, délai pouvant être ramené à huit jours en cas d'urgence déclarée par le gouvernement[1039]. Il faut également noter la gratuité du recours, le requérant est dispensé du paiement du droit de timbre et du ministère d'avocat. En cas d'exception d'inconstitutionnalité, le Conseil transmet le recours pour information au Président de la République, au Premier ministre et au président de l'Assemblée nationale. Ces derniers peuvent produire leurs observations par un mémoire écrit. Comme dans la saisine par voie d'action, les autorités qui interviennent dans la procédure législative sont donc informées du

---

[1036] HCC, 23 avril 2009.

[1037] Article 15 de la loi organique 92-23 du 30 mai 1992 précitée.

[1038] La suspension du délai de promulgation est prévue par l'article 75 alinéa 1 de la Constitution.

[1039] Article 15 alinéa 2 de la loi organique sur le Conseil constitutionnel.

recours en contestation de l'acte qu'ils ont voté. Ce qui introduit dans le contrôle un indice de contradiction[1040].

A- La saisine du juge de l'administration

En matière de contentieux constitutionnel des actes administratifs, les conditions de saisine du juge sont fixées par la loi organique relative à la Cour suprême. Cette dernière, conformément aux dispositions de l'article 92 de la Constitution du 22 janvier 2001, est juge de l'excès de pouvoir des autorités administratives. Dans l'ensemble, le juge administratif est saisi en matière constitutionnelle conformément aux conditions de recevabilité du recours pour excès de pouvoir. Comme devant le Conseil constitutionnel, il y a des conditions de fond (I) et des conditions de forme (II).

I- Les conditions de fond

Les conditions de fond renvoient à la qualité des requérants et à la nature de l'acte mis en cause. Le recours pour excès de pouvoir est un procédé juridictionnel qui a un encrage constitutionnel. L'article 92 de la Constitution du 22 janvier 2001 dispose que la Cour suprême est juge de l'excès de pouvoir des autorités exécutives. Il ressort de cette consécration constitutionnelle que le recours pour excès de pouvoir n'est recevable que contre une décision administrative. Le recours pour excès de pouvoir n'est pas recevable contre les actes des personnes publiques qui n'agissent pas en qualité d'autorités administratives. C'est le cas des actes législatifs et des actes juridictionnels[1041]. À tire d'exemple, dans l'arrêt N° 23 du 12 mars 2015, Karim Meïssa WADE c. / État du Sénégal, la Cour suprême a eu à affirmer ce principe. En effet, à la suite d'un réquisitoire introductif du Procureur spécial de la Cour de Répression de l'Enrichissement illicite, Karim Meïssa WADE fut inculpé et placé sous mandat de dépôt le 07 avril 2013 par la Commission d'Instruction de la CREI. Le 16 octobre 2013, à la suite d'un deuxième réquisitoire du 14 octobre 2013 du Procureur spécial, il fut inculpé de nouveau et placé sous mandat de dépôt par ladite Commission. C'est ainsi que Karim Meïssa WADE avait saisi la Cour suprême d'un recours en annulation de cet acte du Procureur spécial en soulevant entre autres moyens l'exception d'inconstitutionnalité des lois 81-53 et 81-54 du 10 juillet 1981 relatives respectivement à la

---

[1040] E. H. O. DIOP, *La justice constitutionnelle au Sénégal. Essai sur l'évolution, les enjeux et les réformes d'un contre-pouvoir juridictionnel, op. cit.*, p. 146.
[1041] D. SY, *Droit administratif, op. cit.*, p. 118.

répression de l'Enrichissement illicite et la Cour de Répression de l'Enrichissement illicite. Dans la motivation de son arrêt, la Cour suprême soutenait que le réquisitoire du parquet spécial est un acte juridictionnel et en prenant un tel acte, le Procureur spécial près la CREI n'agit pas comme une autorité administrative détentrice de la puissance publique et exécutant une tâche administrative, mais comme une autorité judiciaire agissant dans le cadre d'une procédure pénale. Elle en concluait que le réquisitoire introductif n'est pas un acte administratif susceptible de recours pour excès de pouvoir et que le recours formé par Karim Meïssa WADE contre ce réquisitoire est irrecevable[1042].

L'acte dont la constitutionnalité est contestée doit être une décision administrative unilatérale émanant d'une autorité administrative nationale. L'autorité administrative, auteur de l'acte peut ne pas résider sur le territoire national au moment de l'édiction de l'acte administratif[1043]. Ainsi, sont exclus du champ d'application du recours pour excès de pouvoir, les actes édités par les personnes privées sous réserve de la gestion par celles-ci d'un service public et de la jouissance de prérogatives de puissance publique conférée à elles à cette fin[1044]. Les actes des autorités étrangères[1045] de même que les contrats passés par l'administration sous réserve des actes règlementaires détachables des clauses desdits contrats[1046] ne sont pas susceptibles de recours pour excès de pouvoir[1047]. Au demeurant, la décision administrative unilatérale dont la constitutionnalité est contestée est soit, une décision explicite, soit une décision implicite[1048].

En outre, du point de vue de son contenu, la décision administrative unilatérale contestée doit faire grief, c'est-à-dire modifier la situation

---

[1042] Voir *Bulletin des arrêts,* N° 9-10, Année judiciaire 2015, Année 2016, pp. 242-243.

[1043] CS, 5 janvier 1975, Séga Seck Fall, *in* J. M. NZOUANKEU, *Les grandes décisions de la jurisprudence administrative sénégalaise, op. cit.,* p. 114.

[1044] CE, 27 avril 1994, ASC Dial Diop Municipalité Club, *Bulletin des arrêts du Conseil d'État,* N°1, p. 62.

[1045] CS, 26 mai 1961, Alioune Ndiaye, *in* J. M. NZOUANKEU, *Les grandes décisions de la jurisprudence administrative sénégalaise, op. cit.,* p. 43.

[1046] CE, 29 octobre 1998, Société Sud Communication, *Bulletin des arrêts du Conseil d'État,* N°1, p. 147.

[1047] De façon exceptionnelle, les contrats passés par les collectivités locales peuvent faire l'objet d'un recours en annulation dénommé déféré devant le juge de l'excès de pouvoir. Cf. CE, 29 juillet 1982, Gouverneur de la région de Tambacounda, *Bulletin,* N° 2, p. 32.

[1048] CS, 5 janvier 1978, Cheikh Anta Diop, *in* J. M. NZOUANKEU, *Les grandes décisions de la jurisprudence administrative sénégalaise, op. cit.,* p. 68.

juridique des administrés. Ce qui exclut les actes matériels, les actes préparatoires[1049], les actes confirmatifs[1050], les actes interprétatifs[1051], les actes qui constatent une situation de fait[1052], les actes comminatoires[1053] , de même que les mesures d'ordre intérieur qui organisent les services publics et régissent leur fonctionnement interne[1054]. Aussi, les actes de gouvernement ne sont pas susceptibles de recours pour excès de pouvoir, fussent-ils contraires à l'ordre constitutionnel. Il en est ainsi par exemple d'un décret du Président de la République convoquant l'Assemblée nationale en vue de la déclaration de la politique générale du Premier ministre. Le critère de l'acte de gouvernement est appliqué par la Cour suprême dans *l'affaire Moudou Diagne c/État du Sénégal*. Dans cette affaire, le député Modou DIAGNE avait attaqué en recours pour excès de pouvoir le décret convoquant l'Assemblée nationale en vue de la déclaration de politique générale du Premier ministre Abdoul MBAYE pour la violation des articles 55 de la Constitution et 97 de la loi organique n° 78-21du 28 avril 1978 modifiée portant Règlement intérieur de l'Assemblée nationale. La Cour suprême dans sa décision considère :*« Le décret par lequel le Président de la République convoque l'Assemblée nationale en vue de la déclaration de politique générale du Premier ministre est un acte de l'exécutif pris dans ses rapports avec le législatif ; qu'il s'agit donc d'un acte gouvernement qui échappe au contrôle du juge de l'excès de pouvoir »* ; par conséquent, la Cour est *« incompétente pour connaître de la requête en annulation introduite par Modou DIAGNE contre le décret n° 2012-864 du 04 août 2012 »*[1055]. De même, la décision du

---

[1049] CS, 18 juillet 1962, Amadou Alpha Kane, *in* J. M. NZOUANKEU, *Les grandes décisions de la jurisprudence administrative sénégalaise*, *op. cit.*, p. 47.

[1050] *Cf.* CS, 5 janvier 1978, Cheikh Anta Diop, *in* J. M. NZOUANKEU, *Les grandes décisions de la jurisprudence administrative sénégalaise*, *op.cit,* p. 68. Une décision explicite confirmant une décision implicite de non-reconnaissance d'un parti politique est insusceptible de recours pour excès de pouvoir.

[1051] CE, 26 avril 1995, Abdou Fouta Diakhoumpa, *Bulletin des arrêts du Conseil d'État,* N° 1, p. 95 ; CS, 21 février 1978, Parti Démocratique Sénégalais, *in* J. M. NZOUANKEU, *Les grandes décisions de la jurisprudence administrative sénégalaise*, *op. cit.*, p. 157.

[1052] CE, 25 août 1993, Iba Der Thiam, *Bulletin des arrêts du Conseil d'État,* N °1, p. 6.

[1053] R. ROMI, « La recevabilité pour excès de pouvoir des actes comminatoires », *AJDA,* 1986, p. 619.

[1054] CS, 21 février 1978, *in* J. M. NZOUANKEU, *Les grandes décisions de la jurisprudence administrative sénégalaise*, *op. cit.*, p. 157.

[1055] CS, 10 janvier 2013, Modou Diagne c/État du Sénégal, *Bulletin des arrêts de la Cour suprême*, N° 6-7, Année judiciaire 2013, décembre 2014, pp. 131-132.

Président de la République de recourir au référendum est un acte de gouvernement insusceptible de recours pour excès de pouvoir[1056]. En effet, à l'occasion du référendum de 2016, la Cour suprême, dans l'arrêt Ousmane SONKO a réitéré sa jurisprudence en matière d'actes de gouvernement. En effet, le requérant poursuivait l'annulation, d'une part, du décret portant fixation de la date du référendum et convocation du corps électoral, acte qui entre dans le cadre des pouvoirs constitutionnels du Président de la République, et d'autre part le décret port organisation dudit référendum, qui est acte préparatoire pris par le gouvernement en vue de la consultation référendaire et en fin du décret portant publication du projet de loi portant révision de la constitution, qui est un acte pris par le pouvoir exécutif dans le cadre de ses relations avec le Parlement. Selon la Cour, tous ces décrets constituent des actes de gouvernement insusceptibles de recours pour excès de pouvoir[1057].

En République Démocratique du Congo, ce critère de l'acte de gouvernement fut appliqué par la Cour suprême de justice à propos des ordonnances présidentielles portant nomination du Premier ministre en la personne de Monsieur Kengo WA DONGO et des membres de son gouvernement suite à une requête d'Etienne Tshisekedi WA MALUMBA et consorts[1058]. La Cour, dans son arrêt RA 320 du 21 août 1996, rejette la requête au motif qu'elle ne peut connaître de la constitutionnalité des actes de gouvernement en application des attributions conférées à elle par la loi organique relative à la procédure devant la Cour suprême de justice[1059].

Le requérant, doit disposer d'une qualité et d'un intérêt à agir s'il veut voir son action examinée par le juge. S'agissant des personnes physiques, le requérant doit, justifier d'un intérêt personnel, légitime et direct[1060]. Il doit appartenir à une catégorie définissable de personnes.

[1056] CE, 04 janvier 2001, Parti Socialiste et URD c./ État du Sénégal, inédit.

[1057] Voir A. NDIAYE, « Panorama de la jurisprudence de la chambre administrative », Cou suprême, *Bulletin d'information,* N° 09-10, février 2017, p. 93.

[1058] L'application de ce critère résulte de la souveraineté attribuée à la Cour par l'article 82 al. 3 et 4 de l'Ordonnance-loi N° 82-017 du 31 décembre 1982 relative à la procédure devant la Cour suprême de justice qui dispose : « La Cour apprécie souverainement quels sont les actes du Conseil exécutif (Gouvernement) qui échappent à son contrôle. La Cour ne contrôle pas les actes législatifs ».

[1059] *Cf.* J. L. E. KANGASHE, *Le droit constitutionnel, op. cit.*, p. 119.

[1060] Concernant le cas particulier du représentant de l'État dans le cadre du contrôle des collectivités locales par l'État, il faut noter que celui-ci a toujours l'intérêt à agir pour l'exercice du déféré (sorte de recours pour excès de pouvoir). Cette situation s'explique par sa mission de veille à la sauvegarde de l'intérêt national et au respect

Autrement dit, l'acte supposé porter atteinte aux droits constitutionnels ne doit pas concerner l'ensemble de la communauté nationale. Les effets de l'acte sur la situation individuelle du requérant sont donc déterminants pour la recevabilité du recours. Le juge sénégalais de l'administration a eu à se prononcer sur la qualité du requérant à l'occasion d'un recours intenté contre la nomination du président du Conseil constitutionnel. En effet, suite à la démission de Monsieur Kéba MBAYE de ses fonctions de Président du Conseil constitutionnel, le Président de la République avait, par décret N° 93-187 du 2 mars 1993, nommé Monsieur Youssoupha NDIAYE, ancien Président de la Cour de Cassation, en qualité de Président du Conseil constitutionnel. Un candidat à l'élection présidentielle, en l'occurrence M. Iba Der THIAM, intenta un recours pour excès de pouvoir contre la décision au motif qu'il y avait la violation de la l'article 5 alinéa 2 de la loi organique portant statut des magistrats qui fait peser sur le Président de la République l'obligation de solliciter en la matière l'avis conforme du Conseil supérieur de la Magistrature. Le Conseil d'État va déclarer le recours irrecevable en considérant *« qu'en sa seule qualité de candidat aux élections présidentielle et législatives, le requérant ne justifie pas d'intérêt direct et personnel lui donnant qualité pour attaquer le décret. »*[1061] La pertinence du raisonnement du juge est discutable. En effet, il est douteux qu'un candidat à une élection présidentielle ou aux élections législatives ne puisse avoir un intérêt et la qualité pour attaquer un acte du Président de la République portant nomination du Président de la juridiction chargée de veiller à la régularité des opérations électorales. D'ailleurs, la Cour suprême, dans l'affaire *Cheikh Tidiane Sy et autres c. / État du Sénégal,* a rejeté les conclusions de l'agent judiciaire de l'État tendant à déclarer le recours irrecevable pour « défaut d'intérêt et de qualité à agir au motif que le recours en annulation appartenant exclusivement à celui qui souffre personnellement du maintien de l'acte administratif, la nomination des magistrats à une Cour et le droit de simples citoyens que sont les requérants n'ont absolument aucun lien ». Il convient de rappeler que les requérants étaient déjà cités dans la phase d'enquête préliminaire relative à l'enrichissement illicite. La question posée au juge était de savoir si ces personnes avaient la qualité et l'intérêt à agir pour attaquer en excès de

---

de la règlementation par les collectivités locales. Voir D. SY, *Droit administratif, op. cit.*, p. 73.

[1061] CE, 25 août 1993 Iba Der THIAM, *Bulletin des arrêts du Conseil d'État, op. cit.*, p. 6.

pouvoir le décret nommant les membres composant la Cour chargée de poursuivre, d'instruire et de juger en la matière. Dans sa réponse, le juge après avoir rappelé que *« le recours pour excès de pouvoir n'est ouvert qu'à ceux qui peuvent justifier que l'annulation qu'il demande présente pour eux un intérêt personnel, la notion d'intérêt s'entendant comme le droit de ne pas souffrir personnellement de l'illégalité »*, considère : *« que le décret attaqué nomme les magistrats de la CREI chargés de poursuivre, d'instruire les procédures et de juger tous ceux qui seront soupçonnés ou prévenus d'enrichissement illicite ; qu'ainsi les requérants qui sont déjà dans la phase de l'enquête préliminaire ont qualité et intérêt à agir en annulation du décret ; qu'il échet de déclarer le recours recevable »*[1062]. Dans cette affaire le juge a fait preuve de flexibilité par rapport à l'affaire Iba Der THIAM en ce qui concerne la qualité et l'intérêt à agir des requérants.

Les groupements ne peuvent attaquer en excès de pouvoir les actes administratifs pour violation de l'ordre constitutionnel que lorsque les décisions administratives contenues dans ces derniers portent atteinte à leurs droits constitutionnels. Ils ne peuvent saisir le juge administratif pour annulation des actes administratifs qui portent atteinte aux intérêts de leurs membres que s'ils bénéficient d'un mandat spécial de la part des concernés[1063]. Ainsi, dans *l'affaire Association nationale des Handicapés Moteurs du Sénégal,* le juge a bien vérifié que l'association s'était procurée d'un mandat spécial[1064].

Pour que la requête soit recevable et permette au juge de statuer au fond, celle-ci doit se conformer à certaines conditions de forme.

III- Les conditions de forme

Les conditions de recevabilité du recours pour excès de pouvoir à l'encontre d'un acte administratif portant atteinte à l'ordre constitutionnel sont nombreuses, variées, cumulatives et non alternatives. La requête visant l'annulation d'un acte administratif pour violation de l'ordre constitutionnel doit être signée par le requérant. Elle doit indiquer le nom et le domicile des parties et contenir un exposé sommaire des

---

[1062] CS, Arrêt N° 50 du 26 septembre 2013, Cheikh Tidiane Sy et autres c/État du Sénégal, *Bulletin des arrêts de la Cour suprême*, N° 6-7, Année judiciaire 2013, pp. 152-156.

[1063] CS, 5 mars 1981, SUDES, *RIPAS,* N° 3, pp. 151 et s, note de Marc Débène.

[1064] M. NGAINDE, « Le Conseil d'État du Sénégal et le principe de l'égal accès à un emploi public : à propos de l'arrêt du 29 juillet 2000, *Association nationale des Handicapés Moteurs contre État du Sénégal* (arrêt N° 12) », *op. cit*, p. 196.

moyens [1065]et conclusions, et accompagnée d'une copie de la décision attaquée[1066]. La requête peut être introduite *intuiti personae* par le saisissant, tout comme ce dernier peut recourir au ministère d'avocat qui, depuis 1996[1067], n'est plus une formalité obligatoire[1068]. Avant 1996, le non-respect de cette formalité entrainait l'irrecevabilité de la requête[1069]. Cette exigence était certes destinée à éviter les recours mal formés ou non motivés[1070], mais elle constituait pour les justiciables un obstacle majeur à l'accès à la justice. L'introduction d'un recours était source de dépenses importantes[1071]. Outre l'amende qui était de dix mille francs CFA[1072], s'ajoutaient aux honoraires de l'avocat les frais de signification de la requête. Ce coût élevé du procès constituait chez l'administré, l'un des obstacles les plus difficiles à surmonter à cause de ses revenus faibles[1073]. L'octroi de l'aide judiciaire, préconisé comme un moyen destiné à lever cet obstacle est soumis à condition qui n'est pas exigeante à remplir par les justiciables, mais les critères d'attribution ne sont pas définis de façon précise. Ce qui permettait ainsi au service chargé de l'étude des demandes d'aide judiciaire de pratiquer le favoritisme[1074]. La déchéance des requêtes résultait souvent du défaut de consignation de l'amende dans le délai d'un mois à compter de l'introduction du recours[1075]. La justification de cette consignation de l'amende devant être effectuée par la production du récépissé de versement dans le mois de l'introduction du recours. L'objectif visé par

---

[1065] CS, 27 mai 1981 Aboubacar Sylla, *RIPAS*, N° 10, avril-juin, 1984, p. 663.

[1066] Article 34 de la loi organique sur la Cour suprême.

[1067] Article 30 de la loi N° 96-30 modifiée du 30 mai 1996 sur le Conseil d'État précitée.

[1068] Article 75 de la loi organique sur la Cour suprême ; Article 35 de la loi 96-30 du 21 octobre 1996 relative au Conseil d'État.

[1069] CS, 30 mars 1983, Mamadou Moustapha Cissé, *RIPAS,* N°10, p. 663.

[1070] J. C. GAUTRON et M. ROUGEVIN-BAVILLE, *Droit public du Sénégal, op. cit.*, 339.

[1071] D. SY « Le juge sénégalais et la création du droit administratif », *in La création du droit en Afrique*, Paris, Karthala, 1997 p. 402.

[1072] Article 46 de l'ordonnance 60-17 du 3 septembre 1960 sur la Cour suprême précitée.

[1073] A. B. FALL, « Réflexion sur quelques procédés non juridictionnels de règlement des litiges administratifs », *in* D. DARBON et J. du Bois de GAUDUSSON (dir.), *La création du droit en Afrique*, Paris, Karthala, 1997, p. 426.

[1074] A. B. FALL, *ibid.*, p. 426.

[1075] CS, 5 juillet 1961, Mactar Ndiaye c. / Gouverneur du Cap-Vert, *in* J. M. NZOUANKEU, *Les grandes décisions de la jurisprudence administrative sénégalaise, op. cit.,* p. 15.

le législateur était d'inciter le requérant de manifester sa volonté de poursuivre l'action entreprise. La non-consignation de l'amende était rigoureusement sanctionnée par le juge[1076]. Il en résultait ainsi une faiblesse du contrôle juridictionnel de l'administration. La plupart des justiciables ne saisissaient pas le juge ou ne poursuivaient pas l'action judiciaire intentée car ne pouvant pas respecter les conditions de recevabilité du recours, particulièrement celles relatives aux frais de justice. Cet état de fait devait amener les pouvoirs publics à revoir le coût élevé de l'action contentieuse. Pour libéraliser le recours pour excès de pouvoir, dans une perspective de mettre à la disposition des administrés une voie de droit largement ouverte, la caution de dix mille francs sera revue à la baisse pour être fixée à cinq mille francs CFA[1077]. Mieux, la réforme de 1996 va rendre facultatif le ministère d'avocat ; la caution fixée à cinq mille francs est maintenue. Ainsi, désormais depuis cette réforme de 1996, en plus des conditions de recevabilité du recours pour excès de pouvoir déjà évoquées, le requérant, à peine de déchéance doit consigner une somme de cinq mille francs au greffe de la juridiction administrative[1078]. Il perd cette caution en cas de rejet de la requête. Il faut noter que les personnes morales de droit public et les personnes admises au bénéfice de l'assistance judiciaire sont dispensées de la consignation de l'amende.

La requête accompagnée d'une copie de la décision attaquée doit être signifiée à la partie adverse, dans un délai de deux mois par acte extrajudiciaire[1079] en l'indiquant qu'elle a un délai de deux mois pour

---

[1076] CS, 23 mars 1966, Fédération nationale des travailleurs des postes et télécommunications, *in* J. M. NZOUANKEU, *Les grandes décisions de la jurisprudence administrative sénégalaise, op. cit*, p. 65.

[1077] J. C. GAUTRON et M. ROUGEVIN-BAVILLE, *Droit public du Sénégal, op. cit.*, p. 334.

[1078] La déchéance est différente de l'irrecevabilité. L'irrecevabilité résulte du rejet de la requête pour des raisons liées au non-respect des conditions de forme, le requérant pouvant toujours introduire un nouveau recours dans le respect des prescriptions légales et réglementaires. La déchéance quant à elle, est une perte définitive du droit de recours par suite d'une inobservation d'une règle obligatoire. L'irrecevabilité vise donc en réalité la requête, tandis que la déchéance vise directement le requérant. Mais, dans la pratique, il d'un constat de la doctrine que « le juge sénégalais ne s'intéresse pas sur l'éventuelle différence entre irrecevabilité et déchéance. Un formalisme rigoureux le conduit à sanctionner le plaideur à chaque fois qu'il s'éloigne des textes ». Voir N. M. F. DIAGNE, *Méthodes et techniques du juge en droit administratif sénégalais, op. cit.*, p. 127.

[1079] Article 38 de la loi organique sur la Cour suprême.

produire sa défense[1080]. J. M. NZOUANKEU soutient qu'avant 1996, « l'obligation de signifier la requête à la partie adverse par un acte extrajudiciaire ne se justifiait nullement »[1081]. Les charges financières qui devaient en résulter pouvaient être évitées par la présence obligatoire du ministère d'avocat dans la procédure. Qui plus est, l'échange des mémoires devant suivre la même procédure entrainant toujours une charge onéreuse pour le saisissant. En plus, cette obligation entrainait une sorte de subjectivisation du recours pour excès de pouvoir, qui rappelons-le, est un procès fait à un acte administratif, donc objectif et ne s'aurait s'analyser comme un procès entre parties au sens civil du terme.

D'ailleurs, comme la consignation de l'amendement, l'obligation de signifier la requête à la partie adverse par acte extrajudiciaire avait des relents sur la sociologie du contentieux. Dans la jurisprudence de la Cour suprême, de nombreux recours ont été rejetés pour non-respect de cette obligation[1082]. Toutefois, depuis la réforme de 1996 dont l'objectif était notamment de libéraliser davantage de recours pour excès de pouvoir, le juge peut demander au requérant de régulariser sa requête par le versement de la caution ou la signification de la requête à la partie adverse[1083]. La requête doit être introduite dans le délai de deux mois, conformément à l'article 73-1 de la loi organique sur la Cour suprême. Deux questions se posent à ce niveau : le point de départ et le calcul du délai. La détermination du point de départ du délai du recours varie suivant la nature de l'acte qui détermine son régime de publicité. Il s'agit de la publication pour les actes réglementaires et de la notification pour les actes individuels[1084]. Une situation particulière s'applique aux actes individuels intéressant les tiers. Pour cette catégorie d'actes, le délai du recours pour excès de pouvoir court à partir de la notification ou signification pour les destinataires[1085] et la publication pour les

[1080] CS, 26 avril 1984 Fara Ndiaye et autres, *RIPAS,* N ° 10, avril-juin, 1984, p. 664.

[1081] J. M. NZOUANKEU, *Les grandes décisions de la jurisprudence administrative sénégalaise, op. cit,* p. 65.

[1082] CS, 11 avril 1962 Amadou Moustapha Thiam ; CS, 19 juillet 1967 Bamar Ndiaye ; CS, 14 mars 1973 Ibra Mbaye Diop, *in* J. M. NZOUANKEU, *Les grandes décisions de la jurisprudence administrative sénégalaise, op. cit.,* p. 66.

[1083] CE, 25 juin 1997, Adolphe Alphonse Dodi Sow, *Bulletin des arrêts du Conseil d'État,* N° 1, p. 134.

[1084] Article 73 de la loi organique sur la Cour suprême ; Affaire Samba Diama Seck, *Bulletin des arrêts du Conseil d'État,* N° 4, p. 11.

[1085] CS, 7 janvier 1970, Login Coly, *in* J. M. NZOUANKEU, *Les grandes décisions de la jurisprudence administrative sénégalaise, op. cit,* p. 72.

tiers[1086]. Par conséquent, l'absence de notification conserve le délai du recours, le requérant est alors recevable à attaquer l'acte à tout moment, la computation du délai ne s'effectuera qu'à partir de l'introduction de sa requête[1087]. Ce principe s'applique même si l'acte individuel a été publié, le requérant pourra saisir le juge de l'excès de pouvoir à tout moment tant que l'acte ne lui aura pas été notifié[1088]. Mais, s'il introduit un recours visant à faire annuler l'acte ou à le faire rapporter, le délai commence à courir à partir de l'introduction de son recours, sous réserve de la computation des délais en cas d'introduction d'un recours administratif préalable[1089].

Concernant les actes non publiés, le juge peut appliquer la théorie de la connaissance acquise. Tel est le cas lorsque le concerné, par ses agissements ou par la production d'un document, démontre qu'il a eu connaissance de l'acte[1090]. Cependant cette théorie de la connaissance acquise ne peut jouer à l'égard d'un acte réglementaire[1091]. Dans le cas où le recours est dirigé par un tiers contre les dispositions réglementaires d'un contrat, le déclenchement du délai se fait avec la publication du contrat[1092]. Aussi, lorsqu'un recours est exercé par un membre d'une assemblée contre une délibération prise par cette assemblée, la computation du délai se fait à partir de la date de la séance à laquelle celui-ci a assisté[1093]. En cas de changement de circonstances, la computation du délai de deux mois se fait à partir de la date du changement[1094].

[1086] CS, 23 juillet 1975, Souleymane Sidibé, *in* J. M. NZOUANKEU, *Les grandes décisions de la jurisprudence administrative sénégalaise, op. cit,* p. 95.

[1087] CS, 29 janvier 1975 Séga Seck Fall, *in* J. M. NZOUANKEU, *Les grandes décisions de la jurisprudence administrative sénégalaise, op. cit,* p. 114.

[1088] CS, 5 juillet 1975, Aminata Sall et autres, *in* J. M. NZOUANKEU, *Les grandes décisions de la jurisprudence administrative sénégalaise, op. cit.*, p. 85.

[1089] CS, 23 mars 1966, Samba Ndoucoumane Guèye, *in* J. M. NZOUANKEU, *Les grandes décisions de la jurisprudence administrative sénégalaise, op. cit.,* p. 185. (Une solution implicite*)*.

[1090] CS 27 mai 1981, Amadou Lamine BA, *RIPAS,* N° 4, p. 402-4020.

[1091] CE, 7 juillet 1993, N° 101415, Syndicat CGT du personnel de l'hôpital Dupuytren, *Rec. CE*, 1993, p. 946.

[1092] CE, Ass., 10 juillet 1996, Cayzeele, *Rec. CE*, *op. cit.*, p. 274.

[1093] CE, 4 avril 1905, Martin, *Rec. CE,* 1905, p. 749, concl. Romieu ; *RDP,* 1906, p. 249, note G. Jèze ; *S.* 1906, 3, p. 49, note M. Hauriou.

[1094] CE, 10 janvier 1930, Despujol, *in* M. LONG et autres, *Les grands arrêts de la jurisprudence administrative, op. cit.*, p. 258.

Pour les actes des collectivités locales, le délai imparti au déféré au représentant de l'État est de deux mois à partir de la transmission de l'acte à ce dernier. Seulement, en cas de transmission incomplète, le délai commence à courir à partir de la transmission des pièces complémentaires sur demande du représentant de l'État ou du refus de l'autorité locale de communiquer les pièces manquantes[1095]. Le point de départ du délai de deux mois peut être différé en cas de demande de seconde lecture dans les quinze jours qui suivent la transmission. Le délai commencera à courir à partir de la nouvelle transmission ou du refus de procéder à une seconde lecture. La transmission incomplète et la seconde lecture sont des causes de prorogation du délai du déféré du représentant de l'État qui ne se cumulent pas[1096].

Pour le calcul du délai, il faut noter que les délais sont francs. Le jour de publicité et le jour de l'échéance ne sont pas comptés dans la computation du délai. Il en est même des weekends et des jours fériés. Le délai de deux mois peut être prorogé en cas d'introduction d'un recours administratif préalable[1097] ou en cas de saisine d'une juridiction incompétente. Dans ce dernier cas, les délais de recours pour excès de pouvoir commencent à courir à partir de la notification de la déclaration d'incompétence de la juridiction qui a été saisie à tort[1098]. En cas de demande administrative préalable visant à rapporter l'acte, le silence gardé par l'administration pendant un délai de quatre mois vaut décision implicite de rejet. Le délai commencera à courir à partir de l'expiration de ce délai de quatre mois[1099]. La survenance d'une décision explicite après l'expiration du délai de quatre mois n'avait pas pour effet de proroger le délai du recours pour excès de pouvoir[1100], mais cette solution jurisprudentielle est remise en cause par la loi. En effet, l'article 83 al. 6 modifié de l'ordonnance du 3 septembre 1960 prévoyait que la décision explicite de rejet intervenue postérieurement

---

[1095] CE, Sect., 13 janvier 1988, Mutuelle générale des personnels des collectivités locales et leurs établissements publics, *Rec. CE*, p. 7.

[1096] TA Dijon, 9 août 1991, Préfet de Saône-et-Loire, *Rec. CE*, p. 748.

[1097] Voir les observations de M. NGAIDE sous CE, 29 juillet 2000, *Association nationale des Handicapés Moteurs contre État du Sénégal* (arrêt N° 12), *op. cit.*, p 195.

[1098] CS, 9 février 1966, Dame Fatou Diop, *Annales africaines*, 1973, p. 268.

[1099] CE, 27 avril 1994 Ousmane Kane Kamara, Babacar Mboup, Ibrahima Sy c. /État du Sénégal, *Bulletin des arrêts du Conseil d'État,* N° 1, p. 64 ; CS, 2 janvier 1970 Longin Coly, *Annales africaines*, 1973, p. 270.

[1100] CS, 6 février 1974 Khalil. Cf.N. M. F. DIAGNE, *Méthodes et techniques du juge en droit administratif sénégalais, op. cit.*, p.144.

à l'expiration de la période de quatre mois après une demande administrative fait courir un nouveau délai de deux mois. Cette disposition fut reprise par l'article 35 de la loi organique sur le Conseil d'État et l'article 73 de la loi organique sur la nouvelle Cour suprême. Lorsque la législation ou la règlementation en vigueur prévoit une procédure particulière de recours administratif, le recours en annulation n'est recevable qu'après l'épuisement de ladite procédure et dans les mêmes conditions de délai du recours pour excès de pouvoir déjà indiquées[1101]. Il faut remarquer que la Cour suprême, dans *l'affaire Cheikh Anta Diop* précitée, a considéré *« que le respect des délais du recours contentieux fixés par la loi organique sur la Cour suprême est une question d'ordre public que le juge de l'excès de pouvoir doit soulever d'office ; qu'il y a lieu dans ces conditions de déclarer la requête irrecevable comme tardive »*[1102]. La computation des délais est une source de complication à l'égard des requérants. Cependant, en cas d'expiration du délai des recours contentieux, ces derniers disposent de l'exception d'illégalité qui est une voie de recours permanente mise à leur disposition[1103]. L'exception d'illégalité est le moyen[1104] par lequel, à l'occasion d'un litige né de la contestation de la légalité d'une décision administrative devant le juge administratif, l'une des parties, en demande ou en défense, ou le juge d'office[1105], invoque l'illégalité

[1101] Article 73-1 de la loi organique sur la Cour suprême.

[1102] CS, 5 janvier 1978, Cheikh Anta Diop, *in* J. M. NZOUANKEU, *Les grandes décisions de la jurisprudence administrative sénégalaise, op. cit.*, p. 68.

[1103] CS, 5 juillet Waly Sarr c. / Commune de Saint-Louis, *in* J. M. NZOUANKEU, *Les grandes décisions de la jurisprudence administrative sénégalaise, op. cit.*, p. 28 ; Tribunal de Dakar, 7 avril 1981, Cheikh Anta Diop, *in* J. M. NZOUANKEU, *Les grandes décisions de la jurisprudence administrative sénégalaise, op. cit.*, p. 29 ; Tribunal de Dakar, 5 mai 1971 Alioune Sylla, *in* J. M. NZOUANKEU, *Les grandes décisions de la jurisprudence administrative sénégalaise, op. cit.*, p. 35.

[1104] CE, Sect., 19 février 1967, Sté Éts Petitjean, *Rec. CE*, 1967, p. 285.

[1105] CE, 2 juillet 1971, Beigne, *Rec. CE,* 1971, p. 909. ; CE, Sect., 10 mai 1974, Denoyez et Chorques, *Rec. CE,* 1974, p. 274 ; *AJDA* 1974, p. 298, chron. Franc et Boyon ; *RDP,* 1974, p. 467, note M. Waline. Le Conseil d'État soulève d'office l'exception d'illégalité d'un règlement pour contrariété avec le principe d'égalité ; vice qui, en tant que tel, n'est pas d'ordre public. Cependant, par un arrêt de section du 11 janvier 1991 (CE, sect., 11 janvier 1991, SA Morgane, *Rec. CE,* 1991, p. 9 ; *RFDA. 1*991, p. 652, concl. contraires M.-D. Hagelsteen ; RJF 2/1991, N° 219, concl. p. 83), le Conseil d'État a refusé de la soulever d'office, alors que le Commissaire du Gouvernement l'y invitait en s'appuyant sur des arrêts antérieurs qui paraissaient établir que l'inapplicabilité d'un texte illégal était d'ordre public car assimilable à la méconnaissance du champ d'application de la loi. *Cf.* A. LOUVARIS, « L'exception d'illégalité », *JurisClasseur administratif,* Fasc. 1160, septembre 2006, p. 30.

de cette décision comme reposant sur une décision elle-même illégale[1106]. L'invocation de ce moyen permet donc de contester, par voie incidente, une décision administrative dans le cadre d'un recours qui, par voie directe, concerne une autre décision administrative, dont on estime que la légalité est subordonnée à celle de la décision dont on excipe de l'illégalité[1107]. En République Démocratique du Congo, ce contrôle incident de constitutionnalité des actes administratifs a été mis en œuvre par la Cour suprême de justice. Saisie le 6 juillet 1991 par requête de l'Association sans but lucratif dénommée Les Témoins de Jéhovah en vue de l'annulation de l'ordonnance du Président de la République n° 86-086 du 12 mars 1986 portant dissolution de ladite Association au motif que l'ordonnance du Président aurait violé les articles 17 et 18 de la Constitution, la Cour a conclu à la violation desdits articles de la Constitution du 24 juin 1967 modifiée[1108]. Par cette décision, la Cour parvient à effectuer un contrôle incident de constitutionnalité de l'acte administratif, alors qu'au départ, elle était saisie d'une requête en annulation de cet acte. Toutefois, dans *l'affaire Cheikh Anta Diop* précitée, le juge sénégalais a fait une application maladroite de ces principes comme le fait remarquer le Professeur J. M. NZOUANKEU[1109]. En l'espèce, le juge a confondu « le moyen de défense et fait justificatif ». En décidant que le refus illégal de constituer un parti politique opposé au prévenu suffit pour l'excuser, car portant *« une atteinte grave à la liberté d'association et par suite aux libertés individuelles garanties par la Constitution »*, le juge n'a pas résolu le problème soumis à lui. Le juge devait répondre à la question de savoir si les dispositions du Code des obligations civiles et commerciales, fondement des poursuites étaient régulières ou non. Or, les dispositions ainsi visées en l'espèce par le prévenu étaient de nature législative, qui d'ailleurs à l'époque ne pouvaient être contestées par la voie d'exception[1110]. L'exception d'inconstitutionnalité n'était pas encore consacrée, dès lors, le juge répressif devait rejeter l'exception soulevée par le requérant.

1106 A. LOUVARIS, « L'exception d'illégalité », *op. cit.*, p. 30.

1107 A. LOUVARIS, « L'exception d'illégalité », *op. cit.*, pp. 2-3.

1108 Cf. J. L. E. KANGASHE, *Le droit constitutionnel*, *op. cit.*, pp. 118-119.

1109 J. M. NZOUANKEU, *Les grandes décisions de la jurisprudence administrative sénégalaise*, *op. cit.*, p. 36.

1110 Cf. CS, Sections réunies, 13 mars 1978, Abdoulaye Wade c. / État, *in* J. M. NZOUANKEU, *Les grandes décisions de la jurisprudence administrative sénégalaise*, *op. cit.*, p. 166.

Après avoir examiné le régime juridique de l'introduction des recours il convient de vérifier les caractères de la procédure de protection juridictionnelle de l'ordre constitutionnel.

Paragraphe II : Les caractères de la procédure

Les caractères de la procédure varient suivant qu'on est devant le Conseil constitutionnel (A) ou le juge de l'administration (B). En effet, si le juge constitutionnel et le juge de l'administration se servent de la Constitution comme norme de référence, la procédure suivie devant eux pour assurer la protection de l'ordre constitutionnel diffère. Cette différence se ressent à l'étude des caractères des procédures respectives de protection de l'ordre constitutionnel devant les juges.

A- Les caractères du procès constitutionnel

L'aboutissement du procès constitutionnel est subordonné au respect d'une procédure. Celle-ci est constituée d'une suite d'étapes et d'actes une fois que la juridiction constitutionnelle est régulièrement saisie. Au Sénégal, en dehors des dispositions constitutionnelles relatives au procès constitutionnel et de la loi organique qui régit son fonctionnement, le Conseil constitutionnel a élaboré son règlement intérieur[1111]. Dans le procès constitutionnel, l'instance commence par la saisine du Conseil constitutionnel d'une requête. La procédure devant le Conseil constitutionnel est donc écrite. Les documents produits après le dépôt de la requête n'ont valeur que de simples renseignements. Dès l'enregistrement de la requête le président désigne un rapporteur chargé d'instruire l'affaire. Il se faire aider par les membres du Service d'Études et de Documentation composé de magistrats et éventuellement d'enseignants affectés au Conseil en qualité assistants. Le rapporteur est choisi en fonction des données de chaque espèce et l'ordre dans lequel la juridiction examine les moyens. Dans la pratique, le choix du rapporteur présente des avantages à cause du profil. Son expérience professionnelle peut aider à établir l'état de la jurisprudence, à faire des comparaisons avec celle des autres juridictions constitutionnelles, les évolutions qui se sont produites ou qui sont entamées et les éclairages doctrinaux nécessaires. En France, le rapporteur est choisi parmi les membres nommés et non de droit. De surcroît, dans certaines matières comme l'examen pour avis des textes relatifs à l'organisation des

[1111] Délibéré et adopté par le Conseil constitutionnel le 6 janvier 1993.

référendums, la fonction de rapporteur est assurée par le secrétaire général du Conseil constitutionnel[1112].

L'instruction est secrète. Le déroulement de l'instance est marqué par la confidentialité. Ce secret s'applique aux pièces rassemblées, aux actes d'instruction effectués, au nom du rapporteur, aux discussions, au sens du rapport, à la répartition des votes, à la délibération. Ainsi, les membres du Conseil constitutionnel sont astreints au respect du secret professionnel, « au devoir de comportement »[1113], ils ne doivent donner aucune consultation publique sur les affaires soumises au Conseil. Le Conseil constitutionnel peut ordonner toutes les mesures d'instruction qui lui paraissent utiles et fixer les délais dans lesquels ces mesures doivent être exécutées. Une fois, l'instruction terminée, le rapporteur rédige une note proposant une solution, le cas échéant plusieurs solutions à l'affaire. La note est dactylographiée en six exemplaires. Un projet de décision ou le cas échéant, plusieurs projets de décision sont rédigés selon le modèle-type de décision adopté par le Conseil constitutionnel. Le dossier est ensuite présenté au président qui le porte au rôle d'une audience. Lors de l'élection présidentielle du 25 février 2007, le candidat malheureux Ousmane Tanor Dieng avait contesté la régularité du scrutin. Parmi les moyens soulevés par M. Dieng figurait la violation de l'article 3 de la Constitution. Il estimait qu'il y avait une « méconnaissance du principe d'égalité devant la loi » du moment que « la procédure d'inscription sur les listes électorales n'a pas été ouverte à la même date ni dans le même délai à l'ensemble des citoyens ». À ce grief, le juge constitutionnel a répondu après avoir mené une instruction en considérant *« qu'il résulte de l'instruction qui a été menée que pour des raisons techniques, les inscriptions sur les listes électorales n'ont pas commencé effectivement à la même date mais qu'elles ont eu la même durée pour tous les électeurs ; que le décalage constaté n'est pas cependant constitutif de discrimination ni de rupture du principe d'égalité entre les citoyens »*. Sur ce moyen, de même sur les autres moyens soulevés par M. Dieng et l'autre requérant (M. Abdoulaye Batilly), le juge n'a pas vu d'irrégularités de nature à entacher le scrutin[1114]. En vertu de son pouvoir d'instruction, le juge constitutionnel peut au cas échéant recourir au jugement d'un homme de l'art. Ce procédé évite au

---

[1112] B. MATHIEU et autres, *Les grandes délibérations du Conseil constitutionnel, op. cit.*, pp. 29-30.

[1113] H. ROUSSILLON, *Le Conseil constitutionnel, op. cit.*, p. 29.

[1114] Voir I. M. FALL (dir.), *Les décisions et avis du Conseil constitutionnel du Sénégal. Rassemblés et commentés, op. cit.*, pp. 513-517

juge de se prononcer sur des questions qui ne relèvent pas du droit. Saisi par Mesdames Aida GAYE et Ndèye GAYE et Monsieur Mouhamadou GUEYE, tous investis par le PDS (Parti Démocratique Sénégalais), en vue de la contestation des résultats des élections législatives de 2012, le juge a fait allusion au procédé dans sa décision. En effet, entre autres moyens, les requérants faisaient prévaloir l'existence d'identité de signatures sur plusieurs listes d'émergements notamment à NDOYENNE, NDIAWAR dans le département de KEBEMER, à RAYNABEN dans le département de DAGANA, l'absence de signatures ou d'empreintes digitales sur les listes d'émergement à KEBEMER, DAGANA et MBACKE. Sur ces moyens, les saisissants demandent au Conseil constitutionnel d'annuler les résultats provisoires proclamés par la Commission nationale de Recensement des Votes. Dans sa réponse, le juge considère que *« l'identité des signatures non prouvée par une expertise graphologique ne peut être retenue dès lors qu'il n'a pas été établi qu'une ou plusieurs personnes ont pu voter à la place d'autres (...) qu'il s'ensuit que la prétention du P.D.S est mal fondée »*[1115]. Seulement, il appartenait au juge d'ordonner cette expertise si besoin en était pour une bonne administration de la justice.

À l'audience, conformément à son règlement intérieur, le Conseil entend le rapport du rapporteur et statue par une décision motivée. Le délibéré est un moment de réflexions collectives et d'échanges entre les membres du Conseil. La procédure devant le Conseil constitutionnel n'est pas contradictoire[1116] et les audiences ne sont pas publiques, les intéressés ne peuvent demander à y être entendus. D'ailleurs le Conseil constitutionnel, dans sa décision du 29 janvier 2012, a rappelé aux requérants le caractère non-contradictoire de la procédure. En effet, saisi par Youssou NDOUR, Adourahmane SARR et Kéba KEINDE pour contester le rejet de leur candidature à l'élection présidentielle du 26 février 2012 pour non-conformité aux articles 29 de la Constitution et 116 du Code électoral relatifs au nombre de signatures requises pour les candidatures indépendantes, le juge se réfère à la jurisprudence *Yoro FALL* dans laquelle, à la suite du recours intenté par le sieur FALL contre la décision du Conseil rejetant sa candidature à l'élection présidentielle de 2007, il devait préciser *« qu'aux termes de l'article 92*

[1115] Cons. const., Séance du 12 juillet 2012, Affaires N° 20/E/2012, 21/E/2012, 22/E/2012, 23/E/2012, 24/E/2012/, 25/E/ 2012 Proclamation définitive des résultats des élections législatives du 1er juillet 2012.

[1116] Article 12 alinéa 1 de la loi organique sur le Conseil constitutionnel.

alinéa 2 de la Constitution, "les décisions du Conseil constitutionnel ne sont susceptibles d'aucune voie de recours" ; que cette disposition exclut tout recours contre les décisions du Conseil constitutionnel notamment en matière électorale tant devant le Conseil lui-même, que devant toute autre juridiction, et d'autre part, que selon l'article 12 de la loi organique sur le Conseil constitutionnel, "la procédure devant le Conseil constitutionnel n'est pas contradictoire ; considérant qu'il résulte de ce qui précède que la réclamation de Yoro FALL doit être rejetée"[1117]. Dans l'examen des recours introduits par Youssou NDOUR, Adourahmane SARR et Kéba KEINDE, le juge, après avoir rappelé les dispositions de l'article 92 al. 2 de la Constitution et de l'article 12 de la loi organique sur le Conseil constitutionnel, considère *"qu'il résulte de ce qui précède, et conformément à la jurisprudence du Conseil (2/E/2007, Yoro FALL) les réclamations doivent être rejetées"*[1118].

Au Sénégal, les opinions personnelles et les opinions dissidentes ne peuvent être publiées. La décision est signée du président, du vice-président, des autres membres et du Chef du greffe. Elle est notifiée au Président de la République, au président de l'Assemblée nationale et aux auteurs du recours. Les décisions du Conseil constitutionnel ne sont pas susceptibles de recours. Ce principe s'applique aussi bien au contentieux de la constitutionnalité des lois qu'à celui des élections[1119], même si l'assimilation doit être nuancée[1120].

[1117] I. M. FALL (dir.), *Les décisions et avis du Conseil constitutionnel du Sénégal. Rassemblés et commentés, op. cit.*, p. 529.

[1118] Cons. const., Séance du 29 janvier 2012 Affaires N° 2/E/2012, 11/E/2012, 15/E/2012, Réclamation de Abdourahmane SARR, Youssou NDOUR, Kéba KEINDE c/ le rejet de leur candidature à l'élection présidentielle.

[1119] Cons. const., 16 avril 1996, Affaire N°10/E/98, Djibril DIOUF *in* I. M. FALL (dir.), *Les décisions et avis du Conseil constitutionnel du Sénégal. Rassemblés et commentés, op. cit.,* p. 233 ;Cons. const., Séance du 29 janvier 2012, Affaires N°2/E/2012, 11/E/2012, 15/E/2012, Réclamation de Abdourahmane Sarr, Youssou Ndour, Kéba Keinde c/Le rejet de leur candidature à l'élection présidentielle.

[1120] Dans l'esprit du constituant, les dispositions de l'article 92 al. 2 de la Constitution ne visent que le contentieux constitutionnel, c'est-à-dire le contrôle de conformité des lois et de compatibilité des traités internationaux avec l'ordre constitutionnel et non le contentieux électoral. Le Code électoral, en son article LO 122 prévoit le droit de réclamation des candidats à l'élection présidentielle en ces termes : « le droit de réclamation contre la liste des candidats est ouvert à tout candidat. Les réclamations doivent parvenir au Conseil constitutionnel avant l'expiration du jour qui suit celui de l'affichage de la liste des candidats au greffe. Le Conseil constitutionnel statue sans délai ». Le droit de recours contre la liste provisoire est ainsi prévu à la faveur des candidats. Ce n'est qu'après l'expiration du délai de recours ou l'examen par le

La procédure administrative contentieuse en matière constitutionnelle se différencie de la procédure contentieuse devant le Conseil constitutionnel.

B- Les caractères du procès administratif

La procédure contentieuse devant le juge de la constitutionnalité des actes de l'administration est caractérisée par l'instruction et l'audience. Dans la phase de l'instruction, le juge dispose d'un pouvoir inquisitorial dont le but est de "corriger l'inégalité entre les parties dans le dialogue contentieux"[1121]. Le contentieux administratif étant marqué par l'inégalité entre les parties, il appartient au juge dans la phase de l'instruction de corriger cette inégalité par l'activation de ses pouvoirs inquisitoriaux »[1122]. L'administration est le plus souvent dans une position privilégiée par rapport à l'administré et en principe, n'est pas obligée de motiver ses décisions. Dans la plupart des cas, celle-ci est dans une position de défendeur et détient des éléments du dossier que l'administré ignore l'existence. L'activation des pouvoirs inquisitoriaux permet au juge de rétablir l'équilibre entre les parties au procès. Ainsi, dans l'affaire

---

Conseil des éventuels recours formulés par les candidats à l'élection, que la liste définitive des candidats peut être arrêtée. En appliquant les dispositions de l'article 92 al. 2 de la Constitution aux réclamations introduites par des candidats à l'élection présidentielle, le Conseil constitutionnel a entretenu une confusion entre le contentieux électoral et le contentieux constitutionnel. Bien que la frontière entre les deux contentieux soit tenue, il n'en demeure pas moins qu'ils sont de nature différente. Dans le contentieux électoral, le juge applique aussi bien les normes constitutionnelles que les dispositions du Code électoral, qui rappelons-le sont de nature législative et règlementaire. Dans la décision n° 3/E/2019, le Conseil semble admettre le droit de réclamation, mais celle-ci « ne peut avoir pour objet ou effet, ni réformation, ni l'annulation de la décision fondée sur une erreur dans l'appréciation des circonstances de fait ou l'interprétation de la règle de droit, ni la rétraction de la décision fondée sur ce qu'une partie n'aurait pas été entendue ou appelée, la procédure devant le Conseil n'étant pas contradictoire ; la requête doit être rejetée lorsque les moyens sur lesquels elle est fondée ont pour objet de critiquer la raisonnement suivi par le Conseil constitutionnel ou la motivation de sa décision », *Recueil des décisions du Conseil constitutionnel 1993-2019*, *op. cit.*, p. 658.

[1121] Ce pouvoir inquisitorial du juge trouve des limites dans le secret médical, le secret de la défense nationale, le secret des procédures fiscales. Voir S. L. FORMERY, « La communication des requêtes et mémoires », *JurisClasseur Justice administrative,* Fasc. 60, juin 2006, p. 6.

[1122] D. de SAINT-MARC et D. LABOUTOULLE, « Les pouvoirs d'instruction du juge administratif », *EDCE,* 1970, p. 69.

Amadou Alpha Kane[1123], le juge sénégalais comme dans l'*affaire Barel* rendue par le Conseil d'État français le 28 mai 1954[1124] a mis en œuvre son pouvoir inquisitorial. Dans cette affaire, ce pouvoir a permis au juge de procéder au renversement de la charge de la preuve en demandant à l'administration de lui communiquer l'ensemble des documents au vu desquels la décision a été prise[1125]. C'est dans le refus de communiquer ces documents de la part de l'administration que se trouve l'illégalité de la décision administrative[1126]. Dans l'*affaire Association nationale des Handicapés Moteurs du Sénégal*, le juge a utilisé son pouvoir d'investigation en interrogeant le sieur Boubacar FADIYA dont la comparution publique et l'audition ont permis au juge de se faire une opinion différente de celle du jury[1127]. Qui plus est, le juge peut ordonner une mesure d'expertise pouvant déboucher sur un jugement avant-dire droit. Ce pouvoir a été mis en œuvre dans *l'affaire Ndiogou FALL et autres*[1128]. Tout est parti d'un arrêté du Maire de Dakar portant évacuation d'immeubles menaçant ruine. Ndiogou FALL et vingt autres propriétaires décidèrent d'attaquer l'acte en recours pour excès de pouvoir pour violation des articles 8 et 15 de la Constitution. Dans son mémoire de défense, le maire évoque des raisons d'intérêt public et général qui doivent primer sur l'intérêt privé. La Cour, pour sa part, constate que les pièces établissant que les immeubles concernés n'offraient pas les garanties nécessaires n'ont pas été produites et qu'elle ne dispose pas d'éléments suffisants pour exercer son contrôle. Ainsi, a-t-elle poursuivi l'instruction en ordonnant une expertise confiée à Dame SADY, expert aux frais de la mairie de Dakar, avec pour mission de décrire l'état des immeubles visés dans l'arrêté attaqué et de dire s'ils menacent ruine.

La procédure de protection juridictionnelle de l'ordre constitutionnel au Sénégal reste marquée par le mode d'expression de l'administration

---

1123 CS, 27 mars 1963, Amadou Alpha Kane, *in* J. M. NZOUANKEU, *Les grandes décisions de la jurisprudence administrative sénégalaise, op. cit.*, p. 134.

1124 Cet Ass, 28 mai 1954 Barel, *in* M. LONG et autres, *Les grands arrêts de la jurisprudence administrative, op. cit.*, p. 456.

1125 J. M. NZOUANKEU, *Les grandes décisions de la jurisprudence administrative sénégalaise, op. cit.*, p. 138.

1126 CS, 6 juin 1973 Dame Yaye Katy Dieng, *in* J. M. NZOUANKEU, *Les grandes décisions de la jurisprudence administrative sénégalaise, op. cit.*, p. 145.

1127 M. NGAIDE, « Le Conseil d'État du Sénégal le principe de l'égal accès à un emploi public : à propos de l'arrêt du 29 juillet 2000, *Association Nationale des Handicapés Moteurs contre État du Sénégal* (arrêt N° 12) », *op. cit.*, p. 215.

1128 CS, Chambre administrative, 10 février 2011 Ndiogou FALL et autres.

qui est l'écrit. Les mémoires et les contre mémoires sont présentés sous une forme écrite. À l'audience, les parties et les avocats ne peuvent développer que les moyens déjà invoqués dans leurs mémoires. Les juges également ne peuvent se référer qu'aux pièces figurant au dossier. Au Sénégal, le recours pour excès de pouvoir n'entraine pas une suspension des effets de l'acte administratif dont la constitutionnalité est contestée. Pourtant, la Constitution contient qualitativement et quantitativement un nombre conséquent de règles relatives aux droits et libertés des citoyens. Cependant, ce caractère non suspensif de la procédure réside, selon Demba SY, dans « le souci d'éviter de paralyser le pouvoir d'action unilatéral de l'administration, dans l'intérêt général »[1129]. Le sursis à exécution, procédé exceptionnel à la procédure non suspensive, ne peut être accordé que dans les cas limitativement énumérés par la loi, et même dans ces cas, le juge procède à une interprétation restrictive des conditions d'octroi du sursis. En effet, selon la jurisprudence, le moyen invoqué doit être sérieux à l'état de l'instruction et le préjudice encouru doit être irréparable. Cette position est celle du juge dans *l'affaire La SONATEL SA*[1130]. Dans cette affaire, La SONATEL SA estimait que l'exécution de la circulaire et des lettres du directeur général de l'ARTP (Agence de Régulation des Télécommunications et des Postes) lui faisait courir un préjudice irréparable. Le juge, sur ce moyen, conclut que *« même si certains moyens invoqués paraissent sérieux, la requérante n'établit pas le préjudice irréparable qu'elle encourt si les actes attaqués sont exécutés »*.

À la différence du contentieux constitutionnel des lois, le contentieux constitutionnel des actes administratifs est marqué par le caractère contradictoire de la procédure. En effet, dans le contentieux constitutionnel des actes administratifs, le juge veille rigoureusement au respect de ce principe. Ainsi, les moyens et les pièces produites par une partie doivent pouvoir être discutés par la partie adverse. Dans ce type de contentieux, le droit de réponse et de réplique est d'une importance fondamentale[1131]. Le principe du contradictoire implique que les personnes intéressées soient informées du dépôt de la requête en contestation de la constitutionnalité de l'acte administratif[1132] et qu'elles soient avisées

[1129] D. SY, *Droit administratif*, *op. cit.*, p. 152.

[1130] CS, Chambre administrative 7 octobre 2010 La SONATEL SA, non publié.

[1131] CE, 20 juin 1913, Tery, *in* M. LONG et autres, *Les grands arrêts de la jurisprudence administrative, op. cit.*, p. 155.

[1132] CE Sect., 11 mars 1960 Société des travaux et carrières du Maine, *Rec. CE*, p. 195.

des différentes productions de pièces versées au dossier[1133]. Cette communication qui permet à la partie adverse de préparer sa défense doit intervenir dans un délai raisonnable[1134]. Le principe du contradictoire commande aussi que les parties soient informées de la date d'audience dans un délai raisonnable[1135]. Ces règles générales de procédure applicables devant les juridictions, qui peuvent être écartées par une disposition formelle, sont différentes de celles qui régissent la procédure administrative non contentieuse relative à l'édiction des actes administratifs. Ainsi, l'ancienne Cour suprême dans *l'affaire Ndiogou SALL* précitée, a sanctionné le non-respect du principe du non-contradictoire. En effet, dans cette affaire, le sieur SALL était sanctionné sans qu'il ne soit mis à même de présenter sa défense, alors que la défense ne peut être organisée que s'il y a une confrontation des arguments des parties. Dans le cas d'espèce, la sanction du non-respect du principe du contradictoire est intervenue dans la phase administrative et non juridictionnelle. Toutefois, dans le contentieux constitutionnel des actes administratifs, le respect du principe de la contradiction trouve des limites dans le respect du secret médical[1136], le secret de défense nationale[1137], le secret des documents administratifs[1138], le secret des procédures fiscales[1139]. Ces limites s'imposent même au juge.

En définitive, la procédure de protection juridictionnelle de l'ordre constitutionnel au Sénégal présente des différences selon qu'on est devant le Conseil constitutionnel ou devant le juge de l'administration. Cette situation qui résulte de l'éclatement du contentieux constitutionnel se prolonge dans les méthodes de résolution des litiges par les juges.

Section II : Les méthodes des juges constitutionnels

Les juges en charge de la protection de l'ordre constitutionnel sont appelés à exercer leurs fonctions en utilisant des méthodes pour assurer la cohérence et la suprématie de l'ordre constitutionnel. Toutefois, en ce qui concerne les méthodes, il n'y a pas de différence fondamentale entre

---

1133 CE Sect., 26 mars 1976, Conseil régional de l'ordre des pharmaciens de la circonscription d'Aquitaine, *Rec. CE,* p. 182.

1134 CE Sect., 31 décembre 1976, Association des amis de l'île de Groix, *Rec. CE,* p. 585.

1135 CE Ass., 23 décembre 1959, Jaouen, *Rec. CE,* p. 707.

1136 CE, Sect., 24 octobre 1969, Gougeon, *Rec. CE,* 1969, p. 457.

1137 CE, Ass., 11 mars 1955, Secrétaire d'État à la guerre c/ Coulon, *Rec. CE,* 1955, p. 149.

1138 CE, 16 juin 1989, Banque de France c/ Huberschwiller, *Rec. CE,* 1989, p. 689.

1139 S. L. FORMERY, « La communication des requêtes et mémoires », *op. cit.*, p. 10.

le juge de l'administration ou le juge constitutionnel. Ainsi, par exemple, dans la gestion des requêtes, on constate que le juge constitutionnel, tout comme le juge de l'administration, adopte la technique de la jonction des requêtes[1140].Celle-ci est une mesure d'administration de la justice dont la fonction est de simplifier le travail du juge.

Seulement, l'essentiel des outils méthodologiques des juges est déployé lors de l'énoncé de la vérité légale constitutionnelle. À cet effet, les juges utilisent les deux « facettes » de la fonction de juger : il s'attache au culte des textes (Paragraphe I) et de façon résiduelle, il fait œuvre de jurisprudence (Paragraphe II).

Paragraphe I : L'attachement au culte des textes

Dans le règlement des différends qui lui sont soumis, le juge prend avant tout en considération les textes déterminant sa compétence et son mode de saisine. S'il reste attaché à l'application des textes (A), il n'en demeure pas moins qu'il recourt aussi à d'autres instruments juridiques de résolution des litiges portés devant lui (B).

A- L'application des textes

La compétence du Conseil constitutionnel est fixée par les textes. Contrairement au juge de l'administration, le juge constitutionnel est moins libre dans la mise en œuvre de ses compétences. En effet, la compétence du Conseil constitutionnel est limitativement fixée par la Constitution et la loi organique qui régit son fonctionnement. Dans la mise en œuvre de cette compétence, le Conseil manifeste son attachement au culte ces textes, en refusant de se libérer de leur corset. La doctrine fait remarquer le juge adopte une démarche classique en s'attachant aux textes qui régissent sa compétence. Ce qui fait écrire à I. M. FALL que « ce qu'on peut reprocher au Conseil c'est de privilégier une interprétation littérale et restrictive de ses attributions »[1141]. Le juge vérifie si les cas qui lui sont soumis rentrent dans le champ de ses compétences défini par les textes. Ce n'est qu'après cette vérification que le juge décide de connaître l'affaire au fond ou de décliner sa compétence. L'opération intellectuelle que se livre le juge à ce niveau consiste à apprécier l'objet de la contestation de constitutionnalité à

[1140] Cons. const., 12 juillet 2012 portant proclamation définitive des résultats des scrutins des législatives de juillet 2012. Dans cette décision le juge constitutionnel a utilisé la technique de la jonction des requêtes.

[1141] I. M. FALL, *L'évolution constitutionnelle du Sénégal. De la veille de l'indépendance aux élections de 2007, op. cit.*, p. 77.

l'aune des attributions conférées à lui par la Constitution et la loi organique. Toutefois, cette approche de premier niveau n'est pas aussi simple qu'on pourrait le penser. Elle peut laisser songeur sur la capacité du juge à assurer un contrôle de constitutionnalité de la norme dans son intégralité. Dit autrement, le juge peut-il soulever toute question de constitutionnalité du texte soumis à son examen ? Se forge-t-il une doctrine de la stabilité de l'ordre constitutionnel ? Ces deux interrogations renvoient d'une part, à la définition des contours des requêtes des justiciables et de l'intention de ces derniers, définition qui se traduit par l'adoption de la technique des moyens inopérants et des moyens relevés d'office[1142] ; et d'autre part, l'application du principe de l'effet-cliquet[1143], principe de garantie par excellence des règles constitutionnelles protectrices des droits et libertés des citoyens, ainsi que les réserves d'interprétation[1144]. Cela démontre que le contentieux constitutionnel, contentieux objectif par nature peut être pénétré par une dose de subjectivisme du juge.

Cependant, dans le contexte sénégalais, force est de constater que le juge manifeste une certaine prudence. Cette prudence du juge constitutionnel, peut, à certains égards, contribuer à faire accepter son office dans un univers qui n'est pas préparé à la censure de la loi[1145]. Le Conseil constitutionnel, juge d'attribution se livre à une interprétation stricte des textes, évitant ainsi toute imprudence pouvant déboucher sur une compétence de droit commun en matière constitutionnelle. Dans ce sens, le Conseil constitutionnel, dans sa décision du 11 juillet 2005, devait préciser qu'il *« n'a pas compétence pour statuer sur la demande en récusation des membres de la CENA nommés par décret »*[1146]. Au demeurant, la démarche juridictionnelle, attitude qu'une partie de la doctrine qualifie de posture « attentiste » se traduit par une démarche faite de paliers. La compétence d'attribution comme le souligne

---

1142 G. DRAGO, *Contentieux constitutionnel français, op. cit.*, pp. 315-318.

1143 C'est le procédé par lequel, le juge constitutionnel déclare une loi inconstitutionnelle au motif qu'elle ne maintient pas les garanties constitutionnelles issues des règles du texte ancien que la loi est censée modifier ou remplacer, voir G. DRAGO, *Contentieux constitutionnel français*, *op. cit*, p. 319.

1144 F. DELPEREE, « Le Conseil constitutionnel en fait-il trop ? », *Pouvoirs,* N° 105, 2003, pp. 21 et s ; M. DIAGNE, *Le Conseil constitutionnel sénégalais. L'institution et ses techniques*, *op. cit.*, p. 90.

1145 M. CAPPELLETTI, « Nécessité et légitimité de la justice constitutionnelle », *RIDC,* N° 2, 1981, pp. 625 et s.

1146 I. M. FALL (dir.), *Les décisions et avis du Conseil constitutionnel. Rassemblés et commentés, op. cit.*, p. 504.

M. Fara MBODJ[1147] constitue le premier niveau de contact de la règle de droit applicable avec les faits qui sont à l'origine du litige. Lorsque le juge, à stade dit le droit en tranchant le litige, le pouvoir juridictionnel retrouve son paroxysme. En se limitant à ce stade de sa fonction relative à des questions de compétences, de forme, de délai, de qualité du requérant, le juge accomplit sa mission sans aborder le fond. À titre illustratif, saisi en matière de référendum par seize députés pour inconstitutionnalité de la procédure référendaire enclenchée par le Président de la République, le Conseil a considéré que *« la législation sénégalaise ne contient aucune disposition constitutionnelle ou légale conférant au Conseil constitutionnel compétence pour statuer sur les recours dirigés contre les décisions prises en matière de référendum par le Président de la République »*[1148]. Il est vrai que tout juge recourt à l'argument d'irrecevabilité c'est le premier palier que doit franchir le requérant dans la formulation de sa requête pour que sa cause soit entendue, mais l'excès de formalisme dont fait preuve le juge constitutionnel peut lui empêcher d'exercer sa fonction de dire le droit pour des raisons liées à des considérations juridiques dont les requérants ne saisissent pas forcément les différentes ramifications. Dans l'absolu, le juge constitutionnel manifeste une attitude attentiste. Au demeurant, dans le contexte sénégalais, marqué par un formalisme assez rigoureux, l'argument de G. BADET[1149], qui préconise « l'audace jurisprudentielle » qui procéderait d'une « hiérarchisation des règles de forme » de façon à sanctionner « automatiquement » celles qui apparaissent substantielles, peut être pertinent. Même en statuant au fond, le juge manifeste la même prudence dans l'interprétation des règles et principes qui constituent le droit constitutionnel de fond. Il ne se livre pas à des interprétations exhaustives des règles et principes qui pullulent dans les textes. Dans la résolution des litiges constitutionnels, le Conseil constitutionnel se limite à confronter les dispositions législatives contestées aux prescriptions de la Constitution. Dans la mise en œuvre de son pouvoir normatif, le juge sénégalais s'efforce de rattacher les

---

[1147] F. MBODJ, « Les compétences du Conseil constitutionnel à l'épreuve des saisines. Quelques remarques sur le pouvoir jurisprudentiel du juge constitutionnel sénégalais », *Revue internationale de droit africain, EDJA*, N° 78 trimestriel juillet-août-septembre 2008, p. 25.

[1148] I. M. FALL, *L'évolution constitutionnelle du Sénégal. De la veille de l'indépendance aux élections de 2007, op. cit.*, p. 77.

[1149] G. BADET, *La Cour constitutionnelle et la régularité des élections au Bénin,* Cotonou, Friedrich Ebert Stigung, 2000, pp. 99 et s.

principes constitutionnels et les objectifs de valeur constitutionnelle qu'il dégage à un texte. Ainsi, dans la décision relative à l'effigie du Président WADE lors des élections législatives de 2001, même si dans la fixation et la protection du principe constitutionnel d'égalité des partis politiques et coalition de partis politiques, le Conseil constitutionnel semble se libérer un peu du corset des textes qui régissent sa compétence, ce n'est qu'en apparence. L'œuvre pédagogique dont a fait montre le juge dans cette décision, ne doit pas cacher la réalité. Dans son raisonnement, il a manifesté le besoin de rattacher sa compétence à un texte, en l'occurrence l'article R 48 du Code électoral[1150].

B- La mise en œuvre des instruments intellectuels de jugement

Dans sa thèse, le Professeur Ndèye Madjiguène F. DIAGNE[1151], identifie parmi les instruments intellectuels du juge de l'administration plusieurs techniques de raisonnement telles que le syllogisme, le paralogisme, le sophisme et l'interprétation littérale. Si, de son côté, le Professeur Babacar KANTE identifie « un paralogisme couplé au sophisme »[1152], il n'en demeure pas cependant que les instruments les plus usités en matière de protection de l'ordre constitutionnel sont l'interprétation littérale des textes et le raisonnement syllogistique.

En effet, à propos de l'interprétation littérale, il convient d'admettre avec R. ODENT que « lorsqu'un texte est clair, c'est-à-dire lorsque compte tenu des règles de grammaire, de la sémantique et de la syntaxe son sens ne peut prêter à aucune discussion et lorsqu'en outre ses dispositions ne sont en contradiction avec aucune autre disposition en vigueur ayant valeur juridique égale, le juge administratif ne se livre pas à une fantaisie interprétative, il applique strictement ce texte »[1153]. Cette méthode est épousée par le juge constitutionnel dans la fixation du sens des règles qui définissent sa compétence. La clause de style qui ne manque pas de se rencontrer à la lecture des décisions du Conseil constitutionnel est : *« considérant que le Conseil constitutionnel est une juridiction d'attribution dont la compétence est strictement limitée par les textes qui le régissent et qu'il ne saurait se prononcer que sur des*

[1150] I. M. FALL (dir.), *Les décisions et avis du Conseil constitutionnel. Rassemblés et commentés, op. cit.*, p. 417, obs. Alioune SALL.

[1151] N. M. F. DIAGNE, *Les méthodes et techniques du juge en droit administratif sénégalais, op. cit.*, pp. 306 et s.

[1152] B. KANTE, « Les méthodes et techniques de l'interprétation de la Constitution : l'exemple des pays d'Afrique occidentale francophone », *op. cit.*, p. 154.

[1153] R. ODENT, *Contentieux administratif,* Fac. I, pp. 444-445.

cas expressément prévus par ces textes ». Cette façon de procéder imprime un élan littéral à l'interprétation du juge constitutionnel. C'est après cette vérification d'usage que le juge constitutionnel apprécie la pertinence des demandes des justiciables en utilisant d'autres instruments de raisonnement dont le syllogisme. En effet, tout comme le remarque Ndèye Madjiguène F. DIAGNE à propos du juge de l'administration dans ce type de raisonnement, le juge commence par rappeler le champ de sa compétence, puis il vérifie si la demande du justiciable rentre bien dans celle-ci. Ainsi, dans tous les cas de déclaration d'incompétence du Conseil constitutionnel, le juge constitutionnel a adopté ce type de raisonnement. Il en est ainsi dans sa décision relative à la demande d'avis sur la prorogation du mandat des députés[1154]. Dans cette décision, le juge commence par rappeler ses compétences qui sont fixées par la Constitution et la loi organique et précise *« Qu'il ne saurait être appelé à statuer ou à émettre un avis dans d'autres cas que ceux qu'ils ont expressément prévus ; considérant que le Conseil constitutionnel ne peut être saisi par le Président de la République pour avis que lorsqu'en vertu de l'article 51 de la Constitution, il décide de soumettre un projet de loi constitutionnelle au référendum ou sur proposition du Premier ministre tout projet de loi au référendum ».* Le Conseil constitutionnel déduit son incompétence à donner un avis pour le cas qui lui était soumis en estimant que *« le Conseil constitutionnel n'a pas compétence pour répondre en l'espèce à la demande d'avis du Président de la République ».*

Cependant, le raisonnement du juge dans l'affaire relative à la recevabilité de la candidature de Me WADE est contesté en doctrine. Le Professeur El Hadj MBODJ soutient que la « motivation est le fil d'Ariane, le fil conducteur du raisonnement qui conduit le juge à arrêter la solution au problème qui lui est soumis ». Ainsi il écrit : « dans la gestion du contentieux de la candidature de Wade la charrue a été placée devant les bœufs, le Conseil ayant décidé avant de se justifier »[1155].

L'exercice de la fonction de juger comporte en sus de la dimension juridictionnelle, une autre qui est de nature jurisprudentielle.

[1154] I. M. FALL (dir.), *Les décisions et avis du Conseil constitutionnel. Rassemblés et commentés, op. cit.*, p. 489.

[1155] « Pr El HADJ MBODJ dénonce la sortie anonyme d'un membre du Conseil constitutionnel », *Le Populaire* N° 3715 du jeudi 12 avril 2012, pp. 4-5.

Paragraphe II : Une démarche jurisprudentielle résiduelle

Parler d'une démarche jurisprudentielle des juges dans système caractérisé par la compétence d'attribution pour l'essentiel peut paraître paradoxale. En effet, la démarche jurisprudentielle laisse une marge de manœuvre à son auteur et se rapproche davantage de la fonction de création des normes juridiques. Ce pouvoir normatif du juge existe même si, on l'attend le moins [1156]dans le contexte sénégalais. Ce constat démontre donc qu'à côté de la fonction juridictionnelle, attribut par excellence des juges se superpose une fonction normative de fait du juge dont la mise en œuvre mérite d'être examinée. Le pouvoir normatif de fait du juge résulte le plus souvent de l'imprécision des textes ou de situations de vide juridique. À cette occasion, le pouvoir d'interprétation du juge se révèle par des constructions susceptibles de pallier l'indétermination des textes. La structure des réponses apportées par le juge aux questions posées permet ainsi de passer d'une situation de fait à une situation de droit[1157]. L'affirmation du pouvoir jurisprudentiel du juge est exempte d'ambiguïtés. Pourtant, dans la pratique, ce pouvoir du juge demeure résiduel. Au demeurant, le pouvoir jurisprudentiel du juge constitutionnel, aussi résiduel soit-il participe d'une effectivité de l'ordre constitutionnel.

Nous constatons que, dans l'ensemble, les juges adoptent la technique de standards (A) et créent des normes juridiques de valeur constitutionnelle (B).

A- La technique des standards

Le standard est une moyenne de conduite sociale correcte pour évaluer la conformité au droit d'une action du législateur dans le domaine des Droits de l'Homme[1158]. Le standard implique une double obligation : la consécration des droits intimement liés à la personne humaine et un niveau de protection au moins égal à celui reconnu par les conventions internationales. Dans la décision n° 2/C/2021 du

---

[1156] D. DE BACHELON « Comment encadrer le pouvoir normatif du juge constitutionnel », *Cahiers du Conseil constitutionnel*, N° 24, 2008, p. 78.

[1157] N. M. F. DIAGNE, *Les méthodes et techniques du juge en droit administratif sénégalais*, *op. cit.*, p. 353 ; D. LABOUTOULLE, « La qualification juridique et le juge administratif », *Droits,* N°108, 1993, p. 31.

[1158] B. KANTE, « Les méthodes et techniques d'interprétation de la Constitution : L'exemple des pays d'Afrique occidentale, », Actes de la table ronde de l'Association international de Droit constitutionnel, 15 et 16 octobre 2004, Bordeaux, CERCCLE, Dalloz, 2005, p. 158.

20 juillet 2021, relative au Code pénal et au Code de Procédure pénale, la technique du standard est utilisée par le Conseil constitutionnel qui distingue les droits intangibles valables en tout temps et en toutes circonstances comme l'interdiction de l'esclavage, le droit à la vie, l'interdiction des crimes de guerre, des crimes contre l'humanité et du crime de génocide, l'interdiction de torture qui sont consacrés par les conventions internationales et les autres droits et libertés fondamentaux qui peuvent faire l'objet de restrictions, de dérogations ou de limitations par le législateur pour des raisons d'ordre public, de sécurité et de santé publique lorsqu'il s'agit sans que cela soit limité à ces exemples, de parer « à un danger collectif ou de protéger des personnes en péril de mort » ou encore pour « protéger la jeunesse en danger », comme le prévoit l'article 16 de la Constitution.

Par ailleurs, dans la même décision, le sens du principe d'accessibilité et d'intelligibilité de la loi est fixé par le Conseil constitutionnel en ses ternes : adoption de lois suffisamment claires et précises dans leurs conséquences par le législateur afin que chaque citoyen sache exactement ce qui lui est interdit et ce qu'il encourt comme sanction en cas de violation de l'interdiction.

Dans la décision n° 8/2017 (demande d'avis), le juge a utilisé la technique du standard pour assurer la protection du droit de vote. En effet, il ressort de ladite décision que l'exercice du droit de vote l'emporte sur l'exigence de la carte d'électeur prévu par l'article L. 78 alinéa 1 du Code électoral en raison des circonstances liées aux lenteurs et dysfonctionnements administratifs dans la distribution des cartes d'électeurs.

Par l'utilisation des techniques de standards, les juges constitutionnels définissent les paramètres de la constitutionnalité des normes juridiques et des comportements sociopolitiques. La signification du standard est fournie par Demba SY dans son étude portant sur « la normativité et la juridicité »[1159]. En effet, l'auteur estime que du point de vue matériel, le standard est un concept indéterminé ayant trait aux valeurs fondamentales de la société et ayant pour objet l'analyse des comportements des acteurs juridiques par référence à un type moyen de conduite. C'est un instrument de mesure des situations et des comportements en termes de normalité. Pris au sens formel, l'auteur définit le concept comme une notion juridique incluse dans un énoncé normatif[1160].

[1159] D. SY, « Normativité et juridicité (Brèves réflexions sur la normativité juridique) », *op. cit.*, p. 28.
[1160] D. SY, *ibid.*, p. 28.

Toutefois, pouvant être contenu dans la norme, ce concept ne saurait se confondre avec celle-ci[1161]. C'est pourquoi nous estimons que le standard peut résulter d'un raisonnement déductif (I) ou inductif (II).

I- Le raisonnement déductif

Par cette méthode, le juge s'appuie sur un texte qui, certes ne règle pas le problème qui lui est soumis mais lui permet de dégager une règle qu'il va appliquer au litige tout en comblant un vide juridique. Elle permet de déduire du texte lui servant de référence, la norme applicable, pour des situations non concernées formellement afin de combler un vide juridique[1162]. Il en est ainsi dans la décision n°2/C/2018 du 02 juillet 2018 à propos de la constitutionnalité de l'article L 57 du Code électoral qui ajoute une condition (être électeur) non prévue par l'article 28 de la Constitution pour être candidat et de la décision n°3/C/2021 du 22 juillet 2021 à propos de la constitutionnalité de l'alinéa 4 de l'article L 40 du Code électoral.

Le Conseil constitutionnel a utilisé cette méthode à propos de l'interprétation de la notion de « recettes compensatrices ». En effet, dans tous les cas où le problème de l'interprétation de la notion s'est posé, le juge a adopté un raisonnement qui se rapproche de l'interprétation dégagée dans sa décision du 24 février 1998[1163]de la norme de « recettes compensatrices ». Cette approche n'est pas sans rappeler la technique du précédent, qui plus est, guidée par un souci de cohérence jurisprudentielle. En cette matière, le raisonnement déductif du juge est suffisamment décrit par Fara MBODJ qui remarque que dans sa décision du 29 août 2003, le juge a interprété sur le fondement de l'article 82, la notion de recette compensatrice comme « visant la création de recettes nouvelles et que la déclaration du ministre chargé d'exposer les motifs du projet de loi qui s'est borné à prendre des actes de propositions faites par les députés tendant à octroyer des indemnités de mission et non des traitements mensuels aux conseillers et à rationaliser les coûts du fonctionnement du Conseil de la République ne saurait tenir lieu de recettes compensatrices qui doivent être formulées, discutées, adoptées au moins en même que la proposition ou

[1161] S. RIALS, *Le juge administratif et la technique du standard*, Paris, LGDJ, 1980, pp. 60 et s.

[1162] Nd. M. DIAGNE, *Les méthodes et techniques du juge administratif en droit administratif sénégalais*, Thèse, UCAD, 1995, p. 336.

[1163] I. M. FALL (dir.), *Les décisions et avis du Conseil constitutionnel du Sénégal. Rassemblés et commentés*, *op. cit.*, p. 175.

l'amendement »[1164]. Toutefois, dans l'affaire dite « Délégations spéciales » du 11 décembre 2001[1165] bien que les requérants soulevèrent entre autres moyens la violation de l'article 82 al 2 de la Constitution, le juge par sa réponse botte en touche puisqu'il avait estimé que les dispositions de l'article 82 n'étaient pas applicables en l'espèce, et que par suite le moyen doit être écarté. Cependant, le même type de raisonnement déductif peut être décelé en ce qui concerne la valeur juridique du règlement de l'Assemblée parlementaire. En effet, dans cette matière, le Conseil constitutionnel rappelle dans sa décision du 11 décembre 2001 relative aux *délégations spéciales* précitée qu'il *« a déjà jugé par sa décision susvisée que sa compétence d'attribution exclut de ce domaine (de ses normes de référence) le Règlement intérieur de l'Assemblée nationale ; que dès lors le moyen tiré de la violation tiré dudit règlement doit être écarté »*[1166]. Le même raisonnement est reconduit dans la décision du Conseil constitutionnel du 29 janvier 2012. Dans cette affaire, le juge constitutionnel sénégalais rappelle aux requérants le dispositif de la jurisprudence Yoro FALL. Saisi par les sieurs Adourahmane SARR, Youssou NDOUR, et Kéba KEINDE, en vue de contestation de la décision arrêtant la liste des candidats à l'élection présidentielle[1167], qui par ailleurs a rejeté la candidature des saisissants, le juge constitutionnel rappelle que *« considérant d'une part qu'aux termes de l'article 92 al 2 de la Constitution, les décisions du Conseil constitutionnel ne sont susceptibles d'aucune voie de recours ; que cette disposition exclut tout recours contre les décisions du Conseil constitutionnel, notamment en matière électorale tant devant le Conseil lui-même que devant toute autre juridiction et, d'autre part, que selon l'article 12 de la loi organique sur le Conseil constitutionnel "la procédure devant le Conseil constitutionnel n'est pas contradictoire" ;Considérant qu'il résulte de ce qui précède, et conformément à la jurisprudence du Conseil (2/E/2007, Yoro FALL),*

[1164] F. MBODJ, « Les compétences du Conseil constitutionnel à l'épreuve des saisines. Quelques remarques sur le pouvoir jurisprudentiel du juge constitutionnel sénégalais », *op. cit.*, pp. 32-33.

[1165] I. M. FALL (dir.), *Les décisions et avis du Conseil constitutionnel du Sénégal. Rassemblés et commentés, op. cit.*, p. 437.

[1166] I. M. FALL (dir.), *Les décisions et avis du Conseil constitutionnel du Sénégal. Rassemblés et commentés, op. cit.*, p. 440.

[1167] Cons. const., Séance du 27 janvier 2012, Affaire N°1/E/2012 Publication de la liste des candidats à l'élection du Président de la République du 26 février 2012.

les réclamations doivent être rejetées »[1168]. Dans la décision du 13 mars 1993[1169] portant proclamation des résultats définitifs de l'élection présidentielle de la même année, le juge constitutionnel est allé jusqu'à faire l'aveu d'un rappel de sa jurisprudence relative aux responsabilités du Conseil constitutionnel dans la proclamation des résultats des élections en cas de blocage de la commission nationale de recensement des votes.

Dans les exemples évoqués la démarche du juge semble cohérente. Toutefois, le souci d'adapter le principe de constitutionnalité aux circonstances changeantes pourrait amener le juge à assouplir sa position. Il reste que la démarche est différente s'agissant du raisonnement inductif.

II- Le raisonnement inductif

Par le raisonnement inductif, le juge construit une règle à partir d'un fait[1170]. Ainsi, comme précédemment indiqué, dans la mise en œuvre de l'exception d'inconstitutionnalité, le Conseil constitutionnel a dégagé des règles devant être respectées par la Cour suprême avant toute saisine aux fins de contrôle de constitutionnalité des lois par voix d'exception. En cette matière, le juge constitutionnel entend combler les lacunes et les imperfections de la loi par *« des constructions jurisprudentielles réfléchies, patientes et parfois audacieuses »*[1171]. Cette doctrine du juge a permis au Conseil constitutionnel de construire une règle à partir de la simple transmission du dossier. En effet, ni la Constitution ni la loi organique ne prévoyaient la vérification de la part du Conseil d'État et de la Cour de cassation la recevabilité du pourvoi avant la saisine du Conseil constitutionnel. Pourtant, le juge constitutionnel oblige les autres juges à vérifier les conditions de recevabilité du pourvoi. Celles-ci doivent porter sur la compétence et la déchéance du pourvoi. Le juge estime qu'*« un pourvoi non purgé de toute fin de non-recevoir ne saurait servir de prétexte pour saisir le Conseil constitutionnel d'une*

[1168] Cons. const., Séance du 29 janvier 2012, Affaires N° 2/E/2012, 11/E/2012, 15/E/2012, Réclamation de Adourahmane SARR, Youssou NDOUR, Kéba KEINDE c/le rejet de leur candidature à l'élection présidentielle.

[1169] *JORS*, N° 5513 du 20 mars 1993, p. 81.

[1170] F. MBODJ, « Les compétences du Conseil constitutionnel à l'épreuve des saisines. Quelques remarques sur le pouvoir jurisprudentiel du juge constitutionnel sénégalais », *op. cit.*, p. 32.

[1171] Cons. const., Affaire N° 3/C95 Exception d'inconstitutionnalité de l'article 140 du Code de procédure pénale, *in* I. M. FALL (dir.), *Les décisions et avis du Conseil constitutionnel. Rassemblés et commentés, op. cit.*, pp. 129 et s.

exception d'inconstitutionnalité qui, si elle devait être examinée par le Conseil constituerait un détournement de pouvoir »[1172]. Cette jurisprudence étendue au Conseil d'État[1173] sera appliquée de façon constante par le Conseil[1174]. Il s'agit là d'une règle dont le but est d'éviter les détournements de procédure. En effet, si la Cour suprême transmet au Conseil constitutionnel une exception d'inconstitutionnalité à la suite d'un *« pourvoi non purgé de toute fin de non-recevoir »* elle commet un détournement de pouvoir, et verra en conséquence le dossier rejeté par le Conseil constitutionnel pour violation des règles de procédure. Si la Cour suprême ne peut appréciation la pertinence l'exception d'inconstitutionnalité, elle est tenue de vérifier si les filtres de l'appel et de la Cassation sont respectés par les requérants. Ces derniers ne sauraient en violation des règles de l'appel et de la cassation, saisir directement la Cour suprême pour soulever l'exception d'inconstitutionnalité des dispositions législatives qu'on prétend leur appliquer. Auquel cas, la Cour suprême est tenue, conformément aux principes dégagés par le Conseil constitutionnel en la matière, de rejeter le pourvoi pour violation de la loi. Un autre cas de raisonnement inductif, se ressent dans la décision du Conseil constitutionnel du 10 mars 1998 *Augmentation du nombre de députés de 120 à 140 (II)*[1175]. Dans cette affaire, vingt-deux députés avaient saisi le Conseil constitutionnel aux fins de voir déclarer l'article LO 117 du Code électoral portant augmentation du nombre de députés non conforme à l'ordre constitutionnel pour violation de l'article 71 de la Constitution. En même temps, les requérants demandaient au Conseil de surseoir à statuer jusqu'à ce que le Conseil d'État se prononce sur le recours pour excès de pouvoir formé contre le décret n° 93-173 du 27 février 1998 convoquant en session extraordinaire l'Assemblée nationale le 22 février 1998. C'est sur la réponse du moyen de tirer du sursis à statuer que le raisonnement inductif du juge se fait sentir. Après avoir établi le

---

[1172] Décision N° 1/C/95 Renvoi à la Cour de cassation d'une exception d'inconstitutionnalité, *in* I. M. FALL (dir.), *Les décisions et avis du Conseil constitutionnel. Rassemblés et commentés, op. cit.*, p. 121.

[1173] Cons. const., Affaire N° 2/C/95 Renvoi au Conseil d'État d'une exception d'inconstitutionnalité, *in* I. M. FALL (dir.), *Les décisions et avis du Conseil constitutionnel. Rassemblés et commentés, op. cit.*, p. 125.

[1174] Voir Cons. const., Séance du 03 mars 2014 Affaire N° 1/C/2014. Voir également « Constitutionnalité de la loi sur l'enrichissement illicite. Le Conseil constitutionnel légalise la CREI », *in Walfadjri,* N° 6589, mardi 04 mars 2014, pp. 6-7.

[1175] I. M. FALL (dir.), *Les décisions et avis du Conseil constitutionnel du Sénégal. Rassemblés et commentés, op. cit.*, p. 199.

constat que cette procédure n'est prévu ni par la Constitution ni par la loi organique, le juge constitutionnel ajoute que sa décision ne peut dépendre d'aucune autre procédure pendante devant n'importe quelle autre juridiction de l'ordre administratif ou judiciaire, qu'en conséquence la demande de sursis est irrecevable. En réalité, à travers cette décision, le Conseil constitutionnel indique clairement aux requérants que l'exception de litispendance ne peut prospérer devant lui. Cette règle, comme on peut le constater, fut dégagée par le juge à l'occasion de la soumission à lui d'un différend constitutionnel. En raisonnant en fonction des implications de la saisine, le juge en profite pour établir une règle construite à partir d'un fait établi par les autres juges ou les parties.

La mise en œuvre du pouvoir jurisprudentiel du juge se découvre de manière plus sublime lorsque le juge crée des normes juridiques.

A- La mise en œuvre du pouvoir de création des normes constitutionnelles

Globalement, dans la jurisprudence constitutionnelle sénégalaise, constatant l'absence de texte précis le juge utilise parfois l'expression principe de valeur constitutionnelle (I) et celle d'objectif de valeur constitutionnelle (II) en vue d'exercer un contrôle de constitutionnalité.

I- Les principes de valeur constitutionnelle

Les principes de valeur constitutionnelle sont l'expression la plus patente du pouvoir jurisprudentiel du juge de la constitutionnalité[1176]. L'imprécision des normes constitutionnelles qui devait être palliée par le juge a poussé celui-ci à recourir aux principes de valeur constitutionnelle[1177]. Ce pouvoir jurisprudentiel du juge constitutionnel a son répondant en droit administratif à travers la création des principes généraux du droit par le juge de l'administration[1178]. Les principes de valeur constitutionnelle s'imposent au législateur comme aux autres organes de l'État[1179].Au Sénégal, le caractère écrit du droit constitutionnel laisse penser que celui-ci cadre mal avec l'existence de principes de valeur constitutionnelle découverts par le juge. Le droit constitutionnel

---

[1176] G. VEDEL, « Le Conseil constitutionnel, gardien du droit positif ou défenseur de la transcendance des droits de l'homme », *Pouvoirs,* N° 13, p. 209.

[1177] R. BADINTER et B. GENEVOIS, « Normes à valeur constitutionnelle et degré de protection des droits fondamentaux », *RFDA*, 1990, p. 317.

[1178] A. BOCKEL, *Droit administratif, op. cit.*, pp. 94 et s.

[1179] Cons. const., 16 janvier 1982, Nationalisations, *in* L. FAVOREU, L. PHILIP, *Les grandes décisions du Conseil constitutionnel*, *op. cit,* pp. 148 et s.

écrit coexiste avec un droit constitutionnel non écrit. À ce propos Fara MBODJ écrit « ...il convient de faire remarquer qu'un droit essentiellement écrit ou fondamentalement écrit ne signifie pas un droit totalement écrit. En réalité, la totalité en termes de couverture juridique par l'écrit est illusoire »[1180]. L'expression de « valeur constitutionnelle » attribuée à la notion de « principe » signifie que celui a une valeur constitutionnelle et est l'énoncé d'une norme dont le respect s'impose au législateur. Mais, les principes généraux du droit découverts par le juge administratif ont une valeur infra législative et supra décrétale alors que les principes de valeur constitutionnelle découverts par le juge constitutionnel s'imposent au législateur. La consécration par le Conseil constitutionnel de la continuité du service public, qualifiée de principe général du droit par le Conseil d'État, comme *« principe de valeur constitutionnelle »* pourrait faire croire que le juge constitutionnel compte ce principe parmi les principes généraux du droit, d'autant plus qu'il n'est pas expressément rattaché à un texte[1181]. Toutefois, le juge constitutionnel français n'a jamais fait usage de l'expression *« principe général du droit de valeur constitutionnelle »*. En revanche, il a toujours utilisé la formule *« principe de valeur constitutionnelle »*, pour éviter l'assimilation de la norme considérée à un principe général du droit. D'ailleurs, la doctrine s'efforcera de rattacher le principe de valeur constitutionnelle de continuité de l'État à l'article 5 de la Constitution de 1958[1182]. Cette position est entérinée par le Conseil constitutionnel qui évoque le *« principe de la séparation des pouvoirs »* et *« les dispositions constitutionnelles qui le mettent en œuvre »*, donnant à croire que le texte constitutionnel ne faisait que l'application d'un principe extérieur à lui[1183]. Si ce principe, n'est pas qualifié *« général »*, aujourd'hui, il est explicitement rattaché par le Conseil à l'article 16 de la Déclaration des droits de l'Homme[1184]. Le constat est que, d'une

---

[1180] F. MBODJ, « Les compétences du Conseil constitutionnel à l'épreuve des saisines. Quelques remarques sur le pouvoir jurisprudentiel du juge constitutionnel sénégalais », *op. cit.,* p. 31.

[1181] Cons. const., Décision N° 79-105 DC, 25 juillet 1979, Droit de grève à la radio et à la télévision, *Rec. Cons. const.*, 1979, p. 33.

[1182] G. VEDEL, « Réflexions sur quelques apports de la jurisprudence du Conseil d'État à la jurisprudence du Conseil constitutionnel », *Mélanges René Chapus, Droit administratif,* Paris, Montchrestien, 1992, p. 66.

[1183] Cons. const., Décision N° 79-104 DC, 23 mai 1979, Territoire de Nouvelle-Calédonie, *Rec. Cons. const.,* 1979, p. 27, consid. 9.

[1184] Cons. const., Décision N° 2004-509 DC, 13 janvier 2005, Loi de programmation pour la cohésion sociale, *Rec. Cons. const.,. 2005*, p. 33, consid. 33.

manière générale, le Conseil se refuse à créer des principes constitutionnels dénués de tout fondement textuel[1185]. Le Conseil constitutionnel français distingue expressément ces deux catégories de normes. Dans une décision du 3 mars 2005, il énonce que le pouvoir réglementaire doit se conformer, dans l'exercice de sa compétence, *« aux règles et principes de valeur constitutionnelle, aux principes généraux du droit... »*[1186].Le Conseil d'État fait de même en énonçant que le gouvernement est soumis au *« respect des règles et principes de valeur constitutionnelle, des principes généraux du droit qui s'imposent à toute autorité administrative... »*[1187]. De surcroît, le juge administratif français distingue clairement le *« principe constitutionnel d'égalité devant les charges publiques »* et le *« principe général d'égalité devant les charges publiques »*[1188] . Dans la décision n° 88-248 DC du 17 janvier 1989, le Conseil constitutionnel français énonce que le droit de recours contre une décision infligeant une sanction *« étant réservé à la personne sanctionnée, son exercice ne peut, conformément aux principes généraux du droit, conduire à aggraver sa situation »*[1189]. Par cette référence, le juge constitutionnel français reconnaît la création par le Conseil d'État d'une catégorie de normes, qu'il utilise dans l'exercice de ses attributions. Ainsi, pour le Conseil constitutionnel *« d'après un principe général de notre droit, le silence gardé par l'administration vaut décision de rejet et [...] il ne peut y être dérogé que par une décision législative »*[1190]. Ces formulations montrent que les deux catégories sont bien distinctes. La distinction entre ces deux catégories de principe, établie par les juges français sera reprise par le Conseil constitutionnel sénégalais dans sa décision relative au *Rabat d'arrêt*. En

---

[1185] P. DE MONTALIVET, « Les principes généraux du droit », *JurisClasseur administratif,* Fasc. 38, février 2007, p. 15 ; F. MELIN-SOUCRAMANIEN, *Le principe d'égalité dans la jurisprudence du Conseil constitutionnel, op. cit.*, p. 70.

[1186] Cons. const., Décision N° 2005-198 L, 3 mars 2005, Nature juridique de dispositions du Code des juridictions financières, *Rec. Cons. const.,* 2005, p. 33, consid. 5.

[1187] CE, 4 novembre 1996, Assoc. défense stés course hippodromes province et autres, *Rec. CE,* 1996, p. 427 *; RFD adm.* 1996, p. 1099*,* concl. C. Maugüé.

[1188] CE, Ass., 5 mars 1999, N° 194658, Rouquette, *Juris-Data* N° 1999-050087 ; *Rec. CE,* 1999, p. 37.

[1189] Cons. const., Décision N° 88-248 DC, 17 janvier 1989, Conseil supérieur de l'audiovisuel, *Rec. Cons. const.* 1989, p. 18.

[1190] Cons. const., Décision N° 69-55 L, 26 juin 1969, Protection des sites, *Rec. Cons. const.,*1969, p. 27 ;Cons. const., Décision N° 94-352 DC, 18 janvier 1995, Vidéosurveillance*, Rec. Cons. const.*, 1995, p. 170.

effet, dans cette décision, le juge affirme que *« la règle de non-rétroactivité des lois n'a de valeur constitutionnelle qu'en matière pénale, qu'en tout autre domaine elle est principe général du droit auquel la loi peut déroger ; qu'il s'ensuit que le législateur est en droit de donner un caractère rétroactif à une loi »*[1191]. Seulement l'assimilation par le juge de la notion de règle à celui de principe général est regrettable, elle n'est pas convaincante et peut semer une « incertitude »[1192] sur « la normativité ». Demba SY estime que la distinction entre principes et règles révèle un certain flottement de la jurisprudence[1193]. La différence entre les deux notions est soulignée par DWORKIN qui écrit : « L'ordre juridique repose avant tout sur un ensemble de principes qui sont énoncés par la Constitution, soit dégagés progressivement par la jurisprudence sous forme de principes généraux du droit. Contrairement aux règles qui s'appliquent ou non aux cas visés par la loi, les principes ont une sphère plus large et plus diffuse et font pencher la balance judiciaire vers telle solution plutôt que telle autre »[1194]. Cette vision de DWORKIN est partagée par Georges VEDEL et R. ALEXY. Pour ces deux auteurs, ce qui caractérise les principes par rapport aux règles c'est leur degré d'indétermination : le principe est caractérisé par une plus grande indétermination, une plus grande généralité[1195]. Ces caractéristiques des principes découverts par le juge se justifient par le fait ces derniers apparaissent comme une catégorie fonctionnelle plus que conceptuelle[1196].

Toutefois, organiquement, la distinction entre principes généraux découverts par le juge administratif et principes découverts par le juge constitutionnel peut être nuancée si le juge de l'administration dans sa fonction de protection de l'ordre constitutionnel découvre à l'instar du Conseil constitutionnel un principe de valeur constitutionnelle. Dans ce sens, B. GENEVOIS estime que ne devraient être consacrées comme

---

[1191] Cons. const., 23 juin 1993, Décision N° 2/C/93 *in* I. M. FALL (dir.), *Les décisions et avis du Conseil constitutionnel du Sénégal. Rassemblés et commentés, op. cit.*, p 89.

[1192] Y. GAUDEMET, *Traité de droit administratif*, Tome 1, *Droit administratif général*, Paris, LGDJ, 16e édition, 2001, p. 568.

[1193] D. SY, « Normativité et Juridicité (Brèves réflexions sur la normativité juridique », *op. cit.*, p 23.

[1194] DWORKIN : *Prendre les droits au sérieux,* Trad. M. J. ROSSIGNOL, Paris, PUF, 1995, pp. 95 et s, cité par D. SY, « Normativité et juridicité (Brèves réflexions sur la normativité juridique », *op. cit.,* p. 24.

[1195] D. SY, *ibid.*, p. 24.

[1196] G. VEDEL, « De l'arrêt Septfonds à l'arrêt Barinstein (la légalité des actes administratifs devant les Tribunaux judiciaires) », *JCPG*, 1948, I, p. 682.

principes généraux du droit que des normes exprimant des valeurs fondamentales pour la société[1197]. Ainsi, dans sa fonction d'interprétation, le juge constitutionnel peut s'inspirer d'un principe général dégagé par le juge administratif[1198]. Si ce dédoublement de la source formelle des principes généraux du droit, une potentielle contrariété de jurisprudence[1199], constaté par F. MBODJ[1200] existe, il convient de faire remarquer que les principes découverts par le juge de l'administration ne jouent pas la même fonction que les principes de valeur constitutionnelle créés par le Conseil constitutionnel. En effet, les principes généraux du droit ont non seulement une fonction constructive dans l'élaboration du droit administratif, mais aussi d'autonomisation de cette discipline. La référence aux principes généraux permet au juge de l'administration d'affirmer et de préserver l'autonomie du droit administratif. En utilisant ces principes, alors parfois qu'un texte pourrait simplement être cité, le juge de l'administratif montre qu'il conserve la maîtrise des sources du droit administratif et notamment qu'il n'est pas dépendant de normes constitutionnelles. Le recours aux principes généraux du droit lui permet de sélectionner les normes applicables à l'administration et de les adapter à la spécificité de son fonctionnement. En revanche, le juge constitutionnel lorsqu'il cite un principe de valeur constitutionnelle, le rattache à une norme constitutionnelle. Dans sa fonction de création des principes de valeur constitutionnelle, le Conseil constitutionnel a toujours à l'esprit sa compétence d'attribution fixée par les textes. Certes, il peut éprouver le besoin d'élucider le vrai sens des normes constitutionnelles, mais cette fonction pédagogique qu'assume à l'occasion le juge constitutionnel n'est pas la même que celle qu'opère le juge de l'administration lorsqu'il crée un principe général du droit. Cette différence est liée au fait que le droit administratif est un droit par essence jurisprudentiel alors que le droit constitutionnel est fortement marqué par son caractère écrit.

[1197] B. GENEVOIS, « Principes généraux du droit », *Répertoire de contentieux administratif,* Paris, Dalloz, Tome III, 2004, p. 18.

[1198] F. MODERNE, « Actualité des principes généraux du droit », *RFDA,* 1998, p. 518.

[1199] Voir CE, Ass., 27 février 1970, N° 76380, Cne Bozas, *Rec. CE*, 1970, p. 139 ; Cons. const., Décision N° 69-55 L, 26 juin 1969, Protection des sites, *Rec. Cons. const.*, 1969, p. 27. À propos de l'application du principe selon lequel *« d'après un principe général de notre droit, le silence gardé par l'administration vaut décision de rejet et [...] il ne peut y être dérogé que par une décision législative ».*

[1200] F. MBODJ, « Les compétences du Conseil constitutionnel à l'épreuve des saisines. Quelques remarques sur le pouvoir jurisprudentiel du juge constitutionnel sénégalais », *op. cit*, p. 31.

Des décisions intéressantes du Conseil constitutionnel consacrant des principes à valeur constitutionnelle existent. En effet, dans les décisions n° 1/C/24 du 15 février 2024 et 60/E/24 du 5 mars 2024, le Conseil a considéré « qu'en vertu du caractère intangible de la durée du mandat du Président de la République, la fixation de la date de l'élection au-delà de la fin du mandat a pour effet de créer un vide institutionnel non prévu par la Constitution ; qu'elle est, de ce fait, contraire au principe à valeur constitutionnelle de sécurité juridique et de stabilité des institutions ».

Dans une autre décision du 2 mars 1993, il a estimé que *« le principe de la continuité du fonctionnement des institutions comme un principe fondamental est considéré comme un principe à valeur constitutionnelle »*[1201]. Dans sa décision relative à la loi d'amnistie[1202], le Conseil constitutionnel a fait référence entre autres au « *principe de l'intangibilité des droits* acquis », au *« principe de séparation des pouvoirs »,* au *« principe au principe d'égalité* ». De même dans décision relative à l'effigie du Président de la République[1203], le juge constitutionnel s'est référé à au *« principe d'égalité entre les partis et les coalitions de partis ».* Dans sa décision sur les *Délégations spéciales*, le Conseil constitutionnel s'est référé de façon implicite au *« principe de libre administration des collectivités locales »*[1204]. Le Conseil d'État dans *l'affaire Mbacké Fall et Cheikh Ndiaye* se référant à l'indépendance fonctionnelle des magistrats du siège, a considéré *« qu'en la matière, l'article 80 ter de la Constitution (en ses termes et teneurs arrêtés par la loi constitutionnelle N°99-02 du 29 janvier 1999) en prescrivant que "les magistrats du siège sont inamovibles" érige l'inamovibilité du magistrat du siège en un principe constitutionnel »*[1205]. Dans cette affaire, à partir des textes qu'il a lui-même identifiés, le juge sénégalais de l'administration dégage un principe, qu'il confère à l'occasion une valeur constitutionnelle. La référence aux principes de valeur constitutionnelle est révélatrice du pouvoir normatif du juge. En effet,

---

[1201] I. M. FALL, ((dir.), *Les décisions et avis du Conseil constitutionnel du Sénégal. Rassemblés et commentés, op. cit.*, p. 47.

[1202] I. M. FALL (dir), *Les décisions et avis du Conseil constitutionnel du Sénégal. Rassemblés et commentés, op. cit.*, p. 473.

[1203] I. M. FALL (dir), *Les décisions et avis du Conseil constitutionnel du Sénégal. Rassemblés et commentés, op. cit.,* p. 415.

[1204] I. M. FALL (dir), *Les décisions et avis du Conseil constitutionnel du Sénégal. Rassemblés et commentésop. cit.*, p. 437.

[1205] CE, 13 septembre 2001, Mbacké Fall c/État du Sénégal.

ces principes étant indéfinis, vagues, il appartient au juge de les imprimer une certaine définition en révélant les exigences constitutionnelles qui en résultent. C'est en cela que la consécration de ces normes constitutionnelles par le juge constitutionnel comporte le pouvoir normatif de ce denier[1206].

L'examen des objectifs de valeur constitutionnelle met davantage en exergue le pouvoir créateur de normes constitutionnelles des juges constitutionnels.

II- Les objectifs de valeur constitutionnelle

De prime abord, il convient de souligner dans la jurisprudence constitutionnelle, les objectifs de valeur constitutionnelle indiquent des orientations, des finalités générales, de techniques d'interprétation que s'est fixé le juge constitutionnel[1207]. Les objectifs de valeur constitutionnelle n'énoncent pas un droit, mais un but que le législateur doit prendre en compte lorsqu'il légifère dans un domaine déterminé[1208]. Cependant, il n'en demeure pas moins comme l'a souligné le Professeur Demba SY[1209], qu'ils s'agissent de normes limitatives du pouvoir normatif du législateur car ils sont la signification d'énoncés normatifs qui déterminent ou qui visent à déterminer la conduite du législateur en permettant, en interdisant, en obligeant car la norme peut se limiter à déterminer la conduite d'un nombre limité de personnes. En fait, la normativité des objectifs de valeur constitutionnelle est un indicateur de l'effectivité des droits et libertés fondamentaux et du fonctionnement harmonieux des pouvoirs publics. Le caractère jurisprudentiel des objectifs de valeur constitutionnelle tient au fait qu'ils sont des buts que s'est assigné le constituant en vue de rendre effectifs les droits fondamentaux mais qui ne deviennent efficaces que sous l'office du

---

[1206] L. FAVOREU, « L'apport du Conseil constitutionnel au droit public », *Pouvoirs,* N° 13, 1980, p. 12.

[1207] Dans ce sens voir F. LUCHAIRE, « Brèves remarques sur une création du Conseil constitutionnel : l'objectif de valeur constitutionnelle », *RFDC*, 2005, p. 675 ; A. LEVADE, « L'objectif de valeur constitutionnelle, vingt ans après. Réflexion sur une catégorie juridique introuvable », *in Mélanges en l'honneur de P. Pactet,* Paris, Dalloz, 2003, p. 688.

[1208] L. FAVOREU et L. PHILIP, *Les grandes décisions du Conseil constitutionnel, op. cit.,* p. XXX.

[1209] D. SY, « Normativité et juridicité (Brèves réflexions sur la normativité juridique) », *op. cit.*, p. 28.

juge[1210]. Cette catégorie de normes a été utilisée par le Conseil constitutionnel français à plusieurs reprises[1211]. Sa réception dans la jurisprudence constitutionnelle sénégalaise sera effective dès les premières années qui ont suivies l'installation du Conseil constitutionnel. S'inspirée de la jurisprudence constitutionnelle française, la mise en œuvre des objectifs de valeur constitutionnelle comme normes limitatives de l'activité normative du législateur s'est révélée dans la décision du Conseil constitutionnel du 19 juin 1995 relative à l'exception d'inconstitutionnalité de l'article 140 du Code de procédure pénale. Dans cette décision, le juge constitutionnel décide que le législateur peut apporter des restrictions à l'exercice des droits reconnus au prévenu comme le droit à la défense ou la présomption d'innocence *« en invoquant d'autres principes de valeur constitutionnelle tels la préservation de l'ordre public ou la sauvegarde l'intérêt général, objectifs que poursuit précisément l'article soumis à l'examen du Conseil constitutionnel »*[1212]. Si d'une part, le Professeur Demba SY s'interroge sur la possibilité de la démarche du Conseil constitutionnel à faire penser que celui-ci se réfère aux objectifs de valeur constitutionnelle à l'instar du juge constitutionnel constitutionnel français, et que d'autre part, l'auteur met en relief « l'ambivalence », « l'incohérence » et « l'incertitude » remarquées par la doctrine à propos desdits objectifs, nous estimons que ceux-ci tels qu'employés par le juge constitutionnel sénégalais ont un caractère normatif et s'imposent au législateur. En constatant que l'article 140 du Code de procédure pénale qui lui est soumis poursuit les objectifs constitutionnels, le juge constitutionnel découvre ces normes non pas à partir de l'ordre constitutionnel mais de la loi ordinaire. Si le juge ne censure pas la loi parce qu'elle poursuit des objectifs de valeur constitutionnelle, c'est parce qu'elle met en œuvre l'ordre constitutionnel et ne s'écarte pas de celui-ci. Toutefois, la confusion entretenue par le juge entre principe de valeur constitutionnelle et objectif de valeur constitutionnelle est à remarquer. Le juge, à propos du constituant estime qu'il poursuit des principes de valeur constitutionnelle et s'agissant du législateur il parle d'objectifs de valeur constitutionnelle poursuivis par ce dernier,

---

[1210] B. FAURE, « Les objectifs de valeur constitutionnelle : une nouvelle catégorie juridique ? », *RFDC,* N° 21, 1995, pp. 47 et s.

[1211] *Cf.* L. FAVOREU et L. PHILIP, *Les grandes décisions du Conseil constitutionnel, op. cit.,* p. 368.

[1212] Cons. const., Décision N° 18/95 du 19 juin 1995, *in* I. M. FALL (dir.), *Les décisions et avis du Conseil constitutionnel. Rassemblés et commentés, op. cit.,* p. 129.

pourtant de façon assez curieuse, le juge estime que le législateur s'est assigné le même but que le constituant. La variation sémantique ne saurait couvrir la différence qui existe entre les deux notions. Les objectifs sont des buts que cherche à atteindre le constituant dont il appartient au juge de les définir le cas échéant, alors que les principes résultent de l'activité normative et supplétive du juge en l'absence de texte. En somme, les objectifs et les principes de valeur constitutionnelle constituent l'expression du pouvoir jurisprudentiel du juge de la constitutionnalité. Ils permettent à celui-ci de se libérer du corset des textes qui régissent sa compétence d'attribution et de développer à côté de l'ordre constitutionnel écrit un ordre constitutionnel non écrit.

Au terme de cette première partie de la recherche le constat est que le modèle sénégalais de protection juridictionnelle de l'ordre constitutionnel est marqué par des particularités. Celui-ci fait intervenir plusieurs juges qui déploient les techniques et des instruments de jugement dans l'exercice de leurs prérogatives, en imprimant ainsi plusieurs dimensions à la protection. La première interrogation qui y surgit est la question de savoir si le Conseil constitutionnel est tenu de prendre en compte l'interprétation des autres juges. Si la question trouve une partie de sa réponse dans la doctrine du « droit vivant », qui s'agissant de l'interprétation d'une disposition législative, vise à réguler les rapports entre le juge constitutionnel et les autres juges[1213], il n'en demeure pas moins que dans la mise en œuvre de la procédure de l'exception d'inconstitutionnalité, les rapports entre la Cour de cassation et les Conseils constitutionnels dès les premières années de l'installation de celui-ci, ont été de nature conflictuelle. Contrairement au Conseil d'État[1214], la Cour de cassation[1215] s'est d'abord opposée à la doctrine du Conseil constitutionnel en matière d'exception d'inconstitutionnalité, en lui reprochant d'émettre une injonction en son égard en violation de la loi. Ce n'est qu'après une œuvre pédagogique[1216] de la part du Conseil que la Cour de cassation accepta de faire sienne sa jurisprudence. Cette diatribe montre que la pluralité des juges et des

---

[1213] *Cf.* B. MATHIEU, « La Question prioritaire de constitutionnalité, témoins et instrument de mutation de l'ordre juridique. Observations sommaires et partielles », *op. cit.*, pp. 1196 et s.

[1214] CE, Arrêt N° 129 du 28 février 1996.

[1215] Cour cass., arrêt N° 12 du 18 avril 1995.

[1216] Cons. const., Affaire N° 3/C95 Exception d'inconstitutionnalité de l'article 140 du Code de procédure pénale, *in* I. M. FALL (dir.), *Les décisions et avis du Conseil constitutionnel. Rassemblés et commentés, op. cit.*, pp. 129 et s.

procédures peut impacter négativement sur la protection juridictionnelle des droits et libertés constitutionnellement consacrés, mais aussi sur le fonctionnement harmonieux des institutions. Au demeurant, si la mise en œuvre de la procédure de protection juridictionnelle de l'ordre constitutionnel met par moment les juridictions qui y interviennent dans une position de rivalité, poussant ainsi le Conseil constitutionnel à procéder à un recadrage de la délimitation de ses compétences avec celles dévolues à la Cour de suprême[1217], il faut tout de même reconnaître que le modèle sénégalais, a fourni des jurisprudences qui méritent d'être appuyées, allant parfois jusqu'à sauver des institutions menacées de périr[1218].

Cependant, passée au diagnostic, la protection telle qu'elle est conçue et dans sa mise en œuvre révèle des imperfections dont la correction peut susciter une réflexion.

1217Cons. const., Séance du 03 mars 2014, Affaire N° 1/C/2014.

1218 E. H. MBODJ, « Le juge : un déterminant du processus électoral en Afrique ? », *op. cit.,* pp. 432-434.

SECONDE PARTIE

L'ÉVALUATION DU SYSTÈME SÉNÉGALAIS DE PROTECTION JURIDICTIONNELLE DE L'ORDRE CONSTITUTIONNEL : LIMITES ET PERSPECTIVES

À propos de la justice en Afrique, de manière générale, le Professeur Alioune Badara FALL écrit : « Quelle que soit la manière dont on envisage le problème du juge en Afrique, on ne peut éviter de partir d'un constat malheureusement amer : le juge africain, et par là la justice en Afrique est en "panne" »[1219]. Le juge constitutionnel sénégalais, en l'instar de ses homologues africains francophones, fait l'objet de nombreux procès. Le propos du Professeur Jean du Bois de GAUDUSSON, illustre cette remarque. De son constat, « la justice est l'objet de nombreux procès qui, tous, s'accordent sur un acte d'accusation étoffé, sévère et sans appel : absence d'un pouvoir judiciaire indépendant, subordination de la justice au pouvoir politique, vénalité des juges, insuffisance et inadéquation de la formation des magistrats, excès de juridisme des règles et procédures, éloignement de l'appareil judiciaire par rapport à la population… »[1220]. La justice sénégalaise, en général, est l'objet de nombreux critiques à tort ou à raison[1221].

Même si à une certaine période de son histoire, l'attitude du Conseil constitutionnel peut être considérée comme « un sursaut »[1222], le

---

[1219] A.B. FALL, « Le juge, le justiciable et les pouvoirs publics : Pour une appréciation concrète de la place du juge dans les systèmes politiques africains », *op. cit.*, p. 309.

[1220] J. du Bois de GAUDUSSON, « Le statut de la justice dans les États d'Afrique francophone », *Afrique contemporaine,* N°156, (Numéro spécial), 4e trimestre, 1990, p. 6.

[1221] Le propos du Président du Conseil constitutionnel Pape Omar SAKHO lors de sa prestation de serment, est révélateur. En effet, en marge de sa prestation de serment, celui-ci déclarait qu'il faut dans le futur : « renforcer davantage la confiance du peuple en leur institution ». C'est un vœu qui justifie la volonté de restaurer l'image du Conseil écornée par les nombreuses contestations des décisions qu'il a rendues. *Cf. Le Quotidien* du 11 juillet 2015.

[1222] Dans certaines affaires, il faut le reconnaître, le Conseil constitutionnel a affiché une audace remarquable. L'affaire dite de « *l'effigie* » en est une. Voir I. M. FALL (dir.), *Les décisions et avis du Conseil constitutionnel du Sénégal. Rassemblés et commentés, op. cit.*, pp. 417 et s. Toutefois, il faut bien admettre que cette montée en

modèle, tel qu'il est conçu et mis en pratique, peut être amélioré. Il convient donc de procéder à une identification des faiblesses, des imperfections, c'est-à-dire les limites du système de protection de l'ordre constitutionnel (Titre I), pour en dégager des perspectives d'amélioration (Titre II).

---

puissance du Conseil avait eu lieu sous l'influence des théoriciens du droit public comme le Professeur Ibou DIAITE et le Professeur Babacar KANTE.

TITRE I

LES IMPERFECTIONS DU SYSTÈME DE PROTECTION JURIDICTIONNEL DE L'ORDRE CONSTITUTIONNEL

La protection juridictionnelle de l'ordre constitutionnel révèle des carences, des imperfections. Ces limites du système sénégalais de justice constitutionnelle sont décelables devant tous les juges chargés de la protection de l'ordre constitutionnel. Seulement, certaines de ces limites sont inhérentes, de manière générale, à l'environnement de la justice constitutionnelle au sens large (Chapitre I). D'autres, en revanche, ne se sont révélées qu'avec la pratique de la justice constitutionnelle. Elles sont la résultante du déroulement de celle-ci (Chapitre II).

CHAPITRE I

L'ENVIRONNEMENT DE LA JUSTICE CONSTITUTIONNELLE

Du point de vue organisationnel, la justice constitutionnelle à travers le monde est marquée par sa diversité[1223] et son conditionnement par le contexte dans lequel elle déroule son action. Au Sénégal, la protection juridictionnelle de l'ordre constitutionnel connaît des limites liées d'abord aux conditions statutaires des juges en charge de la protection (Section I), ensuite au contexte de celle-ci (Section II).

Section I : Les limites statutaires

Dans un sens large, le statut s'entend de l'ensemble des règles applicables à une personne ou à un organe chargé d'une fonction et qui régissent aussi bien son existence que son activité et en assure l'indépendance et l'efficience[1224]. En d'autres termes, le statut désigne, selon le Doyen Louis FAVOREU, l'institution, la composition, l'organisation, la fonction et les attributions de celle-ci[1225]. Mais le rôle existentiel du statut est de garantir l'indépendance de l'institution nécessaire à l'exercice de sa fonction[1226]. Le statut d'une institution renvoie donc à la place qu'occupe cette institution au sein de l'arrangement institutionnel des pouvoirs publics[1227]. Le juge constitutionnel, institution tierce, régulateur du système juridico-politique occupe une place particulière[1228] au sein des pouvoirs publics. L'articulation de la place du juge au sein de cet ensemble influence la mise en œuvre de ses

---

[1223] M. FROMONT, *La justice constitutionnelle dans le monde*, Paris, Dalloz, 1996, p. 1.

[1224] O. DUHAMEL et Y. MENY, *Dictionnaire constitutionnel, op. cit.*, p. 997.

[1225] L. FAVOREU et W. MASTOR, *Les Cours constitutionnelles*, Paris, Dalloz, 2011, p. 19.

[1226] G. WIEDERKEHR, « Qu'est-ce qu'un juge ? », *in Mélanges en l'honneur de Roger Perrot, Nouveaux juges, nouveaux pouvoirs* Paris, Dalloz, 1996, pp. 575-586.

[1227] ACCPUF, Bulletin N° 7, novembre 2006, *La justice dans la Constitution*, pp. 58-72.

[1228] A. SOMA, « Le statut du juge constitutionnel africain », *Mélanges en l'honneur de Maurice AHANHANZO-GLELE, La Constitution béninoise du 11 décembre 1990 : un modèle pour l'Afrique ?,* Paris, L'Harmattan, 2014, pp. 489-518.

prérogatives dans des conditions idoines. Au Sénégal, les limites statutaires des juges constitutionnels, tant décriées par la doctrine[1229] méritent d'être rappelées. À l'analyse des conditions statuaires, on constate, d'une part, que le mode de nomination des juges les met dans une situation de redevabilité vis-à-vis des autorités investies du pouvoir de désignation à leur égard (Paragraphe I) et, d'autre part, que les règles de compétences sont problématiques en elles-mêmes et dans leur mise en œuvre par les juges (Paragraphe II).

Paragraphe I : Les obstacles à l'indépendance des juges

L'indépendance du juge peut être appréciée suivant des critères qui sont cumulatifs[1230]. En réalité, il s'agit du mode de désignation et, éventuellement, de révocation des juges, la condition matérielle des juges et de la conscience qu'ont les juges d'appréhender et d'assumer la hauteur des missions à eux assignées. Ce dernier critère, il faut le reconnaître, est un critère subjectif. Mesurer la capacité des juges d'être à équidistance de la majorité et de la minorité n'est pas une entreprise aisée et est forcément un exercice pénétré de subjectivisme. Il faut donc le faire remarquer, l'indépendance du juge, comme son impartialité, est souvent une affaire de conscience et de circonstance. La première condition est subjective, elle renvoie au for intérieur du juge, à ses convictions personnelles. La deuxième est objective, elle renvoie à des faits variables, qui dans l'organisation de l'institution peuvent remettre en cause la neutralité du juge. Au Sénégal, les procès faits, que ça soit par la doctrine ou par de simples observateurs en l'encontre de la justice constitutionnelle dénoncent une indépendance formelle dégradée (A) et une condition matérielle des juges peu appréciable (B).

A- L'indépendance formelle dégradée

L'indépendance formelle renvoie à l'effectivité de la théorie de la séparation des pouvoirs développée par les philosophes du XVIIIe siècle. Présentée par LOCKE et systématisée par MONTESQUIEU, elle va connaître un essor dans les démocraties libérales sous l'influence des

---

[1229] G. CARCASONNE, « Rapport introductif », *L'indépendance de la justice,* Actes du deuxième congrès de l'Association des Hautes juridictions de Cassation ayant en Partage l'Usage du Français (AHJUCAF), Dakar 7-8 novembre 2007, pp. 47-75, p. 31-42.

[1230] Cf. F. HOURQUEBIE, « L'indépendance de la justice dans les pays francophones », *Les Cahiers de la justice,* N° 2, 2012, pp. 41-60 ; Bulletin N° 7 de l'ACCPUF-novembre 2007, *L'indépendance des juges*, pp. 77-134.

politistes nord-américains[1231]. L'indépendance des juges constitue une des garanties de l'effectivité de la justice constitutionnelle et constitue un rempart contre le despotisme. Au demeurant, l'indépendance de la justice constitutionnelle se mesure à travers le mode de nomination des juges, le respect du principe de l'inamovibilité des magistrats et de leur conviction à assurer leurs fonctions en toute impartialité[1232].

Dans la pratique, une fois nommés les juges bénéficient d'une relative stabilité au sein de leur poste. Seulement, « la légitimité d'entrée » qui s'attache au processus de nomination des juges en charge de la protection de l'ordre constitutionnel, se trouve fortement critiquée. Dès lors, le seul moyen dont disposeraient les juges pour reconquérir leur crédibilité demeure « la légitimité de performance »[1233] qui prend en considération la qualité du travail accompli par ces derniers. En effet, suspectés de dépendance vis-à-vis de l'autorité de nomination, les juges doivent faire preuve d'ingratitude à l'égard de celle-ci. Leur acceptation par les autres acteurs du système institutionnel et politique dépend dans une large mesure de leur capacité à assurer convenablement la mission de protection de l'ordre constitutionnel dévolue à eux.

À cette entorse à la « légitimité d'entrée », s'ajoute l'altération du principe constitutionnel de l'inamovibilité des magistrats. Selon le Conseil constitutionnel français, le principe de l'inamovibilité s'oppose, non seulement à ce qu'un magistrat puisse être révoqué, suspendu ou destitué en dehors des garanties prévues par le statut des magistrats mais aussi à ce qu'il soit déplacé d'une juridiction à l'autre, et plus spécifiquement, affecté d'office par le gouvernement[1234]. L'inamovibilité des juges garantit leur indépendance. Au demeurant, ce principe ne

---

[1231] J. M. BRETON, « Légalité et État de droit : statut et perception du juge de l'administration », *Afrilex,* 2003, p. 80

[1232] N. DUPLE, « Les interventions externes qui menacent l'indépendance et l'impartialité de la justice », *L'indépendance de la justice* Actes du deuxième congrès de l'Association des hautes Juridictions de Cassation ayant en Partage l'Usage du Français (AHJUCAF), Dakar 7-8 novembre 2007, p. 93.

[1233] Sur « la légitimité d'entrée ou de sortie » et « la légitimité de performance » *Cf.* F. M. HAYWARD, « political legitimacy, political symbols and national leaderships in west Africa », *Journal of Modern African Studies,* Vol. XXI N° 04 1984, pp. 650-651 cité par E. H. MBODJ, *La succession du chef d'État en droit constitutionnel africain (analyse juridique et impact politique)*, thèse, *op. cit.,* pp. 318 et s.

[1234] Voir L. FAVOREU et L. PHILIP, *Les grandes décisions du Conseil constitutionnel, op. cit.*, p. 42.

s'applique pas à tous les juges[1235]. En effet les magistrats du parquet sont soumis à l'autorité hiérarchique du ministre de la Justice, et peuvent à cet effet être déplacés compte tenu des exigences de la politique pénale définie par les autorités politiques. Mais, la distinction entre magistrats du parquet et ceux du siège n'est pas aussi tranchée dans la mesure où un membre du parquet peut devenir magistrat du siège et inversement[1236].

L'indépendance du juge renvoie à l'affranchissement de celui-ci au joug du pouvoir politique et aux pressions des citoyens. Le principe d'indépendance est indissociable de l'exercice des fonctions juridictionnelles qui résulte de l'article 16 de la Déclaration universelle des droits de l'Homme et du Citoyen de 1789[1237]. Dans la protection de ce principe, le Conseil constitutionnel, dans sa décision *Modification du statut des magistrats (I)*[1238], a estimé que la loi organique visant à faire entrer dans le corps de la magistrature certains agents de l'État titulaires d'une maîtrise en droit sans aucune condition d'ancienneté dans l'exercice de leur profession au bout d'un stage de six mois, et sans avis du Conseil supérieur de la Magistrature, était contraire au principe constitutionnel d'indépendance des juges garanti par la Constitution. Dans cette affaire, le juge constitutionnel sénégalais a censuré la loi organique modifiant le statut de la magistrature visant à instaurer un pouvoir discrétionnaire de nomination des magistrats du ministre de la Justice. Toutefois, il convient de préciser que les juges ne sauront être des électrons libres de système institutionnel. Le système juridictionnel est un sous-système du système institutionnel. D'ailleurs le pouvoir judiciaire qu'ont préconisé LOCKE et MONTESQUIEU n'entraine nullement une sublimation de l'institution judiciaire[1239].

La plupart des lois étaient d'origine gouvernementale ou plus précisément d'émanation de la volonté du Président de la République du fait du système monocratique faisant du Président de la République

---

1235 T. S. RENOUX, *Le Conseil constitutionnel et l'autorité judiciaire*, Paris, Economica-PUAM, 1984, p. 54.

1236 Loi organique N° 94-60 du 09 août 1994 complétant la loi organique N° 92-25 du 30 mai 1992, *JORS* du 08 octobre 1994, p. 444.

1237 Cons. const., Décision N° 2010-10 QPC, cons. 3 ; Cons. const., Décision N° 2010-76 QPC, cons. 8 *in* L. FAVOREU et L. PHILIP, *Les grandes décisions du Conseil constitutionnel, op. cit.*, p. 43.

1238 I. M. FALL (dir.), *Les décisions et avis du Conseil constitutionnel. Rassemblés et commentés, op. cit.*, pp. 115-117.

1239 J. D. BREDIN, « Un gouvernement des juges ? », *Pouvoirs*, N°68, 1994 p. 79.

la clé de voute des institutions. L'indépendance d'esprit des juges n'était pas garantie d'autant qu'ils pouvaient subir l'influence du ministère public, lui-même sous les instructions du ministre de la Justice qui pouvait recevoir lui, des ordres du Président de République dans le but d'orienter les réquisitions du ministère public dans le sens voulu. Néanmoins, « la liberté de la parole » semblait prévaloir sur « la plume », et la Cour a eu à rendre quelques décisions qui du reste sont techniquement assez satisfaisantes même si elles sont limitées aux rapports entre l'exécutif et le législatif[1240].

À titre comparatif, on peut citer le modèle espagnol et italien en la matière[1241]. Dans ces pays, même si le Président de la République préside le Conseil supérieur de la Magistrature, il ne nomme pas les juges. Dans l'avant-projet de Constitution de la Commission nationale de Réforme des Institutions, il est proposé que le président de la Cour constitutionnelle soit le président du Conseil supérieur de la Magistrature[1242]. L'inamovibilité recherchée et qui justifie par ailleurs l'institution du Conseil supérieur de la Magistrature, est entamée par les textes eux-mêmes. L'article 5 al 2 de la loi organique n° 92-27 du 30 mai 1992 modifiée portant statut des magistrats[1243] permet de déplacer les magistrats après avis du Conseil supérieur de la Magistrature pour des raisons liées à la nécessité du service de la justice. Le Professeur A. B. FALL[1244] voit dans cette disposition un moyen de neutraliser les juges qui ne cèdent pas à l'influence du pouvoir politique. Si les juges sénégalais ne se trouvent généralement pas dans cette situation, il n'en demeure pas moins que la nomination des intérimaires affaiblit considérablement l'indépendance des juges se trouvant dans cette situation. Pourtant, le principe de l'inamovibilité des magistrats est un principe constitutionnel[1245]. Telle était l'option de la Commission nationale de Réforme des Institutions dans l'avant-projet de Constitution. Il proposé que le magistrat du siège est inamovible et qu'il ne peut être

---

1240 Voir J. M. NZOUANKEU, *La Constitution sénégalaise commentée*, Dakar, Bibliothèque de l'autodidacte, Volume II, pp. 101-104.

1241 Voir N. MERLY, « Le chef de l'État et l'autorité judiciaire sous la Ve République », *RDP*, 1997, p. 729.

1242 Article 106.

1243 Loi 92-27 du 30 mai 1992 portant statut des magistrats modifiée par la loi organique 2008-36, *JORS*, N° 6420 (spécial) du 8 août 2008, p. 773.

1244 A. B. FALL, «Le juge, le justiciable et les pouvoirs publics : Pour une appréciation concrète de la place du juge dans les systèmes politiques africains », *op. cit.*, p. 331.

1245 Article 90 de la constitution du 22 janvier 2001.

déplacé qu'à sa demande ou par nécessité du service dûment constatée par le Conseil supérieur de la Magistrature[1246]. C'est dans la mise en œuvre de l'article 5 de la loi organique portant statut des magistrats qu'il a été donné de relever un contentieux portant sur l'indépendance du juge. Il en est ainsi de l'affaire opposant le ministre de la Justice, Garde des sceaux et aux magistrats Mbacké FALL et Cheikh NDIAYE[1247]. Les faits de l'espèce méritent d'être rappelés. Dans cette affaire rendue en sections réunies, il s'agissait de deux décrets du Président de la République l'un nommant Mbacké FALL, précédemment juge intérimaire, procureur de la République par intérim au tribunal régional de Kolda pour une période de trois ans, et l'autre détachant Cheikh NDIAYE auprès du ministère de l'Enseignement supérieur. Il convient de signaler que le déplacement du sieur FALL à Kolda a été décidé sur le fondement l'article 68 al 2 de la loi organique portant statut des magistrats. Ce texte prévoit que « si le nombre de magistrats disponible dans la juridiction ne permet pas de combler toutes les vacances de postes d'emploi, le service peut être assuré par un intérimaire choisi parmi les magistrats des cours et tribunaux »[1248]. Le Conseil d'État, fut saisi de deux recours pour excès de pouvoir des concernés visant l'annulation des deux décrets modifiant leur lieu d'affectation. Le juge procéda à la jonction des requêtes et annula les deux décrets. Mais le ministre introduisit une requête en rabat de l'arrêt contre la décision rendue par la deuxième section du Conseil d'État et demande en même temps le sursis à exécution de la décision du juge. Dans son argumentaire, il invoqua d'une part un moyen d'ordre public tiré de l'inexistence légale de la formation juridictionnelle qui a rendu la décision et d'autre part il estima que les magistrats étaient informés de la décision et que les nécessités du service permettaient le déplacement des deux magistrats.

Dans ce recours en rabat d'arrêt, qui est « un recours exceptionnel qui affecte le principe de l'intangibilité des décisions de justice »[1249], le juge devait dire si la décision de la deuxième section du Conseil d'État était entachée d'un vice procédure et si les décrets attaqués avaient été bien déterminés par les nécessités de service à l'origine du déplacement

---

[1246] Article 105 de l'avant-projet de Constitution.

[1247] M. NGAIDE, « Le principe de l'inamovibilité des magistrats devant le Conseil d'État du Sénégal », Note sous CE Sections réunies, N° 02/2002 du 18 avril 2002, *Nouvelles Annales africaines,* Dakar, CREDILA, 2009, pp. 511-551.

[1248] ACCPUF, Bulletin N° 7, *L'indépendance des juges,* novembre 2006, p. 83.

[1249] E. H. MBODJ, « La mise à mort du rabat d'arrêt. Observations s/c Conseil constitutionnel : 23 juin 1993 », *Lex,* N° 274 du 16 juillet 1993, p. 1.

des deux magistrats. Dans sa réponse, le juge rejette le moyen fondé sur la demande de sursis à exécution de la décision du juge. Par ailleurs, il estime que d'une part, une erreur grave a été commise par la deuxième section du Conseil d'État. Selon la motivation du Conseil d'État, *« la division d'une juridiction en formation de jugement ou la création de formations supplémentaires relève de la loi ou du décret »*. Il faut rappeler qu'aux termes de l'article 67 de la Constitution du 22 janvier 2001, la création de nouveaux ordres de juridiction relève du législateur. C'est sur la base de cette règle de répartition des compétences que l'article 12 de la loi n° 99-72 du 17 février 1999 disposait : « Le Conseil d'État comprend deux sections composées chacune d'un président de section, de conseillers d'État, de conseillers référendaires et d'auditeurs »[1250]. Dès lors, le juge a considéré qu'au regard de ces différents textes, la répartition des compétences entre les formations juridictionnelles ne pouvait être opérée par la note de service n° 99-07 du 16 juin 1999 édictée par le président de la juridiction ; qu'il en résulte que la décision prise se trouve entachée d'un vice de procédure d'une gravité exceptionnelle qui a affecté la solution donnée au litige. D'autre part, sur le fond, le juge considère que les décrets du Président de la République n'ont pas méconnu le principe de l'inamovibilité des magistrats[1251]. Cette affaire interpelle le juge pour qu'il se prononce sur les rapports sensibles entre le pouvoir exécutif et le pouvoir judiciaire. Il en résulte une banalisation du principe constitutionnel de l'inamovibilité des magistrats du siège[1252]. La consécration constitutionnelle d'un tel principe est considérée comme « la technique d'investiture d'un emploi public selon laquelle la personne qui en bénéficie ne peut être désinvestie que sur sa demande ou par l'atteinte à la limite d'âge sous réserve d'une désinvestiture disciplinaire »[1253]. Cet arrêt montre que les juges sénégalais peuvent être sous les menaces du pouvoir exécutif et de ce fait ils ne jouissent pas d'une réelle indépendance. Même si ce constat est nuancé par le Président Abdoulaye WADE, qui précisait qu'« on pense

[1250] Loi N° 99-72 du 17 février 1999, *JORS*, N° 5845, p. 812.

[1251] M. NGAIDE, « Le principe de l'inamovibilité des magistrats devant le Conseil d'État du Sénégal. Note sous CE Sections réunies, N° 02/2002 du 18 avril 2002 », précité, pp. 549-550.

[1252] M. NGAIDE, « Le principe de l'inamovibilité des magistrats devant le Conseil d'État du Sénégal. Note sous CE Sections réunies, N° 02/2002 du 18 avril 2002 », *op. cit.*, p. 538.

[1253] LAVIGNE cité par M. NGAIDE, « Le principe de l'inamovibilité des magistrats devant le Conseil d'État du Sénégal. Note sous CE Sections réunies, N° 02/2002 du 18 avril 2002 », *op. cit.*, p. 522.

généralement l'indépendance de la justice par rapport à l'exécutif, alors qu'il y a beaucoup d'autres contraintes »[1254]. La décision du Conseil constitutionnel n°1/C/2024 du 15 février 2024 est une parfaite illustration de la pression que peuvent subir les juges lorsqu'ils rendent une décision en défaveur des acteurs politiques. Cette décision qui protège rigoureusement les dispositions constitutionnelles intangibles qui régissent la durée du mandat du Président de la République a alimenté une vive polémique, même parmi les esprits les plus avertis en la matière qui feignaient royalement d'ignorer la jurisprudence antérieure du Conseil constitutionnel[1255]. Pourtant, l'on pouvait comprendre, au moins, et c'est ce qu'on attendait d'un « juriste sérieux » et qui se dit « spécialiste », que la vérité judiciaire ne doit pas être « à la remorque du débat politique ». C'était une question de « minimum d'honnêteté intellectuelle ». Dans un passé récent, déjà, un auteur mettait en garde les commentateurs des décisions du Conseil en ses termes « Lorsque l'on se mêle de parler de la question en termes "scientifiques", il faut évidemment éviter de tomber dans le piège des raisonnements sommaires et des alternatives simplistes »[1256]. Certaines prises de position de thuriféraires et autres flagorneurs sectaires des auteurs du projet de loi constitutionnelle invalidé et du décret annulé, allergiques à toute pensée différente de la leur, insensibles à l'esprit de la démocratie ont désagréablement ramené le débat au « ras des pâquerettes » allant jusqu'à accuser les membres du Conseil constitutionnel de corruption et, pour « noyer le poisson », proposer la suppression de l'Institution. Fort heureusement, des citoyens indignés, de tous horizons[1257], des démocrates sincères et exigeants[1258], ont répondu à ces « avocats du diable » qui, au prix de mille et une contorsions et de coups de force théoriques prétendument « constitutionnels », prenaient un malin plaisir à dénigrer la magistrature dans son ensemble.

1254 Voir *Le Soleil* du Mardi 10 novembre 2010.

1255 Sur l'état de la jurisprudence antérieure du Conseil en la matière, voir M. DIAKHATE, « Le contrôle des lois de révision constitutionnelle (l'état de la jurisprudence du Conseil constitutionnel du Sénégal), CERACLE mars 2024.

1256 A. SALL, « Interprétation normative et norme interprétative : à propos des décisions du Conseil constitutionnel ».

1257 Voir B. VATIER et J.P. JEAN, « Un rayon de soleil qui perce à travers un ciel noir et tourmenté », La Lettre de la CIB, mars 2024 ; D. DARLAN, « L'ESPOIR », Sud Quotidien, n° 9223 du jeudi 28 mars 2024.

1258 M. KAMARA, « Contribution au débat sur la manipulation du processus de l'élection présidentielle », CERACLE, mars 2024.

En plus de la dégradation du statut formel des juges constitutionnels, le constat est établi que les conditions matérielles de ces derniers ne sont pas des meilleures.

B- La déficience des conditions matérielles

Selon le juge Kéba MBAYE l'indépendance de la justice est tributaire des ressources financières[1259].

La condition financière des juges atteste une dépendance de ceux-ci envers le pouvoir exécutif détenteur des cordons de la bourse, même s'il y a un mieux en matière de rémunération des magistrats. Cette donne peut être perçue comme une méfiance des autorités politiques envers les autorités judiciaires. La condition financière des juges y compris celle des juges constitutionnels est souvent déterminée par le pouvoir exécutif. L'insuffisance des ressources financières allouées au ministère de la Justice entame l'indépendance des juges. Ce ministère ne reçoit qu'une faible part du budget[1260]. D'ailleurs, le rapport de la francophonie de 2010[1261] sur l'état des pratiques de la démocratie, des droits et des libertés dans l'espace francophone a dénoncé le manque de ressources financières et matérielles des juridictions africaines de l'espace francophone. Cette situation est autant alarmante qu'elle appelle aux yeux des observateurs de la francophonie, des mesures d'urgence visant à pallier ces insuffisances. En effet, la modicité des budgets des institutions judiciaires africaines et la vétusté de leurs locaux sont les principaux maux qui gangrènent le fonctionnement de la justice.

Toutefois, l'indépendance des juges doit résulter en réalité de la volonté de ceux-ci. Les juges doivent résister aux pressions et tentations des politiques et des citoyens. À ce propos, le Professeur Serigne DIOP écrit : « le débat autour de l'indépendance d'institutions est un débat difficile parce qu'au-delà des statuts juridiques, le problème en dernier ressort est un problème d'hommes. Des textes juridiques n'ont jamais assuré une indépendance à quelqu'un disposé à la dépendance, à la corruption. À l'inverse, un homme conscient des exigences de son métier

---

1259 K. MBAYE, « Droits de l'homme et pays en développement. Humanité et droit international », *Mélanges René Jean Dupuy*, Paris, Pedone, 1991, p. 215.

1260 D. SY, « La condition du juge en Afrique : L'exemple du Sénégal » *in Les défis des droits fondamentaux,* Actes des deuxièmes journées scientifiques du réseau droits fondamentaux de l'Agence universitaire de la Francophonie (AUF) tenus à Québec du 29 septembre au 2 octobre 1999, AUPELF-Uref éd. Bruylant/AUF 2000, p. 365.

1261 Rapport de 2010 sur l'état des pratiques de la démocratie, des droits et des libertés dans l'espace francophone, Bamako, dix ans après, 2000-2010, *op. cit.*, pp. 31 et s.

conservera jalousement son indépendance, même dans l'insuffisance de l'environnement juridique »[1262]. La doctrine identifie un certain nombre de paramètres qui conditionnent l'indépendance des juges. Ceux-ci renvoient, selon l'auteur aux intérêts, à l'autorité des juges, mais aussi au soutien de l'institution elle-même pour que les justiciables puissent être assurés de trouver un juge impartial dans les circonstances les plus délicates[1263].

Cependant, il existe un autre domaine dans lequel, le fonctionnement de la justice constitutionnelle fait ressentir des carences. Il s'agit de la mise en œuvre des règles de compétences.

Paragraphe II : La problématique des règles de compétences

La compétence est le principal support de la fonction de juger qui « consiste à dire le droit »[1264]. En effet, c'est d'elle que se déduit l'aptitude des juges à connaître des affaires soumises à eux. Seulement, la compétence peut être dévolue aux juges suivant deux modalités. En effet, la compétence des juges peut emprunter une forme de droit commun ou revêtir la forme d'une compétence d'attribution. Dans le système sénégalais de protection juridictionnelle de l'ordre constitutionnel la compétence des juges demeure une compétence d'attribution (A), celle-ci étant limitativement énumérée par les textes. Ce qui, du point de vue du droit constitutionnel jurisprudentiel entraine un certain nombre de conséquences (B).

A- La compétence d'attribution

L'étude de la compétence d'attribution des juges chargés d'assurer la protection juridictionnelle de l'ordre constitutionnel montre que celle-ci a un contenu (I). En outre, dans le cadre de l'exécution de leurs missions, les juges se font une représentation de cette compétence d'attribution en lui imprimant une certaine signification (II).

I- Le contenu de la compétence d'attribution

Le Conseil constitutionnel et la chambre administrative de la Cour suprême disposent d'une compétence d'attribution en matière constitutionnelle. En effet, la compétence d'attribution, selon Georges VEDEL

[1262] S. DIOP, « Justice du politique au Sénégal », *op. cit.*, p. 191.

[1263] M. JOEL, *La réforme de la justice en Afrique noire,* Thèse pour le doctorat en droit, Paris, Pedone, 1963, p. 98.

[1264] R. CARRE de MALBERG, *Contribution à la théorie générale de l'État,* Tome I, « Les éléments constitutifs de l'État », Réédition, Paris, Dalloz, 2007, p. 704.

est celle d'un « tribunal compétent en vertu d'un texte exprès pour statuer sur telle ou telle catégorie de litiges »[1265].

La compétence d'attribution délimite les compétences respectives des organes juridictionnels par la fixation des frontières entre celles-ci[1266]. Ainsi la compétence d'attribution dans le domaine du contrôle de constitutionnalité des lois, signifie-t-elle la prohibition ferme de toute forme de contrôle de constitutionnalité des lois dans les cas autres que ceux prévus par les textes[1267].

Le Conseil constitutionnel dispose donc d'une compétence d'attribution sur le fondement de la Constitution et de la loi organique qui régit son fonctionnement. Il en est de même de la chambre administrative de la Cour suprême. Le fondement constitutionnel des compétences d'attribution en matière constitutionnelle de ces deux juridictions est l'article 92 de la Constitution du 22 janvier 2001 modifiée par la loi constitutionnelle n° 2008-34 qui a réinstauré la Cour suprême[1268].

Ce texte fait du Conseil constitutionnel juge de la constitutionnalité des lois et des engagements internationaux, des conflits de compétence entre l'exécutif et le législatif et de l'exception d'inconstitutionnalité des lois. Il est également juge des élections nationales et du référendum[1269].

Systématisant cette compétence du Conseil constitutionnel, F. MBODJ[1270] identifie génériquement trois domaines formellement attribués au Conseil constitutionnel par la Constitution et la loi organique n° 92-23. Il s'agit selon lui d'une mission de contrôle en vue de garantir l'expression du suffrage, une mission de contrôle de l'activité normative du pouvoir législatif ou même de l'exécutif et une mission de contrôle de constitutionnalité des conventions internationales. De même, faisant de la Cour suprême le juge en premier et dernier ressort de l'excès de pouvoir des autorités administratives, le constituant délimite la compétence en ce qui concerne le contrôle de légalité (constitutionnalité) des actes administratifs.

1265 G. VEDEL, *Droit administratif,* Paris, PUF, 9e édition, 1984, p. 596.

1266 Voir G. JEZE, « Essai de la théorie générale de la compétence », *RDP,* 1923, p. 58.

1267 D. de BACHILLON, « Élargir la saisine du Conseil constitutionnel », *Pouvoirs,* N°105, 2003, p. 113.

1268 *J.O.R.S,* N° 6420 du 8 août 2008, p. 755.

1269 Voir I. Y. NDIAYE, « Le Conseil constitutionnel sénégalais », *Nouveaux Cahiers du Conseil constitutionnel, op. cit.*, p. 77.

1270 F. MBODJ, « Les compétences du Conseil constitutionnel à l'épreuve des saisines. Quelques remarques sur le pouvoir jurisprudentiel du juge constitutionnel sénégalais », *op. cit.*, p. 11.

La compétence d'attribution est le socle sur lequel repose l'activité des juges pour dire le droit. Même si elle est statique, elle est le point de départ de toute œuvre d'interprétation dans le sens de dire le droit. D'ailleurs, I. M. FALL estime que « la compétence d'attribution est statiquement définie, c'est le juge lui-même qui doit y mettre un contenu dynamique. Autrement dit, toutes les juridictions constitutionnelles disposent simplement d'une compétence d'attribution. La différence entre ces juridictions réside dans les interprétations qu'elles font des compétences d'attribution »[1271].

Cependant, si la compétence d'attribution peut subir l'influence de l'interprétation des juges, ce qui est intéressant à ce niveau c'est de cerner l'attitude du juge face à la compétence d'attribution. Dans l'ensemble, du comportement du juge, il peut se révéler deux attitudes : une, dite « attentiste » restrictive, que la doctrine nomme « l'attachement au culte des textes » et une autre dynamique qui cherche à se libérer des contraintes des textes fixant la compétence d'attribution. Du premier cas, ressortent en quelque sorte des « dénis de justice constitutionnelle » alors que du second un « excès de pouvoir de pouvoir constitutionnel » de la part des juges[1272].

II- Une interprétation restrictive de la compétence d'attribution

L'attitude des juges de la constitutionnalité face aux demandes des justiciables révèle une interprétation restrictive de la compétence d'attribution à eux conférée par les textes. En d'autres termes, il n'y a pas une exploitation de toutes les possibilités juridictionnelles offertes par les textes aux juges. L'interprétation minimaliste de la compétence d'attribution par les juges sénégalais de la constitutionnalité s'inscrit à contre-courant de la théorie réaliste de l'interprétation[1273].

Les déclarations répétitives d'incompétence, à tout le moins que l'on constatait de la part du Conseil constitutionnel, sont le signe d'une retenue cantonnant le juge dans un domaine matériel précis. Ce cantonnement excessif du juge constitutionnel se traduit par la prévalence de la

---

1271 I. M. FALL, *Évolution constitutionnelle du Sénégal de la veille de l'indépendance aux élections de 2007, op. cit.*, pp. 72 et s.

1272 P. BLACHER, « Le Conseil constitutionnel en fait-il trop ? », *Pouvoirs,* N°105, 2003, p. 19.

1273 Voir M. TROPER, «Justice constitutionnelle et démocratie », *RFDC,* N°1, 1990, p. 31.

fonction juridictionnelle[1274] sur la fonction jurisprudentielle[1275]. La fonction juridictionnelle se limite à trancher les litiges en application des règles fixées à l'avance, en revanche, la fonction jurisprudentielle s'analyse en un pouvoir de création des règles par le juge[1276]. Il y a là un déplacement de la responsabilité des déclarations d'incompétence des juges vers les justiciables qui n'auraient pas cerné correctement la pertinence des attributions du Conseil constitutionnel par rapport aux faits qui sous-tendent leurs demandes[1277]. La clause de style qu'il opposait aux justiciables chaque fois qu'il estimait que leurs demandes ne sont pas pertinentes à l'aune de sa compétence d'attribution est : *« Considérant que le Conseil constitutionnel est une juridiction d'attribution dont la compétence est strictement délimitée par les textes qui le régissent et qu'il ne saurait se prononcer que sur les cas expressément* prévus *par ces textes »*[1278]. L'incompétence traduit l'inaptitude juridique du juge à connaître des litiges qui seraient en dehors de son champ d'attribution. Ce faisant, l'organe juridictionnel estime qu'il n'est pas habilité au regard des textes qui fixent sa compétence pour connaître du litige. Ainsi, dans sa décision relative à la composition du bureau de l'Assemblée nationale, suite aux élections législatives de 2012, le Conseil constitutionnel rappelle que sa compétence est strictement délimitée par les textes, en l'occurrence la Constitution et la loi organique sur le Conseil constitutionnel, que de ce fait, il ne saurait intervenir en dehors de celle-ci. Dans cette affaire, le

---

[1274] R. CARRE. De MALBERG estime que la fonction juridictionnelle n'a d'autre objet que d'appliquer aux espèces concrètes soumises aux tribunaux les règles posées par les lois. De cette précision, l'auteur déduit une dépendance du pouvoir juridictionnel au pouvoir exécutif, lequel comprendrait deux branches : l'administration et la justice. R. CARRE. De MALBERG, *Contribution à la théorie générale de l'État,* Tome I, « Les éléments constitutifs de l'État », *op. cit.,* pp. 691-692.

[1275] La fonction jurisprudentielle renvoie à l'obligation pour le juge constitutionnel de dépasser l'application systématique des textes et de définir la signification et la portée de la norme qu'il applique, sauf à commettre un déni de justice. Cf. M. BERNARD et M. VERPEAUX, *Contentieux constitutionnel des droits fondamentaux,* Paris, LGDJ, 2002, p. 516.

[1276] Sur la distinction de ces deux dimensions de la fonction de juger, voir D. LINOTTE, « Le déclin du pouvoir jurisprudentiel et l'ascension du pouvoir juridictionnel », *AJDA*, 1980, p. 631.

[1277] F. MBODJ, « Les compétences du Conseil constitutionnel à l'épreuve des saisines. Quelques remarques sur le pouvoir jurisprudentiel du juge constitutionnel sénégalais », *op. cit.*, pp. 15-16.

[1278] I. M. FALL, *Évolution constitutionnelle du Sénégal de la veille de l'indépendance aux élections de 2007, op. cit.*, pp. 72 et s.

Conseil constitutionnel était saisi par 18 députés à l'Assemblée nationale par l'office de maître Abdoulaye BABOU d'une requête visant à déclarer nulle et de nul effet la délibération de l'élection des membres du bureau de l'Assemblée nationale constatée par les procès-verbaux en date du 30 juillet 2012. Le Conseil constitutionnel dans sa réponse, rappelle que ses compétences fixées par l'article 92 de la Constitution du 22 janvier 2001. Il constate, que la délibération sur l'élection des membres du bureau de l'Assemblée nationale déférée devant sa juridiction pour contrôle de constitutionnalité ne peut constituer en soi « une mesure législative » comme le soutiennent les requérants, ni a fortiori une loi. Ensuite, il précise qu'il ne tient ni de la Constitution, ni de la loi organique le pouvoir de statuer sur l'élection des membres du bureau de l'Assemblée nationale. Ainsi, après avoir déclaré la requête recevable, le Conseil constitutionnel décide qu'il *« n'a pas compétence pour statuer sur la demande tendant à l'annulation de la délibération sur l'élection du bureau de l'Assemblée nationale »*[1279]. Cette décision illustre la conception minimaliste de la compétence d'attribution et son attachement au culte des textes[1280]. Pourtant, dans cette matière qui garantit à l'opposition l'exercice de ses prérogatives, le juge constitutionnel béninois procède d'une tout autre manière. Il a fait preuve d'audace dans sa décision du 8 juillet 2009. Dans cette affaire, le juge constitutionnel béninois déclare : *« Le choix des députés appelés à siéger à l'Assemblée nationale en tant que corps, à animer les organes de gestion ou à siéger au sein des autres institutions de l'État, doit se faire selon le principe constitutionnel de la représentation proportionnelle majorité/minorité »*[1281].

La compétence d'attribution, il convient de le rappeler est le point de départ de toute œuvre d'interprétation du juge dans le sens de dire le droit. Certaines juridictions constitutionnelles, comme le Conseil constitutionnel français[1282], la Cour suprême des États-Unis[1283] et

---

[1279] Cons. const., séance du 16 août 2012, affaire N°1/C/2012, précité.

[1280] Cette conception de la compétence d'attribution est aussi remarquable dans l'affaire relative à la levée de l'immunité parlementaire de Monsieur Khalifa Ababacar SALL, Voir *Recueil des décisions du Conseil constitutionnel 1993-2019, Conseil constitutionnel*, 2020, pp. 611-613. Il en est de même dans l'affaire relative à la levée de l'immunité parlementaire de Ousmane SONKO. Voir décision N°1/C/2021 du 17 mars 2021.

[1281] Cour const., Décision N° 09-002 DCC du 8 juillet 2009.

[1282] P. ARDANT, *Institutions politiques et Droit constitutionnel*, *op. cit.*, pp. 132 et s.

[1283] E. ZOLLER, « Splendeurs et misères du constitutionnalisme. Les enseignements de l'expérience américaine », *op. cit.*, pp. 160 et s.

même la Cour constitutionnelle du Bénin[1284], disposent toutes de compétences d'attribution qui, pourtant, ne les ont pas empêchées d'affirmer leur pouvoir jurisprudentiel affirmé au point de susciter une réflexion doctrinale agitant l'idée d'un « spectre de gouvernement des juges »[1285]. À titre d'exemple, la Cour constitutionnelle du Bénin dans sa décision DCC 09-087 du 13 août 2009, précise qu'en matière de droits de l'homme, sa compétence *« va au-delà des lois et règlements pour couvrir tout acte, fait, tout comportement de quelque nature et de qui que ce soit, d'où que cela provienne : citoyen, administration, organe juridictionnel y compris la Cour suprême et la Haute Cour de Justice »*[1286]. Toutefois, cette juridiction a eu à préciser que la compétence consiste à exercer le contrôle de constitutionnalité et non le contrôle de la légalité. C'est pourquoi, elle s'est déclarée incompétente pour donner des injonctions aux autorités judiciaires en vue de la libération d'individus incarcérés et la restitution de leurs biens.

Dans le contentieux administratif de constitutionnalité, la conception minimaliste de la compétence du juge se ressent à travers le contrôle minimum de la réalité de l'existence des notions telles l'intérêt général ou l'ordre public. La volonté du juge de ne pas serrer l'étau du contrôle est manifeste. Ces concepts pas clairement définis sont privilégiés sur les droits et libertés constitutionnels des citoyens[1287].

La compétence d'attribution en elle-même est un facteur limitatif de la jurisprudence constitutionnelle, à cela s'ajoute le fait que le juge affiche une attitude « timorée », statique, face à cette compétence d'attribution.

A- Les conséquences de la compétence d'attribution

Des conséquences de la compétence d'attribution, il résulte des dénis de justice[1288]. En effet, la répétition des décisions d'incompétence entraine un « contentieux » sans juge. Il s'ensuit alors une violation de

---

[1284] M. M. AIDARA, « Le juge constitutionnel africain et le contrôle des lois portant révision de la Constitution : contribution à un débat », *Afrilex,* 2011.

[1285] C. EMERI, « Gouvernement des juges ou véto des sages » ? *RDP,* 1990, pp. 335 et s.

[1286] Décision DCC N° 09-87 du 13 août 2009, inédit.

[1287] A. B. FALL, « Le juge, et justiciable et les pouvoirs publics. Pour une appréciation concrète de la place du juge dans les systèmes juridiques africains », *op. cit.*, p. 329.

[1288] F. MELIN-SOUCRAMANIEN, « Du déni de justice constitutionnelle en droit public français », *in Mélanges en l'honneur de Louis Favoreu,* Paris, Dalloz, 2007, pp. 277-290.

la Constitution qui a souvent pour corollaire de saper les fondements de la démocratie et une violation des droits et libertés des citoyens. Ces dénis de justice se manifestent par une immunité juridictionnelle des lois constitutionnelles et référendaires (I) mais aussi d'actes de forme législative portant manifestement atteinte à l'ordre constitutionnel et dont aucun juge n'est porté à en connaître (II).

III- L'immunité juridictionnelle des lois constitutionnelles et référendaires

Dans le système sénégalais de protection juridictionnelle de l'ordre constitutionnel, certaines lois échappent au contrôle de la juridiction constitutionnelle. Le Conseil constitutionnel, du fait de la compétence d'attribution et de l'interprétation qu'il fait de celle-ci, écarte du domaine du contrôle de la constitutionnalité les lois constitutionnelles (a) et les lois référendaires (b).

a- Les lois constitutionnelles

L'ordre constitutionnel, instrument de garantie de l'État de droit, incarne certaines valeurs dont le juge est chargé de la protection. Cet ordre détermine ainsi la manière de gouverner. En effet, la forme de gouvernement doit être constante afin d'éviter une altération des compétences des organes constitutionnels[1289]. Toutefois, l'ordre constitutionnel nécessitant une adaptation à l'évolution changeante de la société dont elle est la traduction normative. Se pose alors la problématique du rapport entre le juge constitutionnel et les lois de révision constitutionnelle, définies comme des lois ayant pour objet de modifier une Constitution existante[1290].

Au Sénégal, la pratique jurisprudentielle montre que l'attitude du juge de la constitutionnalité s'inscrit dans la tradition jurisprudentielle française[1291] de refus d'exercer le contrôle de régularité des lois portant

[1289] Voir E. H. MBODJ, « Le Sénégal, un régime présidentiel hétérodoxe », *Presses de l'Institut d'Études politiques de Toulouse,* 1995, p. 163.

[1290] P. J. QUILLIEN, *Lexique de droit public*, Coll. « Les lexiques », Paris, Ellipses, 2005, p. 265.

[1291] Cons. const., Décision N° 2003- 469 DC du 26 mars 2003, RDP, 2003, p. 364 commentaire J. ROBERT ; Cons. const., Décision N° 2003- 469 DC du 26 mars 2003, *in* L. FAVOREU et L. PHILIP, *Les grandes décisions du Conseil constitutionnel, op. cit.*, pp. 305. Dans cette décision, le Conseil constitutionnel français lève les ambigüités nées de la décision de N° 92-312 DC du 2 septembre 1992 *Maastricht II* dans laquelle il affirmait que « *le pouvoir constituant est souverain* » mais « *sous réserve des limitations touchant aux périodes au cours desquelles une révision de la*

révision constitutionnelle. La compétence d'attribution à laquelle se greffe une interprétation restrictive de celle-ci pousse le juge à ne pas se prononcer sur l'encadrement juridique des lois constitutionnelles. La qualité constitutionnelle d'une loi suffit au juge pour décliner sa compétence. En effet, à l'occasion, le juge rappelle que sa compétence est une compétence d'attribution et que celle-ci ne l'autorise pas à se prononcer sur la régularité de cette catégorie de loi. Les lois constitutionnelles dont il question sont dans la majeure partie l'œuvre du pouvoir constituant dérivé, qui plus est strictement encadré dans sa mobilisation. Ainsi, contre toute attente, au Sénégal, les lois constitutionnelles bénéficient d'une « injusticiabilité »[1292] de fait. Celle-ci peut être décelée pendant la période d'exercice du pouvoir par les Présidents SENGHOR, DIOUF, et WADE. À titre illustratif, en 1998, le Conseil constitutionnel fut saisi par un groupe de députés contestant la régularité de la loi constitutionnelle supprimant le quart bloquant et la limitation du mandat du Président de la République dont ils estimaient qu'elle violait la Constitution et le Règlement intérieur de l'Assemblée nationale. Le Conseil constitutionnel, après avoir déclaré la requête recevable, rappelle que sa compétence est une compétence d'attribution et que la loi attaquée est une loi constitutionnelle dont le contrôle ne figure pas au nombre des compétences attribuées à lui par les textes. Dans cette même vision, le Conseil constitutionnel a rappelé, sa compétence d'attribution en 2003 dans le recours visant la loi constitutionnelle portant création du Conseil de la République pour les Affaires économiques et sociales. Entre autres griefs, les saisissants

---

*Constitution ne peut être engagée ou poursuivie, qui résulte des articles 7, 16, 89 alinéa 4 du texte constitutionnel et, d'autre part le respect des prescriptions du cinquième alinéa de l'article 89 en vertu desquelles la forme républicaine du gouvernement ne peut faire l'objet d'une révision ».*L. FAVOREU et L. PHILIP estiment que la position du Conseil dans la décision N° 2003- 469 DC du 26 mars 2003 est un retrait par rapport à celle adoptée dans *Maastricht II*. Voir L. FAVOREU et L. PHILIP, *Les grandes décisions du Conseil constitutionnel, op. cit.*, pp. 311. Les motifs du repli du Conseil sont cependant exprimés par J. E. SCHOETTL qui estime que « se reconnaître compétent sans habilitation expresse du constituant, pour contrôler une révision constitutionnelle adoptée par le Congrès pourrait être interprété comme un véritable coup d'État du juge constitutionnel. (...) se reconnaître compétent pour connaître une loi constitutionnelle, n'est-ce pas, pour le Conseil, s'exposer à juste titre à l'accusation de « gouvernement des juges », *LPA*, 08 avril 2003 cité par L. FAVOREU et L. PHILIP, *Les grandes décisions du Conseil constitutionnel, op. cit.*, pp. 312.

[1292] L. FAVOREU, « L'injusticiabilité des lois constitutionnelles », *RFDC,* N° 4, 2003, p. 792.

avaient invoqué la violation des droits constitutionnels de l'opposition, reconnus par le préambule et garantis par les articles 58 et 103 de la Constitution du 22 janvier 2001 suite au refus du Président de l'Assemblée nationale de leur donner la parole lors de l'examen de la loi constitutionnelle portant création du Conseil de la République pour les Affaires économiques et sociales. Dans sa décision, le juge a estimé que *« la compétence du Conseil constitutionnel est délimitée par la Constitution ; qu'elle n'est susceptible d'être précisée et complétée que par une loi organique dans le respect des principes posés par la Constitution ; que le Conseil constitutionnel ne saurait être appelé à se prononcer dans d'autres cas que ceux qui sont expressément fixés par ces textes »*. Le Conseil poursuit sa motivation en précisant que *« l'alinéa premier de l'article 92 de la Constitution et l'article premier de la loi organique susvisée donnent compétence au Conseil constitutionnel pour connaître de la constitutionnalité des lois ; que le Conseil ne tient de ces textes ni d'aucune autre disposition de la Constitution et de la loi organique, le pouvoir de statuer sur une loi constitutionnelle ; qu'il résulte de ce qui précède que le Conseil constitutionnel n'a pas compétence pour statuer sur la demande susvisée par laquelle les députés requérants lui défèrent, aux fins d'appréciation de sa conformité à la Constitution, la loi portant révision de la Constitution relative à l'institution d'un Conseil de la République pour les Affaires économiques et sociales, votée à l'Assemblée nationale le 09 mai 2003 »*[1293]. Le moins que l'on puisse dire est qu'il y avait là une violation manifeste de l'un des attributs constitutionnels de l'opposition[1294] par le Président de l'Assemblée nationale, pourtant sensé garantir l'égalité des membres de l'institution. Dans cette affaire, l'on se demande si le juge ne pouvait pas soulever d'office des moyens d'ordre public. En effet les députés de la majorité n'étant pas les seules délégataires de la souveraineté nationale, l'adoption de la loi constitutionnelle par eux seuls par le truchement de l'attitude du Président de l'hémicycle envers les députés de l'opposition faisait douter de la procédure d'adoption de ladite loi. Cette jurisprudence s'inscrit à contre-courant de celle de la Cour

---

[1293] I. M. FALL (dir.), *Les décisions et avis du Conseil constitutionnel du Sénégal. Rassemblés et commentés, op. cit.*, pp. 469-470.

[1294] B. GUEYE, « La démocratie en Afrique : succès et résistances », *Pouvoirs*, N° 129, p. 10 ; E. H. MBODJ, « Les garanties et éventuels statuts de l'opposition en Afrique », *Actes de la quatrième réunion préparatoire au symposium de Bamako,* « La vie politique », Paris, mai 2000, p. 2 ; B. GUEYE, La démocratie en Afrique : succès et résistances, *Pouvoirs*, N° 129, p. 10.

constitutionnelle du Bénin qui a estimé dans sa décision du 8 juillet 2006 que l'adoption de la loi querellée en l'absence de secrétaires élus constitue une violation du droit[1295].

La compétence d'attribution fut également opposée aux saisissants dans la l'affaire relative à la loi constitutionnelle portant prorogation du mandat des députés. Les requérants d'alors contestaient la régularité de la loi et même la vraie qualité constitutionnelle de la loi qu'ils qualifiaient de « fausse loi constitutionnelle ». Malgré la pertinence des arguments des requérants, la décision du juge fut impitoyable à l'égard des saisissants. De la solution du juge, il ressort que la loi querellée est une loi constitutionnelle et que cette nature lui confère une immunité juridictionnelle et par suite, une incompétence du juge[1296]. Au demeurant, l'objet de la loi contestée était de réviser l'article 60 de la Constitution qui fixe la durée du mandat des députés. À cette fin, elle dispose : « par dérogation à alinéa 1er de l'article 60 de la Constitution, le mandat des députés élus à l'issue des élections du 29 avril 2001 est prorogé pour être renouvelé le même jour que l'élection présidentielle ». Ce texte ne révisait pas réellement l'article 60 de la Constitution du 22 janvier 2001, mais simplement le priver d'effet pendant une durée bien déterminée. Ainsi, comme le fait remarquer I. M. FALL, la loi ne répond pas aux standards d'une loi constitutionnelle. Cette loi ne laisse pas des traces dans l'ordre constitutionnel, par conséquent ne remplit la condition matérielle d'une loi de révision constitutionnelle qui a vocation de substituer une ou plusieurs dispositions constitutionnelles à une ou plusieurs autres dispositions constitutionnelles[1297]. Dès lors, des doutes pouvaient être raisonnablement émis sur la vraie qualité constitutionnelle de la loi contestée, censée être l'œuvre du pouvoir constituant dérivé. La révision de la Constitution qui est l'œuvre du pouvoir constituant dérivé ou institué, intervient en cours d'évolution du régime constitutionnel pour modifier la Constitution dans les formes qu'elle a prescrites. Comme on le voit, le pouvoir constituant dérivé qui est institué, conditionné et limité, est chargé d'apporter des retouches à la Constitution afin de l'adapter aux besoins de changement exprimés par le régime

---

[1295] B. COULIBALEY, « La neutralisation du parlement constituant (à propos de la décision N° 06-74 DCC du 8 juillet 2006 de la Cour constitutionnelle du Bénin) », *RDP*, N°5, 2009, p. 1493.

[1296] I. M. FALL (dir.), *Les décisions et avis du Conseil constitutionnel du Sénégal. Rassemblés et commentés, op. cit.*, pp. 491-492.

[1297] Obs. I. M. FALL, *in* I. M. FALL (dir.), *Les décisions et avis du Conseil constitutionnel du Sénégal. Rassemblés et commentés, op. cit.*, pp. 495.

politique[1298]. Cependant, rien de tel dans la loi déférée au Conseil constitutionnel. Celle-ci laisse intact l'ordre constitutionnel, elle ne s'intègre pas dans ce dernier. En l'espèce, je juge s'est référé à la procédure d'adoption de la loi pour la qualifier constitutionnelle, nonobstant un détournement éventuel de procédure. En effet, du point de vue de la procédure d'adoption, la loi constitutionnelle est une loi adoptée suivant une procédure solennelle distincte de la procédure d'adoption des lois ordinaires et de celle des lois organiques.

La Constitution sénégalaise du 22 janvier 2001 prévoit deux procédures d'adoption des lois constitutionnelles : d'une part, l'article 51 de la Constitution permet au Président de la République après avoir recueilli l'avis de l'Assemblée nationale et du Conseil constitutionnel, de soumettre au référendum tout projet de loi constitutionnelle, et d'autre part, l'article 103 de la Constitution permet l'adoption d'une loi d'origine parlementaire (proposition de loi) ou d'origine présidentielle (projet de loi) visant à réviser la Constitution. Seulement la procédure de l'article 103 de la Constitution, suivie en l'espèce par le constituant pose une double exigence procédurale de l'adoption et de l'approbation. Lors de la phase d'adoption, l'Assemblée nationale se prononce sur le texte par un vote soumis aux règles de la procédure législative ordinaire. Après l'adoption, aux termes des dispositions de l'article 103 de la Constitution, « la révision est définitive après avoir été approuvée par référendum ». Cette règle signifie que la validation de la loi constitutionnelle est en principe acquise lorsque le peuple l'approuve par un référendum. Cependant, l'article 103 de la Constitution pose une exception à cette règle en prévoyant que « toutefois le projet ou la proposition n'est pas présenté au référendum lorsque le Président de la République décide de le soumettre à la seule Assemblée nationale. Dans ce cas, le projet ou la proposition n'est approuvé que s'il réunit la majorité des 3/5 des membres composant l'Assemblée nationale ». Pour assurer la sauvegarde de la solennité de l'opération de révision de la Constitution par l'alourdissement et la complexification de la procédure, les dispositions de l'article 103 de Constitution font ressortir une nette différence entre le régime juridique de l'adoption et celui de l'approbation. Dans l'espèce, l'Assemblée nationale va procéder par une fusion des étapes ainsi décrites de la procédure de révision de la Constitution. Une

---

[1298] E. H. MBODJ, « De la recevabilité de la candidature de Me WADE pour un troisième mandat : Faux débat politique ou vrai casse-tête constitutionnel ?», *op. cit.*, p. 4.

telle fusion sera d'ailleurs validée par le Conseil constitutionnel, qui rejeta le moyen tiré de la violation de la procédure prévue par l'article 103 de la Constitution, en considérant : *« (...) dans le cas de la révision de la Constitution par la seule Assemblée nationale, le vote à la majorité qualifiée des trois cinquièmes réalise à la fois l'adoption et l'approbation de la loi »*[1299].

En 2009, la loi constitutionnelle n° 01/2009 du 2 janvier 2009 instituant le poste de Vice-président de la République[1300] a été contestée par l'opposition. Là aussi, la solidité des moyens n'a pas pu peser lourd sur la balance en contrepoids de la compétence d'attribution du juge. La violation de l'article 26 de la Constitution exclusivement consacré au Président de la République qui a prêté le serment prévu à l'article 37, et la remise en cause de la cohérence et de la logique de la délégation initiale des pouvoirs du Président de la République, et par suite, « une profanation voire une dénaturation des institutions constitutionnelles » étaient invoquées. À l'appui de leur recours, les requérants soutenaient aussi que la procédure du Congrès mise en œuvre par le Président de la République pour l'examen du projet de loi constitutionnelle instituant le poste de Vice-président était irrégulière et entachée de nullité, en ce que le Règlement du Congrès n'a pas était soumis au contrôle obligatoire de constitutionnalité prévu par l'article 62 de la Constitution du 22 janvier 2001. Le juge, dans sa réponse, se déclare incompétent en se fondant sur sa compétence d'attribution, et rappelant au passage les pouvoirs et les limites du constituant dérivé. Pour le juge constitutionnel *« le pouvoir constituant est souverain ; qu'il lui est loisible d'abroger, de modifier ou de compléter les dispositions de valeurs constitutionnelles dans la forme qu'il estime appropriée ; qu'ainsi, rien ne s'oppose à ce qu'il introduise dans le texte de la Constitution des dispositions nouvelles qui dérogent implicitement ou expressément à une règle ou à un principe de valeur constitutionnelle sous réserve, d'une part des limitations touchant aux périodes au cours desquelles une révision de la Constitution ne peut être engagée ou poursuivie qui résultent des articles 40 et 52 de la Constitution et, d'autre part, des prescriptions*

1299 Voir obs. I. M. FALL, *in* I. M. FALL (dir.), *Les décisions et avis du Conseil constitutionnel du Sénégal. Rassemblés et commentés, op. cit.*, pp. 496-498.

1300 *JORS,* N° 6475 (spécial), Vendredi 19 juin 2009, pp. 651-652.

du sixième alinéa de l'article 103 susvisé en vertu desquelles "la forme républicaine" de l'État ne peut faire l'objet d'une révision »[1301].

Le raisonnement du juge dans cette affaire est minimaliste. L'évocation des limites du pouvoir constituant dérivé va de soi. Même si, d'après la formule de Jean Jacques ROUSSEAU, le « peuple est toujours maître de changer ses lois, même les meilleures »[1302], par le biais de ses représentants ou par lui-même. Étant «la « bouche de la loi » ou plus précisément « la bouche de la Constitution », le juge constitutionnel est astreint dans son office à ne se référer qu'au respect de l'ordre constitutionnel. Il en est ainsi du respect des limites prescrites par la Constitution qui devraient en toute logique être prises en compte par le constituant dérivé dans la procédure de révision de la Constitution. De surcroît, les lois constitutionnelles en Afrique en général, et au Sénégal en particulier, sont des enjeux de pouvoir[1303]. Elles sont un moyen de conservation du pouvoir[1304]. Les *leaders* politiques qui accèdent au pouvoir sont souvent portés à instrumentaliser l'ordre constitutionnel afin de rester au sommet de l'État[1305]. Le propos de I. M. FALL résume partiellement cet état de fait. Il écrit : « … la révision de la Constitution est perçue tantôt comme un outil de modernisation politique tantôt comme un instrument de conservation du pouvoir par les régimes successifs ; en tous les cas un levier de gouvernement. Ni révérence, ni fétichisme envers la Constitution, juste un respect de raisonnable qui succombe aux désidératas des gouvernants »[1306].

L'instrumentalisation politique de la Constitution au détriment de cohérence juridique est décrite par El Hadj MBODJ qui, lors d'une conférence initiée par les cadres de l'A.F.P. (Alliance des Forces de Progrès) sur le thème « la Constitution à l'épreuve de la gestion libérale » parle d'un « jeu de massacre » qui a entrainé un « recul de la

---

[1301] Cons. const., Séance du 18 juillet 2009, Affaire N° 2/C/2009, *JORS,* N° 6475 (spécial), Vendredi 19 juin 2009, pp. 652-653.

[1302] Cité par J. GICQUEL et J. E. GICQUEL, *Droit constitutionnel et institutions politiques*, Paris, Montchrestien, 21e édition, 2007, p. 180.

[1303] J. L. ANTAGANA-AMAGOU, « Les révisions constitutionnelles dans le nouveau constitutionnalisme africain », *Politeia,* N° 7, Printemps, 2007, pp. 582-622.

[1304] A. LOADA, « La limitation du nombre de mandats présidentiels en Afrique francophone », *Afrilex,* N° 3, 2003, pp. 139-174.

[1305] Voir E. H. MBODJ, *La succession du chef d'État en droit constitutionnel africain (analyse juridique et impact politique), op. cit.*, p. 427.

[1306] I. M. FALL, *Les révisions constitutionnelles au Sénégal. Révisions consolidantes et révision déconsolidantes de la démocratie sénégalaise, op. cit.*, p. 58.

démocratie »[1307]. Il met en exergue le boycott des responsables du pouvoir libéral de l'époque lors d'une conférence continentale sur les Constitutions africaines, à l'issue de laquelle les trois plus mauvais États cités en matière de mal gouvernance constitutionnelle étaient le Sénégal, Zimbabwe et l'Algérie. Face à cette saisie du constitutionnalisme par la politique[1308], peut-on conclure que l'intervention du juge dans l'encadrement des lois constitutionnelles est problématique ? Si l'intervention du juge constitutionnel n'est pas justifiée dans les systèmes démocratiques, la retenue du juge sénégalais à l'égard de cette catégorie de norme dont l'édiction s'inscrit souvent dans « une logique de conservation du pouvoir »[1309] est contestable. Quand les acteurs politiques utilisent les dispositions de la Constitution à des fins politiques pour empêcher la dévolution démocratique du pouvoir, la passivité du juge relève alors d'un déni de justice.

Les juges constitutionnels béninois et maliens s'érigent pourtant en remparts contre les manipulations politiciennes de l'ordre constitutionnel[1310]. Le rôle de régulation du fonctionnement régulier des pouvoirs publics et de protection des droits fondamentaux sont autant de règles et principes qui peuvent guider l'action du juge pour contrôler le pouvoir constituant dérivé. Ainsi, au Mali la Cour constitutionnelle dans son arrêt n° 01-128 du 12 décembre 2001 a déclaré inconstitutionnel le texte publié au journal officiel en vue de sa soumission au référendum pour discordance avec le texte voté par l'Assemblée nationale[1311]. Au Tchad, le Conseil constitutionnel dans sa décision du n° 001/CC/SG/04 du 11 juin 2004 a invalidé la révision constitutionnelle initiée par les députés et approuvée par le référendum du 06 juin 2005[1312].

[1307] *Le Populaire,* N° 2723, 23 décembre 2008, p. 4.

[1308] J. du Bois de GAUDUSSON, « Défense et illustration du constitutionnalisme après quinze ans de pratique du pouvoir », *op. cit.*, p. 627.

[1309] I.M. FALL, « Sénégal : une démocratie "ancienne" en mal de réformer ». Rapport sur l'État de la démocratie et la participation politique au Sénégal, *op. cit.*, p. 57.

[1310] M. M. AIDARA, « Le juge constitutionnel africain et le contrôle des lois portant révision de la Constitution : contribution à un débat », *Afrilex,* 2011.

[1311] S. BOLLE « Le contrôle prétorien de la révision au Mali et au Tchad : un mirage ? » *Revue béninoise des sciences juridiques et administratives (R. B. S. J. A),* N° 17, décembre 2006, p. 7.

[1312] S. BOLLE « Le contrôle prétorien de la révision au Mali et au Tchad : un mirage ? », *op. cit.*, p. 8.

L'injusticiabilité des lois constitutionnelles révèle d'un déni de justice. Ces derniers se manifestent également à travers le sort que le juge constitutionnel réserve aux lois référendaires.

b- Les lois référendaires

La loi référendaire est une loi constitutionnelle, organique ou ordinaire adoptée par le peuple par la voie du référendum[1313]. Le contentieux juridictionnel des lois référendaires a, dès les débuts de la Vème République, préoccupé aussi bien les politiques que les juristes. En effet, dans la décision de 1962, le Conseil constitutionnel, saisi par le Président du Sénat, Gaston MONNERVILLE, à propos de la loi relative à l'élection du Président de la République au suffrage universel direct, a considéré que *« si l'article 61 de la Constitution donne au Conseil constitutionnel mission d'apprécier la conformité à la Constitution des lois organiques et des lois ordinaires qui, respectivement, doivent ou peuvent être soumises à son examen, sans préciser si cette compétence s'étend à l'ensemble des textes de caractère législatif, qu'ils aient été adoptés par le peuple à la suite d'un référendum ou qu'ils aient été votés par le parlement, ou si, au contraire, elle est limitée seulement à cette dernière catégorie, il résulte de l'esprit de la Constitution qui a fait du Conseil constitutionnel un organe régulateur de l'activité des pouvoirs publics que les lois que la Constitution a entendu viser dans son article 61 sont uniquement les lois votées par le parlement et non point celles qui, adoptées par le peuple à la suite d'un référendum, constituent l'expression directe de la souveraineté nationale »*[1314]. Cette décision, critiquée par une large partie de la doctrine, consacrait ainsi le principe de l'injusticiabilité de la loi référendaire dans le système juridique français. C'est ce principe que l'on retrouve dans les systèmes juridiques des États africains de tradition française, en particulier au Sénégal où la voie référendaire est le procédé de droit commun d'adoption d'une nouvelle Constitution[1315]. Celles du 7 mars 1963 et du 22 janvier 2001 ont été adoptées par référendum. Il faut toutefois relever qu'avant celle de 2016, seule la loi

[1313] P. J. QUILLIEN, *Lexique de droit public*, *op. cit.*, p. 269.

[1314] Cons. const., Décision N° 29-20 DC du 6 novembre 1962, *in* L. FAVOREU et L. PHILIP, *Les grandes décisions du Conseil constitutionnel*, *op. cit.*, pp. 29 et s.

[1315] I. M. FALL, *Évolution constitutionnelle du Sénégal de la veille de l'indépendance aux élections de 2007*, *op. cit*, p. 90.

du 26 février 1970 portant révision de la Constitution été adoptée par voie référendaire[1316].

Le juge de l'excès de pouvoir, saisi aux fins de se prononcer sur la régularité de la décision du Président de la République de recourir au référendum, a estimé que la décision contestée est un acte de gouvernement, insusceptible de recours pour excès de pouvoir[1317]. Le Conseil constitutionnel, saisi par un groupe de 16 députés aux fins « de dire et de juger que l'article 46 de la Constitution est inapplicable en l'espèce et qu'en conséquence, la procédure à suivre doit être celle prévue par l'article 89 de la Constitution ». À l'appui de cette requête, les parlementaires soutenaient que, le Président de la République en décidant de soumettre directement un projet de Constitution au référendum, « commet un détournement de procédure » et empiète en conséquence « sur la compétence de l'Assemblée nationale et du Sénat ». Dans sa réponse, le Conseil constitutionnel devait préciser que «*« la législation sénégalaise ne contient aucune disposition constitutionnelle ou légale conférant au Conseil constitutionnel compétence pour statuer sur les recours dirigés contre les décisions prises en matière de référendum par le Président de la République ; qu'au surplus, il n'existe pas en l'espèce un conflit de compétence entre le pouvoir exécutif et le pouvoir législatif, comme le soutiennent les requérants ; dès lors le recours dont est saisi le Conseil constitutionnel échappe à sa compétence »*[1318]. Il est évident que l'adoption de la Constitution du 22 janvier 2001 par la voie référendaire était problématique. Au moins, l'on s'attendait à ce que le juge se prononçât sur la régularité de la procédure. Sur ce point, ni la voie contentieuse, ni la voie consultative n'ont permis d'exercer un contrôle rigoureux. Pourtant, le procédé apparaissait comme un « détournement de procédure »[1319] que le juge constitutionnel devait sanctionner. La démarche de la Cour constitutionnelle sud-africaine est tout à fait différente. Dans la décision *homologation de la Constitution de 1991,* le juge constitutionnel sud-africain s'est assigné une mission de contrôle de constitutionnalité du texte constitutionnel. À ce titre, Xavier PHILIPPE

[1316] I. M. FALL, *Les révisions constitutionnelles au Sénégal. Révisions consolidantes et révisions déconsolidantes de la démocratie sénégalaise, op. cit.*, p. 45.

[1317] Voir C.E, arrêt N° 1/2000 du 4 janvier 2001 inédit.

[1318] Cons. const., Affaire N° 6/C/2000 du 2 janvier 2001, *in* I. M. FALL (dir.), *Les décisions et avis du Conseil constitutionnel du Sénégal. Rassemblés et commentés, op. cit.*, p. 401.

[1319] E. H. MBODJ, « Préface », *in*. M. FALL, *Les textes constitutionnels du Sénégal de 1959 à 2007*, *op. cit*., pp. 11-12.

écrit : « Il ne s'agissait pas à proprement parler d'un contrôle de "supra-constitutionnalité" mais plutôt du respect par le texte final de la fidélité au principe constitutionnel adopté au début du processus »[1320].

Le fait de conférer une immunité juridictionnelle à une loi pour le simple fait qu'elle est adoptée par le peuple traduit une conception minimaliste de la compétence du juge. D'ailleurs la démocratie n'est-elle pas le règne du droit ?[1321] La discrimination établie par le juge entre les lois votées par le Parlement et les lois votées par peuple ne résulte pas expressément d'une disposition constitutionnelle[1322]. Les modalités d'expression de la souveraineté nationale (parlementaire ou référendaire) ne sont pas hiérarchisées par le constituant. L'incompétence du juge constitutionnel reposant sur un critère organique n'est pas aussi convaincante. L'article 3 de la Constitution sénégalaise du 22 janvier 2001 place au même statut dans la hiérarchie de normes l'exercice de la souveraineté par le peuple ou par ses représentants. Seulement, en droit constitutionnel sénégalais, la voie parlementaire est une alternative à la voie référendaire. D'ailleurs dans cette perspective, le juge constitutionnel français admet la modification de la loi référendaire par la loi parlementaire[1323]. La discrimination ainsi établie sur le seul fondement de l'organe émetteur de l'acte pour appuyer la thèse la « souveraineté sans réserve »[1324] est discutable. La matière, objet de la norme permet, elle aussi d'établir une hiérarchie entre les lois[1325]. Les lois s'insèrent dans l'ordre juridique en fonction de leur origine mais aussi suivant leur nature, ordinaire, organique ou constitutionnelle. D'ailleurs cette vision est partagée par les constituants et les juges constitutionnels béninois, gabonais, malien et français qui ont aménagé

[1320] X. PHILIPPE, « La démocratie sud-africaine : un modèle ? », *op. cit.*, p. 161.

[1321] G. GURVITCH cité par D. F. MELEDJE, « L'État de droit, nouveau nom du constitutionnalisme en Afrique ? Réflexions autour des voyages d'un concept symbolique », *Mélanges en l'honneur de Maurice AHANHANZO-GLELE, La Constitution béninoise du 11 décembre 1990 : un modèle pour l'Afrique ?,* Paris, L'Harmattan, 2014, p. 627.

[1322] P. BLACHER, « Le Conseil constitutionnel en fait-il trop ? », *op. cit.*, p. 24.

[1323] Cons. const., Décision N° 76-65 DC du 14 juin 1976, *Rec.*, p. 28 et N° 89-265 DC du janvier 1990, *Rec.*, p. 12.

[1324] X. PRETOT, « Le Bloc de constitutionnalité », *JurisClasseur administratif,* Fasc. 1418, 16 juin 2010, p. 8 (actualisé par P. JAN).

[1325] G. BURDEAUX, *Droit constitutionnel et Institutions politiques*, L.G.D.J, 1963, p. 111.

une procédure de contrôle de la loi référendaire[1326]. En effet, dans ces systèmes juridiques pour que la loi référendaire soit régulière il faut qu'elle respecte l'itinéraire et les exigences fixées par l'ordre constitutionnel, expression du pouvoir constituant originaire.

En dehors de l'immunité juridictionnelle conférée par le juge à ces normes, les dénis de justice se prolongent dans l'existence d'actes de forme législative faisant grief et contraires à l'ordre constitutionnel mais qui ne sont soumis au contrôle d'aucun juge.

I- L'injusticiabilité des actes de forme législative faisant grief

Il s'agit de la pratique normative des autorités détentrices de la souveraineté nationale consistant à édiction des actes portant atteintes aux droits et libertés constitutionnels mais qui ne sont soumis à aucun juge[1327]. Ces actes sont soustraits de la compétence d'attribution du Conseil constitutionnel. Les titulaires des droits et libertés violés éprouvent ainsi des difficultés à s'adresser à un juge. Dans l'absolu, cette situation est contraire aux engagements internationaux du Sénégal qui a ratifié certains instruments juridiques internationaux[1328] qui prévoient l'accès à un juge pour les citoyens, comme étant un droit dont ces derniers doivent pouvoir jouir. La compétence d'attribution des juges de la constitutionnalité fait que le champ de leur contrôle ne couvre pas cette catégorie d'actes. Ces actes peuvent affecter des droits constitutionnels sans pour autant être soumis au contrôle du juge. Tel est le cas des résolutions de mise en accusation du Président de République et des membres du gouvernement (a), ainsi que des actes de destitution des membres du Parlement (b).

a- La non-justiciabilité des résolutions de mise en accusation

La procédure de mise en accusation du Président de la République et des membres du gouvernement doit être mise en œuvre dans les conditions fixées par la Constitution. Au Sénégal, en cas de haute trahison, le Président de la République ne peut être mise en accusation que par l'Assemblée nationale, statuant par un vote au scrutin secret, à

[1326] H. AKEREKORO, « L'exercice de la souveraineté nationale reconnue au peuple dans le constitutionnalisme africain », *op. cit.*, pp. 32-33.

[1327] D. DOKHAN, *Les limites du contrôle de constitutionnalité des actes législatifs*, Paris, LGDJ, EJA, 2001, pp. 12 et s.

[1328] Il s'agit notamment de l'article 2 du pacte international relatif aux droits civils et politiques de 1966, de l'article 7 de Charte africaine des droits de l'Homme et des Peuples de 1986.

la majorité des trois cinquième des membres la composant[1329]. Le Premier ministre et les autres membres du gouvernement, sont pénalement responsables des actes commis dans l'exercice de leurs fonctions et qualifiés de crimes ou de délits au moment où ils ont été commis. Dans ce cas, la procédure de l'alinéa 1er de l'article 101 de la Constitution relative à la responsabilité du Président de la République s'applique[1330]. Ainsi, M. Idrissa SECK poursuivit en juillet 2005 dans des conditions procédurales fort contestables. Il était reproché à M. SECK de menacer la sécurité de l'État et de mal gérer les ressources financières destinées aux travaux d'infrastructures de la ville de Thiès dont il était Maire[1331]. Toutefois, la procédure enclenchée ne semblait pas respecter les exigences fixées par l'ordre constitutionnel en termes de majorité requise pour que le vote de l'acte de mise en accusation soit régulier. En effet, l'article 101 de la Constitution du 22 janvier 2001 prévoit que la résolution de mise en accusation doit être votée à la majorité qualifiée des membres de l'Assemblée nationale, alors que la loi organique sur la Haute Cour de Justice prévoit que les membres de l'Assemblée nationale faisant partie de la Haute Cour de justice ne prennent part ni aux débats ni aux votes de la résolution de mise en accusation[1332]. Cependant, la même loi organique renvoie aux conditions fixées par l'article 101 de la Constitution pour le vote de la résolution de mise en accusation. Un débat était posé lors du vote de la résolution de la mise en accusation, le 5 août 2005du Premier ministre Idrissa SECK : à combien de députés doit être évalué le nombre de députés constitutifs de la majorité qualifiée nécessaire à la validation de la résolution de mise en accusation ? Plus exactement, comme s'interroge I. M. FALL[1333], il était question de savoir si cette majorité était susceptible de variation, suite à la désignation de certains députés comme membres de Haute Cour de Justice, ne pouvant pas rendre part au vote. En réalité, il s'agissait de dire si les députés désignés membres de ladite Cour pouvaient être juges et parties ? Le décompte de la majorité des 3/5 pouvait-il faire l'objet d'un ajustement du seuil,

---

1329 Article 101 al. 1 de la Constitution du 22 janvier 2001.

1330 Article 101 al. 2 de la Constitution du 22 janvier 2001.

1331 Voir G. HESSELING, « Le Sénat du Sénégal : une attraction secondaire », *op. cit.*, p. 14

1332 Article 18 de la loi organique N° 2002-10 du 22 février 2002 portant loi organique sur la Haute Cour de Justice modifiée.

1333 I. M. FALL, *L'évolution constitutionnelle du Sénégal de la veille de l'indépendance aux élections de 2007, op. cit.*, p. 118.

compte tenu du nombre de députés membres de Cour ne pouvant pas prendre part au vote ?

La majorité qualifiée exigée par le constituant est prédéfinie et « non susceptible de variation arithmétique contingente »[1334]. Il n'est pas question des trois cinquième des votants ou des présents, mais « des membres composants l'Assemblée nationale »[1335]. Celle-ci étant composée de cent vingt (120) députés, la proportion des trois cinquième est égale soixante-douze (72) députés. Les mêmes règles sont prévues par le Constituant français à propos de responsabilité du Président de la République. En France, la destitution du Président de la République est prononcée par l'Assemblée nationale constituée en Haute Cour de Justice[1336]. La résolution de l'Assemblée nationale, visant à prononcer la destitution doit être votée à la majorité des deux tiers (2/3) composant l'Assemblée nationale. Toute délégation de vote est interdite. Seuls sont recensés les votes favorables à la proposition de réunion de la Haute Cour de Justice ou à la destitution[1337].

La résolution portant mise en accusation devant la Haute Cour de Justice des Messieurs Idrissa SECK et Lamine BA, fut adoptée à 69 voix[1338] alors que les exigences de l'ordre constitutionnel voudraient que cette majorité qualifiée s'élève à 72 voix[1339], celle-ci étant non susceptible de glissement ou de variation. Dans ce cas de figure, les parlementaires se sont référés à l'article 18[1340] de la loi organique alors que les exigences de l'article 101 de la Constitution devaient primer sur celles de la loi organique. Il s'en est suivi là une violation de l'ordre constitutionnel mais dont le Conseil constitutionnel n'aurait pas sanctionné à cause de la conception étroite qu'il se fait de ses attributions.

[1334] I. M. FALL, *L'évolution constitutionnelle du Sénégal de la veille de l'indépendance aux élections de 2007, op. cit.*, p. 119.

[1335] Article 101 de la Constitution du 22 janvier 2001.

[1336] Article 68 al. 1 de la Constitution du 04 octobre 1958.

[1337] Article 68 al. 4 de la Constitution du 04 octobre 1958.

[1338] Résolution N° 03/2005, AN Xème législature.

[1339] Soit les 3/5 des membres de l'Assemblée nationale composée de 120 députés.

[1340] Ce texte qui prévoit la soustraction des membres de l'Assemblée nationale à la procédure de mise en accusation ramène le nombre de parlementaires pour l'adoption de la résolution à 112 députés, soit une majorité de 67 voix.

b- La non-justiciabilité des décisions de destitution des parlementaires

En dehors des cas prévus par le Code électoral qui dispose : « sera déchu de plein droit de son mandat de député celui qui après la proclamation des résultats et l'expiration du délai des recours, ou qui, pendant son mandat, se trouvera dans un cas d'inéligibilité prévu par le présent Code »[1341], et le Règlement intérieur de l'Assemblée nationale[1342], l'ordre constitutionnel pose des conditions qui président à la cessation de la fonction des parlementaires. En effet, dans la Constitution sénégalaise du 22 janvier 2001, il est prévu la déchéance automatique de son mandat, tout député qui démissionne de son parti en cours de législature[1343]. En cas de déchéance prévue par le Code électoral, celle-ci est constatée par le Conseil constitutionnel à la requête du bureau de l'Assemblée nationale ou du Président de la République[1344]. Seulement, ni le constituant, ni le législateur, à travers les dispositions du Code électoral, n'ont prévu une procédure juridictionnelle de constatation de la déchéance prévue par l'article 60 de la Constitution. De ce vide juridique, résulte la non-justiciabilité des décisions de destitution des parlementaires, dont le Conseil constitutionnel, en vertu de sa compétence d'attribution, ne saurait examiner la constitutionnalité.

La destitution des députés Moustapha Cissé LO, de Mbaye NDIAYE et autres de l'hémicycle en 2009 aurait pu constituer un cas de figure de dénis de justice caractéristiques des compétences d'attribution du Conseil constitutionnel[1345]. La cessation prématurée du mandat d'un député est prévue par l'article 60 al.4 de la Constitution. Aux termes de ce texte « tout député qui démissionne de son parti est automatiquement déchu de son mandat ». Cette disposition vise en quelque sorte à lutter contre la transhumance. En effet, les hommes politiques qui perdent le pouvoir en Afrique en général, et au Sénégal en particulier pratiquent la transhumance, c'est-à-dire qu'ils vont la recherche des « près herbeux » du parti qui est au pouvoir. La disposition de l'article 60 de la Constitution du 22 janvier 2001 est en quelque sorte une clause constitutionnelle visant à moraliser la vie politique. La destitution de

[1341] Article LO 158 du Code électoral précité.

[1342] Article 7 du Règlement intérieur de l'Assemblée nationale.

[1343] Article 60 de la Constitution du 22 janvier 2001.

[1344] Article LO 192 al. 2 du Code électoral précité.

[1345] I. M. FALL, *Les révisions constitutionnelles au Sénégal. Révisions consolidantes et révisions déconsolidantes de la démocratie sénégalaise, op. cit.*, p. 50, note 123.

Mbaye NDIAYE et autres entrainant la perte de leur qualité de parlementaire n'est pas intervenue dans les cas fixés par l'ordre constitutionnel. Ceux-ci n'ayant en aucun cas présenté ni leur démission du Parti Démocratique Sénégalais, ni pratiqué la transhumance. Leur seule démission du groupe majoritaire au Parlement ne pouvait pas être assimilée à une démission de leur parti. Seulement, les intéressés n'avaient introduit aucun recours en vue de contester leur exclusion, mais tout porte à croire qu'un tel recours porté devant le Conseil constitutionnel aurait peu de chances d'aboutir bien évidemment à cause de la compétence d'attribution, et de la conception que s'en est faite le juge constitutionnel.

En République Démocratique du Congo, dans l'*arrêt Olivier Kamitatu et consorts*, le juge constitutionnel a eu à se prononcer sur la demande de déchéance des membres du Parlement de leur mandat. Un groupe de députés et de sénateurs ainsi des membres des bureaux respectifs de l'Assemblée nationale et du Sénat de transition ayant été limogés par les organes dirigeants de leur parti politique (le Mouvement de Libération du Congo-MLC) « pour haute trahison et vagabondage politique ». Dans cette affaire, la Cour suprême de justice a estimé *« ... qu'un député ou un sénateur qui n'appartient plus à une composante ou à une entité mentionnée dans l'Annexe I B de l'Accord global inclusif ou un membre du bureau de l'une ou de l'autre chambre du parlement qui n'appartient plus à une composante ou à une entité mentionnée dans la même annexe, ne peut continuer à siéger comme député ou sénateur et à exercer ses fonctions »*[1346]. La Cour estime que l'éviction d'un parlementaire de sa formation politique emporte son mandat parlementaire obtenu par suite de cette formation. Dans cette affaire, le juge congolais s'est prononcé sur la déchéance des membres du Parlement. Ce faisant, le juge privilégiant les impératifs de stabilités d'équilibre et d'équité, faisait prévaloir l'Annexe sur les stipulations de l'Accord et de la Constitution de transition, contraignant ainsi M. KAMITATU à céder son perchoir à un autre membre du MLC. Il ressort ainsi de l'arrêt de la Cour, que la Constitution de transition, instrument juridique de la transition, est subordonnée pour sa légitimité et sa validité normative à la lettre et à l'esprit de l'Accord global et

[1346] C.S. J, R, Conso 28T /TSR, Requête en interprétation des articles 99, 102, 105 et 108 de la Constitution de transition, 24 février 2006, § 6, 6e feuillet ; *J.O.R.D.C,* N° spécial, 28 décembre 2005, pp. 1-3, § 6, 6e feuillet.

inclusif, instrument politique de la transition qui lui est supérieur[1347]. Au Sénégal, ces actes qui empruntent la forme d'une résolution, échappent à la censure du juge. L'interprétation restrictive de la compétence d'attribution entraine l'existence d'une zone où se déploie en toute liberté une sorte de « raison d'État » attentatoire aux droits constitutionnellement reconnus aux citoyens.

Pourtant, une affaire assez similaire a été soumise au Conseil constitutionnel sénégalais. Il s'agit de la demande de constater la perte de mandat du député Mbaye Jacques DIOP suite à la fusion de son parti avec le Parti Démocratique Sénégalais[1348]. Les requérants estimaient que, puisque M. DIOP, a été élu sous la bannière de son parti, la disparition de celui-ci entrainait de droit la perte de qualité de député. En outre, les requérants soutenaient que cette situation créait un cas d'application de l'article 60 de la Constitution. C'est dans ce sens qu'opine le Professeur Seydou Madani SY quand il écrit : « Sur le fond, le RES a posé un problème juridique intéressant. Il s'agit d'interpréter le sens de l'article 60 alinéa 4 de la Constitution… »[1349]. En réalité, c'est la question relative à la source même du mandat du parlementaire sénégalais qui se posait. Une décision sur le fond de l'affaire pouvait apporter des éclairages sur la source du mandat du parlementaire, de dire si le député tire son mandat de l'investiture à lui faite par son parti, et qu'il doit représenter celui-ci ou si une fois élu, le député é représente la Nation tout entière, abstraction faite de toute attache partisane. Cependant, en l'espèce, le juge constitutionnel privilégie l'autorité de la doctrine de la compétence d'attribution, sur la fonction jurisprudentielle et refuse de se prononcer sur le fond de l'affaire. Dans cette affaire, le juge rappelle aux requérants que la question de droit soumise à lui ne rentre pas dans ses attributions en estimant que *« le Conseil n'a pas compétence que pour constater la déchéance prévue à l'article 60 al 4 de la Constitution ».* À d'autres égards, si le juge s'était prononcé sur le fond de l'affaire, des espérances pouvaient être nourries à ce qu'il apporte des éclairages jurisprudentiels sur la notion de démission. En effet, il était attendu du juge que dise si la fusion du PPC au PDS, peut être analysée comme un acte de démission de M. Mbaye Jacques DIOP

[1347] Voir E. H. MBODJ, « La Constitution de transition et la résolution des conflits : l'exemple de la République Démocratique du Congo », *op. cit.*, pp. 449-451.

[1348] I. M. FALL (dir.), *Les décisions et avis du Conseil constitutionnel. Rassemblés et commentés, op. cit.*, p. 457.

[1349] S. M. SY, *Les régimes politiques sénégalais de l'indépendance à l'alternance politique 1960-2000*, Paris, Iroko-Karthala-CREPOS, 2009, p. 313.

ou un accord entre partis politiques qui n'avait aucun effet sur le mandat de l'élu sous la bannière du PPC. Toutes ces questions furent laissées en suspens du fait de la doctrine que s'est faite le juge de la compétence d'attribution. Néanmoins, une partie de la doctrine opine sur l'absence de démission de M. Mbaye Jacques DIOP. En effet, le Professeur Seydou Madani SY, voit dans l'acte posé par M. DIOP, un accord faisant de lui membre du PDS, et qui ne constitue pas un acte d'infidélité vis-à-vis du PPC, du moment que cette formation politique a accepté de son gré de rejoindre le PDS[1350].

Un autre constat est qu'en dehors des contraintes statutaires qui limitent la protection juridictionnelle de l'ordre constitutionnel, celle-ci est marquée par une inertie due à des considérations liées au contexte politique et socioculturel des juridictions en charge de la protection de l'ordre constitutionnel.

Section II : Le contexte de la protection

L'efficacité de la protection juridictionnelle de l'ordre constitutionnel au Sénégal est tributaire de l'environnement de celle-ci. Diverses pesanteurs pèsent sur celle-ci[1351]. Les relations entre la société politique, la société civile et le juge sont déterminantes pour l'effectivité du principe de constitutionnalité. À l'observation, le contrôle de constitutionnalité est réduit en simple théorie sous l'influence du facteur politique (Paragraphe I). En plus, des facteurs socioculturels n'offrent pas de réelles possibilités de protection juridictionnelle de l'ordre constitutionnel au Sénégal (Paragraphe II).

Paragraphe I : L'influence du facteur politique

Au Sénégal, le contexte politique ne rend pas facile l'intervention du juge de la constitutionnalité des lois. En effet, une faible représentation parlementaire de l'opposition est de nature à mettre en veilleuse le contrôle de constitutionnalité des lois par voie d'action (A), ce qui, du coup, neutralise le principe de constitutionnalité (B).

[1350] S. M. SY, *Les régimes politiques sénégalais de l'indépendance à l'alternance politique 1960-2000*, *op. cit.*, p. 314.
[1351] Voir A. B. FALL, « Le juge constitutionnel, artisan de la démocratie en Afrique ? », Actes du 6e Congrès français de droit constitutionnel », Montpellier, juin 2005.

A- La mise en veilleuse du contrôle de la constitutionnalité des lois

Au Sénégal, la saisine du juge constitutionnel par voie d'action est dévolue seulement au Président de la République et au dixième des membres de l'Assemblée nationale[1352]. Il en résulte que l'exercice du contrôle de la constitutionnalité des lois est l'apanage exclusif des acteurs politiques. Ainsi, dans la pratique, les saisissants étant souvent guidés par des motivations plus politiques que juridiques. Il est évident que les opportunités politiques qui poussent les autorités à saisir le juge ne sont pas faciles à sonder. Mais, il s'agit de constater un fait et essayer de fournir les raisons objectives qui le sous-tendent. Le constat est que sous l'influence du facteur politique, le contrôle de constitutionnalité devient une sorte de « pétard mouillé », pour reprendre le Professeur GICQUEL. En d'autres termes, la pertinence de l'organisation du contrôle de constitutionnalité ne manque pas de se poser si on l'appréhende à l'aune du phénomène majoritaire. L'opposition doit, en toutes circonstances, disposer au moins du dixième des membres de l'Assemblée nationale, pour pouvoir actionner les mécanismes de contrôle de la conformité des lois à la Constitution. Or, il peut arriver que le système électoral en vigueur empêche toute représentation significative de celle-ci au Parlement. Au Sénégal, sur les cent cinquante députés que compte l'Assemblée nationale, quatre-vingt-dix députés sont élus au scrutin majorité à un tour au niveau départemental et les soixante députés restants au scrutin proportionnel au niveau national[1353]. Dans ces conditions, à l'exception des résultats du scrutin pour législatives du 31 juillet 2022, le parti majoritaire détient presque tous les sièges au Parlement et devient ainsi un parti ultra dominant qui rappelle le parti unique[1354]. Ainsi, les lois votées par le Parlement sont d'origine gouvernementale, plus précisément d'inspiration présidentielle, dans leur majeure partie, et les propositions de loi deviennent rares, ou si elles existent sont l'œuvre de la majorité parlementaire. La loi devient plutôt l'expression de la volonté du Président de la République au lieu de celle de la volonté générale[1355]. A tire illustratif, avant la Constitution de 2001, de l'ensemble des textes votés par le Parlement, une seule

---

[1352] Article 74 de la Constitution du 22 janvier 2001.

[1353] Article 1er de l'ordonnance N° 2001-05 du 15 janvier 2001, modifiant l'article LO 139 du Code électoral, *JORS*, N° 5967, p. 84.

[1354] F. ZUCCARELLELI, « Au Sénégal, la démocratie d'un parti ultra dominant », *RJPIC*, N°2, 1966, pp. 285 et s.

[1355] J. du Bois de GAUDUSSON, « Le statut de la justice dans les États d'Afrique francophone », *Afrique contemporaine*, N°156 (spécial), 4e trimestre, 1990, p. 9.

proposition de loi a été recensée. Il s'agit de la loi Moussa MBENGUE adoptée le 19 mai 1976 accordant un statut spécial aux anciens Présidents de la République. Ce constat révèle une version de la personnalisation du pouvoir. Le propos de G. CONAC est donc valable pour le Sénégal quand il écrit : « En Afrique, le maître d'œuvre de la construction de l'État est le chef de l'État. Théoriquement, il n'est pas au-dessus de la loi mais dans une situation qui lui permet de faire légiférer, parfois de légiférer lui-même, et de décider très librement comment les lois seront appliquées et éventuellement inappliquées. Le respect de la Constitution dépend plus de son bon vouloir que de la crainte du juge »[1356]. Cette situation s'amplifie lorsque pour des raisons politiques et de tactique électorale l'opposition boycotte les élections législatives[1357] ou à la suite de celle-ci refuse d'occuper les sièges remportés pour contester la régularité du scrutin[1358]. N'étant pas du tout représentée ou étant insuffisamment représentée à l'Assemblée nationale, elle laisse alors le monopole de la procédure de vérification de la constitutionnalité des lois aux parlementaires de la majorité et au Président de la République, rendant dès lors illusoire la protection juridictionnelle de l'ordre constitutionnel au Sénégal. Le Président de la République, chef du parti majoritaire à l'Assemblée nationale et les députés agissant de concert, ne sauraient invoquer l'inconstitutionnalité d'une loi sans se désavouer. Il est évident donc qu'on ne peut s'attendre à ce que Président de la République attaquât lui-même une loi dont il l'auteur pour inconstitutionnalité. Il en est de même des députés dont l'écrasante majorité appartient à la mouvance présidentielle. La prépondérance du Président de la République sur les parlementaires atteint par ricochet le contrôle de constitutionnalité et freine son développement quantitatif[1359].

À ces données s'ajoute l'allégeance des parlementaires à l'endroit du Président de la République, considéré presque comme un infaillible.

[1356] G. CONAC, « Le juge de l'État en Afrique francophone », *Afrique contemporaine,* N°156 (spécial), 4e trimestre, 1990, p. 14.

[1357] En 2007, l'opposition sénégalaise dite « significative » avait boycotté les élections législatives.

[1358] A la suite des législative de 1983, l'opposition avait refusé comme précédemment annoncé d'occuper les sièges à l'Assemblée nationale en vue de contester les résultats du scrutin. Cheikh Anta DIOP fut considéré comme démissionnaire après constat de son absence et fut remplacé par Babacar NIANG. Voir S. DIOP, « Justice du politique au Sénégal », *op. cit,* p. 189, note 15.

[1359] M. KAMTO, *Pouvoir et droit en Afrique noire, op. cit.*, pp. 444-445.

Contester un acte du Président de la République comporte des conséquences qui peuvent être fâcheuses. Demander l'invalidation d'une loi c'est aller contre la volonté explicite ou implicite du chef de l'État, et ce dernier n'accepte pas d'être soumis à la surveillance juridique. L'analyse critique d'un acte provenant de ses initiatives est ressentie comme une vexation[1360].

De cette mise en veilleuse du contrôle de constitutionnalité, résulte une neutralisation du principe de constitutionnalité.

B- La neutralisation du principe de constitutionnalité

L'absence d'un contrôle de constitutionnalité des lois révèle que le respect du principe de constitutionnalité ne semble pas figurer parmi les priorités des hommes politiques. Le contrôle de constitutionnalité, s'il est mis en œuvre, obéit à des considérations politiques. L'usage peu fréquent du contrôle de constitutionnalité sacrifie le respect de l'ordre constitutionnel à l'autel des intérêts politiques. La mise en veilleuse du contrôle de constitutionnalité des lois entraine l'insertion au sein de l'ordre juridique sénégalais de lois dont l'application est signe d'une violation des droits et libertés des citoyens ou le blocage du fonctionnement des institutions (I), tout de même, certains traités internationaux entrent en vigueur malgré leur incompatibilité avec l'ordre constitutionnel (II).

I- L'entrée en vigueur de lois inconstitutionnelles

L'entrée en vigueur de lois inconstitutionnelles résulte parfois du consensus tactique des saisissants institutionnels qui peuvent préférer de ne point soumettre la loi qui est leur œuvre au contrôle du juge constitutionnel[1361]. À d'autres égards, l'inconstitutionnalité de la loi ne peut se révéler qu'au cours de son application[1362]. C'est ce que la doctrine appelle les inconstitutionnalités virtuelles ou potentielles[1363].

[1360] G. CONAC, « Le juge de l'État en Afrique francophone », *op. cit.*, p. 15.

[1361] I. Y. NDIAYE, « L'accès à la justice constitutionnelle par le citoyen », VI Congrès de l'ACCPUF, Marrakech, 4, 5, 6 juillet 2012, p. 2

[1362] Selon le Professeur Abdoul Aziz DIOUF, l'article 571 du Code de la famille relatif aux successions musulmanes est contraire aux articles 1er et 7 de la Constitution du 22 janvier 2001 qui affirment le principe d'égalité de l'homme et de la femme devant la loi. *Cf.* Abdoul Aziz DIOUF, « L'article 571 du Code la famille, les successions musulmanes et le système juridique sénégalais », *Nouvelles Annales africaines*, Dakar, CREDILA, 2013, pp. 246 et s.

[1363] I. Y. NDIAYE, « L'accès à la justice constitutionnelle par le citoyen », *op. cit.*, p. 3.

Certaines lois inconstitutionnelles entrées en vigueur à cause de l'absence du contrôle de constitutionnalité ont été répertoriées par maître Doudou NDOYE[1364]. Ainsi, au registre des lois inconstitutionnelles entrées en vigueur et qui portent atteinte aux droits et libertés des citoyens il y a la loi n° 64-45 du 17 juin 1964 relative au domaine national[1365]. L'article 3 al. 2 de cette loi nationalise les terres détenues par certains citoyens sans indemnité à défaut d'une demande immatriculation dans un délai de six mois à compter de la date de publication du décret d'application[1366] de la présente loi, sous réserve des dispositions transitoires concernant les demandes d'immatriculation en cours, l'immatriculation des terres déjà mises en valeur, et les terres détenues sous le régime dit « Code civil »[1367]. Pourtant, la propriété foncière était établie selon des règles coutumières que la Constitution du 7 mars 1963, alors en vigueur, n'avait pas abolies, mais s'est contentée de les reprendre à son article 12. Cette disposition constitutionnelle prévoit que le droit de propriété est garanti par la Constitution et qu'il ne peut être porté atteinte à ce droit que dans les cas de nécessité publique légalement constatés sous réserve d'une juste et préalable indemnité. En réalité, si l'option d'une économie socialiste est à la base de cette loi[1368], le procédé juridique ne pouvait être défendu si on l'appréhende à l'aune des exigences de l'ordre constitutionnel. D'abord, le cas de nécessité publique n'était nullement établi pour justifier la nationalisation de façon générale. Le cas de nécessité publique qui justifie l'expropriation doit résulter d'une situation exceptionnelle, elle est circonstancielle et ne saurait en règle s'appliquer à l'ensemble des citoyens et de façon permanente. L'option constitutionnelle sénégalaise en matière de droit de propriété est celle d'un régime libéral. La loi précitée s'inscrit dans une logique contraire sur ce point aux vœux du constituant. En plus, l'absence d'indemnité comporte les stigmates du

[1364] D. NDOYE, « Aperçu sur les grandes questions constitutionnelles au Sénégal », *in Mélanges africaines, Constitutions et Institutions publiques africaines*, EDJA, 2008, p. 377.

[1365] Loi N° 64-45 du 17 juin 1964, *JORS*, N° 3692, p. 905.

[1366] Décret N° 64-573 du 30 juillet 1964 fixant les conditions d'application de la loi N° 64-45 du 17 juin 1964 relative au domaine nationale, *JORS*, N° 3699, 29 août 1964, p. 1123.

[1367] Cf. J. C. GAUTRON et M. ROUGEVIN-BAVILLE, *Droit public du Sénégal*, *op. cit.*, p. 259.

[1368] M. DEBENE et M. CAVERIVIERERE, « Foncier des villes, foncier des champs (rupture et continuité du système foncier sénégalais) », *Annales africaines,* Dakar, CREDILA, 1989-1990-1991, p. 75.

fait du prince ou du moins d'une spoliation. Par exemple, Comment peut-on déposséder un paysan qui n'a que ses terres pour survivre sans l'indemniser ? En toute évidence, le paysan exploitant le domaine national est souvent sur la terre qu'occupaient ses parents[1369], et perçoit cette dernière comme une propriété de sa famille. L'absence d'une indemnisation n'avait aucun fondement constitutionnel. Le juge saisi, aurait indiqué à la majorité parlementaire et au Président de la République que *« la loi n'exprime la volonté générale que dans le respect de la Constitution »*[1370]. Dans le même ordre d'idées, figure la loi n° 92-21 du 16 février 1992 portant création de la société nationale de recouvrement. L'article 8 de cette loi confère aux créanciers des banques dissoutes un privilège général sur les biens meubles et une hypothèque légale sur les biens du débiteur. Ainsi, cette loi octroie à un créancier une garantie qui n'existait pas au moment de la conclusion du contrat. Ce texte viole donc le principe constitutionnel d'égalité avec les autres créanciers qui auraient contracté avec le même débiteur. Il en est aussi de même de la loi n° 87-14 du 28 août 1987 portant radiation des cadres de la police du Sénégal, sans faute imputable à chacun des concernés de façon individuelle. Là également, la violation du principe constitutionnel d'égalité devant l'emploi est manifeste. En d'autres termes, ce qui était en cause, c'était la violation du principe d'égalité dans l'une de ces variantes. Ce principe implique un traitement égal de tous les citoyens se trouvant dans une même situation objectivement.

Quant aux lois relatives au fonctionnement des institutions, qui n'ont pas fait l'objet d'un contrôle de constitutionnalité malgré leur entrée en vigueur, dans la plupart des cas il s'agit de lois organiques. C'est pourquoi leur application est souvent source de conflits entre les institutions ou de blocages de ces dernières. Charpente de la démocratie institutionnelle, la soustraction des lois organiques au contrôle de constitutionnalité procède d'une conception politique de l'ordre constitutionnel qui peut porter atteinte au fonctionnement régulier des institutions. L'absence de contrôle de constitutionnalité des lois peut résulter d'une entente entre le Président de la République et les parlementaires afin d'éviter l'intervention du juge ou d'une option délibérée du constituant. De toute façon, le dernier cas de figure reste

---

[1369] M. DEBENE et M. CAVERIVIERERE, « Foncier des villes, foncier des champs (rupture et continuité du système foncier sénégalais) », *op. cit.*, p. 76.

[1370] Cons. const., Décision N° 85-196 du 8 août 1985, *JO* du 08 août 1985, p. 91-25 ; *Rec.* p. 63.

cependant dicté par des motifs politiques. L'intervention du juge est le plus souvent ressentie par les hommes politiques comme un moyen de freiner une réforme entreprise. Ainsi, l'article 6 de la loi constitutionnelle n° 92-22 du 30 mai 1992[1371] avait neutralisé l'article 67 de la Constitution de 1963 qui prévoyait le contrôle obligatoire préalable des lois organiques par la Cour suprême. Ce faisant, elle a dispensé les trois lois organiques précitées relatives au Conseil constitutionnel, au Conseil d'État, et à la Cour de cassation du contrôle de constitutionnalité obligatoire des lois organiques, pourtant expressément prévues par l'article 67 de la Constitution du 07 mars 1963. En réalité, une question ne manquait pas de se poser : du moment que la Constitution ne détermine plus la validité de ces lois organiques, quel serait alors leur fondement juridique ? Tout se passait comme si un texte de loi pouvait sortir *ex nihilo* sans préoccupation du respect des règles de procédure et de fond qui doivent sous-tendre toute norme juridique infra constitutionnelle et s'incruster dans l'ordre juridique. En réalité, le procédé témoigne d'une remise en cause du principe de constitutionnalité, et de la négation de la hiérarchie des normes juridiques. Ainsi les vices de ces lois se révélèrent au moment de leur application. D'une part, ses normes comportaient des dispositions qui violaient les principes constitutionnels qui protégeaient les droits et libertés des citoyens[1372], d'autre part, de la mise en œuvre de ces normes ne résultait pas un fonctionnement harmonieux des institutions judiciaires dont elles étaient sensées régir. En effet, le partage incohérent du contentieux administratif entre le Conseil d'État et la Cour de cassation qu'avait opéré la réforme de 1992 a été critiqué par la doctrine[1373]. Ainsi, le législateur avait-il corrigé cette incohérence en 1994[1374] par la dévolution de l'ensemble du contentieux administratif au Conseil d'État. La mise en veilleuse du contrôle de constitutionnalité montre que le souci des initiateurs était certes de parfaire l'institution judiciaire par la spécialisation organique, mais derrière ce motif se cachaient d'autres. À cet effet, le juge constitutionnel fut neutralisé.

[1371] D. NDOYE, « Aperçu sur les grandes questions constitutionnelles au Sénégal », *op. cit.*, p. 383.

[1372] Voir E. H. MBODJ, « La mise à mort du rabat d'arrêt ? Observations s/c Conseil constitutionnel du 23 juin 1993 », *op. cit.*, p. 82.

[1373] E. H. MBODJ, « Les incidences de la réforme du 30 mai 1992 sur le contentieux administratif sénégalais », *op. cit.*, pp. 17 et s.

[1374] Loi N° 94-55 du 13 juillet 1994 portant révision de la Constitution, *JORS* du 6 août 1994, p. 333.

Il convient de rappeler que tout comme les lois, certains traités internationaux entrent en vigueur au Sénégal sans vérification préalable de leur compatibilité avec l'ordre constitutionnel.

II- L'entrée en vigueur de traités internationaux incompatibles avec l'ordre constitutionnel

Des cas de traités entrés en vigueur, incompatibles avec l'ordre constitutionnel ont fait l'actualité judiciaire. On peut noter la Convention de Rome portant statut de la Cour pénale internationale[1375], de la Convention de 1979 sur l'élimination de toute forme de discrimination à l'égard des femmes et de la Convention de 1984 sur la lutte contre la torture. L'application de ces conventions révèle des incompatibilités avec l'ordre constitutionnel, ce qui suscita les modifications de la Constitution, alors que ces normes étaient applicables depuis plusieurs années. La Constitution du 22 janvier 2001 dispose : « si le Conseil constitutionnel a déclaré qu'un engagement international comporte une clause contraire à la Constitution, l'autorisation de le ratifier ou de l'approuver ne peut intervenir qu'après la révision de la Constitution »[1376]. Le constituant sénégalais, à travers ces dispositions de l'article 97 de la Constitution, cherche à prévenir l'insertion dans l'ordre juridique sénégalais un engagement international incompatible avec celui-ci. Dans une telle hypothèse, le juge constitutionnel, saisi devrait indiquer qu'une révision de la Constitution était nécessaire avant l'entrée en vigueur du traité. À titre d'exemple à propos du statut de Rome créant la Cour pénale internationale, certains États européens ont pris le soin de vérifier la compatibilité du texte avec leur ordre constitutionnel en demandant leur juridiction constitutionnelle de délivrer un avis de constitutionnalité du statut. C'est le cas de la Belgique, du Danemark, de l'Espagne, du Costa Rica, de la France, de l'Ukraine, de l'Équateur, du Honduras, du Guatemala, du Chili. La liste n'est exhaustive. Le condensé de ces avis délivrés par les juridictions constitutionnelles de ces États portant sur la compatibilité du statut avec l'ordre constitutionnel de ces derniers est fourni par le Rapport de 2003 des services consultatifs en droit international humanitaire du Comité International de la Croix

---

[1375] *Cf.* M. KAMARA, « Le statut de Rome de la Cour pénale internationale et la répression de crimes de droit international », Revue *EDJA*, N° 62, juillet-août-septembre 2004, pp. 20-59.

[1376] Article 97 de la Constitution.

Rouge[1377]. De la lecture des avis rendus, il résulte des déclarations d'incompatibilité mais aussi de compatibilité avec les ordres constitutionnels des États indiqués, ce qui a entrainé une modification de la Constitution le cas échéant avant l'entrée en vigueur du statut.

Les conditions de fixation du statut pénal du chef de l'État en France peuvent être évoquées. Le Conseil constitutionnel français était saisi sur le fondement de l'article 58 de la Constitution française du 4 octobre 1958 aux fins de vérifier la compatibilité du traité de Rome 1958 avec ladite Constitution. Le traité de Rome du 18 juillet 1998, en son article 27 prévoit et réprime les infractions susceptibles d'engager la responsabilité pénale des « personnes investies de la qualité officielle de chef d'État ou de gouvernant »[1378]. À l'occasion, le Conseil constitutionnel, dans sa décision 98-408 DC du 22 janvier 1999 a estimé qu'il résulte de l'article 68 de la Constitution du 4 octobre que *« le Président de la République pour les actes commis dans l'exercice et hors des cas de haute trahison, bénéficie d'une immunité qu'en surplus pendant la durée de ses fonctions, sa responsabilité ne peut être mise en cause que devant la Haute Cour de Justice selon les modalités fixées par le même article »*[1379]. À la suite des critiques de la doctrine à l'endroit de cette position du juge constitutionnel français, qui pose le principe de l'irresponsabilité du chef de l'État sauf en cas de haute trahison, le Conseil constitutionnel rectifia sa position par un communiqué de presse le 10 octobre 2000. Dans ce communiqué de presse, le juge constitutionnel français précise que *« le statut pénal du Président de la République, s'agissant d'actes antérieurs à sa fonction ou détachables de celle-ci, réserve pendant la durée de son mandat la possibilité de poursuites devant la Haute Cour de Justice »*[1380]. Cette position bien qu'améliorant celle antérieurement défendue fut critiquée par la doctrine. Un an plus tard, la Cour de cassation se pencha sur la question. Tout est parti d'une ordonnance rendue par le juge d'instruction et confirmée par la Cour d'appel de Paris à propos d'une requête visant à faire citer le Président CHIRAC comme témoin. À l'occasion du

---

1377 Voir. CICR, « Questions soulevées par certaines Cours constitutionnelles, Cours suprêmes, et Conseils d'État », *Services consultatifs en droit international humanitaire,* 2003, 28 p.

1378 P. M. DUPUY, *Les grands textes de droit international public*, Paris, 3e édition, Dalloz, 2002, p. 239.

1379 16e considérant de la décision 98-408 DC du 22 janvier 1999.

1380 Communiqué de presse du 10 octobre 2000, *in Les Cahiers du Conseil constitutionnel*, N°10, 2001, p. 7.

pourvoi, la chambre plénière de la Cour de cassation épuisa les arguments juridiques du statut pénal du Président de la République. Dans un premier temps, la Cour opte pour une irresponsabilité du chef de l'État pendant son mandat pour les actes extérieurs à sa fonction. Dans un second temps, le juge judiciaire a mis en cause le privilège de juridiction exigée par le juge constitutionnel[1381]. En résumé, deux indications ressortent de l'arrêt de la Cour de Cassation française : le Président de la République est responsable des actes détachables de sa fonction ou antérieurs, non plus devant la Haute Cour de Justice mais plutôt devant les juges judiciaires. Mais la procédure ne s'ouvrira qu'après son mandat. Il y a donc une suspension, des délais de poursuite et de prescription durant tout le mandat.

Ces différentes interprétations jurisprudentielles, et les contributions doctrinales ajoutées aux propositions[1382] de la Commission[1383] de réflexion sur le statut pénal du Président de la République, ont permis de fixer les poutres du statut pénal du chef de l'État que le pouvoir constituant dérivé devait officialiser. C'est ainsi que les articles 67 et 68 de la Constitution du 4 octobre 1958, furent révisés aux fins de les rendre compatibles avec le traité de Rome[1384]. De façon explicite l'article 53-2 nouveau dispose : « la République peut reconnaître la juridiction de la Cour pénale internationale dans les conditions prévues par le traité signé le 17 juillet 1998 »[1385].

Cependant, comme l'a fait remarquer M. KAMARA[1386], le Sénégal s'est empressé de ratifier la Convention de Rome sans avoir au préalable procédé aux ajustements nécessaires. Une lecture combinée des

---

[1381] Voir R. de GOUTTES, « Conclusion sur l'arrêt de l'Ass plénière de la Cour de cassation du 10 octobre 2001 », *RDP*, N° 6, 2001, pp. 1625-1643 ; X. PRETOT, « Quand la Cour de cassation donne une leçon au Conseil constitutionnel », *RDP*, N° 6, 2001, pp. 1625-1643.

[1382] P. AVRIL, « A propos du statut pénal du chef de l'État. Présentation du rapport de la commission chargée de mener des réflexions sur le statut pénal du Président de la République, instituée par décret du 04 juillet 2002 », *RDP*, N°2, 2002, pp. 1873-1881.

[1383] Ladite Commission présidée par Pierre AVRIL fut créée en 2002 par le Président de la République CHIRAC par un décret N° 2002-961 du 04 juillet 2002. Elle était composée de 12 juristes, universitaires et praticiens du droit.

[1384] Loi constitutionnelle N° 2007-238 du 23 février 2007, portant modification du titre IX de la Constitution française du 4 octobre 1958, *JORF*, N° 47, 24 février 2007.

[1385] Voir B. RUDOLF, « Droit constitutionnel et justice pénale internationale », *RFDC*, N° 39, octobre 1999, pp. 451-482.

[1386] M. KAMARA, « Le statut de Rome de la Cour pénale internationale et la répression de crimes de droit international », *op. cit.*, pp. 26-27.

dispositions de l'article 101 de la Constitution du3 22 janvier 2001 révèle de façon indiscutable que ce texte est incompatible avec l'article 27 du Statut de Rome, puisqu'il accorde un privilège de juridiction au Président de la République, au Premier ministre et autres membres du gouvernement, qui pourraient commettre des crimes particulièrement odieux dans le cadre de l'exercice de leur fonction[1387]. Alors qu'en vertu l'article 27 du Statut de Rome, « les immunités ou règles de procédures spéciales qui peuvent s'attacher à la qualité officielle d'une personne sont sans pertinence eu égard à la faculté de la Cour d'exercer sa compétence ». C'est dire le fait pour une personne d'avoir agi dans l'exercice des fonctions officielles, c'est-à-dire dans le cadre d'un mandat public, ne saurait constituer pour elle une cause d'exonération de responsabilité, contrairement aux dispositions de l'article 101 de la Constitution du 22 janvier 2001. Si la Constitution du 7 mars 1963 devait faire l'objet d'un réajustement par la mobilisation du pouvoir constituant dérivé, la donne crée par le Statut de Rome pouvait être prise en compte par le Constituant originaire du 22 janvier 2001, car comme le souligne M. KAMARA[1388], il s'est écoulé une période de deux ans et demi entre les dates d'adoption des deux textes.

Le souci de se faire une respectabilité internationale et l'accéder au concert des Nations qui prétendent répudier l'impunité, motifs par ailleurs plus politiques que juridiques ont prévalu sur les exigences constitutionnelles préalables à toute ratification d'un acte international d'une telle importance[1389]. L'office du juge constitutionnel, hypothétique obstacle à l'entrée en vigueur du statut s'en trouve ainsi muselée.

Cependant, la mise à l'écart du juge peut se justifier à certains égards par d'autres considérations liées au défaut d'apprentissage des

---

1387 Il faut remarquer que la Cour d'Appel de Dakar dans l'affaire Habré, à propos de la demande d'extradition s'est référée à l'article 101 de la Constitution du 22 janvier 2001. Cette référence à la Constitution sénégalaise fut maladroite, en ce que, le cas d'extradition soumis au juge concernait un ancien Président d'un autre État, un ancien Président tchadien refugié au Sénégal. L'article 101 de la Constitution n'a donc pas vocation à s'appliquer à M. HABRE. Voir, A. SALL, *L'affaire Habré. Aspects judiciaires nationaux et internationaux,* Paris, L'Harmattan, 2013, pp. 39 et s.

1388 M. KAMARA, « Le statut de Rome de la Cour pénale internationale et la répression de crimes de droit international », *op. cit.*, pp. 26-27.

1389 Le Sénégal est le premier État à avoir ratifié le Statut de Rome. Au Gabon, ce texte a été ratifié en pleine session parlementaire sans que la Cour constitutionnelle n'ait contrôlé sa compatibilité avec la Constitution. T. ONDO, « L'autorité des juridictions constitutionnelles en Afrique noire francophone », *Revue juridique et politique,* N° 4, 2012, p. 477.

populations du droit constitutionnel pourtant, porte-étendard de leurs droits et libertés. Le contrôle de constitutionnalité devient ainsi l'otage du contexte socioculturel.

Paragraphe II : Le contexte socioculturel

Dans le but de promouvoir, de mieux assurer la protection des droits et libertés fondamentaux et de s'ancrer davantage dans l'espace des régimes démocratiques, l'édifice constitutionnel sénégalais est complété par des Chartes de droits et libertés. Dès lors, le contrôle de constitutionnalité des lois par le juge devient fondamental en vue de l'effectivité de ces droits et libertés constitutionnels. Mais cette greffe a-t-elle réellement pris au Sénégal ? En effet, comme l'a remarqué Demba SY, « le droit en tant langage est essentiellement un univers de significations et de messages. Lorsque le législateur adopte un texte de loi, il adresse un message à la population. Tout de même lorsque le juge rend une décision en interprétation d'un texte de loi, il véhicule un message à l'attention des citoyens. Dans tous les cas, le message doit être entendu et compris »[1390]. Il s'agit donc de voir si cette fonction est bien remplie dans le cas de la justice constitutionnelle. À l'évidence, eu égard au contexte socioculturel, deux paramètres servent d'indicateurs de l'ineffectivité l'ordre constitutionnel. D'une part, le contrôle de constitutionnalité n'est pas encore suffisamment intégré les mœurs des Sénégalais, il s'en suit alors un isolement de la juridiction constitutionnelle (A), d'autre part les citoyens sénégalais ne sont pas au fait des droits et libertés constitutionnels, se pose alors le problème de la réception de ces normes (B).

A- L'isolement de la juridiction constitutionnelle

Si M. KAMTO, a démontré que le concept de « norme fondamentale contraignante » a existé dans l'Afrique précoloniale[1391], et que le Professeur Ibrahima FALL soutient la thèse de l'existence d'une limitation de l'exercice du pouvoir par le contrôle du respect du serment

---

[1390] D. SY, « Ecrire, dire et comprendre le droit administratif en Afrique. Une approche juridique et sociologique », *in* M. BADJI et autres (dir.), *Dire le droit en Afrique francophone, Droit Sénégalais*, N° 11, Presses universitaires de Toulouse 1 Capitole, 2013, p. 292 ; D. SY, « Droit administratif et communicabilité en Afrique », *Afrilex,* décembre 2013, p. 4.

[1391] M. KAMTO, *Pouvoir et droit en Afrique noire*, *op. cit.*, pp. 185-206.

par le roi dans les royaumes sénégalais de jadis[1392], ce contrôle qui était réel, était cependant plus politique que juridictionnel. Il en fut ainsi par exemple, de la violation du serment qui entrainait une sorte de responsabilité politique, et non pénale du souverain. L'individu hors du pouvoir ne pouvait aucunement contester la régularité des actes du roi. Dans la tradition négro-africaine, l'individu était plus un assujetti qu'un affranchi. Le Sénégal n'échappe pas à ce constat. Ainsi l'existence d'un juge, devant lequel on peut contester les actes des détenteurs du pouvoir qui violent la Charte fondamentale, est perçue comme une valeur importée et qui est en déphasage avec la tradition. Le constat de Pierre FOUCHER est révélateur. De l'opinion de l'auteur, « les écrits montrent que les valeurs africaines privilégient le consensus, la communauté, la conciliation et l'oralité. Le droit constitutionnel semble privilégier tout le contraire : un droit écrit, individualiste, "adversariel", qui conduit à l'imposition de solutions au nom des droits qu'on estime fondamentaux »[1393]. La générosité de la Constitution en matière de droits et libertés contraste dès lors avec l'isolement du juge[1394]. Ce dernier est ressenti comme un intrus. Les administrés, lorsqu'ils estiment qu'un acte de puissance publique va à l'encontre des leurs droits et libertés constitutionnellement garantis préfèrent d'autres modes alternatifs de règlement des litiges que la voie juridictionnelle. Cette donne se trouve renforcée, lorsqu'en vue de l'institutionnalisation de la tradition[1395], sont mis en place, en marge des organes juridictionnels, des instances de négociation des conflits, traduction de « la palabre », jadis en vogue dans la société traditionnelle africaine.

[1392] I. FALL, « Le droit constitutionnel au secours de l'authenticité et de la négritude. Le serment du Président de la République acculturation ou retour aux sources ? », *op. cit.*, pp. 214- 215.

[1393] P. FOUCHER, « Contrôle de constitutionnalité au nom des droits fondamentaux dans les États de droit : convergence des solutions en occident et idées pour l'Afrique », *op. cit.*, p. 366.

[1394] J. de Bois de GAUDUSSON, « Les procédures de garanties et leurs limites dans les Constitutions africaines », *in Revue trimestrielle des droits de l'homme*, 1990, pp. 249-256.

[1395] Voir A.B. FALL, « Réflexion sur quelques procédés non juridictionnels de règlement des litiges administratifs », *in La création du droit en Afrique*, Paris, Karthala, 1997 pp. 421-441 ; E. LE ROY « Le justiciable africain et la découverte d'une voie négociée de règlement des conflits », *in* G. CONAC et J. du Bois de GAUDUSSON (dir.), *La justice en Afrique,* Paris, *La Documentation française*, 1990, pp. 111-120.

Mais, dans la plupart des cas, le rejet du juge est simplement le signe d'une ignorance de son existence ou le reflet d'une institution considérée comme politisée dont les décisions ne peuvent aller à l'encontre de la volonté des gouvernants[1396]. Plus fondamentalement, il s'agit surtout d'un regard citoyen qui bat en brèche la crédibilité du juge[1397]. À ce titre, il convient rappeler les différents éditoriaux d'un dossier consacré au Conseil constitutionnel intitulé « faut-il brûler le Conseil constitutionnel ? » paru dans la livraison de l'hebdomadaire *La Gazette* n° 76 du 16 au 23 septembre 2010[1398] pour mieux étayer l'argument du manque de crédibilité du juge, et de la justice de façon générale. Des propos des contempteurs de la juridiction constitutionnelle, il s'est révélé que « le Conseil constitutionnel est une pâle copie de la juridiction française », « une tradition française dépassée », « le garçon de courses de l'exécutif ». Cette diatribe entretenue à l'endroit de l'institution poussa même, à proposer la suppression de la juridiction constitutionnelle et son remplacement par une Cour constitutionnelle[1399]. Les critiques les plus virulentes ont été adressées au Conseil constitutionnel pendant la période préélectorale pour l'élection présidentielle de 2012. En effet, la nomination de Cheikh Tidiane DIAKHATE à la tête de l'institution a alimenté une vive polémique mettant l'institution sous les feux de rampes de l'actualité. Les contempteurs du concerné s'évertuent à rappeler le passé du magistrat, notamment le rôle qu'aurait joué celui-ci en tant que président de la Cour d'Appel de Dakar dans l'affaire Ndindi et Ndoulo, voire de Mbane et de l'emprisonnement de maître WADE au temps où il était *leader* de l'opposition et l'astreignent par anticipation au « devoir d'ingratitude »[1400]. À l'évidence la représentation que font les citoyens de la juridiction constitutionnelle

---

[1396] Une étude réalisée par le R.A.D.I (Réseau Africain pour le Développement Intégré) effectuée dans les zones urbaines de Dakar, Kaolack et Saint-Louis renseigne sur la perception négative que les citoyens de ces zones ont de la justice de leur pays. Voir M. SARR, « L'effectivité de l'État de droit au Sénégal », *Librairie d'études juridiques africaines, Konrad Adenauer, Stilton et Autours,* septembre 2012, p. 61.

[1397] A. B. FALL, « Le juge, le justiciable et les pouvoirs publics : Pour une appréciation concrète de la place du juge dans les systèmes juridiques africains », *op. cit.*, p. 309.

[1398] C. F. BARRO, « Le Conseil constitutionnel sénégalais », *La Gazette du pays et du Monde,* N° 76 du 16 au 23 décembre 2010, pp. 16-17.

[1399] Abdou Latifa COULIBALY, « Faut-il supprimer le Conseil constitutionnel ? », *La Gazette du pays et du Monde,* N° 76 du 16 au 23 décembre 2010, pp. 20-21.

[1400] A. L. COULIBALY, « Le devoir d'ingratitude », *La Gazette du pays et du Monde,* N° 76 du 16 au 23 décembre 2010, p. 3.

est un indice de perception qui peut augurer du bon ou du mauvais fonctionnement de la justice constitutionnelle. Ce qui amène le citoyen dans la plupart des cas à déserter l'office du juge.

La faiblesse quantitative des recours devant le juge démontre que la culture de la saisine du juge n'est pas intégrée ni par les hommes politiques ni par les citoyens ordinaires. Le problème est culturel : il s'agit d'un conflit entre deux rationalités celle de l'État et celle des populations qui privilégie le dialogue, les rapports individuels[1401]. En effet, d'une part, il est constaté que les parlementaires de la majorité ne sont pas disposés à saisir le juge constitutionnel aux fins de contrôle de constitutionnalité d'une loi fusse-t-elle inconstitutionnelle à leurs yeux. Le souci de rester loyale à son camp politique et au Président de la République prime sur l'exigence de constitutionnalité. En plus, le contentieux de la légalité du fait de la notion d'autorité dans le contexte africain revêt les relents d'un procès fait à un homme, l'auteur de l'acte querellé, le plus souvent le Président de la République[1402]. Les statistiques sont éloquentes. De 1993 à 2007, le Conseil constitutionnel a rendu trois (3) décisions relatives au contrôle de constitutionnalité obligatoire du règlement de l'Assemblée parlementaire, vingt-sept (27) décisions pour le contrôle de constitutionnalité obligatoire des lois organiques, onze (11) décisions dans le cadre du contrôle facultatif des lois ordinaires, des amendements et autres, quatre (4) décisions pour le contrôle de la régularité des lois constitutionnelles et une (1) pour la vérification de la compatibilité d'un engagement international avec la Constitution[1403]. En matière consultative, le Conseil a rendu huit (8) avis. Dans le cadre du contentieux électoral, le Conseil constitutionnel a rendu vingt-quatre (24) décisions durant cette période dans le cadre du contentieux des élections législatives, dix-huit (18) décisions à propos du contentieux de l'élection présidentielle et une (1) à propos des élections sénatoriales. En matière référendaire, le Conseil constitutionnel sera saisi deux (2) fois. De 2008 à 2014, le Conseil constitutionnel a été saisi une (1) seule fois pour la vérification de la régularité d'une loi constitutionnelle, trois (3) fois à propos du contrôle de la constitutionnalité du règlement de l'Assemblée parlementaire. En matière électorale,

---

[1401] D. SY, « Le juge sénégalais et la création du droit administratif », *in La création du droit en Afrique*, Paris, Karthala, 1997, p. 404.

[1402] D. SY, « Le juge sénégalais et la création du droit administratif », *op. cit.,*. p. 404.

[1403] Cf. Table analytique des matières de l'ouvrage, I. M. FALL (dir.), *Les décisions et avis du Conseil constitutionnel du Sénégal. Rassemblés et commentés, op. cit.*, pp. 8-10.

le Conseil a rendu trois (3) décisions relatives à l'élection du Président de la République et deux (2) décisions dans le cadre des élections législatives. Durant la période 2008-2014, le comme le montre ces chiffres, le Conseil constitutionnel a enregistré zéro recours en ce qui concerne le contrôle de constitutionnalité des lois ordinaires. Cette situation s'explique en partie par le caractère facultatif de ce contrôle, et la composition presque monolithique du Parlement qui se traduit par une absence de représentation significative de l'opposition au sein de l'institution parlementaire. Pourtant, dans les démocraties libérales, la saisine du juge constitutionnel n'est pas l'apanage de l'opposition parlementaire. Il arrive parfois qu'une franche de la majorité saisisse le juge ou s'associe à l'opposition[1404] aux fins de saisine du juge constitutionnel pour montrer qu'elle est, elle aussi, sensible à la constitutionnalité[1405].

Au Sénégal, la saisine du juge constitutionnel n'a jamais été le seul fait d'une franche de la majorité parlementaire. Si les députés de la majorité saisissent le juge, hypothèse rare, ils le font de concert avec ceux de l'opposition. Cette hypothèse, lorsqu'elle se produit, s'analyse en la constitution d'un bouclier contre une loi à enjeux de conservation du pouvoir, en tout cas à forte connotation politique. Il en est ainsi du recours introduit par 15 députés visant à contester la constitutionnalité de la loi portant prorogation des mandats des députés. Parmi les saisissants, faisaient partie des députés élus au scrutin majoritaire départemental sur la liste de la Coalition *Sopi,* majoritaire à l'Assemblée nationale[1406]. La même remarque peut être faite à propos de la requête visant à faire déclarer la loi N° 01/2005 du 07 février 2005 portant amnistie[1407] non conforme à la Constitution. Parmi les 29 députés, auteurs du recours, faisaient partie des députés élus au scrutin majoritaire départemental sur la liste de la coalition *Sopi*, majoritaire à l'Assemblée nationale[1408]. Il en est de même de la requête visant à faire annuler les nouvelles dispositions du règlement intérieur de l'Assemblée nationale introduites par la loi N° 13-2015.

[1404] Voir D. ROUSSEAU, « Chronique de jurisprudence constitutionnelle 1992-1993 », *RDP,* N° 3, 2001, p. 107.

[1405] J. MEUNIER, « Les décisions du Conseil constitutionnel et le jeu politique », *Pouvoirs*, N° 105, 2003, pp. 29-40.

[1406] I. M. FALL (dir.), *Les décisions et avis du Conseil constitutionnel du Sénégal. Rassemblés et commentés, op. cit.*, p. 491.

[1407] *JORS,* N° 6206, Jeudi 17 février 2005, p. 159.

[1408] I. M. FALL (dir.), *Les décisions et avis du Conseil constitutionnel du Sénégal. Rassemblés et commentés, op. cit.,* p. 473.

À côté de l'isolement du juge par les hommes politiques, les citoyens aussi de par leur attitude vis-à-vis du juge constitutionnel n'affichent pas une volonté de participer au développement d'une jurisprudence constitutionnelle. Pourtant, des voies de recours sont indirectement aménagées pour les citoyens afin qu'ils puissent faire prévaloir le respect de leurs droits et libertés constitutionnels devant le juge. La faiblesse de la jurisprudence en matière de contrôle de constitutionnalité par voie d'exception est révélatrice de cette léthargie citoyenne. Cette situation donne l'impression que ni les citoyens, ni les auxiliaires de justice ne sont au courant de l'existence de cette voie de recours. Le recensement des cas d'exception d'inconstitutionnalité soulevés et qui ont fait l'objet d'une saisine du Conseil constitutionnel de 1992, date d'introduction de ce mécanisme de contrôle à 2010, a montré que le Conseil constitutionnel ne s'est penché sur ce procédé que six fois[1409]. De 2010 à 2011 le Conseil constitutionnel n'a pas été saisi d'un tel recours. De 2012 à 2014, le Conseil n'a enregistré que deux recours en exception d'inconstitutionnalité[1410]. De 2020 à 2024, le Conseil constitutionnel n'a été saisi que d'une seule exception d'inconstitutionnalité.

Toutefois, la pauvreté quantitative des affaires en matière d'exception d'inconstitutionnalité ne doit pas occulter la richesse de la jurisprudence du Conseil constitutionnel. En effet, dans une autre procédure introduite devant la Chambre d'Accusation de la Cour d'appel de Dakar, les conseils des inculpés, dans un mémoire du 24 février 2022, avaient soulevé l'inconstitutionnalité des dispositions de l'article 344 du Code des Douanes, en ce qu'elles violeraient les dispositions des articles 6, 7 et 91 de la Constitution et 16 de la Déclaration des droits de l'Homme et du Citoyen et demandé à la Cour d'Appel, en application de l'article 22 de la loi organique relative au Conseil constitutionnel, de surseoir à statuer et de saisir le Conseil constitutionnel de l'exception d'inconstitutionnalité ainsi soulevée.

Par arrêt N° 53 du 24 février 2022, la Chambre d'Accusation de la Cour d'Appel avait rejeté l'exception d'inconstitutionnalité au motif que l'article 344 du Code des Douanes ne viole pas les dispositions

[1409] I. M. FALL (dir.), *Les décision et avis du Conseil constitutionnel du Sénégal. Rassemblés et commenté, op. cit.*, p. 89, p. 121, p. 125, p. 129, p. 145, p. 407.

[1410] Il s'agit du recours introduit visant à déclarer inconstitutionnelles certaines dispositions du Code des douanes et de celui introduit par K. M. WADE contestant la constitutionnalité de la loi portant répression de l'enrichissement illicite et de la loi portant création de la Cour de répression l'enrichissement illicite.

constitutionnelles invoquées et a confirmé les ordonnances de refus de mise en liberté provisoire.

Par acte N°3/2022, enregistré au greffe de la Cour d'Appel de Dakar le 28 février 2022, les conseils des inculpés s'étaient pourvus en cassation, contre l'arrêt de la Chambre d'Accusation confirmant les ordonnances de refus de mise en liberté provisoire.

Par arrêt N° 27 du 19 mai 2022, la Chambre criminelle de la Cour suprême, estimant que la Chambre d'Accusation en procédant elle-même au contrôle de conformité de l'article 344 du Code des douanes à la Constitution et à son préambule alors que cette attribution est dévolue au Conseil constitutionnel, a méconnu le sens et la portée de l'article 22 de la loi organique relative au Conseil constitutionnel. Suite à cette décision, la Cour suprême décide : « casse et annule l'arrêt n° 53 de la chambre d'accusation ; saisit le Conseil constitutionnel de l'exception d'inconstitutionnalité de l'article 344 du Code des Douanes ; dit que la procédure d'appel contre les ordonnances entreprises va se poursuivre après la décision du Conseil constitutionnel (…) ».

La juridiction suprême a ainsi sanctionné la violation de la loi, mais a rappelé la compétence exclusive du Conseil constitutionnel en matière de contrôle de constitutionnalité des lois et des engagements internationaux prévue par les articles 92 de la Constitution[1411] et 22 de la loi organique 2016-23 du 14 juillet 2016[1412].

Dans cette affaire, le Conseil a considéré qu'il n'appartient pas à la Cour suprême, même si elle est saisie d'un pourvoi en cassation, de lui transmettre l'exception soulevée devant la Cour d'Appel. En effet, il ressort des articles 92 de la Constitution[1413] et 22 de la loi organique 2016-23 du 14 juillet 2016[1414], que l'exception d'inconstitutionnalité peut être soulevée devant la Cour suprême ou la Cour d'appel et chacune de ces juridictions, régulièrement saisie, doit transmettre l'exception d'inconstitutionnalité au Conseil constitutionnel.

Le Conseil constitutionnel a, à juste raison, évité à travers cette décision de dénuer de son sens la réforme constitutionnelle de 2016 allégeant les conditions dans lesquelles un justiciable peut soulever l'exception d'inconstitutionnalité. En effet, le justiciable pouvant soulever l'exception d'inconstitutionnalité contre une loi ou un engagement

---

[1411] JORS, N°5963, Numéro spécial, du Lundi 22 janvier 2001, p. 27.
[1412] JORS N° 6946 du Vendredi 15 juillet 2016, p. 927.
[1413] JORS, N°5963, Numéro spécial, du Lundi 22 janvier 2001, p. 27.
[1414] JORS N° 6946 du Vendredi 15 juillet 2016, p. 927.

international que le juge entend appliquer à sa situation devant la Cour d'Appel, n'est plus obligé d'user de la voie du pourvoi en cassation pour pouvoir la faire valoir. L'exception d'inconstitutionnalité pouvant désormais s'opérer devant la Cour d'Appel, sous réserve que l'appel soit purgé de toutes fins de non-recevoir.

Il faut rappeler que la saisine du Conseil constitutionnel de l'exception d'inconstitutionnalité ne peut, aux termes de l'article 22 de la loi organique 2016-23 du 14 juillet 2016 relative au Conseil constitutionnel, se faire « lorsque la solution d'un litige porté devant la Cour d'Appel ou la Cour suprême est subordonnée à l'appréciation de la conformité des dispositions d'une loi ou d'un traité international à la constitution »[1415].

D'ailleurs, lorsque le Conseil constitutionnel décide de renvoyer l'affaire au juge qui l'a saisi pour vice de procédure, il n'invoque pas les dispositions de la Constitution, mais plutôt cette disposition de la loi organique qui prévoit l'établissement de la connexité entre l'appréciation de constitutionnalité et la solution attendue[1416]. Cette règle est rappelée à juste titre par le Conseil dans l'affaire précitée, puisque le Conseil constitutionnel a considéré que la Chambre d'Accusation de la Cour d'appel, saisie d'une exception d'inconstitutionnalité, a l'obligation de transmettre au Conseil constitutionnel l'exception ainsi soulevée et de surseoir à statuer jusqu'à ce qu'il se soit prononcé, conformément à l'article 22 de la loi organique relative au Conseil constitutionnel. Il résulte de cette disposition, qu'il appartient à la juridiction devant laquelle l'exception est soulevée (Cour d'appel ou Cour suprême) de la transmettre au Conseil constitutionnel. En l'espèce, la Chambre d'Accusation qui a été saisie de cette question préjudicielle pouvait, seule, transmettre celle-ci au Conseil constitutionnel.

Une interprétation pittoresque pourrait se dégager des esprits candides laissant ainsi croire qu'au Sénégal, on vit dans une sorte d'eldorado constitutionnel[1417]. Mais dans la réalité, les raisons sont ailleurs : la procédure de l'exception d'inconstitutionnalité, en dépit de sa constitutionnalisation en 1992 et de l'œuvre prétorienne du Conseil constitutionnel, depuis son institutionnalisation, bute sur des difficultés d'ordre procédural qui ne facilitent pas son acclimatation. Peut-être, il

[1415] JORS N° 6946 du Vendredi 15 juillet 2016, p. 927.

[1416] Voir B. BA, « Présentation de l'exception d'inconstitutionnalité : le dévouement », *Actes du Colloque de Dakar, 7 et 8 décembre 2020*, précité, p. 68.

[1417] I. Y. NDIAYE, « L'exception d'inconstitutionnalité et la question prioritaire de constitutionnalité. Étude comparative des droits français et sénégalais », inédit.

faut la vulgariser davantage, comme l'on vanterait les mérites de toute procédure qui participe à la protection des Droits fondamentaux.

Le juge de l'administration ne semble être la cible privilégiée des administrés pour contester la constitutionnalité des actes de l'administration. La complexité des règles qui régissent la saisine du juge et l'éloignement de celui-ci des administrés sont autant de paramètres qui ne favorisent pas le développement du contentieux administratif et par conséquent, le droit administratif[1418]. Cette situation rejoint la vision de l'ancien Président de la République Léopold Sédar SENGHOR à propos de la démocratie qui estime que « c'est l'application à l'échelle nationale de la méthode de la palabre, du dialogue qui guide la vie de nos villages. Je veux dire une libre, loyale et franche discussion, qui permet de dégager à la majorité une ligne de conduite applicable à tous (...). Ainsi vit le Sénégal depuis des siècles. Notre rôle était, demeure le maintien de la tradition sénégalaise de démocratie »[1419]. Cette conception de la démocratie qui privilégie « la palabre » dans le règlement des litiges semble investir le champ du droit constitutionnel. Même si cette imbrication de la tradition et de la modernité[1420] est inévitable[1421], il demeure que la justice constitutionnelle n'en sort pas renforcée. La perception des juges de la constitutionnalité par les citoyens, les médias et les hommes politiques[1422] est un facteur déterminant dans la recherche des voies de renforcement de la protection juridictionnelle de l'ordre constitutionnel.

Seulement, au Sénégal, sous une l'ornière déformante, l'image qu'on se fait du juge n'est pas reluisante. Celui-ci est perçu comme une institution qui hésite souvent de fixer des bornes aux autorités détentrices

---

[1418] Voir D. SY, « justice administrative et droit administratif en Afrique. Un bilan. », *in Mélanges en l'honneur de Jean du Bois de GAUDUSSON, Espaces du service public*, Tome I, *Droits d'ailleurs,* Presses universitaires de Bordeaux, 2013, pp. 652-670.

[1419] R. CORNEVIN, « L'évolution des chefferies dans l'Afrique noire », *Penant*, N°688, 1961, pp. 545-546.

[1420] Sur la réception du droit constitutionnel en Afrique voir G. HESSELING, « La réception du droit constitutionnel en Afrique trente ans après : quoi de neuf ? *», in M. C. Zoethout, M. E. Pietermaat-Kros & P. W. C. Akkermans, eds, Constitutionalism in Africa : A quest for autochtonous principles, Rotterdam/Deventer : Sander instituut/Gouda Quint*, 1996, pp. 33-47 ; A.Y FAURE, « La Constitution et l'exercice du pouvoir en Afrique. Pour une lecture différente des textes », *Politique africaine*, N° 1, janvier 1981, pp. 46 et s.

[1421] M. DIARRA, *Justice et développement au Sénégal,*Dakar-Abidjan, NEA, 1973, pp. 175-182.

[1422] B. FRANCOIS, « La perception du Conseil constitutionnel par la classe politique, les médias et l'opinion », *Pouvoirs,* N° 105, 2003, pp. 133-144.

des fonctions normatives. Il apparaît comme une autorité chevillée à ces dernières aux yeux des justiciables qui, à d'autres égards, n'ont pas une parfaite maîtrise des procédures.

B- L'insuffisante réception du droit constitutionnel

Le droit constitutionnel ne peut remplir sa fonction que s'il a été reçu matériellement et psychologiquement par les citoyens et les hommes politiques[1423]. La dimension fonctionnelle des juges constitutionnels ne peut connaître une réelle acclimatation que si les potentiels saisissants ont une parfaite maîtrise des procédures et du degré de pertinence des normes constitutionnelles à faire prévaloir devant les juges de la constitutionnalité. Il ressort de la pratique du contentieux constitutionnel qu'il n'y a pas une politique d'apprentissage du droit constitutionnel définie par les pouvoirs publics (I), ce qui entraine une maîtrise hypothétique des règles de saisine du juge constitutionnel (I).

I- L'absence d'une véritable politique d'apprentissage du droit constitutionnel

La socialisation du droit constitutionnel[1424] permet la mise en ordre de la société selon un dispositif particulier visant à atteindre les objectifs fixés dans la Charte fondamentale, dont le juge est chargé d'assurer le respect. À ce titre, l'État, grâce à ses canaux d'information et d'éducation, doit participer à la socialisation du droit constitutionnel, afin que le constitutionnalisme retrouve sa vraie signification[1425]. Au Sénégal la parution limitée du journal officiel constitue un des obstacles à l'apprentissage du droit constitutionnel. Cette donne renverse le sens de l'adage « nul n'est censé ignorer la loi ». Ce constat résulte des conclusions des Assises dites « nationales » au Sénégal dont les parties prenantes précisent : « Nous tenons à réaffirmer notre volonté de préserver les acquis de la démocratie sénégalaise, dont l'approfondissement passe par une meilleure appropriation de ses fondamentaux par les populations. À cet effet, la Constitution doit être connue du peuple. C'est pourquoi elle doit avoir des versions en langues nationales,

---

[1423] G. FAOUDA, « L'accès au droit : Richesse et fécondité d'un principe pour la socialisation juridique et l'État de droit en Afrique noire francophone », *Afrilex*, N° 1, 2000, p. 2.
[1424] E. LE ROY, *Le jeu des lois, une anthropologie dynamique du droit*, Paris, LGDJ 1999, p. 45.
[1425] A. KPODAR, « Bilan sur un demi-siècle de constitutionnalisme en Afrique noire francophone », *Afrilex,* 2013, p. 19.

notamment pour être accessible à tous les citoyens, qui en sont les gardiens »[1426]. Au plan international il existe une résolution de l'Assemblée générale des Nations unies[1427] qui invite les États à procéder à l'éducation des masses pour la connaissance du droit. En revanche, dans les dispositions de la Constitution, obligation n'est pas faite à l'État, à travers son appareil idéologique, à participer à faire connaître la Constitution aux citoyens. L'option d'une vision d'un droit « constitutionnel vivant » s'accompagne pourtant d'une politique d'éducation axée sur la connaissance des normes constitutionnelles. Dans certains pays comme le Bénin le constituant a fait obligation aux pouvoirs publics de participer à l'effort de l'apprentissage du droit constitutionnel en indiquant les moyens d'y parvenir. Le constituant béninois prévoit que « l'État a le devoir d'assurer la diffusion de l'enseignement de la Constitution, de la Déclaration universelle des droits de l'Homme, de la Charte africaine des droits de l'Homme et des Peuples de 1981 ainsi que les instruments internationaux dument ratifiés et relatifs aux droits de l'Homme. L'État doit intégrer les droits de la personne humaine dans les programmes de l'alphabétisation et de l'enseignement aux différents cycles scolaires et universitaires et dans les programmes de formation des forces armées, des forces de sécurité publique et assimilées. L'État doit également assurer dans toutes les langues nationales, par tous les moyens de communication de masse, en particulier la radio et la télévision, la diffusion et l'enseignement de ces droits »[1428]. Une pareille disposition ne figure pas dans la Constitution sénégalaise. Autrement dit, au Sénégal, l'enseignement de la Constitution aux citoyens n'est pas une obligation constitutionnelle incombant les pouvoirs publics. Pourtant, la négation de la formation est un handicap pour que la société subisse une transformation mettant les populations au frottement avec le droit constitutionnel[1429].

[1426] Voir la Charte de gouvernance démocratique adoptée par l'Assemblée générale des parties prenantes à Dakar le 16 mai 2009, présentée à la plénière de restitution des travaux des Assises nationales à Dakar, le 24 mai 2009, Document édité par le Président des Assises nationales Amadou Mahtar MBOW, p. 3.

[1427] Résolution des Nations unies 34/169 du 17 décembre 1979.Cf. G. FAOUDA, « L'accès au droit : richesse et fécondité d'un principe pour la socialisation juridique et l'État de droit en Afrique noire francophone », *op. cit.*, p. 7, note 16.

[1428] Article 40 de la Constitution du Bénin du 11 décembre 1990.

[1429] I. DJIBO, « La formation comme valeur de transformation de la société », *in L'administration publique dans les pays francophone à l'aube des années 2000,* Assises francophones de l'administration organisées par l'Institut international de l'Administration publique, Paris, 12-14 décembre 1996, pp. 89-90.

L'absence d'une législation facilitant l'accès au droit[1430] qui se matérialise par l'inexistence d'institutions étatiques facilitant l'information constitue un blocage à une culture de saisine du juge. Les partis politiques et les organisations de la société civile doivent œuvrer à la formation des militants aux procédures constitutionnelles. L'ordre constitutionnel ne se résume pas seulement à la réglementation des institutions de la République. Il traite aussi des droits fondamentaux. Les principaux titulaires des normes y relatives sont les acteurs politiques et les citoyens. L'éducation des masses en droit constitutionnel développe le « patriotisme constitutionnel », qui, en dernière instance, dans sa forme officielle, se manifeste par l'activation des mécanismes de protection de la Constitution, faisant du juge la sentinelle des droits et libertés. À cette fin, l'action des organisations de la société civile et des partis politiques est significative[1431]. Cependant ceux-ci ne doivent pas concurrencer l'État, ils doivent plutôt être, de par leurs actions dans une dynamique de complémentarité avec celui-ci. Dans son essence, « la culture démocratique ne nait pas spontanément au sein du peuple. Un effort doit être fait par les hommes et les femmes attachés à la démocratie pour créer et entretenir cette nécessaire culture démocratique »[1432]. Cela contribuerait sans doute à renforcer la maîtrise des règles de saisine du juge constitutionnel par les requérants.

II- Une maîtrise hypothétique des règles de saisine du juge constitutionnel

Devant les juridictions qui assurent la protection de l'ordre constitutionnel, de nombreux recours ont été rejetés soit parce que l'acte objet du recours n'était pas une loi ou pour des questions de forme liées à l'irrespect des règles de recevabilité du recours. Ainsi, dans l'affaire RND il était évident que le recours introduit par le Secrétaire général de cette formation politique pour contester la constitutionnalité de la décision du Président de la République de négocier l'indépendance de Casamance avec le MFDC, décision annoncée lors d'un discours à la

[1430] J. LEMAURIER, « Vers une démocratie administrative : du refus d'informer au droit d'informer », *RDP,* 1980, p. 139.

[1431] G. FAOUDA, « L'accès au droit : Richesse et fécondité d'un principe pour la socialisation juridique et l'État de droit en Afrique noire francophone », *op. cit*, p. 9.

[1432] T. HOLO, « La transition vers la démocratie : le cas du Bénin », *in La consolidation de la démocratie pluraliste en Afrique,* Actes de la Conférence internationale, Dakar, 6-9 novembre 1990, *Alternative démocratique dans le tiers monde, Revue d'Études, de Recherches, d'Informations et d'Opinions du CERDET,* juillet-décembre, 1990, p. 134.

Nation, ne pouvait aboutir à une censure de la volonté du Président de la République qui n'était pas matérialisée par une loi. En plus, il semblait que le saisissant ne maîtrisait pas les règles qui régissent la saisine du juge. Il n'était pas un parlementaire, même dans ce cas, la loi lui fait obligation de se joindre à un groupe de députés atteignant le quorum fixé.

Devant le juge de l'administration, non seulement il s'est révélé une maîtrise douteuse de la part des requérants des règles qui régissent l'introduction des recours, mais aussi, une inadéquation de la terminologie employée[1433]. En effet, le juge constitutionnel a dû rejeter un recours au motif que le requérant a utilisé l'expression « exception d'inconstitutionnalité » en lieu et place d'« exception d'illégalité » pour contester la constitutionnalité d'une décision administrative mais aussi du fait qu'il n'est pas le juge de la légalité des actes administratifs. Mais les cas les plus frappants demeurent le rejet des recours pour forclusion des partis politiques introduits par leurs mandataires en vue de contester la régularité des scrutins, de rectifier une candidature, ou de contester des couleurs utilisées par un parti politique. Dans la jurisprudence sénégalaise des exemples ne manquent pas, qu'il s'agit de l'élection présidentielle[1434] ou des législatives[1435]. Le Conseil constitutionnel dans sa décision du 9 octobre 1998 relative à *l'élection des sénateurs représentant les sénégalais de l'extérieur* a déclaré la requête introduite par l'opposition irrecevable car ayant été déposée hors délais. La requête a été introduite sept jours après l'adoption de la loi alors que la Constitution prévoit un délai de « six jours francs après l'adoption », au-delà de la requête tendant à déclarer la loi inconstitutionnelle est irrecevable. Dans la décision *N° 3/E/93-Affaire N°4/E/93*, le requérant à savoir le Président de la République M. Abdou DIOUF, a manifesté une maîtrise douteuse des règles de procédure. En effet, le Conseil constitutionnel a déclaré la requête irrecevable en ces termes : *« considérant que Abdou DIOUF*

[1433] Il s'agit de l'affaire Iba Der Thiam précitée.

[1434] I. M. FALL (dir.), *Les décisions et avis du Conseil constitutionnel du Sénégal. Rassemblés et commentés op. cit.*, p. 363. En l'espèce, la requête présentée par le Président DIOUF visant la rectification de sa candidature à la présidentielle de 2000 a été déclarée irrecevable car étant tardive.

[1435] I. M. FALL (dir.), *Les décisions et avis du Conseil constitutionnel. Rassemblés et commentés, op. cit.,* p. 421. La requête du candidat Serigne Ousseynou FALL visant à contester le choix fait par le parti Union démocratique des Forces progressistes patriotiques du même symbole (calebasse) que celui de son parti a été déclarée tardive car n'ayant pas respecté le délai prévu.

en sa qualité de candidat à l'élection à la présidence de la République du 21 février 1993, dispose d'un du droit de réclamation prévu à l'article LO 93 du Code électoral, sa requête enregistrée le 27 janvier 1993 sous le n° 4/E/93 est tardive... »[1436]. En réalité, la mise en garde du professeur S. MILACIC n'a pas été saisie. En effet, selon l'auteur : « au-delà du juridique et du politique même, c'est la culture qui est la meilleure garantie de la bonne application des valeurs et principes. La culture comme système de valeurs bien assimilées, induit des attitudes et comportements conformes aux exigences des règles juridiques et politiques »[1437].

La connaissance du droit constitutionnel est souvent considérée comme une affaire de « privilégiés »[1438]. Le défaut de cette réception minimale du milieu dans lequel elle se déploie, fait que la fonction juridictionnelle se réduit pratiquement en un « ministère de l'incantatoire »[1439]. Dans ces conditions, le rejet des demandes à cause du non-respect des règles d'introduction des recours est un obstacle à la confrontation des arguments des plaideurs avec des prescriptions de fond de l'ordre constitutionnel. Le juge ne peut dire ce qu'exige l'ordre constitutionnel que s'il est saisi dans les conditions fixées par les textes. À cette fin, les potentiels saisissants avec le concours des services de l'État, les partis politiques et des organisations de la société civile doivent être suffisamment imprégnés du droit constitutionnel. D'ailleurs le titre de la contribution du Professeur Jean du Bois de GAUDUSSON dans les *Mélanges en l'honneur de Milacic* est assez révélateur[1440].

Toutefois, un fait ne manque pas d'attirer l'attention, c'est le mouvement de protestation populaire qui avait vu le jour le 23 juin 2011

1436 Voir A. A. SOW, « La contribution du juge des élections dans la construction de l'État de droit au Sénégal », *Librairie d'études juridiques africaines*, Konrad Adenaueret Authors, septembre 2012, Vol. N°12, p. 8.

1437 S. MILACIC, « La démocratie politique éclipsée par l'État de droit », *in* ILLESSY (I.) (dir.), *Constitutional conséquences, of the EU Memberships,* Université de Pécs, Faculté de droit, 2005, p. 241.

1438 P. FOUCHER, « Contrôle de constitutionnalité au nom des droits fondamentaux dans les États de droit : convergence des solutions en occident et idées pour l'Afrique », *op. cit.*, p. 368.

1439 A. SALL, *la justice de l'intégration. Réflexion sur les institutions judiciaires de la CEDEAO et de l'UEMOA,* Dakar, Editions CREDILA, 2011, p. 48.

1440 J. du Bois de GAUDUSSON, « Constitution sans culture constitutionnelle n'est que ruine de constitutionnalisme. Pour un dialogue sur quinze années de "transition" en Afrique et en Europe », *in Mélanges Milacic, Démocratieet liberté, tension, dialogue et confrontation,* Bruxelles, Bruylant, 2008, pp. 333-348.

au Sénégal contre le projet de loi constitutionnelle ayant pour objet d'instituer l'élection du Président de la République et du Vice-président de la République au suffrage universel direct sur un même ticket et modifiant en même temps les conditions d'élection du Président de la République. Par cette dynamique populaire, à l'instar de ce qui s'est passé au Burkina Fasso en novembre 2014, le peuple sénégalais a manifesté contre ce que le Professeur Abdoulaye SOMA, décrit comme « une tendance à l'excès de pouvoir, dans le cadre de révisions constitutionnelles régressives »[1441]. I.M. FALL[1442] y voit la naissance d'un *« patriotisme constitutionnel »*[1443].

Cependant, le patriotisme constitutionnel ne doit pas être circonstanciel mais permanent. Cette permanence doit se ressentir à travers la jurisprudence constitutionnelle. Avec une jurisprudence constitutionnelle pauvre quantitativement, peut-on parler de patriotisme constitutionnel ?

Il convient de noter que la protection juridictionnelle de l'ordre constitutionnel au Sénégal subit les influences de son contexte juridique et sociopolitique. L'organisation générale de la protection nécessite une révision des textes permettant aux juges de s'adapter au contexte politique, social et culturel.

[1441] A. SOMA, « Le peuple comme contre-pouvoir en Afrique », *RDP,* N°4, 1er juillet 2014, p. 1025.

[1442] I. M. FALL, *Les révisions constitutionnelles au Sénégal. Rassemblés et commentés, op. cit*, p. 205 ; I. M. FALL, « La construction des régimes politiques en Afrique succès et insuccès », *Mélanges en l'honneur de Maurice AHANHANZO-GLELE. La Constitution béninoise du 11 décembre 1990 : un modèle pour l'Afrique ?,* Paris, L'Harmattan, 2014, pp. 176-178.

[1443] Sur l'emploi du concept, Cf. J. HABERMAS, « Citoyenneté et identité nationale. Réflexions sur l'avenir de l'Europe », *in l'Europe au soir du siècle. Identité et démocratie*, Paris, Edition Esprit, 1992, p. 29 ; L. SINDJOUN, *Les grandes décisions de la justice constitutionnelle africaine, op. cit.*, p. 7 ; S. P. ZOGO NKADA, « Le nouveau constitutionnalisme africain et la garantie des droits socioculturels des citoyens : le cas du Cameroun et du Sénégal », *RFDC*, N° 92, 2012/4, p. 2.

CHAPITRE II

LES LIMITES RÉSULTANT DU DÉROULEMENT DE LA PROTECTION

Le contrôle de constitutionnalité ne peut connaître une véritable acclimatation que si, en amont les juges chargés d'assurer la protection de l'ordre constitutionnel utilisent efficacement tous les instruments de contrôle de constitutionnalité et les techniques de contrôle mais également que si, en aval une suite est donnée au travail accompli par le juge par une exécution correcte de ses décisions. Au Sénégal, la protection juridictionnelle de l'ordre constitutionnel souffre d'un minimalisme dans l'exercice du contrôle de constitutionnalité (Section I) et d'une ineffectivité des décisions des juges de la constitutionnalité (Section II).

Section I : Le minimalisme du contrôle de constitutionnalité

La protection juridictionnelle de l'ordre constitutionnel présuppose l'existence d'un ensemble de normes qui servent de référence aux juges. La précision de ces normes de référence et leur importance quantitative donnent aux juges des instruments d'analyse leur permettant d'exercer convenablement leur mission de contrôle. En plus de cette condition relative aux normes de référence, l'efficacité du contrôle de constitutionnalité est tributaire du travail fait par le juge. Il s'agit là, d'un critère subjectif relatif à la volonté du juge d'enfermer le législateur dans un contrôle serré pour faire respecter les exigences de l'ordre constitutionnel. Au Sénégal, une analyse de la jurisprudence démontre que le juge a une conception étroite de l'ordre constitutionnel (Paragraphe I), et que sa dynamique de contrôle épouse de façon générale celle d'un contrôle minimum de constitutionnalité (Paragraphe II).

Paragraphe I : Une conception étroite de l'ordre constitutionnel

La thèse qui rejette la définition de la Constitution à partir d'un bloc de normes pour retenir la définition de la Constitution comme un ordre de normes s'inscrit dans une conception dynamique de la Constitution. Le constat est cependant qu'au Sénégal, la délimitation faite par les juges entre les normes de l'ordre constitutionnel et les autres est souvent problématique. D'une part, il se révèle une délimitation incertaine de l'ordre constitutionnel par rapport au droit interne (A). D'autre part, on constate une délimitation restrictive par rapport au droit international (B).

A- Une délimitation incertaine de l'ordre constitutionnel par rapport au droit interne

La politique jurisprudentielle du juge sénégalais dans la délimitation de l'ordre constitutionnel par rapport au droit interne n'est pas encore définitivement fixée. D'une part, dans la jurisprudence constitutionnelle, l'attitude du juge est marquée par des hésitations et des contradictions (I). Cependant, à y regarder de près, cette politique jurisprudentielle traduit une stratégie qui, à certains égards, est souvent liée à la conjoncture politique qui prévaut, d'où une vision minimaliste stratégique du juge (II).

I- Hésitations et contradictions

Entre la Constitution et la loi ordinaire il existe des normes intermédiaires. Ces dernières peuvent parfois conditionner la validité constitutionnelle de certains actes soumis au contrôle de la juridiction constitutionnelle. Elles deviennent ainsi des instruments paramétriques de constitutionnalité. C'est le cas des lois organiques. Seulement, au Sénégal, dans la jurisprudence constitutionnelle, le statut des lois organiques rapport à l'ordre constitutionnel est ambigu (a). Aussi, il y a des contradictions jurisprudentielles dans la fixation du rapport du règlement de l'Assemblée nationale avec l'ordre constitutionnel (b).

a- Le statut ambigu des lois organiques

La loi organique est une loi ayant pour objet de préciser et de compléter un article de la Constitution lorsque celui-ci le prévoit[1444]. Dans une perspective matérielle, les lois organiques sont des prolongements de la Constitution. Elles sont adoptées par le législateur organique sur invitation du pouvoir constituant, selon une procédure solennelle et formaliste, que ne requièrent pas les lois ordinaires. L'importance de loi organique est soulignée dans la requête du Parti Démocratique Sénégalais visant à faire déclarer l'article L. 50 du Code électoral contraire à la Constitution. Dans cette affaire le Parti Démocratique Sénégalais soutenait que la disposition contestée du Code électoral aurait dû être édictée par une loi organique et non ordinaire. Sans doute, comme le fait remarquer le Professeur J. M. NZOUANKEU, « le PDS suggérait que la contrariété…entre le Code électoral et la Constitution n'aurait sans doute pas existé, si la disposition contestée avait fait

[1444] P. J QUILLIEN, *Lexique de droit public*, *op. cit.*, p. 268.

l'objet d'une loi organique puisqu'aux termes de l'article 67 de la Constitution, la loi organique ne peut être promulguée que si la Cour suprême, obligatoirement saisie par le Président de la République a déclaré qu'elle est conforme à la Constitution »[1445]. De ce point de vue, le lien entre la loi organique et la Constitution révèle une dimension organisationnelle du système constitutionnelle[1446]. Ainsi, M. ROSSET a-t-il justement écrit : « Tout phénomène d'organisation comporte deux aspects. La définition des principes et leur mise en œuvre. Dans un système cohérent, le premier de ces aspects appartient à la loi constitutionnelle, et seul le second peut être considéré comme relevant de la loi organique »[1447]. Il demeure ainsi que, le rapport entre la Constitution et les lois organiques n'exclut pas que ces dernières soient des paramètres de constitutionnalité qui puissent servir de normes de référence de contrôle de la régularité des lois. Ainsi, le Conseil constitutionnel dans sa décision du 29 août 2003, *Organisation et fonctionnement du Conseil de la République pour les Affaires économiques et sociales* a relevé d'office un moyen tiré de la violation de l'article 1eralinéa 1erde la loi organique n° 92-23 du 30 mai 1992 en considérant que sa compétence est une compétence d'attribution délimitée par la Constitution et cette loi organique sur ledit Conseil. Par suite, le Conseil ne saurait être appelé à statuer ou à émettre un avis que dans les cas et suivant les modalités qu'ils ont fixés ; que les alinéas 7 et 8 de l'article 5 de la loi organique relative à l'organisation et fonctionnement du Conseil de la République pour les Affaires économiques et sociales qui lui attribuent de nouvelles compétences sont contraires à la Constitution[1448].Cette décision renferme une originalité. En effet, au-delà des termes de la requête, le Conseil constitutionnel soulève d'office une violation de la loi organique qui régit son fonctionnement par une autre loi organique. Cette jurisprudence laisse penser que le statut juridique des lois organiques n'est pas uniforme, il s'est établi en quelque sorte une différenciation de statut entre elles. Cette élévation

[1445] J. M. NZOUANKEU, *Les grandes décisions de la jurisprudence administrative sénégalaise*, *op. cit.*, p. 167.

[1446] C. BRAMI, *La hiérarchie des normes en droit constitutionnel français. Essai d'analyse systémique*, *op. cit.*, p. 78.

[1447] M. ROSSET, « La loi organique dans la Constitution du 4 octobre 1958 », *S.*, 1960, p. 1.

[1448] I. M. FALL (dir), *Les décisions et avis du Conseil constitutionnel. Rassemblés et commentés*, *op. cit.*, p. 481.

par moment, de la loi organique au rang de norme de référence du juge imprime à cette dernière un statut ambigu[1449].

Il faut noter qu'au Sénégal, la loi organique N° 2001-09 du 15 octobre 2001 modifiée[1450] portant loi de finances détermine en détail ce que ne peut prévoir la Constitution en ce qui concerne la procédure d'adoption des lois à incidences financières. Cependant, ni dans la décision n°2/C/2003 du 29 août 2003 ni dans celle n° 1/C/1998 du 2 février 1998, le juge constitutionnel sénégalais n'a fait allusion à la loi organique relative aux lois de finances. En France, dans la décision n° 60-8 DC du 11 juillet 1960 le Conseil constitutionnel a censuré les dispositions de la loi de finances pour non conformes *« aux prescriptions de l'ordonnance du 2 janvier 1959 relative aux lois de finances et par suite à celles de l'article 34 de la Constitution qui renvoient expressément à ladite loi organique »*[1451]. Il en découle que la loi organique contient des dépositions qui ne se situent pas au même niveau : certaines ont une valeur constitutionnelle ou du moins supra-organique, d'autres une valeur organique et certaines une simple valeur législative[1452]. Dans cet ordre d'idées, la Cour de cassation française à propos de la loi organique qui reprend les orientations de l'Accord Nouméa relatif au statut de la Nouvelle-Calédonie, considère que *« l'article 188 de la loi organique du 19 mars 1999 relative à la Nouvelle-Calédonie a valeur constitutionnelle en ce qu'elle (...) reprend les termes du paragraphe 2.2.1 des orientations de l'accord de Nouméa qui a lui-même valeur constitutionnelle en vertu de l'article 77 de la Constitution »*[1453]. Dans la décision n° 96-28 DC du 8 juillet 1996, le Conseil affirme que *« la conformité à la Constitution des règlements des Assemblées parlementaires doit s'apprécier tant au regard de la Constitution elle-même, que des lois organiques prévues par elle ainsi que les mesures*

[1449] E. Olivier, « Normes de constitutionnalité et normes constitutionnelles : ambiguïté des lois organiques françaises. », *Mélanges en l'honneur de Louis Favoreu*, Paris, Dalloz, 2007, p. 1360.

[1450] Cette loi organique sera abrogée à l'échéance 2017 par la loi 2011-15 du 8 juillet 2011 portant loi organique relative aux lois de finances qui entrera en plein vigueur conformément au droit communautaire. Voir, M. NICAISE, « Réflexion sur le cadre harmonisé des finances publiques dans l'espace UEMOA », *Afrilex,* 2012, pp. 2 et s.

[1451] Cons. const., Décision N° 60-8 DC du 11 août 1960, *Rec.*, p. 25.

[1452] Cf. obs. sous Cons. const., Décision N° 2001-448 DC du 25 juillet 2001, *in* L. FAVOREU et L. PHILIP, *Les grandes décisions du Conseil constitutionnel, op. cit,* pp. 303-304 ; L. PHILIP, « L'ordonnance organique du 2 janvier 1959 relative aux lois de finances [modifiée par la loi organique du 1er août 2001] », *Doc. FR.*, 2001, p. 2.

[1453] Ass. Plén. 2 juin 2000, Mlle Fraisse, *Bull. Ass Plén.*, N° 4, p. 7.

législatives nécessaires à la mise en place des institutions prises en vertu de l'alinéa premier de l'article 92 de la Constitution »[1454].

Au Sénégal, la loi organique est perçue davantage par le juge comme un instrument ayant vocation à mettre en application les dispositions de la Constitution. Dans la décision du 9 octobre 1998-*Haute Cour de Justice,* le juge précise : *« la loi organique soumise à l'examen du Conseil constitutionnel procède d'une application de l'article 83 al 3 de la Constitution selon lequel l'organisation de la haute Cour de Justice et la procédure suivie devant elles sont déterminées par une loi organique »*[1455]. Auparavant, le juge a eu à adopter la même position. Dans la décision du 18 mars 1996 – *Limitation du cumul des mandats*, le juge a estimé que la loi organique qui définit le régime des incompatibilités des parlementaires est une application de l'article 56 alinéa 2 de la Constitution selon lequel la loi fixe les règles concernant *« le régime électoral de l'Assemblée nationale et des Assemblées locales »*[1456]. En réalité, le respect de la loi organique qui incombe au législateur ordinaire se traduit par son obligation de respecter le domaine de la loi organique fixé par le constituant ou l'obligation qui lui est faite de respecter la loi organique lorsqu'il doit la mettre en œuvre[1457].

Le statut des lois organiques par rapport à l'ordre constitutionnel n'est pas clairement fixé par le juge sénégalais. Tel semble être le sort réservé au règlement intérieur de l'Assemblée nationale par le Conseil constitutionnel.

b- Les contradictions dans la fixation du statut du Règlement intérieur de l'Assemblée parlementaire

Le règlement de l'Assemblée parlementaire est une « résolution votée par la seule assemblée concernée et qui regroupe l'ensemble des prescriptions relative à l'organisation de ses travaux, à la composition de ses organes et à leurs attributions »[1458]. Tout comme les lois organiques,

---

1454 S. de CAQUARAY, *Le Conseil constitutionnel et les règlements des Assemblées,* Paris, Economica-PUAM, 2001, pp. 52 et s.
1455 I. M. FALL (dir.), *Les décisions et avis du Conseil constitutionnel Rassemblés et commentés, op. cit.,* p. 273.
1456 I. M. FALL (dir.), *Les décisions et avis du Conseil constitutionnel Rassemblés et commentés, op. cit.*, p. 141.
1457 R. FRAISSE, « Six ans de lois organiques devant le Conseil constitutionnel (2000-2006). Bilan et perspectives », *LPA,* N° 238, 29 novembre 2006, p. 19.
1458 J. C. BECANE, et Y. MICHEL, *Dictionnaire de droit constitutionnel*, Paris, PUF, 1992, p. 910.

il s'agit d'une catégorie de normes assez particulières. Il complète les dispositions de la Constitution et pose des règles de procédure. C'est dans cette perspective que la vérification de sa conformité à la Constitution est obligatoire. En effet, depuis la réforme de 2016, le règlement de l'Assemblée nationale est une loi organique. Le lien de rattachement du règlement de l'Assemblée nationale à la Constitution s'explique par le fait qu'ils puissent servir parfois de normes de référence au juge de la constitutionnalité. La constitutionnalisation des dispositions pertinentes du règlement de l'Assemblée parlementaire est un signe d'effectivité de l'ordre constitutionnel[1459]. En plus des motifs liés à la régulation des flux des amendements, le souci de l'effectivité globale de l'ordre constitutionnel aurait pu pousser le juge constitutionnel à utiliser le règlement de l'Assemblée comme paramètre de constitutionnalité. Ces normes ne se réduisent pas seulement à des instruments de mise en en œuvre de la Constitution. Elles la précisent, fixent les détails qui s'imposent au législateur au cours de la procédure législative. Dans cette lancée, le Conseil constitutionnel français dans sa décision du 23 juillet 1975 relative à la constitutionnalité de la *loi sur la taxe professionnelle* a examiné la constitutionnalité de ladite loi au regard *« des règles de valeur constitutionnelle relatives à la procédure législative »*[1460]. Ainsi, les règles de valeur constitutionnelle ne sont pas seulement celles contenues dans la Constitution *stricto sensu*, mais également celles qui, tout en étant pas incluses dans le texte lui-même ont valeur constitutionnelle. La décision du juge constitutionnel français précitée donne une valeur constitutionnelle aux règles contenues dans le règlement de l'Assemblée parlementaire, sans aller jusqu'à intégrer formellement celui-ci dans l'ordre constitutionnel. Il convient de noter que la valeur constitutionnelle attribuée au règlement de l'Assemblée nationale est circonstancielle, elle traduit une dynamique jurisprudentielle visant à pallier les insuffisances du texte constitutionnel qui ne peut tout prévoir en détail. Cette position du juge constitutionnel française aussi heureuse soit elle n'est pas épousée par son homologue sénégalais. En effet, le plus souvent, dans tous les cas où la violation du règlement de l'Assemblée parlementaire est invoquée par les requérants, le juge constitutionnel sénégalais a décliné sa compétence à apprécier la validité de la loi à l'aune des normes contenues dans le Règlement

[1459] L. HAMON, « Une discipline juridique nouvelle et ancienne : le droit parlementaire » *D., Chr.* 1989, p. 293.
[1460] Cons. const., Décision N°75-57 DC du 23 juillet 1975, *Rec.*, p. 24.

intérieur de l'Assemblée parlementaire. L'état de la jurisprudence en la matière confirme cette remarque.

Pourtant, dans la décision du 24 février 1998-*Augmentation du nombre de députés de 120 à 140*[1461], même si la démarche est minimaliste, le Conseil constitutionnel, de façon implicite, a mis en exergue la complémentarité de l'article 72 alinéa 1er du règlement intérieur avec l'article 49 de la Constitution. En effet, le Conseil devait considérer que *« l'article 49 de la Constitution ne contient aucune règle de procédure relative aux lois organiques qui puisse être violée par l'amendement contesté contrairement à ce que peuvent laisser croire les auteurs de la saisine ; qu'ils soutiennent que ledit amendement dont il s'agit a manifestement violé "les règles particulières et spéciales prévues en matière de loi organique", sans pour autant indiquer lesquelles ; que celles qu'ils mentionnent, (exigence d'un texte écrit et l'obligation de le communiquer aux membres de l'Assemblée nationale préalablement au débat) concerne tout amendement et sont fixées par le Règlement intérieur de l'Assemblée nationale en son article 72 alinéa premier et non par la Constitution ; que par suite leur contrôle ne relève pas de la compétence du Conseil constitutionnel »*[1462]. Le juge oppose aux saisissants sa compétence d'attribution fixée par la Constitution et le la loi organique 92-23 du 30 mai 1992 en précisant que ces textes *« ne rangent pas parmi les matières relevant de sa compétence, le Règlement intérieur de l'Assemblée nationale* ; *que dès lors, les moyens tirés de la violation dudit Règlement intérieur doivent être écartés »*. Le juge s'inscrit dans la même lancée dans l'affaire dite *Délégations spéciales* du 11 décembre 2001[1463]. Dans cette affaire, le Conseil constitutionnel rappelle aux requérants qu'il avait déjà jugé que le règlement intérieur de l'Assemblée nationale ne pouvait, du fait de sa compétence d'attribution figurer au nombre des normes servant de référence en vue de l'exercice du contrôle de constitutionnalité. En effet, le juge considère : *« Le Conseil constitutionnel avait déjà jugé par sa décision susvisée (Décision n°1/C/98du 24 février 1998) que sa compétence d'attribution exclut de ce domaine le Règlement intérieur de l'Assemblée nationale ; que dès lors le moyen de la violation dudit*

[1461] I. M. FALL (dir.), *Les décisions et avis du Conseil constitutionnel. Rassemblés et commentés*, *op. cit.*, p. 175.

[1462] I. M. FALL (dir.), *Les décisions et avis du Conseil constitutionnel. Rassemblés et commentés*, *op. cit.*, p. 176.

[1463] I. M. FALL (dir.), *Les décisions et avis du Conseil constitutionnel. Rassemblés et commentés*, *op. cit.*, p. 437.

Règlement doit être écarté ». Pourtant, paradoxalement, dans cette affaire, le juge a fait référence au Règlement intérieur de l'Assemblée nationale en son article 72 en précisant que le droit d'amendement *« peut se manifester sous la forme de contre-projet dont les conditions de recevabilité sont gouvernées par l'article 72 du Règlement intérieur »*[1464]. Ici, la contradiction dans les motifs de la décision est flagrante. En effet, pour valider l'amendement, qui en réalité était un contre-projet de loi, le juge a dû recourir aux dispositions du règlement intérieur de l'Assemblée, mais il n'en tire pas toutes les conséquences. L'on peut dès lors se demander, comment peut-on prétendre obliger le législateur à respecter la procédure législative définie par la Constitution, complétée par le règlement de l'Assemblée nationale si on exclut ce dernier des normes de référence du juge ? Le juge est-il tenu de respecter les précédents ? Le fait pour le juge de se référer à ses précédents peut à certains égards être problématique. Certes, le rappel est une des conditions d'émergence d'une « politique jurisprudentielle » attestant une certaine cohérence, une certaine continuité, une certaine rationalité du travail du juge. Mais cette démarche ne doit pas tourner au soliloque, par lequel le juge ferait seulement de l'autosuggestion[1465]. L'interprétation des normes qui lui servent de référence doit se faire à l'aune de l'évolution du contexte juridique, social et politique, bref de l'environnement du système constitutionnel. La jurisprudence ne saurait être statique, elle doit être dynamique, évolutive si elle prétend saisir les ressorts de l'ensemble du système juridique. Même s'il n'est pas souhaitable que le Conseil constitutionnel se déjuge, le fait de dire qu'il est lié par les interprétations qu'il donne du texte constitutionnel suppose qu'il peut prononcer des « arrêts de règlement », ce qui est interdit à un juge. Certes, le juge constitutionnel français utilise la technique du rappel de ses décisions antérieures, mais il le fait dans un souci pédagogique afin de faire respecter l'autorité de la chose jugée. En systématisant, en matière de contrôle des règlements le juge utilise cette technique dans les cas énumérés par M. Charles VIER[1466] :

[1464] Voir M. ZAKI, « Le droit d'amendement des députés et principe de libre administration des collectivités locales : observations sous Décision 4/C/2001 du Conseil constitutionnel sénégalais, en date du 11 décembre 2001 », *op. cit.*, p. 226.

[1465] A. SALL, *La justice de l'intégration. Réflexions sur les institutions judiciaires de la CEDEAO et l'UEMOA, op. cit.*, p. 63.

[1466] Cité par M. ZAKI, « Le droit d'amendement des députés et principe de libre administration des collectivités locales : observations sous Décision 4/C/2001 du Conseil constitutionnel sénégalais, en date du 11 décembre 2001 », *op. cit.*, p. 228.

« lorsque (…) une partie des règlements de l'Assemblée nationale et du Sénat furent déclarés non conforme (à la Constitution) après un premier examen, ils furent modifiés en fonction des décisions du Conseil et durent lui être à nouveau soumis. Le Conseil fit figurer dans la décision les visas de première décision et s'y référera dans le dispositif ou les motifs explicitement[1467] ou implicitement »[1468]. L'ordre constitutionnel ne se limite pas au texte constitutionnel *stricto sensu*. Il intègre des d'autres normes qui le complètent, et qui sont de véritables « excroissances constitutionnelles ». Le règlement intérieur de l'Assemblée parlementaire en constitue une catégorie. D'ailleurs, Eugène PIERRE écrit que « le règlement intérieur (avait) souvent plus d'influence que la Constitution elle-même sur la marche des affaires publiques »[1469].

En France, si le Conseil constitutionnel a eu à adopter la même position que son homologue sénégalais[1470], la jurisprudence française va connaître une évolution avec la décision du Conseil constitutionnel N° 94-339 DC du 31 mai 1994[1471]. Dans le considérant 6, le juge affirme que les dispositions du règlement intérieur du Sénat peuvent être invoquées par les sénateurs afin de demander l'application des dispositions constitutionnelles notamment l'article 40 de la Constitution ; et que les dispositions dudit règlement qui interdisent aux sénateurs de soulever l'irrecevabilité sur la base de l'article 40 sont contraires à la Constitution. Ce mouvement s'est poursuivi avec ce que la doctrine nomme « la constitutionnalisation des dispositions réglementaires pertinentes »[1472].

L'exclusion des lois organiques et du règlement de l'Assemblée parlementaire, qui depuis la réforme constitutionnelle de 2016 est une loi organique, véritables « excroissances constitutionnelles » entame l'effectivité globale de l'ordre constitutionnel.

II- Une vision minimaliste stratégique

La conception restrictive de l'ordre constitutionnel qui résulte de la jurisprudence traduit une vision stratégique minimaliste de la protection

1467 Cons. const., Décision N° 59-4 DC du 21 juillet 1959 *R.D.C.C.*, p. 63.
1468 Cons. const., Décision N° 60-9 DC du 18 novembre. *D. C.C.*,1960, p. 17.
1469 E. PIERRE, *Traité de droit politique, électoral et parlementaire*, Paris, éditions Loysel, (réédition 1989), Tome I, p. 490.
1470 Cons. const., Décision N° 78-97 DC 27 juillet 1978, *R.D.P,* 1979, p. 504.
1471 *Rec.,* p. 80.
1472 Voir E. OLIVA, « La constitutionnalisation du droit d'amendement », *in* B. MATHIEU et M. VERPEAUX (dir.) *Constitutionnalisation des branches du droit,* Paris, Economica, PUAM, 1996, p. 87.

juridictionnelle de celui-ci. En effet, le juge peut rétrécir ou élargir l'ordre constitutionnel en fonction des enjeux que comporte le texte soumis à son examen. Ainsi, dans *l'amendement Moussa Sy* précité, le juge a fait référence au règlement intérieur de l'Assemblée nationale en son article 72 en précisant que le droit d'amendement *« peut se manifester sous la forme de contre-projet dont les conditions de recevabilité sont gouvernées par l'article 72 du règlement intérieur »*[1473]. Il convient de rappeler que la notion de contre-projet de loi n'est pas prévue par la Constitution. En l'espèce, pour éviter la censure du texte, le Conseil constitutionnel est allé chercher opportunément dans le règlement intérieur de l'Assemblée nationale des arguments pour valider l'amendement. À cet effet donc, le juge semble élargir l'ordre constitutionnel, même si par la suite, il n'en tire pas toutes des conséquences en rappelant au passage la décision n°1 /C/98 du 24 février 1998 relative à l'amendement Niadiar SENE dans laquelle il a été jugé que *« ni l'article 82 de la Constitution, ni l'article 1er de la loi organique n° 92-23 du 30 mai 1992 prise en application de l'article 84 de la Constitution ne range parmi les matières révélant de sa compétence le règlement intérieur de l'Assemblée nationale ;que dès lors le moyen tiré de la violation dudit règlement doit être écarté »*[1474]. Cette stratégie minimaliste du Conseil constitutionnel est liée au contexte de l'époque. En effet le gouvernement avait la charge d'organiser des élections à la date prévue. Le Président ayant constaté l'impossibilité de le faire, a proposé dans un projet de loi portant prorogation du mandat des élus locaux. Seulement, au cours de la procédure législative, le projet de loi sera vidé de sa substance par un amendement visant à instaurer des délégations spéciales. Pour valider cet amendement, le Conseil constitutionnel, s'est référé au règlement intérieur de l'Assemblée nationale, qu'il considère pourtant, sur un autre moyen soulevé par les requérants comme ne faisant pas partie de l'ordre constitutionnel. Cette démarche incohérente du Conseil constitutionnel, qui, à certains égards traduit un raidissement de la fonction du juge, a commencé depuis la lettre de demande d'explications adressée

---

1473 Voir M. ZAKI, « Le droit d'amendement des députés et principe de libre administration des collectivités locales : observations sous Décision 4/C/2001 du Conseil constitutionnel sénégalais, en date du 11 décembre 2001 », *op. cit.*, p. 226.

1474 M. ZAKI, « Le droit d'amendement des députés et principe de libre administration des collectivités locales : observations sous Décision 4/C/2001 du Conseil constitutionnel sénégalais, en date du 11 décembre 2001 », *op. cit.*, p. 226.

au Conseil constitutionnel par le Président WADE[1475]. En réalité, la démarche du juge contraste avec celle adoptée dans l'affaire relative à l'amendement Niadiar SENE, qui correspondait à une période pendant laquelle la juridictionnelle fut animée par des publicistes de renom.

Également, la délimitation par rapport aux normes de l'ordre juridique international augure d'une conception étroite de l'ordre constitutionnel.

A- Une délimitation restrictive par rapport au droit international

L'ordre constitutionnel du fait de l'internationalisation du droit constitutionnel intègre de plus en plus des normes issues de l'ordre juridique externe[1476]. La communauté internationale du fait de l'universalité des droits de l'Homme et des standards de la démocratie considérés comme un fonds commun des Constitutions devient de plus en plus une actrice du constitutionnalisme[1477]. Ainsi, l'internationalisation de la Constitution sert-elle de ticket d'accès à la communauté internationale. Se profile dès lors la notion d'ordre public international qui se ressent à travers la lecture du préambule de la Constitution qui reprend pour l'essentiel en ce qui concerne le droit international, les instruments juridiques internationaux ou régionaux intégrés dans l'ordre juridique interne[1478]. Ces normes de droit international contenues dans la Constitution sont de deux sortes, les traités internationaux et les normes de droit communautaire. Comme le constate une partie de la doctrine[1479] le Conseil constitutionnel se sert parfois de normes du droit

---

[1475] Cf. Interview du Professeur El Hadj MBODJ, *in La Gazette du Pays et du Monde,* N°76 du 16 au 23 septembre 2010, p. 8.

[1476] M.C. D. WEMBOU, « Les normes internationales relatives au droit de l'Homme et leur application dans la législation internes des États africains : perspectives et problèmes », *Revue Africaine de droit international et comparé*, 1999, pp. 51-66 ; N. M. KOUMBI, « Les dispositions internationales dans les nouvelles Constitutions des États d'Afrique francophone », *Annuaire africaine de Droit international*, vol. 8, 2000, pp. 223-263.

[1477] Sur l'internationalisation du constitutionnalisme en Afrique de façon générale voir : Rapport technique-synthèse du colloque sur « L'Afrique et l'internationalisation du constitutionnalisme : actrice ou spectatrice ? » ; 16 et 17 juin 2010, *Auditorium du campus universitaire de Lomé, Afrilex,* N° 6, 2010, 11 p.

[1478] À titre illustratif, la C.I.J, dans son arrêt du 20 juillet 2012 relatif à l'affaire « Habré » opposant le Sénégal et la Belgique à propos de l'application de la Convention de *New York* du 10 décembre 1984 contre la torture a consacré la notion de *jus cogens.* Voir A. SALL *L'affaire Habré. Aspects judiciaires nationaux et internationaux,* Paris, L'Harmattan, 2013 p. 89.

[1479] M. M. SY, *La protection constitutionnelle des droits fondamentaux en Afrique. L'exemple du Sénégal, op. cit,* p. 384. L'auteur cite des cas de jurisprudence dans

international comme normes de référence, il demeure que la lecture de la jurisprudence constitutionnelle laisse penser que les juges sénégalais en charge de la protection de l'ordre constitutionnel ne sont pas au rythme de la constitutionnalisation des normes de l'ordre juridique externe. En effet, le Conseil constitutionnel exclut les traités internationaux de l'ordre constitutionnel (I). Les juges de droit commun sous l'autorité de la Cour suprême, quant à eux préfèrent ne pas se prononcer sur la question (II).

I- L'exclusion des normes internationales par le Conseil constitutionnel

Par principe les traités internationaux ne font pas partie de l'ordre constitutionnel et le contrôle de constitutionnalité prévu par le constituant n'implique pas un contrôle de conventionnalité des lois[1480]. Il demeure que cette affirmation n'est valable que si la norme internationale n'est pas incluse dans l'ordre constitutionnel par la volonté même du constituant ou de surcroît si l'ordre constitutionnel a pour fondement un traité

lesquels le Conseil constitutionnel s'est servi du droit international comme norme de référence (Cons. const., 23 juin 1993 *rabat d'arrêt* - Cons. const., 27 juillet 1994 *statut des magistrats* - Cons. const,, 3 février 1999 *statut des magistrats de la Cour des comptes),* Pourtant, cette démarche du juge constitutionnel va de soi d'autant plus que toutes les conventions sur lesquelles sont fondées les décisions rapportées par M. SY sont mentionnées de façon explicite dans l'ordre constitutionnel par le constituant. La seule exception mentionnée par l'auteur réside dans la décision du 8 février 2001 relative à l'exception d'inconstitutionnalité de l'article 6 de l'accord de siège conclu entre le gouvernement du Sénégal et la B.C.E.A.O suite à une demande de la Cour de cassation. En l'espèce, les requérants se fondaient sur l'article 8 et 10 de la Déclaration universelle des Droits de l'Homme de 1948 et de l'article 14 du Pacte international relatif aux droit civiques et politiques, l'article 7 de la Charte africaine et l'article 81 de la Constitution. Ce qui est exceptionnel fait remarquer l'auteur, c'est le recours au Pacte relatif aux droits civils et politiques, instrument juridique international non mentionné dans le préambule de la Constitution (p. 385). Mis à part cette décision, nous ne pouvons partager la thèse de l'auteur qui, au terme de son analyse semble se glorifier de la démarche du juge constitutionnel. Pour les autres cas d'espèce, il nous semble que le juge n'a point procédé à une exploitation maximale des normes de référence, il s'est limité simplement à un minimalisme jurisprudentiel par une interprétation littérale du texte constitutionnel.

[1480] Cons. const., Décision N° 75-74 DC 15 janvier 1975, *Rec.*, p. 19 ; C. MANGUE, « Le Conseil constitutionnel et droit supranational », *Pouvoirs,* N° 105, 2003, pp. 53-72, p. 65.

international[1481]. D'ailleurs la jurisprudence du Conseil constitutionnel français de 1975 a été critiquée par une partie de la doctrine[1482] même si elle a reçu de fervents défenseurs[1483]. À la question de savoir si l'inconventionalité de la loi est porteuse d'une inconstitutionnalité de celle-ci, le juge constitutionnel français, a opté pour un minimalisme de l'étendue de l'ordre constitutionnel. Cependant, cette jurisprudence constitutionnelle va connaître une évolution prenant en compte les règles de droit international lors du contrôle de constitutionnalité des lois.

En marge des normes internationales, il existe des normes du droit communautaire qui, une fois insérées dans l'ordre juridique, peuvent servir de référence au juge constitutionnel dans sa mission de pacification des relations politiques[1484]. Il convient, cependant, de préciser pour les normes communautaires, que même si certaines parmi elles ne figurent pas dans le texte constitutionnel, à l'instar des lois organiques, elles peuvent servir à certains égards des normes de référence au juge de la constitutionnalité[1485]. Dans la même logique, on

---

[1481] La Constitution du Chypre est le résultat d'un accord international relatif à son indépendance en 1960, celle de la Bosnie Herzégovine résulte des accords de Dayton en 1995.

[1482] D. BACHELLON, « De quelques incidences du contrôle de la conventionnalité des lois par le juge ordinaire (Malaise dans la Constitution) », *RDP*, 1998, p. 225.

[1483] B. GENEVOIS « Faut-il maintenir la jurisprudence issue de la décision 74-54 DC du 15 janvier 1975 », *Les Cahiers du Conseil constitutionnel,* N° 7, 1999, p. 101.

[1484] I. M. FALL, « Quels remarques sur l'élection du Président de la République au suffrage universel », *in Les tabous de la désignation démocratique des gouvernants, Afrique contemporaine* 2012/2 N°242, pp. 99-113, p 107.

[1485] Ces instruments sont en quelque sorte pris dans leur ensemble en *« une Constitution régionale ».* Il en est ainsi du protocole de la CEDEAO A/SP1/12/01 du 21 décembre 2001 sur la démocratie et la bonne gouvernance additionnelles au protocole relatif au mécanisme de prévention, de gestion, et de règlement des conflits, de maintien de la paix et de la sécurité. On peut citer dans le même registre la Charte de la démocratie, des élections et de la gouvernance adoptée par la huitième session ordinaire de l'Union africaine tenue le 30 janvier 2007 à Addis Abeba, la Déclaration de Bamako du 3 novembre 2000 en conclusion du symposium international sur le bilan des pratiques de la démocratie, des droits et libertés dans l'espace francophone et la Déclaration universelle sur la démocratie adoptée sans vote par le Conseil de l'Union inter-parlementaire lors de sa 161e session au Caire le 16 septembre 1997. Voir S. BOLLE, « Les juridictions africaines et les crises électorales », *op. cit.*, p. 4.
Le fait pour le juge constitutionnel togolais de se référer au protocole de la CEDEAO précité dans sa décision du 9 juillet 2009 lève tout doute sur la qualité de normes de référence de ces instruments juridiques en cas de contrôle de constitutionnalité. Voir I. M. FALL, *Les révisions constitutionnelles au Sénégal. Révisions consolidantes et révisions déconsolidantes de la démocratie sénégalaise, op. cit.,* p. 198, note 407.

constate qu'au niveau régional le juge de l'intégration intervient de plus en plus pour assurer l'effectivité des ordres constitutionnels nationaux. Cela montre que ces derniers se regorgent de règles communes aux États membres de l'organisation régionale dont l'organe judiciaire de celle-ci est chargé d'assurer le respect le cas échéant[1486].

Au Sénégal, le mimétisme[1487] jurisprudentiel de « mauvais aloi » a sans doute poussé le juge constitutionnel a adopté de façon implicite dans sa décision relative à la parité[1488] une solution jurisprudentielle qui se rapproche de celle dégagée par son homologue français en 1975 relative à *l'interruption volontaire de grossesse.* Dans la décision relative à la constitutionnalité de la loi relative à l'introduction de la parité sur les listes électorales aux législatives précitée, le Conseil constitutionnel sénégalais a déclaré la loi non conforme à la Constitution pour violation du principe d'égalité d'essence constitutionnel entre les hommes et les femmes. Dans le contexte sénégalais, une telle décision est difficilement acceptable, dans la mesure où le Sénégal a souscrit à la Convention sur l'élimination de toute forme de discrimination à l'égard des femmes du 18 décembre 1979, qui, rappelons-le fait partie de l'ordre juridique sénégalais et a une valeur constitutionnelle, puisque figurant dans le préambule de la Constitution. En effet, le préambule de la Constitution dispose que le Sénégal a fait son « adhésion à (...) la Convention sur l'élimination de toute forme de discrimination à l'égard des femmes du 18 décembre 1979 ». Au surplus, de la violation de l'article 7 de la Constitution qui pose le principe d'égalité entre l'homme et la femme, tout se passe comme si le juge n'avait pas fait une lecture intégrale du texte constitutionnel. Dans la décision du Conseil constitutionnel, la Convention ci-dessus évoquée n'est nulle part référenciée. En réalité, de la position du juge, il résulte une exclusion implicite de la Convention internationale de l'ordre constitutionnel. Le mimétisme du juge qui consiste à reproduire la jurisprudence française sans adaptation au contexte juridique et sociopolitique est déconcertant. Cette reproduction de la jurisprudence française pour ainsi dire, est

---

1486 Voir S. BOLLE, « La Cour de justice de la CEDEAO : une Cour (supra) constitutionnelle ? », disponible à *http://www.la-constitution-en afrique.org/*

1487 Selon I. M. FALL le Conseil constitutionnel s'est inspiré de la jurisprudence française dans son raisonnement notamment les décisions 82-146 DC du 18 novembre 1982 et 98-407 DC du 14 janvier 1999. Voir I. M. FALL (dir.), *Les décisions et avis du Conseil constitutionnel du Sénégal. Rassemblés et commentés, op.cit*, p. *525.*

1488 I. M. FALL (dir.), *Les décisions et avis du Conseil constitutionnel du Sénégal. Rassemblés et commentés, op. cit.*, p. 523.

source de questionnement sur la pertinence « de la raison de l'existence et de l'action de la juridiction constitutionnelle »[1489] dont la fonction essentielle est la garantie de l'ordre constitutionnel. L'exclusion des normes internationales de l'ordre constitutionnel a été plus clairement affirmée par le juge dans la décision relative à la constitutionnalité de la *Loi d'amnistie*[1490] qui semble avoir freiné l'élan de la jurisprudence favorable à la prise en compte de la norme internationale dans les normes de référence du juge constitutionnel. Dans cette décision, le juge a clairement indiqué que l'ordre constitutionnel, considéré comme l'ensemble des normes de référence du juge en vue de l'exercice du contrôle de constitutionnalité n'intègre pas les normes internationales fussent-elles constitutionnalisées. Les arguments des requérants méritent d'être rappelés ainsi que la réponse fournie par le juge. Les requérants faisaient prévaloir que les articles 1er et 2 de la loi d'amnistie étaient contraires à l'Acte constitutif de l'Union africaine en son article 40 qui consacre le respect du caractère sacré de la vie humaine, condamne et rejette les assassinats politiques et les actes de terrorisme et les activités subversives. À ces griefs, le juge répond, en *« considérant que l'article 74 de la Constitution donne au Conseil constitutionnel compétence pour se prononcer seulement sur la conformité à la Constitution des lois déférées à son examen »*, puis il rappelle au passage les dispositions de l'article 98[1491] de la Constitution et indique que ces dispositions ne prescrivent pas, et n'impliquent pas le contrôle de conventionnalité des lois dans le cadre du contrôle de conformité des lois à la Constitution prévu à l'article 74 de celle-ci, et que *« par suite, il n'appartient pas au Conseil constitutionnel d'apprécier la conformité de la loi aux stipulations d'un traité ou d'un accord international »*[1492]. Pourtant, le constituant à travers le préambule de la Constitution affirme son adhésion aux instruments internationaux adoptés par l'Organisation des Nations Unies et l'Organisation de l'Unité africaine, notamment la Déclaration Universelle des Droits de l'Homme

---

[1489] M. DIAKHATE, « Les ambiguïtés de la juridiction constitutionnelle dans les États d'Afrique noire francophone », *op. cit.*, p. 211.

[1490] I. M. FALL (dir.), *Les décisions et avis du Conseil constitutionnel. Rassemblés et commentés, op. cit.*, p. 473.

[1491] Rappelons que cette disposition de la Constitution du 22 janvier 2001 prévoit que « Les traités ou accords régulièrement ratifiés ou approuvés ont dès leur publication une autorité supérieure à celle des lois sous réserve, pour chaque accord ou traité de son application par l'autre partie ».

[1492] I. M. FALL (dir.), *Les décisions et avis du Conseil constitutionnel. Rassemblés et commentés, op. cit.*, pp. 475-476.

du 10 décembre 1948, la Convention sur l'élimination de toutes les formes de discrimination à l'égard des femmes du 18 décembre 1979, la Convention relative aux Droits de l'Enfant du 20 novembre 1989 et la Charte africaine des Droits de l'Homme et des Peuples du 27 juin 1981 et se dit « attaché à l'idéal de l'Union africaine ».

De surplus, le juge avait lui-même précisé dans un avis consultatif relatif à l'organisation du référendum constitutionnel que « le protocole visé dans le projet de Constitution est « le protocole relatif à l'acte constitutif de l'Union africaine adopté le 12 juillet 2000 à Lomé »[1493]. Le raisonnement montre une exclusion des normes internationales de l'ordre constitutionnel au moment du contrôle de constitutionnalité. Si dans la décision du 3 décembre 1997 *Modification du statut des magistrats*, le Conseil constitutionnel se réfère aux « normes internationales relatives à la qualification, à la sélection et à la formation des personnes devant remplir les fonctions de magistrats… »[1494].

Il demeure que, comme le remarque le commentateur[1495] de la décision, la précision de ces normes internationales n'est en rien indiquée. Le juge se contente d'indiquer qu'il s'est référé à celles-ci sans les spécifier.

Pourtant, la Cour suprême du Canada cite régulièrement ses homologues des États-Unis, de l'Inde, de l'Australie, du Pakistan à côté de la Cour européenne des droits de l'Homme ou même du Comité des droits de l'Homme des Nations unies. Toutefois, elle ne les utilise pas comme précédents, mais elle y puise des arguments supplémentaires au soutien du dispositif de ses décisions[1496]. De même, le juge canadien fait appel à Aristote au secours de son analyse du principe de l'égalité[1497]. Cette incursion du juge constitutionnel hors du droit peut paraître à première vue excessive, il est cependant inévitable. En effet,

---

1493 I. M. FALL (dir.), *Les décisions et avis du Conseil constitutionnel. Rassemblés et commentés, op. cit.,* p. 395.

1494 I. M. FALL (dir.), *Les décisions et avis du Conseil constitutionnel. Rassemblés et commentés, op. cit.*, p. 172.

1495 I. M. FALL (dir.), *Les décisions et avis du Conseil constitutionnel. Rassemblés et commentés, op. cit.*, p. 174, obs. I. DIALLO

1496 P. FOUCHER, « Contrôle de constitutionnalité au nom des droits fondamentaux dans les États de droit : convergence des solutions en occident et idées pour l'Afrique », *op. cit*, pp. 353-354.

1497 C. BRUNELLE, « L'interprétation des droits constitutionnels par le recours aux philosophes », *Revue du barreau du Québec,* N° 50, 1990, p. 353.

le juge constitutionnel travaille sur le droit constitutionnel qui n'est pas un droit simple par nature. Ce droit fait appel à des termes flous, imprécis, et à des valeurs. Dans cette perspective, devant certaines juridictions constitutionnelles européennes comme le Tribunal constitutionnel espagnol, la Cour constitutionnelle de la Roumanie, les traités internationaux relatifs aux droits de l'homme sont pris comme des paramètres interprétatifs des droits fondamentaux constitutionnels[1498]. Tout de même, la Cour d'arbitrage belge applique l'article 14 de la Convention européenne des droits de l'Homme[1499]. Cependant, la jurisprudence du Conseil constitutionnel sénégalais renseigne sur la conception étroite que se fait le juge de l'ordre constitutionnel vis-à-vis du droit international et communautaire.

II- Le contournement de la question par le juge judiciaire

Le juge ordinaire a, lui, contourné la question. En effet, dans l'affaire HABRE[1500], la Cour de cassation, tout comme la Cour d'Appel[1501], a refusé d'appliquer un traité international pour des questions de procédure. Les chefs d'accusation qui étaient retenus contre M. HABRE et les péripéties de la procédure qui a abouti à l'arrêt de la Cour de cassation doivent être rappelés[1502]. Ils étaient fondés sur la Convention des Nations unies de 1984 contre la torture ratifiée par le Sénégal en 1986[1503]. Dans la mesure où ladite Convention a été ratifiée elle fait donc partie intégrante de l'ordre juridique sénégalais et de ce fait, la question de sa valeur juridique pouvait être posée. Autrement dit, quel est le statut de cette Convention au sein de l'ordre juridique sénégalais ?

[1498] L. FAVOREU, « contrôle de constitutionnalité du traité et développement du droit constitutionnel international », *RGDIP*, 1993, pp. 39-69.

[1499] F. DELPERREE et A. R. ROLLAND, « Décisions de la Cour d'Arbitrage belge de 1993 », *Revue Belge de droit comparé,* 1994, pp. 164-194.

[1500] A. SALL, *L'affaire Habré. Aspects judiciaires nationaux et internationaux, op. cit.,* 93 p ; S. KABA, *La justice de l'universelle en question. Justice de blancs contre les autres ?,* Paris, L'Harmattan, 2010, pp. 175- 222.

[1501] A. SALL, *L'affaire Habré. Aspects judiciaires nationaux et internationaux, op. cit.,* pp. 39 et s.

[1502] Sur le contexte du procès et de la procédure *Cf.* L'ordonnance de non-lieu partiel, de mise en accusation et de renvoi devant la Chambre africaine extraordinaire d'assises rendue par la chambre africaine d'instruction le 13 février 2015 ; T. ONDO, *La responsabilité introuvable du chef d'État africain : Analyse comparée dans la contestation du pouvoir présidentiel en Afrique noire Francophone (les exemples camerounais, gabonais, tchadien, et togolais),* Université Reims Champagne-Ardenne, juillet 2005, pp. 509-512.

[1503] Loi 86-26 du 16 juin 1986, *JORS,* N° 5131, Samedi 9 août 1986, p. 385.

La plainte déposée contre Habré faisait référence aux normes de *jus cogens*, c'est-à-dire en l'espèce les actes de torture et de façon générale, les crimes internationaux dont la répression s'impose à tous. Le 3 février 2000, le juge d'instruction au tribunal régional de Dakar a cité M. HABRE à comparaître et l'a inculpé d'avoir *« aider et assister X... dans la commission des faits de crime contre l'humanité, d'actes de torture et de barbaries »* et l'a placé en résidence surveillée. Les avocats de M. Hissein HABRE ont saisi ainsi la Chambre d'accusation de la Cour d'Appel de Dakar et ont demandé l'annulation des poursuites contre leur client. Leur argumentaire était axé sur trois points essentiels. D'abord, l'incompétence des tribunaux sénégalais pour juger des crimes commis au Tchad. Ensuite, l'absence de base légale pour poursuivre Hissein HABRE du fait que le Code pénal sénégalais n'avait incorporé les crimes de torture qu'en 1996, soit bien après les faits reprochés à l'ancien Président tchadien. Enfin, la prescription du fait que la grande partie des faits reprochés à HABRE date de plus de dix ans.

Dans l'arrêt rendu 5 juillet 2000, les trois juges à la Chambre d'accusation de la Cour d'Appel indiquèrent qu'en dépit de la Convention contre la torture les tribunaux sénégalais n'ont pas compétence sur des crimes commis hors du pays et ont ordonné l'abandon des charges contre HABRE[1504]. Dans sa motivation, la Cour estime qu'au regard du Code pénal, les tribunaux sénégalais n'ont pas compétence pour connaître de certains crimes extraterritoriaux commis par des étrangers. Par ailleurs, la Cour précise que, de par ses provisions, la Convention *« ne détermine aucune compétence juridictionnelle »* alors qu'en droit pénal cette compétence devait être précisée. Sur cette dernière exigence de la Cour d'Appel, il faut préciser que les juges de la Cour d'Appel se sont inscrits en faux avec une solution dégagée par l'ancienne Cour suprême dans une affaire relative à l'applicabilité d'une Convention internationale où la Cour suprême a subordonné la législation nationale à un traité et ce, conformément à l'article 79 de la Constitution de 1963[1505]. En outre, les juges à la Cour d'Appel estiment que, contrairement à la France et à la Belgique, le Sénégal n'a pas adopté une loi visant à rendre applicable la Convention. Ainsi, non satisfaite, la partie civile se pourvut devant la Cour de cassation qui rendra son

[1504] Cour d'Appel de Dakar Chambre d'accusation arrêt N° 135 du 5 juillet 2000 ; voir Me D. NDOYE, *Le pouvoir judiciaire face aux autres pouvoirs. Doctrine politique et réalité,* Dakar, les éditions CAFORD, *Le droit de savoir*, N°8, 2002, pp. 129-134.

[1505] CS, 23 Août 1980 Abdoulaye Barry C/Biscuiterie de Médina, *EDJA,* N° 40, janvier-février-mars 1999, p. 69.

arrêt le 20 mars 2001. Dans son arrêt, la Cour de cassation appliqua le principe de territorialité de la loi pénale et a estima que M. HABRE ne pouvait être jugé au Sénégal. La Cour considère qu'« *aucun texte de procédure ne reconnaît une compétence universelle aux juridictions sénégalaises en vue de poursuivre et de juger, s'ils sont sur le territoire de la République, les présumés auteurs ou complices des faits (torture) (...) commis hors du Sénégal par des étrangers ; que la présence au Sénégal d'Hissein HABRE ne saurait à elle seule justifier des poursuites intentées contre lui* »[1506]. La Cour estime que la Convention de 1984 des Nations unies n'était pas applicable au Sénégal car n'ayant pas reçu, du point de vue procédural, un acte de réception formel. Un tel raisonnement atteste une ignorance des principes qui gouvernent l'applicabilité et l'opposabilité du droit international. En effet, l'applicabilité d'une convention internationale ne résulte pas d'un acte juridique de transposition dans l'ordre juridique interne. La simple signature ou la ratification, selon que la convention est en forme simplifiée ou solennelle, suffit. En l'espèce, le juge remet au goût du jour la problématique des rapports entre l'ordre juridique international et l'ordre juridique national. Une question de forme qui a toujours opposé les membres de la doctrine entre partisans du monisme et partisans du dualisme. Le dualisme pose l'autonomie de chacun des ordres juridiques, en revanche le monisme postule l'unité de l'ordre juridique international et de l'ordre juridique national[1507]. La simple signature, ou la signature suivie de la ratification et de la publication selon que la convention est en forme simplifiée ou solennelle suffit tant qu'on se situe dans un système moniste comme celui du Sénégal[1508]. D'ailleurs la Constitution prévoit que les traités ou accords régulièrement ratifiés ont dès leur publication, une autorité supérieure à celle des lois sous réserve pour chaque accord ou traité de son application par l'autre partie[1509].La Convention a été ratifiée par le Sénégal en 1986[1510], donc le fait que le juge applique le Code de procédure pénale à la place de la

---

[1506] Cour de cassation ch. crim, arrêt N° 14 du 20 mars 2001 ; D. NDOYE, *Le pouvoir judiciaire face aux autres pouvoirs, op. cit.,* pp. 157-163.

[1507] G. SPERDUTI, « Principe de souveraineté et problème des rapports entre le droit international et le droit interne », *RCADI*, 1976, Vol. 153, pp. 319-410.

[1508] M. KAMARA, « De l'applicabilité du droit international des droits de l'homme dans l'ordre juridique interne *», op. cit.,* p. 96.

[1509] Article 98 de la Constitution du 22 janvier 2001.

[1510] Loi N° 86-26 modifiée du 16 janvier 1986 ratifiant la Convention contre la torture, *JORS*, N° 5131, Samedi 09 août 1986, p. 385.

Convention de 1984 traduit une négation de la hiérarchie des normes. Il appartient à la loi de s'adapter à la Convention et non à la Convention de s'adapter à la loi. Il convient de préciser, pour le cas d'espèce, que la condition de réciprocité ne pouvait jouer car la Convention en question formule des normes de *jus cogens* ayant pour objet la protection de la personne humaine.

De même, le droit international interdit aux États d'invoquer les carences de leur législation nationale pour se soustraire à leurs obligations internationales[1511]. La jurisprudence internationale a eu à appliquer cette règle dans *« l'affaire de l'Alabama »* et l'affaire dite *« Échange des populations grecques et turques »*.[1512] En plus, aux termes de l'article 18 de la Convention de Vienne de 1969 sur le droit des traités, « un État doit s'abstenir d'actes qui priveraient un traité de son objet et de son but lorsqu'il a assigné le traité ou échangé les instruments constituant le traité sous réserve de ratification…tant qu'il n'a pas manifesté son intention de ne pas devenir partie au traité »[1513]. C'est sur cette base que, la Cour suprême du Ghana, malgré le critère du simple quota de ratifications (vingt ratifications) prévu à l'article 30.1 de celle-ci a appliqué la Convention des Nations unies sur le transport des marchandises par mer de 1978, dénommée Règles de Hambourg pour déterminer la responsabilité d'un transporteur de marchandises par mer en provenance de *New York* dans l'affaire *Delma America v. KiskoProduct* en dépit du fait que le Ghana n'avait que signé la Convention de 1978, mais ne l'avait pas ratifiée au moment du litige[1514]. Dans ce registre, le Conseil constitutionnel, dans *l'affaire Karim Meïssa WADE* a rappelé que *« la Convention de Vienne sur le droit des traités signée le 23 mai 1969 et entrée en vigueur le 27 janvier 1980 dispose en son article 26 que : « tout traité en vigueur lie les parties et doit être exécuté de bonne foi »* ; que *« les lois internes ne*

[1511] Cette norme est formulée par l'article 27 de la Convention de Vienne de 1969 sur le droit de traité à laquelle. Voir P. M. DUPUY et Y. KERBRAT, *Les grands textes du droit international public*, Paris, Dalloz, 8e édition, 2012, p. 353.

[1512] A. SALL, « Réflexion sur deux décisions de justice récentes. L'affaire "HABRE" ou le malaise du juge devant le pouvoir politique. L'affaire de "L'effigie" ou le malaise du pouvoir politique devant le judiciaire », *op. cit.*, p. 167.

[1513] P. M. DUPUY et Y. KERBRAT, *Les grands textes du droit international public*, *op. cit.*, p. 350.

[1514] « Rapport des colloques Ouest africains sur la justice », p. 37.

peuvent contenir des dispositions contraires aux conventions, traités, protocoles... »[1515].

Trois hypothèses permettent à une Convention internationale d'intégrer l'ordre constitutionnel. Le premier cas de figure est celui où la Convention est référencée dans le préambule de la Constitution. Tant que le préambule fait « partie intégrante de la Constitution », la Convention demeura intégrée dans l'ordre constitutionnel. Le deuxième cas, le plus simple et non équivoque c'est lorsqu'une disposition de la Constitution renvoie à une Convention. Celle-ci se situe alors au même statut juridique que les autres normes constitutionnelles. Enfin la troisième possibilité, plus subtile et certes, sujette à controverses, c'est lorsque les stipulations la Convention internationale recoupent les dispositions de la Constitution. Dans ce cas, ladite Convention se situera au même statut juridique que les normes constitutionnelles[1516]. Tel est le cas de la Convention de 1984 dans le cas d'espèce. La révision de l'article 9[1517] de la Constitution 22 janvier 2001, intervenue ultérieurement à la décision relative à l'affaire HABRE en vue de mettre en harmonie le texte constitutionnel et la Convention en est un signe. Le législateur sénégalais opte pour la voie dualiste, et l'acte juridique de transformation qu'il a choisi est la Constitution, de ce fait, la norme internationale en question acquiert une valeur constitutionnelle. La révision constitutionnelle intègre dans le texte constitutionnel certaines notions qu'elle emprunte à la Convention pour ainsi permettre à l'État du Sénégal de se conformer à ses obligations internationales. Cette constitutionnalisation des normes internationales est devenue indispensable[1518] à cause de l'internationalisation des Constitutions, impliquant une opposabilité de ces normes internationales aux pouvoirs publics[1519]. C'est au titre de l'ensemble de ces obligations internationales communes à l'ensemble des États et dont en principe, il n'est pas admis pour ces derniers de pouvoir en déroger de par leur législation nationale, fusse-t-elle

---

[1515] Cons. const., Séance du 03 Mars 2014.

[1516] Voir D. de BECHELLION, « Conflits de sentences entre les juges de la loi », *Pouvoirs,* N° 96, 2001, p. 110.

[1517] Loi constitutionnelle N° 2008-33 du 27 Août 2008 modifiant les articles 9 et 95 de la Constitution et complétant les articles 62 et 92 de la Constitution, *JORS,* N° 6420 (Numéro spécial) du vendredi 8 août 2008, p. 754.

[1518] A. ALBERTON, « De l'indispensable intégration du bloc de conventionnalité au bloc de constitutionnalité », *RFDA*, 2005, p. 249.

[1519] I. DIAITE, « Les Constitutions africaines et le droit international », *Annales africaines*, 1971-1972, pp. 33-51.

constitutionnelle que certains membres de la doctrine parlent de « fonds constitutionnel commun » aux États et que d'autres appellent « trans-constitutionnalisme »[1520]. Pourtant, contre toute attente, la Cour de cassation écarte la Convention des Nations unies de 1984 contre la torture pour des raisons liées à l'absence de procédure d'insertion au sein l'ordre juridique interne. Cette attitude souverainiste de la Cour de cassation sénégalaise est certes guidée par des considérations d'opportunité politique. En effet, la Convention en question dans son application au cas d'espèce porte sur un domaine très sensible qui est la justice pénale internationale. Elle impose à l'État du Sénégal, en l'occurrence ses juridictions de passer outre les immunités d'un chef d'État, M. HABRE en l'espèce, pour assurer la répression des crimes de droit international commis au Tchad. Dès lors, l'invite du juge au législateur sénégalais s'analyse en une précision des termes de la Convention par un acte de réception formel au niveau de l'ordre juridique interne.

Le juge de l'administration, à propos d'une exception d'inconstitutionnalité était invité par le requérant à dire si la violation du Pacte international relatif aux droits civils et politiques pouvait être soulevée lors d'une procédure visant à contester la constitutionnalité de la loi qui est la base légale du décret querellé. Dans sa réponse, le juge considère : *« Que nulle part dans le moyen, il n'est fait état de la non-conformité à la Constitution des dispositions de la loi 81-54 du 10 juillet 1981 créant la Cour de répression de l'enrichissement illicite, les requérants soutiennent plutôt la non-conformité de ladite loi en son article 17 au Pacte international relatif aux droits civils et politiques, alors que l'exception d'inconstitutionnalité doit être soulevée lorsqu'il s'agit d'apprécier la conformité des dispositions d'une loi ou des stipulations d'un accord international à la Constitution ; considérant qu'en l'espèce la solution n'est nullement subordonnée à l'appréciation de la conformité de la loi sur la CREI à la Constitution ; qu'ainsi, le moyen*

[1520] Le trans-constitutionnalisme se présente comme la recherche de normes et de pratiques constitutionnelles transversales, c'est-à-dire que l'on peut retrouver dans divers États aux systèmes juridiques différents sans qu'il ait nécessairement emprunt. Voir M. C. PONTHOREAU, « La globalisation du droit constitutionnel en question(s) », *in Mélanges en l'honneur de Jean du Bois de GAUDUSSON, Espaces du service public*, Tome I, *Droits d'ailleurs,* Presses universitaires de Bordeaux, 2013, pp. 549-565 ; N. MEDE, « Décision DCC 02-058 du 04 juin 2002 AVI Adèle », *op. cit.*, p. 363, note 51.

étant mal fondé, il n'y a pas lieu à renvoi de l'exception au Conseil constitutionnel ».

Paragraphe II : Le contrôle minimum

Au Sénégal, les juges qui assurent la protection de l'ordre constitutionnelle font l'objet le plus souvent, de procès. Ces derniers dénoncent l'illégitimité et l'inefficacité des juges dans l'exécution de leurs missions. Cette perception des juges peut s'expliquer à première vue par la répétition des déclarations d'incompétence. Mais les raisons des procès d'intention sont aussi ailleurs. C'est qu'en réalité, une fois que les juges de la constitutionnalité se reconnaissent compétents pour contrôler la constitutionnalité de l'acte juridique, même si une partie de la doctrine constate que parfois, les juges font usage de « prérogatives exorbitantes de droit commun »,[1521] le contrôle qu'ils exercent est souvent de type minimum. Ce contrôle minimum se ressent à l'occasion du contrôle de constitutionnalité (B), et est souvent le corollaire du minimalisme des requêtes en inconstitutionnalité (A).

A- Le minimalisme des requêtes

La formulation des requêtes détermine dans une large mesure le destin de l'acte juridique contre lequel elles sont dirigées. Il s'agit là d'un problème dont l'étude est négligée mais qui nous paraît d'une importance fondamentale pour que la protection juridictionnelle de l'ordre constitutionnel soit effective. Au Sénégal, une large part des déclarations d'incompétence se justifie par l'inconsistance des requêtes. Des décisions de rejet au fond sont liées souvent au manque de lucidité des saisissants dans la présentation de leurs arguments au juge. En effet, si la juridiction doit arbitrer entre les prétentions en disant le droit, il faut que la requête qui la saisit comporte une thèse qu'elle défend. De ce point de vue, la requête doit être affirmative, les requérants doivent se livrer en quelque sorte à un exercice de dissertation en défendant une thèse juridique, et le cas échant en réfutant une autre fut-elle implicitement. C'est de cette seule manière que l'occasion peut être donnée au juge de dire le droit en appréciant une position fermement exprimée. Les observations du Professeur Alioune SALL[1522] sous la décision du Conseil constitutionnel rendue le 16 avril 1998*Demande de*

[1521] E. H. MBODJ, « Le juge : un déterminant du processus électoral en Afrique ? », *op. cit.*, p. 434.
[1522] Obs. *in* I. M. FALL (dir.), *Les décisions et avis du Conseil constitutionnel. Rassemblés et commentés, op. cit.*, p. 237.

la mise à la disposition du fichier électoral à tous les partis confortent ces idées. Le juge lui-même a indiqué aux requérants que leur demande s'analyse plus à *« une demande d'avis »* alors que la requête visait en réalité à contester la mesure prise par l'administration. Les requêtes des justiciables lorsqu'elles présagent d'une sollicitation du juge d'exprimer une opinion détachée d'une réalité qu'on approuve ou critique ne facilitent pas le travail de celui-ci. La requête pour provoquer la réponse du juge doit être exprimée en positions claires exigeant du juge qu'il se prononce lui aussi clairement sur elles. Faute de cette rigueur, le juge ne saurait se substituer au plaideur pour révéler ses intentions au risque d'être accusé de « gouverner ».

Un des cas pouvant servir d'illustration est celui du contrôle obligatoire des lois organiques et du règlement de l'Assemblée parlementaire sous la Constitution de 1963 et celle de 2001. Il est de coutume que la saisine du juge aux fins de vérifier la constitutionnalité de cette norme n'est jamais motivée. Le Président de la République se contente seulement de saisir le Conseil constitutionnel par une lettre qui ne contient aucune argumentation juridique mettant en doute la constitutionnalité d'une disposition de l'acte transmis. L'objection à l'exigence de motivation des requêtes en cette matière est que cette façon de saisir le juge l'oblige à se prononcer sur la constitutionnalité du texte dans son ensemble. Pourtant, si les requêtes sont mieux formulées, les arguments plus sérieusement étudiés et présentés au juge, le débat devant son prétoire gagne en hauteur et on se rapproche des conditions d'une bonne production jurisprudentielle[1523].

Mais, le constat est que le juge de constitutionnalité, lorsqu'il examine la constitutionnalité de l'acte épouse une limitation qui se mesure à celle qui marque sa saisine et sa décision brille d'un contrôle minimum de constitutionnalité. Sur ce point l'interrogation du Professeur I. M. FALL qui écrit à propos du contrôle de constitutionnalité obligatoire des lois organiques : « Ne serait-ce pas la formulation de la lettre par laquelle le Président saisit le Conseil "aux fins de déclarer conforme à la Constitution la loi organique" qui influence dans une large mesure le juge constitutionnel et l'amène par voie de conséquence à rendre dans la quasi-totalité

[1523] A. SALL, *La justice de l'intégration. Réflexion sur les institutions judiciaires de la CEDEAO et l'UEMOA, op. cit*., p. 48.

des cas une déclaration de conformité »[1524] a droit de citer. Sûrement, si les arguments de contestation de la constitutionnalité de l'acte juridique étaient précisés dans la lettre de saisine, le juge serait toujours enfermé dans l'obligation de répondre lui aussi avec une certaine rigueur.

Malheureusement, il faut le déplorer les requérants ont très souvent du mal à bien articuler leurs arguments par rapport aux textes juridiques qu'ils visent au soutien de leurs requêtes. Une espèce qui s'est produite devant le prétoire du juge de l'administration peut être citée. Il s'agit de *l'affaire Souhel FILFILI c/État du Sénégal* rendue par l'ancienne Cour suprême le 1er juin 1988. Le requérant avait introduit devant la Cour une requête tendant à l'annulation pour excès de pouvoir de l'arrêté du ministre de l'Intérieur en date du 23 juillet 1985 l'expulsant du territoire de la République du Sénégal. Entre autres moyens invoqués par le requérant figurait la violation de l'article 3 de la Déclaration universelle des droits de l'Homme à laquelle faisait référence la Constitution sénégalaise de 1963. Les dispositions du texte juridique invoqué par le requérant méritent d'être rappelées. Aux termes de celles-ci : « Tout individu a droit à la vie, à la liberté, et à la sûreté de la personne humaine ». Rappelons que ce que contestait le sieur Souhel FILFILI c'était son expulsion du territoire national par le ministre de l'Intérieur. Dans sa réponse au moyen, le juge commence par faire remarquer qu'*« il ressort de cette citation de l'article de la déclaration universelle des droits l'Homme visé au moyen est le type classique du moyen "manquant en fait pour erreur de droit" »*, puis, le juge décida *« que le moyen invoqué par le requérant procède d'une inexacte interprétation de la décision d'expulsion attaquée, fondée sur "les nécessités d'ordre public" et non sur le "droit à la vie, à la liberté et à la sûreté du requérant" ; qu'ainsi, le moyen manquant en fait doit être rejeté »*[1525]. Sur le fond la démarche du juge est acceptable. En effet, il est difficile de rattacher une décision d'expulsion du territoire national fondée sur des nécessités d'ordre public, à une violation du droit à la vie, à la liberté, et la sûreté. Certainement, c'est le terme « liberté », qui est générique et sujette à diverses interprétations, et donc invocable dans divers cas d'espèce, qui poussa le requérant à invoquer les dispositions de l'article 3 de la Déclaration universelle des droits de l'Homme. Mais

1524 Obs. sous la décision du 9octobre 1998 Haute Cour de Justice, *in* I. M. FALL (dir.), *Les décisions et avis du Conseil constitutionnel Rassemblés et commentés, op. cit.*, p. 275.
1525 CS, 1er juin 1988, Souhel Filfili inédit.

une lecture plus attentive de l'acte administratif querellé aurait pu pousser le requérant et son conseil à mobiliser d'autres moyens qui pourraient leur offrir plus de chances de voir l'arrêté du ministre de l'Intérieur annulé. À l'évidence, puisque le ministre s'appuyait sur les nécessités d'ordre public pour décider de l'expulsion du requérant du territoire national, celui-ci aurait pu invoquer, l'insuffisance de la motivation. En effet, la notion ordre public, étant une notion imprécise, le requérant pouvait opposer à l'administration le défaut de motivation claire et suffisante de l'arrêté ministériel par lequel son expulsion du territoire national est prononcée[1526]. Sur ce registre, sa requête aurait plus de chances de prospérer.

Dans tous ces cas, le constat est que le plus souvent, le minimalisme des requêtes entraine un contrôle de constitutionnalité de niveau minimum.

B- Le contrôle de constitutionnalité de niveau minimum

Le contrôle de constitutionnalité exercé par les juges de la constitutionnalité épouse le niveau minimum. En effet, les juges n'éprouvent pas une volonté d'utiliser les moyens de contrôle juridictionnel approfondi. Dans les cas où ils valident les actes soumis à eux ils se limitent à une déclaration de constitutionnalité systématique[1527]. En

---

[1526] Dans l'affaire Seydou Mamadou Diarra, le juge a considéré que l'administration s'est soustraite à l'obligation de motiver les actes administratifs portant expulsion d'un étranger du territoire national en se bornant à viser « les nécessités d'ordre public » sans qu'aucun élément du contenu de la décision elle-même ou un document annexé à celle-ci ne renseigne sur lesdites nécessités, CE, 27 octobre 1993, Seydou Mamadou Diarra c/État du Sénégal, *Bulletin des arrêts du Conseil d'État,* N° 1, juillet 1998, p. 19. En réalité, le juge est allé trop loin dans son affirmation. La négation de la motivation en l'espèce est excessive et ne correspond pas à la réalité de la posture de l'administration. Ce dont il s'agit à vrai dire c'est une insuffisance de la motivation.

[1527] Un cas illustratif est fourni par l'article 97 du Règlement intérieur de l'Assemblée nationale. Ce texte qui règlemente le délai de déclaration de politique générale du Premier ministre avait alimenté une polémique sur la régularité de la date choisie par le Premier ministre Abdoul MBAYE (premier Premier ministre sous la présidence de Macky SALL) pour effectuer cette obligation constitutionnelle. En effet, à propos du délai de déclaration de politique générale, le constituant a observé le mutisme, alors que Règlement intérieur de l'Assemblée nationale qui est censé réglementer uniquement le fonctionnement interne de l'institution dispose en son article 97 al 3 que *« la déclaration de politique générale doit intervenir au plus tard dans un délai de trois mois»* (Loi du 16 janvier 2002 modifiant et complétant la loi N° 78-21 du 28 avril 1978 modifiée portant Règlement intérieur de l'Assemblée nationale). En réalité, malgré la déclaration de constitutionnalité du texte par le Conseil constitutionnel (décision N° 1/C/2002 du 14 mai 2002), ce texte se regorge d'inconstitutionnalités évidentes. À preuve, d'une part le texte est vicié d'une inconstitutionnalité externe

d'autres termes, le juge ne se livre pas à un travail d'interprétation approfondi du texte constitutionnel lui permettant de sonder les intentions réelles du constituant. La méthode d'interprétation qu'il adopte est l'interprétation littérale. Pourtant, avec le fait majoritaire et la personnalisation du pouvoir, la loi n'est plus un acte voté par le Parlement mais celui d'une majorité politique dominante, à la limite elle traduit la volonté du Président de la République, chef du parti majoritaire. Dans ces conditions, la retenue jurisprudentielle réduit le principe de constitutionnalité à un simple principe incantatoire. Le caractère minimum du contrôle du juge constitutionnel se manifeste pendant l'examen contrôle de constitutionnalité externe (I) et du contrôle de constitutionnalité interne (II).

I- Le contrôle minimum de constitutionnalité externe

Un cas de contrôle minimum de constitutionnalité externe peut être trouvé dans l'examen des lois constitutionnelles. Dans cette matière, le juge a abrégé la procédure de révision de la Constitution en estimant que l'adoption du texte par la majorité de trois cinquième (3/5) entraine l'approbation de celui-ci. Ainsi, dans sa décision du 18 janvier 2006

---

parce qu'il intervient dans une matière qui n'est pas dévolue à l'Assemblée nationale dans la mesure où elle concerne les rapports entre le pouvoir exécutif et le pouvoir législatif. D'autre part, du point de vue la constitutionnalité interne, le texte viole l'article 55 de la Constitution qui ne prévoit aucune obligation en ce qui concerne le délai dans lequel la déclaration de politique générale doit être effectuée et ne renvoie pas à une loi organique pour déterminer ce délai. Voir El Hadj MBODJ, « Débat autour de la déclaration de politique générale du Premier ministre », *Le Populaire,* N° 3816, Lundi 13 août 2012, p. 6 ; I. M. FALL, *L'évolution constitutionnelle du Sénégal de la veille de l'indépendance aux élections de 2007, op. cit.*, p. 142. D'ailleurs, le décret convoquant l'Assemblée nationale en vue de la déclaration de politique générale du Premier ministre sera attaqué en recours pour excès de pouvoir pour la violation des articles 55 de la Constitution et 97 de la loi organique N° 78-21du 28 avril 1978 modifié portant Règlement intérieur de l'Assemblée nationale par le député Modou DIAGNE. Mais la Cour suprême a considéré que *« le décret par lequel le Président de la République convoque l'Assemblée nationale en vue de la déclaration de politique générale du Premier ministre est un acte de l'exécutif pris dans ses rapports avec le législatif ; qu'il s'agit donc d'un acte gouvernement qui échappe au contrôle du juge de l'excès de pouvoir »* ; par conséquent, la Cour est *« incompétente pour connaître de la requête en annulation introduite par Modo DIAGNE contre le décret n°2012-864 du 04 août 2012 »*. CS, 10 janvier 2013 Modo Diagne c/État du Sénégal, *Bulletin des arrêts de la Cour suprême*, N° 6-7, Année judiciaire 2013, décembre 2014, pp. 131-132.

relative à la *prorogation du mandat des députés*[1528], sur le moyen tiré de la violation de l'article 103 de la Constitution du 22 janvier 2001 qui distingue en réalité l'adoption et l'approbation de la loi constitutionnelle, le juge a décidé *« que dans le cas de révision de la Constitution par la seule Assemblée nationale, le vote à la majorité qualifiée des trois cinquièmes réalise à la fois l'adoption et l'approbation de la constitution »*. Cette position du juge sur le contrôle de la procédure des lois de révision est minimaliste. La Constitution précise bien que, la révision est définitive après avoir été adoptée par référendum. Cela montre que le constituant distingue la phase d'adoption et la phase d'approbation qui doit se réaliser en principe par une consultation populaire. Ce n'est que pour des raisons diverses que le projet de révision peut être soumis au Parlement pour approbation. Le constituant prévoit que « toutefois, le projet ou la proposition n'est pas présenté au référendum si le Président de la République décide de la soumettre à la seule Assemblée nationale ». Il s'agit d'une voie alternative, à la limite une exception à la procédure normale laissée à la discrétion du Président de la République. D'ailleurs, après l'adoption, le respect des règles de procédure impose la transmission préalable du texte au Président de la République, qui, compte tenu des éventuels amendements, décide des suites à lui réservées[1529], et de la procédure à suivre pour l'approbation. Dans l'affaire rapportée, cette exigence procédurale préalable n'a été respectée, l'Assemblée nationale ayant procédé à l'adoption et à l'approbation du texte de révision de la Constitution par un seul vote. La procédure de révision de la Constitution ne souffre donc d'aucunes une ambigüité. I. M. FALL écrit, à cet effet, dans ses observations sous ladite décision : « L'allure rédactionnelle de l'article 103 montre avec netteté que la révision de la Constitution doit impérativement suivre un

---

[1528] I. M. FALL (dir.), *Les décisions et avis du Conseil constitutionnel. Rassemblés et commentés, op. cit.*, p. 491.

[1529] En France par exemple en janvier 2000, le Président Jacques CHIRAC a renoncé à soumettre au Congrès une révision relative au Conseil supérieur de la Magistrature ainsi qu'à la Polynésie et à la Nouvelle-Calédonie. Cet ajournement était fondé sur la crainte de ne pas réunir la majorité nécessaire des 3/5es au Congrès. En 1973, le Président Georges POMPIDOU avait tenté de faire ramener à 5 ans la durée du mandat du Président de la République. La majorité obtenue par ce projet dans les deux chambres lui paraît trop faible pour que la révision aboutisse devant le Congrès. Ainsi, la procédure a-t-elle était abandonnée. Cf. P. ARDANT, *Institutions politiques et Droit constitutionnel, op. cit.*, p. 85.

itinéraire juridique tracé par la Constitution »[1530]. Le juge devait distinguer la phase de l'adoption et de celle de l'approbation comme le veut bien le constituant. L'adoption doit se réaliser selon les règles qui gouvernent la procédure législative ordinaire alors que l'approbation se réalise par le référendum ou par le vote de la majorité de trois cinquième des membres de l'Assemblée nationale. Les deux phases n'obéissent pas au même régime juridique et en l'espèce cette dualité n'a pas été respectée par le constituant dérivé. Le juge interpellé, n'a pas su rétablir cette irrégularité. Il adopta un minimalisme pour l'exercice du contrôle de constitutionnalité de la procédure de révision de la Constitution. Le juge a accepté la procédure de révision de la Constitution utilisée en estimant que *« (...) dans le cas de révision de la Constitution, par la seule Assemblée nationale, le vote à la majorité qualifiée des trois cinquième réalise à la loi l'adoption et l'approbation de la loi »*. Il estime que cette position du juge est influencée par la version sémantique de l'article 89 de la Constitution précédente antérieure à la révision du 2 mars 1998, qui était la suivante : « Le projet ou la proposition de révision adoptée par l'Assemblée nationale ne devient définitif qu'après avoir été approuvé par référendum »[1531]. La particularité du féminin employé par le constituant dans ce texte, que veut mettre en avant le Professeur FALL pour justifier la position du juge dans cette décision ne saurait soustraire ce dernier des critiques. Comment l'abrogation d'une Constitution par une autre qui traduit la substitution de l'ancien ordre constitutionnel par un nouveau peut-elle être ignorée par le juge de la constitutionnalité ? Un texte qui n'est plus en vigueur fusse-t-il constitutionnel ne peut fonder une jurisprudence, ni couvrir son laconisme. Dans sa mission de contrôle, le juge doit apprécier le texte soumis à lui à l'aune des exigences de l'ordre constitutionnel en vigueur, et ceci tout au moins eu égard au contexte. En l'espèce, la démarche du juge ne s'inscrit pas dans une dynamique de contrôle maximum de constitutionnalité de la procédure de révision de la Constitution. À tout le moins, le Conseil constitutionnel aurait pu préserver sa compétence pour assurer les exigences constitutionnelles de forme et de procédure relatives à la révision de la Constitution. Cet exercice n'aurait nullement remis en cause la place du juge au sein du système constitutionnel, ni rompre l'équilibre des institutions. Il aurait

---

[1530] Obs., *in* I. M. FALL (dir.), *Les décisions et avis du Conseil constitutionnel. Rassemblés et commentés, op. cit.*, p. 498.
[1531] I. M. FALL (dir.), *Les décisions et avis du Conseil constitutionnel. Rassemblés et commentés, op. cit.*, p. 498.

suffi de soumettre le texte de révision à nouveau à l'Assemblée nationale qui pourra le valider en tenant compte de la décision précédemment rendue par le Conseil constitutionnel.

L'abrègement de la procédure validée par le juge traduit un allègement des contraintes procédurales qui pèsent sur le pouvoir constituant dérivé et dévoile le contrôle minimum de constitutionnalité externe du juge. Ce contrôle minimum s'affiche aussi pendant l'examen du contrôle de la constitutionnalité interne.

II- Le contrôle minimum de constitutionnalité interne

Le contrôle de constitutionnalité interne se manifeste non seulement par l'absence d'utilisation des moyens d'approfondissement du contrôle de constitutionnalité, mais aussi, de façon constante, par les déclarations systématiques de constitutionnalité. Pourtant, dans la pratique législative, il n'y a pas de raison de douter à ce que les auteurs de la loi puissent commettre une erreur manifeste d'appréciation, que la loi recèle une disproportion entre les atteintes aux droits et libertés des citoyens et les objectifs que poursuit le législateur ou que la loi soit incomplète[1532]. Et pourtant, le juge ne se réfère ni à l'erreur manifeste d'appréciation, ni au contrôle de proportionnalité. De même, l'utilisation de la technique des réserves interprétatives n'est pas fréquente. De même, pour les normes soumises au régime de contrôle de constitutionnalité systématique, le juge n'effectue pas un contrôle de constitutionnalité approfondi. Il en est ainsi de la loi organique du temps où était institué un contrôle préalable de sa conformité à la Constitution. Le juge se contente de vérifier si les exigences qui président à l'adoption de la loi organique sont respectées et quant au fond, il déclare qu'aucune disposition de la loi ne viole la Constitution. Une telle posture a longtemps été celle du Conseil constitutionnel[1533]. Il en fut ainsi, entre autres, de la décision du 10 octobre 1996 relative à la loi organique portant modification des règles régissant le Conseil constitutionnel, le Conseil d'État et la Cour de cassation. Dans cette décision, le juge rappelle que la loi organique doit être adoptée suivant la règle de la majorité absolue des membres de l'Assemblée nationale qui, à l'époque, était de soixante et une voix. La loi avait été adoptée par soixante-neuf voix contre une. Après cette

---

[1532] Sur les moyens du contrôle approfondi de constitutionnalité voir, Dominique ROUSSEAU, « Chronique de jurisprudence constitutionnelle 1992-1993 », *R.D.P*, N° 3, 2001, pp. 119-128.

[1533] I. M. FALL (dir.), *Les décisions et avis du Conseil constitutionnel. Rassemblés et commentés, op. cit.*, p. 159.

précision, le juge rappelle le champ d'application de la nouvelle loi organique et déclare qu'elle est *« (...) conforme à la Constitution »*. À propos de cette jurisprudence, le Professeur Ameth Ndiaye écrit : « (...), il semble que le juge constitutionnel ait opéré un contrôle minimal de la loi soumise à son examen. Et le respect des exigences procédurales constitutionnelles et légales lui a suffi pour déclarer sa constitutionnalité »[1534]. Le juge a adopté le même raisonnement dans la décision du 10 octobre 1996 relative au *Modification du statut des magistrats*[1535]. Dans cette affaire, le juge ne se réfère nullement au droit constitutionnel de fond pour validité la loi organique. Or, si le juge est saisi, ce n'est pas seulement dans le but de vérifier le respect de la constitutionnalité externe de la loi organique. Son contrôle doit intégrer la constitutionnalité interne. C'est un élément important qui permet de préserver les droits et libertés des citoyens et les principes de fonctionnement des institutions démocratiques.

En plus, le juge peut être un otage de sa propre jurisprudence. Dans un système qui combine le contrôle par voie d'action et le contrôle par voie d'exception, le fait pour le juge de déclarer une loi conforme à la Constitution sans examen de la constitutionnalité de fond de celle-ci peut l'enfermer dans un véritable carcan jurisprudentiel dans la mesure où, lorsqu'il aura à connaître de la constitutionnalité de ce texte par voie d'exception, il peut se sentir lié par la décision précédemment rendue par voie d'action. Contrairement en France, où sauf en cas de changement de circonstances, la question prioritaire de constitutionnalité ne peut être soulevée à l'encontre d'une loi ayant déjà fait l'objet d'une déclaration de conformité à la Constitution par le Conseil constitutionnel[1536], au Sénégal, ni le constituant, ni le législateur organique n'ont prévu des mesures sembles. Dans l'absolu, le Conseil constitutionnel peut se prononcer sur la constitutionnalité d'une même loi par la voie d'action mais aussi par la voie d'exception, sans qu'un changement de circonstances ait affecté le fondement de la loi.

[1534] Observations sous la décision du Conseil constitutionnel du 10 octobre 1996, Modification des règles régissant le Conseil constitutionnel, le Conseil d'État et la Cour de cassation, *in* I. M. FALL (dir.), *Les décisions et avis du Conseil constitutionnel. Rassemblés et commentés, op. cit.*, p. 162.

[1535] I. M. FALL (dir.), *Les décisions et avis du Conseil constitutionnel. Rassemblés et commentés, op. cit.*, p. 163.

[1536] J. GICQUEL et J. E. GICQUEL, *Droit constitutionnel et Institutions politiques,* Paris, Domat, Montchrestien, 2010, pp. 750-752

À d'autres égards, le problème de l'effectivité des décisions de justice se pose. En effet, il est d'évidence que la problématique de l'exécution des décisions de justice en matière constitutionnelle est entière dans l'espace francophone africain de manière générale, et sénégalais en particulier.

Section II : L'ineffectivité des décisions de justice constitutionnelle

La mise en place d'un système de protection juridictionnelle de l'ordre constitutionnel n'a de sens que si les décisions des juges peuvent recevoir une effectivité. L'exécution des décisions des juges par les pouvoirs publics est une marque de considération de ces derniers au respect de la légalité, et conséquemment à l'État de droit. Selon le Conseil d'État français, *« l'exécution d'un jugement ou arrêt fait partie intégrante du droit à un procès équitable »*[1537]. Ainsi, les rapports entre la juridiction constitutionnelle et les pouvoirs publics deviennent déterminants dans la démocratisation du régime politique[1538]. Dans l'absolu, c'est bien l'autorité de la chose jugée[1539] au contentieux constitutionnel qui est en jeu et, par ricochet, la stabilité des situations juridiques établies. Le propos de Guillaume DELVOLVE en constitue une synthèse en trois temps ainsi : « ce qui a été jugé ne peut l'être de nouveau, ce qui a été jugé ne peut être contredit, ce qui a été jugé doit être exécuté »[1540]. Au Sénégal, les décisions et avis des juges les plus

---

1537 CE, Décision N° 189042, du 15 mars 2000, Cf. G. AIVO, « Les recours individuels devant le juge constitutionnel béninois », *op. cit.*, p. 596.

1538 A. B. FALL, « Le juge constitutionnel béninois, avant-garde du constitutionnalisme africain ? », *Mélanges en l'honneur de Maurice HANHANZO GLELE, La Constitution béninoise du 11 décembre 1990 : un modèle pour l'Afrique ?,* Paris, L'Harmattan, 2014, p. 759 ; I. B. ABDOURAHMAN, « Les chefs d'État face aux juridictions constitutionnelles : le présidentialisme africain à l'épreuve de l'État de droit », *in Le chef de l'État en l'Afrique... entre tradition, état de droit et transition démocratique,* sous la dir., de François Paul Blanc, Jean du Bois de Gaudusson, Alioune Fall, François Feral, Cahiers du centre d'études et de recherches juridiques sur les espaces méditerranéen et africain francophones N°9 – 2001, Presse universitaire de Perpignan, pp. 391-409.

1539 T. ONDO, « L'autorité des décisions des juridictions constitutionnelles en Afrique noire francophone », *Revue juridique et politique*, N° 4, 2012, pp. 453-480.

1540 G. DELVOLVE, *Encyclopédie juridique*, Répertoire du contentieux administratif, Tome I, Ve *chose jugée*, Dalloz, mise à jour avril 2008, cité par Mède NICAISE, « Réflexion sur l'autorité de la chose jugée au financier », *Nouvelles Annales africaines, Revue de la Faculté des Sciences juridiques et politiques*, Dakar, CREDILA, 2012, p. 126.

sont parfois anéanti par le pouvoir constituant dérivé (Paragraphe I), mais le plus souvent, il y a une réticence des pouvoirs publics à l'exécution des décisions de justice (Paragraphe II).

Paragraphe I : L'intervention du pouvoir constituant dérivé

Au Sénégal, la mobilisation du pouvoir constituant dérivé contre les décisions des juges peut revêtir une double facette. D'une part, le pouvoir de révision de la Constitution peut être mobilisé à titre préventif (A), d'autre part, la mise en œuvre du pouvoir constituant dérivé intervient *a posteriori* pour neutraliser le pouvoir de censure du juge (B).

A- La mise en œuvre du pouvoir constituant dérivé à titre préventif

La mise en œuvre du pouvoir constituant dérivé à titre préventif permet au constituant de contourner un avis de constitutionnalité défavorable du juge sur un projet de loi organique ou ordinaire. La Cour suprême, par son Assemblée générale consultative, peut donner à l'exécutif et au Parlement des avis sur la conformité à la Constitution des projets ou propositions de loi[1541]. S'agissant des lois de révision, les avis peuvent porter sur la cohérence d'ensemble du texte de révision à la Constitution, mais ne peuvent porter sur sa conformité à la Constitution du fait précisément de la souveraineté du pouvoir constituant[1542]. En revanche, cette mobilisation préventive du pouvoir constituant dérivé garde tout son sens et toute sa portée à propos des projets de lois organiques ou simples contraires à la Constitution. De ce qui procède, force est de constater, dans la pratique, un renversement de la hiérarchie des normes. En effet, c'est la Constitution qui est adaptée à la loi ou au traité, et non l'inverse, alors que la hiérarchie des normes telle que décrite par Hans KELSEN veut que l'acte de rang inférieur tire sa validité de sa conformité à la norme se situant au niveau supérieur. Cette façon de procéder remet en cause le principe de constitutionnalité. La prise en charge des exigences du législateur ordinaire ou organique par le pouvoir constituant dérivé permet de

---

[1541] Article 29 de la loi organique 2008-35 du 7 août 2008 portant création de la Cour suprême, *JORS,* N° 6420 (spécial) du 8 août 2008, p. 755.

[1542] Cons. const., 18 janvier 2006, Prorogation du mandat des députés, *in* I. M. FALL (dir.), *Les décisions et avis du Conseil constitutionnel. Rassemblés et commentés, op. cit.,* p. 491 ; Cons. const., Décision N° 2003-469 DC du 26 mars 2003, *in* L. FAVOREU et L. PHILIP, *Les grandes décisions du Conseil constitutionnel, op. cit.,* p. 305.

prévenir la censure de la loi qui avait fait l'objet d'un avis ou d'une décision à la suite d'un contrôle préalable obligatoire défavorable de la Cour suprême. Cette situation, lorsqu'elle se produit, révèle une dominance du facteur politique sur le facteur juridique. En d'autres termes, elle traduit la prise en charge de la politique du gouvernement exprimée dans l'acte législatif par l'ordre constitutionnel. En soi, quelle que soit l'importance du contenu de la loi, il demeure que le procédé est critiquable. En effet, l'ordre constitutionnel est caractérisé par nature par la stabilité. Son adaptation à l'acte législatif, moyen de concrétisation de la politique du gouvernement qui a vocation à changer avec le temps, remet en cause cette stabilité.

B- L'intervention du pouvoir constituant dérivé *a posteriori*

Il arrive que le pouvoir exécutif, avec la complicité de l'Assemblée nationale, refuse de s'incliner devant l'autorité de la chose jugée et décide de convoquer le pouvoir constituant institué pour introduire la quintessence du dispositif de la décision du juge au sein de l'ordre constitutionnel. Ce faisant, il contourne la décision juridictionnelle en révisant la Constitution elle-même. Dans une telle situation, l'inconstitutionnalité résultant des agissements de l'exécutif et du législateur ne peut plus être brisée par le juge en charge de contrôler la constitutionnalité de la norme juridique.

Dans le cadre du contrôle préalable obligatoire, par un arrêt du 15 novembre 1991, la Cour suprême a eu à se prononcer sur les conditions d'éligibilité du Président de la République, sur saisine de ce dernier. L'article 2 de la loi organique relative à l'élection du Président de la République et des députés de l'Assemblée nationale disposait, que le candidat à l'élection présidentielle, « doit être exclusivement de nationalité sénégalaise ». Quant à la Constitution en article 23, elle ne faisait référence qu'à la nationalité sénégalaise. Le juge après avoir constaté les contrariétés entre les deux textes, en conclut : *« ... que par suite le membre de phrase (qu'il a exclusivement la nationalité sénégalaise) doit être supprimé à moins d'une modification de la Constitution »*[1543].C'est ainsi que la Constitution fut modifiée en son article 23 pour la mettre en harmonie avec ladite loi organique en son article 2. La démarche du législateur est assez curieuse. Certes, la notoriété et l'imminence de la fonction présidentielle impliquent que

[1543] P. M. SY, « Le contentieux constitutionnel au Sénégal. Le contrôle de l'élection présidentielle par le Conseil constitutionnel », *op. cit.*, p. 418, note 538.

ceux qui aspirent à la magistrature suprême renoncent à toute autre nationalité pour ne pas semer le doute dans l'esprit des électeurs. Mais, il reste que le procédé juridique utilisé à cette fin est contestable car c'est la Constitution qu'on adapte à la loi organique et non l'inverse. Il s'agit là aussi, d'une remise en cause d'un principe de la hiérarchie des normes qui recommande que les actes de rang inférieur se conforment aux actes qui se situent à un rang supérieur dans la hiérarchie des normes.

La loi sur la parité est venue conforter cette intervention *a posteriori* du constituant pour neutraliser une loi déclarée par le juge non conforme à la Constitution. Une première tentative d'instaurer la parité dans les listes pour les élections législatives fut un échec en avril 2007 à cause d'une décision du Conseil constitutionnel déclarant le projet de loi non conforme à la Constitution parce que violant le principe constitutionnel d'égalité entre les hommes et les femmes[1544]. Mais la décision du juge fut très vite contournée par le Président de la République qui manifesta sa volonté de modifier la Constitution[1545]. La révision de la Constitution commença par un vote du projet de loi constitutionnelle par l'Assemblée nationale le 12 novembre de la même année et par le Sénat le 26 novembre. Le projet de loi constitutionnelle eut pour objet de modifier l'article 7 de la Constitution en y insérant un alinéa nouveau. L'article 7 dispose désormais que : « la loi favorise l'égal accès des hommes et des femmes aux mandats et fonctions »[1546].

De même, l'introduction du principe de la compétence universelle des tribunaux dans l'ordonnancement juridique sénégalais s'est faite suite à un arrêt de la Cour de cassation. La révision de l'article 9 de la Constitution 22 janvier 2001 intervenue ultérieurement à l'arrêt de la Cour de cassation relatif à l'affaire Habré en vue de mettre en harmonie le texte constitutionnel et la Convention 1984, prive de sens l'arrêt de la Cour[1547]. En constitutionnalisant des obligations incombant à l'État

---

1544 Affaire N° 1/C/2007, *in* I. M. FALL (dir.), *Les décisions et avis du Conseil constitutionnel. Rassemblés et commentés, op. cit.*, p. 523.

1545 Loi constitutionnelle N° 2008-30 du 7 août 2008 modifiant les articles 7, 63, 68, 71 et 82 de la Constitution, *JORS*, N° 6420 (Spécial) du vendredi 8 août 2008, p. 754.

1546 Voir dans ce sens G. HESSELING, « Le Sénat du Sénégal, une attraction secondaire », *op.cit*, p. 12 note 45 ; A. THIAM, « Une Constitution ça se révise ! Relativisme constitutionnel et État de droit au Sénégal », *op. cit.*, p 149.

1547 Loi constitutionnelle N° 2008-33 du 27 août 2008 modifiant les articles 9 et 95 de la Constitution et complétant les articles 62 et 92 de la Constitution, *JORS,* N° 6420 (Numéro spécial) du Vendredi 8 août 2008, p. 754.

du Sénégal en vertu de la Convention de 1984[1548], le constituant brise ainsi une jurisprudence qui écartait l'application de ladite Convention au Sénégal. Ainsi, faut-il le souligner, la création des Chambres africaines extraordinaires[1549] est en contradiction avec cette modification de l'ordre constitutionnel antérieurement effectuée par le constituant dérivé, au motif de l'adapter aux obligations internationales incombant à l'État du Sénégal[1550].

La volonté de ne pas exécuter la décision du juge comporte les stigmates du fait du principe. Cette situation montre que la volonté politique peut réduire à néant une décision de justice fut-elle saluée par

[1548] A. THIAM, « Une Constitution, ça révise ! Relativisme constitutionnel et État de droit au Sénégal », *op. cit.*, p. 152.

[1549] La création de ces juridictions a été contestée par différents recours introduits par les conseils de Hissein HABRE devant les juridictions sénégalaises qui ont concluent à la légalité de ces dernières. En effet, dans sa décision du 02 mars 2015, le Conseil constitutionnel sénégalais rejetait l'exception d'inconstitutionnalité soulevée par les conseils de Hissein HABRE relative à l'accord créant les Chambres africaines extraordinaires, estimant que cet accord ne viole aucune disposition de la Constitution sénégalaise. Il conclut notamment que l'accord créant les chambres africaines était régulièrement entré en vigueur. Il considérait également que le président de la Commission de l'Union africaine pouvait valablement nommer des magistrats de nationalité sénégalaise au sein des Chambres africaines extraordinaires, ceux n'ayant « pas pour mission de rendre la justice au nom du peuple sénégalais », mais siègent dans une juridiction internationale mixte spécialisée qui prend sa source dans l'accord créant les Chambres africaines extraordinaires en accord avec l'arrêt de la Cour de justice de la CEDEAO de 2010.

Le 12 mars 2015, se fondant sur le motif de la décision du Conseil constitutionnel, la chambre administrative de la Cour suprême rejetait la requête de ces mêmes conseils pour excès de pouvoir intentée contre le décret du 30 janvier 2013 portant autorisation de nomination de magistrats sénégalais aux Chambres africaines extraordinaires par le Président de la Commission de l'Union africaine. Voir P. A. TOURE, *La réforme de l'organisation judiciaire du Sénégal. Commentée et annotée*, Paris, L'Harmattan, 2016, pp. 215-218.

[1550] « Alioune Sall, Pr de Droit public, sur l'Arrêt de la CEDEAO : ce que risque le Sénégal. », *Le Quotidien* du Lundi 29 avril 2013.

la communauté scientifique provoquant ainsi un véritable « lit de justice »[1551] par une « validation constituante »[1552].

En France, la décision du Conseil constitutionnel du 13 août 1993 relative au *droit d'asile* et les suites réservées à elle en sont une illustration[1553]. En effet, le juge constitutionnel avait censuré la loi d'application de la Convention de Schengen pour contrariété avec l'alinéa 4 du préambule de la Constitution de 1946, partie intégrante de la Constitution française de 1958[1554]. Mais la majorité de droite de l'époque, sous l'impulsion du ministre de l'Intérieur Charles PASQUA, révisa la Constitution le 25 novembre 1993 pour passer outre la décision du Conseil constitutionnel. Un autre exemple est fourni par la décision du 14 janvier 1999 *Parité*[1555]. Là également le juge censure la loi favorisant l'égal accès des femmes en politique, mais devant la censure de cette loi par le Conseil constitutionnel français le Congrès révisa la Constitution le 18 juillet 1999[1556].

Il découle de ce qui précède que le contrôle de constitutionnalité perd sa vocation et devient une sorte de véto suspensif et momentané. En

---

1551 Née sous la plume de G. VEDEL, dans « Schengen et Maastricht (à propos de la décision N° 91-234 DC du Conseil constitutionnel du 25 juillet 1991 », *in R.F.D.A.*, 8 (2), mars-avril 1992, pp. 173 et s., l'expression est utilisée pour désigner le siège qu'occupait le roi dans les séances solennelles du Parlement sous l'Ancien Régime, représentant la présence et l'intervention du souverain qui se saisit d'un problème d'interprétation pour surmonter une difficulté décelée par le magistrat. Adaptée aux enjeux actuels du contrôle de constitutionnalité, elle est souvent une manifestation du pouvoir constituant comme celui d'une chambre d'appel désavouant l'interprétation que le juge constitutionnel a retenue de la Constitution. Voir Michel TROPER, « En guise d'introduction : la théorie constitutionnelle et le droit constitutionnel positif », *Les Cahiers du Conseil constitutionnel,* N° 9 (Dossier : souveraineté de l'État et hiérarchie des normes), février 2009, p. 7, note 3 ; A. VIALA, « L'interprétation du juge dans la hiérarchie des normes et des organes », *op. cit.*, p. 3.

1552 L. FAVOREU, « Le parlement constituant et le juge constitutionnel », *Mélanges Pierre AVRIL. La République,* Paris, Montchrestien, 2001, p. 135.

1553 F. LUCHAIRE, « Le droit d'asile et la révision de la Constitution », *RDP*, 1994, p. 5 ; D. ROUSSEAU, « Chronique de jurisprudence constitutionnelle 1992-1993 », *op. cit.,* pp. 128 et s.

1554 Cons. const., Décision N° 93-325 DC, 13 août 1993, Loi relative à la maîtrise de l'immigration et aux conditions d'entrée, d'accueil et de séjour des étrangers en France, *Rec.,* p. 224.

1555 Cons. const., Décision N° 98-407 DC du 14 janvier 1999, Loi relative au mode d'élection des conseillers régionaux et des conseillers à l'Assemblée de Corse et au fonctionnement des Conseils régionaux, *Recueil,* p. 21.

1556 Voir F. HOURQUEBIE, « Pouvoir constituant et le contre-pouvoir », A.T.D.C, *Le pouvoir constituant aujourd'hui,* Tunis, 16-17 novembre 2006, p. 11.

même temps, le pouvoir de révision de la Constitution perd sa vocation et n'est plus un mécanisme de bonification de la Constitution avec le temps. La mise en œuvre de la révision de la Constitution doit répondre à une préoccupation précise de rationalité constitutionnelle, les motifs à la base de celle-ci ne doivent pas être de type politique. Seulement, la prise en charge du contenu de la loi censurée par le Conseil constitutionnel, traduit l'importance et la sensibilité de la matière en cause dont la réalisation devait être effectuée au départ par une révision constitutionnelle.

Si l'utilisation du pouvoir constituant dérivé s'inscrit dans une perspective de légaliser l'ineffectivité des décisions du juge constitutionnel, l'exorbitance excessive de l'administration et la méconnaissant volontaire des dispositions constitutionnelles qui garantissent l'effectivité des décisions du Conseil constitutionnel n'ont aucun fondement et traduit un « malaise »[1557] des pouvoirs publics devant le juge constitutionnel.

Paragraphe II : La réticence des pouvoirs publics à l'exécution des décisions de justice

En Afrique en général[1558], et au Sénégal en particulier, les rapports entre les pouvoirs publics et les juges de la constitutionnalité font apparaître une difficile acceptation des décisions des seconds par les premiers. Le Président de la République, de par son attitude, traduit un malaise face à la jurisprudence du Conseil constitutionnel qui l'implique directement (A). L'administration elle-même, peut profiter de l'absence de moyens du juge pouvant la contraindre, pour ne pas donner suite à ses décisions (B).

A- Le Président de la République face à la jurisprudence constitutionnelle

Dans la gestion du processus électoral pour l'élection présidentielle de 2024, le Conseil constitutionnel a du rappelé au Président de la République qu'en vertu de l'article 92 de la Constitution, les décisions du Conseil constitutionnel ne sont susceptibles d'aucune voie de recours et s'imposent aux pouvoirs publics et à toutes les autorités

[1557] Nous empruntons l'expression au Professeur Alioune SALL, « Réflexion sur deux décisions de justice récentes. L'affaire "HABRE" ou le malaise du juge devant le pouvoir politique. L'affaire de "L'effigie" ou le malaise du pouvoir politique devant le judiciaire », *op. cit.*, p. 169.

[1558] M. AHANHANZO-GLELE, « La Constitution ou loi fondamentale », *op. cit.*, pp. 49-50.

administratives et juridictionnelles et, que l'existence d'un « consensus » issu d'un dialogue postérieur à la décision arrêtant la liste définitive des candidats, ne fait pas partie des causes de modification de cette liste, limitativement énumérées par les articles 29, alinéa 2, et 34, alinéa premier de la Constitution[1559]. Ce rappel des dispositions de l'article 92 de la Constitution est révélateur de la réticence du Président de la République à exécuter les décisions rendues par le Conseil constitutionnel, en dépit des dispositions de l'article 92 de la Constitution qui ne souffrent d'aucune ambiguïté.

Face au Président de la République, le Conseil constitutionnel sénégalais éprouve souvent des difficultés pour imposer ses décisions. L'affaire de l'effigie a donné lieu à une demande d'explication du Président de la République adressée au Conseil constitutionnel. Par cette attitude, le chef de l'État désapprouve la décision ainsi rendue[1560]. Les faits méritent d'être rappelés. Pendant la campagne électorale pour les législatives du 29 avril 2001, le juge constitutionnel sénégalais avait censuré l'utilisation de l'acronyme WADE et l'effigie du Président de la République suite à une requête de l'opposition, par une coalition de partis favorable au Président de la République, pour une élection à laquelle le Président lui-même n'était pas candidat. La décision du juge a suscité l'ire du Président de la République qui entra dans une véritable diatribe avec le juge constitutionnel. Il s'en suivit des échanges épistolaires[1561] entre le Président de la République, Me WADE, et le Conseil constitutionnel. Celles-ci sont édifiantes sur l'indignation que ressent le chef de l'État à propos d'une décision du juge constitutionnel qui lui est défavorable. L'échange de lettres entre le Président de la République et le Conseil constitutionnel apparaît à certains égards comme la remise en cause d'une habitude considérée comme établie. Il s'agit pour le destinataire des décisions du Conseil constitutionnel de ne pas pouvoir les discuter. La lettre adressée par le Président de la République au

---

[1559] Cons.const. Décision n°60/E/24 du 5 mars 2024, Demande d'avis du Président de la République.

[1560] E. H. O. DIOP, *La justice constitutionnelle au Sénégal. Essai sur l'évolution, les enjeux et les réformes d'un contre-pouvoir juridictionnel*, *op. cit.*, p. 83.

[1561] Il s'agit de deux lettres : une lettre du Président de la République adressée au Conseil constitutionnel à la suite de sa décision relative au bulletin de la coalition Wade. La seconde, la réponse du Président du Conseil constitutionnel adressée au Président de la République pour justifier le bien-fondé de la décision rendue. Voir E. H. O. DIOP, « Élections législatives du 29 Avril 2001 », *Afrilex,* N° 2 septembre 2001, disponible à *http:// afrilex.u-bordeaux4.fr/doctrine.html.*

Conseil constitutionnel, lui faisant part de ses réflexions que lui inspire la décision qu'il a rendue quoique fondée sur des motifs de clarification des dispositions constitutionnelles et législatives pertinentes, constitue une violation de la Constitution par le Président de la République. En effet, la Constitution prévoit bien que les décisions du Conseil constitutionnel ne sont pas susceptibles de recours et qu'elles s'imposent aux pouvoirs publics[1562]. Cette règle est d'ailleurs appliquée par la Cour de répression de l'enrichissement illicite, qui après avoir rappelé que le Conseil constitutionnel, *« par une décision en date du 04 mars 2014 a déclaré lesdites lois conformes à la Constitution »*, considère : *« que les décisions du Conseil constitutionnel s'imposant aux pouvoirs publics et à toutes les autorités administratives et juridictionnelles aux termes l'article 92 de la Constitution alinéa 2 de la Constitution, la Cour de Céans ne peut par conséquent, connaître des exceptions tirées d'une supposée violation alléguée des principes directeurs d'un procès équitable par les règles édictées par les lois 81-53 et 81-54 du 10 juillet 1981 »*[1563]. Cependant, malgré cette jurisprudence constante du Conseil constitutionnel rappelée par la juridiction répressive, la coalition *Sopi* se résolut à utiliser l'ombre d'Abdoulaye Wade pour contourner la décision du Conseil constitutionnel. Depuis lors, le Conseil a rarement posé avec autant d'emphase, de solennité et de clarté l'étendue de son champ de compétence pour arbitrer les contentieux électoral et politique. Il a préféré, dans la plupart des cas, se déclarer incompétent renvoyant ainsi les acteurs dos à dos. Ce qui a contribué à accentuer les méfiances des acteurs politiques vis-à-vis de cette juridiction[1564].

Cependant, une question ne manque de se poser : celle de savoir si le juge Constitutionnel était tenu de répondre à cette demande d'explication du Président de la République ? En répondant à la lettre du Président de la République, le juge constitutionnel entre avec l'autorité politique dans un dialogue qu'il n'était de tenu d'entretenir et, du coup, viole lui-même le texte constitutionnel. L'attitude du Conseil constitutionnel traduit sa timidité face à l'autorité politique souvent disposée à se livrer à des tentatives de manipuler le juge constitutionnel. Si la transparence et le débat démocratique doivent guider l'action des autorités publiques, il demeure que le Président de la République ne peut être juge et partie. Il

---

[1562] Article 92 de la Constitution sénégalaise du 22 janvier 2001.

[1563] *Le Quotidien*, N° 3646 du Vendredi 27 mars 2015, p. 4.

[1564] Cf. E. H. MBODJ, interview, *in La Gazette du Pays et du Monde*, N° 76 du 16 au 23 septembre 2010, pp. 16-17.

ne peut non plus indiquer aux juges constitutionnels la manière de rendre la justice sous peine d'une violation du principe de la séparation des pouvoirs. Le comportement du Président de la République dans cette affaire atteste d'un manque de « fair-play » de sa part.

Si en France le Président de la République fut en difficulté avec le juge constitutionnel[1565], il reste qu'il ne s'est jamais opposé ouvertement à l'exécution d'une décision de justice fusse-t-elle défavorable à lui[1566]. De même, aux États-Unis[1567], les relations entre la Cour suprême, ont parfois basculé dans une tendance conflictuelle, mais le Président américain ne s'est jamais ouvertement opposé à l'exécution d'une décision de justice en assignant aux membres de la juridiction une demande d'explications. La résistance du Président américain n'est jamais manifeste[1568]. S'il n'est guère surprenant qu'un tribunal investi des fonctions dévolues à la juridiction constitutionnelle soit entré en conflit avec les autorités politiques, voire les populations, il demeure que les hommes politiques doivent faire preuve de modération à son égard. Aux États-Unis, un certain nombre de Présidents se sont trouvés en désaccord avec la Cour suprême[1569], mais cela n'a jamais abouti à

[1565] P. ARDANT, *Institutions politiques et Droit constitutionnel, op. cit.*, p. 141.

[1566] L'arrêt d'Assemblée du Conseil d'État du 19 octobre 1962 Canal, Robin et Godot annulant l'ordonnance du Président de la République instituant et organisant une Cour militaire de justice, chargée de juger les auteurs et complices de certaines infractions en relation avec les événements d'Algérie, en application de l'article 16 de la Constitution en fut un exemple. Rendue dans un climat passionnel, la décision n'a pas manqué de connaître un retentissement inhabituel : annulation de l'ordonnance du Président de la République dans un domaine sujet à polémique, et ce, quelques jours avant le référendum du 28 octobre 1962 sur l'élection du Président de la République au suffrage universel direct. Elle fut naturellement considérée comme une prise de position politique et exploitée comme telle lors de la campagne électorale. Voir obs., *in* M. LONG et autres *Les grands arrêts de la jurisprudence administrative*, *op. cit.*, p. 546.

[1567] E. ZOLLER, « Splendeurs et misères du constitutionnalisme. Les enseignements de l'expérience américaine », *op. cit.*, pp. 162 et s.

[1568]Suite à une opposition de la Cour suprême à la mise en œuvre de certaines dispositions législatives du programme du *New Deal* initié par le Président et le Congrès, le Président Roosevelt décida de réformer la Cour suprême en faisant passer le nombre de juges à quinze, mais le projet ne connut pas de suite. En effet, deux des juges moururent et deux autres démissionnèrent, Roosevelt saisit alors ces occasions pour recruter des hommes dont le vote entraina une évolution de la jurisprudence. Voir P. ARDANT, *Institutions politiques et Droit constitutionnel*, *op. cit.*, p. 118.

[1569] Jefferson et Jackson ont eu à critiquer le président de la Cour suprême, Marshall. Lincoln n'a pas voulu accepter l'affaire Dred Scott, comme réglant à tout jamais la question de l'esclavage. Théodore Roosevelt a parlé en faveur d'une révocation par le

une remise en question d'une décision de justice par une demande d'explication adressée à la Cour suprême.

Dans le même registre, l'attitude du Président Macky SALL, lors de la campagne pour les élections législatives de février 2012, qui avait mis son image à la disposition de la coalition de son parti se rapproche de celle de WADE. Tout se passa comme si le Président SALL avait la même posture que WADE vis-à-vis du Conseil constitutionnel. Pourtant, les termes choisis par le Conseil constitutionnel sont assez révélateurs. En effet, insistant sur les termes « Président de la République », et non ceux de « Maître Abdoulaye WADE », le Conseil indique que le principe dégagé dans la décision du 26 mars 2001, est applicable à tout Président de la République, qui de par son attitude, réitérerait la posture du Président WADE lors des législatives de 2001. D'ailleurs la Cour d'Appel de Dakar, juge du contentieux de la campagne, n'a pas manqué de rappeler à l'ordre le Président de la République[1570]. En effet, saisie par la coalition *BOKK GIS GIS* qui, entre autres moyens, avait invoqué la violation de la Constitution et la rupture du principe d'égalité devant les charges publiques, les juges de la Cour d'Appel se sont inscrits dans la même perspective que les membres du Conseil constitutionnel lors des législatives de 2001. Mais il faut le constater les suites réservées à l'arrêt de la Cour d'Appel ne furent pas heureuses. En effet, la coalition *BOKK GIS GIS* avait saisi le Conseil constitutionnel en vue de mettre fin aux carences qui résultent de l'inexécution de l'arrêt. La coalition saisissante reprochait à la Cour d'Appel de ne pas user des moyens mis à sa disposition pour assurer l'exécution de l'arrêt, selon les termes de la requête[1571]. En réponse, le Conseil constitutionnel estime que *« considérant que la coalition BOKK GIS GIS estime que la Cour d'appel, à la suite de son arrêt N° 9 du 22 juin 2012 interdisant la diffusion de l'image du Président sur les supports de campagne, n'a pas usé des moyens de droit mis à sa disposition pour assurer l'égalité des candidats ; que cette défaillance aurait conféré un avantage indu à la coalition BENNO BOKK YAKAAR et aurait eu pour effet d'affecter la sincérité du scrutin ; Considérant que si l'ineffectivité de la décision précitée a pu avoir une quelconque influence sur le vote des électeurs, il n'est pas*

---

peuple des juges et des décisions de justice. Voir Paul A. FREUD, « La Cour suprême », *in Horold J. Berman, Loi et liberté. Propos sur le droit américain*, Paris, Editions France-Empire 1965, p. 73.

1570 C.A arrêt N° 29 du 22 juin 2012. *Cf.* I. M. FALL, « La construction des régimes politiques en Afrique : succès et insuccès », *op. cit.*, p. 173.

1571 Requête du 09 juillet 2012 N° 25/E/2012.

rapporté qu'elle ait pu être déterminante sur les résultats obtenus par les différents candidats »[1572]. En passant, la Cour d'Appel rappelle au Président de la République que son rôle d'arbitre lui interdit de mettre à la disposition d'une coalition, fusse-t-elle celle de son parti, sa photographie pour les élections législatives dont il n'est pas candidat[1573].

Ailleurs, en Égypte, la Haute Cour constitutionnelle par un arrêt du14 juin 2012, avait jugé que le Parlement est « anticonstitutionnel et sa composition illégale »[1574], mais après que le Conseil suprême des forces armées du pays l'ait dissout, le 16 mai 2012, le Président Mouhamed MORSI a fait obstacle aux effets et à l'autorité de l'arrêt de la Haute Cour constitutionnelle en prenant le 8 juillet 2012 un décret de convocation du Parlement dissout. Il a fallu une seconde intervention de la Haute Cour Constitutionnelle par un arrêt du 10 juillet2012 pour rétablir son autorité par la suspension du décret litigieux[1575].

Cette situation suscite une réflexion sur les pouvoirs des juges chargés d'assurer la protection de l'ordre constitutionnel, elle revêt toutefois des effets amplifiés dans le contentieux constitutionnel des actes administratifs.

A- La relative effectivité des décisions de justice

Une décision de justice aussi audacieuse soit-elle, est dépourvue d'effets si ses destinataires ne sont pas disposés à l'exécuter volontairement[1576] ou si les juges ne disposent pas de moyens juridiques de les contraindre à cette tâche. Il reste entendu que l'exécution des décisions de justice n'est pas du ressort du juge, mais des parties impliquées et de l'administration qui, en dernière instance, doit apporter son concourir à ladite exécution[1577]. Au Sénégal, les rapports entre les juges constitutionnels et les pouvoirs publics révèlent une difficile acceptation des décisions juridictionnelles par les pouvoirs publics. En plus, ni les justiciables ni les juges ne disposent de moyens juridictionnels leur permettant d'assurer l'exécution des décisions de justice. La tradition

[1572] Cons. const., 12 juillet 2012, précité.
[1573] Voir APS dépêche du 26/06/2012, « Au Sénégal : il est interdit d'utiliser la photo du Président pour la campagne législative ».
[1574] A. SOMA, « Le statut du juge constitutionnel africain », *op. cit.,* p. 512.
[1575] A. SOMA, « Le statut du juge constitutionnel africain », *op. cit.,* p. 512.
[1576] Cf. CE, 26 décembre 1925 Rodière, *in* M. LONG et autres, *Les grands arrêts de la jurisprudence administrative, op. cit.,* p. 251.
[1577] CE, 30 novembre 1923, Couitéas, *in* M. LONG et autres, *Les grands arrêts de la jurisprudence administrative, op. cit.,* p. 242.

centraliste et autoritaire qui caractérise l'administration explique souvent une certaine aversion de sa part à exécuter les décisions de justice surtout dans les cas où elles lui sont défavorables, privant ainsi d'effets le recours pour excès de pouvoir[1578]. Ainsi, il peut y avoir un échec dans la mise en œuvre de la chose jugée par la validation législative[1579]. Par cette technique[1580], « le législateur immunise les actes administratifs contre toute contestation contentieuse »[1581]. Même si l'utilisation de celle-ci qui relève « d'une curieuse alchimie »[1582], est hasardeuse car ses conditions de mise en œuvre sont appréciées de façon restrictive[1583], il n'en demeure pas moins le procédé existe au Sénégal. Dans les affaires du Conseil d'État du 26 janvier 1994 *Alla NGOM autres* et celle du 26 avril 1996 *Alla NGOM et Babacar NDIAYE*, le ministre de la Santé publique, par deux arrêtés, a intégré 174 agents dans le corps des sous-officiers d'hygiène en 1989 et 1993, alors que ceux-ci ne remplissaient pas les conditions prévues par le décret régissant ce corps. Sur des requêtes d'agents appartenant à ce corps, le juge a annulé les arrêtés du ministre[1584]. Mais, la loi N° 2000-02 du 10 janvier 2000 a validé lesdits arrêts. Dans l'exposé des motifs de la loi, il est précisé que l'utilisation de cette technique « a pour objet de résoudre pour des raisons d'intérêt général des situations de divergence nées d'actes administratifs réglementaires ou de décisions de justice devenues définitives »[1585]. Dans cette affaire, le législateur prive d'effets les arrêts du Conseil d'État rendus en faveur des

---

[1578] J. RIVERO, « Le Huron au Palais royal ou réflexions naïves sur le recours pour excès de pouvoir », Dalloz *1962, Chr.* pp. 37-40. ; J. M. SAUVE, « Le juge administratif face au défi de l'efficacité, Retour sur les pertinents propos d'un Huron au Palais-Royal et sur la critique managériale », *RFDA*, 2012, p. 63.

[1579] M. NGAIDE, « Le Conseil d'État et le principe de l'égal accès des citoyens à un emploi public : à propos de l'arrêt du 29 juin 2000, Association nationale des Handicapés moteurs du Sénégal contre État du Sénégal (Arrêt N° 12 », *op. cit.*, p. 219 ; CE Ass., 19 octobre 1962 Canal, Robin et Godot, *Rec.* p. 552.

[1580] J. M. AUBY, « Les validations législatives », *Revue de Droit prospectif*, N° 3/ 4, 1977, p. 10.

[1581] P. LEWALLE, « Le Contrôle de l'administration : effectivité du contrôle de légalité », *RA*, N° spécial 3, 2000, pp. 132-176.

[1582] J. MOREAU, *Droit administratif*, Paris, PUF, Coll. « Droit fondamental », 1989, p. 540.

[1583] B. MATHIEU, « Les validations législatives devant le juge constitutionnel », *RFDA*, 1995, p. 781 ; Cons. const., Décision N° 80-119 DC du 22 juillet 1980, *Rec.*, p. 46.

[1584] *Bulletin des arrêts du Conseil d'État*, N° 1, *op. cit.*, pp. 49-50 et p. 97.

[1585] *JORS*, 5 février 2000, p. 63.

requérants. Il en résulte que la survie de l'autorité de la chose jugée semble être laissée à l'appréciation du législateur qui peut la remettre en cause. Ainsi, le Conseil constitutionnel français va poser à la fois le principe et les limites possibles à l'autorité de la chose jugée à l'occasion du contrôle de constitutionnalité des lois de validation législative en considérant :*« s'il n'appartient ni au législateur, ni au gouvernement de censurer les décisions des juridictions, d'adresser à celles-ci des injonctions et de se substituer à elles dans le jugement des litiges relevant de leur compétence, ces principes ne s'opposent pas à ce que, dans l'exercice de sa compétence et au besoin, sauf en matière pénale, par la voie de dispositions rétroactives, le législateur modifie, dans un but d'intérêt général, les règles que le juge a pour mission d'appliquer, dès lors qu'il ne méconnaît pas des principes ou des droits de valeur constitutionnelle »*[1586]. Au fond, le Conseil constitutionnel soumet la constitutionnalité de la loi de validité à quatre conditions : l'acte validé, quelle que soit sa nature, ne doit pas être contraire à la Constitution ; la validation ne peut porter sur la décision de justice elle-même ; elle ne peut non plus porter atteinte au principe de non-rétroactivité des peines et des sanctions ; enfin, elle doit être justifiée par un motif d'intérêt général[1587]. Sans doute, les validations législatives ne sont-elles pas, formellement, de véritables limites puisqu'elles ne peuvent faire revivre des actes annulés par des décisions passées en force de chose jugée. Mais, dès lors qu'elles permettent de confirmer les décisions prises sur la base des actes annulés ou de reprendre ces derniers parce que le législateur aura changé les bases légales, les validations privent bien d'effet utile les décisions de justice.

Par ailleurs, l'absence d'un pouvoir d'astreinte et d'injonction à la disposition du juge fait que ses décisions sont laissées à libre appréciation de leurs destinataires quant à la suite à leur donner[1588]. Dans *l'affaire PDS* rendue en 1978, le juge a indiqué au requérant qu'il ne dispose pas d'un pouvoir d'injonction à l'encontre de l'administration. Le juge à cette occasion devait préciser que le requérant *« ne peut valablement présenter une telle demande à l'occasion d'un recours devant le juge de l'excès de pouvoir dont la compétence se limite à apprécier la*

[1586] Cons. const., Décision N° 96-375 DC, 9 avril 1996, *Rec. Cons. const.,* p. 60.
[1587] Cons. const., Décision N° 80-119 DC, 22 juillet 1980, *Rec. Cons. const.*, p. 46
[1588] Y. GAUDEMET, « Les procédures d'urgence dans le contentieux administratif », *RFDA,* 1998, p. 420.

légalité des décisions administratives qui lui sont déférées et à qui, il est interdit d'adresser des injonctions à l'administration »[1589].

Au Sénégal, le pouvoir exécutif bénéficie d'un privilège qui l'autorise à se soustraire à l'exécution des décisions de justice. Ce privilège a été consacré par l'article 194 du Code des obligations civiles et commerciales qui fait de l'État un débiteur privilégié, dans la mesure où il est interdit toute voie d'exécution forcée contre lui[1590]. Ce privilège qui trouve sa justification dans la mission d'intérêt général que poursuit l'État, fait que celui-ci en profite pour abuser des droits des administrés. Dans les faits, on constate une non-exécution ou une simple exécution anormalement tardive des décisions de justice, portant préjudice aux droits des citoyens et minant ainsi l'autorité des décisions rendues par le juge de l'administration. Constatant cet état de fait, le législateur va rétrécir le champ d'application de l'article 194 dudit Code en vue de réduire l'immunité d'exécution des décisions de justice de l'État et des structures qui lui sont rattachées[1591]. En effet, depuis la loi du 15 avril 2002[1592], seuls l'État, les collectivités locales et les établissements publics bénéficient de cette immunité. Au demeurant, ce privilège d'intérêt général, que s'est assigné l'administration, a été à l'origine d'abus que n'a pas manqué de relever le rapport du Médiateur de la République[1593]. Les cas relevés, même s'ils ne concernent pas directement pas protection de l'ordre constitutionnel peuvent s'appliquer à celle-ci, puisqu'ils attestent de façon générale l'attitude de l'administration face aux décisions de justice. Dans les faits, on note qu'un employé d'un organisme public victime d'un accident de la circulation, n'a pas pu obtenir qu'en 2002 l'exécution de la décision rendue contre l'État, quinze (15) ans plutôt, le 1er avril 1987. Un autre cas relevé est un jugement rendu par le Tribunal de première instance contre l'Université de Dakar qui n'a finalement été exécuté que quinze ans plus tard en

---

1589 CS, 21 février 1978 PDS c/État du Sénégal, *in* J.M. NZOUANKEU, *Les grandes décisions de la jurisprudence administrative sénégalaise, op. cit.*, p. 160.

1590 Voir l'étude réalisée par *AFRIMAP et Open Society Initiative for West Africa :* « Sénégal. Le secteur de la justice et l'État de droit », *Open Society Institute*, novembre 2008, p. 61

1591 Jusqu'à l'entrée en vigueur de cette loi, l'immunité jouait en faveur de l'État, des collectivités locales, des établissements publics, des sociétés nationales et des sociétés d'économie mixte dont l'objet exclusif était une concession de service public.

1592 Loi N° 2002-12 du 15 avril 2002 abrogeant et remplaçant les dispositions de l'alinéa 2 de l'article 194 du Code des obligations civiles et commerciales relatif à l'immunité l'exécution, *JORS* du 18 mai 2002, p. 1179.

1593 Rapport de 2003 du Médiateur de la République, p. 19.

2003. De l'opinion du Médiateur de la République « ce retard était dû aux négligences et aux manœuvres dilatoires »[1594]. Malheureusement, le législateur n'a pas pris en compte cette donne en outillant suffisamment le juge pour suivre l'exécution de ses décisions ni permettre à celui-ci à la demande des justiciables de statuer dans l'urgence pour assurer leurs droits et libertés constitutionnels. Dans ces conditions, les décisions des juges deviennent presque de simples déclarations de principes, des vœux pieux. Du constat du Professeur J. M. BRETON, l'absence du pouvoir d'astreinte et d'injonction envers les personnes publiques, l'immunité traditionnelle de l'administration vis-à-vis des voies d'exécution, l'exécution de la chose jugée laissée de facto à sa seule volonté, sont autant d'obstacles qui s'opposent à ce que le juge soit la plupart du temps en situation de pouvoir efficacement, le vaudrait-il, endiguer les comportements publics ignorant le droit, *a fortiori* contraire à celui-ci[1595]. Cette situation est assez commune aux juges africains. D'ailleurs, ces derniers reconnaissent leur impuissance à faire exécuter leurs décisions par l'administration. En effet, de l'opinion des juges, compte tenu de la situation de l'administration, « l'exécution des décisions de justice peut être impossible »[1596]. Cette situation a poussé les observateurs à proposer « la création d'une unité au sein du ministère de la Justice chargée d'assurer le suivi de l'exécution des décisions de justice par l'État »[1597]. Cependant, on peut douter de l'efficacité d'une telle proposition. En effet, une telle « mesure administrative »[1598] peut ne pas produire les effets escomptés tant que c'est l'administration qui décide de ses destinées, faisant ainsi d'elle, juge et partie. Le suivi de l'exécution des décisions de justice par l'administration doit être une prérogative dévolue au juge, pour une meilleure prise en charge des droits et libertés des administrés.

Au total, dans le contexte sénégalais, l'exercice de la protection juridictionnelle de l'ordre constitutionnel révèle des carences.

[1594] Rapport de 2003 du Médiateur de la République, *op. cit.*, p. 19.

[1595] J. M. BRETON, « Légalité et État de droit : statut et perception du juge de l'administration (Contribution à une réflexion transversale) », *op. cit.*, p. 73.

[1596] R. MOUTEKE et I. ISAAC, cité par A. B. FALL, « Le juge, le justiciable et les pouvoirs publics : pour une appréciation concrète de la place du juge dans les systèmes politiques en Afrique », *op. cit.*, p. 321.

[1597] Voir l'étude réalisée par *AFRIMAP et Open Society Initiative for West Africa :* « Sénégal. Le secteur de la justice et l'État de droit », *op. cit.*, p. 66.

[1598] *Ibid.*, p. 66.

TITRE II

LES PERSPECTIVES DU SYSTÈME

Les faiblesses du système sénégalais de protection juridictionnelle de l'ordre constitutionnel nécessitent la mobilisation du constituant et du législateur pour l'améliorer en vue d'une protection plus effective des droits et libertés fondamentaux inscrits dans la Constitution. De prime abord, il convient de souligner que l'exercice interpelle le pouvoir constituant car elle nécessitera une modification du texte constitutionnel et des lois organiques[1599] qui régissent la matière. Dans cette perspective, la démarche se veut étiologique, en proposant des solutions.

La Déclaration de Bamako de 2000 affirme que « pour la francophonie, il n'y a pas de mode d'organisation unique de la démocratie et, dans le respect des principes universels, les formes d'expression de la démocratie doivent s'inscrire dans les réalités et spécificités historiques, culturelles et sociales de chaque pays »[1600]. Au fond, il s'agit là d'un argument de taille, indiquant aux pouvoirs publics africains, qu'ils ne sont pas obligés, dans l'œuvre de construction de la démocratie, d'épouser forcément les traits du constitutionnalisme européen. L'Afrique en général, et le Sénégal en particulier ont leurs spécificités propres. Ainsi, l'organisation du contrôle de constitutionnalité au Sénégal, au risque de se réduire à une simple déclaration de principe, conduisant à un constitutionnalisme béat, doit prendre en compte les réalités politiques, sociales et culturelles sénégalaises.

Pour sortir la justice constitutionnelle sénégalaise de l'ornière, tout en évitant de sombrer dans le piège de l'universalisme ou de la standardisation constitutionnelle, les remèdes doivent être diversifiés dans leurs modalités pour intégrer la réalité socioculturelle sénégalaise. Il faut donc réviser les textes qui organisent la juridiction constitutionnelle dans le but de mieux renforcer ses capacités (Chapitre I). Sous un

---

[1599] Loi organique N° 92-23 du 30 mai 1992 sur le Conseil constitutionnel modifiée par la loi organique N° 99-71 du 17 février 1999, *J.O.R.S.*, N° 5845 du 20 février 1999, p. 812 ; Loi organique N° 2008-35 du 8 août 2008 sur la Cour suprême, *J.O.R.S.*, N° 6420 du 8 août 2008, p. 755.

[1600] Article 3-2

autre registre, pour une plus grande spécialisation ou effectivité de la protection, une dévolution de ce bloc de compétence à la juridiction constitutionnelle qu'elle soit nommée Conseil ou Cour est nécessaire (Chapitre II).

CHAPITRE I

LE RENFORCEMENT DE LA JURIDICTION CONSTITUTIONNELLE

Au Sénégal, la question de la réforme du Conseil constitutionnel est souvent agitée. Le plus souvent à l'occasion des consultations électorales et des réformes constitutionnelles, la juridiction constitutionnelle subit les coups de boutoir de ses fossoyeurs, mettant ainsi les juges au banc des accusés. Afin de lever tous soupçons d'inféodation de la juridiction au pouvoir politique, et de lui restituer la place qui est la sienne au sein des institutions, une réforme visant à renforcer ses capacités pourrait être entreprise. Globalement, le renforcement des capacités de la juridiction constitutionnelle peut se faire suivant deux axes : d'une part, le renforcement des ressources humaines (section I), et d'autre part, la rationalisation des mécanismes de contrôle de constitutionnalité (section II).

Section I : Le renforcement des ressources humaines

Les ressources humaines des juridictions sont essentiellement constituées des membres du Conseil constitutionnel, des magistrats référendaires, auxiliaires et éventuellement des assistants ainsi que de l'ensemble du personnel administratif. Il revient essentiellement aux conseillers assistés de leurs proches collaborateurs de piloter le processus aboutissant à la prise de la décision juridictionnelle. Aussi, la réorganisation du personnel de l'institution juridictionnelle chargée de protéger l'ordre constitutionnel, requiert-elle une révision du statut des juges constitutionnels (Paragraphe I) et la dotation d'une véritable administration au service de la juridiction protectrice de l'ordre constitutionnel (Paragraphe II).

Paragraphe I : La révision du statut des juges constitutionnels

La justice constitutionnelle sénégalaise souffre de nombreuses insuffisances liées au statut des juges constitutionnels. Ces limites précédemment relevées[1601] peuvent être corrigées par le double

[1601] Voir supra, pp. 278 et s.

renforcement de la protection statutaire (A) et le profilage des juges constitutionnels (B).

A- Le renforcement de la protection statutaire des juges constitutionnels

L'indépendance des juges constitutionnels est tributaire de deux paramètres. D'une part, l'existence d'un juge constitutionnel indépendant contraste avec le monopole du pouvoir de nomination par une seule autorité politique qui peut être tentée de maintenir le juge sous sa domination. D'autre part, le juge constitutionnel doit être affranchi, de par sa condition matérielle, de la dépendance de l'autorité de nomination. Ainsi, au Sénégal l'indépendance du juge constitutionnel peut-elle être acquise par l'éclatement du pouvoir nomination des juges constitutionnels d'une part (I), et de la garantie à ces derniers d'une indépendance matérielle (II) d'autre part.

I- L'éclatement du pouvoir de nomination des juges constitutionnels

Les procédés de désignation des juges constitutionnels déterminent en partie leur légitimité. Le premier indice de légitimité de la juridiction constitutionnelle est la perception que se fait l'opinion publique de l'organe qui désigne ou nomme ses membres[1602]. Les juges constitutionnels sénégalais procèdent directement du Président de la République qui, lui, bénéficie d'une légitimité démocratique populaire résultant de son élection au suffrage universel direct. Il est, dans ces conditions, légitime qu'il dispose d'un pouvoir de nomination à tous les emplois publics. Seulement, la légitimité de départ des juges constitutionnels peut être entamée par la concentration du pouvoir de nomination entre les mains du Président de la République. Le manque de modulation[1603] dans la détermination des autorités de nomination des juges constitutionnels sénégalais est de nature à fausser l'indépendance de la justice constitutionnelle. Cette donne est amplifiée, dans ses effets pervers, par les pouvoirs prépondérants du Président de la République sur la fonction législative qui, dans le contexte sénégalais, est dans la plupart

---

[1602] T. HOLO, « Émergence de la justice constitutionnelle », *in La démocratie en Afrique, Revue française d'Études constitutionnelles et politiques,* N° 129, avril 2009, pp. 112-113.

[1603] L. FAVOREU, « La notion de Cour constitutionnelle », *in De la Constitution,* Études en l'honneur de Jean-François Aubert, Bâle-Francfort-sur-le-Main, Helbing et Lichenhan, 1996, p 25.

des cas la traduction formelle de sa volonté. Il dispose alors de ressources législatives importantes lui permettant de moduler les textes fondateurs du système de protection de l'ordre constitutionnel.

Disposant en droit d'un pouvoir quasi-discrétionnaire de désignation des animateurs de la justice constitutionnelle, le Président manifestera-t-il son intérêt en nommant à la juridiction constitutionnelle des personnes bénéficiant au moins d'une présomption de fidélité à son égard.[1604] Cependant, par stratégie d'isolement, de neutralisation ou de se donner un vernis de démocrate, le Président de la République a eu à nommer au Conseil des personnalités dont l'indépendance vis-à-vis de lui ne fait aucun doute[1605]. Les susceptibilités de politisation qui entourent la nomination des membres de la juridiction constitutionnelle peuvent rendre le contrôle de constitutionnalité factice. Dès lors, il semble qu'il est temps de repenser le mode de nomination des juges constitutionnels. Au-delà de l'aménagement organique de la juridiction constitutionnelle au sein des pouvoirs publics, il demeure que l'indépendance des juges constitutionnels est tributaire pour une large part de leur mode de désignation.

Les rapports entretenus au Niger par le Président TANDJA avec la Cour constitutionnelle durant les dernières années de son règne doivent inciter les acteurs de la démocratie africaine en gestation, à fixer de manière plus solide les poutres de l'indépendance des juges constitutionnels[1606]. L'exemple nigérien montre suffisamment que pour une justice constitutionnelle indépendante, le pouvoir de nomination et de révocation des juges constitutionnels ne doit pas être laissé à la seule appréciation du Président de la République. En effet, comme en atteste cet exemple l'indépendance des juges constitutionnels peut être renvoyée aux calandres grecques si le Président de la République qui dispose du pouvoir de nomination et de révocation est animé par

[1604] G. DRAGO, « Réformer le Conseil constitutionnel », *Pouvoirs,* N° 105, 2003 pp. 74-88, p 76.

[1605] La nomination de Me Mamadou LO en est un exemple. Ce dernier, il convient de le rappeler fut un opposant du Président DIOUF à l'élection présidentielle de 1993.

[1606] Face à la détermination de la Cour constitutionnelle du Niger à faire obstruction à la volonté du Président TANDJA de modifier l'ordre constitutionnel afin de se maintenir au pouvoir, celui avait mis fin aux fonctions des membres de la Cour constitutionnelle (décision N° 023/PRN du 29 juin 2009, portant abrogation des fonctions des membres de la Cour constitutionnelle, *JORN* spécial N° 12 du 8juillet 2009) et les avait remplacés par d'autres personnalités (décision N° 05/PRN du 2 juillet 2009, portant nomination des membres de la Cour constitutionnelle, *JORN* spécial, N° 12 du 8 juillet 2009.)

l'intention de rester au pouvoir par le biais d'une révision de la Constitution. En effet, l'audace des juges constitutionnels nigériens a poussé le Président TANDJA à la forfaiture en les révoquant alors que la Constitution ne lui reconnaît pas un tel pouvoir. Dans l'avis du 25 mai 2009, la Cour constitutionnelle, du Niger déclare, que *« le maintien en fonction du Président de la République au-delà du terme de son mandat n'est pas conforme à la Constitution »* ; que *« l'article 49 de la Constitution ne peut servir de fondement à un changement de Constitution »* ; et enfin que *« le Président de la République ne saurait s'engager ou poursuivre une révision de la Constitution sans violer son serment »*. Cet avis de la Cour fut confirmé par un arrêt de celle-ci qui annula le décret portant organisation du référendum en vue de réviser la Constitution[1607]. Cependant, la Cour ne sortit pas indemne de cette audace, elle fut dissoute, et le pouvoir exécutif lui reprocha d'avoir commis un « abus de pouvoir » en empêchant au peuple de s'exprimer librement et démocratiquement par un « vote oui ou non » sur le projet de référendum sur la Constitution de la VIe République[1608]. Dans le même ordre d'idées, dans la foulée des décisions prises par le Président OUATTARA, à la suite de son investiture par le Conseil constitutionnel ivoirien, nous pouvons noter la révocation du président du Conseil constitutionnel, le Professeur YAO-NDRE. En juillet 2011, le Professeur YAO-NDRE fut démis de ses fonctions et fut remplacé par le Professeur WODIE[1609]. Quatre autres conseillers, dont le mandat n'était pas expiré furent remplacés[1610], ce qui fait écrire à Souleymane DUMBIA que « le temps de l'exception ne semble pas être achevé »[1611]. Pourtant, la loi organique qui régit l'organisation et le fonctionnement du Conseil constitutionnel a prévu des garanties juridiques et matérielles qui permettent aux membres de l'institution d'exercer leurs activités en toute quiétude pendant toute la durée de leur mandat. Aussi, la décision du Président OUATTARA viole-t-elle le principe de l'irrévocabilité des

---

[1607] Rapport sur l'état des pratiques de la démocratie, des droits et des libertés dans l'espace francophone, précité, p. 27.

[1608] Cf. A. SOMA, « Le statut du juge constitutionnel africain », *op. cit.*, p. 500.

[1609] Nommé en 2009, le mandat du membre du Conseil constitutionnel devait expirer en 2015 car la durée du mandat est de 6 ans selon la législation ivoirienne.

[1610] Le mandat du quatrième devait expirer en 2015 car il fut nommé en 2009, celui de deux autres reconduits le 25 juillet 2011en 2017.

[1611] S. DUMBIA, « Le Conseil constitutionnel ivoirien, juge électoral entre contraintes politiques et exigences constitutionnelles : Essai d'analyse de la décision N° CI-2011-EP-036/04/CC/SG/ du 04 mai 2011 portant proclamation de Monsieur Alassane OUATTARA en qualité de Président de la Côte d'Ivoire », *Afrilex,* 2013, p. 24.

membres du Conseil constitutionnel prévu par la loi organique[1612]. Cette précarité statutaire des juges constitutionnels est également mise en exergue au Burkina Faso par le Professeur Abdoulaye SOMA. En effet le président de la juridiction constitutionnelle, M. Drissa TRAORE sera déchu de son mandat par le Président Blaise COMPAORE en novembre 2011[1613]. Dans la plupart des cas, l'autorité de nomination vise à positionner et à orienter le juge constitutionnel de manière à obtenir le soutien de l'institution en temps opportun. En effet, le décret pris par le Président Abdelaziz BOUTEFLIKA portant nomination de M. Tayeb BELAIZ en qualité de président du Conseil constitutionnel algérien en remplacement de Boulem BESSAIH a été perçu ainsi par les analystes politiques et constitutionnels algériens. Ces derniers ont estimé que le Président de la République a nommé un fidèle à ce poste stratégique en vue des présidentielles de 2014 pour éviter le syndrome ivoirien[1614]. Ces exemples montrent l'urgence qu'il y a à fixer de façon claire le terme du mandat du président de la juridiction constitutionnelle pour éviter les révocations *ad nutum* des titulaires de ce poste par l'autorité politique de nomination. L'irrévocabilité des membres de la juridiction constitutionnelle dans l'ensemble et individuelle, serait ainsi opposable l'autorité politique de nomination[1615]. La juridiction constitutionnelle en gagnerait du moins du point de vue de sa stabilité.

La fin du monopole du pouvoir de nomination par Président de la République passe par la diversification des autorités de nomination. Cependant, cette diversification doit être réfléchie c'est-à-dire modulée, et il appartient au pouvoir constituant et au législateur organique, dépositaires de l'exercice de la souveraineté nationale, de pourvoir à cette tâche. Certains États africains se sont déjà inscrits dans cette dynamique de diversification des autorités détentrices du pouvoir de désignation des juges constitutionnelles. À titre d'exemples on peut citer le Bénin, le Togo, le Gabon, la République Démocratique du Congo. Dans ces États, il y a une nette démarcation du modèle français dans lequel le Conseil constitutionnel comprend neuf (9) membres dont trois (3) nommés par le Président de la République, trois (3) par le président de l'Assemblée nationale, trois (3) par le président du Sénat[1616].

[1612] *JORCI* du 14 mai 2001, pp. 458 et s.

[1613] A. SOMA, « Le statut du juge constitutionnel africain », *op. cit*, p. 499.

[1614] A. SOMA, « Le statut du juge constitutionnel africain », *op. cit.*, p. 505.

[1615] F. J. AIVO, *Le juge constitutionnel africain et l'État de droit en Afrique. L'exemple du modèle béninois,* Paris, L'Harmattan, 2006, pp. 146 et s.

[1616] Article 56 de la Constitution du 04 octobre 1958.

Dans la panoplie, les autorités de nomination des juges constitutionnels vont du Président de la République aux Présidents des chambres parlementaires. C'est le cas du Bénin. Dans cet État, les membres de la Cour constitutionnelle sont au nombre de sept (7) dont trois (3) nommés par le Président de la République, quatre (4) nommés par le bureau de l'Assemblée nationale[1617]. Certains soumettent le choix des juges constitutionnels non pas à des autorités unipersonnelles, mais au vote même des Assemblées parlementaires[1618]. C'est le cas de la République Démocratique du Congo dont parmi les neuf membres de la Cour constitutionnelle, trois (3) sont désignés par le Parlement réuni en Congrès[1619]. D'autres font enfin intervenir des instances représentatives de la magistrature. C'est le cas du Mali où trois membres de la Cour constitutionnelle sont désignés par le Conseil supérieur de la Magistrature[1620]. Il en est de même de la République Démocratique du Congo où trois (3) des neuf membres de la Cour constitutionnelle sont désignés par le Conseil supérieur de la Magistrature[1621]. Dans ces États, les constituants se sont démarqués des choix occidentaux pour proposer des solutions plus ou moins adaptées au contexte local, en faisant intervenir le Conseil supérieur de la Magistrature[1622].

Au demeurant, dans le contexte sénégalais, la seule association du Président de l'Assemblée nationale au processus de désignation des membres de la juridiction constitutionnelle ne garantit pas forcément l'indépendance des juges et ne les met pas à l'abri du phénomène de politisation. La conjoncture politique peut faire que toutes ces autorités appartiennent à la même mouvance politique ce qui peut réduire l'indépendance tant recherchée. À cet effet, l'élection d'une partie des membres de la juridiction constitutionnelle par les parlementaires à la majorité absolue permet de garantir une justice constitutionnelle

---

[1617] Voir J. L. ANTAGANA AMOUGOU, « La Cour constitutionnelle béninoise : un modèle de justice constitutionnelle en Afrique ? », *Mélanges en l'honneur de Maurice AHANHANZO-GLELE, la Constitution béninoise du 11 décembre 1990 : un modèle pour l'Afrique ?,* Paris, L'Harmattan, 2014, p. 692.

[1618] Sur l'ensemble des États cité voir H. AKEROKORO, « L'exercice de la souveraineté nationale reconnue au peuple dans le constitutionnalisme africain », *op. cit.*, pp. 25-26.

[1619] Article 158 de la Constitution du 18 février 2006.

[1620] Article 9 de la Constitution de 1992.

[1621] Article 158 de la Constitution du 18 février 2006.

[1622] Voir AHADZI-NOUNOU (K.), « Les nouvelles tendances du constitutionnalisme africain : le cas des États d'Afrique noire francophone », *Revue Afrique juridique et politique, Revue du CERDIP,* juillet-décembre, N° 2 2002, p. 46.

indépendante. L'exemple italien est illustratif. En Italie, l'expérience a montré qu'entre 1948 et 1956, les autorités politiques ont dû négocier entre elles en vue de réunir les majorités nécessaires à la nomination des juges constitutionnels[1623]. Le constituant sénégalais, dans le cadre d'une réforme de la justice constitutionnelle pourrait s'inspirer de ce modèle.

Au demeurant, le programme *Yonou Yokouté*[1624] du candidat Macky SALL avait proposé de porter le nombre des juges constitutionnels de 5 à 7. À la composition initiale, devaient s'ajouter un juge désigné par la majorité parlementaire et un autre juge émanant de l'opposition parlementaire. Ce projet n'a pas eu de suite après son élection. Dans cette même perspective de réformer la justice constitutionnelle, la Commission nationale de Réforme des Institutions, dans son avant-projet de Constitution, avait proposé une Cour constitutionnelle de sept (7) membres provenant d'horizons divers pour un mandat de six (6) ans non renouvelables[1625]. En effet, il est proposé trois (3) magistrats ayant au moins vingt-cinq années de service désignés par le Président de la République sur une liste de six noms proposée par le Conseil supérieur de la Magistrature, un (1) Professeur titulaire de droit choisi par le président de l'Assemblée nationale parmi les plus anciens dans le grade et ayant au moins-vingt-cinq années d'ancienneté sur une liste proposée par les différentes universités du pays en raison d'un nom par structure, un (1) avocat ayant au moins vingt ans de carrière désigné par le bureau du Conseil de l'ordre des avocats, un (1) membre choisi par le Premier ministre parmi les fonctionnaires ou agents assimilés de l'État ayant exercé de hautes responsabilités et ayant au moins vingt-cinq années d'expérience professionnelle, une (1) personnalité choisie par le Président de l'Assemblée nationale sur une liste comprenant trois noms proposée par le collectif des associations de défense des droits humains et de promotion de la démocratie, ayant au moins vingt-cinq années d'expérience professionnelle. Il était prévu que le président de la Cour est élu par ses pairs pour une durée de trois (3) ans renouvelable une seule fois. Cette proposition reflète une volonté de briser le monopole du Président de la République du processus de désignations des juges constitutionnels, même si, à d'autres égards, elle peut être source de conflits au sein des corporations dans le choix des personnalités à

[1623] G. TUSSEAU, « Les causes du choix d'un modèle de contrôle de constitutionnalité », *Jus Politicum,* N° 13, *La justice constitutionnelle contemporaine : modèles et expérimentations*, décembre 2014, p. 5.

[1624] Le concept signifie en langue *wolof* la voie du véritable développement.

[1625] Article 108 de l'avant-projet de Constitution.

proposer aux autorités de nomination. Finalement, dans la loi de révision de la Constitution, il est prévu que le Conseil constitutionnel comprend désormais sept (7) membres nommés par le président de la République dont deux désignés sur une liste de quatre personnalités proposées par le président de l'Assemblée nationale[1626]. Le Conseil constitutionnel, dans sa décision n°1/C/2016 du 15 janvier 2016, considère que cette modification entraine des difficultés au regard de la durée du mandat des membres qui est de six ans. En effet, le Conseil considère qu'à raison de l'augmentation du nombre de membres de la juridiction, l'article 89 nouveau doit, pour faire coïncider la périodicité du renouvellement avec la durée du mandat être revu dans sa rédaction. En définitive, l'article 89 du projet de loi portant révision de la Constitution, prévoit que le Conseil constitutionnel comprend sept (7) membres dont un président et un vice-président et cinq (5) juges. La durée du mandat est de six (6) ans. Le Président de la République nomme les membres du Conseil constitutionnel dont deux sur une liste de quatre personnalités proposées par le Président de l'Assemblée nationale. Le Président est nommé par le président de la République. Il a la voix prépondérante en cas de partage[1627].

Cette innovation qui associe la deuxième personnalité de l'État à la nomination des juges qui composent la juridiction constitutionnelle, peut ne pas répondre aux attentes dans la mesure où, au Sénégal, le Président de la République et le Président de l'Assemblée nationale sont, le plus souvent, issus de la même mouvance politique. La fin du monopole exclusif du pouvoir de nomination du Président de la République recherchée risque d'être mise en veilleuse par le fait majoritaire.

L'indépendance des juges en charge de la protection de l'ordre est cependant entamée par la dépendance matérielle des juges vis-à-vis du pouvoir politique.

II- La garantie d'une indépendance matérielle aux juges

L'autonomie d'un pouvoir public constitutionnel ne se limite pas seulement aux éléments d'ordre formel qui président à sa mise en place. Cette indépendance est largement tributaire des conditions matérielles de l'institution. En effet, la condition matérielle détermine largement la possibilité de l'institution en cause de se perpétuer dans le temps et de

---

[1626] Voir le quotidien *Le Populaire,* N° 4841 du Lundi 18 janvier 2016, pp. 4-5.

[1627] Décret N° 2016-306 portant publication du projet de loi portant révision de la Constitution, *JORS,* N° 6912 (161e Année), du 1er mars 2016, p. 315.

fonctionner de façon efficace. À cet effet, la condition financière est un paramètre important. L'autonomie financière, estime Robert HERTZOG, est le fait d'« avoir un patrimoine, avoir des agents, avoir des ressources financières suffisantes. Voilà ce qui est déterminant pour l'autonomie ainsi entendue. La capacité de produire des règles est au mieux accessoire »[1628].

Au Sénégal, il est reconnu au Conseil constitutionnel et à la Cour suprême une autonomie budgétaire[1629]. Les crédits alloués au Conseil constitutionnel sont inscrits au budget de l'État conformément au décret du 8 octobre 1992 relatif à l'organisation financière dudit Conseil. Ils font l'objet d'un compte spécial du trésor administré par le Président de l'institution qui en est l'ordonnateur. Il nomme un chef de service administratif et financier, responsable devant lui. D'ailleurs sur ce point, il faut préciser qu'avec la réforme du Conseil constitutionnel par la loi organique 2016-23 du 14 juillet 2016 suite à la loi constitutionnelle 2016-23 du 5 avril 2016 adoptée par référendum après avis du Conseil constitutionnel le législateur organique prévoit en son article 11 : « le Conseil constitutionnel jouit de l'autonomie financière. Le budget du Conseil constitutionnel est inscrit dans un chapitre spécial et fait l'objet d'un compte de dépôt au trésor ; le règlement financier applicable au Conseil constitutionnel est déterminé par décret »[1630]. Le règlement des dépenses est confié à un comptable spécial du trésor, tenu de produire ses comptes auprès de la Cour des comptes et soumis au contrôle des organes de contrôle financier. Il existe également dans le cadre de la gestion des crédits une comptabilité spéciale dérogatoire à la comptabilité de l'État retraçant les dépenses effectuées. Ces dépenses sont d'ailleurs dispensées du visa ou contrôle préalable[1631].

L'autonomie financière, traduit un pouvoir de décision et de gestion des recettes et des dépenses regroupés en un budget nécessaire pour exercer leurs compétences[1632]. Cette autonomie implique donc une

---

1628 R. HERTZOG, « L'autonomie en droit : trop peu de sens, trop peu de signification ? », *in Mélanges Paul AMSELEK,* Bruxelles, Bruylant 2005, p. 468.

1629 Chacune de ces institutions fait l'objet d'une section de la loi de finances. *Cf.* Annexe de la loi de finances N° 2011-20 du 31 décembre 2011 portant loi de finances de l'année 2012, *JORS*, N° 6637, Vendredi 6 janvier 2012, p. 71.

1630 *JORS,* 161e Année, N° 6946 (Numéro spécial) du Vendredi 15 juillet 2016, p. 927.

1631 Voir la communication d'I. Y. NDIAYE, 6e congrès des chefs de juridiction de l'A.C.C.P.U.F., « Le juge constitutionnel, un juge spécial », *op. cit.*, p. 13.

1632 Voir DUSSART, « L'autonomie financière des pouvoirs publics constitutionnels », Paris, CNRS, 2000, pp. 12-13.

maîtrise par l'organe juridictionnel en charge du contrôle de constitutionnalité de ses choix financiers. C'est sans doute à la suite de ce même constat que, dans le registre de l'indépendance matérielle des juges, l'ancien président de la Cour suprême, M. Papa Oumar SAKHO, écrit : « Au nom du principe sacro-saint de la séparation des pouvoirs, l'autonomie de l'institution judiciaire et de ses membres par la dotation de moyens logistiques et financiers conséquents doit être garantie, tant il est vrai que la tutelle de l'exécutif pouvait constituer en ce cas des moyens de pression fut-il indirects de nature à compromettre *la bon jurisdictio* »[1633].

L'autonomie financière de la juridiction constitutionnelle est le prolongement de la constitutionnalisation de son indépendance en tant qu'institution de la République[1634]. L'autonomie matérielle renvoie également au traitement des juges constitutionnels. Celui-ci est fixé en référence à la catégorie supérieure des emplois de l'État classés hors échelle. Selon la doctrine, cette rémunération ne répond pas, pour la plupart des membres du Conseil constitutionnel, au critère de proportionnalité. Eu égard aux exigences de qualification et d'expérience dont sont soumis les membres du Conseil constitutionnel, ce plafond est souvent atteint, voire dépassé, du fait de l'ancienneté du concerné dans son corps d'origine. Il demeure cependant, que les membres du Conseil constitutionnel bénéficient en termes d'indemnités et d'avantages matériels « d'un confort » qui peut susciter de l'envie[1635].

En plus de la quête de l'indépendance des juges constitutionnels par l'organisation des rapports qu'ils entretiennent avec les autorités politiques dont ils contrôlent la constitutionnalité de leurs actes, les juges doivent avoir des outils intellectuels leur permettant de juger de la constitutionnalité des actes et des comportements convenablement[1636]. Ainsi, est-il nécessaire de déterminer leur profil.

[1633] P. O. SAKHO, « Quelle justice pour la démocratie en Afrique ? », *op. cit.,* p. 58.

[1634] L'article 6 de la Constitution sénégalaise du 22 janvier 2001, modifié, dispose que les institutions de la République sont : - Le Président de la République - Le Parlement - Le Gouvernement - Le Conseil économique, social et environnemental - Le Conseil constitutionnel, la Cour suprême, la Cour des comptes et les Cours et Tribunaux.

[1635] I. Y. NDIAYE, Communication au 6e congrès des chefs de juridiction de l'A.C.C.P.U.F., « Le juge constitutionnel, un juge spécial », *op. cit.,* p. 12.

[1636] Voir A. DELCAMP, « Le Conseil constitutionnel et le parlement », P.U.F/ *R.F.D.C,* N° 57, 2004, pp. 37-83.

A- Le profilage des juges constitutionnels

Jusqu'à un passé récent, la lecture des décisions du Conseil constitutionnel sénégalais donne l'impression que les juges nommés au Conseil n'ont pas su inverser les pronostics pessimistes selon lesquels ceux qui sont nommés au Conseil ne sont pas des juristes de droit public, mieux, des spécialistes de la Constitution. Et que, de ce fait, ils ne sont pas en mesure de produire une jurisprudence constitutionnelle satisfaisante. La juridiction constitutionnelle sénégalaise, est pour l'essentiel formée de magistrats rompus aux techniques de la justice judiciaire[1637], qui demeure très éloignée de la justice constitutionnelle du fait de la particularité de celle-ci. Évidemment, cette donne résulte des dispositions du texte constitutionnel. L'article 89 de la Constitution du 22 janvier 2001 dispose que « les conditions à remplir pour être nommé membre du Conseil constitutionnel sont déterminées par la loi organique ». Cette disposition est complétée par l'article 94 de la Constitution qui prévoit que « les lois organiques déterminent les autres compétences du Conseil constitutionnel (...) ainsi que les règles de désignation de leurs membres ». Dans le système sénégalais, ce n'est pas le constituant mais le législateur organique qui détermine les conditions à remplir pour être membre du Conseil constitutionnel[1638].

Suite à la déclaration d'incompétence du Conseil constitutionnel pour donner un avis sur la constitutionnalité de la prorogation du mandat des députés, I. M. FALL écrit : « Évidemment, la motivation de la déclaration d'incompétence est connue : le fait de donner des avis sur des questions non expressément prévues par les textes, ne fait pas partie de ses attributions. Cette réponse est exactement la réponse que sert une juridiction pénale, civile, sociale mais certainement pas une juridiction chargée de dire le droit qui encadre juridiquement les phénomènes politiques et assure la protection des droits fondamentaux »[1639]. Le profil de ceux qui exercent et qui ont eu à exercer la fonction de membre du Conseil constitutionnel est parfaitement décrit par le Meïssa

---

[1637] Si le Conseil a eu comme membre par moment des théoriciens de droit public, en l'occurrence Ibou DAITE et Babacar KANTE. Ils ne pouvaient présider l'institution, car cette fonction est réservée exclusivement aux magistrats. Pourtant, le président du Conseil exerce une influence indirecte à travers la désignation du rapporteur dans chaque affaire.

[1638] M. M. SY, *La protection constitutionnelle des droits fondamentaux en Afrique : L'exemple du Sénégal*, *op. cit.*, p. 83.

[1639] I. M. FALL, *L'évolution constitutionnelle du Sénégal de la veille de l'indépendance aux élections de 2007, op. cit.*, p. 114.

DIAKHATE, qui à certains égards semble s'indigner de la situation en vigueur en écrivant : « Depuis l'avènement de cette institution, le profil des talentueux professeurs de droit souffre d'un défaut de spécialisation en droit constitutionnel. Du reste, il est difficilement compréhensible de constater, dans sa composition actuelle, l'absence remarquable d'une sommité connue pour l'envergure de ces travaux sur la matière constitutionnelle, c'est-à-dire, dont la chose constitutionnelle a rythmé ses recherches avant d'être promu à la dignité de juge constitutionnel »[1640]. De ce constat, resurgit la question tant controversée et qui n'a pas encore trouvé une harmonisation des positions de la doctrine : faut-il nécessairement nommer des spécialistes de la Constitution à la juridiction en charge du contrôle de constitutionnalité pour que la protection juridictionnelle de l'ordre constitutionnel soit opérationnelle ? Le propos de F. DELPEREE est suffisamment édifiant. Sur la question de la spécialisation des juges constitutionnels, l'auteur écrit : « L'interprétation constitutionnelle, a besoin de constitutionnalistes (…) Elle a besoin d'hommes et de femmes qui jonglent avec les textes, qui connaissent les jurisprudences, qui sont au courant des grandes théories politiques et sociales de notre temps, qui sont avertis des réalités du monde contemporain »[1641]. Le Professeur El Hadj MBODJ se prononce dans le même sens et plaide pour un respect des compétences scientifiques et techniques dans la désignation des membres de la juridiction constitutionnelle. En effet, selon le Professeur MBODJ « le background en droit privé d'un docteur ou d'un agrégé en droit public est inférieur à celui d'un doctorant privatiste. Inversement, un docteur ou un agrégé en droit privé n'a pas un background de droit constitutionnel supérieur à 50 heures de cours et 20 heures de séances de travaux dirigés correspondant au volume horaire en première année de droit »[1642]. Il est vrai, comme le remarque fort bien le Professeur Alioune SALL, il existe des pays où pour être juge constitutionnel on n'a pas besoin d'être juriste, et qu'au Sénégal les universitaires présents au Conseil constitutionnel depuis 1992 ne sont pas « des spécialistes de la Constitution »[1643], mais, il

---

[1640] M. DIAKHATE, « Les ambiguïtés de la juridiction constitutionnelle dans les États de l'Afrique noire francophone », *op. cit.*, p. 207.

[1641] F. DELPEREE, « L'interprétation constitutionnelle et la leçon de musique », cité par I. M. FALL, *op. cit.*, p. 114.

[1642] « Pr El HADJ MBODJ dénonce la sortie anonyme d'un membre du Conseil constitutionnel », *Le Populaire* N° 3715 du Jeudi 12 avril 2012, pp. 4-5.

[1643] A. SALL, « Interprétation normative et normes interprétatives : à propos des décisions du Conseil constitutionnel », *op. cit.*, p. 3.

demeure que l'aspect qualitatif de la jurisprudence constitutionnelle peut inciter à réfléchir sur la nécessité de nommer des constitutionnalistes comme membres de la juridiction constitutionnelle. Certes, dans certains États comme la France pour être juge constitutionnel on n'a pas besoin d'être un spécialiste de la Constitution[1644] parce que les nominations à la juridiction constitutionnelle n'obéissent pas au profil du juriste, il convient tout de même de rappeler que le Conseil constitutionnel français qu'on cite en exemple à loisir a toujours intégré des publicistes comme VEDEL, FAVOREU, COLLIARD, etc.[1645].

À d'autres égards, en 1998[1646], lors d'un séminaire sur la justice, les magistrats sénégalais avaient insisté sur la nécessité de veiller à la formation scientifique des magistrats et à leur spécialisation afin de répondre aux attentes des citoyens. La justice constitutionnelle n'échappe pas à cette suggestion envers les magistrats. En effet, les changements qui affectent l'environnement institutionnel national et international placent les juges de la constitutionnalité en face de nouveaux défis[1647]. Les droits de l'Homme étant au prisme du développement de la science, les juges constitutionnels doivent être suffisamment outillés en connaissances scientifiques et techniques pour mieux assurer leur mission[1648]. À titre d'exemples, n'est-il pas évident que la fécondation *in vitro*, la mort assistée ou euthanasie, sont des méthodes scientifiques qui s'appliquent au droit à la vie constitutionnellement garantie[1649] ? Un juge insuffisamment informé de ces procédés, ne peut les appréhender à l'aune des exigences de l'ordre constitutionnel.

Aussi, même si la spécialisation en droit constitutionnel des juges chargés de la protection de l'ordre constitutionnel ne semble pas être pour certains une exigence stricte pour une justice constitutionnelle efficace, il demeure que la connaissance et la maîtrise du droit

---

[1644] C'est le cas de la France, d'ailleurs le titre de l'ouvrage de D. CHNAPPER, *Une sociologue au Conseil constitutionnel,* Paris, Gallimard, 2010 est suffisamment révélateur.

[1645] « Pr El HADJ MBODJ dénonce la sortie anonyme d'un membre du Conseil constitutionnel », *Le Populaire,* N° 3715 du Jeudi 12 avril 2012, pp. 4-5.

[1646] D. SY, « La condition du juge en Afrique : l'exemple du Sénégal », *op. cit.*, p. 367.

[1647] D. SY, « La condition du juge en Afrique : L'exemple du Sénégal », *op. cit.*, p. 369.

[1648] Dans le même sens voir G. TIMSIT, « Mathématique et droit », *RDP*, 1983, p. 631 ; Les actes du troisième sous-thème intitulé « Le juge de cassation et les nouvelles technologies » du premier Congrès de l'AHJUCAF, *Le juge de cassation à l'aube du 21e siècle,* Marrakech, 17 au 19 mai 2004, pp. 155-193 et le rapport de synthèse dudit sous-thème, pp. 215-222.

[1649] Article 7 de la Constitution du 22 janvier 2001.

constitutionnel participent d'une jurisprudence constitutionnelle plus élaborée. Le caractère transversal des questions que traite l'ordre constitutionnel ne peut justifier l'absence de spécialisation des juges chargés de protéger celui-ci. Le caractère transversal du droit constitutionnel résulte du fait que l'ordre constitutionnel est la source des autres droits au moins sur la sphère nationale. La Constitution est le droit des droits. Toutefois, cette transversalité ne saurait servir de prétexte pour écarter la thèse de la nécessaire spécialisation des juges. Même si les juges constitutionnels ne doivent pas être tous des constitutionnalistes, ces derniers doivent au moins, être majoritaires au sein de la juridiction constitutionnelle. Le droit constitutionnel est un droit vivant qui s'adapte à l'évolution politique, économique et sociale de la société et le juge constitutionnel dans sa fonction de dire le droit doit être à ce rythme. Le juge constitutionnel doit s'imprégner des préceptes constitutionnels en vogue. Afin que cela se produise, il est évident que les juridictions en charge de la protection de l'ordre constitutionnel doivent favoriser le développement de la coopération inter juridictionnelle par le biais des échanges. À cette tâche, un spécialiste serait plus à l'aise. Pour une jurisprudence constitutionnelle répondant aux attentes des acteurs constitutionnels, les juges constitutionnels doivent être en mesure de conceptualiser les exigences de l'ordre constitutionnel, saisir les implications de l'annulation ou la validation d'un acte ou d'un comportement sur les droits et libertés des citoyens et le fonctionnement des institutions. La mise en œuvre des normes constitutionnelles est le plus souvent le fait d'une autorité législative ou administrative, c'est pourquoi le contentieux qui en découle doit naturellement investir le prétoire d'un juge ayant acquis une formation en droit public.

Au demeurant, « l'effet Becket »[1650] qui amène celui qui occupe une fonction à acquérir les attributs ne peut prévaloir pour la juridiction constitutionnelle sénégalaise pour pourfendre la thèse de la nécessité de nommer des constitutionnalistes au Conseil constitutionnel[1651]. De même

---

1650 J. CHEVALIER, « Le juge constitutionnel et l'effet Becket », *Mélanges en l'honneur de Louis Favoreu, Renouveau du droit constitutionnel,* Paris, Dalloz, 2007, p. 83.

1651 L'image renvoie au destin emblématique de Thomas Becket, ami du roi d'Angleterre, Henri II et chancelier du royaume, qui s'opposa de front à la politique religieuse du roi lorsqu'il fut archevêque de Canterbury, allant jusqu'à l'excommunier. Ce qui lui vaudra son assassinat à l'instigation de celui-ci. Le concept a été développé à propos de la justice constitutionnelle par Jacques CHEVALLIER. Selon lui, « l'effet

l'argument de corporatisme professionnel des juges constitutionnels que l'on peut opposer à une telle proposition ne saurait prospérer[1652]. Nommer au Conseil constitutionnel des personnes qui ont acquis une solide culture de droit constitutionnel paraît acceptable. Si comme l'indique le législateur, « la spécialisation n'est pas un simple choix d'opportunité ; elle est devenue un impératif pour la sauvegarde même de l'institution judiciaire »[1653], on peut se poser la question de savoir pourquoi la spécialisation de l'institution n'engendrait pas la spécialisation des personnes chargées de l'animer ? Le législateur organique n'a pas suivi les intentions du constituant à travers l'exposé des motifs de la loi constitutionnelle qui instaure la spécialisation des juridictions[1654]. La spécialisation de l'institution, devenue un impératif pour la sauvegarde de celle-ci doit induire la spécialisation des juges constitutionnels.

D'ailleurs, il y a une tendance des constituants africains à exiger la nomination de juges spécialisés en droit public. Deux États d'Afrique de l'Ouest peuvent être cités en exemple : le Niger et la Guinée. Au Niger, la Cour constitutionnelle de la VIIe République comprend entre autres membres, un enseignant-chercheur titulaire d'un doctorat en droit public, élu par ses pairs. Un représentant des associations de défense des droits humains et de promotion de la démocratie titulaire au moins d'un diplôme de 3e cycle en droit public, élu par ses pairs (Constitution de 2010, article 121). En Guinée, le constituant prévoit que la Cour constitutionnelle comprendra entre autres membres, un enseignant titulaire au moins d'un doctorat en droit public, et ayant au moins une expérience de vingt ans, élu par ses pairs (Constitution 2010, article 100). Dans ces États, l'autorité de nomination doit respecter le profilage des membres établi par le constituant. Il s'agit là d'avancées majeures au

---

Becket » appliqué à la justice constitutionnelle renvoie au processus d'identification des juges constitutionnels à leur institution (Cour ou Conseil constitutionnel) et leur volonté de valoriser celle-ci. Voir J. CHEVALLIER, « Le juge constitutionnel et l'effet Becket », *in Mélanges en l'honneur de Louis Favoreu, Renouveau du droit constitutionnel, op. cit.*, pp. 83-94. Une application jurisprudentielle du concept a été découverte par la doctrine africaine relativement à la décision du Conseil constitutionnel ivoirien N° 019/CC/GS du 06 décembre 2006 invalidant la résolution 1721 du Conseil de Sécurité des Nations unies en date du 1er novembre 2006 pour violation de la Constitution. Voir L. SINDJOUN, *Les grandes décisions de la justice constitutionnelle africaine*, *op. cit.*, p. 306.

1652 J. PASCAL, « Le Conseil constitutionnel », *op. cit.*, p. 82.

1653 Exposé des motifs de la loi constitutionnelle 92-22 du 30 mai 1992 précitée.

1654 Loi constitutionnelle N° 92-22 du 30 mai 1992, *JORS*, N° 5469 du 1er juin 1992, p. 238.

regard des mécanismes de protection de l'ordre constitutionnel, en ce qui concerne le choix des juges constitutionnels. Ces règles constitutionnelles s'imposent au législateur, contrairement au Sénégal où la matière est régie par une loi organique.

Il ne s'agit nullement à travers ces développements de discuter de la compétence technique des juges qui assurent ou qui ont eu à assurer la protection de l'ordre constitutionnel, mais de réfléchir sur les voies et moyens permettant de parfaire le système. Cette réflexion sur les juges constitutionnels a ses prolongements sur le choix du personnel qui les assiste.

Paragraphe II : La dotation d'une véritable administration

La réforme de la juridiction constitutionnelle à des incidences sur son fonctionnement. Ces incidences traduisent un gonflement des tâches des juges. Dans ces conditions, ces derniers ne peuvent s'acquitter convenablement de leurs missions que s'ils sont assistés par un personnel suffisant. Ainsi, la juridiction constitutionnelle devra se doter d'une administration dévouée à la juridiction constitutionnelle (A) à l'animation de laquelle, devront participer des collaborateurs au service de la cause constitutionnelle (B).

A- Une administration dévouée à la juridiction constitutionnelle

La science administrative enseigne que toute institution tend naturellement à développer ses compétences, son personnel, ses moyens et à étendre son influence. Le constat est que la juridiction constitutionnelle sénégalaise déroge à cette loi de par son organisation et son fonctionnement. L'administration de la juridiction constitutionnelle est assurée par le président de l'institution nommé par le Président de la République. Cependant, si la mission principale de l'institution est de trancher des litiges, il demeure que l'institution doit être organisée selon un modèle type, qui relève des lois de la science administrative avec une répartition précise des compétences dévolues à ces animateurs. Dans la loi organique portant réforme du Conseil constitutionnel, le législateur organique instaure un service administratif et financier dirigé par un membre du personnel nommé par ordonnance du président du Conseil[1655].

L'administration du Conseil constitutionnel devrait être assurée par un secrétaire général nommé à cet effet par le Président de la République

---

[1655] Article 13 de la loi organique 2016-23 du 14 juillet 2016, *JORS,* 161e Année, N° 6946 (Numéro spécial) du Vendredi 15 juillet 2016, p. 927.

parmi les fonctionnaires de la hiérarchie A et ayant une expérience avérée dans le domaine administratif. Cette proposition a pour but de séparer ce qui relève de la fonction de juger et de la fonction d'administrer.

B- Des collaborateurs au service de la cause constitutionnelle

La loi organique qui régit le fonctionnement du Conseil constitutionnel prévoit que le Conseil peut s'adjoindre de quatre assistants choisis en tant que de besoin parmi les magistrats des cours et tribunaux. Cependant, au regard des réformes envisagées et les fonctions assumées par la juridiction constitutionnelle, il semble que le nombre de collaborateurs des juges constitutionnels est insuffisant. Certes, cette restriction des collaborateurs facilite la concertation, l'information du personnel et la gestion des relations internes, mais il demeure que l'effet de « grande famille »[1656] recherchée semble prendre le pas sur les exigences de l'efficacité. L'absence d'un véritable « service juridique » contraste avec la recherche d'une information complète dans un temps trop limité. Le recrutement d'assistants de justice et de juges référendaires stables peut alléger le travail des juges constitutionnels.

Il reste à déterminer en quoi consisterait le travail de ces collaborateurs de justice constitutionnelle. Les juges référendaires placés auprès des juges constitutionnels pratiqueraient des échanges informels avec ces derniers avant leurs délibérés. Les assistants et les référendaires ne pourraient en aucun cas participer aux délibérations de la juridiction constitutionnelle. Avec les référendaires et les assistants de justice constitutionnelle, il s'agira d'instituer les formations internes au sein de la juridiction constitutionnelle, sortes de chambres des requêtes chargées de juger du bien-fondé des contestations et des moyens sérieux des requêtes. Ils statueraient dans de brefs délais. Ces formations joueraient en définitive le rôle de filtre des actions en inconstitutionnalité.

D'ailleurs les pays qui ont autorisé le recours individuel devant le juge constitutionnel en matière de droits fondamentaux tels l'Allemagne et l'Espagne en vue de désengorger la juridiction constitutionnelle ont institué un mécanisme de filtrage par le biais d'une formation spéciale. En Allemagne, la procédure de filtrage appelée « admission » est dévolue à une section de la juridiction constitutionnelle composée

---

[1656] L'expression est empruntée à J. ROBERT, *Le Conseil constitutionnel raconté par l'un de ses membres*, Paris, Plon, 2000, p. 88.

de trois juges. En Espagne c'est l'une des chambres du Tribunal constitutionnel qui opère le filtrage[1657].

Après l'examen des possibilités de réorganisation du personnel de la justice constitutionnelle, il conviendra de scruter les procédés permettant de renforcer les mécanismes de contrôle de constitutionnalité.

Section II : Le renforcement des mécanismes de contrôle de constitutionnalité

La protection juridictionnelle de l'ordre constitutionnel, ne peut connaître un véritable essor que s'il y a un renforcement des mécanismes de contrôle de constitutionnalité. Les prorogatives du juge de la constitutionnalité et les voies de recours mises à la disposition des justiciables déterminent largement l'effectivité de la protection de l'ordre constitutionnel par les juges. Au Sénégal, il se révèle que les juges ne disposent pas de moyens suffisants pour assurer efficacement la mission dévolue à eux. De même, l'aménagement de la saisine des juges ne favorise pas une contestation de la constitutionnalité des actes juridiques inconstitutionnels. Ainsi, dans le contexte sénégalais de contrôle de constitutionnalité deux champs restent en friche. D'une part, le renforcement des pouvoirs du juge (Paragraphe I) et d'autre part, la réorganisation de la saisine du juge constitutionnel (Paragraphe II).

Paragraphe I : Le renforcement des pouvoirs du juge

Dans l'attribution des compétences Conseil constitutionnel, il fait preuve de prudence. Le juge sénégalais de la constitutionnalité ne dispose pas de moyens lui permettant d'assurer l'exécution des décisions (A) de plus, il ne dispose pas d'un pouvoir d'auto-saisine (B), d'où la nécessité de penser à ses avatars en vue de les éliminer.

A- L'octroi de moyens d'exécution des décisions de justice

À l'état actuel du droit sénégalais, les juges en charge de la protection de l'ordre constitutionnel, ne disposent pas de moyens juridiques leur permettant d'assurer l'exécution de leurs décisions. L'obligation posée par l'article 92 de la Constitution du 22 janvier 2001 n'est assortie d'aucune technique particulière permettant d'en garantir l'application. En effet, si l'obligation existe elle est dépourvue de sanction permettant de garantir l'application[1658]. L'exécution des

[1657] A. DITTMANN, « Le recours individuel en droit allemand », *Les Cahiers du Conseil constitutionnel*, N° 10, mai 2001, p. 6-10.
[1658] A. DERRIEN, « Dialogue et compétition des Cours suprêmes », *op. cit*, p. 146.

décisions du juge constitutionnel est laissée à la libre appréciation de ses destinataires[1659]. Cette « impuissance à contraindre »[1660] même la Cour suprême des États-Unis précurseur du contrôle de constitutionnalité en a fait plusieurs fois l'expérience[1661]. Aujourd'hui, la stratégie qui fut déployée par le juge Marshall[1662] a fait son temps ou est du moins non opérationnelle dans le contexte sénégalais. Deux procédures permettraient aux juges constitutionnels d'assurer l'exécution de leurs décisions. Il s'agit de l'injonction (I) et de l'astreinte (II).

I- L'octroi d'un pouvoir d'injonction

La portée pratique des décisions du juge constitutionnel est relative car étant laissée à la seule appréciation des pouvoirs publics. Ainsi, dans le contexte sénégalais, la constitutionnalisation des droits fondamentaux souvent considérée comme un progrès de l'État de droit mérite d'être nuancée. Cette situation suscite d'ailleurs un débat doctrinal[1663] qui atteste l'intérêt qu'il y a à accorder un pouvoir d'injonction au juge constitutionnel pour une meilleure protection des droits et libertés fondamentaux.

L'injonction, c'est l'action d'enjoindre, d'ordonner expressément, un ordre exprès. Au sens courant, il s'agit d'un ordre exprès assorti de délai qui contraint à son destinataire de s'exécuter dans ce délai. Au

[1659] Avec une atténuation près du fait des réserves d'interprétation qui sont des motifs qui viennent au soutien nécessaire de la décision. Elles ont une force de la décision. Elles orientent les autorités juridictionnelles et administratives quant à l'application de la décision du Conseil constitutionnel, surtout si la loi contrôlée doit faire l'objet d'un décret pris en Conseil d'État.

[1660] F. TOINET, « Puissance et faiblesse de la Cour suprême », *Pouvoirs,* N° 59, 1991, pp. 17-30, p. 20.

[1661] Nous pouvons citer le propos du juge Marshall dans l'affaire *Marbury* rapporté par E. ZOLLER : « Le rôle de la Cour suprême est uniquement de se prononcer sur les droits des individus, et non de s'enquérir de la manière dont l'exécutif ou les fonctionnaires exercent les fonctions à l'égard desquelles ils ont un pouvoir discrétionnaire », E. ZOLLER, « Splendeurs et misères du constitutionnalisme. Les enseignements de l'expérience américaine », *op. cit.*, p 162.

[1662] J. P. DAWSON, « Les fonctions du juge », *in Loi et Liberté. Propos sur le droit américain*, Paris, Nouveaux horizons, 1965, pp. 20-29.

[1663] L. FAVOREU, « La constitutionnalisation du droit », *Mélanges Roland Drago*, Paris, Economica, 1996, pp. 38-39 ; N. MOLFESSI, « L'irrigation du droit par le Conseil constitutionnel », *op. cit.*, p. 89 ; G. DRAGO, *Contentieux constitutionnel français*, *op. cit.*, p. 68 ; M. NICAISSE, « Note sur la Cour constitutionnelle du Bénin : DCC 02-058 du 04 juin 2002 », *Afrilex,* décembre 2004, p. 336.

sens juridique, c'est une obligation donnée à une autorité par une autre en vertu de la loi d'agir dans un sens déterminé[1664].

Toutefois, la mesure en soi peut avoir une valeur impérative ou exprimer simplement un souhait. Cependant, prise dans le cadre de la protection juridictionnelle de l'ordre constitutionnel, l'injonction ne peut avoir qu'une valeur impérative. Elle ne saurait exprimer un souhait. En effet, il est bien évident que la décision de justice constitutionnelle, quel qu'en soit le sens qu'elle exprime, n'a de valeur que si elle est suivie d'une exécution. Et la décision du juge en elle-même exprime de façon implicite un souhait d'être exécutée par ceux à qui elle s'adresse. Les dispositions constitutionnelles et législatives qui institueraient donc le pouvoir d'injonction du juge constitutionnel devront considérer que les délais d'action des destinataires des décisions du juge constitutionnel sont impératifs.

En France le pouvoir d'injonction a été octroyé au juge en 1995 par la loi du 8 février 1995. Cette loi a rendu les juges administratifs, juges de l'exécution de leurs propres décisions[1665]. S'agissant du Conseil constitutionnel, le procédé s'est développé avec la pratique jurisprudentielle. Le Conseil constitutionnel français à l'occasion de l'examen de la loi de finances pour l'année 2003 a adressé une injonction au gouvernement. En effet, la mise en garde du juge confine bien à une injonction. Le juge estime que *« si au cours de l'exercice 2003, les grandes lignes de l'équilibre budgétaire de la loi de finances s'écartent sensiblement des prévisions il appartient au gouvernement de soumettre au parlement un projet de loi rectificative »*[1666].

L'avantage du pouvoir d'injonction du juge constitutionnel, est qu'il permet une harmonisation de la jurisprudence constitutionnelle, et de surcroît un moyen d'élaguer les conflits des juges. Au Sénégal, la controverse ayant opposée le Conseil constitutionnel et la défunte Cour de cassation à propos des conditions de mise en œuvre de l'exception d'inconstitutionnalité et la réponse servie par l'ancienne Cour suprême

---

[1664] Sur l'ensemble de ces définitions voir J. P. CAMBY, « Injonction et Constitution », *RDP,* N° 3, p. 639.

[1665] R. GRANON, « L'effectivité de la protection : réflexion sur l'évolution jurisprudentielle » *in Le juge administratif et les libertés publiques. Cinquantenaire des tribunaux administratifs, RFDA,* novembre-décembre 2003, p. 1108.

[1666] P. AVRIL et J. GICQUEL, « Chronique constitutionnelle française (1er octobre-31 décembre 2002) », *Pouvoirs,* N° 105, 2003, p. 202.

aux requérants dans *l'affaire PDS* rendue le 21 février 1978[1667] démontrent à suffisance la nécessité d'accorder au juge constitutionnel sénégalais un pouvoir d'injonction en matière de contrôle de constitutionnalité. Dans cette dernière affaire, la Cour décide qu'en tant que juge de l'excès de pouvoir, sa compétence se limite à apprécier la légalité des décisions administratives qui lui sont déférées, et qu'il lui est interdit d'adresser des injonctions à l'administration. Ainsi, comme le fait remarquer le Professeur J. M. NZOUANKEU[1668], mis à part les pouvoirs inquisitoriaux du juge de l'excès de pouvoir, en ce qui concerne la preuve des faits ou des motifs allégués par l'administration[1669], il est jurisprudence constante que le juge de l'excès de pouvoir ne peut adresser des injonctions à l'administration.

Certes, en matière électorale, ce pouvoir d'injonction existe[1670] et le Conseil constitutionnel lors de la campagne électorale pour les législative de 2001, en a fait usage dans sa décision relative à *l'effigie du Président WADE*, mais il demeure que, faut-il le rappeler, l'utilisation de ce procédé a buté dans les premiers moments sur la volonté du Président de la République. Cependant, la Cour d'Appel de Dakar, dans son arrêt relatif à l'effigie du Président Macky SALL lors

---

[1667] Voir J. M. NZOUANKEU, *Les grandes décisions de la jurisprudence administrative sénégalaise, op. cit.,* p. 158.

[1668] J. M. NZOUANKEU, *Les grandes décisions de la jurisprudence administrative sénégalaise, op. cit.,* p. 170.

[1669] Lors de la phase d'instruction du procès administratif, le juge de l'administration dispose d'un pouvoir d'injonction pour l'établissement de la preuve, c'est ce qu'on appelle l'injonction instructive. En effet, il appartient au juge d'exiger de l'administration compétente la production de tous les documents susceptibles d'établir sa conviction et de permettre la vérification des allégations du requérant. Voir M. NGAIDE, « Le Conseil d'État du Sénégal et le principe d'égal accès à un service public… », *op. cit.,* p. 214 ; C. DEBBASCH, « La charge de la preuve devant le Conseil d'État », *D.,* 1983, Chr, p. 45. En jurisprudence nous pouvons citer l'arrêt de l'ancienne Cour suprême Amadou Alpha Kane du 27 mars 1963, *Annales africaines,* 1973, p. 277 ; CS, 26 avril 1984, Les grands moulins de Dakar, note A. M. SAMB, *Revue des Institutions politiques et administratives du Sénégal,* N° 10, pp. 587-590. Dans cette dernière décision, le juge s'est fondé sur le refus du ministre de répondre à la lettre de la Cour suprême lui demandant de lui communiquer les documents susceptibles d'éclairer sa conviction, pour rendre sa décision.

[1670] Ce pouvoir d'injonction du juge en matière électorale est aménagé depuis 1981 par la loi organique relative à l'élection du Président de la République et des députés à l'Assemblée nationale en application des article 27, 29 et 49 de la Constitution de 1963. Voir J. M. NZOUANKEU, « La consolidation et le renforcement de la démocratie au Sénégal. La révision constitutionnelle de 1981 et le multipartisme illimité », *op. cit.,* p. 353.

des législatives de 2012, a usé des prérogatives conférées à elle, par la loi en matière de contrôle de la régularité de la campagne électorale[1671]. Le juge a adressé à la coalition « *Benno book yakaar* » une injonction dans le sens de faire cesser l'utilisation de la photo du Président SALL en vue d'une campagne électorale pour une élection dont il n'est pas candidat. D'ailleurs, c'est à la suite de l'arrêt de la Cour, que les concernés ont fait cesser l'inconstitutionnalité du comportement du Président de la République. Ainsi, par ce procédé, le juge constitutionnel indique à l'autorité qui doit exécuter sa décision le sens dans lequel il doit agir. La nécessité d'accorder un pouvoir d'injonction au juge constitutionnel africain de façon générale et sénégalais en particulier est partagée par Abdoulaye DIARRA. L'auteur à propos des pouvoirs des juges constitutionnels écrit : « il n'est pas excessif dans le cas précis de la justice constitutionnelle dans les États d'Afrique noire de proposer des pouvoirs d'injonction vis-à-vis de l'administration lorsqu'un droit ou une liberté est en cause »[1672].

En définitive la réforme de la législation constitutionnelle et organique qui régit le fonctionnement de la juridictionnelle constitutionnelle sénégalaise dans le sens d'accorder au juge un pouvoir d'injonction ne pourrait être qu'approuvée. Il demeure que dans la pratique, l'exercice du pouvoir d'injonction, si elle n'est pas modérée, peut déboucher sur un système de « gouvernement des juges ». La thèse de gouvernement des juges est cependant asymétrique aux tentatives de paralysie institutionnelle et de gel du fonctionnement des institutions qui tentent souvent les hommes politiques investis d'un mandat public par les citoyens. L'exemple béninois est assez révélateur. En effet, à plusieurs reprises, le juge constitutionnel béninois a dû user de son pouvoir d'injonction pour procéder à un dégel d'une situation de blocage institutionnel[1673].

[1671] Articles : L.O 125 al.6, L. 51 al.4, L. 284 al.4, L. 314 al.4 du nouveau Code électoral. Voir E. H. MBODJ, « La démocratie multi partisane sénégalaise à la lumière du nouveau code électoral », *op. cit.*, p. 75.

[1672] A. DIARRA, « La protection constitutionnelle des droits et libertés en Afrique noire francophone depuis 1990. Le cas du Mali et du Bénin. », *op. cit.*, pp. 29-30.

[1673] Dans la décision DCC 03-078 du 12 mai 2003, par une saisine de Madame Rosine SOGLO, la doyenne d'âge de l'Assemblée nationale, suites aux blocages de l'élection du bureau de l'institution la Cour a ordonné que la *« la doyenne d'âge doit convoquer l'A.N dès la date de la présente décision et poursuivre sans discontinuité au cours de la même séance l'élection des autres membres du bureau. En cas de résistance, il sera procédé immédiatement à son remplacement par le doyen d'âge suivant et ainsi de suite jusqu'à l'aboutissement du processus électoral. Tout le processus doit se*

Mais en réalité, ce pouvoir d'injonction du juge constitutionnel serait dépourvu d'effets s'il n'est pas accompagné d'un pouvoir d'astreindre.

I- L'octroi du pouvoir d'astreinte

L'astreinte est un moyen de contrainte par lequel le juge prononce une condamnation pécuniaire, accessoire et éventuelle, applicable en cas de non-exécution de la chose jugée par la partie perdante, dont le montant progresse en fonction du retard mis à exécuter la décision juridictionnelle. Il s'agit donc d'un moyen de pression destiné à favoriser cette exécution[1674]. Cette faculté reconnue au juge est souvent concomitante à la reconnaissance du pouvoir d'injonction afin de contribuer efficacement à l'exécution de la chose jugée. Comme l'injonction, l'astreinte peut être prononcée *ex ante*, c'est-à-dire avant même que l'administration ne commence à exécuter la chose jugée, par la décision juridictionnelle qui se prononce au fond sur les prétentions des parties ; elle peut aussi être prononcée *ex post*, après que cette décision juridictionnelle est intervenue et alors que l'administration n'en a pas procédé à l'exécution complète dans les délais qui lui étaient le cas échéant imparti[1675]. Son domaine de prédilection est le plein

---

dérouler dans les 48 h, date de la présente décision. Le bureau de l'Assemblée nationale devra être installé au plus tard le Mercredi 14 mai 2003 à minuit ». Cette position fut reprise par la Cour dans sa décision DCC 04-065 du 26 juillet 2004, lorsque 8 membres du Conseil économique et social refusèrent délibérément de prendre part à l'élection du bureau de l'institution. La décision DCC 08-072 du 25 juillet 2008 illustre également la mise en œuvre du pouvoir d'injonction du juge constitutionnel béninois. Saisie aux fins de déclarer inconstitutionnelle la décision de l'Assemblée nationale de reporter l'examen de trois lois portant ratification de trois accords de prêt dans le cadre de lutte contre l'érosion côtière, la Cour a dit et jugé que l'Assemblée nationale dont l'une des missions principales est de voter les lois s'est abstenue d'autoriser la ratification des accords devant permettre de lutter contre l'érosion côtière, et que de ce fait, a violé l'article 35 de la Constitution aux termes duquel : « *Les citoyens chargés d'une fonction publique ou élus à une fonction politique ont le devoir de l'accomplir avec conscience, compétence, probité, dévouement et loyauté, dans l'intérêt et le respect du bien commun ».* Ces décisions montrent que le juge constitutionnel béninois procède à des incursions dans le domaine politique, si besoin en est, afin de faire respecter les prescriptions de l'ordre constitutionnel béninois, voir, R. S. M. DOSSOU, « L'influence de la jurisprudence de la Cour constitutionnelle du Bénin sur le constitutionnalisme et les droits de l'Homme », *Conférence mondiale sur la justice constitutionnelle*, Cap Town, 23-24 janvier 2009, pp. 7 et s.

1674 TR de Dakar, 19 novembre 1984, La Sonacos c/Commune de Dakar, inédit.

1675 J.C. BONICHOT et autres, *Les grands arrêts du contentieux administratif*, 3e édition, Dalloz, 2011, p. 1283

contentieux. En effet, dans cette matière, il est de jurisprudence constante que la condamnation d'une personne morale de droit public à verser une indemnité au requérant doit être suivie d'un versement effectif[1676]. Cependant, la mise en œuvre de ce pouvoir peut s'avérer délicate dans le cadre du contentieux constitutionnel dans la mesure où le contentieux constitutionnel est un contentieux objectif par nature, il n'implique pas les droits subjectifs des particuliers, mais nous l'avons déjà souligné un contentieux de norme à norme. En plus, le contrôle de constitutionnalité met en face du juge constitutionnel, la puissance publique dans sa branche exécutive ou législative. En effet, la puissance publique bénéficiant de l'immunité d'exécution, on ne peut dès lors la contraindre de d'exécuter une obligation financière. Dans une affaire relative à une expropriation pour cause d'utilité publique, le Conseil constitutionnel indique aux requérants qu'il ne lui appartient pas de déterminer à la place du juge de droit commun le quantum de l'indemnité en cas de litige sur la valeur des biens[1677]. De même, les voies d'exécution forcée ne peuvent être mobilisées contre la puissance publique[1678]. Ces considérations peuvent rendre les esprits dubitatifs sur l'opérationnalité de ce procédé par rapport au contentieux constitutionnel classique, mais il est envisageable pour le contentieux des libertés du ressort de la juridiction constitutionnelle, comme c'est le cas au Bénin. Les suites qui résultent de l'inconstitutionnalité d'un acte juridique sont complexes dans le système béninois en cas de dommages subis par le plaignant[1679]. Dans la pratique, la mise en œuvre du droit à la réparation pour les dommages causés par l'acte juridique inconstitutionnel, est très lourde du point de vue procédural. En effet, même si le juge constitutionnel béninois, a ouvert le droit à réparation[1680] en cas de dommage résultant de la violation d'un droit ou d'une liberté publique

---

[1676] CA Lyon, 5 avril 2005, Faure, *AJDA*, 2005, p. 1416.

[1677] Cons. const., 3 juin 1996, Moussa Ouattara et autres, *in* I. M. FALL (dir.), *Les décisions et avis du Conseil constitutionnel du Sénégal. Rassemblés et commentés, op. cit*, p. 145.

[1678] J. M. BRETON, « Légalité et État de droit : statut et perception du juge de l'administration (Contribution à une réflexion transversale) », *op. cit*, p. 73.

[1679] G. BADET, *Les attributions originales de la Cour constitutionnelle du Bénin*, Friedrich Ebert Stiftung, 2013, p. 235.

[1680] G. AÏVO, « Les recours individuels devant le juge constitutionnel béninois », *Mélanges en l'honneur de Maurice AHANHANZO-GLELE, La Constitution béninoise du 11 décembre 1990 : un modèle pour l'Afrique ?,* Paris, L'Harmattan, 2014, p. 586.

inscrit dans la Constitution, il ne peut fixer le quantum de la réparation[1681]. Il oblige ainsi le requérant à se tourner vers le juge judiciaire pour la fixation du montant de la réparation[1682]. Les justiciables victimes de la violation de leurs droits et libertés fondamentaux, forts des décisions favorables du juge constitutionnel, sont obligés de saisir le juge de l'administration pour solliciter de lui qu'il en tire les conséquences en condamnant l'administration à réparer les préjudices causés à eux assortis au besoin de dommages et intérêts[1683]. Le modèle béninois comporte l'inconvénient de réduire la sanction du juge constitutionnel à une condamnation morale aux effets béats sans le concours du juge de droit commun. En France, depuis 1980, le juge administratif dispose d'un pouvoir d'astreinte en l'encontre de l'autorité administrative. Le procédé permet au juge administratif d'être juge de l'exécution ses propres décisions[1684].

Des prémices dans la possibilité de mise en œuvre de ce mécanisme juridique peuvent être découvertes à travers la consécration par l'ordre constitutionnel du « droit à réparation consécutif aux violations des droits de l'homme »[1685]. Le droit à une réparation des préjudices résultant des violations des droits et libertés imputables à la puissance publique devrait être consacré pour une plus grande protection des droits de l'homme[1686]. Au demeurant, dans la jurisprudence sénégalaise, la responsabilité du fait d'un acte juridique inconstitutionnel[1687] est très limitée dans son application, et s'analyse en une responsabilité pour faute[1688] de l'administration à cause de l'inconstitutionnalité.

Toutefois, le constituant et le législateur organique sénégalais pourraient tirer profit des enseignements des expériences béninoises et

---

[1681] C. KEUTCHA TCHAPNGA, « Le juge constitutionnel, juge administratif au Bénin et au Gabon ? », *RFDC*, 2008/3, N°75, p. 579.

[1682] R. S. M. DOSSOU, « La Cour constitutionnelle du Bénin : l'influence de sa jurisprudence sur le constitutionnalisme et les droits de l'Homme », *op. cit.,* p. 12.

[1683] G. ALAYE, « Le juge administratif béninois et la liberté », *in La Cour suprême de la République du Bénin, Bulletin de droit d'information,* N°5, 1998, p. 10.

[1684] P. TERNEYRE et D. DE BACHELLON, « Le Conseil d'État. Enfin juge ! » *Pouvoirs*, 2007, pp. 68-69.

[1685] J. H. GNONLONFOUN, *Rapport sur l'étude de la Constitution, op. cit.,* p. 38.

[1686] Le juge judiciaire est le juge traditionnel des litiges consécutifs à la violation des droits de l'Homme qui opposent un particulier à un autre. Voir l'article 66 de la Constitution française du 8 octobre 1958 modifiée et l'article 91 de la Constitution sénégalaise du 22 janvier 2001.

[1687] CS, 1er juin 185 Babacar SECK, non publié.

[1688] Voir D. SY, *Droit administratif, op. cit.*, p. 370.

françaises en la matière en attribuant au juge constitutionnel le pouvoir le fixer le montant de la réparation assortie le cas échant d'une astreinte en cas de préjudices résultant des violations des droits et libertés imputables à la puissance publique. Le modèle intègrerait ainsi le principe de l'efficacité et de la célérité. Seulement, la réussite de cette proposition dépendra du sens, de la modération et de la sensibilité des autorités publiques en matière de protection des droits de l'Homme.

Ces nouveaux pouvoirs du juge constitutionnel devront être complétés par l'octroi d'un pouvoir d'auto-saisine permettant au juge constitutionnel d'être un procureur de l'ordre constitutionnel.

A- La reconnaissance d'un pouvoir d'auto-saisine au juge constitutionnel

L'influence du facteur politique sur la saisine du juge constitutionnel a détourné la juridiction constitutionnelle de son rôle de véritable contre-pouvoir[1689]. La concordance des majorités présidentielle et parlementaire et la faible représentation parlementaire de l'opposition transforment la juridiction constitutionnelle en spectateur et non en acteur de la vie institutionnelle. Dans cette perspective, l'octroi du pouvoir d'auto-saisine au juge constitutionnel pourrait être indiqué. Certaines Constitutions ont reconnu un tel pouvoir à la juridiction constitutionnelle. L'exemple béninois est illustratif. Le constituant béninois reconnaît au juge constitutionnel un pouvoir d'auto-saisine en matière de garantie des droits de l'Homme contre les lois liberticides. Ce qui rend efficace son office. En effet, la Cour constitutionnelle peut se prononcer « d'office sur la constitutionnalité des lois et de tout acte réglementaire censés porter atteinte aux droits fondamentaux de la personne humaine et aux libertés publiques… »[1690]. Dans ce même ordre d'idées, et dans une perspective plus large, dépassant le strict domaine des libertés fondamentales, l'article 157 al. 3 de la Constitution du Burkina Faso octroie un pouvoir d'auto-saisine au Conseil constitutionnel, pour toutes les matières ressortissantes à sa compétence[1691].

[1689] L. HAMON, *Les juges de la loi. Naissance d'un contre-pouvoir : le Conseil constitutionnel,* Paris, Fayard 1987, 300 p.

[1690] Article 121 al 2 de la Constitution béninoise du 11 décembre 1990. Voir dans ce sens H. AKEREKORO, « L'évolution constitutionnelle et législative des juridictions béninoises », *in Droit et Lois,* Trimestre d'informations juridiques et judiciaires, N° 028, 2012, p. 47.

[1691] Ce pouvoir conféré au Conseil constitutionnel résulte de la loi constitutionnelle N° 033-2012/AN du 11 juin 2012 qui permet au Conseil de se saisir de toutes

Ainsi, le juge constitutionnel participe-t-il activement à la protection des droits fondamentaux[1692], rôle jadis dévolu en principe au juge de droit commun.

L'octroi d'un pouvoir d'auto-saisine à la juridiction constitutionnelle permet de faire sauter les verrous du contrôle de constitutionnalité. Jean du Bois de GAUDUSSON écrit à juste raison à propos de l'octroi du pouvoir d'auto-saisine du juge constitutionnel que les textes « ont fait sauter les verrous qui permettaient à des gouvernants autoritaires d'exercer légalement leur pouvoir »[1693]. Cette remarque se rapproche de celle de René-Degni SEGUI[1694] dans son analyse comparative des juridictions constitutionnelles. Il met en exergue la particularité du pouvoir de la juridiction constitutionnelle béninoise notamment son pouvoir d'auto-saisine. Quant à A. DIARRA[1695] il y voit « une conception nouvelle de l'organisation et du fonctionnement des juridictions constitutionnelles », mais aussi « une rupture avec le mimétisme des États francophones. Il demeure, cependant, que le pouvoir du juge doit être encadré afin d'éviter des dérives. Ce pouvoir ne pourrait être mobilisé que pour protéger les droits de la personne humaine, après le constat d'une inertie des pouvoirs publics détenteurs du pouvoir de saisir le juge.

Pourtant, Au Sénégal, il existe des normes qui pourraient servir de fondement au pouvoir d'auto-saisine du juge constitutionnel. À l'évidence, en matière électorale, le constituant fait obligation aux cours

---

questions relevant de la compétence s'il le juge nécessaire. Voir *JORBF* spécial (N° 7) du 25 juillet 2012, p. 12.

1692 Le concept « droits fondamentaux » est une notion dont la définition est sujette à une controverse doctrinale. Néanmoins, on y retrouve l'idée selon laquelle certaines libertés ont un caractère essentiel et demeurent la raison d'être de la vie en société. Ce sont des libertés inéluctables à la conception occidentale de l'individu. Ils sont le socle de l'organisation de la société. Ils sont protégés contre l'exécutif et le législatif en vertu des textes internationaux ou constitutionnels par le juge constitutionnel, de l'administration ou international. Voir F. MBODJ, « Réflexion sur la dénaturation de la liberté de manifestation en droit africain », *op. cit.*, p 273 ; Voir T. HOLO, « Emergence de la justice constitutionnelle », *op. cit.*, pp. 101-114.

1693 J. du Bois de GAUDUSSON, « Trente ans d'institutions constitutionnelles et politiques. Point de repères et d'interrogations », *in Trente ans, Afrique contemporaine,* N° spécial, 4e trimestre, 1992, pp. 50-58, p. 57.

1694 R. DEGNI SEGUI, *Les droits en Afrique francophone (Théories et réalités),* Abidjan, 1998, p. 77.

1695 A. DIARRA, « La protection constitutionnelle des droits et libertés en Afrique noire francophone depuis 1990. Le cas du Mali et du Bénin », *op. cit.*, p. 22.

et tribunaux de veiller à la régularité de la campagne électorale[1696]. Il en est même en ce qui concerne la régularité du scrutin[1697]. Le juge sénégalais trouve là un pan supplémentaire lui permettant d'exercer d'office sa compétence, d'autant plus que les opérations électorales peuvent former un tout et rattachables les uns des autres. Le Professeur Loïc PHILIP soutient d'ailleurs cette thèse de l'auto-saisine et l'estime indispensable « ... étant donné les limites dans lesquelles se trouve enfermé le droit de contestation des électeurs »[1698].

Paragraphe II : La réorganisation de la saisine du juge constitutionnel

Le système de saisine du juge constitutionnel sénégalais ne favorise pas l'émergence d'une justice constitutionnelle. La saisine par voie d'action, laissée dans une large mesure à la discrétion des autorités politiques, présente un aléa si l'opposition ne peut pas réunir le nombre de députés pouvant saisir le Conseil constitutionnel. Certes, la voie d'exception permet le contrôle *a posteriori* de la loi inconstitutionnelle non déférée au juge avant sa promulgation, mais cette voie de recours pourrait être repensée. En plus des problèmes liés à la saisine, l'inscription des droits et libertés dans la Constitution devrait être accompagnée de recours adéquats. Ainsi, faut-il ouvrir davantage la saisine du juge (A) et aménager des procédures d'urgence en matière de droits et libertés constitutionnels (B).

A- La révision de la saisine du juge

La saisine du juge constitutionnel sénégalais, faut-il le rappeler, est organisée selon un modèle combinant contrôle par voie d'action et contrôle par voie d'exception. Seulement, il demeure que chacune de ces modalités de saisine du juge est à perfectionner. Il convient donc de repenser aussi bien le contrôle par voie d'action (I) que le contrôle par voie d'exception (B).

I- L'ouverture du contrôle par voie d'action

L'ouverture du contrôle par voie d'action ne saurait être source d'anarchie ni de blocage du fonctionnement de la justice constitutionnelle. L'ouverture souhaitée s'inscrira dans un recadrage des conditions

---

[1696] Article 32 de la Constitution du 22 janvier 2001.

[1697] Article 35 de la Constitution du 22 janvier 2001.

[1698] L. PHILIP, « Les attributions et rôle du Conseil constitutionnel en matière d'élections et de référendums », *R.D.P,* N°1, 1962, p. 55.

de saisine du juge constitutionnel sénégalais afin de pallier la non-saisine du juge par une majorité gouvernante face à une opposition inexistante ou réduite à la portion congrue[1699]. En effet, au Sénégal, la saisine du juge constitutionnel par voie d'action, hormis les cas dans lesquels elle est obligatoire, répond à des préoccupations politiques[1700]. Elle est déployée comme une arme visant à gêner l'adversaire politique. Dès lors le contrôle de constitutionnalité par voie d'action revêt un caractère stratégique[1701]. Dans ces conditions, il devient illusoire. La protection juridictionnelle des droits et libertés constitutionnels des citoyens est hypothétique, si elle n'est pas hypothéquée.

L'ouverture de la saisine par voie d'action du Conseil constitutionnel devient primordiale dans le contexte sénégalais. Toutefois, l'option que nous préconisons n'est pas une ouverture de ce procédé de contrôle à l'ensemble des citoyens. Mais nous proposons à côté des autorités politiques, une possibilité de saisine du juge constitutionnel par voie d'action par les autorités politiques locales, les associations de défense des droits de l'Homme, les organisations non gouvernementales, les mouvements citoyens, les organismes professionnels tels les syndicats, les ordres professionnels[1702]. En effet, la complexité de la gouvernance de nos sociétés modernes peut induire à la prise en compte des revendications d'autres groupuscules imbus d'une certaine légitimité, et qui agissent en marge du cadre étatique[1703]. Cependant, ces organismes ne pourront intervenir que si les droits de l'Homme constitutionnellement protégés sont en cause. La reconnaissance de la saisine par voie d'action à ces organismes au nom des droits fondamentaux ne conduit pas

---

1699 Des mécanismes de correction doivent ainsi être apportés au système électoral afin de favoriser un parlement dont la composition serait hétéroclite par l'adoption d'un mode d'élection des députés qui s'effectue à la proportionnelle intégrale au niveau des circonscriptions électorales. C'est à cette seule condition qu'on peut espérer le développement du contrôle de constitutionnalité. Là aussi, la comparaison est utile avec certains États, comme le Bénin, qui s'inscrivent dans cette lancée et qui ont un connu un développement quantitatif de la jurisprudence constitutionnelle.

1700 B. FRANCOIS, « La place du Conseil constitutionnel dans le système politique », *in Le Conseil constitutionnel a 40 ans*, Paris, LGDJ, 1999, p. 135.

1701 B. FRANCOIS, « La perception du Conseil constitutionnel par la classe politique, les médias et l'opinion », *op.cit*, p. 135.

1702 Dans ce sens voir F. D. MELEDJE, *Les grands arrêts de la jurisprudence constitutionnelle ivoirienne, op. cit.*, p. 486.

1703 Pour une position militante en doctrine en vue de l'ouverture du prétoire du juge au sens large du terme de à ces organisations, voir A. SALL, *L'affaire Habré. Aspects judiciaires nationaux et internationaux*, *op. cit.*, pp. 49 et s.

nécessairement à « l'embouteillage » judiciaire et à l'inflation jurisprudentielle. En tout cas, même dans les systèmes où ce contrôle est ouvert aux citoyens, « la boulimie contentieuse »[1704] tant annoncée ne s'est pas produite, ou est du moins, prise en charge par d'autres procédés le cas échéant.

Au Sénégal, la prudence et la rationalité dans l'organisation de la protection juridictionnelle de l'ordre constitutionnel commande cette attitude restrictive envers les citoyens d'autant qu'ils disposent d'une voie de recours *a posteriori*. L'exécution de la politique de la Nation par le biais de la loi ne doit pas buter sur la volonté de citoyens qui saisissent le juge constitutionnel pour le simple plaisir de débattre avec lui d'une question de constitutionnalité. Le juge constitutionnel ne saurait être un label d'expression des mécontentements des citoyens, il faut que les contestations de la constitutionnalité des actes juridiques soient portées à l'office du juge par les individus suffisamment imprégnés de la chose constitutionnelle et y ayant intérêt, un minimum d'intérêt à agir devra être requis de ces organismes cités.

II- La réorganisation du contrôle par voie d'exception

Dans le système de contrôle de constitutionnalité sénégalais, la révision du contrôle de constitutionnalité par voie d'exception pose d'abord un problème de terminologie, et ensuite un problème de fond. Nous l'avons déjà indiqué l'expression « exception d'inconstitutionnalité »[1705] est employé dans les systèmes où le juge de l'action est juge de la constitutionnalité de la loi querellée. Ce qui n'est pas le cas du Sénégal, les juges ordinaires ne peuvent connaître de la constitutionnalité d'une loi. Ce principe est confirmé par le Conseil constitutionnel dans la décision relative à *l'affaire Karim Meïssa WADE* qui précise : *« considérant cependant que l'appréciation de la conformité de la loi à la Constitution échappe totalement à l'emprise de la Cour suprême; qu' en effet, cette mission est expressément et exclusivement dévolue au Conseil constitutionnel conformément à l'article 92 de la Constitution qui dispose : "le Conseil constitutionnel connaît de la constitutionnalité des lois, des règlements intérieurs des Assemblées et des engagements internationaux, des conflits de compétence entre l'Exécutif et le Législatif, ainsi que des exceptions d'inconstitutionnalité soulevées devant la*

[1704] P. JAN, « Le Conseil constitutionnel », *op. cit.*, p. 77.

[1705] L'expression est employée par le constituant sénégalais notamment à l'article 92 de la Constitution du 22 janvier 2001 modifiée.

Cour suprême" ; considérant par suite, qu'en statuant ainsi, la Cour suprême a non seulement dépassé les limites de sa compétence, mais aussi et surtout, a empiété sur celle du Conseil constitutionnel »[1706]. Le Conseil constitutionnel détient le monopole du contrôle de constitutionnalité des lois. Ainsi, à la formule « exception d'inconstitutionnalité » pourrait se substituer celle de « question préjudicielle de constitutionnalité ». Cette proposition répond à un souci de rigueur terminologique. En effet, lorsque la connaissance de la question de constitutionnalité échappe au juge de droit commun, on parle de question préjudicielle de constitutionnalité. Tel est le cas par exemple lorsque le juge pénal subordonne le jugement du procès pénal à la constitutionnalité d'une loi. Le droit constitutionnel processuel fait obligation à ce juge de l'action de surseoir à statuer et de saisir le Conseil constitutionnel qui devra délibérer sur la constitutionnalité de la loi. En réalité, le système sénégalais relève plus d'une question préjudicielle de constitutionnalité que d'une question préalable de constitutionnalité.

La question préjudicielle renvoie à un système de contrôle de constitutionnalité centralisé, ce qui est le cas du Sénégal, alors que l'exception d'inconstitutionnalité relève du système de contrôle de constitutionnalité diffus, tel que le modèle américain. D'ailleurs, le rapport de la Commission chargée de l'élaboration des avant-projets de lois dans le cadre des réformes politiques et institutionnelles au Bénin voit dans une telle proposition un moyen de « donner à ce mécanisme sa dénomination technique désormais consolidée en droit constitutionnel : La question préjudicielle d'inconstitutionnalité »[1707].

Au Sénégal, avant la réforme constitutionnelle de 2016, le requérant ne pouvait soulever l'exception d'inconstitutionnalité d'une loi ou d'un traité international que devant « la Cour suprêmes[1708]. Il ne pouvait ni le faire en première instance, ni en appel. À cet effet, le Professeur Isaac Yankhoba NDIAYE analysant l'accès du justiciable à la justice constitutionnelle écrit : « l'exception d'inconstitutionnalité se situe à un niveau inférieur : elle ne peut être soulevée que dans un procès ; elle ne

---

[1706] Cons. const., séance du 03 mars 2014, Affaire N°C1/C/2014 Source : http://www.lequotidien.sn/index.php/politique/item/28978-document

[1707] J. H. GNONLONFOUN, « Rapport sur l'étude de la Constitution, Commission chargée de l'élaboration des avant-projets de lois dans le cadre des réformes politiques et institutionnelles », Cotonou, février 2012 p. 35, disponible à *http://www.laconstitution-en-afrique.org.*

[1708] S. DIOP, « Une voie de droit nouvelle au Sénégal : l'exception d'inconstitutionnalité », avril 1994, inédit.

peut être soulevée que devant la Cour suprême. Cette double restriction dénote une certaine frilosité même si elle semble légitimée par le souci d'éviter l'encombrement du prétoire du juge constitutionnel et des recours fantaisistes »[1709].

Depuis la réforme de 2016, l'exception d'inconstitutionnalité peut être soulevée devant la Cour d'Appel ou la Cour suprême pour contester la constitutionnalité la loi ou de l'engagement international[1710]. Elle ne peut être soulevée ni devant le Tribunal d'Instance, ni devant le Tribunal de Grande Instance, ni devant la Cour des Comptes, moins devant les juridictions d'exception.

Il faut noter que l'imprécision des textes sur le délai de transmission de l'exception d'inconstitutionnalité à la juridiction constitutionnelle subsiste à la réforme de 2016. En effet, comme le fait remarquer le Professeur Ameth NDIAYE[1711], l'imprécision qui entoure le délai de transmission de l'exception d'inconstitutionnalité a permis à la défunte Cour de cassation d'attendre quatre mois dans une affaire relative à une exception d'inconstitutionnalité pour transmettre la question de la constitutionnalité de la loi querellée, malgré son arrêt du 19 février 1993 par lequel elle a décidé de surseoir à statuer. La Cour ne saisira le Conseil constitutionnel que le 3 juin 1993, faisant peu cas ainsi des intérêts des justiciables et des préjudices qu'ils encourent du fait de la lenteur du procès. Pourtant, contre toute attente, le Conseil constitutionnel n'émet aucune remarque sur cet abus de pouvoir commis par la Cour de cassation. La suggestion de Ameth NDIAYE à l'endroit de la juridiction constitutionnelle est assez révélatrice. Au constat de cette situation, le

---

[1709] I. Y. NDIAYE, Communication au 6e congrès des chefs de juridiction de l'A.C.C.P.U.F., « Le juge constitutionnel, un juge spécial », *op. cit.*, p. 10.

[1710] La réforme du Conseil constitutionnel par la loi organique 2016-23 du 14 juillet 2016 suite à la loi constitutionnelle 2016-23 du 5 avril 2016 adoptée par référendum après avis dudit Conseil prévoit une solution assez restrictive. Il est prévu que l'exception d'inconstitutionnalité peut être soulevée que devant la Cours d'Appel ou la Cour suprême. Aussi Il faut le souligner cette réforme n'a pas tranché la question relative aux suites réservées aux traités internationaux déclarés contraires à la Constitution au cours d'une procédure d'exception d'inconstitutionnalité. A ce titre, on peut se posait la question de savoir si la responsabilité internationale de l'État du Sénégal ne pourrait pas être engagée, si un traité entré en vigueur au Sénégal est déclaré non conforme à la Constitution par le Conseil constitutionnel et écarté pour ce motif du procès en cours. Cf. *JORS,* 161e Année, N° 6946 (Numéro spécial) du Vendredi 15 juillet 2016, p. 927.

[1711] A. NDIAYE, *La nouvelle juridiction constitutionnelle en Afrique francophone et la construction de l'État de droit : exemples du Gabon et du Sénégal, op. cit.*, p. 454.

Professeur NDIAYE il : « on aurait souhaité, que le gardien des libertés fondamentales, saisisse cette occasion pour poser ses règles prétoriennes quant au respect impérieux d'un délai "raisonnable", ce qu'on attend en principe d'une juridiction constitutionnelle qui se respecte »[1712].

C'est en faveur de la protection juridictionnelle de ces droits de l'Homme que des procédures d'urgence doivent être aménagées.

A- L'aménagement de procédures d'urgence en matière de droits et libertés constitutionnels

La Constitution sénégalaise a consacré avec générosité les droits et libertés. Le constat est cependant que la jouissance effective ces droits et libertés aménagés par l'ordre constitutionnel est hypothétique. En effet, la principale technique qui permet au juge de préserver les droits et libertés garantis par la Constitution est le contrôle de constitutionnalité des actes juridiques émis par les pouvoirs publics. Cependant, la jouissance de certaines libertés publiques s'accommode avec le court terme. L'exercice de certaines libertés publiques nécessite une autorisation de l'autorité administrative. Dans la pratique, cette dernière peut être guidée par la tentation de jouer au dilatoire en usant de l'effet du temps, en privant ainsi, les citoyens de jouir de leurs droits consacrés par la Constitution. Un exemple patent est le droit à la marche, une liberté publique prévue par la Constitution[1713] dont l'exercice requiert une simple déclaration préalable auprès de l'autorité administrative. Il est une constance que l'autorité administrative peut déjouer les prévisions de ceux qui envisagent de manifester en leur notifiant une interdiction la veille de la date prévue pour la manifestation. Dès lors, les procédures classiques de protection juridictionnelle de l'ordre constitutionnel de par leur lenteur ne permettent plus aux citoyens une réelle jouissance effective de ces droits et libertés prévus par la Constitution. Il s'en suit ce que la doctrine appelle à propos de la liberté de manifester une « dénaturation »[1714]. Dans ces conditions, l'aménagement de procédures d'urgence permettra au juge d'intervenir efficacement et dans de brefs délais.

Au Sénégal, les textes ne font pas référence en matière de protection juridictionnelle de droits et libertés à l'urgence. Ce constat est mis en

---

[1712] A. NDIAYE, *La nouvelle juridiction constitutionnelle en Afrique francophone et la construction de l'État de droit : exemples du Gabon et du Sénégal, op. cit.*, p. 454.
[1713] Article 10 de la Constitution du 22 janvier 2001.
[1714] F. MBODJ, « Réflexion sur la dénaturation de la liberté de manifestation en droit africain », *op. cit.*, p. 265.

exergue par la Charte de la gouvernance démocratique des Assises dites nationales de mai 2009. Les parties prenantes s'engagent en effet à « instituer un juge des libertés chargé notamment de contrôler l'exercice des libertés reconnues et de lutter contre les abus, en particulier en matière de garde à vue et de détention préventive ; reconnaître aux citoyens le droit de saisir la Cour constitutionnelle »[1715].

Au Sénégal, si l'on veut que la consécration constitutionnelle des droits fondamentaux soit utile et efficace, il faut un juge de l'urgence protecteur des libertés publiques[1716].

Dans la législation sénégalaise, des procédures d'urgence sont aménagées en matière de protection des droits fondamentaux devant la Cour suprême, contre les décisions administratives.[1717]

Du constat de la doctrine, le juge ordonne avec parcimonie le sursis à exécution des actes administratifs, mais aussi, lorsqu'il examine la demande, procède à une hiérarchisation des critères prévus par les législateurs relatifs au préjudice irréparable et l'existence de moyens sérieux[1718].

L'efficacité du recours contre la décision d'une autorité administrative qui interdit l'exercice de ces libertés est limitée. Une décision illégale de l'autorité de police interdisant, l'exercice de ces libertés, peut être délivrée à la veille de la date prévue pour s'en jouir. Dans ce cas, seule une procédure d'urgence peut permettre au juge de rétablir les justiciables dans leur droit de jouir de ces libertés. Il en est ainsi des décisions d'interdiction fondées sur des motifs vagues, d'insuffisance des forces de l'ordre pour encadrer la manifestation alors que ces mêmes forces sont en surnombre quand il s'agira de réprimer cette manifestation. Souvent le juge n'est pas saisi, ou s'il l'est, ne se prononce que bien après la manifestation. Il en est ainsi d'un arrêté d'interdiction d'une marche programmé par un parti politique, LD/MPT au mois de février 2007. L'autorité administrative de police motive sa décision en estimant qu'« en raison d'une part, du démarrage imminent de la campagne électorale qui nécessite le conditionnement et le déploiement des forces de l'ordre sur l'ensemble du territoire

[1715] *La Charte de gouvernance démocratique, op. cit.*, p. 5.

[1716] N. M. F. DIAGNE, *Les méthodes et techniques du juge en droit administratif sénégalais, op.cit,* pp. 239 et s.

[1717] La loi organique sur la Cour suprême.

[1718] N. M. F. DIAGNE, *Les méthodes et techniques du juge en droit administratif sénégalais, op. cit.*, pp. 224 et s.

national pour assurer la sécurité de ladite campagne, et d'autre part, du risque de trouble à l'ordre public qui ne pourrait être maintenu ou rétabli du fait de l'insuffisance des forces de police »[1719]. Certainement, si la décision de l'autorité administrative n'a pas été contestée devant le juge de l'excès de pouvoir, ce n'est pas à cause de clarté de la motivation. C'est dû au fait que, dans l'esprit de ceux qui avaient projeté de manifester, le recours contentieux est inopportun. En effet, dans un tel contexte particulier, le justiciable ne peut jouir efficacement de son droit à un juge, que si, ce dernier peut statuer dans l'urgence. En atteste l'affaire *AJ PADS c / État du Sénégal*[1720]. Dans cette affaire, l'arrêt rendu par la Cour suprême est intervenu le 24 décembre 2009 pour annuler un arrêté en date du 4 juin de la même année qui a été déjà exécuté. Il en est de même de *l'affaire Alioune Tine*[1721]. Dans cette affaire, la Cour suprême a rendu son arrêt le 13 décembre 2011, alors que, la réunion était prévue pour le 24 décembre 2010, soit 10 mois après la date qui était prévue.

La récurrence des interdictions de jouir de certaines libertés publiques, comme la liberté de manifester[1722], constatée par les organisations de défense des droits de l'Homme[1723], sans de réelles répercutions devant le prétoire du juge atteste que la protection est relative. D'où la pertinence des propositions sur les référés permettant au juge se statuer dans l'urgence. Les décisions d'annulation perdent leur valeur lorsqu'elles interviennent plusieurs années après la mesure d'interdiction. En France, il en fut ainsi dans *l'affaire Benjamin*[1724]. Cependant, à la suite de cette affaire, la situation va profondément évoluer depuis la loi du 30 juin 2000, réformant le Code de justice administrative. Sur la base de l'article 521. 2 dudit Code sont instituées

---

[1719] F. MBODJ, « Réflexion sur la dénaturation de la liberté de manifestation en droit africain », *op. cit.*, p. 305.

[1720] F. MBODJ, *ibid.*, p. 305.

[1721] CS, 13 octobre 2011, Alioune Tine c/État du Sénégal, *Bulletin des arrêts de la Cour suprême*, N° 2-3, Année judiciaire 2010-2011, p. 254.

[1722] Fara MBODJ note que 25 % des déclarations de manifester ont été frappées d'interdiction pour des motifs tenant à la nécessité de sauvegarder l'ordre public. F. MBODJ, « Réflexion sur la dénaturation de la liberté de manifestation en droit africain », *op. cit.*, p. 303.

[1723] Voir S. KABA, L*es droits de l'Homme au Sénégal,* Coll. *« Xam sa Yoon »*, 1993, p. 130.

[1724] CE, 9 mai 1933, Benjamin, *in* M. LONG et autres, *Les grands arrêts de la jurisprudence administrative*, *op. cit.*, p. 281.

des procédures de référées qui peuvent être mises en œuvre par toute partie intéressée[1725].

La procédure de référé-liberté impose au juge administratif saisi en cas « d'atteinte grave et manifestement illégale » à « une liberté fondamentale » par une autorité administrative de statuer dans un délai de quarante-huit heures fut-il un juge unique[1726]. A cet égard, *« l'affaire DIEUDONNE »* est emblématique. Le sieur DIEUDONNE, humoriste de son état avait projeté de produire des spectacles *« Le Mur »* stigmatisant la communauté juive dans plusieurs villes de la France, le ministre de l'Intérieur Emmanuel VALLS édicta une circulaire faisant injonction aux autorités administratives locales d'interdire la tenue du spectacle au cas où celui-ci serait susceptible d'entrainer des troubles à l'ordre public. Auparavant, le sieur DIEUDONNE avait fait l'objet de neufs (9) condamnations pénales. Le préfet de Loire-Atlantique avait pris un arrêté interdisant la tenue du spectacle à Saint-Herblain, le président du tribunal administratif de Nantes par une ordonnance annula la décision du préfet, saisi par le ministre de l'Intérieur par une procédure de référé, le président de la section du contentieux du Conseil d'État, Bernard STIRN par une ordonnance, le 9 janvier 2014, deux heures avant la représentation annule celle rendue par le président du tribunal administratif de Nantes[1727]. Cette affaire, au-delà de la polémique[1728] qu'elle a suscitée chez les juristes et les hommes politiques, est révélatrice de l'urgence qui est désormais intégrée par le juge français dans sa fonction de rendre la justice. Elle montre que le juge français sait faire face à des situations exceptionnelles en prenant en compte l'effet du temps[1729].

[1725] M. LONG, et autres, *Les grands arrêts de la jurisprudence administrative, op. cit.,* p. 286.

[1726] D. LABOUTOULLE, « Le juge administratif et les libertés publiques », *in Cinquantenaire des tribunaux administratifs, RFDA*, novembre-décembre 2003, p. 1142.

[1727] Voir C. TUKO, « La République a-t-elle-gagné en ouvrant la Boite de Pandore ? À propos de "l'affaire Dieudonné" », *in La semaine juridique,* N° 3, 20 janvier 2014, pp. 39 et s ; M. A. FRISON-ROCHE, « La conformité de l'ordonnance du Conseil d'État du 9 janvier 2014 Dieudonné M'BALA M'BALA au droit et à la justice », *Les Petites Affiches*, 20 janvier 2014, pp. 5-9.

[1728] Voir A. B. FALL, *Cours master II droit des contentieux, Procédures conservatoires et exécutoires,* UFR Sciences juridiques et économique de la Guadeloupe, Université des Antilles et de la Guyane, Année 2013-2014, dossier N° 1, 57 p.

[1729] P. AVRIL et J. GICQUEL, « Chronique constitutionnelle française (1er janvier-30 avril 2014) », *Pouvoirs,* N° 150, 2014, p. 148.

À d'autres égards, en France, l'accélération de la justice administrative résulte du poids de la pression exercée par le juge communautaire, qui usant des ressources du droit communautaire a eu à condamner la France à cause de la lenteur de sa justice administrative[1730]. C'est d'ailleurs ce qui a poussé le Conseil d'État français à procéder à un revirement de jurisprudence. En effet, dans *l'affaire M. GUY*[1731] le juge administratif français a engagé la responsabilité de l'État français pour méconnaissance du droit d'accès à un procès dans un délai raisonnable. Cette jurisprudence de principe a pour fondement les dispositions de la Convention européenne des droits de l'Homme qui prévoit, en cas de litige, pour les justiciables des États membres parties à ladite Convention leur droit à un procès dans un délai raisonnable[1732].

Pourtant, curieusement, il dispose d'instruments juridiques lui permettant de contraindre les autorités étatiques à s'y pourvoir[1733].

[1730] CJCE, 24 octobre 1989, *Affaire H... c/France.*

[1731] CEF, Ass. 22 janvier 2007.

[1732] Article 6-1 et 13 de la Convention européenne des droits de l'Homme.

[1733] J. du Bois de GAUDUSSON, « Les procédures de garanties et leurs limites dans les Constitutions francophones africaines », *in Revue trimestrielle des droits de l'Homme*, 1990, pp. 249-256.

CHAPITRE II

LA RÉFORME DE LA JURIDICTION CONSTITUTIONNELLE

La réforme de l'institution de protection juridictionnelle de l'ordre constitutionnel dans une perspective de perfectionnement du contrôle de constitutionnalité est le prolongement du nouveau constitutionnalisme qui attribue à la juridiction constitutionnelle un rôle déterminant. La question du modèle de juridiction constitutionnelle adéquat ne manque pas de se poser dans le contexte sénégalais. En effet, la majorité de la doctrine s'accorde sur la nécessité de réformer le Conseil constitutionnel. Telle est également l'opinion des parties prenantes à l'Assemblée générale des Assises dites nationales tenues au Sénégal en mai 2009. En effet, la Charte de la bonne gouvernance démocratique issue de celle-ci prévoit, concernant le pouvoir judiciaire, qu'il sera créé « une Cour constitutionnelle qui sera le garant de la démocratie et juge de la conformité des lois. Ses domaines de compétence recouvrent notamment le contentieux né des élections. Son président dirigera le Conseil supérieur de la Magistrature chargé de gérer la carrière des magistrats. La Cour constitutionnelle peut être saisie par les citoyens, selon des procédures fixées par une loi »[1734]. Pour certains, à tout le moins, dans le contexte sénégalais, la réforme en vue de l'instauration d'une véritable juridiction constitutionnelle dans une perspective de renforcement de la protection de l'ordre constitutionnel peut s'imposer. Il s'agira d'« innover sans tout détruire »[1735] en préservant le meilleur de l'existant. Mais au préalable, il convient de relever les faiblesses du Conseil constitutionnel (Section I) avant d'envisager les innovations allant dans le sens de la création d'une Cour ou d'un tribunal constitutionnel (Section II).

[1734] Voir la Charte de gouvernance démocratique, *op. cit.*, p. 4.

[1735] J. P. VANDERLINDEN, « Enseigner sans reproduire. Innover sans tout détruire : propos hétérodoxes au départ de quelques constats élémentaires », *Revue électronique Afrilex,* N° 3, 2003, p. 97.

Section I : Les faiblesses du Conseil constitutionnel

Le modèle de Conseil constitutionnel à la française est une institution spécifique, par comparaison aux autres Cours constitutionnelles européennes. En effet, le Conseil constitutionnel français, traduit au départ dans l'esprit des constituants de 1958, la version judiciaire de la rationalisation du régime parlementaire, s'écartant ainsi des Cours constitutionnelles européennes par sa faible juridictionnalisation. Le constituant sénégalais de 1992 a opté pour un Conseil constitutionnel (paragraphe I) qui dispose des pouvoirs limités (paragraphe II).

Paragraphe I : Une inspiration de la tradition française

Dans le concert des juridictions constitutionnelles européennes, le modèle du Conseil constitutionnel constitue une véritable exception[1736]. Ce choix s'expliquait par des raisons historiques[1737]. Lors de l'élaboration de la Constitution du 4 octobre 1958, le constituant français était confronté à la recherche d'un mécanisme efficace, destiné à empêcher le Parlement de sortir du cadre de ses nouvelles attributions constitutionnelles[1738]. Le choix de départ n'était donc pas de créer une véritable juridiction constitutionnelle. Cela ressort de la mission de rationalisation du régime parlementaire qui était assignée au départ à l'institution, faisant d'elle un organe politique (A), mais aussi de la dénomination de celle-ci (B).

A- Le rôle originel du Conseil constitutionnel français

Lors d'un colloque organisé en 1988 sur le thème de « l'écriture de la Constitution de 1958 »[1739], il est indiqué qu'une réunion du groupe de travail du 8 juillet 1958, donna lieu à une discussion sur la nécessité d'instituer un Conseil constitutionnel[1740]. Les discussions montrent, de façon générale, une grande méfiance à l'égard d'une véritable Cour constitutionnelle[1741]. Telle était d'ailleurs l'opinion du Garde des Sceaux et ministre de la Justice, Michel DEBRE, et l'on peut penser que celle-ci

[1736] A. ROUX, « Le nouveau Conseil constitutionnel. Vers la fin de l'exception française ? », *in La semaine juridique,* N° 31-35, juillet 2008, p. 175.

[1737] A. ROUX, « Le nouveau Conseil constitutionnel. Vers la fin de l'exception française ? », *op. cit.,* p. 175.

[1738] A. ROUX, *ibid.*, p. 175.

[1739] D. MAUSS et autres, *L'écriture de la Constitution de 1958*, Paris, Economica, 1992, p. 477.

[1740] *DPS,* t. 1, p. 382.

[1741] D. MAUSS et autres, *L'écriture de la Constitution de 1958*, *op. cit.,* p. 468.

était partagée par l'ensemble du Gouvernement. Dans le discours de présentation du nouveau texte constitutionnel au Conseil d'État, le 27 août 1958, le Garde des Sceaux expliquait le rôle devant être assigné au Conseil constitutionnel en ces termes : « La création du Conseil constitutionnel manifeste la volonté de subordonner la loi, c'est-à-dire la décision du Parlement, à la règle supérieure édictée par la Constitution. Il n'est ni dans l'esprit du régime parlementaire ni dans la tradition française de donner à la justice, c'est-à-dire à chaque justiciable, le droit d'examiner la valeur de la loi. Le projet a donc imaginé une institution particulière que peuvent seules saisir quatre autorités : le Président de la République, le Premier ministre, les deux présidents d'Assemblée. À cet effet, d'autres attributions ont été données au Conseil, notamment la vérification de la constitutionnalité du règlement de l'assemblée parlementaire et le jugement des élections contestées, afin de faire disparaître le scandale des invalidations partisanes. La Constitution crée ainsi une arme contre la déviation du régime parlementaire »[1742].

Selon la doctrine, le rôle de ce Conseil constitutionnel, baptisé encore au début des discussions du nom de Comité constitutionnel, ce qui illustre la filiation avec l'IVe République, était « d'instituer un mécanisme véritablement efficace qui puisse empêcher le Parlement de sortir du cadre de ses attributions constitutionnelles »[1743]. Décrivant le rôle initial du Conseil constitutionnel français le Professeur E. H. MBODJ[1744] rappelle que le Conseil constitutionnel n'a été créé en France qu'en 1958 sur les cendres d'un Comité constitutionnel qui avait été mis en place par le constituant de la quatrième République, tout en précisant que le Comité n'était pas une juridiction. Il exerçait un contrôle très élastique de la constitutionnalité des lois en ce sens que dans ce contrôle, était exclu le préambule de la Constitution d'une part et que, d'autre part, le Comité cherchait à concilier les vues du législateur et du constituant. Ce n'est qu'en 1958, que le général de Gaulle a tenu à créer un Conseil constitutionnel. Il faut, cependant, remarquer, qu'à l'époque, l'intention du Président de Gaulle n'était pas de mettre en place une véritable justice constitutionnelle. Le Président français était plutôt préoccupé « à limiter » les pouvoirs du Parlement. D'ailleurs, selon le Professeur MBODJ[1745],

---

1742 Cité par M. VERPEAUX « Le Conseil constitutionnel », *JurisClasseur administratif*, 01 février 2010, p. 8.

1743 D. MAUSS et autres, *L'écriture de la Constitution de 1958, op. cit.*, p. 468

1744 Interview *in La Gazette du Pays et du Monde,* N° 76 du 16 au 23 septembre 2010, p. 16.

1745 Interview *in La Gazette du Pays et du Monde, op. cit.*, p. 16.

dans ce contexte, « le Conseil constitutionnel apparaît comme un gadget du régime parlementaire rationalisé ». On disait que c'était « le chien de garde de l'exécutif », il « n'a jamais eu d'autre utilité que de servir le garçon de courses du général de Gaulle, chaque fois que ce dernier a cru bon de l'employer à cet usage »[1746]. Dans le même ordre d'idées, L. PHILIP fait remarquer que le Conseil constitutionnel de 1958 ne doit pas grand-chose au droit comparé et qu'il était beaucoup plus question d'améliorer ce que la IVe République n'avait pu réussir que de copier les quelques juridictions constitutionnelles qui existaient à l'époque en Europe[1747]. L'objectif des constituants de 1958, en créant le Conseil constitutionnel, fait remarquer A. ROUX « n'était donc pas tant d'établir un contrôle général de la constitutionnalité des lois, ni même de garantir les droits fondamentaux, tant restait encore vivace l'idée d'une loi souveraine expression de la volonté générale, mais bien plutôt d'instituer un mécanisme efficace destiné à empêcher le Parlement de sortir du cadre de ses nouvelles attributions constitutionnelles.[1748] Pour des raisons à la fois historiques et comparatives, les constituants avaient écarté l'idée d'une véritable juridiction constitutionnelle, d'autant que l'image que l'on avait alors d'une telle juridiction, y compris dans l'esprit du général de Gaulle, correspondait davantage au modèle de la Cour suprême américaine dont l'attitude pendant la période du *New Deal* (...) continuait encore en 1958 à marquer les esprits »[1749].

Au Sénégal, le contrôle constitutionnalité est nait avec la Constitution adoptée le 26 août 1960 suite à l'éclatement de la Fédération du Mali. Cette Constitution ne faisait, en réalité, que reprendre la Constitution française du 4 octobre 1958 et certains aspects de la Constitution de la quatrième République. Le Sénégal a ainsi hérité le Conseil constitutionnel de la France, qui, d'opinion du Professeur E. H. MBODJ, précitée n'a jamais elle-même eu une tradition de contrôle de la constitutionnalité des lois. En effet, le constituant sénégalais, à la suite de l'éclatement de la Cour suprême[1750], a créé le Conseil constitutionnel en 1992[1751].

[1746] F. MITTERRAND, *Le coup d'État permanent,* Paris, Plon, 1964, p. 140.
[1747] D. MAUSSE et autres, *L'écriture de la Constitution de 1958, op. cit.,* p. 469.
[1748] A. ROUX, « Le nouveau Conseil constitutionnel. Vers la fin de l'exception française ? », *op. cit.*, p. 175.
[1749] A. ROUX, *ibid.,* p. 175.
[1750] E. H. MBODJ, « Les incidences de la réforme judiciaire du 30 mai 1992 sur le contentieux administratif sénégalais », *op. cit.,* pp. 20-21.
[1751] Loi constitutionnelle N° 92-22 du 30 mai 1992, *JORS,* N° 5469, 1er juin 1992, p. 33.

Cependant, l'étude de l'institutionnalisation du système juridictionnel sénégalais de protection de l'ordre constitutionnel ne devait être faite à la lumière de celui de la France, notamment des objectifs du constituant de 1958. En effet, même si l'essentiel du droit constitutionnel substantiel et processuel sénégalais trouve sa source d'inspiration dans le droit français, les gouvernants sénégalais postcoloniaux ont eu une motivation autre que celle de l'ancienne puissance colonisatrice dans le processus de sécrétion de son système constitutionnel. L'émergence du contrôle de constitutionnalité en Afrique en général,[1752] et au Sénégal en particulier s'inscrit dans l'avènement du constitutionnalisme qui est le reflet de la dynamique que subissent les normes contenues dans le texte de la Constitution, qui accompagne les démocraties libérales. Le constituant sénégalais, n'était pas confronté à la recherche d'un mécanisme de rationalisation du régime parlementaire, qui puisse empêcher le Parlement de sortir du cadre de ses attributions constitutionnelles. Dans le contexte sénégalais, l'institutionnalisation de la juridiction constitutionnelle devait se justifier, du moins au départ par la volonté de renforcer le processus de démocratisation déjà en cours[1753]. Sa place et son rôle devaient être déterminés par le contexte de l'époque qui l'a vu naître[1754]. Afin de faire occuper la juridiction constitutionnelle une place respectable dans concert des Cours constitutionnelles, l'objectif du constituant sénégalais de 1992 devait s'inscrire dans une dynamique d'instaurer un contrôle général de la constitutionnalité des lois, et de garantir les droits fondamentaux.

B- La dénomination

En France, comme le soulignait fort justement au cours des débats sur la loi constitutionnelle N° 2008-724 du 23 juillet 2008 relative à la modernisation des institutions de la Ve République, le sénateur Robert BADINTER, ancien président du Conseil constitutionnel, la dénomination adoptée en 1958 est devenue inappropriée pour une institution dont la compétence essentielle est d'ordre juridictionnel et dont la nature juridictionnelle doit de surcroît être sensiblement renforcée par l'adoption

[1752] K. DOSSO, « Les pratiques constitutionnelles dans les pays d'Afrique noire francophones : cohérences et incohérences », *RFDC*, N° 90, 2012/2, p. 63.
[1753] B. KANTE, « Les juridictions constitutionnelles et la régulation des systèmes politiques en Afrique », *in Mélanges en l'honneur de Jean Gicquel, Constitutions et Pouvoirs*, Paris, Montchrestien, 2008, p. 266.
[1754] B. KANTE, « Les juridictions constitutionnelles et la régulation des systèmes politiques en Afrique », *op. cit.*, p. 266.

de la procédure de la question préjudicielle de constitutionnalité[1755]. Il convient tout de même de faire remarquer avec le président R. BADINTER, qu'aucune autre juridiction constitutionnelle européenne ne porte une autre dénomination que celle de « Cour constitutionnelle » ou de « Tribunal constitutionnel »[1756].

Malgré la réputation dont il jouit à l'étranger, l'appellation actuelle de l'institution, est parfois source de malentendus ou de confusions. Mais, en France, le poids des conservatismes ajouté sans doute à l'indifférence au droit comparé, sans compter certaines considérations extra juridiques, ont conduit à rejeter ce changement d'appellation[1757], sans que les arguments présentés par Mme la Garde des Sceaux[1758], selon lesquels le Conseil constitutionnel exerce aussi des fonctions consultatives et constitue une « institution originale » ne puissent convaincre en quoi que ce soit[1759].

Le Statut de la Conférence des Cours constitutionnelles européennes précise : « ne peuvent acquérir la qualité de membre à part entière que les Cours constitutionnelles et institutions analogues européennes compétentes dans le domaine de la justice constitutionnelle en particulier celui du contrôle des normes, exerçant leurs activités juridictionnelles de manière indépendante et se conformant aux droits de l'Homme »[1760]. Dans le contexte sénégalais l'opinion selon laquelle «… l'appellation de Conseil constitutionnel, de Cour constitutionnelle, la composition ou la place de la Haute instance dans l'énumération des institutions judiciaires importe peu »[1761] ; et qu'« aujourd'hui, même dans les pays où il existe une Chambre ou une section constitutionnelle à l'intérieur de la Cour suprême, cette chambre n'en demeure pas moins une juridiction

---

[1755] A. ROUX, « « Le nouveau Conseil constitutionnel. Vers la fin de l'exception française ? », *op. cit.*, p. 176.

[1756] Amendement N° 321 Rect. du 16 juillet 2008 proposé par Robert BADINTER, relatif à la loi constitutionnelle du 23 juillet 2008.

[1757] En 2008, après qu'une proposition de changement de dénomination ait été adoptée par le Sénat, l'Assemblée nationale objecta que ce changement de dénomination « n'emportera rien », Rapport N° 1009 de J. M. WARSMANN fait au nom de la Commission des lois, déposé le 2 juillet 2008, p. 162.

[1758] Intervention de Rachida DATI, Sénat, débats, séance du 24 juillet 2008 article additionnel avant l'article 25, loi constitutionnelle du 23 juillet 2008.

[1759] A. ROUX, « « Le nouveau Conseil constitutionnel. Vers la fin de l'exception française ? », *op. cit.*, 176.

[1760] Article 6 du Statut de la Conférence des Cours constitutionnelles européennes

[1761] E. H. O. DIOP, *La justice constitutionnelle au Sénégal. Essai sur l'évolution, les enjeux et les réformes d'un contre-pouvoir juridictionnel*, *op. cit.*, p. 44.

constitutionnelle au regard de l'activité exercée par celle-ci et de la force obligatoire de ses décisions »[1762].

Le débat, en France, sur le caractère juridictionnel ou non du Conseil constitutionnel en raison de sa dénomination, même s'il est considéré par certains comme « remuant de faux problèmes »[1763] ou débouchant sur « une controverse stérile »[1764], ne mérite pas d'être posé au Sénégal.

Toutefois, le choix du constituant français en la matière procède d'une démarche est prudente. Il ne s'agissait nullement pour lui de se doter d'une véritable juridiction mais d'un Conseil, une version améliorée du Comité constitutionnel de l'IVe République[1765].

Ainsi, que selon A. ROUX, « jusqu'en 2008, le Conseil constitutionnel français occupait une place très particulière dans le concert des Cours constitutionnelles européennes, qu'il s'agisse du mode de désignation de ses membres par des autorités politiques ou, surtout, des modalités du contrôle de constitutionnalité des lois qui est à la fois concentré, préventif, abstrait, facultatif (tout au moins pour les lois ordinaires) et fermé aux justiciables. D'ailleurs cette "exception" aurait même pu être davantage réduite encore si avait été retenu l'amendement du Sénat visant à substituer le nom de "Cour constitutionnelle" à celui de "Conseil constitutionnel" lors de la réforme constitutionnelle de 2008 »[1766].

E. H. MBODJ cite l'exemple de l'Allemagne où on a un Tribunal fédéral constitutionnel, de l'Autriche et de l'Italie qui disposent d'une Cour constitutionnelle ou encore l'Espagne avec son Tribunal des garanties constitutionnelles pour dire que ces juridictions sont mieux outillées et mieux préparées pour contrôler la constitutionnalité des lois. Un Conseil « n'exerce que les attributions qui lui sont dévolues expressément par la Constitution » estime le Professeur MBODJ. À la différence d'une Cour ou d'un Tribunal qui peut statuer en toute

---

[1762] E. H. O. DIOP, *La justice constitutionnelle au Sénégal. Essai sur l'évolution, les enjeux et les réformes d'un contre-pouvoir juridictionnel*, *op. cit.*, p. 44.

[1763] O. PFERSMANN, « Classifications organocentriques et classifications normo-centriques de la justice constitutionnelle en droit comparé », *Mélanges en l'honneur de F. Delpérée. Itinéraires d'un constitutionnaliste*, Paris, Bruylant, LGDJ, 2007, p. 1154.

[1764] D. ROUSSEAU, *Droit du contentieux constitutionnel,* Paris, Montchrestien, 9e édition, 2010, p. 79.

[1765] D. TURPIN, *Contentieux constitutionnel,* 2e édition, Paris, PUF, coll. « Droit fondamental », 1994, p. 29.

[1766] A. ROUX, « « Le nouveau Conseil constitutionnel. Vers la fin de l'exception française ? », *op. cit.*, p. 176.

circonstance pour éviter les dénis de justice. « S'il n'y a pas une loi la Cour va en trouver ; si la loi est obscure et ambiguë, la Cour peut la clarifier et l'appliquer au cas d'espèce », explique le Professeur. La Cour serait donc compétente pour trancher tous les problèmes de droit relatifs à la Constitution. En revanche, au Sénégal, le Conseil se limite au contrôle de la conformité des lois organiques, des lois simples et du règlement de l'Assemblée nationale. Les autres questions concernant le droit ne peuvent pas être réglées. C'est le cas par exemple des députés exclus de l'Assemblée nationale. Le Conseil a déclaré son incompétence parce « qu'effectivement la loi ne lui donne pas le pouvoir de statuer sur la question », rappelle le Professeur MBODJ[1767]. Ces arguments du Professeur MBODJ, rejoignent ceux de L. FAVOREU qui estime qu'une Cour constitutionnelle est en particulier un organe chargé de manière concentrée et exclusive du contrôle de constitutionnalité des lois, disposant d'un statut constitutionnel, distinct et détaché de l'appareil juridictionnel ordinaire, dont les décisions ont un effet *orga omnes »*[1768]. La différence entre « Cour constitutionnelle » et « Conseil constitutionnel » est mise en exergue par le Professeur Babacar KANTE qui écrit : « Cette différence, parfois passée inaperçue, a pourtant son importance. Les Cours sont généralement dotées de prérogatives plus étendues alors que les Conseils ont, ou mettent généralement en œuvre, des pouvoirs moins substantiels »[1769]. Ainsi, à l'épreuve de la pratique, il apparaît que le Conseil constitutionnel sénégalais, du fait de sa place au sein du système institutionnel, a des pouvoirs limités.

Paragraphe II : Un organe aux pouvoirs limités

Le Constituant sénégalais, dans la dévolution des compétences au Conseil constitutionnel a adopté la prudence de départ du constituant français. Ce « mimétisme constitutionnel »[1770] va fortement entamer la protection de l'ordre constitutionnel par le Conseil constitutionnel. Dans la pratique, la légitimité du Conseil en tant qu'organe principal chargé de la protection de la Constitution est contestée du fait de

---

[1767] Interview, *in La Gazette du Pays et du Monde*, N° 76 du 16 au 23 septembre 2010, pp. 16-17.

[1768] L. FAVOREU, « Modèle américain et européen de justice constitutionnelle », *Annuaire international de justice constitutionnelle*, N°IV, 1998, pp. 57-61.

[1769] B. KANTE, « Les juridictions constitutionnelles et la régulation des systèmes politiques en Afrique », *op. cit.*, p. 266.

[1770] J. du Bois de GAUDUSSON, « Le mimétisme postcolonial, et après ? », *Revue Pouvoirs*, N° 129, 2009, p. 45.

la compétence limitée de celui-ci (A), et des « dénis de justice constitutionnelle »[1771] qui en résultent, attestant une protection insuffisante de l'ordre constitutionnel (B).

A- Un juge à la compétence limitée

Le Conseil constitutionnel n'a pas une compétence générale pour veiller au respect de la Constitution[1772]. Dès le 13 mars 1959, le Conseil constitutionnel français devait aborder la question de sa compétence pour donner un avis officieux préalablement à la décision de déchéance d'office dans le cadre de la procédure relative aux incompatibilités parlementaires. Même si le président NOËL semble regretter que le Conseil ne puisse donner de tels avis, celui-ci considère que ces avis seraient peu compatibles avec les exigences définissant la compétence du Conseil et les obligations de ses membres[1773]. Dans le même ordre d'idées, le 14 septembre 1961, le Conseil rejette sa compétence pour donner un avis à la demande du président de l'Assemblée nationale, un avis concernant la recevabilité d'une motion de censure pendant l'application de l'article 16[1774]. Cette démarche du Conseil constitutionnel français sera reprise par son homologue sénégalais. En effet, dans l'affaire N° 00345/2001 *Conséquence de la suppression du contrôle obligatoire des lois organiques*, le Conseil constitutionnel a décliné sa compétence à donner un avis sur les projets de loi organique. Saisi par le Président de la République, le Conseil rappelle que *« l'article 78 de la Constitution n'a pas repris les dispositions de l'alinéa 2 de l'article 67 de l'ancienne Constitution qui disposait que « les lois organiques ne peuvent être promulguées que si le Conseil constitutionnel, obligatoirement saisi par le Président de la République ne les a déclarées conformes à la Constitution »* avant de préciser que *« par ailleurs, ni la Constitution, ni la loi organique N° 92-23 du 30 mai 1992 ne confèrent une compétence consultative au Conseil constitutionnel »*[1775]. Dans cette affaire, le Conseil rappelle sa compétence d'attribution qui l'incline à ne statuer ou à n'émettre des avis que dans les cas expressément

[1771] F. M. SOUCRAMANIEN, « Du déni de justice constitutionnelle en droit public français », *in Renouveau du droit constitutionnel, Mélange en l'honneur de Louis Favoreu*, Paris, Dalloz, 2007, p. 277.

[1772] F. LUCHAIRE, *Le Conseil constitutionnel,* Paris, Economica, 2002, p. 92.

[1773] B. MATHIEU et autres, *Les grandes délibérations du Conseil constitutionnel, op. cit.,* p. 44.

[1774] B. MATHIEU et autres, *ibid.,* p. 44.

[1775] I. M. FALL (dir.), *Les décisions et avis du Conseil constitutionnel du Sénégal. Rassemblés et commentés, op. cit.,* p. 449.

définis par la Constitution et la loi organique. Au passage, le Conseil met en exergue l'omission par le Constituant de 2001 du contrôle obligatoire des lois organiques, d'où le défaut de base constitutionnelle lui permettant de se prononcer sur la demande du Président de la République[1776]. Cette jurisprudence sera reconduite dans l'affaire N° 1/2005 *incompétence du Conseil pour donner un avis sur la prorogation du mandat des députés.* Dans cette décision, le Conseil considère : *« la Constitution et la loi organique susvisées ont strictement délimité la compétence du Conseil constitutionnel ; que celui-ci ne saurait être appelé à statuer ou à émettre un avis dans d'autres cas que ceux qu'ils ont expressément prévus »,* après cette précision, le juge rappelle le champ d'application de sa fonction consultative en ces termes : *« le Conseil constitutionnel ne peut être saisi par le Président de la République pour avis que, lorsqu'en vertu de l'article 51 de la Constitution, il décide de soumettre tout projet de loi constitutionnelle ou sur proposition du Premier ministre tout projet de loi au référendum »,* par conséquent, le Conseil décide qu'il *« n'a pas compétence en l'espèce pour répondre à la demande d'avis du Président de la République »*[1777]. Cette jurisprudence, quoique conforme à la lettre des dispositions qui fixent la compétence du Conseil constitutionnel, se singularise par « la quasi absence du pouvoir jurisprudentiel inhérent à la fonction de juger. Ce pouvoir normatif doit pouvoir exister en dehors de tout texte »[1778]. Il ressort de cette jurisprudence que, le juge sénégalais dans l'interprétation de sa compétence d'attribution, se rapproche de la méthode du juge Conseil constitutionnel français en la matière.

Seulement, à propos du contrôle *a posteriori* des lois, le Sénégal était beaucoup plus en avance que la France comme le révèle le propos du Professeur El Hadji MBODJ : « Le contrôle qui existait en France avant 2008 était exercé avant la promulgation de la loi. Une fois la loi promulguée, elle devenait incontestable et irréprochable. C'est ce qu'on appelle le contrôle par voie d'action. Or, au Sénégal, en 1992, on avait non seulement ce contrôle par voie d'action, mais aussi on avait introduit le contrôle par voie d'exception appelé l'exception d'inconstitutionnalité

[1776] Obs. A. NDIAYE, *in* I. M. FALL (dir.), *Les décisions et avis du Conseil constitutionnel du Sénégal. Rassemblés et commentés, op. cit,* p. 450.

[1777] I. M. FALL (dir.), *Les décisions et avis du Conseil constitutionnel du Sénégal. Rassemblés et commentés, op. cit.,* p. 489.

[1778] Obs. F. MBODJ, *in* I. M. FALL (dir.), *Les décisions et avis du Conseil constitutionnel du Sénégal. Rassemblés et commentés, op. cit.,* p. 490.

qui permet aux citoyens de contester les lois déjà promulguées »[1779]. Deux options s'offraient au Conseil dans la fixation de sa compétence : la conception restrictive ou la conception extensive de la compétence à lui conférée. En effet, dans la fonction de rendre la justice constitutionnelle, comme le rappelle F. LUCHAIRE, « il y a deux conceptions du rôle du Conseil constitutionnel : celle qui consiste à appliquer les textes et celle qui consiste à reprendre des libertés avec eux »[1780]. Le choix de la première conception, écarte le Conseil constitutionnel des Cours constitutionnelles disposant d'une compétence générale en matière de protection de l'ordre constitutionnel. Dès ses premières décisions, le Conseil constitutionnel sénégalais a décidé d'interpréter de manière restrictive sa compétence, en décidant ainsi de ne pas s'écarter des hypothèses prévues par le constituant[1781] et le législateur organique[1782]. Le doute peut dès lors être émis sur le caractère d'une véritable juridiction du Conseil constitutionnel, chargé de faire respecter la Constitution en toute circonstance, si on le compare aux Cours constitutionnelles. Le Conseil est ainsi souvent critiqué à cause de cet état de fait, mais il convient tout de même de relativiser les critiques à certains endroits car, « sa jurisprudence reflète davantage la faiblesse de ses attributions »[1783].

À cela s'ajoutent les attributions consultatives du Conseil qui rendent davantage légitime le scepticisme sur la qualité d'une Cour constitutionnelle de l'institution. Le Conseil constitutionnel n'est pas une juridiction, ou plus exactement ne statue comme une juridiction lorsqu'il donne des avis seulement consultatifs[1784]. C'est le cas lorsqu'il donne un avis au Président de la République sur l'organisation des opérations du référendum[1785]. Il en est de même en cas de consultation

---

[1779] Interview, *in La Gazette du Pays et du Monde*, N° 76 du 16 au 23 septembre 2010, p. 16.

[1780] B. MATHIEU et autres, *Les grandes délibérations du Conseil constitutionnel, op. cit*, p. 158.

[1781] Loi constitutionnelle 92-22 du 30 mai 1992 précitée.

[1782] Loi organique 92-23 du 30 mai 1992 précitée.

[1783] A. B. FALL, « Le juge constitutionnel béninois avant-garde du constitutionnalisme africain ? », *Mélanges en l'honneur de Maurice HANHANZO-GLELE, La Constitution béninoise du 11 décembre 1990 : un modèle pour l'Afrique*, Paris, L'Harmattan, 2014, p. 766.

[1784] M. WALINE, Préface, *in* L. FAVOREU et L. PHILIP, *Les grandes décisions du Conseil constitutionnel, op. cit*, p. XIV.

[1785] Article 51 de la Constitution du 22 janvier 2001.

à lui faite par le Président de la République pour la mise en œuvre de ses pouvoirs exceptionnels[1786].

Sous un autre registre, la réticence à l'utilisation de certains motifs d'inconstitutionnalité comme l'erreur manifeste d'appréciation, de même que l'utilisation avec parcimonie de la technique des réserves d'interprétation[1787] peut être de nature à laisser libre cours le pouvoir discrétionnaire du législateur, et par suite une menace de la protection des droits fondamentaux des citoyens[1788]. La prudence du Conseil constitutionnel se traduisait par une autolimitation de ses pouvoirs[1789]. En effet, jusqu'à un passé récent, dans la pratique, le Conseil constitutionnel n'allait pas au-delà des conclusions présentées dans la requête le saisissant.

D'ailleurs, avec l'évolution considérable de son rôle, notamment en matière de protection des droits fondamentaux, du fait de l'intégration dans le « bloc de constitutionnalité » des droits et libertés découlant du préambule[1790], ainsi que de l'élargissement de sa saisine à 60 députés ou 60 sénateurs (révision constitutionnelle du 29 octobre 1974) et la

---

[1786] Article 52 de la Constitution du 22 janvier 2001.

[1787] En droit constitutionnel moderne, cette technique est utilisée par le juge lors du contrôle de constitutionnalité pour éviter de déclarer l'inconstitutionnalité d'une disposition, soit en éliminant une interprétation possible qui serait contraire à la Constitution (réserve dite neutralisante), soit en donnant l'interprétation qui permet de déclarer la disposition conforme à la Constitution (réserve dite constructive). Il s'agit de sauver une disposition législative de la censure en déclarant celle-ci conforme à la Constitution à condition que son application respecte les interprétations énoncées par le juge. À ces techniques, la Cour constitutionnelle du Bénin ajoute « la déclaration de constitutionnalité sous réserve d'observations ». Cette technique permet à la Cour d'enjoindre au législateur de corriger la loi votée dans le sens fixé par elle. Au fond, le juge béninois va plus loin que le juge français, puisqu'elle substitue son interprétation à celui du législateur en lui enjoignant formellement les modifications à apporter à la loi. *Cf.* D GNAMOU, « La Cour constitutionnelle du Bénin en fait-elle trop ? », *Mélanges en l'honneur de Maurice HANHANZO-GLELE, La Constitution béninoise du 11 décembre 1990 : un modèle pour l'Afrique ?*, Paris, L'Harmattan, 2014, pp. 743-744 ; M. DIAGNE, « Le juge constitutionnel africain et la technique des réserves d'interprétation », *Revue juridique et politique des pays francophones*, N° 3, 2008, pp. 367-400.

[1788] B. KANTE, « Les juridictions constitutionnelles et la régulation des systèmes politiques en Afrique », *op. cit.*, p. 273.

[1789] B. KANTE, « Les méthodes et technique d'interprétation de la Constitution : L'exemple des pays d'Afrique occidentale francophone », *in* Mélin-Soucramanien (dir.), *L'interprétation constitutionnelle*, Paris, Dalloz, 2005, pp. 159 et s.

[1790] Cons. const., 16 juillet 1971, Liberté d'association, *in* L. FAVOREU et L.PHILIP, *Les grandes décisions du Conseil constitutionnel, op. cit.*, p. 50.

révision constitutionnelle de 2008, il est généralement admis aujourd'hui que le Conseil constitutionnel français joue un rôle important dans la garantie de l'État de droit, à l'instar des autres juridictions constitutionnelles européennes[1791]. Cette juridictionnalisation le rapproche davantage des Cours constitutionnelles européennes.

Au Sénégal, du bilan de l'activité juridictionnelle du Conseil constitutionnel, il résulte des niches de dénis de justice qui dénient à celui-ci le caractère d'une véritable juridiction constitutionnelle.

A- Une protection insuffisante de l'ordre constitutionnel

Le Conseil constitutionnel ne dispose d'une compétence générale mais seulement d'attribution strictement définie par la Constitution et la loi organique du 30 mai 1992, modifiée. Cette disposition ne distingue nullement les missions juridictionnelles des fonctions consultatives. L'interprétation stricte des textes, même si elle se justifie, a des inconvénients graves. L'incompétence chronique dans lequel s'emmurent les cinq sages des Almadines et la frilosité avec laquelle ils interprètent leur mission déroutent souvent les acteurs politiques et institutionnels, ainsi que les observateurs et relèguent leurs attentes aux calandres grecques. Une évaluation du bilan de la jurisprudence du Conseil constitutionnel révèle une conception restrictive et objective de son rôle. Il se limite à vérifier la conformité des lois à la Constitution.

Certes, comme le souligne le Professeur Babacar KANTE, le Conseil est attaché à la préservation de l'État de droit[1792], mais il demeure que des carences sont de plus en plus notées sur le terrain de l'arbitrage des conflits entre majorité et opposition et de la protection et la promotion des droits fondamentaux. Ces carences se manifestent dans l'activité juridictionnelle du Conseil constitutionnel par des niches de dénis de justice. Ces dernières sont dues à l'autolimitation du Conseil constitutionnel dans sa fonction de protection de l'ordre constitutionnel. Dans la pratique, le pouvoir discrétionnaire du législateur n'est pas suffisamment soumis à la surveillance juridictionnelle du Conseil constitutionnel. De même, une panoplie d'actes échappe au contrôle de constitutionnalité laissant libre cours des niches de dénis de justice, offrant ainsi moins d'espace de libertés aux citoyens.

[1791] A. ROUX, « Le nouveau Conseil constitutionnel. Vers la fin de l'exception française ? », *op. cit.*, p. 176.

[1792] B. KANTE, « Les juridictions constitutionnelles et la régulation des systèmes politiques en Afrique », *op. cit.*, p. 267.

Dans la jurisprudence du Conseil constitutionnel depuis sa création en 1992, il faut tout simplement constater que cette institution n'a pas été toujours frileuse dans l'interprétation de sa mission. Selon certains spécialistes[1793] du droit constitutionnel, le Conseil a plus ou moins joué sa partition avec des décisions courageuses. En effet, dans l'arbitrage du contentieux électoral, le Conseil a eu à rendre des décisions salutaires pour la démocratie en application des dispositions du Code électoral. Aux termes de l'article L.O. 90 du Code électoral modifié, lors du dépôt des listes de candidatures à l'élection présidentielle, un candidat ne peut utiliser une couleur, un sigle ou un symbole déjà choisi par un autre candidat. En cas de contestation, le Conseil attribue par priorité à chaque candidat, sa couleur, son sigle ou son symbole traditionnel par ordre d'ancienneté du parti qui l'a investi. Se fondant sur ces dispositions, Abdou DIOUF alors, Secrétaire général du Parti socialiste et Président sortant saisit le Conseil d'une requête en date du 27 janvier 1993 pour interdire le vert utilisé par le candidat du Parti africain écologiste (PAES). Mais aux termes de l'article L.O 93 du Code électoral, stipulant que « les réclamations doivent parvenir au Conseil avant l'expiration du jour suivant celui de l'affiche de la liste des candidats au greffe », le Conseil considère la requête tardive puisqu'elle n'a été introduite et enregistrée que le 27 janvier 1993 alors que la liste des candidats a été arrêtée et publiée par le Conseil le 22 janvier. Par conséquent, le juge a déclaré cette requête irrecevable. La même situation s'est reproduite en 2000 avec le candidat Moustapha NIASSE. Le candidat Abdou DIOUF, estimant qu'il y avait une similitude entre la couleur et le symbole de son bulletin de vote et ceux qu'envisagent d'utiliser NIASSE, introduit un recours devant le Conseil le 4 février 2000 pour demander la rectification des choix de NIASSE. Le Conseil, après avoir reconnu à DIOUF le droit de porter une réclamation contre la liste des candidats rejette malgré tout son recours pour tardivité[1794]. Cependant, le Professeur E. H. MBODJ situe la morosité du Conseil après 2000 quand le Président WADE a saisi les cinq sages d'une lettre de demande d'explication qui ressemblait beaucoup à une mise en demeure[1795].Très souvent, comme c'est le cas dans la mise en accusation du Premier ministre Idrissa SECK, après le

---

[1793] Voir l'interview du Professeur E.H. MBODJ, *in La Gazette du Pays et du Monde*, N°76 du 16 au 23 septembre 2010, p. 8.

[1794] *Cf. La Gazette du Pays et du Monde*, N° 76 du 16 au 23 septembre 2010, p. 8.

[1795]Interview, *in La Gazette du Pays et du Monde*, N°76 du 16 au 23 septembre 2010, p. 8.

vote de la loi EZZAN, amnistiant tous les crimes liés aux élections, ou encore dans l'affaire d'exclusion des députés à l'Assemblée nationale sans oublier le couplage et le découplage des élections présidentielles et législatives, la prorogation du mandat des députés votée le Vendredi 26 décembre 2005, entre autres, par ses décisions d'incompétence, le Conseil constitutionnel sénégalais a manqué l'occasion de se positionner comme un acteur principal de la construction et du renforcement des acquis de l'État de droit. Les solutions apportées aux différentes questions soulevées par les requérants laissent dubitatifs les acteurs et observateurs de la scène politique sénégalaise.

À titre d'exemple, on peut citer la demande de constat de perte de mandat du député Mbaye Jacques DIOP suite à la fusion de son parti avec le Parti Démocratique Sénégalais[1796]. Le requérant estimait que, puisque M. DIOP, a été élu sous la bannière de son parti, la disparition de celui-ci entrainait de droit la perte de qualité de député, et que cette situation crée un cas d'application de l'article 60 de la Constitution. Sur le fond, le Rassemblement des Écologistes du Sénégal a posé un problème juridique intéressant. Il s'agit d'interpréter le sens de l'article 60 alinéa 4 de la Constitution[1797]. Cependant, en l'espèce, la décision du juge va se singulariser par l'autolimitation de celui-ci en ces termes : *« le Conseil n'a pas compétence pour constater la déchéance prévue à l'article 60 al 4 de la Constitution »*[1798]. Cette affaire montre que, contrairement aux Cours constitutionnelles, le Conseil constitutionnel sénégalais utilise des techniques qui ne sont pas de nature à promouvoir des droits et libertés constitutionnellement garantis.

Ces niches de dénis de justice qu'aurait sanctionnées une véritable juridiction constitutionnelle, peuvent être décelées dans la pratique parlementaire. Il en est ainsi de la destitution des députés Moustapha Cissé LO, de Mbaye NDIAYE et autres de l'hémicycle en 2009. En effet, de cette destitution procédait une violation de l'article 60 de la Constitution qui fixe les conditions de la cessation prématurée du mandat des parlementaires. Il en résultait une atteinte injustifiée des droits constitutionnels des concernés. Mais, tout porte à croire que même si le Conseil constitutionnel était saisi, il n'aurait pas sanctionné

1796 I. M. FALL (dir.), *Les décisions et avis du Conseil constitutionnel du Sénégal. Rassemblés et commentés, op. cit.*, p. 457.

1797 S. M. SY, *Les régimes politiques sénégalais de l'indépendance à l'alternance politique 1960-2000, op. cit.*, p. 313.

1798 I. M. FALL (dir.), *Les décisions et avis du Conseil constitutionnel du Sénégal. Rassemblés et commentés, op. cit.*, p. 457.

ces dérives[1799] car ne disposant pas d'un pouvoir général de contrôle de constitutionnalité à l'instar des Cours constitutionnelles.

Ainsi, afin de mettre un terme à « l'exception » inspirée du modèle français de justice constitutionnelle, il convient d'essayer de retourner à l'orthodoxie par la création d'un Tribunal ou d'une Cour constitutionnelle.

Section II : Les avantages de la réforme de la juridiction constitutionnelle

Afin de faire jouer à la juridiction constitutionnelle le rôle qui doit être le sien dans le système institutionnel, la création d'une véritable juridiction constitutionnelle, qu'elle soit dénommée Cour, Conseil ou Tribunal constitutionnel peut être bénéfique. L'avant-projet de Constitution proposé par la Commission nationale de Réforme des Institutions, envisageait de changer la dénomination de la juridiction en charge de la protection de l'ordre constitutionnel. En effet, à la dénomination Conseil constitutionnel, les acteurs de la réforme entendent substituer celle de « Cour constitutionnelle », désignant ainsi, l'institution en charge du contrôle de constitutionnalité qui figure parmi les institutions de la République[1800]. Seulement, celle-ci suivant les recommandations de la Commission ne sera pas distincte du pouvoir judiciaire, car faisant partie du titre réservé à celui-ci[1801]. Au demeurant, des propositions de la Commission, il ressortait que la future juridiction constitutionnelle devait avoir plus de pouvoirs que le Conseil constitutionnel. En plus des attributions déjà conférées au Conseil constitutionnel, l'avant-projet de Constitution entendait conférer à la future Cour constitutionnelle la compétence pour statuer sur toute question d'interprétation et d'application de la Constitution[1802]. Il s'agit pour le constituant de relever dans le futur les défis auxquels est confrontée la protection juridictionnelle de l'ordre constitutionnel.

La valorisation de la nouvelle institution pour une plus grande effectivité de la protection de l'ordre constitutionnelle lui permettra d'acquérir une légitimé sociale confortée[1803]. Ainsi, la procédure

---

[1799] I. M. FALL, *Les révisions constitutionnelles au Sénégal. Révisions consolidantes et révisions déconsolidantes de la démocratie sénégalaise, op. cit.*, p. 50, note 123.

[1800] Article 5 de l'avant-projet de Constitution. En outre, la Section 2 du titre V est intitulé « de la Cour constitutionnelle ».

[1801] Titre Vde l'avant-projet de Constitution intitulé « le pouvoir judiciaire ».

[1802] Article 107 de l'avant-projet de Constitution.

[1803] M. CAPPELETTI, « Nécessité et légitimité de la justice constitutionnelle», *in Les Cours constitutionnelles et droits fondamentaux, op. cit.*, pp. 461-493.

constitutionnelle devant la Cour devrait être rationalisée pour permettre un déroulement judicieux du procès constitutionnel (Paragraphe I). Au fond, en lieu et place des compétences attributives du Conseil constitutionnel, la Cour constitutionnelle devrait se voir reconnaître une compétence de droit commun afin de lui permettre de statuer en toute circonstance sur les différends constitutionnels portés devant elle (Paragraphe II).

Paragraphe I : La démocratisation de la procédure devant la juridiction constitutionnelle

La procédure et la forme du procès constitutionnel sont des facteurs de légitimité de la juridiction constitutionnelle. Ainsi, au Sénégal, la question de l'accès à un procès constitutionnel équitable présente un enjeu de taille dans la réforme de la juridiction constitutionnelle. Les évolutions du droit processuel doivent répondre mieux aux exigences de protection des droits fondamentaux. Il s'agira d'une évolution vers une plus forte juridictionnalisation de l'organe en charge de protéger l'ordre constitutionnel[1804]. Au demeurant, sans bouleverser l'équilibre des institutions, les propositions de réforme sur ce point doivent être prudentes. Il convient donc de déterminer les préalables nécessaires à la réforme de la procédure devant la juridiction constitutionnelle (A), avant d'envisager les axes de la réforme(B).

A- Les préalables nécessaires

L'impasse dans laquelle, peut aboutir la réflexion sur la réforme de la procédure devant le Conseil constitutionnel oblige à centrer la réflexion sur les points qui peuvent servir de repères pour mener à bout cette entreprise qui n'est pas aussi aisée qu'on pourrait le croire. En effet, la réforme de la procédure devant la juridiction constitutionnelle doit prendre en compte la particularité du procès constitutionnel (I), en vue d'établir un règlement de procédure (II).

I- La particularité du procès constitutionnel

La juridiction constitutionnelle est logée au titre réservé au pouvoir judiciaire. Ainsi, on peut présumer que la procédure doit être celle d'une

---

[1804] Ce fut le souhait exprimé par R. BADINTER à propos du Conseil constitutionnel français lorsqu'il quittait sa fonction de membre du Conseil constitutionnel en 1995 : voir l'interview à *La vie judiciaire,* 6-12 mars 1995.

juridiction de type classique[1805]. Seulement, le procès constitutionnel n'est pas un procès comme les autres. En effet, de par son objet et ses acteurs, il s'écarte de la procédure juridictionnelle de droit commun. L'institution en charge du contrôle de constitutionnalité n'ayant pas été instaurée selon un modèle de juridiction classique du fait que les questions de constitutionnalité sont des questions de droit pur. Ce qui est demandé au juge c'est de vérifier la conformité d'un acte juridique ou d'un comportement à l'ordre constitutionnel.

Les questions liées à une réparation de nature pécuniaire sont réduites à un strict minimum dans « le procès constitutionnel »[1806]. Dans un tel procès, les caractéristiques qui gouvernent le procès ordinaire ne peuvent donc être reprises de façon globale. À tout le moins, la transparence est de plus en plus recherchée dans les différentes étapes du procès constitutionnel. Mais du fait de ses particularités, il ne faut pas qu'elle produise « des effets de manche »[1807]. Le débat devant le prétoire du juge constitutionnel doit être celui de moyens et principes de pur droit.

La controverse sur la nécessité d'introduire la publicité des opinions particulière des juges, appelées opinions dissidentes n'est pas pertinente dans le contexte sénégalais de justice constitutionnelle. En effet, le secret des délibérations est si ancré dans la tradition de la justice sénégalaise, que le plaidoyer favorisant un modèle qui encourage la prise de position personnelle des juges constitutionnels *a fortiori* de façon publique est presque insoutenable. En d'autres termes, l'introduction des opinions dissidentes dans le système sénégalais serait une hérésie. Elle est contraire à l'idée selon laquelle la décision de justice est rendue de façon collégiale par les juges constitutionnels et relève de leur responsabilité commune. À d'autres égards, l'autorité de la décision de justice constitutionnelle en serait affaiblie et le caractère objectif du contrôle de constitutionnalité en pâtirait[1808].

[1805] Nous l'avons déjà souligné le Conseil constitutionnel est logé au titre VIII notamment à l'article 88 de la Constitution du 22 janvier 2001 intitulé « du pouvoir judiciaire ».

[1806] P. JAN, *Le procès constitutionnel*, Paris, LGDJ, Coll. « système », 2001, 223 p.

[1807] G. DRAGO, « Réformer le Conseil constitutionnel ? », *op. cit.*, p. 84.

[1808] La publication des opinions dissidentes limite l'indépendance des juges par rapport aux autorités politiques qui les nomment ou même à leurs familles politiques d'origine. Par ailleurs, faut-il le noter la virulence des « *dissenting opinions* » dans l'affaire BUSH Vs. GORE a jeté du discrédit sur l'autorité de la Cour suprême des États-Unis. Bref, la publication des opinions dissidentes peut favoriser la tentation des membres du Conseil constitutionnel de faire de la politique autrement et par d'autres

Seulement, des réformes peuvent être envisagées malgré ces particularités du procès en vue de le rendre plus équitable. Mais, avant de décrire les axes des réformes souhaitées, il convient de déterminer le cadre juridique qui doit être le réceptacle de ces dernières.

II- L'établissement d'un règlement de procédure

Dans le but d'éviter de surcharger la Constitution et la loi organique qui régit le fonctionnement de la juridiction constitutionnelle, l'essentiel des règles de procédure devra être fixé par le règlement intérieur de la Cour. La loi organique habilite la juridiction constitutionnelle à établir son règlement intérieur[1809]. D'ailleurs, le Conseil constitutionnel a établi son règlement intérieur sur la base de cette habilitation du législateur organique[1810]. Seulement, cet instrument juridique comporte des insuffisances qui, à certains égards, méritent d'être corrigées. Le règlement intérieur apparaît ainsi comme un moyen commode et légitime de réaliser les améliorations procédurales.

Le juge constitutionnel dispose de la possibilité de se déterminer en fonction des réalités propres au contexte juridique, social et politique sénégalais sans se référer à d'autres modèles. À cet effet, la loi organique n° 2016-23 du 14 juillet 2016 dispose en son article 11 que le Conseil constitutionnel dispose d'un règlement intérieur approuvé par décret. Et il faut le dire cette approbation du président de la République peut susciter des interrogations sur son immixtion dans l'élaboration de l'acte juridique qui fixe les méthodes de travail des juges constitutionnels[1811]. Techniquement, l'élaboration de ce règlement devrait être l'apanage des membres de la juridiction constitutionnelle qui pourraient ainsi innover, inventer des modèles procéduraux adaptés aux spécificités sénégalaises de contrôle de constitutionnalité par l'établissement d'un véritable règlement de procédure. Il est une prérogative qui découle naturellement du statut d'organe constitutionnel

---

moyens. Pour les études comparatives des opinions dissidentes, *in Les Cahiers du Conseil constitutionnel,* Paris, Dalloz, N° 8 2000, avec pour la France les réflexions de François LUCHAIRE et de Georges VEDEL (contre) et Dominique ROUSSEAU (pour). Plus généralement voir W. MASTOR, *Contribution à l'étude des opinions séparées des juges constitutionnels,* Thèse (Dir.) Louis FAVOREU, Université Aix-Marseille III 2001.

1809 Article 10 de la loi organique N° 92-23 du 30 mai 1992 sur le Conseil constitutionnel, précitée

1810 Voir I. M. FALL (dir.), *Les décisions et avis du Conseil constitutionnel. Rassemblés et commentés, op. cit.,* p. 535.

1811 *JORS,* 161e Année, N° 6946 (Numéro spécial) du Vendredi 15 juillet 2016, p. 927.

de l'institution en charge de la protection de l'ordre constitutionnel. La jurisprudence du Conseil d'État français corrobore ce point de vue[1812]. Le pouvoir réglementaire accordé à la juridiction constitutionnelle est le corollaire de son autonomie et ne saurait être contesté devant un juge ordinaire[1813]. La Cour constitutionnelle italienne dans sa décision N° 2 du 16 décembre 1985 a affirmé qu'elle bénéficie *« d'un pouvoir d'auto-organisation inhérente à l'autonomie de l'institution »*[1814]. Ce pouvoir, dans sa dévolution reste cependant modulable. C'est ainsi que dans certains États, le règlement intérieur de la juridiction constitutionnelle est préparé par une Commission spéciale[1815]. En Italie, la procédure est plus encadrée. Le règlement général de la Cour constitutionnelle prévoit que les modifications de la réglementation interne de la Cour relèvent de la compétence de la *commission pour les études et le règlement*[1816]. En Allemagne, il existe un *comité permanent* chargé des questions liées à la réglementation intérieure. Ce comité dénommé *comité du règlement* est composé de quatre juges élus par leurs pairs, du président et du vice-président de la Cour constitutionnelle[1817].

Il convient de noter qu'en dehors du règlement intérieur proprement dit, le Président et le Secrétaire général de la juridiction constitutionnelle peuvent disposer d'un pouvoir réglementaire en vertu des principes dégagés par le Conseil d'État dans l'arrêt *Jamart*[1818]. Toutefois, une question ne manque de se poser : celle du domaine du règlement

---

[1812] CE, Ass., 25-10-2002, M. Brouant, *Dalloz*, 2002, p. 3034. note Hugues MOUTOUH. Le juge rejette pour incompétence un recours dirigé contre le règlement intérieur du Conseil constitutionnel du 27 juin 2001 établissant le régime des archives en ces termes : *« eu égard à cet objet l'accès aux archives du Conseil constitutionnel qui n'est pas dissociable des conditions dans lesquelles le Conseil constitutionnel exerce ses missions qui lui sont confiées par la Constitution, ce règlement ne revêt pas le caractère d'un acte administratif dont la juridiction constitutionnelle serait compétente pour connaître »*.

[1813] L. FAVOREU, « Le Conseil d'État respecte l'indépendance du Conseil constitutionnel », *D*, 2002, p. 3289.

[1814] R. RICCI, *Le procès constitutionnel en Italie*, Paris, Economica, PUAM, 1996, p. 30.

[1815] Aux États-Unis les modifications des *rules* de la Cour suprême sont en général préparées par une commission de trois juges.

[1816] J. C. ESCARAS, *Chron*, Italie, *A.I.J.C*, 1985, p. 488.

[1817] Article 3 du règlement intérieur de la Cour constitutionnelle.

[1818] Dans cette affaire, le juge administratif français estime que tout chef de service a la possibilité de prendre des mesures nécessaires pour le bon fonctionnement de l'administration placée sous son autorité. Voir J. PINI, *Recherches sur le contentieux constitutionnel*, *op. cit.*, p. 236.

intérieur de la juridiction constitutionnelle. Plus intéressante parmi les matières qui seront régies par le règlement intérieur est la procédure applicable devant la juridiction constitutionnelle. Elle est d'ailleurs la pierre angulaire du domaine du règlement intérieur. Ainsi, cet instrument juridique permettra-t-il de déterminer le cas échéant les frais de justice, les règles de forme et de procédure, l'obligation de préciser certaines mentions, la fixation du nombre d'exemplaires de requêtes à fournir, les délais à respecter. Mais aussi, l'organisation du travail de la juridiction constitutionnelle. Il en est ainsi de la conduite des audiences par la détermination de la durée des arguments oraux le cas échéant, les modalités de leur déroulement, les règles de répartition des affaires entre les formations de la juridiction le cas échéant, la conduite et la délibération des juges constitutionnels et la présentation des décisions[1819].

En définitive, le recours à un véritable « règlement de procédure »[1820] est un moyen juridique permettant de sous-tendre les réformes envisagées pour un procès équitable.

A- Les axes de la réforme de la procédure

Le droit constitutionnel processuel ne peut intégrer l'ensemble des traits qui caractérisent le procès ordinaire. C'est pourquoi, seule l'introduction dans le procès constitutionnel des éléments de la procédure ordinaire qui protègent les droits constitutionnels des requérants est nécessaire. Dans l'ensemble, le procès constitutionnel peut se dérouler dans le respect du principe du contradictoire (I) et de l'allégement du caractère secret des délibérations (II).

I- Le principe du contradictoire

Dans un procès équitable, énonciation de la vérité juridique par le juge suppose au préalable qu'il ait recueilli les prétentions des parties. Au Sénégal, à l'état actuel du droit, la procédure devant le Conseil constitutionnel n'est pas contradictoire[1821]. En d'autres termes, le droit

[1819] E. TAWIL, *ibid.*, p. 11

[1820] G. DRAGO, « Réformer le Conseil constitutionnel ? », *op. cit.*, p. 86.

[1821] Certes, la loi organique sur le Conseil constitutionnel (article 12) prévoit en ce qui concerne la procédure de l'exception d'inconstitutionnalité, que le Président de la République, le Premier ministre et le Président de l'Assemblée parlementaire peuvent produire par un mémoire écrit leurs observations devant le Conseil constitutionnel, mais il ne s'agit là que des prémisses à la formalisation du droit de défense devant la juridiction constitutionnelle.

à la défense n'existe pas réellement dans le procès constitutionnel[1822]. À cet effet, Dominique TURPIN parle de « l'alchimie mystérieuse »[1823], Guy CARCASONNE y voit une « boite noire », alors que Dominique ROUSSEAU qualifie cet état de la procédure de « rudimentaire » et conclut à « une juridictionnalisation inachevée ».[1824] Certes, « s'interroger sur le principe du contradictoire et le juge constitutionnel revient à étudier une sorte d'Arlésienne du droit »[1825], mais il en demeure cependant, qu'une telle interrogation est primordiale dans un système de justice constitutionnelle qui se veut garant des droits fondamentaux.

Le principe du caractère non contradictoire de la procédure est rappelé par le Conseil constitutionnel lors des échanges épistolaires du Conseil avec le Président de la République Maître Abdoulaye WADE. À l'occasion, le requérant a évoqué l'article 9 de la Constitution du 22 janvier 2001. Aux termes de ce texte, la défense est un droit absolu à tous les états et à tous les degrés de la procédure. Par ailleurs, selon le Président WADE, en matière électorale, conformément à l'article 8 du règlement intérieur du Conseil constitutionnel, la requête doit être communiquée au greffe de la juridiction constitutionnelle et aux intéressés conformément aux dispositions du Code électoral. Le juge dans sa réponse, précise le champ d'application de l'article 9 de la Constitution et rappelle les dispositions des articles 12 et 13 de la loi organique sur le Conseil constitutionnel qui sont la base juridique du principe du non contradictoire. Ensuite, il rappelle que lesdites dispositions du point de vue de la hiérarchie des normes ont une valeur supérieure à celle du règlement intérieur du Conseil constitutionnel. Sur la base de ces arguments, le juge répond au Président WADE que la procédure devant le Conseil constitutionnel n'est pas contradictoire[1826]. Pourtant, à tout dire, la juridicité de la Constitution et son contenu riche

---

1822 En matière électorale et référendaire, le législateur organique prévoit en son article 14 que le recours ayant pour objet de contester la régularité des opérations est selon le cas communiqué par le greffier en chef aux autres candidats ou à l'autre courant qui ont quarante-huit-heures pour déposer leur mémoire en réponse. Loi organique 2016-23 du 14 juillet 2016, *JORS,* 161e Année, N° 6946 (Numéro spécial) du Vendredi 15 juillet 2016, p. 927.

1823 D. TURPIN, *Contentieux constitutionnel,* Paris, PUF, 2e édition, « coll. Droit fondamental », p. 322.

1824 D. ROUSSEAU, *Droit du contentieux constitutionnel, op. cit.*, p. 32-34.

1825 M. VERPEAUX, « La procédure contradictoire et le juge constitutionnel », *RFDA,* N °17, mars-avril 2001, p. 339.

1826 E. H. O. DIOP, *La justice constitutionnelle au Sénégal. Essai sur l'évolution, les enjeux et les réformes d'un contre-pouvoir juridictionnel, op. cit.,* pp. 150 et s.

en droits et libertés de la personne humaine contrastent avec cette donne. D'ailleurs à propos du droit à la défense prévu par l'article 9 de la Constitution, dans une lettre du président du Conseil, en réponse à une correspondance du Président WADE, celui-ci a bien reconnu que *« Ce principe fondamental figure dans les principaux instruments internationaux et régionaux et constitue un des éléments essentiels d'un procès équitable »*[1827] dont la plupart d'entre eux font partie de l'ordre constitutionnel. C'est pourquoi, le droit à la défense devant la juridiction constitutionnelle par l'instauration du principe du contradictoire est d'un intérêt indéniable.

Devant le Conseil constitutionnel français, il existe une pratique non prévue par les textes qui consiste en une adresse au Conseil constitutionnel par des institutions, des sociétés, des associations ou des particuliers de manière spontanée des notes critiquant ou défendant la loi à lui déférer. Ces interventions sont qualifiées de « portes étroites »[1828] lorsqu'elles mettent en cause des dispositions non critiquées par les auteurs de la saisine. Lorsqu'elles sont susceptibles d'influencer la décision du Conseil, elles font l'objet d'une diffusion par le conseiller rapporteur et d'une transmission au gouvernement.

Cependant, en matière électorale, la défense pourrait être dévolue à « l'administration électorale »[1829] une fois que la requête est introduite par le mandataire de la formation politique. Il appartiendra à l'administration de fournir au juge les motifs[1830] de la décision prise et qui lèse les droits des concernés. Cela permettra au juge d'avoir une vision nette du dossier et d'apprécier en toute objectivité la constitutionnalité de la mesure querellée. De même, s'agissant des mesures administratives attentatoires aux droits et libertés constitutionnels de la personne humaine, la procédure devant la juridiction constitutionnelle devra être contradictoire. En effet, le destinataire d'une mesure

[1827] *Le Soleil* du mardi 10 avril 2001.

[1828] Ces « portes étroites » sont souvent rédigées par des Professeurs de droit à la demande des intéressés. Toutefois, elles ne sont pas publiées au Journal officiel, elles ne figurent pas aussi au dossier contradictoire.

[1829] E. H. MBODJ, « Faut-il avoir peur des institutions électorales en Afrique ? », *op. cit.*, p. 2.

[1830] Ce sont les éléments de fait et de droit qui sont à la base de la décision de l'autorité administrative. Voir A. DIEYE, « Le juge et la motivation des actes administratifs au Sénégal », *Revue EDJA,* N° 81, avril-mai-juin 2009, pp. 7-36.

administrative restrictive d'une liberté publique garantie par la Constitution doit être à même de présenter sa défense[1831].

La juridiction constitutionnelle sénégalaise, telle qu'elle fonctionne, est mal connue des citoyens. Cette situation est sans doute due au caractère exotérique, voire hermétique, du droit constitutionnel et de la jurisprudence constitutionnelle réservés aux seuls initiés, d'où la nécessité d'alléger le caractère secret qui entoure le procès constitutionnel.

II- L'allégement du caractère secret de la procédure

La fonction de rendre la justice constitutionnelle se fait au Sénégal dans la plus grande confidentialité. Le secret qui entoure la désignation du rapporteur, lorsqu'une affaire est inscrite au rôle de la juridiction, ainsi que l'instruction, et le caractère non public de l'audience en sont les manifestations les plus éclatantes. Certes, cela contribue à diminuer les pressions que peuvent subir les membres de la juridiction constitutionnelle, mais la prise en compte des réformes souhaitées et l'évolution vers des procédures plus démocratiques rendent nécessaire un allégement du caractère secret des délibérations.

Dans un État où les acteurs du contentieux constitutionnel aspirent de plus en plus aux exigences de la démocratie par des procédures transparentes, le caractère confidentiel de la procédure de contrôle de constitutionnalité peut provoquer un sentiment d'arbitraire envers la juridiction constitutionnelle considérée comme inféodée au pouvoir politique. Sur ce point, la justice constitutionnelle peut subir une amélioration sans pour autant bouleverser les principes les plus élémentaires qui gouvernent la fonction de juger.

La justice constitutionnelle, au cours du procès a des spécificités qui font son originalité d'autant qu'il n'est pas un procès comme les autres. Le procès constitutionnel implique la puissance publique dans ses branches normatives, de ce fait son champ peut couvrir des éléments qui sont assortis du sceau « secret d'État » et dont l'exposition sur l'agora n'aura aucune vertu démocratique. C'est pourquoi, le secret de l'instruction mérite d'être maintenu. Cependant, à d'autres égards, la publicité peut rendre la procédure plus transparente et alléger le secret qui l'entoure. La tentation est, en effet, grande de dire qu'une fois que le Conseil s'est prononcé, il faut se taire. Pourtant, contrairement à l'idée selon laquelle « dès lors que la décision du juge constitutionnel

[1831] Affaire Diogou Sall, précitée.

est rendue, la controverse s'éteint »[1832], les décisions du juge constitutionnel ne sont pas des vérités révélées, on peut et on doit même toujours les discuter, les soumettre à la « critique » au sens premier du terme, c'est-à-dire les « juger »[1833].

L'institution pourrait gagner une légitimé par l'ouverture et participerait à une démocratie d'opinion. En effet, les critiques qui sont adressées au juge par la doctrine dans le commentaire de ses décisions s'inscrivent dans une stratégie d'évaluation de la jurisprudence et lui permettent d'entreprendre des évolutions jurisprudentielles dans un sens positif. La technicité conférée aux questions constitutionnelles nécessite l'intervention de ceux qui s'intéressent à celles-ci, et qui discutent de la pertinence des solutions retenues par les juges[1834]. Ainsi l'innovation introduite par la loi organique du 14 juillet 2016 relative au Conseil constitutionnel est de taille. En effet, l'article 25 de ladite loi prévoit que toutes les décisions du Conseil constitutionnel sont désormais publiées au journal officiel.

Aussi, la juridiction constitutionnelle devra-t-elle développer « une politique de communication ». La communication permettra à la juridiction constitutionnelle d'être mieux connue de l'extérieur. Plusieurs moyens[1835] permettent d'arriver à cette fin. Pour cela, l'institution doit faire de la presse son allié par l'intermédiaire d'un « service des

[1832] L. FAVOREU, « Actualité et légitimité du contrôle juridictionnel des lois en Europe occidentale », *R.D.P,* 1984, p. 1195.

[1833] A. SALL, « Interprétation normative et norme interprétative : à propos des décisions du Conseil constitutionnel », *op. cit.*, p. 2.

[1834] J. MEUNIER, « Les décisions du Conseil constitutionnel et le jeu politique », *op. cit.,* p. 36.

[1835] Il peut s'agir de communiqué de presse, de conférence de presse…etc. Le Conseil constitutionnel français a adopté cette méthode de communication à propos de la responsabilité pénale du Président de la République. Voir le communiqué de presse du Conseil constitutionnel français du 10 avril 2000, *in Les Cahiers du Conseil constitutionnel,* N° 10, p. 7. Cette solution contraste de par son principe avec celle du Conseil constitutionnel sénégalais lors de la période préélectorale de 2012. En réalité à travers le séminaire qu'il a organisé, avec des fuites des conclusions dans la presse, le juge constitutionnel sénégalais nous l'avons déjà souligné s'est montré sensible aux pressions qui s'exerçaient sur lui en l'occurrence sur sa compétence ou non à connaître de la constitutionnalité de la candidature du Président sortant Me WADE. D'ailleurs la doctrine constitutionnelle sénégalaise ne manque pas de souligner l'impertinence de la tenue de ce séminaire. Voir E. H. MBODJ, « L'exorcisme d'un constitutionnaliste de bazar », *Le Populaire*, Quotidien d'informations et de proximité, Vendredi 25 novembre 2011 disponible à : http://www.popxibaar.com/Ces-exorcistes-constitutionnels-venus-d-ailleurs_a9879.html

relations extérieures »[1836]. De même, en matière de communication on peut souligner l'importance du site internet de la juridiction constitutionnelle[1837].

Paragraphe II : Une compétence de droit commun

La compétence de droit commun suppose l'instauration d'une juridiction unique en charge d'assurer la protection de l'ordre constitutionnel à laquelle sont transférées des compétences en la matière, jusque-là dévolues aux autres juges (A), et l'attribution de nouvelles compétences à celle-ci pour mettre fin aux niches de dénis de justice qui affectent la protection l'ordre constitutionnel sénégalais (B).

A- L'unification organique de la protection

Au Sénégal, l'état actuel de la dévolution juridictionnelle de la protection de l'ordre constitutionnel ne répond pas aux critères de l'unité organique de celle-ci. En effet, d'une part, le contentieux constitutionnel des actes administratifs échappe au Conseil constitutionnel. D'autre part, le contentieux électoral, qui, par son objet, peut impliquer parfois un contrôle constitutionnalité est écartelé entre plusieurs juridictions. Ainsi, l'unification du contentieux constitutionnel en vue d'instaurer une compétence de droit commun au profit d'une juridiction constitutionnelle unique fera de celle-ci le juge de droit commun de la protection des droits constitutionnels (I), et de l'entièreté du contentieux des élections nationales (II).

I- La protection des droits constitutionnels

Dans la pratique du contentieux constitutionnel sénégalais, il ressort une protection insuffisante des droits inscrits dans la Constitution. En effet, la compétence d'attribution est un facteur limitatif de la protection des droits fondamentaux. Ainsi, dans la perspective d'une protection plus efficace des droits constitutionnels, il pourrait être envisagé de réformer le Conseil constitutionnel afin de lui attribuer une compétence de droit commun en la matière, notamment le contentieux constitutionnel des actes administratifs (a) et la connaissance du contentieux de la responsabilité pénale des plus hautes autorités de l'État (b).

[1836] B. FRANCOIS, « La perception du Conseil constitutionnel par la classe politique, les médias et l'opinion », *op. cit.*, p. 141.

[1837] Les Décisions du Conseil constitutionnel sont mises en ligne dans son site internet.

a- Le contentieux constitutionnel des actes administratifs

D'emblée, il convient de préciser que dans les modèles juridictionnels qui s'inspirent de la tradition française, le contentieux constitutionnel des actes administratifs échappe au juge constitutionnel. L'antériorité du contrôle juridictionnel de l'administration à la mise en place d'une justice constitutionnelle, ainsi que l'autonomie du contentieux administratif[1838] et la valeur juridique relative longtemps attachée au texte de la Constitution expliquaient cette situation. Aujourd'hui, cette donne semble avoir fait son temps et la réflexion sur l'articulation du partage de compétences entre le juge administratif et le juge constitutionnel, mérite d'être orientée vers d'autres horizons en vue d'une plus efficace protection des droits et libertés fondamentaux. Cette perspective a connu un regain d'intérêt auprès de la doctrine. En effet, s'inscrivant dans la perspective de Charles EISENMANN qui indiquait que le droit administratif pouvait se développer en dehors du juge administratif[1839], les constituants africains des années 1960 attribuaient le contentieux constitutionnel des actes administratifs au juge judiciaire dans une perspective de protection des droits fondamentaux[1840]. Cette unification juridictionnelle n'a toutefois pas permis le développement d'une jurisprudence satisfaisante en matière de protection de l'ordre constitutionnel du fait de la non-spécialisation du juge. La création du Conseil constitutionnel n'a pas remis en cause cet état d'esprit du fait de l'éclatement du contentieux des droits constitutionnels entre différentes juridictions.

La dévolution du contentieux constitutionnel des actes administratifs fera de la juridiction constitutionnelle un juge de droit commun en matière de protection des droits fondamentaux inscrits dans la Constitution. Cette dévolution de la protection de l'ordre constitutionnel à la seule juridiction constitutionnelle relativise, si elle ne la remet pas en cause[1841], la théorie des écoles qui, pendant longtemps avait opposé

1838 M. LONG et autres, *Les grands arrêts de la jurisprudence administrative, op. cit.*, p. 3.

1839 C. EISENMANN, *Définition du droit administratif* (DES 1951-1952). Les cours du droit, Tome I, p. 30.

1840 P. MOUDOUDOU, « Réflexions sur le contrôle des actes de l'exécutif par le juge constitutionnel africain : cas du Bénin et du Gabon », *Jus Politicum,* N° 13, *La justice constitutionnelle contemporaine : modèles et expérimentations,* décembre 2014, pp. 1 et s

1841 J. CHEVALLIER, « La fin des Écoles », *RDP*, 1997, p. 679

l'école de Bordeaux, celle du service public[1842] à l'école de Toulouse, celle de la puissance publique[1843] dans la recherche du fondement du droit administratif. Désormais, avec l'avènement de la constitutionnalisation du droit, la Constitution devient la base juridique de l'ordre juridique national[1844]. Le glissement du principe de légalité au principe de constitutionnalité permet de mettre le juge constitutionnel au cœur du nouveau jeu démocratique[1845]. La juridiction constitutionnelle aura à contrôler aussi bien « l'excès de pouvoir législatif » que « l'excès de pouvoir administratif »[1846]. Si la justice constitutionnelle n'est pas chargée par principe de contrôler la constitutionnalité des actes administratifs, l'instauration d'une compétence de droit commun au profit de la juridiction constitutionnelle en matière de protection des droits fondamentaux fera incidemment de celle-ci le juge de l'administration, tout au moins en ce qui concerne la constitutionnalité des actes administratifs.

Dans le contexte africain il s'agira d'une justice constitutionnelle très avancée et s'inscrivant dans la même lignée que la justice constitutionnelle béninoise, gabonaise[1847], espagnole[1848], allemande[1849] et belge[1850]. La dévolution du contentieux constitutionnel des actes administratifs portant atteinte aux droits et libertés constitutionnellement

---

[1842] R. BONNARD, « Léon Duguit. Ses œuvres. Sa doctrine », *RDP*, 1929, p. 5.

[1843] J. RIVERO, « Hauriou et l'avènement de la notion du service public », *Mélanges Mestre*, 1956, p. 451.

[1844] M. VERPEAUX, « Brèves considérations sur la constitutionnalisation des branches du droit », *RDP,* 2014, p. 1203.

[1845] D. ROUSSEAU, *Droit du contentieux constitutionnel, op. cit.,* p. 387.

[1846] G. VEDEL, « « Excès de pouvoir législatif et excès de pouvoir administratif », *op. cit.*, p. 77.

[1847] A. KPODAR, « Le contrôle de constitutionnalité des normes infra législatives et autres actes », *R.B.J.C.,Revue de contentieux constitutionnel*, I-2013, pp. 161-207.

[1848] Le tribunal constitutionnel espagnol protège les droits fondamentaux non seulement par le biais du contrôle des normes mais aussi par le recours direct des citoyens lésés à l'imitation du recours constitutionnel individuel allemand et surtout du « recours d'*amparo* » né dans le royaume d'Aragon et développé en Amérique latine. L'article 53-2 de la Constitution de 1978 dispose que « tout citoyen pourra invoquer la protection des libertés et des droits reconnus devant les tribunaux ordinaires… et à travers le recours *amparo* devant le tribunal constitutionnel. Le recours est ouvert contre les actes législatifs, administratifs et judiciaires ».

[1849] La loi fondamentale allemande autorise à toute personne de saisir le Tribunal fédéral constitutionnel en cas de violation d'un droit fondamental par une voie appelée recours constitutionnel (*Verfassungsbesch werde*).

[1850] E. RUSEN, « Un État fédéral en gestation : les réformes institutionnelles belges de 1988-1989 », *RDP,* 1991, pp. 1610et s.

proclamés au juge constitutionnel présente l'avantage d'une cohérence et d'une harmonisation de la jurisprudence constitutionnelle[1851]. Seulement, le juge constitutionnel dans sa mission de contrôle de constitutionnalité des actes administratifs devra procéder à des vérifications préalables. En effet, d'une part, il devra s'assurer que l'acte administratif querellé, de par ses dispositions a une portée réglementaire. D'autre part, le juge devra vérifier que l'acte porte atteinte à un droit ou une liberté garantis par la Constitution.

La démarcation entre le contentieux constitutionnel et le contentieux de la légalité, devra toutefois être assurée. Le juge constitutionnel ne pourra nullement connaître du contentieux de la légalité, une matière dévolue au juge de l'administration. Telle est la position de la Cour constitutionnelle du Bénin. En effet, cette juridiction constitutionnelle soucieuse du respect de la répartition des compétences n'a eu cesse de rappeler qu'elle n'est pas juge de la légalité au même titre que le juge ordinaire[1852].

La dévolution du contrôle de la constitutionnalité des actes administratifs à la juridiction constitutionnelle participerait de l'efficacité de la protection juridictionnelle de l'ordre constitutionnel. La fréquence des saisines du juge multipliera les occasions offertes à celui-ci de fixer les exigences de l'ordre constitutionnel vis-à-vis des pouvoirs publics. À cela s'ajoute le dédoublement juridictionnel du contentieux de l'administration. Le juge de l'administration pourra confronter l'acte administratif à toute sorte de norme supra décrétale mais infra constitutionnelle, contrairement au juge constitutionnel qui, lui, ne pourra que procéder à une vérification de constitutionnalité de l'acte administratif attaqué.

Cet argument sur l'efficacité du contrôle juridictionnel de l'administration est sans doute partagé par Alain BOCKEL qui estime à propos de la justice administrative que l'efficacité du contrôle juridictionnel de l'administration est fonction de l'importance et de la précision de la légalité qui s'impose aux autorités administratives ainsi que la fréquence avec laquelle le juge est sollicité[1853].

[1851] C. K. TCHAPANGA, « Le juge constitutionnel, juge administratif au Bénin et au Gabon ? », *op. cit.*, pp. 580 et s.

[1852] P. MOUDOUDOU, « Les tendances du droit administratif dans les États d'Afrique noire francophone », *Revue EDJA,* N° 81, avril-mai-juin 2009, p. 74.

[1853] A. BOCKEL, *Droit administratif, op. cit*., p. 426.

Dans l'ensemble, il s'agira donc de faire de la juridiction constitutionnelle le juge des libertés publiques. Mais, dans sa mission de protection des droits constitutionnels, la future juridiction constitutionnelle pourrait aussi bénéficier d'une dévolution du contentieux de la responsabilité pénale des plus hautes autorités de l'État.

b- Le contentieux de la responsabilité pénale des plus hautes autorités de l'État

Les dispositions constitutionnelles de la quasi-totalité des États africains de tradition juridique française, s'inspirant en cela de la tradition républicaine de la France, confèrent au Président de la République en exercice un privilège de juridiction[1854]. Le Président de la République n'est pénalement responsable, dans l'exercice de ses fonctions, qu'en cas de haute trahison[1855]. Ce privilège s'attache à l'infraction elle-même[1856], la haute trahison n'ayant en réalité pas de lien avec les infractions prévues par le Code pénal et sanctionnées en tant que telles. À ce privilège lié à l'infraction elle-même, s'ajoute un autre relatif à la juridiction compétente pour connaître de cette responsabilité ainsi qu'à la procédure de saisine de ladite juridiction[1857].

[1854] Voir T. ABLARD, « Le statut pénal du chef de l'État », *Revue française de droit constitutionnel*, N° 52, 2002, pp. 843-866 ; D. TURPIN, *Droit constitutionnel,* Paris, PUF, p. 489.

[1855] Voir, article 101 de la Constitution sénégalaise du 22 janvier 2001 ; article 138 de la Constitution burkinabé du 2 juin 1991 ; article 136 de la Constitution béninoise du 11 décembre 1990 ; article 109 de la Constitution ivoirienne du 1er août 2000 ; article 78 de la Constitution gabonaise du 2 mars 1991 et l'article 78 de la Constitution malienne du 25 février 1992.

[1856] Dans son *Précis de droit constitutionnel*, le Doyen Maurice Hauriou considère que « la haute trahison est un crime essentiellement politique ; en fait ce qui est visé, c'est la tentative de coup d'État, c'est-à-dire la haute trahison vis-à-vis des institutions constitutionnelles, bien plutôt que la trahison au point de vue patriotique », M. HAURIOU, *Précis de droit constitutionnel,* Paris, Sirey, 1929, p.415. Pour Maurice DUVERGER, la haute trahison devrait s'entendre de « tout manquement grave aux devoirs de la charge présidentielle », M. DUVERGER, *La 5e République*, Paris, PUF, 1963, p. 181. André Hauriou considère la haute trahison comme étant « un crime politique, mettant en cause les intérêts supérieurs du pays », A. HAURIOU, *Droit constitutionnel et institutions politiques*, Paris, Montchrestien, 5e éd. 1972. G. Vedel considère à son tour que la haute trahison est donc « une notion d'ordre politique non légalement définie », G. VEDEL, *Manuel élémentaire de droit constitutionnel*, Paris, Sirey, 1949, p.431.

[1857] O. BEAUD : « Le double écueil de la criminalisation de la responsabilité politique », *R.D.P.*, N° 2, 1999, p. 419.

L'article101 de la Constitution sénégalaise[1858] prévoit que le Président de la République n'est responsable qu'en cas de haute trahison et qu'en ce cas, il est jugé par la Haute Cour de justice. Les mêmes règles constitutionnelles s'appliquent aux ministres qui sont pénalement responsables des crimes et délits commis dans l'exercice de leurs fonctions[1859]. Seulement, en France, depuis la révision constitutionnelle du 19 juillet 1993, les ministres ne sont responsables pour les faits qualifiés de crimes et délits, que devant la Cour de justice de la République[1860].

Au demeurant, sur la question de l'interprétation de la notion de haute trahison deux écoles s'opposent : l'école pénaliste, dont le Doyen Léon DUGUIT est le chef de file et celle constitutionnaliste, majoritaire au sein de la doctrine. Léon DUGUIT estime que, sur le fondement de l'article 8 de la Déclaration des droits de l'Homme et du Citoyen qui dispose que « nul ne peut être puni qu'en vertu d'une loi établie et promulguée antérieurement au délit, et largement appliquée », l'indétermination des éléments constitutifs du crime de haute trahison empêche l'application des dispositions relatives à la notion, furent-elles constitutionnelles. L'indétermination textuelle de la haute trahison fait *in fine*, selon DUGUIT, obstacle au jugement du Président de la République[1861]. Cette opinion pénaliste n'est pas partagée au sein de la doctrine. Ainsi, défendant le pouvoir souverain d'interprétation des juges en la matière, MM. BARTHELEMY et ESMEIN qui, tout en concédant qu'à une infraction spécifique devrait correspondre une sanction particulière, considèrent qu'à défaut de textes, les juridictions constitutionnellement habilitées à connaître desdites infractions pouvaient suppléer le

---

[1858] Sur ce mimétisme voir J. du Bois de GAUDUSSON et autres, *Les Constitutions africaines publiées en langue française*, Tome 1, Bruxelles Bruylant 1997.

[1859] Article 101 de la Constitution sénégalaise du 22 janvier 2001.

[1860] R. DEBBASCH, *Droit constitutionnel*, Paris, Litec, 5e édition, 2005, pp. 170-171.

[1861] Ainsi se demandait-il déjà en 1924, en considération de l'état de la législation relative à la notion, « si le Président de la République pourrait être mis en accusation par la chambre et condamné pour haute trahison par le Sénat, pouvant apprécier souverainement les faits constitutifs du crime de haute trahison. En vertu du principe formulé précédemment, je réponds sans hésiter que cette mise en accusation et cette condamnation sont absolument impossibles tant qu'il n'y aura pas une loi déterminant les éléments constitutifs du crime de haute trahison et fixant la peine », L. DUGUIT, *Traité de droit Constitutionnel*, Tome IV, 2e éd, Paris, Boccard, 1924, p. 499.

constituant et fixer les peines dont l'absence invaliderait, selon l'opinion des pénalistes, la constitution du crime de haute trahison[1862].

Dans tous les cas, à travers les dispositions constitutionnelles, « on s'accorde généralement sur la nécessité de la mise en œuvre de la responsabilité pénale des gouvernants. Cependant, malgré les affaires, il était admis que le Président de la République et les ministres bénéficiaient d'un statut pénal les mettant à l'abri de poursuites abusives motivées par des velléités politiques et susceptibles de déstabiliser l'autorité de l'État »[1863]. Ainsi, puisqu'en l'absence de texte clair en la matière, il s'agira d'interprétation des dispositions constitutionnelles, certaines Constitutions ont pris en compte cette susceptibilité en associant les juges constitutionnels au jugement de la responsabilité pénale du Président de la République et des membres du gouvernement. Deux tendances se sont dessinées : une minimaliste et une maximaliste.

La tendance minimaliste consiste à faire participer les membres de la juridiction constitutionnelle à la formation de Haute Cour de Justice chargée de juger les gouvernants accusés de haute trahison, c'est le cas au Bénin. Le constituant béninois prévoit que « la Cour constitutionnelle fait partie de droit à la Haute Cour de Justice à l'exception de son président »[1864]. Ainsi, dans le modèle béninois, les membres de la Cour constitutionnelle à l'exception du président[1865] bénéficient de la double qualité de juge constitutionnel et de juge pénal des infractions commises par les autorités politiques qui sont du ressort de la Haute Cour de Justice. L'inconvénient de ce modèle réside dans la distribution des compétences inadéquates entre la Haute Cour de Justice et les juridictions de droit commun et conséquemment, une concurrence entre

---

1862 Voir J. BARTHELEMY, « La mise en accusation devant le Sénat du Président de la République et des ministres, à propos de la loi du 5 janvier 1918 et de l'arrêt de la Haute Cour du 6 août 1918, *RDP*, N° 3-4, 1918, pp.442-451 ; A. ESMEIN, *Eléments de droit constitutionnel français et comparé*, 8e éd. Par H. Nezard, Paris, 2e Vol., Sirey, 1928, p.289.

1863 Voir F. J. AIVO « La responsabilité pénale des gouvernants dans les régimes politiques africains d'influence française *», Revue belge de droit constitutionnel*, 2009, p.171.

1864 Article 117 al. 8 de la Constitution du 11 décembre 1990.

1865 L'exclusion du Président de la Cour constitutionnelle parmi les membres de la Haute Cour de justice est justifiée par le fait qu'aux termes de l'article 114 de la Constitution du 11 décembre 1990, en cas de mise en accusation du Président de la République, l'intérim est assuré par le Président de la Cour constitutionnelle.

elles en la matière[1866]. Cette opinion est proche de celle défendue par les Professeurs M. DUVERGER[1867] et A. HAURIOU. En effet, A. HAURIOU estime que « la compétence de la Haute Cour est concurrente et non exclusive, les membres du gouvernement pouvant être poursuivis devant les tribunaux judiciaires pour les mêmes faits »[1868]. Cette thèse de la compétence concurrente est relativisée par le Professeur M. KAMTO qui conteste sa « pertinence juridique », en estimant qu'elle est fondée sur des « bases extrêmement fragiles » en s'appuyant sur l'opinion d'auteurs tels que P. DESMOTTES[1869], C. DEBBASCH, J. M. PONTIER, J. BOURDON et J. C. RICCI[1870] et soutient le privilège de juridiction des ministres devant la Haute Cour de Justice[1871]. Cette controverse doctrinale atteste les disharmonies de jurisprudences qui peuvent résulter du contentieux pénal des gouvernants qui procède de la Constitution lorsque celui-ci n'est pas confié au juge de droit commun de la constitutionnalité.

Ainsi, pour garantir une interprétation uniforme de la Constitution, une autre tendance qu'on peut qualifier de maximaliste, consiste à attribuer la compétence de jugement des gouvernants à la juridiction constitutionnelle en cas d'infractions commises dans l'exercice ou à l'occasion de l'exercice leurs fonctions. C'est le cas de la République Démocratique du Congo. Cette visée ressort de la volonté du constituant congolais qui prévoit : « la Cour constitutionnelle est juge pénal du Président de la République et du Premier ministre dans les cas et conditions prévues par la Constitution »[1872]. En effet, le constituant congolais fait de la Cour constitutionnelle un juge pénal de circonstance pour les infractions politiques de haute trahison, d'outrage au Parlement, d'atteinte à l'honneur ou à la probité, ainsi que pour les délits d'initié et

[1866] M. NGUELE ABADA, « La Constitution béninoise du 11 décembre 1990 et la responsabilité pénale des gouvernants », *Mélanges en l'honneur de Maurice AHANHANZO-GLELE, La Constitution béninoise du 11 décembre 1990 : un modèle pour l'Afrique ?,* Paris, L'Harmattan, 2014, p. 554.

[1867] M. DUVERGER, *Institutions politiques et Droit constitutionnel*, Tome II, Paris, PUF, 4e édition, 1959, p. 662.

[1868] A. HAURIOU, *Droit constitutionnel et Institutions politiques*, *op. cit.*, p. 944.

[1869] P. DESMOTTES, *La responsabilité pénale des ministres en régime parlementaire français,* Paris, LGDJ, 1965, p. 252.

[1870] C. DEBBASCH, et autres, *Droit constitutionnel et Institutions politiques*, Paris, Economica, 1985, p. 647.

[1871] M. KAMTO, « La responsabilité pénale des ministres sous la Ve République », *RDP*, N° 5, 1991, pp. 1253-1271.

[1872] Article 163 de la Constitution du 18 février 2006.

pour les infractions de droit commun commises par le Président de la République et le Premier ministre dans l'exercice de leurs fonctions ou à l'occasion de l'exercice de leurs fonctions. Elle est également compétente pour juger leurs co-auteurs et complices[1873]. La décision de poursuivre et la mise en accusation du Président de la République et du Premier ministre sont votées à la majorité des deux tiers des membres du Parlement composant le Congrès[1874]. En cas de condamnation, le Président de la République et le Premier ministre sont déchus de leurs charges. La déchéance est prononcée par la Cour constitutionnelle[1875]. En la matière, les arrêts de la Cour constitutionnelle ne sont susceptibles d'aucun recours et sont immédiatement exécutoires[1876].

La dévolution à la Cour constitutionnelle de la compétence à connaître des infractions politiques et de droit commun, commises par le Président de la République et le Premier ministre permet d'ériger un régime juridique garantissant la justice des gouvernants. Ainsi, la réforme du Conseil constitutionnel pourrait s'inspirer du modèle de la République Démocratique du Congo en transférant à ladite Cour constitutionnelle la compétence de connaître le jugement des autorités politiques poursuivies pour haute trahison jusque-là dévolue à la haute Cour de Justice[1877]. Les réformes constitutionnelles allant dans ce sens n'auront pas pour effet de soustraire les gouvernants à la justice, mais de les faire juger, au cas échéant, par une juridiction plus habilitée à connaître de l'incrimination qui a un fondement constitutionnel. D'ailleurs, dans cet ordre d'idées, une question ne manquait pas de se poser : celle de savoir si la Cour de répression de l'enrichissement illicite était bien compétente pour juger M. Karim Meïssa WADE, ancien ministre accusé du délit d'enrichissement illicite ? La loi du 10 juillet 1981 instituant la Cour de répression de l'enrichissement illicite (CREI) prévoyait que si le Procureur constate que la personne incriminée bénéficie d'une immunité ou d'un privilège de juridiction, il doit alors transmettre le dossier à l'autorité compétente aux fins de poursuites par les voies légales[1878]. La loi sur la Cour de répression de l'enrichissement illicite admettait donc une dérogation à sa propre

[1873] Article 164 de la Constitution du 18 février 2006.
[1874] Article 166 de la Constitution du 18 février 2006.
[1875] Article 167 de la Constitution du 18 février 2006.
[1876] Article 168 de la Constitution du 18 février 2006.
[1877] Article 101 de la Constitution sénégalaise du 22 janvier 2001.
[1878] Article 7 de la loi N° 81-54 du 10 juillet 1981 créant une Cour de répression de l'enrichissement illicite, *JORS*, N° 4846, 24 juillet 1981, p. 716.

compétence pour prendre en compte le privilège de juridiction dont bénéficient certaines autorités politiques. En d'autres termes, dans l'esprit du législateur, il peut y avoir des personnes accusées du délit d'enrichissement illicite, mais dont le jugement ne relèverait pas de la Cour de répression de l'enrichissement illicite car bénéficiant d'un privilège de juridiction. Ainsi, du point de vue du droit, on peut estimer que Karim WADE devait bénéficier d'un privilège de juridiction, parce qu'il était incontesté qu'il a eu à exercer des fonctions ministérielles. Seulement, il ne devait bénéficier de ce privilège de juridiction que par rapport à la séquence temporelle pendant laquelle il a été ministre. La Constitution du 22 janvier 2001 dispose : « Le Premier ministre et les autres membres du Gouvernement sont pénalement responsables des actes accomplis dans l'exercice de leurs fonctions et qualifiés de crimes ou délits au moment où ils étaient commis. Ils sont jugés par la Haute Cour de Justice (...). Dans les cas prévus au présent alinéa, la Haute Cour est liée par la définition des crimes et délits ainsi que par la détermination des peines, tel qu'elles résultent des lois pénales en vigueur au moment où les faits ont été commis »[1879]. Selon le Professeur M. KAMARA, il résulte de cette disposition constitutionnelle que pour le cas d'espèce précité, il fallait sérier les infractions reprochées au sieur Karim Meïssa WADE de part et d'autre d'une date critique qui est la date à partir de laquelle il avait commencé à assumer des responsabilités ministérielles (le 6 mai 2009 très exactement)[1880]. Sur ce point relatif au privilège de juridiction en raison de la qualité d'ancien ministre de l'inculpé, par une ordonnance en date du 17 avril 2013, la Commission d'instruction de la CREI rejeta l'exception d'inconstitutionnalité soulevée par les conseils de Karim Meïssa WADE au motif que le délit d'enrichissement est un délit instantané et qu'en conséquence, le privilège de juridiction prévu par l'article 101 de la Constitution ne s'applique qu'au moment de la commission de l'infraction[1881]. À la suite du renvoi de l'affaire devant la Cour de répression de l'enrichissement illicite, ladite Cour, par un arrêt en date du 18 août

[1879] Article 101 al. 2 de la Constitution du 22 janvier 2001.

[1880] M. KAMARA, « Cour de répression de l'enrichissement illicite au Sénégal. Libres propos sur une juridiction controversée », inédit.

[1881] La Commission d'instruction devait considérer que le privilège de juridiction cesse avec la fin des fonctions qui confèrent ledit privilège, peu importe que la personne poursuivie se soit servie de ses fonctions ou de ses pouvoirs pour commettre l'infraction. CREI, Com. Instr., N°01/2013 du 17 avril 2013, Karim Meïssa WADE et autres, *inédit*.

2014 a conforté la position de la Commission d'instruction sur la nature de l'infraction en précisant que le privilège de juridiction ne peut bénéficier qu'aux ministres poursuivis pour les infractions constituées au moment où ils exerçaient leurs fonctions[1882]. La Cour suprême, suite au pourvoi en Cassation formé par les avocats de M. Karim Meïssa WADE, a considéré que le moyen pris du privilège de juridiction est « *non fondé* »[1883].

En définitive, les faits d'enrichissement illicite constatés avant la date critique sont passibles de poursuites devant la Cour de répression de l'enrichissement illicite (CREI), mais en aucun cas ceux qui pourraient avoir été commis après la date critique, lesquels ne peuvent être poursuivis que devant la haute Cour de justice qui est seule juridiquement fondée à en connaître. À cet effet, selon la doctrine, l'affaire Karim Meïssa WADE aurait dû faire l'objet de deux procédures, déclenchées devant deux juridictions distinctes, même s'il est permis d'imaginer que la tâche serait évidemment ardue. Il n'empêche que c'est cela le respect de la rigueur juridique car l'on ne peut pas dans la présente espèce faire, de manière simpliste, comme si l'article 101 alinéa 2 de la Constitution n'existait pas, sauf à passer délibérément l'éponge sur les faits d'enrichissement illicite clairement identifiés comme ayant été commis postérieurement à la date critique[1884]. D'ailleurs, dans l'arrêt rendu au fond, la Cour de répression de l'enrichissement illicite a constaté elle-même que certaines infractions imputables au sieur Karim Meïssa WADE ont été commises dans l'exercice des fonctions ministérielles et d'autres ont été commises en dehors de celles-ci[1885]. Cependant, du point de vue de sa compétence, la Cour ne tire aucune conséquence de cette dualité des infractions reprochées au sieur WADE. Cette jurisprudence à certains égards, est en contradiction avec celle de la Cour d'Appel de Dakar qui, à propos de la demande d'extradition émise par la Belgique à l'encontre de M. HABRE, un ancien Président de la République du Tchad refugié au Sénégal, a appliqué les dispositions de l'article 101 de la Constitution du 22 janvier 2001 pour rejeter ladite demande[1886]. Même si des réserves

[1882] *Ibid.*, p. 173.
[1883] Voir *AFP*, dépêche du 20 août 2015.
[1884] M. KAMARA, « Cour de répression de l'enrichissement illicite au Sénégal. Libres propos sur une juridiction controversée », inédit.
[1885] Voir *Le Quotidien*, N° 3646 du Vendredi 27 mars 2015, p. 6.
[1886] A. SALL, L'affaire Habré. Aspects judiciaires nationaux et internationaux, *op. cit.*, pp. 39 et s.

peuvent être émises sur la pertinence de l'application desdites dispositions constitutionnelles à un Président étranger, il demeure que dans l'esprit des juges de la Cour d'Appel, la qualité officielle implique l'application des dispositions de l'article 101 de la Constitution du 22 janvier 2001. Dans la jurisprudence française relative à la responsabilité pénale du Président de la République, on distincte nettement les infractions liées à l'exercice de la fonction de Président de la République et celles qui sont extérieures à cette fonction. Les juridictions de droit commun n'étant compétentes que pour les dernières[1887].

La Haute Cour de justice, tout comme la Cour de répression de l'enrichissement illicite est une juridiction d'exception. Seulement la Haute Cour de Justice résulte d'une loi organique[1888] alors que Cour de répression de l'enrichissement illicite est instituée par une loi ordinaire[1889]. Dès lors, en plus de la primauté des dispositions constitutionnelles précitées sur les textes de valeur législative qui fondent la Cour de répression de l'enrichissement illicite, s'ajoute celle de la loi organique qui organise le fonctionnement de la Haute Cour de Justice. Ce cas d'espèce atteste de la nécessité de l'urgence à trouver un compris pour fixer définitivement de façon claire le statut constitutionnel de la responsabilité pénale des autorités politiques. Afin de sortir de cette impasse, le constituant sénégalais pourra procéder par la création d'une Cour constitutionnelle chargée de juger les infractions politiques à l'instar de la République Démocratique du Congo.

Aussi, le contentieux électoral éparpillé entre plusieurs juridictions devra-t-il être centralisé autour d'un seul juge, le juge constitutionnel.

I- Le contentieux des élections nationales

Le choix du constituant et du législateur organique sénégalais est de confier la résolution du contentieux des élections aux autorités juridictionnelles, rompant ainsi avec le système dit de vérification des pouvoirs. Ce modèle de gestion du contentieux des élections s'inscrit dans la dynamique des Constitutions modernes. Le modèle sénégalais

---

[1887] X. PRETOT, « Quand la Cour de cassation donne une leçon au Conseil constitutionnel », *op. cit.*, pp. 1625-1643.
[1888] Loi organique N° 2002-10 du 22 février 2002 portant loi organique sur la Haute Cour de Justice modifiée précitée.
[1889] Loi N° 81-54 du 10 juillet créant une Cour de répression de l'enrichissement illicite, précitée

semble s'inspirer de celui de la France. Cependant, selon Loïc PHILIP[1890] une conclusion « douce-amère » peut résulter du système français. En effet, l'auteur déplore la compétence limitée du Conseil constitutionnel en la matière et exprime le souhait que des réformes soient entreprises. Au Sénégal, une semblable réflexion mérite d'être entamée. Certains États africains se sont écartés du modèle français en la matière en confiant au juge constitutionnel tout le contentieux né des opérations électorales nationales. Il en est ainsi du Bénin où « tout le contentieux électoral relatif aux élections présidentielles ou législatives est soumis à la Cour constitutionnelle qui statue conformément aux textes en vigueur »[1891].

À y regarder de près, dans les différentes phases du contentieux de l'élection, le problème de la répartition des compétences ne manque pas de se poser. La dévolution des compétences aux autres juridictions en ce qui concerne les actes préalables à l'élection fait de ces juridictions, juges occasionnels de la constitutionnalité dans les cas où les requérants invoquent les dispositions de la Constitution. Ainsi, la compétence de la juridiction constitutionnelle peut-elle entrer en collision avec celle des autres juges[1892]. De même, l'intervention d'autres juridictions que le Conseil constitutionnel dans le règlement des différends nés de la campagne électorale, peut faire de ceux-ci juges occasionnels de la constitutionnalité. Cette pluralité des juges entraine une identification malaisée du juge des élections[1893]. L'affaire de l'effigie du Président de la République en est une illustration. Lors des élections législatives de 2012, la Cour d'Appel de Dakar a eu à vider un contentieux identique de par son objet de celui qu'avait eu à connaître le Conseil constitutionnel en 2001[1894]. Cette situation peut semer la confusion chez

---

1890 L. PHILIP, « Le Conseil constitutionnel, juge électoral », *Pouvoirs,* N° 13, 1986, p. 67.

1891 Article 106 de la loi 2010-33 du 07 janvier 2011 portant règlement général pour les élections en République du Bénin. *Cf.* G. BADET, « Le contentieux des élections nationales en Afrique noire francophone », *Mélanges en l'honneur de Maurice AHANZO-GLELE, La Constitution du Bénin du 11 décembre 1990 : un modèle pour l'Afrique ?,* Paris, L'Harmattan, 2014, p. 421.

1892 P. ARDANT, « Le contentieux électoral devant Conseil constitutionnel et le Conseil d'État », *Le Conseil constitutionnel et le Conseil d'État*, Paris, Montchrestien, 1998, p. 56.

1893 A. A. SOW, « La contribution du juge des élections dans la construction de l'État de droit au Sénégal », *op. cit.*, p. 3.

1894 Lors des élections législatives, l'effigie du Président SALL fut employée sur les affiches de la campagne électorale par la liste de la coalition de son parti, alors qu'il

les justiciables désireux d'exercer leur droit à un recours devant un juge[1895]. La seule différence entre les deux décisions de justice évoquées réside dans leur conditionnement temporel. La décision rendue par le Conseil constitutionnel en 2001 est intervenue lors du contentieux des candidatures alors que celle de 2012, l'arrêt de la Cour d'Appel est rendu à l'occasion de la campagne électorale. Cependant, il n'en demeure pas moins que dans tous les cas, ce qui était en cause est l'immixtion du Président de la République dans une élection à laquelle il n'était pas candidat. Cette situation n'est pas spécifique au Sénégal. Du constat du Professeur Jean du Bois de GAUDUSSON, « le contentieux des élections se caractérise dans la plupart des pays africains par une complexité décourageante pour les populations provoquées par un partage de compétences entre plusieurs juges et ordres de juridiques, ainsi des conflits ne manquent de surgir dans l'application des lois nationales en des termes propices aux divergences d'interprétation »[1896]. Certes, de l'opinion de Jean Claude MASCLET[1897], la diversité des juridictions n'affecte pas l'unité du droit, mais il demeure qu'il faut admettre que la complexité des règles de saisine des juges peut induire des situations préjudiciables aux droits des citoyens. Du point de vue de ces derniers l'accès au juge électoral peut renvoyer à la figure d'un « labyrinthe »[1898].

En plus, l'injusticiabilité de certains actes liés au processus électoral est constitutive d'un déni de justice qui peut entamer la régularité du processus électoral. Les déclarations d'incompétence du Conseil constitutionnel apparaissaient comme un mode opératoire récurrent alors que la juridiction constitutionnelle devait connaître de tout le contentieux

---

n'était pas candidat auxdites élections. Saisie de recours visant à contester cette immixtion du Présent de la République dans la campagne électorale pour une élection à laquelle il n'était pas candidat, la Cour d'Appel de Dakar, dans son arrêt du 22 juin 22 juin 2012, a procédé à un redimensionnement des prérogatives du Président de la République en censurant son attitude. Dans son arrêt, la Cour a reconduit le principe dégagé par le Conseil constitutionnel dans sa décision du 26 mars 2001 relative à l'effigie du Président WADE lors des élections législatives de 2001.

[1895] Le Bénin et le Togo en ont déjà fait l'expérience.

[1896] J. du Bois de GAUDUSSON, « Les élections à l'épreuve de l'Afrique », *Les Cahiers du Conseil constitutionnel,* N° 13, *Études et doctrine. La sincérité du scrutin*, p. 2002, p. 103.

[1897] J. C. MASCLET, *Droit des élections politiques*, Paris, PUF, Coll. « Que sais-je », 1992, p. 313

[1898] R. GHEVONTIAN, « Un labyrinthe juridique : le contentieux des actes préparatoires en matière d'élections politiques », *RFDA,* N° 10, 1994, p. 365.

relatif à la régularité des élections, l'autorisant ainsi à se prononcer sur la conformité des actes des autorités électorales à la Constitution et au Code électoral. Au Sénégal, le constat est que le juge constitutionnel se retranchait derrière sa compétence d'attribution pour décliner sa compétence à connaître de la régularité des actes de nomination des membres de la Commission électorale en considérant que *« qu'aucune disposition de ces textes* (la Constitution et la loi organique relative au Conseil constitutionnel) *ne lui donne compétence pour statuer sur la conformité d'un décret à la loi ou un autre décret »*[1899]. Toutefois, le Conseil constitutionnel s'est déclaré compétent pour connaître de la légalité du décret abrogeant celui qui convoquait le corps électoral pour l'élection présidentielle de 2024[1900]. Cette jurisprudence constitue une avancée majeure car elle met fin aux dénis de justice qui résultaient des déclarations d'incompétence de la Cour suprême[1901].

D'autres Cours constitutionnelles comme celle du Bénin[1902] qui se reconnaissent compétentes pour examiner la régularité des actes de nomination des membres de la Commission électorale dans la mesure où de tels actes relèvent du contrôle de la régularité des élections. À cet effet, le Professeur E. H. MBODJ note un paradoxe dans la position du juge constitutionnel sénégalais. En effet, il constate « une contradiction avec une décision rendue par le même Conseil constitutionnel sénégalais le 08 juillet 1998 à propos de la proclamation des résultats des législatives où après avoir estimé qu'il n'incombe pas au juge

---

[1899] Cons. const., décision du 11 juillet 2005 relative à la récusation du président et du vice-président de la CENA *in* I. M. FALL (dir.), *Les décisions et avis du Conseil constitutionnel du Sénégal. Rassemblés et commentés, op. cit.*, p. 95.

[1900] Cons. const., Décision n° 1/C/2024 du 15 février 2024.

[1901] Dans l'affaire Ousmane SONKO, le requérant demandait l'annulation, d'une part, du décret portant fixation de la date du référendum et convocation du corps électoral et, d'autre part, le décret portant organisation dudit référendum, et en fin du décret portant publication du projet de loi portant révision de la Constitution. Selon la Cour suprême, tous ces décrets constituent des actes de gouvernement insusceptibles de recours pour excès de pouvoir. Voir A. NDIAYE, « Panorama de la jurisprudence de la chambre administrative », Cour suprême, Bulletin d'information, N° 09-10, février 2017, p. 93.

[1902] La Cour constitutionnelle du Bénin se reconnaît compétente pour examiner tout le contentieux relatif à l'institutionnalisation de la Commission électorale nationale autonome. Il en est de même des modalités de désignation des membres de cette institution dans la mesure où ces questions ressortissent du contrôle de la régularité des élections. *Cf.* Décision 34-39 du 23 décembre 1994. Cette jurisprudence prend en compte la célérité du traitement des litiges électoraux qui s'adaptent mal aux procédures de l'excès de pouvoir.

constitutionnel d'apprécier en vue de l'annulation l'acte administratif que constitue l'arrêté du préfet de Bignona ayant délocalisé des bureaux de vote le Conseil considéra qu'« *il en va autrement en ce qui concerne l'impact que cet acte peut avoir sur le déroulement normal du scrutin du vote tel que* fixé *par l'arrêté préfectoral dénoncé* »[1903].

En vue de garantir la sincérité, la transparence et la loyauté des scrutins, le juge constitutionnel devrait prévenir les futurs dénis de justice électorale en sanctionnant, le cas échéant, tous les actes délictueux liés au déroulement des processus électoraux. Les recommandations du rapport du Comité consultatif pour la révision de la Constitution en 1993 en France pourraient servir à certains égards de repères. Cette proposition consisterait, par une loi organique à déterminer les règles applicables au contentieux des opérations préalables aux élections dont le Conseil constitutionnel assure la régularité[1904]. Une telle proposition de réforme avait reçu l'adhésion des spécialistes du contentieux électoral[1905]. Il ne s'agira pas de la création d'une Cour électorale greffée à la juridiction constitutionnelle[1906] ou d'une Cour électorale spéciale[1907], mais de la dévolution d'une compétence de droit commun à la Cour constitutionnelle en matière électorale[1908].

Si la réforme de la gestion juridictionnelle du contentieux électorale est une trame majeure dans une perspective d'une justice constitutionnelle dynamique, celle des actes juridiques bénéficiant d'une immunité en demeure également une préoccupation majeure afin de mettre fin aux niches de dénis de justice.

[1903] E. H. MBODJ, « De la recevabilité de la candidature de Me Wade pour un troisième mandat : Faux débat politique ou vrai casse-tête constitutionnel », *op. cit.*, pp. 9-10.

[1904] Rapport du comité consultatif pour la révision de la Constitution, *JO* du 16 février 1993, p. 2537.

[1905] R. GHEVONTIAN, « Les progrès de la constitutionnalisation du droit électoral, élément de réflexion » *in* B. MATHIEU et de M. VERPEAUX (dir.), *La constitutionnalisation des branches du droit*, Paris, Economica, 1998, pp. 62-63.

[1906] En Madagascar, il est créé au sein de la Haute Cour constitutionnelle, une Cour électorale spéciale par la loi N° 2012-014 du 30 juillet 2012.

[1907] Ce modèle est adopté par l'Espagne et la plupart des États d'Amérique du sud comme le Mexique, une sorte de juridiction spéciale composée de juristes nommés par le Président de la République et les présidents des Assemblées parlementaires. *Cf.* P. JAN, *RDP*, N° 1, février 2002, pp. 540-541.

[1908] Dans ce voir F. MELIN-SOUCRAMANIEN, « Le Conseil constitutionnel, juge électoral », *Pouvoirs*, N° 105, 2003, pp. 122-123.

A- La fin des dénis de justice

Les dénis de justice[1909] attestent une certaine frilosité de la part juge constitutionnel à exercer un véritable contrôle de constitutionnalité et de protéger les droits fondamentaux.

Ainsi, aux compétences de la juridiction constitutionnelle, sans remettre en cause le principe de la séparation des pouvoirs, devront s'ajouter le contrôle des résolutions de l'Assemblée nationale (I) et de nouvelles attributions dans le domaine du contrôle de constitutionnalité des lois, notamment le contrôle des lois référendaires et des lois constitutionnelles (II).

I- Le contrôle des résolutions de l'Assemblée nationale

Les résolutions sont des actes adoptés par le Parlement, mais qui ne sont pas des lois. Cependant, bien que pouvant faire grief, ces actes échappent à tout contrôle juridictionnel. Tel est le cas des motions prononçant la déchéance des parlementaires de leur mandat, les résolutions de mise en accusation des autorités politiques. Certains États ont organisé le contrôle de constitutionnalité des actes d'Assemblée. En République démocratique du Congo, la jurisprudence de la Cour suprême de justice faisant office de juridiction constitutionnelle a eu à censurer pour inconstitutionnalité les actes des Assemblées qui violent les droits et libertés constitutionnellement garantis aux particuliers, notamment le droit de la défense. Il en est ainsi des motions de défiance des gouverneurs de provinces du Sud-Kivu, du Kasaï-Occidental et de Bandundu ou du Président de l'Assemblée provinciale Kinshasa[1910].

Au Sénégal, la pratique montre que ces actes sont souvent adoptés dans des conditions procédurales fort contestables, violant ainsi les règles établies par la Constitution et les instruments juridiques connexes tels le Règlement intérieur de l'Assemblée parlementaire et les lois organiques qui organisent la procédure. Un exemple peut être trouvé dans la résolution mettant en accusation Idrissa SECK précitée. La résolution fut adoptée en juillet 2005 dans des conditions procédurales fort contestables. En effet, la procédure ne respectait pas les exigences fixées par l'ordre constitutionnel en termes de majorité requise pour que le vote de l'acte de mise en accusation soit régulier. L'article 101 de la Constitution du 22 janvier 2001 prévoit que la résolution de mise en

---

[1909] F. MELIN-SOUCRAMANIEN, « Du déni de justice constitutionnel en droit public français », *op. cit.*, p.277.

[1910] J. L. E. KANGASHE, *Le droit constitutionnel*, *op. cit.*, p. 121.

accusation doit être votée à la majorité qualifiée des membres de l'Assemblée nationale, alors que la loi organique sur la Haute Cour de Justice prévoit que les membres de l'Assemblée nationale faisant partie de la Haute Cour de Justice ne prennent part ni aux débats ni aux votes de la résolution de mise en accusation[1911]. Cependant, la même loi organique renvoie aux conditions fixées par l'article 101 de la Constitution pour le vote de la résolution de mise accusation. Un débat s'était posé lors du vote de la résolution de la mise en accusation le 5 août 2005 : à combien de députés doit être évalué le nombre de députés constitutifs de la majorité qualifiée nécessaire à la validation de la résolution de mise en accusation ? Plus exactement, comme le fait remarquer le Professeur I. M. FALL[1912], il était question de savoir si cette majorité était susceptible de variation, suite à la désignation de certains députés comme membres de Haute Cour de Justice, ne pouvant pas rendre part au vote. Il s'agissait de dire si les députés désignés membres de ladite Cour pouvaient être juges et parties ? Le décompte de la majorité des trois cinquièmes pouvait-il faire l'objet d'un ajustement du seuil, compte tenu du nombre de députés membres de la Cour ne pouvant pas prendre part au vote ?

En fin de compte, on observe une violation de la Constitution. En effet, contrairement à ce qui s'est passé le 03 août 2005, la majorité qualifiée exigée par le constituant est prédéfinie et « non susceptible de variation arithmétique contingente »[1913]. Dans l'esprit du constituant, il n'est pas question des trois cinquièmes des votants ou des présents, mais « des membres composants l'Assemblée nationale »[1914]. Celle-ci étant composée de cent vingt (120) députés, la proportion des trois cinquièmes est égale à soixante-douze (72) députés. La résolution portant mise en accusation devant la Haute Cour de Justice des Messieurs Idrissa SECK et Lamine BA, fut adoptée à 69 voix[1915] alors que les exigences de l'ordre constitutionnel voudraient que cette majorité qualifiée s'élève à 72 voix[1916], celle-ci étant non susceptible de

[1911] Article 18 de la loi organique N° 2002-10 du 22 février 2002 portant loi organique sur la Haute Cour de Justice modifiée.

[1912] I. M. FALL, *L'évolution constitutionnelle du Sénégal de la veille de l'indépendance aux élections de 2007, op. cit.*, p. 118.

[1913] I. M. FALL, *L'évolution constitutionnelle du Sénégal de la veille de l'indépendance aux élections de 2007, op. cit.*, p. 119.

[1914] Article 101 de la Constitution du 22 janvier 2001.

[1915] Résolution N °03/2005, AN Xème législature.

[1916] Soit les 3/5 des membres de l'Assemblée nationale composée de 120 députés.

glissement ou de variation. En la matière, les pouvoirs du Parlement sont encadrés par des règles constitutionnelles et tout écart devrait être sanctionné par le juge constitutionnel afin de maintenir l'équilibre des institutions et de protéger les droits du mis en cause.

La destitution des députés Moustapha Cissé LO, de Mbaye NDIAYE et autres de l'hémicycle en 2009 déjà citée [1917] en violation de l'article 60 al. 4 de la Constitution du 22 janvier 2001 constitue un autre cas de figure. L'instauration d'une juridiction constitutionnelle a pour finalité aussi bien d'assainir l'ordre juridique, que d'assurer le respect des droits de l'Homme, comme des propos de l'ancienne présidente de la Cour constitutionnelle du Bénin, Elisabeth POGNON rapportés par le Professeur A. Badara FALL, qui à propos de la Cour constitutionnelle du Bénin, estime que « la finalité n'est pas seulement d'assainir la réglementation en vigueur au Bénin ; elle tend aussi à amener aussi bien les gouvernants que les gouvernés au respect des droits de l'homme pour qu'afin la démocratie soit vécue au quotidien »[1918].

Dans la réforme de la juridiction constitutionnelle, il appartiendra aussi au juge en vertu de ses pouvoirs inhérents de vérifier la validité des résolutions. La compétence de droit commun du juge constitutionnel bien que devant résulter des textes, il reste que l'audace du juge dans la quête du sens des textes, est un paramètre déterminant pour une protection efficace de l'ordre constitutionnel[1919]. Sans remettre en cause le principe de la séparation des pouvoirs, le contrôle de constitutionnalité des résolutions[1920] devra prendre compte parmi les normes de référence les dispositions pertinentes du Règlement intérieur de l'Assemblée nationale et des lois organiques qui régissent la matière, de même les règles de droit international protectrices des droits de l'Homme intégrées dans la Constitution par le préambule de celle-ci le cas échéant. Dans un État de droit, tout acte susceptible de modifier la situation juridique de son destinataire, doit pouvoir être contesté devant un juge. En effet, l'emprise du droit ne cesse de s'agrandir dans les

[1917] I. M. FALL, *Les révisions constitutionnelles au Sénégal. Révisions consolidantes et révisions déconsolidantes de la démocratie sénégalaise, op. cit.*, p. 50, note 123.

[1918] A. B. FALL, « Le juge constitutionnel béninois avant-garde du constitutionnalisme africain ? », *op. cit.*, p. 769.

[1919] Cf. A. B. FALL, « Le juge constitutionnel béninois avant-garde du constitutionnalisme africain ? », *op. cit.*, p. 759- 770.

[1920] Article 112 al. 3 de l'avant-projet de Constitution de la Commission nationale de la Réforme des Institutions.

démocraties modernes, ce qui entraine un rétrécissement du domaine des actes juridiques non soumis à un juge[1921].

II- Le contrôle des lois constitutionnelles et référendaires

Le contrôle de constitutionnalité des lois par le juge constitutionnel sénégalais souffre d'un minimalisme. En effet, d'une part le juge constitutionnel manifeste une retenue face au pouvoir constituant dérivé, d'autre part le juge semble accorder une immunité juridictionnelle absolue aux lois référendaires. Cette situation contraste avec celle d'une justice constitutionnelle qui assure la cohérence de l'ordre constitutionnel en toutes circonstances. Ainsi, compte tenu du statut de la juridiction constitutionnelle, il convient de permettre à celle-ci de connaître de la constitutionnalité des lois référendaires (a), du contrôle du contrôle des lois constitutionnelle avec une certaine réserve (b).

a- Le contrôle des lois référendaires

La réticence du juge constitutionnel sénégalais à vérifier la validé de la loi référendaire est fondée sur des attitudes dogmatiques. L'immunité juridictionnelle accordée à la loi est fondée sur le mode d'adoption de la norme et non sur sa nature. Seulement, le constituant ne fait pas la distinction entre les lois adoptées par la voie parlementaire et celles adoptées par la voie référendaire. Pourtant, bien qu'intégrant l'ordre juridique par des voies différentes, ces normes juridiques peuvent régir un même domaine[1922]. Le constituant du 22 janvier 2001 lorsqu'il

---

[1921] Dans ce même ordre d'idées, la doctrine semble s'accorder sur la nécessité d'un contrôle des actes de gouvernement qui constituent une manifestation arbitraire de la raison d'État, au moment où la plupart des Constitutions proclament leur attachement à la constitutionnalité, et à la protection des droits et libertés. *Cf.* L. FAVOREU, « L'acte de gouvernement, acte provisoire et accidentellement injustifiable », note sous le CE 25 mars 1987, Goujon, *R.F.D.A*, 1987, p. 544. De même, la Cour constitutionnelle du Niger a nettement affiché une volonté réelle de contenir l'action du Président de la République dans le respect strict de la constitutionnalité, fut-il en période de circonstances exceptionnelles. En effet, le juge constitutionnel nigérien avait ordonné l'annulation du décret du Président de la République convoquant le corps électoral en vue de modifier la Constitution de la Vème République, ce qui permettrait au Président TANDJA de se maintenir au pouvoir encore pendant trois années à l'expiration de son mandat. Suite au recours pour excès de pouvoir intenté par l'opposition contre le décret du Président de la République convoquant le corps électoral, la Cour constitutionnelle ordonna l'annulation du décret querellé. *Cf.* Cour const., Arrêt N° 04/CC/ME du 12 juin 2009.

[1922] J. P. CAMBY, « Supra constitutionnalité : la fin d'un mythe », *RDP,* 2003, p. 673.

emploie l'expression « tout projet de loi »[1923] en vue de désigner les actes qui peuvent être soumis au référendum par le Président de la République, enferme dans cette catégorie des normes de valeur législative, constitutionnelle et organique. Il se déduit cependant de la jurisprudence constitutionnelle sénégalaise, que le contrôle de constitutionnalité des lois préconisé par le constituant et le législateur organique vise les lois adoptées par le Parlement et non par le peuple. Il s'agit là d'une interprétation minimaliste de la disposition constitutionnelle qui habilite le juge constitutionnel à exercer un contrôle de constitutionnalité des lois en vue de garantir la stabilité de la Constitution. Par la procédure référendaire, le peuple peut être à l'origine d'une loi ordinaire ou organique. Comme la voie parlementaire, la voie référendaire peut produire des normes de valeur distincte.

Dans une perspective de protéger davantage l'ordre constitutionnel, le contrôle de constitutionnalité des lois référendaires peut se justifier sans que ne soit remis en cause l'équilibre établi par le système constitutionnel, pour éviter qu'un Président mal intentionné puisse s'engouffrer dans le césarisme démocratique et soumettre un projet de loi au référendum dans le dessein de saper les fondements et les valeurs du régime politique[1924].

De surcroît, les exigences procédurales qui s'imposent au Parlement ne se retrouvent pas dans la phase référendaire. De l'immunité juridictionnelle de la loi référendaire[1925], il résulte en réalité, une conception dogmatique du peuple, comme modalité suprême d'expression de la démocratie. Cette conception est en soi contraire à l'esprit du constituant, qui n'établit pas une hiérarchie entre la loi référendaire et la loi parlementaire. La souveraineté appartient au Peuple qui l'exerce soit par la voie du référendum, soit par ses représentants[1926].

Même si l'utilisation de la procédure référendaire n'est pas fréquente au Sénégal, il demeure, qu'il est temps que les pouvoirs publics procèdent à une institutionnalisation du contrôle de la loi référendaire. La mythification du peuple[1927] considéré comme une entité incontrôlable

---

[1923] Article 51alinéa 2 de la Constitution du 22 janvier 2001.

[1924] I. M. FALL, « La Constitution de 1963 et la Constitution du 22 janvier 2001 : continuité ou rupture », *Nouvelles Annales africaines*, N° 1, Dakar, CREDILA, 2007, p. 311.

[1925] C. BRAMI, *Hiérarchie des normes en droit constitutionnel français. Essai d'analyse systémique, op. cit.*, p 37.

[1926] Article 3 de la Constitution du 22 janvier 2001.

[1927] C. KLEIN, *Théorie et pratique du pouvoir constituant,* Paris, PUF, 1996, p. 87.

peut verser à la dérive si elle est mise à profit par le pouvoir politique. Les expériences en la matière en témoignent suffisamment[1928]. D'ailleurs c'est dans le souci d'éviter une perversion de l'utilisation du pouvoir constituant dérivé référendaire que le juge constitutionnel béninois s'est lancé dans perspective de contrôler de celui-ci[1929].

En définitive, le contrôle de constitutionnalité de la loi référendaire permet d'assurer l'intégrité de l'ordre constitutionnel. En effet, l'interprétation qui fonde le refus du juge de contrôler la constitutionnalité de la loi référendaire sur la volonté du peuple exprimée de façon directe repose sur un présupposé dogmatique. Surtout que cela ressemble à un mimétisme non fondé de la part du juge sénégalais. Le Conseil constitutionnel français rejetant l'interprétation du Président du Sénat, Gaston MONNERVILLE selon laquelle les lois susceptibles être soumises au contrôle de constitutionnalité visées à l'alinéa 2 de l'article 61 de la Constitution de 1958 englobaient les lois votées par le Parlement et celles adoptées par le peuple devait considérer que *« les lois que la Constitution a entendu viser en son article 61 sont uniquement les lois*

[1928] L'utilisation de la voie référendaire pour l'adoption de la Constitution sénégalaise du 22 janvier 2001 est très problématique. Voir I. M. FALL, « La révision constitutionnelle au Sénégal », *Afrilex*, 2015, p. 18. Il en fut de même pour la révision constitutionnelle de 1962 introduisant l'élection du président de la République au suffrage universel direct en France. Sur la controverse relative à l'utilisation de l'article 11 de la Constitution française voir P. LAMPUE, « Le mode d'élection du Président de la République et la procédure de l'article 11 », *R.D.P.* septembre-octobre, 1962, pp. 931-935 ; HAURIOU (A.), « Le problème de la constitutionnalité du référendum du 28 octobre 1962 », *in R.D.P.* septembre-octobre, 1962, pp. 936-949. La jurisprudence considère que la procédure de l'article 11 de la Constitution ne peut être utilisée pour réviser la Constitution. C. MANGUE, « L'arrêt Sarran, entre apparence et réalité », *Les Cahiers du Conseil constitutionnel*, (Dossier : la hiérarchie des normes) N° 7, décembre 1999, p. 6 ; L. NOËL, *de Gaulle et les débuts de la Ve République, 1958-1965*, Paris, Plon, 1976, pp. 191-192. Il est cependant étonnant que la révision constitutionnelle générale de 2008 en France n'ait pas pris en compte cette controverse et se prémunir à l'avenir de celle-ci au lieu de la livrer aux disputes des commentateurs. Au Niger, l'article 49 de la Constitution ne laisse aucune ambiguïté ; elle dispose que le président de la République peut soumettre au référendum tout texte qui lui parait devoir exiger la consultation directe, à l'exception de la révision de la Constitution qui est prévue par une procédure spéciale.

[1929] Voir le point de vue du Professeur A. KPODAR sur la question : « La Cour constitutionnelle du Bénin peut-elle soumettre aux "*options fondamentales de la conférence nationale*", le peuple dans l'exercice de son pouvoir de révision ? », *in A. B. J. C., Revue contentieux constitutionnel*, I, 2013, pp. 703-713. Dans le même sens, voir A. SOMA, « Le contrôle de constitutionnalité des normes supra législatives », *op. cit.*, pp. 127-138.

votées par le Parlement et non point celles qui, adoptées par le peuple à la suite d'un référendum, constituent l'expression directe de la souveraineté nationale »[1930]. Pourtant, le principe de la souveraineté du peuple n'est pas, en soi, un obstacle au contrôle de constitutionnalité de toutes les lois référendaires. Cette attitude dogmatique à l'égard du peuple doit s'effondrer lorsqu'il s'agit d'un référendum législatif car la norme qui en résulte doit au moins respecter la Constitution et les traités internationaux[1931]. D'ailleurs, certaines juridictions constitutionnelles préconisent le contrôle de constitutionnalité des lois référendaires. Ainsi, le Tribunal constitutionnel espagnol s'est déclaré compétent à contrôler la loi sur l'avortement adoptée par référendum[1932]. Au Sénégal, une ouverture en ce sens est souhaitable, d'autant plus que, le recours au référendum est souvent guidé des considérations politiques qui bouleverser l'ordre constitutionnel.

b- Un contrôle réservé des lois constitutionnelles

Les lois constitutionnelles sont l'œuvre du pouvoir constituant dérivé qui intervient au cours de l'évolution du régime constitutionnel pour modifier la Constitution dans les formes qu'elle prescrit. Ce pouvoir constituant dérivé est conditionné et limité. Il permet d'apporter des retouches à la Constitution afin de l'adapter aux circonstances changeantes exprimées par le régime politique[1933].

Seulement, l'équilibre constitutionnel établi par le constituant originaire n'est maintenu que si la procédure de révision de la Constitution est elle-même démocratiquement organisée suivant les prescriptions de forme et de fond établies par le constituant originaire[1934]. Il s'agit de faire sortir la révision de la Constitution de son caractère mythique pour la faire entrer dans un univers concret, celui de la procédure de vote des lois de révision constitutionnelle et le respect de certaines normes

---

1930 Cons. const., Décision N° 62-20 DC 6 novembre 1962, Loi référendaire, *in* L. FAVOREU et L. PHILIP, *Les grandes décisions du Conseil constitutionnel, op. cit.*, p. 29.

1931 CE, Ass., 30 octobre 1998, Sarran, *RFDA*, 1998, p. 1087, Concl. C. MANGUE.

1932 L. FAVOREU et L. PHILIP, *Les grandes décisions du Conseil constitutionnel, op. cit.*, p. 37.

1933 Voir E. H. MBODJ, « De la recevabilité de la candidature de Me Wade pour un troisième mandat : Faux débat politique ou vrai casse-tête constitutionnel », *op. cit.*, p. 4.

1934 G. VEDEL, « Souveraineté et supra constitutionnalité », *op. cit.*, p. 94.

considérées par le constituant originaire comme intangibles[1935]. Certains États ont déjà franchi le pas en confiant formellement au juge constitutionnel le contrôle des lois constitutionnelles. Il en est ainsi de l'Allemagne. Dans d'autres pays comme l'Autriche ou l'Italie le juge constitutionnel s'est reconnu cette faculté[1936].

Au Sénégal, le juge constitutionnel a tendance à décliner sa compétence lorsque l'acte soumis à lui est une loi constitutionnelle. Cette réticence du juge à contrôler le pouvoir constituant dérivé, procède d'une confusion entre le pouvoir constituant dérivé et le pouvoir constituant originaire[1937]. Jusqu'en 2024[1938], la jurisprudence invariable du Conseil constitutionnel sénégalais semblait être d'affranchir de tout contrôle les lois portant révision de la Constitution[1939]. Le juge constitutionnel sénégalais, préférait opposer aux saisissants sa compétence d'attribution pour ne pas vérifier la régularité des lois constitutionnelles. Même si à certains égards, une évolution jurisprudentielle pouvait être notée[1940], il est d'un constat que celle-ci est timide dans son principe. Certes, à certains égards, cette posture du juge sénégalais se justifie. Dans sa décision N°1/C/2016 du 15 janvier 2016, le Conseil constitutionnel considère : « Dans le cadre de la procédure prévue à l'article 51 de la constitution du 22 janvier 2001, le Conseil constitutionnel a toute la latitude pour exercer un contrôle minimum sur le projet de révision qui lui est soumis ». Cette posture du juge constitutionnel sénégalais peut à

[1935] L. FAVOREU, « souveraineté et supra constitutionnalité », *Pouvoirs,* N° 67, 1993, p. 73.

[1936] L. FAVOREU, « souveraineté et supra constitutionnalité », *op. cit.,* p. 73.

[1937] L. FAVOREU, *ibid.,* p. 73.

[1938] Voir la remarquable décision n°1/C/2024 rendue le 15 février 2024 par laquelle le Conseil constitutionnel a déclaré contraire à la Constitution la loi constitutionnelle ayant pour effet de proroger le mandat du Président de la République en violation des dispositions des articles 27 et 103 de la Constitution.

[1939] F. MBODJ, « Les compétences du Conseil constitutionnel à l'épreuve des saisines. Quelques remarques sur le pouvoir jurisprudentiel du juge constitutionnel au Sénégal », *op. cit.*, p. 22

[1940] Dans la décision du Conseil constitutionnel du 29 août 2003 précitée, le juge a vérifié si le pouvoir constituant dérivé a respecté *« la forme républicaine du gouvernement ».* De même, dans sa décision du 18 janvier 2006 relative à la loi portant prorogation du mandat des députés le juge a vérifié la régularité de la procédure d'adoption de la loi constitutionnelle de façon maladroite. Voir I. M. FALL, *Les révisions constitutionnelles au Sénégal. Révisions consolidantes et révisions déconsolidantes de la démocratie sénégalaise, op. cit.*, p. 41 ; Cons. const., Affaire N°2/C/2009 du 18 juin 2009 Loi constitutionnelle instituant le poste de Vice-président de la République, inédit.

certains égards se comprendre. En effet le Conseil constitutionnel est un organe institué, il ne lui appartient pas de censurer l'œuvre du pouvoir constituant dériver tant que celui-ci respecte les règles établies par le constituant originaire.

Depuis la réforme constitutionnelle de 2016, la durée du mandat du Président de la République est rangée par le constituant parmi les dispositions constitutionnelles intangibles et insusceptibles de révision prévues à l'article 103 de la Constitution. L'article 103 de la Constitution dispose en effet : « La forme républicaine de l'État, le mode d'élection, la durée et le nombre de mandats consécutifs du Président de la République ne peuvent faire l'objet de révision ». Ce qui a amené le Conseil constitutionnel à déclarer non conforme à la Constitution la loi constitutionnelle ayant pour effet de proroger le mandat du Président de la République[1941].

Au demeurant, certains juges constitutionnels africains, s'emploient au contrôle de constitutionnalité de la loi constitutionnelle[1942]. À titre d'exemple, on peut citer la jurisprudence du juge constitutionnel burkinabè. En effet, dans sa décision N° 2012-008/CC du 26 avril 2012, celui-ci a fait preuve d'une grande audace : d'une part, en l'absence de texte, il s'est déclaré compétent pour contrôler la constitutionnalité matérielle d'une loi constitutionnelle ; d'autre part, il a complété d'autorité les normes opposables au pouvoir de révision ; enfin, il a déclaré contraire à la Constitution, plus précisément, à une norme constitutionnelle non écrite, une loi constitutionnelle allongeant la durée de la législature en cours[1943]. Son homologue béninois œuvre dans le même sens[1944].

À l'instar du rapport GNONLONFOUN[1945], l'institutionnalisation formelle du contrôle des lois de révision constitutionnelle par le juge constitutionnel peut être préconisée. En effet, vu l'inflation[1946] des lois

---

[1941] Cons. const., Décision n° 1/C/2024 du 15 février 2024.

[1942] M. M. AIDARA, « Le juge constitutionnel africain et le contrôle des lois portant révision de la Constitution : contribution à un débat », article précité.

[1943] S. BOLLE, « Le Conseil constitutionnel annule une révision dangereuse », *inhttp://www.la-constitution-en-afrique.org/*

[1944] A. SOMA, Le contrôle de constitutionnalité des normes supra législatives », *in A.B.J.C., Revue de Contentieux constitutionnel,* I-2013, pp. 99 et s.

[1945] Rapport d'étude sur la Constitution, *op. cit.*, pp. 41-43.

[1946] Cette inflation est suffisamment soulignée par le Professeur I. M. FALL qui écrit : « le constituant tourne en rond, avec un mouvement de va-et-vient incessant sans que la logique qui sous-tend ce mouvement soit toujours motivée par des préoccupations

de révision de la Constitution et les irrégularités relevées à cette occasion, le manque d'audace du juge constitutionnel pourrait être comblé par le pouvoir constituant et le législateur organique. Ces derniers devront habiliter formellement au juge constitutionnel le pouvoir de contrôler les lois portant révision de la Constitution, tant que celle-ci fixe les exigences de forme et de fond que doit respecter le pouvoir constituant dérivé.

Il ne s'agira nullement d'accorder un pouvoir exorbitant au juge constitutionnel, mais d'une formalisation de la primauté du principe de constitutionnalité sur les considérations d'ordre politique. Dans ce sens, le contrôle de constitutionnalité *a priori* peut être institué pour sauvegarder les valeurs constitutionnelles mais aussi républicaines du régime politique sénégalais comme le suggère la doctrine[1947].

En définitive, il convient d'indiquer que les points de vue ainsi formulés sont forcément provisoires, et donc temporellement situés. En effet, l'effet du temps peut changer la donne, rendant ainsi caduques les critiques de l'analyste à partir d'un certain temps[1948].

Pour l'instant, le diagnostic de la protection juridictionnelle de l'ordre constitutionnel au Sénégal, nous amène à la conclusion selon laquelle le modèle sénégalais de justice constitutionnelle, bien que critiqué a connu des changements remarquables au point d'être cité comme modèle de référence. Les critiques formulées à son endroit deviennent donc caduques car les juges prennent souvent des initiatives dans le sens de renforcer leur indépendance et leurs pouvoirs en assumant pleinement leur rôle[1949].

---

de rationalité démocratique », I. M. FALL, *Sur l'évolution constitutionnelle du Sénégal de la veille de l'indépendance aux élections de 2007, op. cit.*, p. 150. Cette situation remet en cause la vocation de la révision de la Constitution.

[1947] E. H. MBODJ, *La successions des chefs d'États en droit constitutionnel africain (Analyse juridique et impact politique Afrique)*, *op. cit.*, pp. 452-453.

[1948] A. SALL, *La justice de l'intégration. Réflexion sur les institutions judiciaires de la CEDEAO et de l'UEMOA*, *op. cit.*, p. 21.

[1949] Voir Cons. const., Décision n° 1/C/2024 du 15 février 2024.

CONCLUSION GÉNÉRALE

Du constat établi à partir de la présentation du système sénégalais de protection juridictionnelle de l'ordre constitutionnel, et des réformes suggérées au terme de cette recherche, on peut être tenté de dire que le Sénégal est un État en quête d'un modèle de justice constitutionnelle adéquat. Cependant, depuis l'accès à la souveraineté internationale, le Sénégal a mis en place une justice constitutionnelle fonctionnant selon une dynamique qui lui est propre et qui, sur certains points s'éloigne de celle de la France et est, même parfois, en avance sur celle-ci[1950].

Seulement, au cours de son histoire, le modèle de justice constitutionnelle sénégalaise a subi une évolution dans le sens d'une rénovation en vue de l'instauration d'une juridiction spéciale en charge du contrôle de constitutionnalité. La justice constitutionnelle, ne peut accéder au statut de « majeur constitutionnel »[1951] sans une volonté réelle des pouvoirs publics détenteurs de la fonction de légiférer. En effet, il est du rôle du constituant et des pouvoirs publics d'entreprendre des réformes dans une perspective d'améliorer la justice constitutionnelle. À ce titre la réforme de 2016 parait illustrative. Le juge aussi audacieux puisse-t-il être, ne saurait de son propre chef s'affranchir des textes, sans risque d'être accusé de gouverner. Ce qui est attendu du juge c'est, une fois que les réformes sont menées, d'exploiter au maximum les possibilités offertes à lui.

[1950] Un exemple est fourni par le contrôle de constitutionnalité par voie d'exception. Cette procédure fut introduite au Sénégal depuis 1992 alors que le constituant français ne l'a intégrée qu'en 2008 dans son dispositif constitutionnel avec la question prioritaire de constitutionnalité entrée en vigueur en 2010. Voir sur ce point E. H. MBODJ, Interview, *in La Gazette du Pays et du Monde*, N° 76 du 16 au 23 septembre 2010, p. 16 ; A. E. OVONO, « La question préjudicielle de constitutionnalité dans les Constitutions africaines », *in Mélanges en l'honneur de Maurice AHANHANZO-GLELE, La Constitution béninoise du 11 décembre 1990 : un modèle pour l'Afrique ?*, Paris, L'Harmattan, 2014, pp. 564-572.

[1951] P. JAN, « Le Conseil constitutionnel », *op. cit.*, p. 86.

Cependant, malgré tous les maux dont elle est accusée, les pouvoirs publics cherchent bien que mal à adapter la justice constitutionnelle à l'environnement sociopolitique. Dans l'absolu, il convient de noter qu'une volonté des pouvoirs publics à réformer la justice constitutionnelle à la suite de l'alternance intervenue au pouvoir en 2012 conformément aux recommandations de la Charte des Assises nationales[1952] tenues par l'opposition dite « significative » dans la période préélectorale. La Commission nationale de Réforme des Institutions a fait de la réforme de la justice constitutionnelle un des piliers majeurs de ses recommandations. Certes, la réforme de 2016, a pris en compte certains aspects des propositions faites par ladite Commission, mais encore, faudrait-il une volonté réelle des pouvoirs publics d'adaptation pérennante de la justice constitutionnelle au contexte juridique. C'est à cette condition seulement que l'on pourra espérer l'émergence d'un consensus national profond et fondamental sur le rôle de la justice constitutionnelle[1953]. Et pour amoindrir les critiques, il faut que le juge fasse sien le fameux « devoir d'ingratitude » dont on attribue la paternité à Robert BADINTER.

Le critère de performance doit être privilégié, si on appréhende la justice constitutionnelle comme un service public. Si la protection juridictionnelle de l'ordre constitutionnel est une mission de service public, dont les usagers sont les justiciables, l'évaluation de la performance de celle-ci, devra intégrer les éléments tels que la rationalisation du personnel et des moyens, le caractère équitable du procès. Mais aussi, la rationalisation des coûts et les délais de traitement des affaires, ainsi que la qualité des décisions rendues[1954], autant de paramètres qui renforcent la légitimité du juge constitutionnel.

[1952] Même si le terme est employé ici et là par les politiciens et les hommes de média, on peut douter de la dimension « nationale » de ladite rencontre. En effet, le P.D.S et ses alliés au pouvoir à l'époque n'étaient pas parties prenantes à ces assises. Tout de même, certains personnages de la société civile et des intellectuels parmi les plus admirables ont jugé inopportun d'y siéger jusqu'à leur terme.

[1953] N. MEDE, *Les grandes décisions de la Cour constitutionnelle du Bénin, op. cit.*, p. 16.

[1954] F. HOUQUEBIE, « Les mutations du service public de la justice. Quand la justice se conforme à la performance », *op. cit.*, pp. 1065-1066.

Seulement, dans l'exposé des motifs de la réforme 2016-23 du 14 juillet 2016, ce critère n'a pas été pris en compte. Toutefois, la question est de savoir si on devait appliquer la gestion par la performance à la justice, celle-ci devra-t-elle être considérée comme « un pouvoir juridictionnel unifié »[1955] formant un seul service public ou si la justice constitutionnelle est un service public à part, distinct du service public de la justice ordinaire[1956].

[1955] F. HOURQUEBIE, *Le pouvoir juridictionnel en France*, Paris, LGDJ, Coll. « Système », 2010, pp. 19-20.

[1956] En France un pouvoir juridictionnel unifié n'a pas été le choix du législateur organique financier. Telle qu'il résulte des documents budgétaires, le service public de la justice fait l'objet d'une pluralité de missions. En effet, le Conseil constitutionnel est renvoyé à la mission « pouvoirs publics » à côté des programmes « présidence de République », « Assemblée nationale », « Sénat », « Haute Cour », « Cour de justice de la République », d'où d'ailleurs son statut ambigu (organe politique, véritable juridiction ou juridiction politique). Ceci montre que pour le législateur organique français, le Conseil constitutionnel n'est pas une politique publique au sens budgétaire du terme. Voir F. HOUQUEBIE, « Les mutations du service public de la justice. Quand la justice se conforme à la performance », *op. cit.*, pp. 1069-1070.

BIBLIOGRAPHIE

A- Méthodologie

I- Ouvrages

Beaud (O), L'art *de la thèse*, Paris, 5e édition, La découverte, Coll. « Guides-grands repères », 2006, 202 p.

Dreyfus (S.), *La thèse et le mémoire de doctorat en droit,* Paris, Armand Colin, 1971, 512 p.

Geerkens (E.) et autres, *Méthodologie juridique. Méthodologie de la recherche documentaire juridique*, Paris, Larcier, 2008, 217 p.

Jaillardon (E.) et Roussillon (D.), *Outils pour la recherche juridique, méthodologie de la thèse de doctorat et du mémoire de master en droit*, AUF, Paris, éditions des archives contemporaines, 2007, 160 p.

Merton (R. K.), *Éléments de théorie et de méthode sociologique,* Paris, Plon, 1965, 352 p.

Pactet (P.), *Exercice de droit constitutionnel*, Paris, 4e édition, Armand Colin 1998, 202 p.

Romi (R.), *Méthodologie de la recherche en droit*, Paris, Litec, 2008, 157 p.

Schwartzenberg (R.G), *Sociologie politique*, Paris, 4e édition, Montchrestien, 1988, 514 p.

II- Articles

Favoreu (L.), « La préparation de la thèse dans le cadre d'un laboratoire de recherche juridique », *Revue de la recherche juridique. Droit prospectif*, PUAM, N° 3, 1993, pp. 835-841.

Hamon (L.), « Sur une notion en débat », *RDP*, N° 2, Tome C, 1984, pp. 298-310.

Hauriou (A), « Recherches sur une méthodologie et une problématique applicable à l'analyse des institutions », *RDP*, N° 2,1971, pp. 305-321.

Juluzot (B.), « La méthodologie du droit comparé. Bilan et perspectives », *RIDC*, N° 1 janvier- mars, 2005, pp. 35-48.

Luchaire (F.), « De la méthode en droit constitutionnel », *RDP*, N° 2, Tome XCVII, 1981, pp. 275-328.

Miaille (M.), « Droit constitutionnel et sciences sociales », *RDP*, N° 2, Tome C, 1984, pp. 275-297.

Troper (M.), « La théorie dans l'enseignement du droit constitutionnel », *RDP*, N° 2, T. C, 1984, pp. 263-275.

Panthoreu (M. C.), « Le droit comparé en question(s) entre pragmatisme et outil épistémologique », *RIDC*, N°1, 2005, pp. 7-27.

Rivero (J.), « Pluridisciplinarité et formation du juriste », Dalloz, 1969, chr. XVIII, pp. 159 et s.

Roig (C.), « La théorie générale des systèmes et perspectives de développement dans les sciences sociales », *RFS,* 1970/1971, pp. 84-90.

B- Références générales

I- Ouvrages

1- Ouvrages généraux

Ardant (Ph.*),* *Institutions politiques et Droit constitutionnel*, Paris, LGDJ, 12e édition, 2000, 606 p.

Avril (P.) et **Conac (G.),** *La Constitution de la République française. Textes et révisions*, Paris, Montchrestien-EJA, 1996, 108 p.

Bockel (A.), *Droit administratif,* Dakar-Abidjan, Les Nouvelles éditions africaines, 1978, 541 p.

Cabanis (A.) et Michel (L. M.), *Les Constitutions d'Afrique francophone. Évolutions récentes,* Paris, Karthala, 1999, 191 p.

Carcassonne (G.), *La Constitution,* Paris, Seuil, 1996, 374 p.

Chantebout (B.), *Droit constitutionnel,* Paris, Armand Colin, 2004, 592 p.

D'Ambra (D.), *L'objet de la fonction juridictionnelle : dire le droit et trancher les litiges,* Paris, L.G.D.J., 1994, 333 p.

Debbasch (C.), *Constitution de la Vème République : Textes, jurisprudences pratiques,* Paris, Dalloz, 2000, 336 p.

Diarra (M.*),* *Justice et développement au Sénégal*, Dakar-Abidjan, NEA, 1973, 221 p.

Du Bois de Gaudusson (J.) et autres, *Les Constitutions africaines présentées en langue française,* Paris, *La Documentation française*, t. 2, 1998, 458 p.

Duhamel (O.), *Le pouvoir politique en France,* Paris, Seuil, septembre 1993, 467 p.

Duverger (M.), *Institutions politiques et Droit constitutionnel*, Paris, PUF, 1990, 18e édition, 603 p.

Fall (I.), *Sous-développement et démocratie multipartisane. L'expérience sénégalaise,* Dakar-Abidjan, Les Nouvelles Éditions africaines, 1977, 109 p.

Fall (I. M.), *L'évolution constitutionnelle du Sénégal de la veille de l'indépendance aux élections de 2007,* Dakar, CREDILA/CREPOS, 2007, 181 p.

Fall (I. M), *Les révisions constitutionnelles au Sénégal. Révisions consolidantes et révisions déconsolidantes de la démocraties sénégalaise*, Dakar, CREDILA, 2011, 217 p.

Fall (I. M.) et autres, *La Constitution quoi de neuf ?,* Dakar, CREDILA/Fondation Friedrich Ebert, 2000, 61 p.

Favoreu (L.) et autres, *Droit constitutionnel*, Paris, Dalloz, 3e édition, coll. « Précis », 2004, 931p.

Franck (C.), *Droit constitutionnel*, Paris, 2e édition, PUF, 2001, 501 p.

Gautron (J. C.) Rougevin Baville (M.), *Droit public du Sénégal*, Paris, 2e édition, A. Pedone, 1977, 447 p.

Kamto (M.), *pouvoir et droit en Afrique noire. Essai sur le fondement du constitutionnalisme dans les États d'Afrique noire francophone*, Paris, LGDJ, 1987, 542 p.

Kangashé (J. L.), *Le droit constitutionnel*, Louvain-la-Neuve, Paris, L'Harmattan, 2013, 319 p.

Kelsen (H.), *Théorie générale du droit et de l'État*, Bruxelles, Paris, Bruylant, LGDJ, 1997, 517 p.

Kelsen (H.), *Théorie pure du droit*, Paris, Dalloz, 1969, 496 p.

Lavroff (D. G.), *Droit constitutionnel de la Vème République,* Paris, 2e édition, Dalloz, 1997, 111 p.

Leclercq (C.), *Droit constitutionnel et Institutions politiques,* Paris, Litec, 9e édition, 1995, 744 p.

Mathieu (B.) et Verpeaux (M.), *Droit constitutionnel,* Paris, PUF, 2004, 874 p.

Mauss (D.), *Les grands textes de la pratique institutionnelle de la Vème République,* Paris, La Documentation française, *notes, études documentaires*, 5e édition, 1990, 297 p.

Mekhantar (J.), *Droit politique et constitutionnel*, Paris, Édition ESKA, 1997, 731 p.

Ndao (E. I.), *Sénégal. Histoire des conquêtes démocratiques*, Dakar, NEA, 2003, 520 p.

Quhoc Dinh (G.), *Droit international public*, Paris, 6e édition, LGDJ, 1999, 1455 p.

Renoux (T.), De Villiers (M.), *Code constitutionnel*, Paris, Litec, 2e édition, 2001, 1420 p.

Roux (A.), *Droit constitutionnel local*, Paris, Economica, 1995, 112 p.

Sall (A.), *La justice de l'intégration. Réflexions sur les institutions judiciaires de la CEDEAO et de l'UEMOA*, Dakar, Éditions du CREDILA, 2011, 398 p.

Sy (D.), *Droit administratif*, Dakar, CREDILA, L'Harmattan, 2e édition, 2014, 420 p.

Sy (D. M.), *Les régimes politiques sénégalais de l'indépendance à l'alternance politique 1960-2008,* Paris, Iroko-Karthala, CREPOS, 2009, 369 p.

Thiam (Ch. T.), *Droit public du Sénégal,* Vol I : « État et citoyen », Dakar, CREDILA, 1993, 304 p.

Turpin (D.), *Droit constitutionnel*, Paris, PUF, 1992, 791 p.

Verdussen (M.), *Contours et enjeux du droit constitutionnel pénal*, Bruxelles, Bruylant, 1995, 845 p.

Wajsman (P.) et autres, *Droit constitutionnel*, Paris, Montchrestien, 1994, 345 p.

2- Ouvrages spéciaux

Avril (P.) et Gicquel (J.), *Le Conseil constitutionnel*, Paris, Montchrestien, Clef-politique, 2e édition, 1993, 158 p.

Badet (G.), *Les attributions originales de la Cour constitutionnelle du Bénin,* Cotonou, Friedrich Ebert Stiftung, avril 2013, 2e Trimestre, Bibliothèque nationale, 481 p.

Batailler (F.), *Le Conseil d'État, juge constitutionnel,* Paris, LGDJ, 1966, 675 p.

Beaud (O.) et Pasquino (P.) (dir.), *La controverse sur « le gardien de la Constitution » et la justice constitutionnelle. Kelsen contre Schmitt, Der Weimareir Streit Um den Huter der verfassung und die verfassungsgerichtsbarkerit. Kelsen gegen Schmitt*, Paris, Éditions Panthéon-Assas, coll. « Colloques. Droit public », 2007, 212 p.

Camby (P. C.), *Le Conseil constitutionnel, juge électoral*, Paris, Sirey, 1996, 236 p.

De Cacueray (S.), *Le Conseil constitutionnel et le Règlement des Assemblées*, Paris, Economica, PUAM, 2001, 461 p.

Cappelleti (M.), *Le pouvoir des juges. Articles choisis de droit judiciaire et de droit constitutionnel comparé*, Paris, Aix-en-Provence, Economica, PUAM, Coll. « Droit public positif », 1990, 397 p.

Coulom (J.), *La justice constitutionnelle dans les États du Commonwealth : le cas de l'Ile Maurice*, Paris, Economica, 1994, 243 p.

Denizeau (C.), *Existe-t-il un bloc de constitutionnalité ?*, Paris, LGDJ, 1997, 152 p.

Diagne (M.), *Le Conseil constitutionnel sénégalais. L'institution et ses techniques,* Dakar, éd. TCM, 2012, 156 p.

Diop (E. O.), *La justice constitutionnelle au Sénégal. Essai sur l'évolution, les enjeux et les réformes d'un contre-pouvoir juridictionnel*, Dakar, CREDILA/OVIPA, 2013, 333 p.

Dokhan (D.), *Les limites du contrôle de constitutionnalité des actes législatifs*, Paris, LGDJ, EJA, 2001, 580 p.

Dupuy (P. M.) (dir.), *Droit international et droit interne dans la jurisprudence comparée du Conseil constitutionnel et du Conseil d'État*, Paris, LGDJ, 2001, 2001, 128 p.

Drago (G.), *Contentieux constitutionnel français*, Paris, PUF, 1998, 580 p.

Drago (G.), *L'exécution des décisions du Conseil constitutionnel. Efficacité du contrôle de constitutionnalité des lois,* Paris, LGDJ, 1991, 333 p.

Eisenmann (C.), *La justice constitutionnelle et la Haute Cour constitutionnelle d'Autriche,* Paris, LGDJ, 1re édition, 1928, 307 p.

Fatin-Rouge Stéfani (M.), *Le contrôle du référendum par la justice constitutionnelle,* Paris, Economica, PUAM, 2004, 383 p.

Favoreu (L.), *La politique saisie par le droit*, Paris, Economica, 1998, 155 p.

Favoreu (L.) Renoux (Th. S.), *Le contentieux constitutionnel des actes administratifs*, Paris, Sirey, 1992, 206 p.

Favoreu (L.), Wanda (M.), *Les Cours constitutionnelles*, Paris, Dalloz, 2011, 151 p.

Fromont (M.), *La justice constitutionnelle dans le monde*, Paris, Dalloz, 1996, 140 p.

Gaïa (P.), *Le Conseil constitutionnel et l'insertion des engagements internationaux dans l'ordre juridique interne,* Paris, Economica, PUAM, 1991, 406 p.

Genevois (B.), *La jurisprudence du Conseil constitutionnel. Principes directeurs,* Paris, SHT, 1988, 406 p.

Geosel-Le bihan (V.), *Contentieux constitutionnel*, Paris, Ellipses, 2010, 269 p.

Hamon (L), *Les juges de la loi. Naissance et rôle d'un contre-pouvoir : le Conseil constitutionnel,* Paris, Dalloz, 1994, 543 p.

Hamon (F.), *La justice constitutionnelle en France et à l'étranger,* Paris, LGDJ, 2011, 200 p.

Hourquebie (F.), *Le pouvoir juridictionnel en France*, Paris, LGDJ, Coll. « Système », 2010, 206 p.

Hourquebie (F.), *Sur l'émergence du contre-pouvoir juridictionnel sous la Vème République,* Bruxelles, Paris, Bruylant, 2004, 677 p.

Julien (T.), *L'indépendance du Conseil constitutionnel,* Paris, LGDJ, 2009, 385 p.

Kelsen (H.), *Qui doit être le gardien de la Constitution ?,* Paris, M. Hourdiard, Ed. 2006, 318 p.

Lambert (E.), *Le gouvernement des juges et la lutte contre la législation sociale aux États-Unis : L'expérience américaine du contrôle de constitutionnalité des lois*, Paris, Dalloz, 2005, Fac-similé de l'édition de Paris Giard, 1921, 276 p.

Mborantsuo (M. M.), *La contribution des Cours constitutionnelles à l'État de droit en Afrique,* Paris, Economica, 2007, 365 p.

Meunier (J.), *Le pouvoir du Conseil constitutionnel, essai d'analyse stratégique*, Paris, Bruylant LGDJ, 1994, 364 p.

Molfessis (N.), *Le Conseil constitutionnel et le droit privé,* Paris, LGDJ, 1997, 602 p.

Ndoye (D.), *La Constitution sénégalaise du 7 janvier commentée et ses pactes internationaux annexés - Les perspectives juridiques, politiques et sociales*, Dakar, EDJA, 1re édition, juillet 2001, 214 p.

Ndoye (D.), *La Constitution de la République du Sénégal, les avis et les décisions du Conseil constitutionnel*, Dakar, éditions Jurisen, 1994, 92 p.

Ndoye (D.), *La Constitution du Sénégal et le Conseil constitutionnel. Les textes annotés et commentés*, Dakar, EDJA, 1992, 81 p.

Ngom (B. S.), *L'arbitrage d'une démocratie en Afrique :* la *Cour suprême du Sénégal*, Dakar, Présence Africaine, 1989, 190 p.

Nzouankeu (J. M.), *La Constitution sénégalaise commentée,* volume II, Dakar, Bibliothèque de l'autodidacte mars, 1980, 276 p.

Ould Bouboutt (A. S.), *L'apport de la jurisprudence du Conseil constitutionnel au droit administratif*, Paris, Economica, 1987, 590 p.

Pascal (J.), *Le procès constitutionnel*, Paris, LGDJ, EJA, 2001, 223 p.

Pascal (J.), *La saisine du Conseil constitutionnel*, Paris, LGDJ, 1999, 716 p.

Ricci (R.), *Le procès constitutionnel en Italie. L'élaboration d'un droit processuel constitutionnel*, Paris, Aix-en-Provence, Economica, PUAM, 1996, 160 p.

Rivero (J.), *Le Conseil constitutionnel et les libertés publiques,* Paris, Economica, 1987, 192 p.

Robert (J), *Le juge constitutionnel et les libertés publiques*, Paris, Montchrestien, 1999, 181 p.

Romano (S.), *L'ordre juridique*, Paris, Dalloz, 2002, 174 p.

Roussillon (H.), *Le Conseil constitutionnel*, Paris, 3e édition, Dalloz, Coll. « Connaissance du droit », 1996, 149 p.

Rousseau (D.), *Droit du contentieux constitutionnel*, Paris, Montchrestien, EJA, 9e édition, 2010, 438 p.

Rousseau (D.), *La justice constitutionnelle en Europe,* Paris, Montchrestien, 2e édition, 1996, 158 p.

Rueda (F.), *Le contrôle de l'activité du pouvoir exécutif par le juge constitutionnel. Les exemples français, allemand et espagnol,* Paris, LGDJ, 2000, 404 p.

Salami (A. I.), *La protection de l'État de droit par les Cours constitutionnelles africaines. Analyse comparative des cas Béninois, Ivoirien, Sénégalais et Togolais,* Paris, ANTR, 2005, 397 p.

Schanapper (D.), *Une sociologue au Conseil constitutionnel*, Paris, Gallimard, 2010, 430 p.

Séverine (N.), *La sélection des recours par la juridiction constitutionnelle (Allemagne, Espagne et États-Unis),* Paris, LGDJ, 2006, 467 p.

Soucramanien (M. F.), *Le principe d'égalité dans la jurisprudence du Conseil constitutionnel*, Paris, Economica, 1997, 397 p.

SY (M. M.), *La protection constitutionnelle des droits fondamentaux en Afrique. L'exemple du Sénégal,* Paris, L'Harmattan, 2007, 562 p.

TOURE (P. A.), *La réforme de l'organisation judiciaire du Sénégal. Commentée et annotée*, Paris, L'Harmattan, 2016, 432 p.

Turpin (D.), *Le Conseil constitutionnel, son rôle, sa jurisprudence,* Paris, Hachette, Coll. « Les fondamentaux », 1995, 160 p.

Turpin (D.), *Contentieux constitutionnel*, Paris, PUF, Coll. « Droits fondamentaux », 2e édition, 1994, 543 p.

II- Recueils de jurisprudence

Conseil Constitutionnel du Sénégal, *Recueil des décisions du Conseil constitutionnel 1993-2019, Conseil constitutionnel*, février 2020, 698 p.

Bon (P.) et Mauss (D.) (dir.), *Les grandes décisions des Cours constitutionnelles européennes*, Paris, Dalloz, 2008, 808 p.

Fabre (F. J.) et autres, *Les grands arrêts de la jurisprudence financière,* Paris, 5ème Dalloz, 2007, 590 p.

Fall (I. M.), (dir), *Les décisions et avis du Conseil constitutionnel du Sénégal, Rassemblés et commentés,* Dakar, CREDILA, 2008, 565 p.

Favoreu (L.) et autres, *Les grandes décisions du Conseil constitutionnel,* Paris, 16e édition, Dalloz, 2011, 591 p.

Gaudemet (Y.) et autres, *Les grands avis du Conseil d'État*, Paris, 3e édition, Dalloz, 2008, 582 p.

Kpodar (A.), *Commentaire des grands avis et décisions de la Cour constitutionnelle togolaise,* Lomé, PUL, 2007.

Long (M.) et autres, *Les grands arrêts de la jurisprudence administrative*, Paris, 18e édition, Dalloz, 2011, 1009 p.

Luc (S.), Les *grandes décisions de la justice constitutionnelle africaine. Droit constitutionnel jurisprudentiel et politiques constitutionnelles au prisme des systèmes politiques africaines*, Bruxelles, Bruyant, 2009, 598 p.

Mathieu (B.) et autres, *Les grandes délibérations du Conseil constitutionnel 1958-1983*, Paris, Dalloz, 2009, 473 p.

Mède (N.), *Les grandes décisions de la Cour constitutionnelle du Bénin,* Paris, Editions université européenne, 2012, 468 p.

Melèdje (D. F), *Les grands arrêts de la jurisprudence constitutionnelle ivoirienne,* Abidjan, Centre national de documentation juridique, 2012, 671 p.

Nzouankeu (J. M.), *Les grandes décisions de la jurisprudence administrative*, Tome I, contentieux général de la légalité, Dakar, RIPAS, 1984, 632 p.

Sy (D.), (dir.), *Répertoire de jurisprudence administrative. Recueil des arrêts du Conseil d'État, 1993-1994-1995*, Dakar, CREDILA, 268 p.

III- Articles

Adourahmane (I. B.), « Les chefs d'États face aux juridictions constitutionnelles : le présidentialisme africain à l'épreuve de l'État de droit », *in* François Paul Blanc et autres (dir.), *Le chef de l'État en l'Afrique... entre tradition, état de droit et transition démocratique, Cahiers du centre d'études et de recherches juridiques sur les espaces méditerranéen et africain francophones,* N° 9, Presses universitaires de Perpignan,2001, pp. 391-409.

Adourahmane (I. B.), « Les juges à l'épreuve de la démocratisation : L'exemple du Niger », *in Les défis des droits fondamentaux,* Actes de deuxièmes journées scientifiques du Réseau droits fondamentaux de l'Agence universitaire de la Francophonie (AUF) tenus à Québec du 29 septembre au 2 octobre 1999, AUPELF-Uref, Bruxelles, Bruylant/AUF, 2000, pp. 375-388.

Ahanhanzo-Glélé (M.), « La Constitution ou loi fondamentale », *in Encyclopédie juridique de l'Afrique,* Abidjan, Dakar, Lomé, N.E.A, 1982, pp. 21-50.

Aïvo (G.), « Les recours individuels devant le juge constitutionnel béninois », *Mélanges en l'honneur de Maurice AHANHANZO-GLELE, La Constitution béninoise du 11 décembre 1990 : un modèle pour l'Afrique ?,* Paris, L'Harmattan, 2014, pp. 573- 602.

Aurillac (M.), « La Cour suprême du Sénégal », *Conseil d'État, Études et Documents,* 1961, pp. 207-227.

Auvret (P.) « La faculté d'empêcher du président de la République », *RDP*, 1986, pp. 165 et s.

Antagana-AMAGOU (J. L.), « Les révisions constitutionnelles dans le nouveau constitutionnalisme africain », *Politeia,* N° 7, 2007, pp. 582-622.

Arnaud (D.), « Dialogue et compétition des Cours suprêmes ou la construction d'un système juridictionnel », Pouvoirs, N°105, 2003, pp. 41-52.

Arné (S.), « De l'exception d'inconstitutionnalité à l'exception de supra ou intra constitutionalité », *in Mélanges Philippe Ardant, droit et politique à la croisée des cultures*, Paris, LGDJ, 1999, pp. 220 et S.

Ashworth (A.), « Le contrôle de la constitutionnalité des lois par le Sénat du Second Empire », *RDP*, 2001, N° 3, pp. 145- 102.

Avril (P.) et Gicquel (J.), « Chronique constitutionnelle française (1er janvier-30 avril 2014) », *Pouvoirs,* N° 150, 2014, pp. 133-168.

Bachéllion (D. d.), « L'élargissement de la saisine du Conseil constitutionnel ? » *Pouvoirs*, N° 105, 2003, pp. 103-116.

Badinter (R.), « Le Conseil constitutionnel et le pouvoir constituant », *in Mélanges Jacques Robert, Liberté*, Paris, Montchrestien, EJA, 1998, pp. 217-225.

Basset (B.), « Question prioritaire de constitutionnalité et risque de conflit d'interprétation », *Droit et Société*, N° 82,2012, pp. 713-732.

Breton (J. M.), « La légalité et l'État de droit : statut et perception du juge de l'administration (contribution à une réflexion transversale) », *Afrilex,* N° 3, 2003, pp. 69-97.

Blanqueur (J. M.), « Le bloc de constitutionnalité ou ordre constitutionnel ? », *in Mélanges Jacques Robert, Liberté*, Paris, Montchrestien, EJA, 1998, pp. 227-238.

Bigo (D.), « Le pouvoir politique et appareil judiciaire en Afrique du sud du Sahara », *in* Jean du Bois de Gaudusson et Gérard Conac (dir.), *Justice en Afrique*, *Afrique contemporaine*, N° 156 (spécial), 1990,4e trimestre, Paris, La Documentation française, pp. 166-175.

Beaud (O.) et Cayla (O.), « Les nouvelles méthodes du Conseil constitutionnel », *RDP,* 1987, pp. 677 et s.

Bienvenu (J. J.), « Les idées de Charles Eisenmann en matière d'interprétation juridique », *in La pensée de Charles Eisenmann*, Paris, Economica, 1985, pp. 67 et s.

Blachèr (P.), « Le Conseil constitutionnel en fait-il trop ? », *Pouvoirs,* N° 105, 2003, pp. 17-28.

Bolle (S.), « Sur l'interprétation de la Constitution en Afrique. », *in Mélanges en l'honneur de Jean du Bois de GAUDUSSON, Espaces du service public*, Tome I, *Droits d'ailleurs,* Presses universitaires de Bordeaux, 2013, pp. 57-70.

Bon (P.), « Le Conseil constitutionnel français et le modèle des Cours constitutionnelles européennes », *RFDC,* N° 32, pp. 45-72.

Bourgi (A.), « L'évolution du constitutionnalisme en Afrique : du formalisme à l'efficacité », *RFDC*, 2005, N° 52, pp. 353 et s.

Bouvier (C.), « La nature du contrôle de constitutionnalité », *Droit,* N° 1, 1985, pp. 146 et s.

Bouvier (V.), « La notion de juridiction constitutionnelle », *Droits*, N° 9, 1989, pp. 119-129

Braibant (G.), « Le rôle du Conseil d'État dans l'élaboration du droit », *in Mélanges René Chapus,* Paris, Montchrestien, 1992, pp. 91-102. `

Bulygin (E.), « Système normatif et ordre juridique », *in Mélanges en l'honneur de Michel Troper, L'architecture du droit,* Paris, Economica, 2006, pp. 223-247.

Cabanis (A.), « Les lois fondamentales du Maghreb francophone : un mimétisme tempéré », *in* Dominique Darbon et Jean du Bois de Gaudusson *(dir.), La création du droit en Afrique*, Paris, Karthala, 1997, pp. 317- 331.

Cabanis (A.) et Guèye (B.), « Dire le droit constitutionnel en Afrique francophone », *in* Mamadou Badji et autres(dir.), *Dire le droit en Afrique francophone, Droit Sénégalais*, N° 11, Presses universitaires de Toulouse 1 Capitole, 2013, pp. 103-122.

Camby (J. P), « Injonction et Constitution », *RDP,* N° 3, 2001, pp. 639-644.

Camby (J. P.), « Une loi promulguée, frappée d'inconstitutionnalité ? », *RDP,* N° 3, 1999, pp. 653-660.

Camby (J-P), « La loi organique dans la Constitution de 1958 », *RDP*, 1989, pp. 1439 et s.

Chapus (R.), « Qu'est-ce qu'une juridiction ? La réponse de la jurisprudence administrative », *in Recueil d'études en hommage à Charles Eisenmann*, Paris, Cujas, 1975, pp. 265-292.

Chevallier (J.), « Le juge constitutionnel et l'effet Becket », *in Mélanges en l'honneur de Louis Favoreu, Renouveau du droit constitutionnel,* Paris, Dalloz, 2007, pp. 83-94.

Conac (G.), « Le juge et la construction de l'État de droit en Afrique francophone », *in Mélanges G. Braibant, État de droit,* Paris, Dalloz, 1996, pp. 105-119.

Conac (G.), « Le juge de l'État en Afrique francophone », *in La justice en Afrique, Afrique contemporaine,* N° 156 (spécial), 4e trimestre, Paris, La Documentation française,1990, pp. 13-20.

Conac (G.), « Le juge constitutionnel en Afrique censeur ou pédagogue ? », *in Les Cours constitutionnelles en Afrique,* Tome 2, Paris, Economica, 1989, pp. IV et s.

Delcamp (A.), « Le Conseil constitutionnel et le Parlement », P.U.F/*R.F.D.C*, N° 57, 2004, pp 37-83.

Delpérée (F.), « Le Conseil constitutionnel : état des lieux », *Pouvoirs,* N° 105, 2003, pp. 5-16.

Diagne (M.), « Le juge constitutionnel africain et la technique des réserves d'interprétation », *Revue juridique et politique des pays francophones*, N° 3, 2008, pp. 367- 400.

Diagne (M.), « Les mutations de la justice constitutionnelle en Afrique. L'exemple du Conseil constitutionnel sénégalais », *Annuaire international de justice constitutionnelle*, Tome XII, 1996, pp. 99 et s.

Diakhaté (M.), « Les ambiguïtés de la juridiction constitutionnelle dans les États de l'Afrique noire francophone », *Annales africaines,* Nouvelle série, Volume 2, Dakar, CREDILA, décembre 2014, pp. 194-224.

Diallo (F.), « Le juge constitutionnel et la construction de l'État de droit au Sénégal », *in African dynamic, land law and politics in africa. Médiating conflict and reshaping the state*, *in memory Gerti Hesseling, edited by* Jean Assink, Mirjam de Buijinn, 2011, pp. 248-284.

Diallo (I.), « Normes internationales et normes constitutionnelles dans l'ordre juridique interne sénégalais », *Annales africaines*, Nouvelle série, Volume 2, Dakar, CREDILA, décembre 2014, pp. 2-22.

Diallo (I.), « À la recherche d'un modèle africain de justice constitutionnelle », *AIJC*, N° 20, 2004, pp. 93-120.

Diarra (A.), « La protection constitutionnelle des droits et libertés en Afrique noire francophone depuis 1990 : Les cas du Mali et du Bénin », *Afrilex,* N° 2, 2001 pp. 1-30.

Dimitri (G.), « La Constitution et le temps », *in Mélanges Jacques Robert*, Paris, Montchrestien, EJA, 1998, pp. 207-227

Diop (S.), « Justice du politique au Sénégal », *in Afrique contemporaine*, *La justice en Afrique*, N° 156 (spécial), 4e trimestre, Paris, La Documentation française, 1990, pp.184-194.

Djogbenou (J.), « L'ambiguïté statuaire du pouvoir judiciaire dans les Constitutions des États africains de tradition juridique française », *Mélanges en l'honneur de Maurice Ahanhanzo GLELE, La Constitution béninoise du 11 décembre 1990 : un modèle pour l'Afrique ?,* Paris, L'Harmattan, 2014, p. 519-534.

Dolloard (A.), « Les observations du Premier ministre dans la cadre de la QPC », *RDP,* N° 4, 2014, pp. 967-977.

Dosso (K.), « Les pratiques constitutionnelles dans les pays d'Afrique noire francophone : cohérences et incohérence », *Revue française de droit constitutionnel*, 2012/2, N° 90, pp. 56-85.

Du Bois de Gaudusson (J.), « Le mimétisme postcolonial et après ? », *Pouvoirs,* N° 129, 2009, pp. 45-56.

Du Bois de Gaudusson (J.), « Constitution sans culture constitutionnelle n'est que ruine de constitutionnalisme. Pour un dialogue après quinze années de "transition" en Afrique et en Europe », *in Mélanges en l'honneur de Slobodan Milacic. Démocratie et liberté : tension, dialogue, confrontation,* Paris, Bruylant, 2008, pp. 333 et s.

Du Bois de Gaudusson (J.), « Défense et illustration du constitutionnalisme en Afrique après quinze ans de pratique du pouvoir en Afrique », *in Mélanges Louis Favoreu, Renouveau du droit constitutionnel,* Paris, Dalloz, 2007, pp. 609-627.

Du Bois de Gaudusson (J.), « Les nouvelles Constitutions africaines et le mimétisme », *in La création du droit en Afrique*, sous la direction de Dominique Darbon et Jean du Bois de Gaudusson, Paris, Karthala, 1997, pp. 309-316.

Du Bois de Gaudusson (J.), « Les procédures de garanties et leurs limites dans les Constitutions francophones africaines », *in Revue trimestrielle des droits de l'Homme*, 1990, pp. 249-256.

Du Bois de Gaudusson (J.), « Le statut de la justice dans les États d'Afrique noire francophone », *in La justice en Afrique, Afrique contemporaine*, N° 156 (spécial), 4° trimestre, Paris, La Documentation française, 1990, pp. 6-12.

Du Bois de Gaudusson (J.), « Les solutions constitutionnelles aux crises politiques », *Afrique contemporaine*, N° spéciale, 4° trimestre, Paris, La Documentation française, 1996, pp. 251-256.

Drago (G.), « Le Conseil constitutionnel : une jurisprudence de seuil », *in Mélanges en l'honneur de Jean du Bois de GAUDUSSON, Espaces du service public*, Tome II, *Droits d'ici,* Presses universitaires de Bordeaux, 2013, pp. 1013-1028.

Drago (G.), « Le nouveau visage du contentieux constitutionnel », *RFDC.,* 2010/4, N° 84, pp. 751-760.

Drago (G.), « Réformer le Conseil constitutionnel ? », *Pouvoirs,* N° 105, 2003, pp. 73-88.

Druesne (G.), « La jurisprudence constitutionnelle des tribunaux judiciaires sous la V° République », *RDP,* 1974, pp. 169 et s.

Eisenmann (C.), « Juridiction et logique selon les données du droit français », *Mélanges dédiés à Gabriel Marty,* Toulouse, Université des sciences sociales de Toulouse, 1978, pp. 477-506.

Eisenmann (C.), « La théorie des bases constitutionnelles du droit administratif », *RDP,* 1972, pp. 1345et s.

Essono Ovono (A.), « La question préjudicielle de constitutionnalité dans les Constitutions africaines », *in Mélanges en l'honneur de Maurice AHANHANZO-GLELE, La Constitution béninoise du 11 décembre 1990 : un modèle pour l'Afrique ?,* Paris, L'Harmattan, 2014, pp. 564-572.

Fall (A. B.), « La démocratie sénégalaise à l'épreuve de l'alternance », *Politeia,* N° 5, 2004, pp. 36-86.

Fall (A. B.), « Le juge, et justiciable et les pouvoirs publics : Pour une appréciation concrète de la place du juge dans les systèmes juridiques africains », *in Les défis des droits fondamentaux,* Actes des deuxièmes journées scientifiques du Réseau droits fondamentaux de l'Agence universitaire de la Francophonie (AUF) tenues à Québec du 29 septembre au 2 octobre 1999, AUPELF-Uref, Bruxelles, Bruylant/AUF, 2000, pp. 309-346.

Fall (A. B.), « Réflexion sur quelques procédés non juridictionnels de règlement des litiges administratifs », *in* D. Darbon et J. du Bois de Gaudusson (dir.), *La création du droit en Afrique*, Paris, Karthala, 1997, pp. 421-441.

Fall (I.), « Le droit au secours de la négritude et de l'authenticité : Le serment du Président de la République, acculturation ou retour aux sources ? », *Annales africaines*, 1973, pp. 203et s.

Fall (I.), « La réforme constitutionnelle du 26 février 1970 », *Penant*, janvier-mars, 1970, pp. 91-114.

Fall (I. M.), « La Constitution de 1963 et la Constitution de 2001 : continuité ou rupture ? » *Revue de la faculté des sciences juridiques et politiques*, Dakar, N.E.A., novembre, 2005, pp. 311-336.

Fauré (A.Y.), « La Constitution et l'exercice du pouvoir en Afrique. Pour une lecture différente des textes », *Politique africaine,* N° 1, janvier 1981, pp. 46 et s.

Favoreu (L.), « La question préjudicielle de constitutionnalité, Retour sur un débat récurrent », *Mélanges Philippe Ardant, Droit et politique à la croisée des cultures*, Paris, LGDJ, 1999, pp. 265 et s.

Favoreu (L.), « La constitutionnalisation du droit administratif », *Mélanges Ep. Spilotopoulous, Sakkoulas,* Athènes, Bruxelles, Bruyant, 1998, pp. 97-114.

Favoreu (L.), « Légalité et constitutionnalité », *in Les Cahiers du Conseil constitutionnel,* N°3, 1997, pp. 73.

Favoreu (L.), « Souveraineté et supra constitutionnalité », *Pouvoirs,* N° 67, 1993, pp. 71-77.

Favoreu (L.), « La modernité de vue de Charles Eisenmann sur la justice constitutionnelle », *in* Paul Amselek (dir.), *La pensée juridique de Charles Eisenmann,* Paris, Economica 1986, pp. 85-101.

Favoreu (L.), « La délégalisation des textes de forme législative par le Conseil constitutionnel », *in Mélanges offerts à Marcel Waline, Le juge et le droit public*, juillet 1974, Paris, LGDJ, pp. 429-450.

Favoreu (L.), « Le principe de constitutionnalité. Essai de définition d'après la jurisprudence du Conseil constitutionnel », *in Recueil d'études en l'honneur de Charles Eisenmann,* Paris, Cujas, 1977, pp. 33-48.

Favoreu (L.), « Le Conseil constitutionnel, régulateur de l'activité normative des pouvoirs publics », *RDP,* 1967, pp. 5 et s.

Faye (A.), « État de droit et contrôle de l'exécutif. Réflexion d'un privatiste sur l'exception d'illégalité en droit sénégalais », *Revue de l'Association sénégalaise de droit pénal,* janvier-février 1996, pp. 41-50.

Foucher (P.), « Contrôle de constitutionnalité au nom des droits fondamentaux dans les États de droit : convergence des solutions en occident et idées pour l'Afrique », *in Les droits fondamentaux,* Bruxelles, Bruylant, 1997, pp. 345-370.

François (B.), « La perception du Conseil constitutionnel par la classe politique, les médias et l'opinion », *Pouvoirs,* N° 105, pp. 133-144.

Fromont (M.), « La diversité de la justice constitutionnelle en Europe », *in Mélanges Philippe Ardant Droit et politique à la croisée des cultures*, Paris, LGDJ, 1999, pp. 47-59.

Flaus (J. F.), « Contrôle de conventionnalité et contrôle de constitutionnalité devant le juge administratif (CE., Ass 30 octobre 1998 Sarran et Levacher et autres). Note de jurisprudence », *RDP,* N° 3, 1999, pp. 919-945.

Genevois (B.), « La jurisprudence du Conseil constitutionnel est-elle prévisible ? » *Pouvoirs*, N° 5, 1995, pp. 113 et s.

Guedon (J. M.), « Décret et Constitution », *in Études en l'honneur de Georges Depuis, Droit public*, LGDJ, EJA, 1997, pp. 125- 138.

Guèye, (B.), « La démocratie en Afrique : succès et résistances », *Pouvoirs,* N° 129, 2009, pp. 5-26.

Goguel (F.), « Le Conseil constitutionnel », *RDP*, 1979, pp. 5-25.

Grantut (B.d.), « Faut-il accorder aux citoyens le droit de saisir le Conseil constitutionnel ? », *RDP*, 1990, pp. 309 et s.

Higuchi (Y.), « L'évolution récente du contrôle de la constitutionnalité sous la Constitution japonaise de 1946 », *Revue internationale de droit comparé,* Vol. 31, N° 1, janvier-mars 1979, pp. 21-34.

Holo (T.), « Les droits et devoirs dans les Constitutions africaines », *Revue béninoise de sciences juridiques et politiques,* N° 18, 2007, pp. 17 et s.

Holo (T.), « L'émergence de la justice constitutionnelle », *Pouvoirs,* N°129, 2009, p. 101-113.

Hourquebie (F.), « Les mutations du service public de la justice. Quand la justice se confronte à la performance », *in Mélanges en l'honneur de Jean du Bois de GAUDUSSON, Espaces du service public*, Tome II, *Droits d'ici,* Presses universitaires de Bordeaux, 2013, pp. 1063-1080.

Hourquebie (F.), « L'indépendance de la justice dans les pays francophones », *Les Cahiers de la justice*, N° 2, 2012, pp. 41-60

Hourquebie (F.), « Quel statut pour le chef de l'État africain ? Entre principes théoriques et pratique du pouvoir », *Afrique contemporaine*, N° 242, Paris, La Documentation française, 2012/2, pp. 73-86.

Jéze (G.), « Le contrôle juridictionnel des lois », *RDP,* 1924, pp. 389 et s.

Ka (A.), « La loi Ezzan devant le Conseil constitutionnel », *Annales de l'Université des sciences sociales de Toulouse,* Tome XLVIII, 2006, pp. 71-101.

Kébé (A. D.), « Les réserves d'interprétation dans la jurisprudence constitutionnelle des États d'Afrique francophone », *Annales africaines*, Nouvelle série, Volume 1, Dakar, CREDILA, avril 2015, p. 255.

KAMARA (M), « Supra-constitutionnalité et exercice du pouvoir constituant », *Revue de la recherche juridique, Droit prospectif,* N° 03, 2008, pp. 1431-1476.

Kanté (B.), « Les juridictions constitutionnelles et la régulation des systèmes politiques en Afrique », *in Mélanges en l'honneur de Jean Gicquel, Constitutions et pouvoirs,* Paris, Montchrestien, 2008, pp. 265-276.

Kanté (B.), « Les méthodes et techniques d'interprétation de la Constitution : L'exemple des pays d'Afrique occidentale francophone », *in* F. Mélin-Soucramanien (dir.), *L'interprétation constitutionnelle*, Paris, Dalloz, 2005, pp. 159 et s.

Kanté (B.), « Les élections présidentielles et législatives du 28 Février 1988 au Sénégal », *Annales africaines*, CREDILA, 1989-1990-1991, pp. 163-192.

Kanté (B.), « Le Sénégal un exemple de continuité politique et d'instabilité constitutionnelle », *RJEPM,* N° 22, 1989, pp. 145 et s.

Kouemegui (K. A.), « Vers un modèle de contrôle de constitutionnalité des lois au Cameroun », *in* G. Conac (dir.), *Les Cours suprêmes en Afrique*, Tome II, 1986, pp. 47-49.

Kororoko (D.), « Les élections disputées : réussites et échecs », *Pouvoirs,* N° 129, 2009, pp. 115-126.

Kpodar (A.), « Les juridictions constitutionnelles et les crises en Afrique noire francophone », 5e congrès de l'ACCPUF, Cotonou, 22-28 juin 2009, pp. 45-51.

Kpodar (A.), « Réflexion sur la justice constitutionnelle à travers le contrôle de constitutionnalité des lois dans le nouveau constitutionnalisme : le cas du Bénin, du Mali, du Togo et du Sénégal », *Revue béninoise de sciences juridiques et administratives,* N° 16, 2006, pp. 13 et s.

Leader (S.), « Le juge, la politique et la neutralité. À propos des travaux de Ronald Doworkin », *Droit et société,* N° 2, 1986, pp. 29-52.

Leben (Ch.), « *Compagnelo* et Kelsen ou les mésaventures d'un maître et son discipline », *in L'architecture du droit, Mélanges en l'honneur de Michel Troper*, Paris, Economica, 2006, pp. 602-623.

Le Divellec, (A.), « Droit, politique et justice constitutionnelle : deux textes de Heinrich Triepel », *Jus Politicum,* N° 2, 2009, pp. 1-19.

Le Roy (E.), « Le justiciable africain et la découverte d'une voie négociée de règlement des conflits », *in* G. Conac et Jean du Bois de Gaudusson (dir.), *La justice en Afrique, Afrique contemporaine,* N° 156 (spécial), 4e trimestre, Paris, La Documentation française, 1990, pp. 111-120.

Luchaire (F.), « Deux décisions du Conseil constitutionnel appelées à faire jurisprudence ? Chronique de fond », *RDP,* N° 5, 1999, pp. 1285-1292.

Luchaire (F.), « Le Conseil constitutionnel est-il une juridiction ? », *R.D.P,* janvier-février 1979, pp. 27-52.

Loada (A.*),* « La limitation du nombre de mandats présidentiels en Afrique francophone », *Afrilex,* N° 3, 2003, pp. 139-174.

Lochak (D.) « La QPC, une protection efficace des droits et libertés ? Un impact limité pour protéger les droits des étrangers », Actes du colloque Hôtel de Lassay 5 avril 2013, *La QPC, une question pour la démocratie, in La semaine juridique*, Édition générale, supplément N°29-34, 15 juillet 2013, pp. 15-18.

Mangué (C.), « Le Conseil constitutionnel et droit supranational », *Pouvoirs,* N° 105, 2003, pp. 53-72.

Mauss (D), « Où en est le droit constitutionnel ? », *Mélanges en l'honneur de Frank Moderne, Mouvement du droit public,* Paris, Dalloz, 2004, pp. 691-740.

Mathieu (B.*),* « La question prioritaire de constitutionnalité, témoin et instrument de mutation de l'ordre juridique. Observations sommaires et partielles. », *in Mélanges en l'honneur de Jean du Bois de GAUDUSSON, Espaces du service public*, Tome II, *Droits d'ici*, Presses universitaires de Bordeaux, 2013, pp. 1191-1204.

Mathieu (B.*),* « La qualité du travail parlementaire : une exigence constitutionnelle », *Mélanges en l'honneur de Jean Gicquel, Constitution et Pouvoirs*, Paris, Montchrestien, 2008, pp. 355-364.

Mathieu (B.*),* « La sécurité juridique un principe clandestin mais efficient », *Mélanges Patrice Gélard, Droit constitutionnel*, Paris, Montchrestien, LGDJ 1999, pp. 301 et s.

Mbacké (M. M.), « Le contrôle juridictionnel de l'administration : le recours pour excès de pouvoir », *Revue EDJA,* N° 2, janvier 1987, pp. 9 et s.

Mbaye (K.*),* « l'organisation judiciaire du Sénégal », *Penant,* 1965, pp. 191-222.

Mbaye (K.*),* « Remarque sur la Constitution sénégalaise », *in Les Constitutions et les instituions administratives des États nouveaux*, Bruxelles, Bruylant, 1965, pp. 229-256.

Mbodj (E. H.), « Le juge : un déterminant du processus électoral en Afrique ? », *in Mélanges en l'honneur de Jean de Bois de GAUDUSSON, Espaces du service public*, Tome I, *Droits d'ailleurs,* Presses universitaires de Bordeaux, 2013, pp. 421-454.

Mbodj (E. H.), « La Constitution de transition et la résolution des conflits : l'exemple de la République démocratique du Congo », *RDP*, N°2, 2010, pp. 441-471.

Mbodj (E. H.), « La mort du Rabat d'arrêt. Observations sous la décision N°11 /93 du Conseil constitutionnel du 23 Juin 1993 », *Justice et droit en Afrique. Études doctrinales*, 2004, *EDJA* N° 20, pp. 153 et s.

Mbodj (E. H.), « Le renouveau du pouvoir exécutif en Afrique », *in L'État de droit et le contrôle de l'exécutif au Sénégal, Institut des droits de l'Homme et la paix,* Atelier N°1, 9-10-11juin 1995, Hôtel Savana- Dakar, pp. 1-17.

Mbodj (E. H.), « Le Sénégal un régime politique hétérodoxe », *in* H. Roussillon (dir.), *Les Constitutions africaines : la transition démocratique*, Toulouse, Presses, I. E. P, 1995 pp. 163-173.

Mbodj (E. H.), « Les incidences de la réforme judiciaire du 30 mai 1992 sur le contentieux administratif sénégalais », *EDJA,* N° 25, avril-mai-juin 1995, pp. 13-39.

Mbodj (E. H.), « La démocratie multi-partisane sénégalaise à la lumière du nouveau Code électoral », *Revue alternative démocratique dans le tiers monde*, N° 6, juillet-décembre 1992, pp. 73-90.

Mbodj (F.), « Les compétences du Conseil constitutionnel à l'épreuve des saisines. Quelques remarques sur le pouvoir jurisprudentiel du Conseil constitutionnel au Sénégal », *Revue EDJA,* N°78, juillet-août-septembre 2008, pp. 7-37.

Mbodj (F.), « Réflexion sur la dénaturation de la liberté de manifestation en droit africain », *in* Olivier Devaux et autres (dir.), *Conflictualité en Afrique francophone*, *Droit sénégalais,* N° 10, Presses universitaires de Toulouse 1 Capitole, 2011-2012, pp. 264-324.

Médé (N.), « La fonction de régulation des juridictions constitutionnelles en Afrique francophone », *AIJC*, 2007, pp. 45-65.

Meunier (J.*),* « Les décisions du Conseil constitutionnel et le jeu politique », *Pouvoirs,* N° 105, 2003, pp. 29-40.

Mélédje (D.F.), « De l'impossible service public électoral en Côte d'Ivoire. Le phénomène des crises électorales », *in Mélanges en l'honneur de Jean du Bois de GAUDUSSON, Espaces du service public*, Tome I*, Droits d'ailleurs,* Presses universitaires de Bordeaux, 2013, pp. 455-478.

Mélédje (D.F.), « Le contentieux électoral en Afrique », *Pouvoirs,* N° 129, 2009, pp. 139-157.

Milacic (S.), « Le juge constitutionnel dans l'État de droit, libéral et démocratique. Entre les libertés juridiques et la démocratie politique », *in Mélanges en l'honneur de Jean du Bois de GAUDUSSON, Espaces du service public,* Tome II, *Droits d'ici,* Presses universitaires de Bordeaux, 2013, pp. 1279-1306.

Milet (M.), « Les controverses de 1925 sur l'exception d'inconstitutionnalité. Genèse d'un débat : l'affaire Ratier », *Revue française de science politique,* 49e année, N° 6, 1999, pp. 783-802.

Molfessis (N.), « L'irrigation du droit par les décisions du Conseil constitutionnel », *Pouvoirs,* N° 105, 2003, pp. 89-102.

Moyrand (A.), « Réflexion sur l'introduction de l'État de droit en Afrique noire francophone », *RIDC,* Vol. 43, N° 4, octobre-décembre 1991, pp. 853-878.

Ndiaye (I. Y.), « Le Conseil constitutionnel sénégalais », *Nouveaux Cahiers du Conseil constitutionnel,* 1er octobre 2014, N° 45, pp. 77-91.

Ndoye (D.*),* « Le traité relatif à l'harmonisation en Afrique du droit des affaires. La Constitution sénégalaise et les principes du droit processuel », *in Le pouvoir judiciaire face aux autres pouvoirs, Doctrine et réalités politiques,* présentation Me Doudou Ndoye, Dakar, éditions Caford, N° 8, 2000, pp. 13-25.

Ndoye (D.*),* « La Constitution sénégalaise commentée », *EDJA*, 1996, pp. 115 et s.

Négrin (J. P.*),* « Aspects du régime contentieux des règlements administratifs en France », *in Mélanges Esp. Epiliotopoulous Sakkoulas*, Athènes, Bruxelles, Bruylant, 1998, pp. 267-370.

Ngaidé (M.), « Le principe de l'inamovibilité des magistrats devant le Conseil d'État du Sénégal », note sous le CE sections réunies N° 2/2002 du 18 avril 2000, *Nouvelles Annales africaines*, N° 1, 2009, pp. 511-551.

Ngaidé (M.), « Le Conseil d'État du Sénégal et le principe de l'égal accès des citoyens à un emploi public : À propos de l'arrêt du 29 juin 2000, Association Nationale des Handicapés Moteurs du Sénégal contre État du Sénégal (arrêt N° 12) », *Afrilex,* N° 3, 2003, pp. 193-222.

Ngom (B.), « La protection des libertés publiques par la Cour suprême du Sénégal », *Droit africain,* Revue trimestrielle, publiée par l'AJAF, N° 2, 1982, pp. 3-10.

Nicaise (M.), « Réflexion sur l'autorité de la chose jugée au financier », *Nouvelles Annales Africaines. Revue de la faculté des sciences juridiques et politiques*, Dakar, CREDILA, 2012, pp. 123-161.

Nikolic (P.), « La légitimité de la justice constitutionnelle et la démocratie », *in Mélanges Patrice Gélard, Droit constitutionnel*, Paris, Montchrestien, LGDJ, 1999, pp. 309 et s.

Ntwari (G.F.), « La décision du Conseil constitutionnel ivoirien N° C I-2011-036 du 4 mai 2011 », *Revue québécoise de droit international*, Vol. 24.1, 2011, pp. 407-412.

Nzouankeu (J.M.), « Le domaine de la loi et du Règlement en droit sénégalais », *RIPAS*, N°11, octobre- décembre 1984, pp. 889-948.

Nzouankeu (J.M.), « Chronique constitutionnelle. La consolidation et le renforcement de la démocratie au Sénégal : la révision constitutionnelle du 6 mai 1981 et le multipartisme illimité», *RIPAS,* N° 2, 1981, pp. 323-359.

Nzouankeu (J.M.), « Les nouvelles attributions de la Cour suprême en matière de contrôle des élections présidentielles et législatives », *RIPAS,* octobre-novembre 1981, pp. 205-225.

Ogier-Bernaud (V.), « L'évolution décisive de la jurisprudence constitutionnelle relative à l'exercice du droit d'amendement en cours de navette parlementaire », *RFDC*., 2006/3, N° 67, pp. 589-607.

Ondo (T.), « L'autorité des décisions des juridictions constitutionnelles en Afrique noire francophone », *Revue juridique et politique*, N° 4, 2012, pp. 453-480.

Ouattara (A.), « Prolégomènes pour une épistémologie du droit en Afrique », *in* Mamadou Badji et autres (dir.), *Dire le droit en Afrique francophone, Droit sénégalais*, N° 11, Presses universitaires de Toulouse 1 Capitole, 2013, pp. 249-290.

Oyono (J.C.A.), « Les mutations de la justice constitutionnelle à la lumière du développement constitutionnel de 1996 », *Afrilex,* N° 1, 2000, pp. 1-23.

Philippe (X.), « La démocratie sud-africaine, un modèle ? », *Pouvoirs,* N°129, 2009, pp. 157- 169.

Placide (M.), « Les nouvelles tendances du droit administratif des États d'Afrique noire francophone », *Revue EDJA,* avril-mai-juin 2009, pp. 37 et s.

Ponthoreau (M. C.), « La globalisation du droit constitutionnel en question(s) », *in Mélanges en l'honneur de Jean du Bois de GAUDUSSON, Espaces du service public*, Tome I, *Droits d'ailleurs,* Presses universitaires de Bordeaux, 2013, pp. 549-565.

Prétot (X.), « Quand la Cour de cassation donne une leçon de droit au Conseil constitutionnel … », *RDP,* N° 6, 2001, pp. 1625-1640.

Roblot-Troizier (A.), « Filtrage des QPC : vers une interprétation restrictive des conditions de renvoi ? », *Nouveaux Cahiers du Conseil constitutionnel,* N° 45, 01 octobre 2014, pp. 151-161.

Roman (D.), « La jurisprudence sociale des Cours constitutionnelles en Europe : vers une jurisprudence de crise ? », *Nouveaux Cahiers du Conseil constitutionnel,* 1er octobre 2014, N° 45, pp. 63-73.

Rousseau (D.), « Chronique de jurisprudence constittutionnelle1992-1993 », *RDP,* N° 3, 2001, pp. 103-155.

Rousseau (D.), « Une résurrection : la notion de Constitution », *RDP*, N° 1, 1990, pp. 5-22.

Roussillon (H.), « Le Conseil constitutionnel : une institution menacée ? », *Droit écrit,* N°1, mars 2001, pp. 136-148.

Roux (A.), « Le nouveau Conseil constitutionnel, vers la fin de l'exception française », *in La semaine juridique*, N° 31-35, juillet, 2008, pp. 175 et s.

Sakho (P. O.), « Quelle justice pour la démocratie en Afrique ? », *Pouvoirs,* N° 129, 2009, pp. 57-64.

Sall (A.), « Réflexion sur deux décisions de justice récentes. L'affaire "Habré" ou le malaise du juge devant le pouvoir politique et l'affaire de "l'effigie" ou le malaise du politique devant le pouvoir judiciaire », *in Le Pouvoir judiciaire face aux autres pouvoirs*, Dakar, éditions Caford 2000, pp. 169-171.

Sarr (B.), « Regard critique sur l'organisation judiciaire et le fonctionnement du Conseil constitutionnel sénégalais », *EDJA,* N° 2, *Justice et droit en Afrique*. *Études doctrinales*, pp. 111 et s.

Soma (A.), « Le statut du juge constitutionnel africain », *Mélanges en l'honneur de Maurice AHANHANZO-GLELE*, *La Constitution béninoise du 11 décembre 1990 : un modèle pour l'Afrique ?,* Paris, L'Harmattan, 2014, pp. 489-518.

Soucramanien (F. M.), « Du déni de justice constitutionnelle en droit public français », *in Mélanges en l'honneur de Louis Favoreu,* Paris, Dalloz, 2007, pp. 277-290.

Soucramanien (F. M.), « Le Conseil constitutionnel, juge électoral », *Pouvoirs,* N° 105, 2003, pp. 117-132.

Sow (A. A.), « La contribution du juge des élections dans la construction de l'État de droit au Sénégal », *Librairie d'études juridiques africaines*, Vol. N° 12, pp. 1-14.

Sy (D.), « justice administrative et droit administratif en Afrique. Un bilan. », *in Mélanges en l'honneur de Jean du Bois De GAUDUSSON, Espaces du service public*, Tome I, *Droits d'ailleurs,* Presses universitaires de Bordeaux, 2013, pp. 652-670.

Sy (D.), « Écrire, dire et comprendre le droit administratif en Afrique. Une approche juridique et sociologique » *in* Mamadou Badji et autres, (dir.), *Dire le droit en Afrique francophone, Droit Sénégalais*, N° 11, Presses universitaires de Toulouse 1 Capitole, 2013, pp. 291-309.

Sy (D.), « Normativité et juridicité (Brèves réflexions sur la normativité juridique) », *Nouvelles Annales africaines*, N° 1, 2009, pp. 11-47.

Sy (D.), « La renaissance du droit constitutionnel en Afrique. Question de méthode », *Revue de la faculté de droit de Toulouse, droit sénégalais,* N° 3, juin 2004, pp. 44-60

Sy (D.), « La condition du juge en Afrique : L'exemple du Sénégal », *in Les défis des droits fondamentaux,* Actes de deuxièmes journées scientifiques du réseau droits fondamentaux de l'Agence universitaire de la Francophonie (AUF) tenus à Québec du 29 septembre au 2 octobre 1999, AUPELF-Uref, Bruxelles, éd. Bruylant/AUF, 2000, pp. 347-374.

Sy (D.), « Sur la jurisprudence constitutionnelle au Sénégal », Dakar, avril 1993 inédit.

Sy (P. M.), « Le contentieux constitutionnel au Sénégal. Le contrôle de l'élection présidentielle par le Conseil constitutionnel », *in* François Paul Blanc et autres (dir.), *Le chef de l'État en Afrique...entre tradition état de droit et transition démocratique*, *Cahiers du centre d'études et de recherches juridiques sur les espaces méditerranéen et africain francophones,* N° 9, 2001 Presses universitaires de Perpignan, pp. 411-423.

Sylla (S.), « Le contrôle de constitutionnalité des lois au Sénégal », *RIPAS,* N° 11 octobre-décembre, 1984, pp. 882 et s.

Tano (F. K.), « Le juge constitutionnel et la sincérité du scrutin présidentiel », *Nouvelles Annales africaines.* Revue de la faculté des sciences juridiques et politiques, Dakar, CREDILA, 2012, pp. 95-122.

Tchapnga (C. K.), « Droit constitutionnel et conflits politiques dans les États francophones d'Afrique noire », Paris, PUF / *RFDC*, 2005/3 N° 63, pp. 451-491.

Tchapnga (C. K.), « Le juge constitutionnel, juge administratif au Bénin et au Gabon ? », *RFDC*, 2008/3, N° 75, pp. 551-583.

Teneyre (P.), « Les adaptations aux circonstances du principe de constitutionnalité. Contribution du Conseil constitutionnel à un droit constitutionnel de nécessité », *RDP,* N° 6, 1987, pp. 1489-1515.

Thiam (A.), « « Une Constitution, ça se révise ! ». Relativisme constitutionnel et État de droit au Sénégal », *Politique africaine,* N° 108, 2007/4, pp. 145-153.

Tidjani (M. A.), « La justice aux plus offrants. Les infortunes du système judiciaire en Afrique de l'Ouest (au tour du cas Niger) », *Politique africaine,* N° 83, octobre 2001, pp. 59-78.

Toublanc (A.), « La crise des institutions électorales africaines au prisme du cas ivoirien », *Revue juridique et politique,* N° 3, 2012, pp. 369-391.

Tusseau (G.), « Façonner le "gardien de la conscience". Les Présidents des États-Unis et les juges de la Cour suprême », *Pouvoirs,* N° 150, 2014, pp. 53-68.

Tusseau (G.), « Un oublié du constitutionnalisme contemporain : le contrôle politique de constitutionnalité », *in Mélanges en l'honneur de Jean du Bois de GAUDUSSON, Espaces du service public*, Tome I, *Droits d'ailleurs,* Presses universitaires de Bordeaux, 2013, pp. 711-750.

Troper (M.), « Le problème d'interprétation et la théorie de la supra légalité constitutionnelle », *Recueil d'études en hommage à Charles Eisenmann*, Paris, Cujas, 1977, pp. 133-151.

Vedel (G.), « Réflexion sur quelques apports de la jurisprudence du Conseil d'État à la jurisprudence du Conseil constitutionnel », *in Mélanges René Chapus, Droit administratif,* Paris, Montchrestien, EJA, 1992, pp. 647-671.

Vedel (G.), « Les bases constitutionnelles du droit administratif », *in La pensée juridique de Charles Eisenmann,* Paris, Economica, 1985, pp. 113-145.

Vedel (G.), « Discontinuité du droit constitutionnel et continuité du droit administratif : le rôle du juge », *in Mélanges offerts à Marcel Waline, Le juge et le droit public*, Paris, LGDJ, 1974, pp. 777-793.

Viala (A.), « L'interprétation du juge dans la hiérarchie des normes et des organes », *Cahiers du Conseil constitutionnel,* N° 6, janvier 1999, pp. 1-8.

Vidal-Naquet (A.), « L'état de la jurisprudence du Conseil constitutionnel sur l'incompétence négative », *Nouveaux Cahiers du Conseil constitutionnel,* N° 46, 1er janvier 2015, pp. 7-17.

Zaki (M.), « Petites Constitutions et droit constitutionnel transitoire en Afrique », *Nouvelles Annales africaines. Revue de la Faculté des sciences juridiques et politiques,* Dakar, CREDILA, 2012, pp. 3-46.

Zaki (M.), « Le droit d'amendement des députés et le principe de libre administration des collectivités locales : observation sous la décision 4 /C /2001/ du Conseil constitutionnel », *Afrilex,* N° 3, 2003, pp. 283 et s.

Zoller (E.), « Splendeurs et misères du constitutionnalisme. Les enseignements de l'expérience américaine », *RDP,* 2001, pp. 157-184.

IV- Thèses

Abdourhamane (B. I.), *Les Cours constitutionnelles dans le processus de démocratisation en Afrique : analyse comparative à partir des exemples du Bénin, de la Côte d'Ivoire et du Niger*, Thèse de droit public, Université Bordeaux-IV Montesquieu, octobre 2002, 531 p.

Badet (S. G.), *Contrôle infra normatif et contrôle ultra normatif de constitutionnalité,* Thèse de doctorat en droit, Université catholique de Louvain, Faculté de droit et de criminologie. Centre de recherches sur l'État et la Constitution, Année académique 20011-2012, 569 p.

Blanquer (J. M.), *Les méthodes du juge constitutionnel*, Thèse, Paris II, 1993, 454 p.

Brami (C.), *La hiérarchie des normes en droit constitutionnel français. Essai d'analyse systémique,* Université de Cergy Pontoise, décembre 2008, 444 p.

Diagne (N. F. M*),* *Les méthodes et techniques du juge en droit administratif sénégalais,* Thèse de doctorat d'État en Droit public, Université Cheikh Anta Diop de Dakar, Faculté des Sciences juridiques et politiques, 1995, 521 p.

Diakhaté (M.), *L'émergence du droit électoral dans les États d'Afrique subsaharienne francophone. Les cas du Bénin, du Mali et du Sénégal,* Thèse de doctorat, Université Cheikh Anta Diop de Dakar, Faculté des Sciences juridiques et politiques, 2012, 503 p.

Joël (M.), *La réforme de la justice en Afrique noire,* Thèse pour le doctorat en droit, Éditions A. Pedone, 1963, 183 p.

Kébé (A. A. D.), *La répartition des compétences entre le domaine de la loi et du règlement en droit fiscal sénégalais,* Thèse de doctorat, Université Cheikh Anta Diop de Dakar, Faculté des Sciences juridiques et politiques, décembre 2012, 445 p.

Marinese (V.), *L'idéal législatif du Conseil constitutionnel. Étude sur les qualités de la loi,* Thèse pour le doctorat en droit, Université Paris-X-Nanterre, décembre 2007, 799 p.

Ndiaye (A.), *La nouvelle juridiction constitutionnelle en Afrique francophone et la construction de l'État de droit : exemples du Gabon et du Sénégal,* Thèse de doctorat, Université de Montpellier I, décembre 2003, 581 p.

Sy (P. M), *Le développement de la justice constitutionnelle en Afrique,* Thèse de doctorat, Université Cheikh Anta Diop de Dakar, Faculté des Sciences juridiques et politiques, 1998, 413 p.

V- Rapports

« Les leçons de Giessen, Documentions de l'atelier de recherche : Les défis de la démocratisation et le rôle des Cours constitutionnelles. La justice constitutionnelle en Afrique de l'Ouest francophone », *Judicial Review and Démocratization in Francophone West Africa,* 2013, 13 pages (Réalisé par S. BOLLE).

« Sénégal : une démocratie "ancienne" en mal de réformer ». Rapport sur l'État de la démocratie et la participation politique au Sénégal, *Open Society Fondations*, juin 2012, 184 p. (Réalisé par I. M. FALL).

Rapport de synthèse des travaux du colloque de Lomé II sur « Les tabous du constitutionnalisme en Afrique », Lomé 2012, 8 p. (Réalisé par A. SALL)

Rapport annuel de la Cour suprême 2010, Dakar, juillet 2011.

Rapport sur l'état des pratiques de la démocratie, des droits et des libertés dans l'espace francophone, Bamako, dix ans après, 2000-2010, OIF-Délégation à la démocratie et aux droits de l'Homme, 236 p.

Rapport technique du colloque de Lomé I sur « L'Afrique et l'internationalisation du constitutionnalisme : actrice ou spectatrice ? », 16 et 17 juin 2010, Auditorium du campus universitaire de Lomé, 11 p.

La jurisprudence du Conseil constitutionnel français : *Table d'Analyse,* 25 février 2010, 2228 p.

Charte de la gouvernance démocratique des Assises nationales du Sénégal, mai 2009, 11 p.

Rapport des colloques Ouest africains sur la justice, Dakar, Sénégal, janvier 2006 (Créer des liens entre la justice internationale et la justice nationale), Accra, Ghana, 2007 (*Promouvoir l'indépendance de la justice et l'accès à la justice internationale)*, 39 p.

Cinquantenaire des tribunaux administratifs : « Le juge administratif et les libertés publiques », Colloque du 30 septembre 2003, Paris, Grand amphithéâtre de la Sorbonne, *RFDA,* 2003, pp. 1045-1124.

TABLE DES MATIÈRES

Structures éditoriales du groupe L'Harmattan

L'Harmattan Italie
Via degli Artisti, 15
10124 Torino
harmattan.italia@gmail.com

L'Harmattan Hongrie
Kossuth l. u. 14-16.
1053 Budapest
harmattan@harmattan.hu

L'Harmattan Sénégal
10 VDN en face Mermoz
BP 45034 Dakar-Fann
senharmattan@gmail.com

L'Harmattan Cameroun
TSINGA/FECAFOOT
BP 11486 Yaoundé
inkoukam@gmail.com

L'Harmattan Burkina Faso
Achille Somé – tengnule@hotmail.fr

L'Harmattan Guinée
Almamya, rue KA 028 OKB Agency
BP 3470 Conakry
harmattanguinee@yahoo.fr

L'Harmattan RDC
185, avenue Nyangwe
Commune de Lingwala – Kinshasa
matangilamusadila@yahoo.fr

L'Harmattan Congo
67, boulevard Denis-Sassou-N'Guesso
BP 2874 Brazzaville
harmattan.congo@yahoo.fr

L'Harmattan Mali
ACI 2000 - Immeuble Mgr Jean Marie Cisse
Bureau 10
BP 145 Bamako-Mali
mali@harmattan.fr

L'Harmattan Togo
Djidjole – Lomé
Maison Amela
face EPP BATOME
ddamela@aol.com

L'Harmattan Côte d'Ivoire
Résidence Karl – Cité des Arts
Abidjan-Cocody
03 BP 1588 Abidjan
espace_harmattan.ci@hotmail.fr

Nos librairies en France

Librairie internationale
16, rue des Écoles
75005 Paris
librairie.internationale@harmattan.fr
01 40 46 79 11
www.librairieharmattan.com

Librairie des savoirs
21, rue des Écoles
75005 Paris
librairie.sh@harmattan.fr
01 46 34 13 71
www.librairieharmattansh.com

Librairie Le Lucernaire
53, rue Notre-Dame-des-Champs
75006 Paris
librairie@lucernaire.fr
01 42 22 67 13

www.ingramcontent.com/pod-product-compliance
Lightning Source LLC
LaVergne TN
LVHW011223061026
849535LV00001BA/154
* 9 7 8 2 3 3 6 4 9 9 5 1 2 *